国家社科基金重点项目"认罪认罚从宽制度实施问题研究"
（19AFX009）最终成果

孙长永 等 著

认罪认罚从宽制度实施问题研究

中国政法大学出版社

2025·北京

图书在版编目（CIP）数据

认罪认罚从宽制度实施问题研究 / 孙长永等著.-- 北京：中国政法大学出版社, 2025. 8. -- ISBN 978-7-5764-2183-5

Ⅰ. D925.210.4

中国国家版本馆 CIP 数据核字第 2025M9D736 号

书　名	认罪认罚从宽制度实施问题研究 RENZUIRENFACONGKUANZHIDU SHISHIWENTI YANJIU
出版者	中国政法大学出版社
地　址	北京市海淀区西土城路 25 号
邮　箱	bianjishi07public@163.com
网　址	http://www.cuplpress.com (网络实名：中国政法大学出版社)
电　话	010-58908466(第七编辑部) 010-58908334(邮购部)
承　印	北京中科印刷有限公司
开　本	720mm×960mm　1/16
印　张	35
字　数	650 千字
版　次	2025 年 8 月第 1 版
印　次	2025 年 8 月第 1 次印刷
定　价	156.00 元

前　言

2014 年 10 月，中共十八届四中全会提出"完善刑事诉讼中认罪认罚从宽制度"的改革任务。2018 年 10 月，全国人大常委会在总结十八个城市连续四年试点经验的基础上，通过了《关于修改〈中华人民共和国刑事诉讼法〉的决定》，从九个方面对认罪认罚从宽制度作出了规定。随后，认罪认罚从宽制度进入全面实施阶段。

为了调查研究认罪认罚从宽制度在全国范围内的实施情况，总结经验，发现问题，分析原因，并提出相应的完善或改进建议，我们承担了国家社科基金重点项目"认罪认罚从宽制度实施问题研究"（项目批准号：19AFX009）。课题立项后，我们克服了种种困难（包括疫情的严重影响），在全国各地进行了多次实证调研和会议交流，收集到大量实证数据，然后按照项目负责人确定的写作思路分工协作撰写初稿，于 2023 年 10 月基本完成初稿。2023 年 11 月，我们以上海交通大学凯原法学院和上海市人民检察院联合主办的名义组织召开了"认罪认罚从宽制度实施问题研讨会"，就本项目研究的主要问题听取了来自全国各地 40 多位法学界和实务界专家的意见。会后，我们就项目成果初稿内容进行了集体讨论，经各位撰稿人认真修改、项目负责人统一审改后定稿，最终研究成果于 2024 年 10 月通过国家哲学社会科学办公室组织的结项鉴定，并获得"优秀"等次。本书在项目最终研究成果的基础上略加修改而成。

本书研究的对象为 2018 年《刑事诉讼法》确立的认罪认罚从宽制度实施后五年的情况，主要研究方法为实证研究，包括集体座谈、个别访谈、问卷调查、案例分析、统计分析等。研究内容涵盖了制度实施中的十大主要问题，包括价值取向这一基础问题，从宽处理、自愿性及其保障、证明标准、量刑建议、审判程序、律师参与、被害人的权利保障、上诉和抗诉八个制度主体构成部分，以及"认罪认罚案件的质量评估与保障"这一配套实施机制问题。其中价值取向、从宽处理、自愿性及其保障、量刑建议、律师参与等专题既是重点，也是难点，而"认罪认罚案件的质量评估与保障"又在很大程度上决定了办案人员的诉讼行为导向。围绕这些问题，本书大体上按照"规范分析—实证考察—问题及其原因—改进和完善建议"的基本思路展开分析论证。我们力争在充分肯定认罪认罚从宽制度积极成效的前提下，客观全面地揭示制度实施过程中出现的新情况、新问题，并且就其原因进行深入分析，在此基础上提出完善相关立法和司法解释、改进工作机制的建议。

本书是一部集体研究成果，但各章的具体内容和观点仍然充分尊重了撰稿人的意见。具体写作分工如下：第一章、第三章、第四章、总结和建议，孙长永；第二章，石经海；第五章、第十章，闫召华；第六章，孙长永、唐益亮；第七章，王彪；第八章，武小琳；第九章，冯科臻。

在研究过程中，我们参考了学界的既有研究成果和一些地方检察机关及相关机构的调研报告，实证调研得到了全国各地公安司法机关和律师界的大力支持，在此一并表示衷心的感谢！由于认罪认罚从宽制度的实施涉及面很广，我们只能把精力集中在主要问题上，有的问题如职务犯罪案件认罪认罚从宽制度的适用、未成年人刑事案件认罪认罚从宽制度的适用等，因前期调研不够充分，未予专题研究。受疫情的影响，课题的实证调研受到严重影响，因此，本书中调研数据的完整性、协调性等方面难免存在一定的局限性。加之我们能力和水平有限，本书可能存在一些缺点和不足，恳请读者批评指正。

2021 年年初，本人主持完成的中宣部"文化名家暨四个一批"人才项目《刑事诉讼法实施问题研究》最终成果《中国刑事诉讼法制四十年：回顾、反思与展望》经中国政法大学法律援助研究院院长吴宏耀教授提议、法律援助研究院提供部分经费资助，由中国政法大学出版社出版。本书的出版再次获得吴宏耀教授热情支持，并由法律援助研究院提供全额出版资助；中国政法大学出版社的编辑团队对书稿进行了全面、细致的编辑加工，使得书稿的规范性、准确性和可读性明显增强。在书稿付梓之际，我代表课题组，向宏耀教授及其领导的中国政法大学法律援助研究院以及以牛洁颖女士为代表的中国政法大学出版社的编辑团队致以真诚的谢意！

孙长永

2024 年 11 月

内容摘要

　　第一章　认罪认罚从宽制度的价值取向。认罪认罚从宽制度的价值取向不仅直接关系到认罪认罚从宽制度的顶层设计，而且会影响这一制度的实施效果。对此，法学界存在明显的意见分歧，试点办法等规范性文件中也有不同的规定。综合考察相关规定可以发现，认罪认罚从宽制度的价值目标主要包括三个方面：（1）及时有效惩罚犯罪、维护社会稳定。（2）落实宽严相济刑事政策、加强人权司法保障。（3）优化司法资源配置，提高诉讼效率。其中，前两个方面都属于"公正"价值的范畴，第三个方面属于"效率"价值的范畴。认罪认罚从宽制度只能在确保司法公正的前提下尽可能提高司法效率，而不能是"效率优先"。然而在制度实施过程中，各地不同程度上存在片面追求司法效率的倾向，主要表现在：检察机关片面追求认罪认罚从宽制度的适用率和量刑建议采纳率；检察机关在审查起诉阶段听取当事人及其律师意见不够充分；对认罪认罚案件辩护权的保障不到位，值班律师沦为认罪认罚具结程序的见证人；法院对认罪认罚案件的法庭审理形式化；不少地方以探索轻微刑事案件快速办理机制（"刑拘直诉"）之名行"违法办案"之实。片面强调诉讼效率，必然会产生一系列危害后果，包括：不利于全面、准确地贯彻宽严相济刑事政策，依法公正、及时惩治犯罪；可能导致侦查终结、提起公诉和定罪量刑的查证要求和证明标准下降，特别是形式化的庭审弱化了庭审对案件事实、证据和法律适用的审查功能，很容易酿成错误的判决；导致认罪认罚具结书的形成过程缺乏应有的公正性，既难以保障被追诉人认罪认罚的自愿性、真实性与合法性，也不足以保障被害人的知情权、参与权和赔偿权等合法权益；容易轻视对认罪认罚被告人上诉权的保障，危及两审终审的基本制度。认罪认罚从宽制度实施过程中出现片面追求司法效率的主要原因应当从制度设计、运行环境、司法习惯三个方面去探寻。为了确保认罪认罚从宽制度的实施符合刑事诉讼发展规律，符合我国司法改革和法治建设的基本方向，有必要正确定位认罪认罚从宽制度的效率价值，并从制度设计、实施机制等方面采取相应的措施,对实践中的效率优先倾向予以适当矫正。

第二章 认罪认罚案件从宽处理的形式和幅度。认罪认罚案件的从宽处理要基于罪刑法定原则处理好政策指导与法律适用的关系,坚持罪责刑相适应原则和禁止重复评价规则。认罪认罚情节与自首、坦白、当庭自愿认罪、退赃退赔、赔偿谅解、刑事和解等从宽情节均有不同,它是一种具有独立情节意义的酌定从宽情节,具有规范上的从宽实体性与程序附属性等特点。认罪认罚案件的从宽处理,在制度上主要有审判阶段的从宽量刑、审查起诉阶段的相对不起诉和特殊情况下的撤销案件或不起诉三种形式,其中审判阶段的从宽量刑是认罪认罚案件最为普遍的从宽处理形式。实证考察发现,司法实践中审判阶段对认罪认罚情节的从宽量刑存在较多的问题,包括:(1)相当一部分认罪认罚案件的量刑结果没有体现从宽;(2)误把从宽处理等同于实体上从轻处罚;(3)认罪认罚情节挪用其他情节的从宽空间;(4)对认罪认罚情节的从宽幅度未结合整个案情;(5)未对涉案量刑数额因素作实质性评价;(6)误把定罪情节作为量刑情节重复评价;(7)误认为罪后情节只能用于量刑;(8)实体从宽处理标准不符合法理。自认罪认罚从宽制度全面实施以来,相对不起诉率明显提高,但各地的适用情况并不平衡,而且就认罪认罚从宽制度下相对不起诉的潜在适用率而言,目前的适用率整体上仍然偏低。至于因被追诉人认罪认罚而作特殊不起诉或者撤销案件处理的规定,到目前为止,尚无一件适用案例出现。认罪认罚案件的从宽处理之所以存在上述问题,主要原因有三:一是对认罪认罚情节的功能定位不当;二是对禁止重复评价规则的理解与适用存在误区;三是既有量刑方法不符合刑法的基本原理。此外,法定刑以下减轻处罚以及不起诉的报请核准程序过于复杂,也是导致对认罪认罚案件极少适用减轻处罚和不起诉的重要原则。为了贯彻落实认罪认罚从宽制度"在保证司法公正的前提下提高司法效率"的价值目标,应当坚持宽严相济刑事政策、证据裁判原则和罪刑相适应原则,遵循量刑的基本原理和司法规律,以刑事立法为依据,以准确认定和评价认罪认罚情节为核心,对认罪认罚案件的从轻处罚、减轻处罚、免除处罚、不认为是犯罪以及相对不起诉和缓刑的适用等进行全面优化。

第三章 被追诉人认罪认罚的自愿性及其保障。被追诉人自愿认罪认罚是适用认罪认罚从宽制度从宽处理案件的前提条件。《刑事诉讼法》及相关规范性文件对被追诉人在刑事诉讼各个阶段的认罪认罚自愿性保障作了全面的规定。根据这些规定和实践情况,被追诉人认罪认罚的自愿性包含自愿供述、自愿认罪、自愿认罚三层含义,其中供述自愿性是自愿认罪以及自愿认罚的前提和基础,自愿认罚是自愿供述和自愿认罪的落脚点。司法机关对供述自愿性、认罪自愿性、认罚自愿性应当一并审查，以准确认定被追诉人是否具备"认罪认罚"情节。自认罪认罚从宽制度全面实施以来，全国各地公安司法机关为保障被追诉人认罪认罚的自愿性、真实性作出了艰苦的努力，相关的制度规范和地方实施细则也不断健全。从总体上看，在有罪供述采纳标准极为宽松的现有司法条件下，大多数犯罪嫌疑人、被告人认罪认罚的自愿性得到了较好的保障。然而，认罪认罚自愿性保障问题仍然是认罪认罚从宽制度实施中的一个现实难题，在侦查讯问、审查起诉和法庭审理等环节均存在认罪认罚自愿性保障不足的问题，主要体现在认罪认罚的明知性和自主选择性保障不足、司法审查流于形式、反悔权缺乏制度保障等。其主要原因是：（1）羁押性讯问中被追诉人供述义务的长期存在以及供述自愿性规则的缺位严重妨碍犯罪嫌疑人自愿认罪认罚；（2）控辩失衡的诉讼构造和"捕诉一体"的办案机制进一步加剧了被追诉人认罪认罚的非自愿性；（3）有限的法律帮助不足以弥补认罪认罚自愿性保障的制度性缺陷；（4）效率优先的价值追求导致司法机关放松了对自愿性、真实性的审查和保障职责。针对以上问题和原因，应当以有效保障被追诉人认罪认罚的自愿性、增强认罪认罚从宽制度的正当性为中心，遵循渐进主义的思路，从解释论路径到立法论路径逐步解决。

第四章　认罪认罚案件的证明标准。2018年《刑事诉讼法》对于刑事案件侦查终结、提起公诉和有罪判决的证明标准维持了原有的"案件事实清楚，证据确实、充分"规定，并没有专门针对认罪认罚案件规定不同的证明标准。相反，新法关于速裁程序适用条件的规定较之以往的相关规定更加严格，事实上否定了认罪认罚从宽制度试点期间部分地区降低证明标准的做法以及学界关于降低速裁程序证明标准的观点，《关于适用认罪认罚从宽制度的指导意见》（以下简称《认罪认罚指导意见》）进一步明确了办理认罪认罚案件坚持法定证明标准的具体要求。在认罪认罚案件中，虽然审判程序被简化了，但公安司法机关认定被告人有罪和判处刑罚的实体条件和心证条件不能降低。然而，在制度全面实施以后，一些地方关于适用认罪认罚从宽制度的实施细则或指导性文件对证明标准问题作了模糊处理，部分基层司法人员也认为认罪认罚案件的证明标准确有降低；从实际办案结果来看，在部分认罪认罚案件中，提起公诉和有罪判决的证明标准无论是定罪事实的证明标准，还是量刑事实的证明标准，都有不同程度的下降。从比较法的角度来看，美国正式审判和有罪答辩程序的定罪证明标准存在明显的差异，德国立法及判例均要求认罪协商后法官判决认定被告人有罪必须根据全案证据形成内心确信。不过，由于德国宪法法院判例放松了对有罪供述真实性的审查要求，加之效率导向的协商性司法对正式审判的证据规则和证明标准具有天然的腐蚀性，德国认罪协商实践中未能完全坚持实体真实原则。尽管美国答辩交易制度和德国认罪协商制度关于定罪的证明标准均较正式审判有所弱化，但美、德两国关于有罪答辩或有罪供述自愿性、真实性的一些制度保障是我国所欠缺的，因此，我国不能简单地模仿或者照搬国外经验。实际上，刑事案件定案处理时适用何种证明标准，涉及效率价值与公正价值的权衡问题。基于"公正优先、兼顾效率"的总体价值取向，认罪认罚案件的法定证明标准不能降低，否则，不仅违反我国刑事诉讼的基本原则，也不符合检察官、法官办案责任制的精神，还可能导致办案质量下降，尤其是加剧出现冤假错案的风险，背离我国刑事司法改革的基本方向。公安司法机关既要坚定不移地贯彻法定证明标准，又要根据案件的轻重、适用的审判程序、在案证据情况等不同因素，灵活、有效地运用这一标准，真正将"公正优先、兼顾效率"的价值取向落到实处。

第五章　认罪认罚案件中的量刑建议。自认罪认罚从宽制度正式实施以来，认罪认罚案件量刑建议的规范化水平不断提高，量刑建议形成过程的合意性不断增强，量刑建议内容不断趋向精准化，量刑建议效力不断趋向实质化，量刑建议在确保认罪认罚从宽制度的价值实现方面发挥了枢纽作用。但也存在检法冲突现象较为突出、量刑建议形成的合意性不足、量刑建议适当性的保障有待加强、对量刑建议采纳率等指标过度重视、各地量刑建议工作开展情况不平衡等问题。认罪认罚案件中的量刑建议虽然是求刑权的体现，但它不是检察机关单方面的意志，而承担着吸纳各方意见、激励认罪认罚、兑现国家承诺、促进程序简化等特殊功能。对认罪认罚案件量刑建议效力的把握，既要遵守求刑权的内在要求，又要兼顾认罪认罚案件量刑建议的特殊性；检察机关也不能在被追诉人未反悔、案件事实及证据未变化的情况下撤回量刑建议，甚至单方面随意终止认罪认罚从宽制度的适用。"一般应当采纳"条款直接赋予量刑建议对量刑裁判的拘束力，固然有利于强化对被追诉人认罪认罚的激励，但也有可能削弱法院防范非自愿认罪和量刑不公的终局把关作用。从长远来看，删除"一般应当采纳"规定是理性选择，量刑建议对量刑裁判的限制应主要通过柔性制约实现。对于审判阶段被追诉人才认罪认罚的案件，法院应当根据情况区别对待，不宜一律在听取控辩双方意见后依法直接裁判。从量刑建议的形成机制来看，我国采取了听取意见模式而不是协商模式，这种模式具有较多优势，但在实践中也存在听取辩方意见不到位、不能合理对待被害人意见、公安机关或监察机关的参与失调、法官参与量刑协商存在隐患、个别案件中实质协商可能突破公正底线等问题。对此，应当坚持我国职权主导的听取意见模式，采取有针对性的措施予以完善。2021 年以来，认罪认罚案件中已经基本达到确定刑量刑建议全面推行、幅度刑量刑建议很少出现的状态。但在检察机关全面推动认罪认罚案件量刑建议精准化的过程中，也暴露出一些问题。事实上，确定刑量刑建议和幅度刑量刑建议各有优势，但也都有一定的缺陷，相对而言，幅度刑为主、确定刑为辅应是认罪认罚案件量刑建议更为合理的发展方向。量刑建议的载体目前以另行提交的量刑建议书为主，只有在案情简单、量刑情节简单且适用速裁程序的案件中，才会在起诉书中提出量刑建议。近年来，检察机关在量刑建议的规范化方面有较为明显的进步，但仍然存在一定的不足，需要通过进一步规范、统一量刑建议的载体形式、全面展现量刑事实和量刑情节、加强量刑说理、公开量刑建议书等途径，予以改进。自认罪认罚从宽制度正式实施以来，认罪认罚案件量刑建议的采纳率一路飙升。这固然可能与检察官业务水平的增强、量刑建议智能辅助系统的广泛应用、量刑建议精准度的提升等有关，但关键因素是以考核指标等为核心的工作机制层面的一些因素和措施。法院在面对幅度刑量刑建议时"贴底量刑"以及个别案件中围绕量刑建议的采纳问题的检法冲突现象值得关注。未来应当强化法院对认罪认罚案件量刑建议的实质把关责任，明确量刑适当和"明显不当"的标准，规范量刑建议的调整程序，规制检察机关的"情绪化"抗诉，构建价值导向合理的考评机制。

第六章　认罪认罚案件的审判程序。根据《刑事诉讼法》的规定，法院对认罪认罚案件，应当根据案件情况，依法分别适用速裁程序、简易程序或者普通程序审理。只有经法院依法审理后确认被告人认罪认罚的自愿性和认罪认罚具结书内容的真实性、合法性，才能判决宣告被告人有罪和处以适当的刑罚。这既是认罪认罚从宽制度体现"以审判为中心"的内在要求，也是认罪认罚案件办案质量的重要保证。自2018年《刑事诉讼法》生效施行以来，审判阶段认罪认罚从宽制度适用率呈上升态势，2021—2023年，全国审判阶段的适用率达80%以上，但存在地区差异。为了弄清认罪认罚案件适用不同审判程序的具体情况，课题组对认罪认罚从宽制度东部试点城市——甲市十个基层人民法院2019—2021年认罪认罚案件的审理情况进行了实证考察。结果发现，甲市2020—2021年审判阶段认罪认罚从宽制度的适用率低于全国平均水平，量刑建议采纳率与全国平均水平大体持平，但上诉率、抗诉率明显高于全国平均水平。2019—2021年，全市基层人民法院适用速裁程序、简易程序、普通程序审结认罪认罚案件的平均比例分别为38.17%、43.82%和18.01%。其中速裁程序的适用率明显较低，简易程序的适用率明显偏高；庭审过程形式化，区分度不明显；被告人诉讼权利保障不够充分。存在这些问题的原因，一是立法规定弹性太大、刚性不足；二是法院对实质审查态度消极、条件受限；三是部分案件中检方片面强调主导作用，妨碍审判程序的正常运行；四是少数案件中辩方行使权利不当，有违预期效果。针对上述问题，应当在总结实践经验的基础上，遵循刑事正当程序的发展规律，坚持从中国国情出发，从司法理念、制度设计、配套保障等方面着力，进一步完善审判程序，力争在更高层次上实现司法公正与司法效率的有机统一。

第七章　认罪认罚案件的律师参与。在法律规范层面，认罪认罚案件的律师参与有两种类型，即值班律师和辩护律师。在司法实践中，认罪认罚的被追诉人能够获得辩护律师辩护的人数很少，他们获得法律帮助的主要来源是值班律师。但值班律师主要职能是见证认罪认罚具结书的签署，未能为被追诉人提供有效的法律帮助。有辩护律师辩护的被追诉人在认罪认罚案件中占比较低，一些地方创造条件逐步扩大了法律援助辩护的适用范围。辩护律师通过与检察机关的沟通、协商以及"骑墙式辩护"，最大程度上维护了被追诉人的合法利益。相较于值班律师，辩护律师为被追诉人提供的法律帮助总体上更为有效。然而，由于辩方总体上权利有限且在权利被侵害时难以获得及时有效的救济，辩护律师与控方沟通、协商的"筹码"有限，少数辩护律师在被追诉人认罪认罚的情况下放弃了对案件的实质性辩护，甚至不分情况地"劝说"被追诉人认罪认罚。此外，法律援助辩护律师在部分案件中也存在不能有效提供法律帮助的问题。要解决认罪认罚案件律师参与存在的上述问题，应当区分值班律师和辩护律师的不同情况，采取有针对性的措施，努力实现律师参与的有效性，进而充分保障认罪认罚被追诉人的合法权益。就值班律师而言，可以分为远期方案和近期方案。从长远来看，考虑到我国的犯罪是定性和定量相结合的模式以及犯罪附随效果的严重性，应当对所有认罪认罚案件中没有委托辩护人的被追诉人提供法律援助辩护律师，在此基础上，保留值班律师的法律帮助者定位，为被追诉人提供临时应急性的法律帮助；短期内应当采取有效措施，确保值班律师提供"符合标准"的法律服务，优化值班律师制度的运行机制，最大限度地避免冤错案件。作为一种过渡性措施，应当明确建立值班律师与辩护律师之间的衔接机制，适时调整值班律师的职能定位。就辩护律师而言，需要以实现有效辩护为目标，充分发挥辩护律师的作用，最大限度地维护被追诉人的诉讼权利和合法权益。其中委托辩护取决于刑事程序的正当化程度，法律援助辩护则需要充裕的司法资源保障。此外，还需要进一步完善辩护律师的职业伦理。

第八章　认罪认罚案件被害人的权利保障。根据《刑事诉讼法》和司法解释以及相关规范性文件的规定，刑事被害人享有受告知权、程序参与权、提出意见权、获得法律帮助权、达成和解和谅解权、获得国家司法救助权等诉讼权利，其中听取被害人及其诉讼代理人的意见是检察机关对认罪认罚案件审查起诉的必经程序。在司法实践中，被害人对认罪认罚案件的参与率较低，所提的意见内容较为简单，对于检察机关决定是否批准逮捕和起诉、量刑建议的内容以及法院最终对案件的裁判影响力有限。只有当检察机关未听取被害人意见且量刑建议明显不当时，被害人的意见才可能影响认罪认罚从宽制度的适用或者量刑建议的采纳；刑事和解、被害人的谅解对认罪认罚从宽制度的适用具有促进作用，对轻罪案件中缓刑的适用往往具有决定性作用。为了促进双方当事人和解、谅解，地方司法机关积极探索损害赔偿保证金提存制度和涉众型经济犯罪案件被害人代表人制度，检察机关积极落实对被害人的国家司法救助制度，对化解社会矛盾纠纷、修复社会关系、维护被害人合法权益、实现认罪认罚从宽制度的多元价值目标起到了积极作用。为了解决现行制度对被害人权利保障关注不足的问题，有必要在充分认识被害人参与的必要性的前提下，将实现被害人对认罪认罚案件有序、有效、有限度的参与作为基本目标，并相应地调整司法理念和公安司法机关行使职权的方式。具体建议包括：赋予被害人全面的知情权，扩充被害人获得法律帮助的权利，规范听取被害人意见的程序，切实保障被害人获得赔偿权及和解、谅解权，优化涉众型经济犯罪案件被害人的权利保障机制。从法律制度现代化的要求出发，我国应当在总结被害人国家司法救助实践经验的基础上，建立刑事被害人国家补偿制度，确保任何公民在遭受犯罪侵害时能够获得及时的司法救济、社会帮助和国家补偿，及时修复受到损害的社会关系。

第九章　认罪认罚案件的上诉和抗诉。本章以 2022 年 1 月至 2023 年 10 月聚法案例网收录的 175 份认罪认罚上诉、抗诉案件二审裁判文书为基础，结合官方统计数据、课题组调研数据、典型案例等，并参照作者此前针对 2017—2019 年聚法案例网收录的 102 份认罪认罚案件的抗诉案件二审裁判文书的统计分析，对认罪认罚从宽制度正式实施后认罪认罚被告人上诉权、检察机关的抗诉权行使情况以及二审裁判情况进行了全面的实证分析。结果发现，认罪认罚从宽制度从试点到正式实施以来，全国认罪认罚被告人的平均上诉率、检察机关在认罪认罚案件中的平均抗诉率分别在 2019 年和 2020 年达到最高点后呈现逐年下降的趋势，其中平均上诉率为 3% 左右，2019 年以来平均抗诉率为 0.4% 左右，这说明认罪认罚从宽制度的实施确实起到了化解社会矛盾冲突、节约司法资源等作用，但制度的实施存在地区不平衡的问题。认罪认罚被告人上诉的核心诉求是要求二审法院进一步从宽处罚，具体上诉理由从试点期间和制度实施初期以技术策略类上诉为主逐步转变为现在的以实体错误类上诉为主，其中相当一部分上诉得到二审法院的采纳或部分采纳。认罪认罚案件的抗诉理由以一审判决认定事实和适用法律确有错误为主，93% 的抗诉意见被二审法院完全采纳或部分采纳，说明抗诉质量整体上较高。统计结果显示，认罪认罚被告人的确存在滥用上诉权的问题，检察机关对认罪认罚案件的抗诉权则同时存在滥用或缺位的问题；二审法院对上诉案件、抗诉案件的改判率较高，说明一审法院对认罪认罚案件的审理存在把关不严的问题。为了保证认罪认罚从宽制度得到公正的实施，需要以保障被告人的上诉权为底线、以规范检察机关抗诉权为重点、以强化法院裁判权为中心，对认罪认罚的相关法律规定作出更加合理的解释，并不断优化司法机关办案业绩考核机制；同时，进一步完善认罪认罚从宽制度的法律规定，逐步提高认罪认罚从宽制度的正当化水平。

第十章　认罪认罚案件质效的评估与保障。通过对最高人民检察院及地方检察机关对认罪认罚案件办理情况的考核评价标准进行梳理和归纳，课题组发现，在最高人民检察院的积极推动、正确引领之下，检察机关已初步形成了认罪认罚案件办案质效的评价指标体系。从整体上看，这些指标的设置均有一定的合理性，并呈现出"多维性""侧重性""灵活性""差异性"等特点。但应当看到，每一项主要评价指标在实现其预期功用的同时都有一定的局限。而且，在由检察机关主导的对认罪认罚案件办理情况的评估中，尚存在"重自我评估，轻外部评估"、"重结果评估，轻过程评估"、"重专用评估，轻通用评估"、"重经验总结，轻问题归纳"及"重定量评估，轻定性评估"五大问题。针对上述问题以及由此导致的对认罪认罚从宽制度实施及刑事程序法治的潜在危险，有必要从评估的导向、主体、方式、内容、效力、时机等方面优化评估路径，并从质量、效率、效果三大方面构建融过程评价与结果评价、专项评价与通用评价、定性评价与定量评价于一体的评估指标体系。三者的权重安排宜基于以质量为核心、兼顾效率和效果的评估理念，突出以质量为中心的理念，权重由大到小的排序依次为质量—效果—效率，具体权重可以根据实际情况灵活调整。在完善认罪认罚案件质效评估机制的基础上，应构建认罪认罚案件质效保障机制，在重视办案质量的同时，兼顾办案效率和效果，实现办案质效的均衡提高。通过认罪认罚案件质效评估机制的构建，不仅可以引导司法人员合理调整办案理念，还可以进一步为其指明在个案中提升办案质效的方法和路径，有针对性地加强和改进工作，推动认罪认罚从宽制度的规范、准确适用。

本书法律文件全称与简称对照表

全称	简称
《中华人民共和国宪法》（2018 年）	《宪法》
《中华人民共和国刑法》（2023 年）	《刑法》
《中华人民共和国刑法》（1997 年）	1997 年《刑法》
《中华人民共和国刑事诉讼法》（2018 年）	《刑事诉讼法》
《中华人民共和国刑事诉讼法》（2012 年）	2012 年《刑事诉讼法》
《中华人民共和国刑事诉讼法》（1996 年）	1996 年《刑事诉讼法》
《中华人民共和国刑事诉讼法》（1979 年）	1979 年《刑事诉讼法》
《中华人民共和国法律援助法》（2021 年）	《法律援助法》
《中华人民共和国法官法》（2019 年）	《法官法》
《中华人民共和国检察官法》（2019 年）	《检察官法》
《中华人民共和国民事诉讼法》（2023 年）	《民事诉讼法》
《中华人民共和国人民陪审员法》（2018 年）	《人民陪审员法》
《最高人民法院关于适用〈中华人民共和国刑事诉讼法〉的解释》（2021 年）	《最高法解释》
《中华人民共和国引渡法》（2020 年）	《引渡法》
《人民检察院刑事诉讼规则》（2019 年）	《最高检规则》
《公安机关办理刑事案件程序规定》（2020 年）	《公安部规定》
《全国人民代表大会常务委员会关于授权最高人民法院、最高人民检察院在部分地区开展刑事案件速裁程序试点工作的决定》（2014 年）	《速裁程序试点决定》

续表

全称	简称
最高人民法院、最高人民检察院、公安部、司法部《关于在部分地区开展刑事案件速裁程序试点工作的办法》（2014 年）	《速裁程序试点办法》
《全国人民代表大会常务委员会关于授权最高人民法院、最高人民检察院在部分地区开展刑事案件认罪认罚从宽制度试点工作的决定》	《认罪认罚试点决定》
最高人民法院、最高人民检察院、公安部、国家安全部、司法部《关于在部分地区开展刑事案件认罪认罚从宽制度试点工作的办法》（2016 年）	《认罪认罚试点办法》
最高人民法院、最高人民检察院、公安部、国家安全部、司法部《关于适用认罪认罚从宽制度的指导意见》（2019 年）	《认罪认罚指导意见》
最高人民检察院《关于认真学习贯彻十三届全国人大常委会第二十二次会议对〈最高人民检察院关于人民检察院适用认罪认罚从宽制度情况的报告〉的审议意见的通知》（2020 年）	《贯彻审议意见通知》
《人民检察院办理认罪认罚案件听取意见同步录音录像规定》（2021 年）	《听取意见录音录像规定》
《人民检察院办理认罪认罚案件开展量刑建议工作的指导意见》（2021 年）	《量刑建议指导意见》
最高人民法院、最高人民检察院《关于常见犯罪的量刑指导意见（试行）》（2021 年）	《量刑指导意见》
最高人民法院、最高人民检察院、公安部、国家安全部、司法部《关于办理刑事案件严格排除非法证据若干问题的规定》（2017 年）	《严格排非规定》
最高人民法院、司法部《关于开展刑事案件律师辩护全覆盖试点工作的办法》（2017 年）	《律师辩护全覆盖试点办法》
最高人民法院、最高人民检察院、公安部、司法部《关于进一步深化刑事案件律师辩护全覆盖试点工作的意见》（2022 年）	《深化辩护全覆盖意见》
最高人民法院、最高人民检察院、公安部、国家安全部、司法部《法律援助值班律师工作办法》（2020 年）	《值班律师办法》
《为罪行和滥用权力行为受害者取得公理的基本原则宣言》（1985 年）	《被害人人权宣言》

目　录

第一章
认罪认罚从宽制度的价值取向

认罪认罚从宽制度的价值取向是什么？这是完善认罪认罚从宽制度的基础理论问题，它不仅直接关涉认罪认罚从宽制度的顶层设计，而且会影响这一制度的实施效果。对此，自党的十八届四中全会决定提出"完善刑事诉讼中认罪认罚从宽制度"的任务以来，有关领导在相关讲话中有不同的表述，试点办法等规范性文件中有不同的规定，法学界也存在不同的认识，司法实务中则普遍存在效率优先的倾向。在认罪认罚从宽制度历经五年多的全面实施实践检验之后，对该制度的价值取向进行回顾和反思，无疑具有重要的理论意义和实践意义。鉴于此，本章拟对立法和规范性文件的精神加以重新梳理，对实践中存在的效率优先倾向加以揭示，并作出系统反思，在此基础上，对这一制度实施中如何坚持正确的价值取向提出明确的建议。

一、认罪认罚从宽制度价值取向的规范分析

完善刑事诉讼中认罪认罚从宽制度是中共十八届四中全会作出的重大改革部署。党的十八届四中全会之后，时任中央政法委书记孟建柱在《人民法院报》发表学习贯彻党的十八届四中全会精神的文章中指出："四中全会《决定》提出：'完善刑事诉讼中认罪认罚从宽制度。'这是我国刑事诉讼制度改革的重大举措。要加强研究论证，在坚守司法公正的前提下，探索在刑事诉讼中对被告人自愿认罪、自愿接受处罚、积极退赃退赔的，及时简化或终止诉讼的程序制度，落实认罪认罚从宽政策，以节约司法资源，提高司法效率。"[1]这段话说明，在中央政法委最初的顶层设计中，完善刑事诉讼中认罪认罚从宽制度的目的是在坚守司法公正的前提下，节约司法资源，提高司法效率。受此意见影响，2015年2月最高人民法院出台的《关于全面深化人民法院改革的意见——人民法院第四个五年改

---

〔1〕 孟建柱：《完善司法管理体制和司法权力运行机制》，载《人民法院报》2014年11月8日，第1版。

革纲要（2014—2018）》以及最高人民检察院2015年2月修订的《关于深化检察改革的意见（2013—2017年工作规划）》分别将完善认罪认罚从宽制度的目标定位于"优化司法资源配置"和"提高司法效率"，核心意思相同。[1]

（一）理论争议和规范变迁

然而，关于认罪认罚从宽制度的价值取向，法学界存在较为明显的意见分歧。主要有两种有代表性的观点：一种观点认为，认罪认罚从宽制度的主要目标是提升司法效率、节约司法资源。例如，有学者认为，"认罪认罚从宽制度的基本价值和功能在于为简易程序和速裁程序的适用提供正当化机制和动力机制，提高其适用率，从而在行动层面优化司法资源配置。就这一点而言，认罪认罚从宽制度服务于纾解案件压力的目标，这是它所具有的外在价值"。[2]与此相似，有学者指出，从以往有关部门对刑事诉讼中认罪认罚从宽制度含义和意义的认识来看，主要局限于提高司法效率以及节约司法资源。[3]还有学者认为，"公正为本，效率优先"应当是认罪认罚从宽制度改革的核心价值取向。[4]对于公正与效率到底何者更为重要，该学者认为，认罪认罚从宽制度改革"对于缓解司法资源的有限性和日渐增长的案件数量之间紧张关系有特殊意义"。[5]有学者明确提出，"认罪认罚从宽本质上是权力主导下的程序加速机制，是为缓解'案多人少'状况而对我国传统刑事诉讼模式的局部改造"，"提高效率是认罪认罚从宽制度的核心追求"[6]，"完善认罪认罚从宽制度的出发点是提高诉讼效率"[7]。还有学者认为，认罪认罚从宽制度的立法目的分为三个层次，其中首要目的是从程序上实现

---

[1] 《关于全面深化人民法院改革的意见——人民法院第四个五年改革纲要（2014—2018）》提出："明确被告人自愿认罪、自愿接受处罚、积极退赃退赔案件的诉讼程序、处罚标准和处理方式，构建被告人认罪案件和不认罪案件的分流机制，优化配置司法资源。"《关于深化检察改革的意见（2013—2017年工作规划）》将认罪认罚从宽制度放置于"完善提高司法效率的工作机制"之下，并提出"完善提高司法效率的工作机制"的落实举措是："推动完善认罪认罚从宽制度，健全认罪案件和不认罪案件分流机制。"

[2] 魏晓娜：《完善认罪认罚从宽制度：中国语境下的关键词展开》，载《法学研究》2016年第4期，第87页。

[3] 参见王敏远：《认罪认罚从宽制度疑难问题研究》，载《中国法学》2017年第1期，第20页。

[4] 陈卫东：《认罪认罚从宽制度研究》，载《中国法学》2016年第2期，第51页。

[5] 陈卫东：《认罪认罚从宽制度试点中的几个问题》，载《国家检察官学院学报》2017年第1期，第3页。

[6] 秦宗文：《认罪认罚从宽制度的效率实质及其实现机制》，载《华东政法大学学报》2017年第4期，第33页。

[7] 向燕：《我国认罪认罚从宽制度的两难困境及其破解》，载《法制与社会发展》2018年第4期，第77页。

繁简分流、提高诉讼效率。[1]

　　另一种观点则认为，认罪认罚从宽制度的主要功能并不是程序的效率化，而是解决长期以来存在的认罪认罚不一定从宽的实体法问题。例如，有学者认为，认罪认罚从宽制度改革应致力于解决司法实践中嫌疑人、被告人认罪认罚却不一定能得到从宽处罚的实体法问题，解决实践中被追诉人在认罪认罚的情况下实体权利供给不足的问题，程序的效率化并不是认罪认罚从宽制度的基本内核，而只是这一制度的附随效果，至多是一个从属性目标。[2]与此类似，还有学者提出："权利保障是认罪认罚从宽制度的首要价值，公正是其核心原则，因被追诉人认罪认罚而带来的诉讼效率的提高是在保障公正基础上为刑事司法制度改革锦上添花。"[3]刑法学界也有人指出，诉讼效率的提高和是否对犯罪人予以从宽处罚并无直接联系，认罪认罚从宽中的"从宽"，应当是指实体法上的从宽（例如减免处罚）或者具有实体意义的从宽（例如因认罪认罚而酌定不起诉），不能将单纯在程序法上为提高诉讼效率甚至保障被追诉人诉讼权益而采取的措施，也视为对被追诉人的"从宽"，而实体法意义上的从宽根据在于实现刑罚预防、修复社会关系和彰显宽恕精神，其中刑罚预防的实现效果应当是认罪认罚后是否从宽，以及如何从宽首先需要考虑的问题。如果对于从宽的实体法根据缺乏深刻认识，将会影响整个刑事价值总体目标的实现。[4]显然，这种观点不赞成把提高诉讼效率、节约司法资源作为认罪认罚从宽制度的首要目标，而主张通过兑现从宽政策，实现刑罚预防、社会修复的效果，并体现国家对被追诉人以及被害人对犯罪人的宽恕精神。

　　有关规范性文件的相关规定也经历了一个变化过程。例如，《速裁程序试点决定》[5]指出，"为进一步完善刑事诉讼程序，合理配置司法资源，提高审理刑事案件的质量与效率，维护当事人的合法权益"，全国人大常委会决定授权最高人民法院、最高人民检察院在北京等 18 个城市开展刑事案件速裁程序试点工作，并要求："试点刑事案件速裁程序，应当遵循刑事诉讼法的基本原则，充分保障当事人的诉讼权利，确保司法公正。"根据上述决定内容，结合 2012 年《刑事诉讼法》

　　〔1〕　张泽涛：《认罪认罚从宽制度立法目的的波动化及其定位回归》，载《法学杂志》2019 年第 10 期，第 8-9 页。

　　〔2〕　参见左卫民：《认罪认罚何以从宽：误区与正解——反思效率优先的改革主张》，载《法学研究》2017 年第 3 期，第 163-164 页。

　　〔3〕　李雪平、王磊、尚念安：《认罪认罚案件证明标准研究》，载《中国法治》2023 年第 6 期，第 65 页。

　　〔4〕　卢建平：《刑事政策视野中的认罪认罚从宽》，载《中外法学》2017 年第 4 期，第 1011-1023 页。

　　〔5〕　2014 年 6 月 27 日第十二届全国人民代表大会常务委员会第九次会议通过。

已经将简易程序的适用范围扩展到基层人民法院管辖的、被告人认罪的几乎所有刑事案件的前提事实，不难看出，速裁程序试点具有突出的效率导向，"确保司法公正"只是作为一种底线而被强调。

为了落实党的十八届四中全会提出的"完善刑事诉讼中认罪认罚从宽制度"的改革任务，2016 年 9 月 3 日，第十二届全国人大常委会第二十二次会议审议通过了《认罪认罚试点决定》，其中指出，"为进一步落实宽严相济刑事政策，完善刑事诉讼程序，合理配置司法资源，提高办理刑事案件的质量与效率，确保无罪的人不受刑事追究，有罪的人受到公正惩罚，维护当事人的合法权益，促进司法公正"，全国人大常委会决定授权最高人民法院、最高人民检察院在北京等 18 个城市开展刑事案件认罪认罚从宽制度试点工作，并且要求："试点工作应当遵循刑法、刑事诉讼法的基本原则，保障犯罪嫌疑人、刑事被告人的辩护权和其他诉讼权利，保障被害人的合法权益，维护社会公共利益，完善诉讼权利告知程序，强化监督制约，严密防范并依法惩治滥用职权、徇私枉法行为，确保司法公正。"认罪认罚从宽制度试点虽然是在速裁程序试点工作基础上进行的（速裁程序试点实际上属于认罪认罚从宽制度试点的"序幕"），但由于认罪认罚从宽制度的试点范围从《速裁程序试点决定》规定的 8 类可处有期徒刑一年以下刑罚的案件扩展到所有刑事案件，《认罪认罚试点决定》关于试点目的和试点要求的规定均不同于《速裁程序试点决定》。在试点目的方面，认罪认罚从宽制度的试点不仅是为了"完善刑事诉讼程序，合理配置司法资源，提高办理刑事案件的质量与效率"，还要"进一步落实宽严相济刑事政策"，"确保无罪的人不受刑事追究，有罪的人受到公正惩罚"，"促进司法公正"，落脚点是司法公正，而不是司法效率。从试点要求方面来看，《认罪认罚试点决定》有三点不同：一是要求"遵循刑法、刑事诉讼法的基本原则"，而不只是"遵循刑事诉讼法的基本原则"；二是要求既要"保障犯罪嫌疑人、刑事被告人的辩护权和其他诉讼权利，保障被害人的合法权益"，又要"维护社会公共利益"，而不只是"充分保障当事人的诉讼权利"；三是明确要求"完善诉讼权利告知程序，强化监督制约，严密防范并依法惩治滥用职权、徇私枉法行为"，以确保司法公正。综合上述两个方面可以看出，认罪认罚从宽制度的价值取向是多元的，其中首要价值似乎是进一步贯彻宽严相济刑事政策，确保无罪的人不受刑事追究，有罪的人受到公正惩罚，促进司法公正。

2016 年 8 月 29 日，最高人民法院时任院长周强代表最高人民法院和最高人民检察院就《关于授权在部分地区开展刑事案件认罪认罚从宽制度试点工作的决定（草案）》作说明时指出，实施认罪认罚从宽制度有"四个需要"：一是及时有效惩罚犯罪、维护社会稳定的需要；二是落实宽严相济刑事政策、加强人权司法保障的需要；三是优化司法资源配置，提升司法公正效率的需要；四是深化刑事诉讼制度改革、构建科学刑事诉讼体系的需要。[1]根据最高人民检察院时任副检察长孙谦在检察机关刑事案件认罪认罚从宽试点工作部署会议上的讲话，认罪认罚从宽制度试点工作具有以下重要意义：第一，开展改革试点，是适应新形势，准确及时惩罚犯罪，维护社会稳定的重要举措；第二，开展改革试点，是充分体现现代司法宽容精神，贯彻宽严相济刑事政策，强化人权司法保障的重要路径；第三，开展改革试点，是推动刑事案件繁简分流，优化司法资源配置，提升诉讼效率的重要探索；第四，开展改革试点，是优化我国刑事诉讼结构，完善刑事诉讼程序，促进提升社会治理能力的重要契机。[2]2019 年 10 月 24 日，最高人民法院、最高人民检察院、公安部、国家安全部、司法部在印发《认罪认罚指导意见》的通知中强调指出："认罪认罚从宽是 2018 年修改后刑事诉讼法规定的一项重要制度，是全面贯彻宽严相济刑事政策的重要举措。各级人民法院、人民检察院、公安机关、国家安全机关、司法行政机关要站在推动国家治理体系和治理能力现代化的高度，充分认识这项制度对及时有效惩治犯罪、加强人权司法保障、优化司法资源配置、提高刑事诉讼效率、化解社会矛盾纠纷、促进社会和谐稳定的重要意义，强化责任担当，敢于积极作为，深入推进制度贯彻实施，确保制度效用有效发挥。"

（二）规范解读

综合考察《认罪认罚试点决定》、"两高"领导的相关讲话和《认罪认罚指导意见》的精神，结合《刑法》《刑事诉讼法》的相关规定可以发现，认罪认罚从宽制度的价值目标主要包括以下三个方面。

第一，及时有效惩罚犯罪、维护社会稳定。这是认罪认罚从宽制度的首要目标。[3]在现代法治社会，准确、及时地查明事实，正确适用法律，惩罚犯罪分子，保证无罪的人不受刑事追究、有罪的人受到公正惩罚，是刑事诉讼的基本任务。我国自改革开放以来，经济社会持续发展并保持长期稳定，法治水平不断提升，《刑事诉讼法》经 1996 年、2012 年两次大修后得到很大程度的完善，确立了相对不起诉、刑事和解、简易程序等多项有利于从快处理被追诉人认罪案件的诉讼程序。与此同时，随着"尊重和保障人权"的宪法原则得到贯彻落实，被追诉

---

〔1〕 参见刘子阳：《落实宽严相济刑事政策提升司法公正效率——周强就开展刑事案件认罪认罚从宽制度试点工作作说明》，载《法制日报》2016 年 8 月 30 日，第 1 版。

〔2〕 参见孙谦：《关于检察机关开展"刑事案件认罪认罚从宽制度"试点工作的几个问题》，载《刑事司法指南》（总第 68 辑），法律出版社 2017 年版，第 2-4 页。

〔3〕 类似的观点，参见朱孝清：《论司法体制改革》，中国检察出版社 2019 年版，第 331 页。

人及其辩护人的诉讼权利逐步得到更好的保障，法律对侦查取证（尤其是侦查讯问）、强制性措施的适用、审查起诉的证据标准和法庭举证、质证程序等提出了日益严格的要求，传统上以强制取供为中心的侦查取证模式已经越来越不能适应依法惩罚犯罪的要求；加之一些隐蔽性较强的犯罪，侦查取证、审判定案本来难度就大，离开被追诉人的自愿配合，一些跨地区、涉网络的有组织犯罪或团伙犯罪以及客观证据线索主要依赖被追诉人提供的腐败犯罪等复杂、疑难案件，难以得到及时侦破或有效追诉。认罪认罚从宽制度以宽严相济刑事政策为基础，以从宽处理为条件，鼓励被追诉人自愿认罪认罚，并通过有效法律帮助、充分的权利告知等，确保认罪认罚的自愿性、真实性，从而有利于公安司法机关客观全面地收集证据，准确、及时、公正、有效地惩罚犯罪，维护社会稳定，避免打击不力或放纵犯罪，同时有利于防止刑讯逼供等非法取证行为，最大限度地防范冤假错案。

例如，重庆市公安司法机关办理的王某岭等 16 人网络诈骗案被最高人民检察院认定为检察机关"协同侦查机关落实认罪认罚从宽制度的典型案例"，其典型意义就在于充分发挥了认罪认罚从宽制度在及时有效打击犯罪方面的重要作用。该案被发现后，"王某岭销毁了用于实施诈骗的后台操作电脑，导致客观性证据不足，给案件定性和事实认定造成极大障碍。检察官讯问时耐心阐释认罪认罚从宽制度，进行认罪教育。在笔录签字阶段，王某岭心理防线被突破，自愿认罪认罚。检察官根据其供述，列出 20 条补侦提纲，通知公安机关补充侦查，关键的客观证据得以补充。同时，检察机关追诉 8 名漏犯，陆续到案的 6 名漏犯均认罪认罚，该团伙实施的其他 12 起犯罪事实，经补充证据后对先期起诉的王某岭等 5 人依法追加认定。法院采纳检察机关的指控和量刑建议，分别判处上述 11 名被告人一年六个月至六年八个月不等有期徒刑。公安机关侦查中又立案侦查 3 人，连同剩余 2 名漏犯一并移送审查起诉。基于扎实、有效的补证工作，该 5 名被告人均认罪认罚，检察机关依法建议法院以速裁程序审理，并引导被告人退回赃款 20.5 万余元"。[1] 该案如果没有王某岭认罪认罚后的密切配合，就不可能对王某岭以及其他涉案人员进行及时、彻底的查处。

第二，落实宽严相济刑事政策、加强人权司法保障。在 1997 年《刑法》关于自首、立功以及认罪从宽等制度规定的基础上，2011 年《刑法修正案（八）》新增了第 67 条第 3 款，规定："犯罪嫌疑人虽不具有前两款规定的自首情节，但是

---

〔1〕《最高人民检察院关于人民检察院适用认罪认罚从宽制度情况的报告有关案例说明》，载《检察日报》2020 年 10 月 17 日，第 3 版。

如实供述自己罪行的，可以从轻处罚；因其如实供述自己罪行，避免特别严重后果发生的，可以减轻处罚。"这一规定将"坦白从宽"政策法律化，实现了"坦白"从酌定从宽情节到法定从宽情节的飞跃。随后，2012年《刑事诉讼法》新增了"侦查人员在讯问犯罪嫌疑人的时候，应当告知犯罪嫌疑人如实供述自己罪行可以从宽处理的法律规定"的要求，并专门设置了公诉案件的刑事和解程序和附条件不起诉制度，大幅扩充了简易程序的适用范围。2014年4月最高人民法院出台的《关于常见犯罪的量刑指导意见》对自首、立功、坦白、当庭自愿认罪、退赃退赔、被害人谅解、刑事和解等情节，均规定了相对明确的处理原则和从宽幅度。2014年6月，全国人大常委会授权"两高"开展刑事案件速裁程序试点，对可处有期徒刑一年以下刑罚的认罪认罚案件在简易程序基础上进一步从简、从快办理。2015年8月，《刑法修正案（九）》对贪污贿赂犯罪的处罚标准进行了重大修改，进一步完善了坦白从宽的法律规定，为在惩治贪污贿赂犯罪过程中更好地贯彻宽严相济刑事政策提供了更加明确的法律依据。以上实体法和程序法的交替修正不同程度上体现了认罪认罚从宽、程序从简的精神，为认罪认罚从宽制度的完善奠定了坚实的基础。

2018年《刑事诉讼法》将"认罪认罚从宽"确立为刑事诉讼的一项基本原则，并对侦查程序、审查起诉程序和审判程序以及法律帮助制度等作出了全面的修改，使认罪认罚从宽制度进一步系统化。从相关立法完善过程可以发现，认罪认罚从宽制度的一个重要目标在于，通过"自愿认罪与自愿认罚绑定、实体从宽与程序从简并行"的制度设计，更好地贯彻宽严相济刑事政策，加强对被追诉人、被害人的人权保障。就被追诉人而言，认罪认罚从宽制度通过对侦查讯问、审查起诉、审判程序以及法律帮助制度的全面修正，以明确的权利告知和更大幅度的从宽处理，鼓励被追诉人自愿认罪认罚，以便于从实体上依法兑现"认罪认罚从宽"的政策，在诉讼过程中适用更加轻缓的强制措施，并缩短审前羁押期限，使自愿认罪认罚的被追诉人无论在诉讼过程中还是在最终处理结果上，都能切实享受到自愿认罪认罚带来的好处，例如刑罚和强制措施更加轻缓、羁押期限和诉讼时间更短，这样既可以避免"关多久判多久"现象，促进刑罚和强制措施的轻缓化，也有利于有罪的被追诉人悔过自新、回归社会。就被害人而言，认罪认罚从宽制度要求，在有直接被害人的案件中，检察机关在审查起诉过程中应当充分听取被害人及其诉讼代理人关于案件事实、指控罪名、量刑建议、程序适用等事项的意见，督促被追诉人尽可能通过赔礼道歉、赔偿损失等方式与被害人达成刑事和解、民事调解，争取被害人谅解，使被害人尽可能在物质上和精神上得到适当的赔偿、补偿或慰藉，从而彻底化解被追诉人与被害人之间的冲突，促进社会和谐。这对于保障被害人的诉讼参与权、意见表达权以及适当的赔偿权等实体权益，争取被害人对司法活动的支持、理解和信任无疑具有十分重要的意义。

第三，优化司法资源配置，提高诉讼效率。我国刑事司法既存在由于侦查中心主义盛行而导致司法不公的问题，也存在由于"案多人少"、司法资源配置不当而导致司法效率不高的问题。因此，党的十八届四中全会决定提出"推进以审判为中心的诉讼制度改革"和"完善刑事诉讼中认罪认罚从宽制度"两项改革任务，前者旨在解决司法不公的问题，后者旨在确保司法公正的前提下最大限度地提高司法效率。2017 年，全国法院审结一审刑事案件近 130 万件，比 2010 年增加了 66.7%。[1]另据《中国法律年鉴》提供的司法统计数据，2015 年和 2016 年，全国法院判处三年有期徒刑以下刑罚的人数分别占有罪判决人数的 83.14% 和 84.48%，判处五年有期徒刑以上至无期徒刑和死刑的人数不足 10%。换言之，绝大多数刑事案件都属于"轻罪"案件，并且多数被追诉人在审前阶段即已自愿表示认罪，不需要按照普通程序进行起诉和审判。而且，由于刑法立法采取积极主义立场，大量原本仅仅违反治安管理法规的行为以新罪名的形式进入刑法修正案（以危险驾驶行为入罪为代表），未来进入刑事程序的案件量可能会继续增加。"面对居高不下的案件总量与司法资源有限的矛盾，我国刑事诉讼效率不高、司法机关案多人少的问题日益凸显，推动刑事案件繁简分流、优化司法资源配置迫在眉睫"，[2]司法员额制的全面推行，进一步加剧了基层司法机关"案多人少"的矛盾。认罪认罚从宽制度以被追诉人自愿认罪认罚为前提，以实体上从宽为激励手段、以程序上从简为保障，全面提高认罪认罚案件的办理进度。立法者在简易程序之外增设速裁程序，并将速裁程序的适用范围设定为基层人民法院管辖的、可能判处三年有期徒刑以下刑罚的认罪认罚案件，要求适用速裁程序审理的案件一般不进行法庭调查和法庭辩论，就是希望绝大部分认罪认罚的轻罪案件都能够适用速裁程序处理，然后节约出来的司法资源用于办理被追诉人不认罪或者认罪不认罚的案件以及重大、复杂、疑难的刑事案件，做到"简案快审、难案精审"，从而实现司法资源的优化配置，整体上提高司法效率。

从刑事诉讼价值角度来看，前两个方面均属于"公正"价值的范畴，第三个方面属于"效率"价值的范畴。认罪认罚从宽制度虽有强烈的效率追求，但公正价值仍然处于优先位置，理由如下：

（1）该制度要求在认罪认罚案件的办理过程中兼顾追诉犯罪的公共利益、被

---

[1] 胡云腾主编：《认罪认罚从宽制度的理解与适用》，人民法院出版社 2018 年版，第 77 页。

[2] 孙谦：《刑事案件认罪认罚从宽制度试点工作九大问题要注意》，原载微信公众号"国家公诉"。转引自环球网，https://china.huanqiu.com/article/9CaKrnK0k8m，最后访问日期：2024 年 6 月 7 日。

追诉人和被害人的利益，并突出及时有效打击犯罪、维护社会稳定的公共利益，体现了对实体公正的价值追求。例如，《认罪认罚指导意见》明确要求公安司法机关办理认罪认罚案件，必须坚持罪责刑相适应原则和证据裁判原则，检察机关的量刑建议和法院的量刑裁判"既要考虑体现认罪认罚从宽，又要考虑其所犯罪行的轻重、应负刑事责任和人身危险性的大小"，做到"准确裁量刑罚，确保罚当其罪，避免罪刑失衡。特别是对于共同犯罪案件，主犯认罪认罚，从犯不认罪认罚的，人民法院、人民检察院应当注意两者之间的量刑平衡，防止因量刑失当严重偏离一般的司法认知"。对于有直接被害人的认罪认罚案件，公安司法机关"应当听取被害人及其诉讼代理人的意见"，并将犯罪嫌疑人、被告人是否与被害方达成和解协议、调解协议或者赔偿被害方损失，取得被害方谅解，作为从宽处罚的重要考虑因素，努力"促进和解谅解"。此外，《认罪认罚指导意见》还要求，公安司法机关办理认罪认罚案件，应当"严格按照证据裁判要求，全面收集、固定、审查和认定证据。坚持法定证明标准，……防止因犯罪嫌疑人、被告人认罪而降低证据要求和证明标准。对犯罪嫌疑人、被告人认罪认罚，但证据不足，不能认定其有罪的，依法作出撤销案件、不起诉决定或者宣告无罪"。上述要求充分体现了认罪认罚从宽制度实体公正的要求，其核心精神是，既不得因为被追诉人认罪认罚而突破实体法规定的量刑原则，也不得因为被追诉人认罪认罚而降低程序法规定的证据要求和证明标准。换言之，因为被追诉人认罪认罚而在实体上的从宽处理和程序上的简化办理，都必须符合刑法、刑事诉讼法规定的基本原则，这是确保认罪认罚案件得到公正处理的底线，不允许突破。

（2）该制度要求在诉讼过程中充分保障被追诉人的知情权、参与权、量刑协商权和律师帮助权等基本权利，以确保其认罪认罚的自愿性和真实性，体现了对程序公正的价值追求。例如，2018年修正后的《刑事诉讼法》在侦查讯问、审查起诉和审判程序中全面增加了权利告知的规定，以便被追诉人充分了解自己在不同诉讼阶段的诉讼权利、认罪认罚的法律规定以及认罪认罚的法律后果；赋予所有被追诉人约见值班律师的权利，并且要求在犯罪嫌疑人签署认罪认罚具结书时，必须有辩护人或者值班律师在场见证。《认罪认罚指导意见》补充规定了值班律师的会见权和阅卷权，以期增强值班律师法律帮助的实效性；要求"人民检察院提出量刑建议前，应当充分听取犯罪嫌疑人、辩护人或者值班律师的意见，尽量协商一致"，并且允许被追诉人在审查起诉和审判阶段对认罪认罚表示反悔，充分尊重其个人意见。另外，《刑事诉讼法》第81条还特别规定，检察机关和法院批准或者决定逮捕时，要把被追诉人的认罪认罚情况"作为是否可能发生社会危险性的考虑因素"；《认罪认罚指导意见》进一步要求，"犯罪嫌疑人认罪认罚，公安机关认为罪行较轻、没有社会危险性的，应当不再提请人民检察院审查逮捕。对提请逮捕的，人民检察院认为没有社会危险性不需要逮捕的，应当作出不批准逮捕的决定"；"已经逮捕的犯罪嫌疑人、被告人认罪认罚的，人民法院、人民检察院应当及时审查羁押的必要性，经审查认为没有继续羁押必要的，应当变更为取保候审或者监视居住"。这些要求不仅符合羁押例外原则，而且对于让被追诉人切实感到认罪认罚的好处，并鼓励更多的被追诉人自愿认罪认罚，具有重要的促进作用。如果能够得到贯彻落实，将是对我国刑事程序公正价值的巨大提升。

（3）认罪认罚从宽制度的效率价值是以被追诉人自愿认罪认罚、从宽处理结果取得控辩双方一致意见为前提的。从 2018 年修改《刑事诉讼法》的内容上看，认罪认罚从宽制度的效率价值追求主要体现在认罪认罚案件办理程序的从简、从快上，具体包括三个方面：第一，增设了速裁程序。凡是基层人民法院管辖的可能判处三年有期徒刑以下刑罚的案件，案件事实清楚，证据确实、充分，被告人认罪认罚并同意适用速裁程序的，都可以适用速裁程序，不仅由审判员一人独任审判，而且一般不进行法庭调查、法庭辩论，只是"在判决宣告前应当听取辩护人的意见和被告人的最后陈述意见"。此外，《刑事诉讼法》第 224 条第 2 款还明确规定："适用速裁程序审理案件，应当当庭宣判。"因此，速裁程序较之简易程序更加简便、快捷。第二，对符合速裁程序适用条件的案件在审查起诉和审判期限上作了特别规定。《刑事诉讼法》第 172 条和第 225 条分别规定："……犯罪嫌疑人认罪认罚，符合速裁程序适用条件的，应当在十日以内作出决定，对可能判处的有期徒刑超过一年的，可以延长至十五日。""适用速裁程序审理案件，人民法院应当在受理后十日以内审结；对可能判处的有期徒刑超过一年的，可以延长至十五日。"上述规定比《刑事诉讼法》第 220 条规定的简易程序审理期限更加短暂。第三，对适用简易程序和普通程序简化审的认罪认罚案件，在法庭审理程序方面作了适当简化。例如，第 190 条第 2 款规定："被告人认罪认罚的，审判长应当告知被告人享有的诉讼权利和认罪认罚的法律规定，审查认罪认罚的自愿性和认罪认罚具结书内容的真实性、合法性。"据此，被告人认罪认罚的案件，无论是适用简易程序，还是适用普通程序，审理的重点都集中在审查认罪认罚的自愿性和认罪认罚具结书内容的真实性、合法性。由于控辩双方关于案件事实、指控罪名和量刑没有实质性争议，法庭审理尤其是法庭调查、法庭辩论将大幅简化，审理时间也必然大为缩短。换言之，"诉讼效率的提升是因为犯罪嫌疑人、被告人认罪认罚导致证明难度降低、诉讼程序简化而带来的附随效果"。[1]

---

〔1〕 戴鹏、聂立泽：《认罪认罚案件的证明标准研究》，载《社会科学家》2022 年第 7 期，第 134 页。

但是，认罪认罚案件的从简从快办理是有条件的，不得违反法律基于公正价值所规定的限制性或保障性规定。从限制性规定来看，适用速裁程序的案件必须符合以下条件：（1）属于基层人民法院管辖的可能判处三年有期徒刑以下刑罚的案件；（2）案件事实清楚，证据确实、充分；（3）被告人认罪认罚并同意适用速裁程序；（4）不属于《刑事诉讼法》第223条禁止适用速裁程序的情形。[1] 从保障性规定来看，《刑事诉讼法》第224条虽然允许适用速裁程序的案件"一般不进行法庭调查、法庭辩论"，但同时要求"在判决宣告前应当听取辩护人的意见和被告人的最后陈述意见"；同时，第226条还规定，人民法院在适用速裁程序审理案件过程中，如果"发现有被告人的行为不构成犯罪或者不应当追究其刑事责任、被告人违背意愿认罪认罚、被告人否认指控的犯罪事实或者其他不宜适用速裁程序审理的情形的"，应当按照简易程序或者普通程序重新审理。以上关于速裁程序的限制性或保障性规定，都是以保障案件处理的实体公正和程序公正为宗旨的，公安司法机关不得为了追求程序简化、快捷而违反这些规定。更何况，被追诉人"自愿认罪认罚"内在地包含了"关于从宽处理的结果控辩双方已经达成一致"，而控辩双方一致同意的从宽处理又必须符合证据裁判原则和罪责刑相适应原则，才能得到法院的认可。因此，认罪认罚从宽制度对效率价值的追求始终处于公正价值之下，它只能是在确保司法公正的前提下尽可能提高司法效率，而不能是"效率优先"或"效率至上"，即使是速裁程序也是如此。

二、认罪认罚从宽制度实施中的效率优先倾向

（一）总体评价

2018年修改的《刑事诉讼法》生效以后，认罪认罚从宽制度由前期的试点阶段正式进入全面实施阶段。在检察机关的主导之下，公安司法机关密切配合，推动该制度的适用率、量刑建议采纳率不断提升。根据最高人民检察院的统计，检察机关对认罪认罚从宽制度的适用率从2019年年初的20.5%迅速上升到年底的83.1%（全年平均为48.3%）[2]，2020—2021年达到85%以上，2022—2023年进

---

[1] 《刑事诉讼法》第223条规定："有下列情形之一的，不适用速裁程序：（一）被告人是盲、聋、哑人，或者是尚未完全丧失辨认或者控制自己行为能力的精神病人的；（二）被告人是未成年人的；（三）案件有重大社会影响的；（四）共同犯罪案件中部分被告人对指控的犯罪事实、罪名、量刑建议或者适用速裁程序有异议的；（五）被告人与被害人或者其法定代理人没有就附带民事诉讼赔偿等事项达成调解或者和解协议的；（六）其他不宜适用速裁程序审理的。"

[2] 参见2019年全国检察机关主要办案数据，载最高人民检察院官网，https://www.spp.gov.cn/spp/xwfbh/wsfbt/202006/t20200602_463796.shtml#1，最后访问日期：2023年12月29日；张军：《最高人民检察院工作报告——2020年5月25日在第十三届全国人民代表大会第三次会议上》。

一步上升到90%以上；法院对认罪认罚案件中检察机关量刑建议的采纳率，也从2019年12月的79.8%一路上升，2020年接近95%，2021—2023年均在97%以上；至于认罪认罚被告人对一审判决的服判息诉率，则基本稳定在96%—97%之间（见表1-1）。

表1-1　认罪认罚从宽制度主要数据一览表（2019—2023年）

时间	适用率	量刑建议采纳率	一审服判息诉率	关于服判息诉率的说明
2019年12月[1]	83.1%	79.8%	96.2%	高出其他刑事案件10.9个百分点，有力促进了矛盾化解、社会和谐
2020年[2]	85%以上	接近95%	95%以上	高出其他刑事案件21.7个百分点，司法效率更高，办案效果更好
2021年[3]	85%以上	97%以上	96.5%	高出其他刑事案件22个百分点，从源头减少了大量上诉、申诉案件
2022年[4]	90%以上	98.3%[5]	97%	高出其他刑事案件29.5个百分点，上诉、申诉大幅减少，更利于罪犯改造、促进社会和谐
2023年[6]	90.3%	97.5%	96.8%	被告人认罪服法成为常态，促进社会治理成效明显

最高人民检察院认为，这一制度的全面实施在有效促进社会和谐稳定、更加及时有效惩罚犯罪、显著提高诉讼效率、更好地保障当事人诉讼权利等方面都发

---

[1]　张军：《最高人民检察院工作报告》（第十三届全国人民代表大会第三次会议，2020年5月25日）。
[2]　张军：《最高人民检察院工作报告》（第十三届全国人民代表大会第四次会议，2021年3月8日）。
[3]　张军：《最高人民检察院工作报告》（第十三届全国人民代表大会第五次会议，2022年3月8日）。
[4]　张军：《最高人民检察院工作报告》（第十四届全国人民代表大会第一次会议，2023年3月7日）。
[5]　最高人民法院刑一庭的统计为88.7%，"但该采纳率包括了法院认为量刑建议明显不当，通知检察院调整量刑建议后检察重新提出的量刑建议。调整前法院对检察院量刑建议的采纳率为79.83%"。参见最高人民法院咨询委员会第八调研组：《完善认罪认罚从宽制度研究的调研报告》，载《中国应用法学》2024年第2期，第110页。
[6]　"适用率"和"服判息诉率"数据来自最高人民检察院2024年3月9日发布的《刑事检察工作白皮书（2023）》，"量刑建议采纳率"数据来自最高人民检察院2024年3月1日发布的《2023年全国检察机关主要办案数据》，载 https://www.spp.gov.cn/spp/xwfbh/wsfbt/202403/t20240310_648482.shtml#1，最后访问日期：2024年5月1日。

挥了积极作用。[1]

然而，在充分肯定这一制度实施的积极成效的同时，也应当清醒看到，在认罪认罚从宽制度的实施中，尚存在一定的不足之处，反映在价值取向上，各地不同程度上存在片面追求司法效率或者"效率优先"的倾向，而对该制度的公正价值则相对有所轻视。一些基层法官、检察官甚至认为，适用认罪认罚从宽制度的主要目的甚至唯一目的就是通过简化诉讼程序提高诉讼效率，以减轻办案负担。有研究人员在部分试点区县对 25 名法官（含法官助理）、73 名检察官（含检察官助理）进行了问卷调研。当问及适用认罪认罚从宽制度最主要动力时（单项选择题），97.2%的检察官和92%的法官选择"主要为了简化诉讼程序，提高办案效率，减轻办案负担"，只有 2.8%的检察官和4%的法官选择了"主要为了贯彻宽严相济的刑事政策"，另有 4%的法官选择了"主要为了促进刑事案件的公正处理"。[2]

（二）具体表现

概括起来，认罪认罚从宽制度实施中的"效率优先"倾向主要表现在以下五个方面。

1. 检察机关片面追求认罪认罚从宽制度的适用率和量刑建议采纳率

如前文所述，认罪认罚从宽制度的立法完善事先经历了两年的试点。根据最高人民法院关于认罪认罚从宽制度的试点总结报告，试点范围包括北京等 18 个城市，涉及 251 个基层人民法院、17 个中级人民法院。由于试点地点主要是一些东部发达地区和中西部省会城市辖区，试点本身也存在一些不足。[3]受制于司法理念、配套机制、客观条件等因素的影响，在 2018 年《刑事诉讼法》全面规定的认罪认罚从宽制度实施以后，其适用率一度比较低迷。但是，在 2019 年 8 月召开的全国刑事检察工作会议上，最高人民检察院要求年底以前各地检察机关对认罪认罚从宽制度的适用率必须达到 70%左右，随后认罪认罚从宽制度的适用率作为检察业务的一项重要考核指标迅速得到确立，并在全国推广开来。应当说，2019 年 12 月检察机关对认罪认罚从宽制度的适用率能够迅速达到 83.1%，与这种考核指标密切相关。虽然最高人民法院的分管领导对于这种急于求成的做法及时提出了不同意见，认为

〔1〕　参见张军：《最高人民检察院关于人民检察院适用认罪认罚从宽制度情况的报告——2020 年 10 月 15 日在第十三届全国人民代表大会常务委员会第二十二次会议上》，载《检察日报》2020 年 10 月 17 日，第 2 版。

〔2〕　李永航：《追本溯源：认罪认罚何以从宽——基于对实践和立法的反思》，载《北京警察学院学报》2019 年第 5 期，第 22-23 页。

〔3〕　参见胡云腾主编：《认罪认罚从宽制度的理解与适用》，人民法院出版社 2018 年版，第 217-282 页。

"按照认罪认罚从宽处理的案件数量，要坚持逐步推进、量力而行，不是越多越好，也不是越少越好，而是越公正越高效越好"，并明确提出："认罪认罚从宽制度只宜积极稳妥推进，不可急于求成求多。"[1]但是，这种苦口婆心的善意建言收效甚微。相反，2020 年 2 月，最高人民检察院进一步提出，要在保持 70% 以上适用率的基础上，实现"两提高、一降低"的目标，即提高确定刑量刑建议率、提高法院对量刑建议的采纳率、降低被告人上诉率。[2]可见，最高人民检察院对地方检察机关办理认罪认罚案件的要求"不断加码"。这虽然体现了积极作为、主动担当的精神，但是给地方检察机关施加了过大的压力。地方检察机关又通过业绩考核，要求一线检察官落实相关指标，以致一些基层检察院出现了过度追求适用率、采纳率而轻视办案质量的现象。一些认罪认罚案件中之所以出现检法意见冲突、辩护律师不满或被告人事后反悔等现象，除立法规定有缺陷，检、法两家对相关规定的理解不一致等原因外，基于片面的效率价值取向而设定的适用率、采纳率等考核指标导致办案质量或程序出现瑕疵无疑也是一个重要原因。

2020 年 10 月，第十三届全国人大常委会第二十二次会议听取了《最高人民检察院关于人民检察院适用认罪认罚从宽制度情况的报告》并进行了分组审议。有的委员在发言中指出："有的地方盲目追求刑事案件认罪认罚从宽制度的适用率，设定具体指标作为评价检察工作的依据，易出现层层加码、强推硬推的现象。"[3]随后最高人民检察院即下发了《贯彻审议意见通知》，就全国人大常委会对适用认罪认罚从宽制度情况报告的审议意见提出了 28 条意见，其中第 1 条明确提出："既要依法适用、应用尽用，又要更加注重提升案件质效，不能片面追求适用率。上级检察院通报制度适用情况时，对已经达到较高适用率的，不搞排名、不分先后。"然而，由于检察业绩考核中关于认罪认罚从宽制度的适用率仍然设定了 80% 的"通报值"，对确定刑量刑建议采纳率更是要求达到 90% 以上，低于通报值和考核标准的检察机关仍然会受到负面评价，因而上述指导意见并未从根本上扭转地方检察机关片面追求适用率、采纳率的局面。

实际上，无论是 80% 的适用率通报值，还是实际上已经达到的 90% 左右的适用率，以及超过 97% 的量刑建议采纳率，均已超出了现有法律程序和客观条件允

---

〔1〕 胡云腾：《正确把握认罪认罚从宽　保证严格公正高效司法》，载《人民法院报》2019 年 10 月 24 日，第 5 版。

〔2〕 参见伍晋：《适用认罪认罚应取向"更高质量、更好效果"》，载《检察日报》2021 年 6 月 16 日。转引自最高人民检察院官网，https://www.spp.gov.cn/spp/llyj/202106/t20210616_ 521481. shtml，最后访问日期：2024 年 6 月 8 日。

〔3〕 参见《对人民检察院适用认罪认罚从宽制度情况报告的意见和建议》，载中国人大网，http:// www.npc.gov.cn/c2/c30834/202012/t20201207_ 309085. html，最后访问日期：2024 年 3 月 13 日。

许的极限。从比较法的角度看，在真实观、刑罚观以及司法权力结构与我国比较接近的大陆法系，刑事协商制度的范围不仅在法律上受到严格限制，司法实践中的适用也相当克制。例如，法国在 2004 年就确立了"事先认罪出庭程序"，但这一程序在 2016 年的适用率也只有 15%。[1]意大利"依当事人请求而适用刑罚的程序"最先确立于 1981 年，但直到 2012 年，法院适用该程序处理的刑事案件也只有 86 582 件，约占当年审结的全部刑事案件的 22%。[2]即使是在立法上没有限制认罪协商案件范围的德国，在区法院（Amtsgericht）和地区法院（Landgericht），2012 年分别只有 17.9%和 23%的刑事案件是通过认罪协商解决的。[3]我国认罪认罚从宽制度所赖以运行的正当程序基础本来就不够牢固，而且绝大多数地方检察机关在认罪认罚从宽制度全面实施时都存在心理准备、条件准备、能力准备不足的问题，尽管如此，认罪认罚从宽制度的适用率却在全面施行后的第 1 年（2019年）年底即达到 83%以上，然后持续上升，近两年竟然达到 90%以上，直逼美国答辩交易的适用率，由此不可避免地对司法公正带来一定的损害。

2. 检察机关在审查起诉阶段听取当事人及其律师意见不够充分

认罪认罚从宽制度包括三个不可分割的要素：一是被追诉人自愿认罪认罚，这是适用这一制度的前提，也是实体从宽和程序从简的正当性基础；二是实体处理从宽，包括审前阶段以撤销案件、相对不起诉等方式终止诉讼以及审判阶段量刑从宽；三是审判程序简化，至于侦查程序和审查起诉程序则不仅难以简化，而且还需要增加一些程序环节和工作要求[4]，其中最重要的就是审查起诉阶段的听取意见和签署认罪认罚具结书的程序。

根据《刑事诉讼法》第 173 条的规定，在审查起诉阶段，"犯罪嫌疑人认罪认罚的，人民检察院应当告知其享有的诉讼权利和认罪认罚的法律规定，听取犯罪嫌疑人、辩护人或者值班律师、被害人及其诉讼代理人对下列事项的意见，并记录在案：（一）涉嫌的犯罪事实、罪名及适用的法律规定；（二）从轻、减轻或

---

〔1〕　Beatrice Coscas–Williams & Michal Alberstein, A Patchwork of Doors: Accelerated Proceedings in Continental Criminal Justice Systems, 22 New Crim. L. Rev. 585, 604 (2019).

〔2〕　Federica Iovene, Plea Bargaining and Abbreviated Trial in Italy, University of Warwick School of Law Legal Studies Research Paper No. 2013–11, p. 13.

〔3〕　Alexander Schemmel, Christian Corell & Natalie Richter, Plea Bargaining in Criminal Proceedings: Changes to Criminal Defense Counsel Practice as a Result of the German Constitutional Court Verdict of 19 March 2013, 15 German L. J. 43, 48 (2014).

〔4〕　例如，根据《刑事诉讼法》第 120 条和第 162 条的规定，在侦查阶段，侦查讯问时要"告知犯罪嫌疑人认罪认罚的法律规定"，"犯罪嫌疑人自愿认罪的，应当记录在案，随案移送，并在起诉意见书中写明有关情况"。

者免除处罚等从宽处罚的建议；（三）认罪认罚后案件审理适用的程序；（四）其他需要听取意见的事项。人民检察院依照前两款规定听取值班律师意见的，应当提前为值班律师了解案件有关情况提供必要的便利"。根据《刑事诉讼法》第174条的规定，犯罪嫌疑人自愿认罪、同意量刑建议和程序适用的，除该条第2款规定的情形以外，"应当在辩护人或者值班律师在场的情况下签署认罪认罚具结书"。从《认罪认罚试点办法》和《刑事诉讼法》的相关规定来看，"听取意见是我国认罪认罚从宽制度实施程序的关键环节和核心机制"。[1]这是因为，检察机关就案件事实、指控罪名、从宽处罚建议等听取犯罪嫌疑人及其律师的意见，是就罪与罚的问题达成控辩合意的过程，最终能否达成共识，是犯罪嫌疑人能否签署认罪认罚具结书以及案件能否适用认罪认罚从宽制度的关键。正因为如此，《认罪认罚指导意见》、最高人民检察院2021年12月出台的《听取意见录音录像规定》《量刑建议指导意见》等规范性文件，对检察机关听取意见和签署具结书的程序提出了一系列要求：（1）听取意见之前，应当以书面形式告知犯罪嫌疑人享有的诉讼权利和认罪认罚的法律规定，必要时应当充分释明。（2）听取意见的对象包括犯罪嫌疑人及其辩护人或者值班律师以及被害人及其诉讼代理人。检察机关应当将拟认定的犯罪事实、涉嫌罪名、量刑情节，拟提出的量刑建议及法律依据告知他们，并充分说明量刑建议的理由和依据。（3）在听取意见的过程中，可以通过出示、宣读、播放等方式向犯罪嫌疑人开示或部分开示影响定罪量刑的主要证据材料，说明证据证明的内容，促使犯罪嫌疑人认罪认罚，以保障犯罪嫌疑人的知情权和认罪认罚的真实性及自愿性。（4）犯罪嫌疑人及其辩护人或者值班律师对量刑建议提出不同意见，或者提交影响量刑的证据材料，检察机关经审查认为犯罪嫌疑人及其辩护人或者值班律师意见合理的，应当采纳，相应调整量刑建议，审查认为意见不合理的，应当结合法律规定、全案情节、相似案件判决等作出解释、说明。（5）对于检察官围绕量刑建议、程序适用等事项听取犯罪嫌疑人、辩护人或者值班律师意见、签署具结书活动，检察机关应当同步录音录像；多次听取意见的，至少要对量刑建议形成、确认以及最后的具结书签署过程进行同步录音录像；对依法不需要签署具结书的案件，应当对能够反映量刑建议形成的环节同步录音录像。（6）检察机关提出量刑建议前，应当充分听取犯罪嫌疑人、辩护人或者值班律师的意见，尽量协商一致。以上要求体现了认罪认罚从宽制度的程序公正价值追求，同时，对案件处理的实体公正也有重要影响。

---

〔1〕 闫召华：《听取意见式司法的理性建构——以认罪认罚从宽制度为中心》，载《法制与社会发展》2019年第4期，第57页。

然而调研中我们发现，上述程序性要求并未得到完全落实。

第一，检察官对犯罪嫌疑人的权利告知主要限于辩护权，对认罪认罚的法律规定主要限于认罪认罚"可以"获得从宽处理，但并不告知犯罪嫌疑人指控其有罪的具体证据，一般也不会对犯罪嫌疑人和值班律师开示控诉证据。

第二，检察官听取犯罪嫌疑人意见的过程主要是动员犯罪嫌疑人对指控事实、罪名和量刑建议表示同意，并以不同意就建议从重处罚、不予取保候审、不建议判处缓刑等相威胁。对此，犯罪嫌疑人及其辩护人很难进行有效的"协商"，以至于"有的案件，虽然被追诉人认为自己无罪，甚至辩护人也认为因证据不足或法律上不构成犯罪而不应定罪，但被追诉人慑于起诉重判的威胁，同时受对方定罪轻处的诱惑，有时还受不被羁押或解除羁押的引诱，再考虑中国的控审配合关系等因素，违心认罪认罚"。[1]

第三，检察官听取意见过程中的录音录像一般都是在"说服"犯罪嫌疑人认罪认罚之后录制，并不是"量刑建议形成、确认以及最后的具结书签署过程"的真实反映。因此，即使犯罪嫌疑人最终签署了认罪认罚具结书，从形式上看控辩双方对指控事实、罪名、量刑建议和程序适用等事项达成了"合意"，但实际上体现的只是检察机关单方面的意志。"检察机关既无足够的动力和压力，也无充分的时间和耐心对被追诉人详细解释量刑建议的具体依据，更不愿意与辩护律师或值班律师进行平等的量刑协商。"[2]最高人民检察院在《贯彻审议意见通知》中也承认："认罪认罚案件中听取意见不到位和控辩量刑协商不足、质量不高问题不同程度存在，个别办案人员不尊重辩护人和犯罪嫌疑人意见。"

第四，检察官很少在认罪认罚案件中当面听取被害人的意见，多数是打电话听取被害人意见，有的案件听取被害人意见甚至只是在犯罪嫌疑人已经签署认罪认罚具结书之后才履行的一个手续。但如果被害人已经与犯罪嫌疑人达成了和解、谅解协议，检察官一般就不再听取被害人意见了。即使听取了被害人意见，除需要作出相对不起诉决定的以外，承办人通常也不主动告知被害人案件可能的从宽幅度，因而被害人一方意见在量刑建议中往往体现不足[3]，"有少数案件甚至根

---

〔1〕 龙宗智：《完善认罪认罚从宽制度的关键是控辩平衡》，载《环球法律评论》2020年第2期，第14页。

〔2〕 孙长永：《认罪认罚从宽制度实施中的五个矛盾及其化解》，载《政治与法律》2021年第1期，第10页。

〔3〕 浙江省桐庐县人民检察院课题组：《认罪认罚案件量刑建议实务问题研究——以杭州地区的工作实践为样本》，载《重庆检察（刑事检察理论研究专刊）》2023年10月，第146-147页。

本没有听取被害人的意见，导致被害人在认罪认罚从宽制度中的地位被边缘化"。[1]

实证研究表明，在效率优先的价值导向之下，认罪认罚从宽制度实施过程中既存在检察机关听取意见不充分即控辩双方"沟通不足"的问题，又存在检、法两院"沟通过剩"的问题。[2]一些地方检察机关为了提高认罪认罚从宽制度的适用率和量刑建议的采纳率，"节约司法资源"，避免与法院可能出现的意见分歧，往往在审查起诉阶段就提前与审判法院进行沟通，检察机关就案件的定性尤其量刑获得法官的明确意见后，再提出量刑建议要求犯罪嫌疑人签署认罪认罚具结书。[3]有些地方的法院也会以不同的形式"提前介入"审前的控辩协商过程，与检察官、犯罪嫌疑人就案件的定罪量刑问题事先沟通，即先在控、审之间就量刑建议达成一致，再由控方出面让犯罪嫌疑人接受。由于检察官的量刑建议已经吸收了法官的意见和建议，庭审后如果没有特别意外的情况出现，法官自然会采纳量刑建议。可以说，正是检、法两院之间关于认罪认罚案件的这种配合、衔接机制，造就了认罪认罚从宽制度的高适用率和量刑建议的高采纳率。[4]至于检察官起诉的案件是否符合法定要求、定罪有无充分的事实依据、量刑是否适当、被告人是否获得应有的从宽处理，外人无从得知。

3. 对认罪认罚案件辩护权的保障不到位，值班律师沦为认罪认罚具结程序的见证人

根据《刑事诉讼法》和《认罪认罚指导意见》的要求，公安司法机关办理认罪认罚案件，要充分保障被追诉人及其律师的辩护权，包括符合条件的被追诉人获得法律援助辩护的权利。对于没有委托辩护人，也不符合法律援助辩护条件的被追诉人，依法应由值班律师提供有效的法律帮助，以确保被追诉人理解认罪认罚的法律规定和后果。笔者对东西部两个参与了认罪认罚从宽制度试点工作的基层检察院的起诉书和不起诉决定书进行统计分析后发现，2017—2021 年，在东部 G 市 B 区检察院审查起诉环节认罪认罚的犯罪嫌疑人中，有辩护律师辩护的人数

---

〔1〕 最高人民法院咨询委员会第八调研组：《完善认罪认罚从宽制度研究的调研报告》，载《中国应用法学》2024 年第 2 期，第 113 页。

〔2〕 参见叶青：《程序正义视角下认罪认罚从宽制度中的检察机关沟通之维》，载《政治与法律》2021 年第 12 期，第 75 页。

〔3〕 参见胡云腾：《完善认罪认罚从宽制度的几个问题》，载《中国法律评论》2020 年第 3 期，第 84-85 页；云南省昆明市官渡区人民检察院：《双赢多赢推动认罪认罚从宽工作行稳致远》，载陈国庆主编：《认罪认罚从宽制度司法适用指南》，中国检察出版社 2020 年版，第 251 页。

〔4〕 孙长永、田文军：《认罪认罚案件量刑建议机制实证研究——以 A 市两级法院适用认罪认罚从宽制度审结的案件为样本》，载《西南政法大学学报》2021 年第 5 期，第 8 页。

占比从 8.89% 上升到 16.37%，五年平均占比为 13.31%，而获得值班律师帮助的人数占比从 91.11% 到 76.11% 不等，五年平均占比为 84.37%；同一时期，在西部 Q 市 J 区检察院审查起诉环节认罪认罚的犯罪嫌疑人中，有辩护律师辩护的人数占比从 5.83% 上升到 11.7%，五年平均占比为 9.13%，而获得值班律师帮助的人数占比从 92.54% 到 82.65% 不等，五年平均占比为 88.71%。这些数据表明，尽管存在地区差异，但总体上看，认罪认罚的被追诉人能够获得辩护律师辩护的人数很少。另据司法部统计，2020 年，全国值班律师提供法律帮助的案件总量为 74 万件，其中参与认罪认罚的案件量为 68 万件，占比高达 90.7%。[1]可见，值班律师成为认罪认罚案件被追诉人获得法律帮助的基本依靠。

在司法实践中，一些案件的犯罪嫌疑人本来符合法律援助的条件（例如可能判处无期徒刑），但检察机关并未依法通知法律援助机构指派辩护律师，而安排值班律师见证认罪认罚具结书的签署程序。[2]另有一些案件，犯罪嫌疑人本来已经有辩护律师，但检察机关出于效率等因素的考虑，绕开辩护律师而让值班律师见证认罪认罚具结书的签署程序，受到全国人大常委会的关注，以至于最高人民检察院在《贯彻审议意见通知》中明确要求："认罪认罚案件签署具结书时，犯罪嫌疑人有辩护人的，应当由辩护人在场见证具结，严禁绕开辩护人，安排值班律师代为具结见证。对没有辩护人的，要通过多种形式及时通知、切实保障值班律师为犯罪嫌疑人、被告人提供有效的法律帮助。"2021 年 12 月，最高人民检察院在《量刑建议指导意见》第 27 条重申："犯罪嫌疑人有辩护人的，应当由辩护人在场见证具结并签字，不得绕开辩护人安排值班律师代为见证具结。"同时规定："辩护人确因客观原因无法到场的，可以通过远程视频方式见证具结。"

值班律师虽然是为认罪认罚被追诉人提供法律帮助的主要力量，但其并不具有辩护人的身份，《刑事诉讼法》也没有规定值班律师享有单独会见在押犯罪嫌疑人的权利和阅卷权。虽然《认罪认罚指导意见》补充规定了值班律师的会见权和阅卷权，但在实践中，由于对效率价值的过度追求，一方面，检察机关不希望值班律师单独会见犯罪嫌疑人以及查阅案卷；另一方面，值班律师也没有动力积极行使会见权和阅卷权，一般也不会为在押犯罪嫌疑人申请取保候审。他们仅凭

---

〔1〕 张勇、熊选国：《中华人民共和国法律援助法释义》，法律出版社 2021 年版，第 75 页。

〔2〕 例如，在廖某军诈骗案［浙江省衢州市中级人民法院（2020）浙 08 刑初 2 号刑事判决书］、谢某佳运输毒品案［广西壮族自治区梧州市中级人民法院（2020）桂 04 刑初 13 号刑事判决书］、冯某元制造毒品案［四川省成都市中级人民法院（2020）川 01 刑初 154 号刑事判决书］中，被告人均认罪认罚，而且检察机关的量刑建议都是无期徒刑，但被告人都在值班律师的见证下签署了认罪认罚具结书。换言之，在审查起诉阶段，被告人都没有依法获得委托辩护人或者法律援助律师的辩护。

检察官对案情的简单介绍便向犯罪嫌疑人提供法律咨询服务，告知其认罪认罚的性质和法律规定，然后最重要的工作是应检察官要求在犯罪嫌疑人签署认罪认罚具结书时在场见证。据本课题组在多个基层人民检察院和基层人民法院的调研，检察官和法官一致反映，值班律师从未要求单独会见在押犯罪嫌疑人或被告人，也没有要求过阅卷，其主要任务是见证犯罪嫌疑人、被告人签署具结书，以便案件符合适用认罪认罚从宽制度的形式要求。上海市人大监察和司法委员会 2022 年对上海检察机关适用认罪认罚从宽制度的情况进行专项监督调研后也发现："本市值班律师在为被告人提供法律帮助方面，没有发挥应有的作用，主要表现：一是值班律师会见权行使不充分。目前，本市值班律师一般不会独立会见犯罪嫌疑人，大多由检察官带入看守所一同会见，这会使嫌疑人、被告人对值班律师的身份和地位产生疑惑，相互之间难以建立信任。二是值班律师怠于行使阅卷权。经了解，实践中几乎没有值班律师要求阅卷，也很少会在程序选择建议、申请变更强制措施、案件处理等方面提出意见。值班律师更多的是充当认罪认罚具结书签署形式上的'见证人'。"[1]

4. 法院对认罪认罚案件的法庭审理形式化

一旦认罪认罚案件进入审判阶段，基于被告人认罪认罚的前提事实，无论案件适用的是普通审判程序，还是简易程序或速裁程序，整个审理过程被大大简化，尤其在适用速裁程序的情况下，法庭调查和法庭辩论基本上被省略，而且在没有辩护人出庭的情况下，即使是适用简易程序审理的认罪认罚案件，通常也不进行法庭调查和法庭辩论，整个审判过程与控辩双方对指控事实或证据、罪名、量刑、程序适用问题等存在争议的"实质化庭审"不同，呈现出仅仅对以认罪认罚具结书为载体的控辩合意进行"形式化确认"的一些特点，即审理形式的简约性、裁判生成的即时性以及程序周期的精炼性，有学者称之为"确认式庭审"。[2]最高人民法院咨询委员会第八调研组也发现，"少数案件因追求诉讼效率弱化了庭审的实质审查作用。……例如，在速裁程序中，因办案期限短，存在片面追求诉讼效率，导致庭审实质化保障不足的现象"。[3]

根据《刑事诉讼法》第 190 条第 2 款的规定，被告人认罪认罚的，无论案件

---

〔1〕 上海市人大监察和司法委员会：《关于本市检察机关适用认罪认罚从宽制度情况的调研报告》，载《上海市人民代表大会常务委员会公报》2022 年第 9 号，第 75—76 页。

〔2〕 李奋飞：《论"确认式庭审"——以认罪认罚从宽制度的入法为契机》，载《国家检察官学院学报》2020 年第 3 期，第 41 页。

〔3〕 最高人民法院咨询委员会第八调研组：《完善认罪认罚从宽制度研究的调研报告》，载《中国应用法学》2024 年第 2 期，第 112 页。

审理适用的是普通程序、简易程序还是速裁程序，审判长都应当告知被告人享有的诉讼权利和认罪认罚的法律规定，"审查认罪认罚的自愿性和认罪认罚具结书内容的真实性、合法性"。《认罪认罚指导意见》第39条进一步要求："庭审中审判人员可以根据具体案情，围绕定罪量刑的关键事实，对被告人认罪认罚的自愿性、真实性等进行发问，确认被告人是否实施犯罪，是否真诚悔罪。"最高人民法院也强调指出，法院要"切实履行法定审判职责。发挥好刑事审判对侦查起诉的制约引导作用，发挥好人民法院维护公平正义最后一道防线的把关作用，从事实认定、证据采信、定罪量刑、程序适用等方面，严格依法进行审查，确保每一个认罪认罚案件依法公正处理"。为此，"要落实庭审实质化，发挥庭审对查明事实、保护诉权、公正裁判的决定性作用，特别是要重点对认罪认罚自愿性、真实性和定罪量刑关键事实、关键证据进行审查核实，避免庭审流于形式"。[1]然而，从各地审判实践情况看，法官对认罪认罚自愿性和具结书的真实性、合法性的审查，普遍采取了庭前阅卷为主、庭上讯问为辅的方式。如果在阅卷过程中没有发现疑点，庭审中审判人员对被告人的讯问便成为例行公事式的形式，集中体现为询问被告人对程序适用、指控的犯罪事实和罪名、量刑建议有无异议以及是否自愿签署认罪认罚具结书等几个"格式化"的问题上。只要被告人表示"无异议"，公诉人也没有需要查证的事实，便进入"被告人最后陈述"程序，紧接着即宣告已经事先准备好的判决，适用简易程序审理的案件也可能另择日期宣判。

为了进一步节约庭审时间，在认罪认罚从宽制度试点期间以及全面实施初期，一些基层人民法院对适用速裁程序审理的案件，还在检察院的支持下创造性地进行"批发式"远程审判，即多名被指控同一罪名或相关罪名的被告人在同一个视频中接受"集中审理"，一并当庭宣判，审判法官、公诉人分别由同一审判员和同一检察官担任。实际上，在这种速裁法庭上，公诉人一般只需要简要说明起诉要旨或者摘要宣读起诉书即可，既不需要讯问、举证、质证，也不发表公诉意见。同时，独任审判员一般也只需要对照庭审提纲宣布开庭、查问认罪认罚自愿性和具结书内容的真实性、合法性，并听取被告人最后陈述意见后即可宣判。这样，一次开庭，无论被告人是一个人，还是五六个人甚至十个人，整个庭审过程一般均可在10分钟内结束，至多不会超过15分钟。2019年10月出台的《认罪认罚指导意见》对速裁案件提出"集中开庭，逐案审理"的要求之后，上述"批发式"远程审判才逐渐消失。但在"集中开庭，逐案审理"的速裁模式下，庭审过程仍

---

[1] 沈亮：《凝聚共识 推进认罪认罚从宽制度深入有效实施》，载《人民法院报》2021年7月22日，第5版。

然是形式化的，基本上只是对具结书的确认。试点期间多地基层人民法院甚至中级人民法院提出"速裁案件实行书面审"的强烈建议，其实真实地反映了这种形式化庭审的功能，因为没有人会相信，这样的"确认式庭审"能够对被告人认罪认罚的自愿性、真实性以及量刑建议的适当性进行实质审查。

5. 不少地方以探索轻微刑事案件快速办理机制之名行违法办案之实

对效率价值的片面追求，还体现在一些地方公安司法机关对认罪认罚案件的办理出现"违法提速"的现象，其中典型之一是所谓的"刑拘直诉"。"刑拘直诉"是 2011 年"醉驾入刑"后出现的现象[1]，2012 年为公安部修订的《公安机关办理刑事案件程序规定》所肯定。[2]尽管这种做法早在认罪认罚从宽制度试点以前就有人提出异议[3]，但在刑事案件速裁程序试点尤其是认罪认罚从宽制度试点期间仍然得以延续，一直沿用至今。例如，2017 年 4 月出台的《郑州市刑事案件认罪认罚从宽制度试点工作实施细则（试行）》在"迅速办理机制"一章明文规定了"刑拘直诉"，该细则第 31 条规定："对适用速裁程序办理的犯罪嫌疑人可能判处拘役（不含缓刑）刑罚的案件，侦查机关拘留时间可以延长至 7 日。拘留期间内，侦查机关 3 日内侦查终结，认为案件事实清楚、证据确实、充分，符合适用速裁程序办理条件的，经与人民检察院沟通，可以向人民检察院移送审查起诉。人民检察院受理案件后，认为案件符合速裁程序办理的，且犯罪嫌疑人同意量刑建议的（不含缓刑），应在 2 日内审结，并向人民法院提起公诉。犯罪嫌疑人不同意量刑建议或未在 2 日内审结的，人民检察院应当变更强制措施。人民法院受理案件后，认为案件符合速裁程序办理的，且被告人被羁押的，应在 2 日内审结。未在 2 日内审结的，应变更强制措施。"这一规定明确了"刑拘直诉"的适用范围、适用条件以及刑拘期限在侦、诉、审三个不同办案环节的分配，其实质在于要求公检法三机关对符合速裁程序条件的微罪案件在 7 日内完成侦查、起诉和审判任务，达成快速办理的目的。2017 年 12 月，《最高人民法院、最高人民检察院关于在部分地区开展刑事案件认罪认罚从宽制度试点工作情况的中期报告》对"刑拘直诉"的做法从"程序处理上落实繁简分流"的角度给予了肯定，称："北京、南京、郑州、天津等地设置专门办案组织，探索'刑拘直诉'，在拘

---

〔1〕 参见唐佳：《刑拘直诉程序研究》，西南政法大学 2021 年硕士学位论文，第 6 页。

〔2〕 2012 年《公安机关办理刑事案件程序规定》第 127 条规定："对被拘留的犯罪嫌疑人审查后，根据案件情况经报县级以上公安机关负责人批准，分别作出如下处理：……（二）应当追究刑事责任，但不需要逮捕的，依法直接向人民检察院移送审查起诉，或者依法办理取保候审或者监视居住手续后，向人民检察院移送审查起诉；……"

〔3〕 参见顾顺生、刘法译：《"刑拘直诉"方式不妥》，载《检察日报》2015 年 9 月 9 日，第 3 版。

留期限内完成侦查、起诉、审判，并实行集中移送、集中起诉、集中审理，促进侦、诉、审环节快速流转、无缝对接、全程简化。"此后，"刑拘直诉"的做法在各地逐渐盛行起来。[1]

2018 年 10 月，全国人大常委会以决定的形式修改了《刑事诉讼法》，全面确立了认罪认罚从宽制度，但并未认可"刑拘直诉"的合法性。然而，"刑拘直诉"的做法在一些地方政法机关制定的规范性文件中继续得到了确认。例如，浙江省高级人民法院、浙江省人民检察院、浙江省公安厅、浙江省司法厅于 2020 年 12 月 24 日联合印发的《浙江省刑事案件适用认罪认罚从宽制度实施细则》第 32 条规定了"刑拘直诉"案件的迅速办理程序。2022 年 3 月 23 日，河南省高级人民法院、河南省人民检察院、河南省公安厅、河南省国家安全厅、河南省司法厅发布的《关于适用认罪认罚从宽制度的实施细则》第 22 条就"刑拘直诉机制"作出了明确的规定："探索建立刑拘直诉机制，对符合适用速裁程序的案件，犯罪嫌疑人已被刑事拘留的，公安机关侦查终结后，可以直接移送人民检察院审查起诉。人民检察院、人民法院认为需要变更强制措施的，可以依法作出变更决定。醉酒型危险驾驶案件中被采取刑事拘留措施的犯罪嫌疑人、被告人认罪认罚的，一般应当适用刑拘直诉机制。公安机关、人民检察院、人民法院在刑事拘留期限内完成侦查、起诉、审判工作。无法在刑事拘留期限内完成侦查、起诉、审判工作的，应当变更为取保候审，并在法律规定的期限内完成侦查、起诉、审判工作。对上述犯罪嫌疑人、被告人一般不得采取逮捕措施。"但是，这一规定并未明确所谓"刑事拘留期限"到底是多长。2020 年 3 月《福建省人民检察院关于刑事案件适用认罪认罚从宽制度若干实务问题的意见（试行）》第 17 条也规定："对涉嫌危险驾驶罪等轻微刑事案件，对犯罪嫌疑人、被告人需要采取羁押强制措施的，人民检察院可以协调公安机关适用刑拘直诉程序。适用刑拘直诉程序，不能违反刑事诉讼法第九十一条等有关拘留期限的规定。人民检察院无法在刑事拘留期限内完成起诉的，可以变更为取保候审。"这一规定也未明确公检法机关适用刑拘直诉的具体期限。有的地方甚至专门就所谓"刑拘直诉机制"制定了规范性文件。例如，山东省高级人民法院、山东省人民检察院、山东省公安厅、山东省司法厅于 2020 年 7 月 17 日联合印发《关于适用刑拘直诉机制办理刑事案件的若干意见（试行）》（鲁高法〔2020〕28 号），用 10 个条文的篇幅对"刑拘直诉办案机制"

---

〔1〕　参见《重庆渝北法院公开宣判首例刑拘直诉案件》，载 http://cqgy. cqfygzfw. gov. cn/article/detail/2018/03/id/3246439. shtml，最后访问日期：2024 年 1 月 4 日；《射洪县探索轻微刑事案件快速办理机制》，载 https://ssfj. suining. gov. cn/xinwen/show/ce02c98af0c94e3396163e4d7710af71. html，最后访问日期：2024 年 1 月 4 日。

的含义、适用范围、公检法三机关的办案期限分配、终止适用的情形与后果以及其他相关问题作出了明确规定，其中最富有"创新"意义的是该意见关于"刑拘直诉"案件公检法机关办案期限的规定。根据该意见第4—6条的规定，"公安机关适用刑拘直诉机制办理案件，一般应当在拘留后3日内侦查终结，并将案件移送审查起诉。对拘留期限延长至30日的刑事案件，公安机关一般应当在拘留后15日内将案件移送审查起诉"。"人民检察院适用刑拘直诉机制办理案件，一般应当在2日内作出起诉决定，并提起公诉。对拘留期限延长至30日的案件，人民检察院一般应当在7日内提起公诉"。"人民法院对人民检察院提起公诉的适用刑拘直诉机制办理的案件，应当在刑事拘留期限届满前依法作出判决"。在司法实践中，有的地方甚至把"刑拘直诉"作为"诉源治理"的成功经验加以宣传。[1]

　　然而，所谓"刑拘直诉"是违反《刑事诉讼法》相关规定精神的。根据《刑事诉讼法》第82条和第91条的规定，刑事拘留是逮捕的"先行"措施，它本身并无独立的所谓"拘留期限"，只有对被拘留人需要提请逮捕时，才存在"拘留后提请逮捕的期限"，即"公安机关对被拘留的人，认为需要逮捕的，应当在拘留后的三日以内，提请人民检察院审查批准。在特殊情况下，提请审查批准的时间可以延长一日至四日。对于流窜作案、多次作案、结伙作案的重大嫌疑分子，提请审查批准的时间可以延长至三十日"。显然，立法规定拘留犯罪嫌疑人后提请逮捕的期限，是为公安机关提请逮捕服务的，不是为审查起诉和审判服务的。如果公安机关拘留犯罪嫌疑人后认为不需要逮捕，但又需要追究刑事责任，应当在3日内尽快释放犯罪嫌疑人或者变更为取保候审、监视居住，然后依法提起公诉。因此，所谓"刑拘直诉"完全是公安、检察机关滥用刑拘后提请逮捕期限的违法行为，法院利用所谓"刑拘期限"审理速裁案件，也是以提高审判效率的名义迅速推进审判程序的违法行为；至于为了实行"刑拘直诉"机制，而将所谓"刑拘期限"延长到7日甚至30日的做法，更是对公民人身自由的公然侵犯，没有任何合法性和正当性可言。所谓"刑拘直诉"为轻微刑事案件办理按下"快速键"[2]，不仅不值得大肆宣传，反而应当予以制止。

---

〔1〕 参见王昌荣：《通过诉源治理把矛盾纠纷化解在源头》，载《学习时报》2021年9月22日，第1版。

〔2〕 参见《"刑拘直诉"为轻微刑事案件办理按下"快速键"》，载 https://m.thepaper.cn/baijia-hao_ 22786626，最后访问日期：2024年1月4日；刘希平：《"刑拘直诉"在多地"破冰"》，载《法治周末》2024年6月6日，第2版。

三、认罪认罚从宽制度效率优先倾向的反思

（一）效率优先倾向的危害

在贯彻落实认罪认罚从宽制度中，片面强调诉讼效率，必然会产生一系列危害后果。述其要者，包括：

第一，片面强调诉讼效率，不利于全面准确地贯彻宽严相济刑事政策，依法公正、及时惩治犯罪。片面追求认罪认罚从宽制度的适用率，一方面容易导致控辩双方超越法律允许的范围进行协商甚至秘密交易，导致真正的罪犯被轻纵；另一方面又容易导致一些本来无罪的人被迫接受检察官指控的犯罪事实和量刑建议，或者重要的量刑情节被遗漏或错误认定。前一种情形可能发生于一些复杂、疑难案件中，包括共同犯罪案件和受贿、行贿等"对合犯"案件；后一种情形可能出现于一些定罪证据较为薄弱或者量刑情节较多的案件中。从实践情况看，对一些认罪认罚案件，法院之所以在判决生效后又主动启动再审或者经抗诉启动再审，并改判加刑，很可能与检察机关对认罪认罚被告人的指控事实认定错误、量刑建议明显不当有关。[1]与此相反，一些无罪的犯罪嫌疑人可能由于惧怕检察官建议从重处罚、拒绝建议适用缓刑、拒绝变更为非羁押性强制措施等而被迫认罪认罚，甚至出现冒名顶替的情况。[2]

第二，片面强调诉讼效率，可能导致侦查终结、提起公诉和定罪量刑的查证要求和证明标准下降，特别是形式化的庭审弱化了庭审对案件事实、证据和法律适用的审查功能，很容易酿成错误的判决。例如，侦查机关对认罪认罚案件被告人的财产状况不认真调查，导致被告人认罪认罚后是否有能力赔偿而不予赔偿法院无法查清；对立功、自首情况和涉案金额方面的证据不重视全面收集，导致法庭仅根据被告人的口供予以认定，事后却发现自首、立功不能成立或者涉案金额不明，难以判断犯罪情节；对共犯之间的关系未予查清，匆忙起诉，导致主从犯认定错误甚至量刑不平衡；片面相信被告人的供述，轻视客观证据的收集，导致冒名顶替或者冒用他人姓名现象发生，等等。笔者检索中国裁判文书网发现（截至 2022 年 2 月 27 日），2019—2021 年，全国法院一审适用认罪认罚从宽制度判决

---

〔1〕　例如，杨某刚盗窃案［重庆市大足区人民法院（2020）渝 0111 刑再 2 号］，马某 1 掩饰、隐瞒犯罪所得、犯罪所得收益案［盘锦市双台子区人民法院（2020）辽 1102 刑再 2 号刑事判决书］，陈某文贩卖、运输毒品案［广东省深圳市中级人民法院（2020）粤 03 刑再 6 号刑事判决书］等。

〔2〕　例如，杨某江寻衅滋事错案［宁夏回族自治区吴忠市中级人民法院（2020）宁 03 刑再 1 号刑事判决书］、封某忠冒名顶替自首危险驾驶案［四川省天全县人民法院（2019）川 1825 刑再 1 号刑事判决书］、张某海冒名顶替自首开设赌场案［安徽省蚌埠市蚌山区人民法院（2019）皖 0303 刑再 1 号刑事判决书］等。

生效后启动再审程序的案件共有 426 件，分布在全国 30 个省、自治区、直辖市，其中因原判决认定事实错误而启动再审的，为 177 件，占 41.5%，主要包括三种情形：一是遗漏量刑情节（125 件），例如，遗漏前科、累犯情节，遗漏前罪刑罚尚未执行完毕的事实等；二是定罪量刑情节认定错误（39 件），例如，犯罪数额认定错误，被告人身份认定错误，未认定自首、立功情节等；三是出现了证明原判决、裁定认定的事实确有错误的新证据（13 件），例如，原判决生效后新的鉴定意见推翻原鉴定意见的结论，原判决所依据的判决被撤销。因原判决适用法律错误而启动再审的有 222 件，占 52.1%，主要有四种情形：一是有期徒刑或拘役的缓刑考验期适用错误（111 件）；二是量刑情节适用错误（25 件），如应当适用"其他严重情节"而未适用等；三是附加刑适用错误（16 件），如未判处罚金刑或罚金刑的数额判处不当、未剥夺政治权利等；四是其他（70 件），如未宣告禁止令和从业禁止、援引新旧法条错误、未处置涉案财物、刑期折抵错误等。[1]不难看出，上述"错案"的发生并不是因为案件的事实或者法律问题多么复杂，而主要是办案人员片面追求诉讼效率，对案件的办理操之过急，放松了查证要求，降低了定案处理的证明标准和法律标准。汪海燕教授经对 541 份再审裁判文书进行分析后也指出："综合再审改判后进行了实质变更的案件数和再审后发回重审的案件数来看，认罪认罚案件的再审实际纠正率达到了 90% 左右，已经在一定程度上超过了非认罪认罚再审案件的实际纠正率。此种现象产生的主要原因在于，认罪认罚案件的办理周期较短，法官对案件进行实质审查的能力被削弱。"[2]

第三，片面强调诉讼效率，导致认罪认罚具结书的形成过程缺乏应有的公正性，既难以保障被追诉人认罪认罚的自愿性、真实性与合法性，也不足以保障被害人的知情权、参与权和赔偿权等合法权益。对于犯罪嫌疑人、被告人而言，认罪认罚涉及自身重大利益，是依法获得从宽处理的前提。为了保证被追诉人认罪认罚的自愿性以及认罪认罚具结书的真实性、合法性，《刑事诉讼法》和相关司法规范性文件规定了侦查人员、检察人员、审判人员的诉讼关照义务，并且要求保障被追诉人获得辩护律师或者值班律师的有效法律帮助，还要求法院在庭审过程中对认罪认罚的自愿性、真实性、合法性进行严格审查。然而，由于部分公安司法机关片面追求认罪认罚案件的办案效率，司法人员对被追诉人的诉讼权利告知往往不够清楚，对认罪认罚的法律后果的解释不够全面，对律师辩护的意见不

---

〔1〕 参见孙长永、李昭婧：《再审程序视野下认罪认罚从宽制度实证研究——基于 426 件再审案件的分析》，载《西南政法大学学报》2022 年第 3 期，第 55-56 页。

〔2〕 汪海燕：《认罪认罚案件再审问题研究——以 541 份裁判文书为分析对象》，载《比较法研究》2023 年第 5 期，第 61 页。

够重视，甚至把值班律师单纯当作认罪认罚具结书的见证人，不考虑其法律帮助的有效性，难以保障被追诉人认罪认罚的自愿性以及认罪认罚具结书的真实性和合法性。加之，认罪认罚案件的审理程序被大幅简化，速裁程序、简易程序的庭审过程几乎完全形式化，部分法官基于法律规定的"一般应当采纳"原则以及与检察官之间"协作"意识，对检察官的指控事实、罪名和量刑建议几乎照单全收；何况，检察机关对认罪认罚案件一般也不会向法院移送听取被追诉人及其律师意见的笔录和记载量刑建议形成过程的同步录音录像资料，法官仅凭借庭前阅卷和庭上的简单讯问，很难发现指控的犯罪事实、证据或者量刑建议可能存在的问题，更不会深入调查被告人是否真诚悔罪。

对于被害人而言，由于检察官对诉讼效率的片面追求，在审查起诉阶段检察官听取被害人及其诉讼代理人的意见往往只是履行一个法律手续，因为即使被害人不同意检察官提出的从宽处罚建议，也不影响认罪认罚从宽制度的适用，只是影响速裁程序的适用而已。所以实践中检察官很少会当面听取被害人及其诉讼代理人的意见，涉众型案件尤其如此。而认罪认罚案件的办理有严格的期限要求，等到被害人及其诉讼代理人提交书面意见给检察官时，犯罪嫌疑人可能已经签署了认罪认罚具结书，在这种情况下，即使被害人有异议，也只能听取检察官的解释和说明了。一些案件之所以到了二审阶段，才能达成和解或调解协议，甚至直到诉讼终结也未能达成和解、调解协议，除极少数案件中是因为被追诉人一方面不积极履行赔偿义务、完全没有赔偿能力或者被害人漫天要价以外，主要是因为公安司法人员在侦查、审查起诉和审判期间没有耐心地做好加害人与被害人双方的思想工作。因此，在有直接被害人的认罪认罚案件中，公安司法机关片面追求诉讼效率，很难保障被害人的知情权、参与权和赔偿权等合法权益，"被害人没有在认罪认罚案件中得到应有的获得感"。[1]这对于实现认罪认罚从宽制度有效化解社会矛盾、修复社会关系、促进社会和谐稳定的功能，显然是极为不利的。

第四，片面强调诉讼效率，容易轻视对认罪认罚被告人上诉权的保障，危及两审终审的基本制度。正是在效率优先的价值取向下，重庆、青岛、济南、武汉、大连、杭州、上海、深圳等多地一度出现了检察机关以"跟进式抗诉"压制认罪认罚被告人上诉的现象，并且多数情况下得到了二审法院的支持。[2]检察机关基于认罪认罚被告人的上诉行为提出抗诉以及上级检察机关支持抗诉的典型理由是，

---

[1]　最高人民法院咨询委员会第八调研组：《完善认罪认罚从宽制度研究的调研报告》，载《中国应用法学》2024年第2期，第112页。

[2]　参见孙长永、冯科臻：《认罪认罚案件抗诉问题实证研究——基于102份裁判文书的分析》，载《西南政法大学学报》2020年第4期，第93页。

被告人"先前自愿认罪认罚，判决后以量刑过重为由提出上诉，是以认罪认罚形式换取较轻刑罚，再利用上诉不加刑原则提出上诉，反映出其认罚动机不纯，有违"两高三部"《认罪认罚试点办法》提高诉讼效率、节约司法资源原则要求"，[1]被告人"违背认罪承诺，认罚动机不纯，对于自己签署的认罪认罚具结书缺乏最基本的敬畏和尊重，严重影响了认罪认罚从宽制度的正确贯彻实施，破坏了认罪认罚从宽制度的严肃性和权威性，同时也造成司法资源被严重消耗"。[2]值得注意的是，地方检察机关的此类抗诉得到了最高人民检察院的公开支持。例如，最高人民检察院在2020年12月发布的指导性案例——"琚某忠盗窃案（检例第83号）"的"指导意见"部分明确提出："被告人通过认罪认罚获得量刑从宽后，在没有新事实、新证据的情况下，违背具结承诺以量刑过重为由提出上诉，无正当理由引起二审程序，消耗国家司法资源，检察机关可以依法提出抗诉。"《量刑建议指导意见》第39条明确规定："认罪认罚案件中，人民法院采纳人民检察院提出的量刑建议作出判决、裁定，被告人仅以量刑过重为由提出上诉，因被告人反悔不再认罪认罚导致从宽量刑明显不当的，人民检察院应当依法提出抗诉。"检察实务专家也认为："对被告人从宽处理的重要原因之一，就是被告人认罪认罚给司法资源节约和司法效率提高都带来了好处，也给被告人带来了实实在在的量刑优惠，其无正当理由上诉这一行为不但违背了具结，恢复到不认罪认罚的被追诉状态，而且引起了本不必要的二审程序，浪费了司法资源，使得已经解决案件的司法成本变得更加高昂，也表明其不是发自内心地尊重司法机关的裁决，而是抱有一种投机心理、侥幸心理，不是真诚的悔罪悔过。"[3]据本课题组在东西部多个检察院和法院的调研结果，目前一些地方检察机关仍然存在以抗诉压制上诉的内在冲动，只是由于2021年7月全国刑事审判工作会议强调"要切实保障被告人的上诉权"[4]以后，地方法院不再像以往那样片面地支持抗诉，以至于"跟进式抗诉"才受到了一定程度的遏制。

实际上，认罪认罚从宽制度中的"认罚"并不要求被告人必须接受法院判处的刑罚。《认罪认罚指导意见》第7条规定："认罪认罚从宽制度中的'认罚'，是指犯罪嫌疑人、被告人真诚悔罪，愿意接受处罚。'认罚'，在侦查阶段表现为

---

〔1〕 程某、唐某开设赌场案，广东省深圳市（2018）粤03刑终43号刑事裁定书。

〔2〕 胡某走私、贩卖、运输、制造毒品案，上海市第二中级人民法院（2019）沪02刑终673号刑事判决书。

〔3〕 苗生明：《认罪认罚后反悔的评价与处理》，载《检察日报》2020年2月20日，第3版。

〔4〕 参见沈亮：《凝聚共识 推进认罪认罚从宽制度深入有效实施》，载《人民法院报》2021年7月22日，第5版。

表示愿意接受处罚；在审查起诉阶段表现为接受人民检察院拟作出的起诉或不起诉决定，认可人民检察院的量刑建议，签署认罪认罚具结书；在审判阶段表现为当庭确认自愿签署具结书，愿意接受刑罚处罚。"据此，"认罚"并不含有"接受法院判处的刑罚"的意思，即使法院的判决采纳了检察机关的量刑建议，而量刑建议是控辩双方沟通后在认罪认罚具结书中载明的。因为"认罚"是一个动态的过程，被追诉人虽然愿意"接受处罚"，但具体愿意受到何种处罚，被追诉人在心理上的期待可能会发生变化，表现在行动上可能在签署认罪认罚具结书时与判决时会有所不同。被追诉人签署认罪认罚具结书的行为固然在形式上体现了其认罪认罚的态度，但对量刑判决提出上诉并不等于其对"认罚"反悔了。考虑到我国认罪认罚从宽制度中的"从宽"处理具有职权裁量性，缺乏控辩平等协商的诉讼机制，律师辩护率低，值班律师能够提供的法律帮助极为有限，刑事庭审形式化，现阶段很难对认罪认罚自愿性、真实性、合法性给予充分的保障。因此，虽然在速裁程序试点期间、认罪认罚从宽制度试点期间以及2018年《刑事诉讼法修正草案》公开征求意见期间，法学界和法律界都有人主张对适用速裁程序审理的认罪认罚案件实行一审终审，但最终通过的立法并未接受这种观点。[1]相反，《刑事诉讼法》一如既往地保障所有被告人包括认罪认罚被告人的上诉权，并且明确规定："对被告人的上诉权，不得以任何借口加以剥夺。"[2]而检察机关针对认罪认罚被告人的上诉行为提出抗诉，目的不是纠正确有错误的判决，而是阻止认罪认罚的被告人上诉，因为检方认为上诉浪费了国家的司法资源。殊不知，这种针对上诉的"跟进式抗诉"才真正浪费了国家的司法资源，因为对于被告人的上诉，二审法院经审查后如果认为不能成立，可以不经实体审理直接予以驳回，而对于检察机关的抗诉，二审法院必须开庭审理。不仅如此，"跟进式抗诉"因为在很大程度上剥夺了一审中认罪认罚被告人的上诉权，导致认罪认罚案件事实上的一审终审，从而破坏了我国两审终审的基本制度，致使一些在认定事实和适用法律上有错误的判决不能通过普通救济程序得到审查，需要待判决生效以后启动审判监督程序予以纠正。

（二）效率优先倾向的原因

认罪认罚从宽制度实施中出现的片面强调诉讼效率的倾向，受到全国人大常委会和学界、实务界的密切关注，因而有必要结合实践经验，对出现这一倾向的

---

〔1〕　参见张军、姜伟、田文昌：《认罪认罚从宽制度控辩审"三人谈"》，载陈国庆主编：《认罪认罚从宽制度司法适用指南》，中国检察出版社2020年版，第45页。

〔2〕　《刑事诉讼法》第227条第3款。

原因进行认真的分析，以便采取相应的对策，进一步完善制度和机制，推动这一制度向着建设权威、公正、高效的社会主义司法制度迈进，以实现"努力让人民群众在每一个司法案件中都感受到公平正义"的司法改革目标。

笔者认为，认罪认罚从宽制度实施中出现片面强调诉讼效率或者效率优先的倾向，从法治方面看，主要原因需要从制度设计、运行环境、司法习惯三个方面去探寻。

1. 制度设计：认罪认罚从宽制度的立法规范内含效率优先的导向

帕克教授指出，"任何刑事程序模式都需要解决两类问题，一类是规则应当如何设计，另一类是规则应当如何实施。第二类问题至少和第一类问题一样重要"。[1]但是，规则实施中如果出现超出人们正常预期的异常现象，往往需要反思规则设计本身是否存在不足之处。根据笔者的观察和思考，认罪认罚从宽制度实施过程中之所以出现片面强调诉讼效率的倾向，首先是因为这一制度的设计本身就存在效率优先的导向。

第一，立法者以"听取意见"程序代替控辩协商程序，显示了对控方主导和效率价值的优先考虑。根据 2018 年《刑事诉讼法》第 173 条和第 174 条，对犯罪嫌疑人认罪认罚的案件，检察机关"应当告知其享有的诉讼权利和认罪认罚的法律规定，听取犯罪嫌疑人、辩护人或者值班律师、被害人及其诉讼代理人"关于涉嫌的犯罪事实、罪名、适用的法律规定、从宽处罚的建议、认罪认罚后案件审理适用的程序等事项的意见，并记录在案；犯罪嫌疑人自愿认罪，同意量刑建议和程序适用的，原则上应当在辩护人或者值班律师在场的情况下签署认罪认罚具结书。这些规定回避了控辩"协商"二字，同时未能对听取意见和犯罪嫌疑人签署认罪认罚具结书规定最低限度的程序公正保障，而把是否适用认罪认罚从宽制度的主导权交由检察机关以"听取意见"的方式裁量决定，体现了较强的效率导向。首先，"应当告知其享有的诉讼权利和认罪认罚的法律规定"的要求过于模糊，并且只要求检察机关告知犯罪嫌疑人及其律师"涉嫌的犯罪事实、罪名及适用的法律规定""从轻、减轻或者免除处罚等从宽处罚的建议""认罪认罚后案件审理适用的程序"等事项，缺乏对案件主要证据的告知，因而不足以保证犯罪嫌疑人作出"明知"的决定。其次，在"告知权利"和特定事项与"听取意见"之间，没有为犯罪嫌疑人与其辩护律师或值班律师提供必要的商议时间，无视把"认罪"与"认罚"绑定在一起对犯罪嫌疑人乃至律师知识、能力的挑战，更没有考虑到控辩双方就是否认罪认罚达成合意（尤其是"认罚"问题）往往需要经

---

[1] ［美］赫伯特·L. 帕克：《刑事制裁的界限》，梁根林等译，法律出版社 2023 年版，第 174 页。

历一个"协商"过程，这种协商需要一定的时间保障。最后，立法者对检察机关
听取意见过程中可能存在的强迫、威胁、不当引诱等行为缺乏任何防范措施，仅
要求对听取意见的活动"记录在案"。至于如何防止检察官"为了追求高适用率，
胁迫或者诱导犯罪嫌疑人认罪认罚"以及"对无正当理由、要求一再从轻的犯罪
嫌疑人过度迁就"？如何记录听取意见的活动？对该记录是否应当在提起公诉时一
并移送给法院，以便法官对认罪认罚的过程进行合法性审查？立法上一片空白。
这为检察机关不公正地操作听取意见程序留下了巨大的空间。虽然《认罪认罚指
导意见》规定，"人民检察院可以针对案件具体情况，探索证据开示制度"；最高
人民检察院《贯彻审议意见通知》还提出"积极探索控辩协商同步录音录像制
度"，并且在随后发布的《听取意见录音录像规定》要求"至少要对量刑建议形
成、确认以及最后的具结书签署过程进行同步录音录像"，但在立法缺乏原则规定
的前提下，由检察机关自行规定自己如何与犯罪嫌疑人及其律师进行协商，很难
保障基本的程序公正。

　　第二，简化认罪认罚案件的法庭审理程序，压缩了从提起公诉到有罪判决的
时间。从1996年修正《刑事诉讼法》确立简易程序开始，到2012年修正《刑事
诉讼法》大幅扩充简易程序的适用范围，立法者关于提高诉讼效率的努力集中在
法庭审理程序的简化上面。同时，司法实践中，司法机关也通过"普通程序简化
审"和"轻罪案件快速办理机制"，简化一切认罪认罚案件的法庭审判程序。
2012年《刑事诉讼法》实施不久，全国人大常委会又授权最高人民法院、最高人
民检察院进行刑事案件速裁程序的试点，两年之后，再次授权认罪认罚从宽制度
试点，试点期满之后未经召开全国试点情况总结工作会议便匆忙修改立法，正式
确立刑事速裁程序，并将其范围设置为可处三年有期徒刑以下刑罚的几乎全部认
罪认罚案件，理论上覆盖了进入审判程序的80%左右的刑事案件。不仅如此，立
法新增的速裁程序名为审判程序，实为"确认"程序，因而要求法院在受理案件
后的10日至15日以内当庭宣判。虽然《刑事诉讼法》要求审判人员在告知被告
人诉讼权利和认罪认罚的法律规定后，审查其认罪认罚的自愿性和认罪认罚具结
书内容的真实性、合法性，但是对于省却了法庭调查和法庭辩论的"确认式庭
审"所能发挥的有限审查作用，立法者应当是清楚的。可以说，对于被告人认罪
认罚的案件进行速审、速判，正是立法者所期待的。

　　第三，在速裁程序的适用范围扩展到基层人民法院管辖的可能判处三年有期
徒刑以下刑罚的所有案件的情况下，立法将符合速裁程序适用条件案件的审查起
诉和审判期限限定为10日以内、最长不超过15日，对控辩双方事实认定和罪名
的沟通以及量刑问题的协商、检察官听取被害人及其诉讼代理人意见、犯罪嫌

人与被害人双方关于赔偿或谅解问题的协商等所需要花费的时间考虑不足。同时，立法授权速裁案件省略法庭调查和法庭辩论，也突显了立法者对诉讼效率的偏重，而对"认罪"与"认罚"绑定给刑事诉讼带来的变数及其必要的时间耗费估计不足。

第四，立法者不惜突破宪法原则建立认罪认罚案件的诉判衔接机制，进一步强化了专门机关密切配合打击犯罪的效率思维。2018年《刑事诉讼法》第201条规定，除不符合认罪认罚从宽制度适用条件以及"其他可能影响公正审判的情形"以外，"对于认罪认罚案件，人民法院依法作出判决时，一般应当采纳人民检察院指控的罪名和量刑建议"。这一规定在缺乏明确的控辩协商机制的情况下，建立了认罪认罚案件的"诉判衔接"机制，表面上似乎旨在要求法院尊重"控辩合意"的结果，实际上是违反宪法关于"人民法院依法独立行使审判权"规定赋予了认罪认罚案件公诉意见对法院裁判的约束力，从而为"确认式庭审"奠定了制度基础，其逻辑预设是侦查（调查）阶段通过讯问让犯罪嫌疑人（被调查人）认罪，审查起诉阶段让犯罪嫌疑人认罚并签署认罪认罚具结书，审判阶段直接确认认罪认罚具结书的内容即可。这是典型的"打击犯罪优先"的效率思维，没有充分顾虑对被追诉人认罪认罚的自愿性、真实性进行实质审查的现实需要，对法院基于证据裁判原则而应有的实体裁判权缺乏必要的尊重。即使在法院经审理后认为量刑建议明显不当，或者被告人、辩护人对量刑建议提出异议的情况下，立法仍然授权检察机关"调整量刑建议"。至于法院认为量刑建议"明显不当"时是否应当通知控辩双方（尤其是辩方），检察机关如何调整量刑建议，立法却未作明确规定，从而埋下了认罪认罚案件中"检法冲突"的种子，也进一步突显对认罪认罚被追诉人权利保障的不足。

虽然立法者在2018年修正《刑事诉讼法》对全面确立认罪认罚从宽制度的立法目的避而不谈，修法内容也在很大程度上体现了对司法公正的追求，但与此同时，立法却规定以缺乏公正程序保障的"听取意见"程序达成认罪认罚具结，大幅缩短了认罪认罚案件的审查起诉和第一审的期限，又创设了适用范围广泛但省略了实质审理环节的速裁程序，明示认罪认罚案件实行"一般应当采纳"原则，这些规定结合在一起产生了很强的"集束化"效应，以致司法公正的程序保障被弱化，而"从简从快"的效率导向被强化，显示出较为明显的效率优先导向。

2. 运行环境：刑事正当程序发育不足导致高效运行的认罪认罚从宽制度缺乏充分的正当性基础

从比较法角度看，无论是英美法系，还是大陆法系，都是先有充分发达的正当程序，后有不同形式的协商程序或者"放弃审判"制度等，后者是建立在前者基础之上的。我国认罪认罚从宽制度不可能违背这样的诉讼制度发展规律。在认罪认罚从宽制度之下，专门机关对认罪认罚案件的办理并不存在一套独立的诉讼程序，而是内嵌于原有的诉讼程序之中的。这就决定了，认罪认罚从宽制度的运行不可避免地要依赖原有的刑事诉讼制度。而我国原有的刑事诉讼制度虽经改革开放以来四十多年的持续发展取得了显著进步，但从权力运行与权利保障的平衡角度看，并未达到正当程序的基本要求，这使得认罪认罚从宽制度从运行环境上来说存在"先天不足"的问题。[1]

根据帕克教授的"刑事诉讼的两个模式"理论，"犯罪控制模式"与"正当程序模式"在运作机制、价值目标与基本构造方面都存在重要区别。仅以价值目标为例，"犯罪控制模式"下的价值系统以通过刑事程序抑制犯罪行为作为前提，为此，犯罪控制模式要求把主要的精力放在刑事程序识别犯罪嫌疑人、确定刑事责任和保证定罪之人受到适当惩罚的效率之上，它"必须带来高额的逮捕率和判决率，并且必须在处理案件数量极高且资源投入极度受限的情况下完成。因此，该模式必须对速度和终局性有额外的要求"。[2]与此相反，"正当程序模式"反对犯罪控制模式对诉讼效率的绝对追求与对错案的过分宽容，认为刑事程序的价值目标至少应当是平衡地保护无罪之人与裁判有罪之人，反对刑事诉讼以最高的效率运作压缩公民自由的空间，因为"最大的效率意味着最大的暴政"，为了"阻止公权力对个人的压迫"，可以"缓和地实质性降低刑事程序运作的效率"。[3]我国的刑事诉讼制度传统上属于"非对抗性司法中的压制型"，从价值取向上看，属于"秩序—效率"取向的司法，[4]其实际运行更加接近于犯罪控制模式，与正当程序模式存在很大的差异。在这种诉讼模式下，专门机关之间只有形式上的职责分工，而无实质性的分权制衡。相反，追诉机关在事实上行使一定的裁判权力，审判机关也在事实上履行一定的追诉职能，前者主要表现为侦查（调查）、公诉机关自主决定限制人身自由及干预财产利益的强制性措施，且不受司法审查；后者主要表现为法院有责任配合侦查（调查）、公诉机关完成追诉任务，并且主要依据控方在侦查（调查）阶段单方面收集的证据确认被追诉人的罪行，审判结果

---

〔1〕 参见龙宗智：《完善认罪认罚从宽制度的关键是控辩平衡》，载《环球法律评论》2020年第2期，第9页。

〔2〕 ［美］赫伯特·L.帕克：《刑事制裁的界限》，梁根林等译，法律出版社2023年版，第160-161页。

〔3〕 ［美］赫伯特·L.帕克：《刑事制裁的界限》，梁根林等译，法律出版社2023年版，第167-168页。

〔4〕 张建伟：《协同型司法：认罪认罚从宽制度的诉讼类型分析》，载《环球法律评论》2020年第2期，第36-37页。

基本上是对侦查（调查）结果的确认。这种刑事诉讼虽然形式上存在控、辩、审三方组合，实质上只有官方（公检法等专门机关）与民间（被追诉一方）的双方组合，整个刑事诉讼过程呈现出一种明显的流水作业的特征。在这个流水线上，每个国家专门机关在面对被追诉人时，都有权要求被追诉人如实供述、争取从宽处理，即使在定罪以前也可以对被追诉人进行"认罪服法"的教育，以帮助被追诉人悔罪自新，因而多年来拘留、逮捕率居高不下，取保候审等羁押替代措施的适用不受重视，特别是有罪判决率畸高，而无罪辩护的成功率极低。由于以审判为中心的诉讼制度改革尚未取得实质性进展，那种以无罪推定、控辩平等、司法独立等原则为基础，以公开、公正的司法程序落实非法证据排除和疑罪从无等规则，从而对侦查（调查）权、公诉权形成有效制约的实质化庭审机制至今尚未完全形成。认罪认罚从宽制度正是在这样的诉讼环境中运行的，在此过程中出现的公正性保障不足、效率倾向明显等问题，与其说是认罪认罚从宽制度本身的问题，不如说是作为这一制度运行基础或环境的整个刑事诉讼制度的问题。

例如，立法者在 2018 年修正《刑事诉讼法》时对认罪认罚案件增设的"听取意见"程序，本意在于通过检察机关与犯罪嫌疑人及其律师、被害人及其诉讼代理人之间的沟通，化解社会矛盾，使犯罪嫌疑人自愿认罪认罚，并签署具结书；而在犯罪嫌疑人已经签署认罪认罚具结书的前提下，案件进入审判阶段以后，由于控辩双方关于案件的事实、罪名、量刑等实质性问题已经没有什么争议，因而立法规定"一般应当采纳"原则，赋予检察机关的量刑建议足够的权威，以便检察机关能够争取更多犯罪嫌疑人的合作，不断提高认罪认罚案件的适用率；相应地压缩法庭审理环节和审判期限，也似乎顺理成章。然而，立法规定的"听取意见"程序，是以犯罪嫌疑人"认罪认罚"为前提的，而犯罪嫌疑人认罪认罚必须具备自愿性、真实性等条件，才能进入签署具结书的程序。但是，在立法一如既往地要求犯罪嫌疑人在侦查讯问时承担"如实回答义务"、尚未确立供述自愿性规则、对非法供述的排除范围又极其有限的背景下，检察机关如何在短时间内审查确认犯罪嫌疑人"认罪"的自愿性和真实性？同理，在辩护律师参与率极低、值班律师缺乏专业能力和动力提供有效法律帮助的条件下，由同时拥有侦查监督权、逮捕羁押权、公诉权和事实上的裁判权的专业检察官与往往处于被羁押状态的犯罪嫌疑人直接进行所谓"量刑协商"，如何保证犯罪嫌疑人"认罚"的自愿性以及签署认罪认罚具结书的真实性、合法性？在法庭调查、法庭辩论程序被简化甚至完全省略的情况下，法官如何查明被告人认罪认罚是自愿、真实、合法的？检察系统有领导认为，认罪认罚案件的量刑协商程序虽然由检察官主导，"但具体开展协商，控辩双方系平等的关系，为保障量刑协商平等进行，犯罪嫌疑人应当在辩护人或者值班律师的帮助下与检察官开展协商"。[1]但是，这种所谓"平等协商"的说法与司法实践不符，也不为法学界、律师界和基层司法机关所认可。

总之，由于刑事诉讼中的正当程序发育不足，特别是未能建立起诉前的控辩平等协商机制，对认罪认罚的自愿性、真实性、合法性保障机制不健全，在这种条件下，检察机关急速地将认罪认罚从宽制度的适用率提升到 90% 以上，必然出现效率优先的倾向，从而"带来更大的背离公正原则的风险"。[2]

3. 司法习惯：从"从重从快"到"从宽从快"，"快"习不变

我国改革开放后不久，附着经济的高速发展、流动人员的急剧增多以及转型时期传统社会控制手段的弱化，犯罪率迅速上升，尤其是经济犯罪以及危害社会治安和公共安全的刑事犯罪频发，给社会秩序的稳定和经济的健康持续发展带来严重影响。在此背景下，党中央于 1983 年 8 月 25 日作出《关于严厉打击刑事犯罪活动的决定》，确立了针对严重刑事犯罪的"从重从快"打击方针。为了落实党中央的决策部署，1983 年 9 月 2 日全国人大常委会通过《关于严惩严重危害社会治安的犯罪分子的决定》、《关于迅速审判严重危害社会治安的犯罪分子的程序的决定》和《关于修改〈中华人民共和国人民法院组织法〉的决定》，合称"9·2决定"，规定：对六类严重危害社会治安的犯罪分子如流氓犯罪集团的首要分子等，可以在刑法规定的最高刑以上处刑，直至判处死刑；传授犯罪方法的，根据情节轻重，分别判处五年以下有期徒刑、五年以上有期徒刑、无期徒刑或者死刑；对杀人、强奸、抢劫、爆炸和其他严重危害公共安全应当判处死刑的犯罪分子，主要犯罪事实清楚，证据确凿，民愤极大的，应当迅速及时审判，可以不受《刑事诉讼法》关于起诉书副本送达被告人期限以及各项传票、通知书送达期限的规定的限制；上述犯罪分子的上诉期限和人民检察院的抗诉期限，由《刑事诉讼法》规定的 10 日改为 3 日；杀人、强奸、抢劫、爆炸以及其他严重危害公共安全和社会治安判处死刑的案件的核准权，最高人民法院在必要的时候，得授权省、自治区、直辖市的高级人民法院行使。9 月 7 日，最高人民法院下发《关于授权高级人民法院核准部分死刑案件的通知》，将杀人、抢劫、强奸、爆炸以及其他严重危害公共安全和社会治安判处死刑案件的核准权，授权由省、自治区、直辖市

---

[1]　陈国庆：《认罪认罚从宽制度中的若干问题》，载陈国庆主编：《认罪认罚从宽制度司法适用指南》，中国检察出版社 2020 年版，第 81—82 页。

[2]　熊秋红：《比较法视野下的认罪认罚从宽制度——兼论刑事诉讼"第四范式"》，载《比较法研究》2019 年第 5 期，第 100 页。

高级人民法院和解放军军事法院行使。[1]根据全国人大常委会的"9·2决定"和最高人民法院的授权通知,我国对杀人、强奸、抢劫、爆炸等严重危害社会治安的犯罪开展了声势浩大的"严打"斗争,从1983年8月至1987年1月,历经三大战役,在全国范围内迅速掀起了"从重从快"打击严重刑事犯罪的高潮。1983—1987年,全国检察机关共批准逮捕刑事犯罪嫌疑人221万多人,依法提起公诉216万多件。[2]另据最高人民法院统计,1983年8月至1986年12月,全国各级法院共审结刑事案件判处罪犯172万多人,其中判处5年以上直至死刑的重刑占39.65%。[3]1996年和2001年又进行了两次全国范围内的"严打整治"斗争,从重从快的"严打"刑事政策持续了20余年。

"严打"斗争虽然在维护社会治安等方面短时间内起了一定的积极作用,但以运动方式治理犯罪,不仅难以持续遏制严重犯罪高发的势头[4],而且给刚刚起步的法制建设带来巨大的损害,特别是送达期限"不受刑事诉讼法规定的限制"以及压缩上诉期限、下放死刑核准权的规定,严重限制了被告人委托律师进行辩护的权利,致使法庭审判在事实、证据和法律适用方面的审查把关功能几乎丧失殆尽[5],极大地损害了司法的公信力。在法学界和律师界的强烈呼吁下,直到1996年修改《刑事诉讼法》,作为"重罪速决程序"法律依据的《关于迅速审判严重危害社会治安的犯罪分子的程序的决定》等才被宣布废止。[6]

"严打"期间盛行的"从重从快"刑事政策,以重刑主义的刑罚观和虚无主义的程序观为内核,其严重后遗症之一便是强化了公安司法机关"重打击、轻保护""重实体、轻程序"的司法观念,形成了效率优先的司法习惯。例如,在1996年《刑事诉讼法》和1997年《刑法》实施期间开展的两次"严打整治"专项斗争,各地公安司法机关所采用的办案模式与20世纪80年代"严打"高峰时期的做法如出一辙,尤其是在实体上从重处罚、程序上从简从快办理是一脉相

---

[1] 1991—1997年,最高人民法院又以通知的形式将毒品犯罪死刑案件的核准权授予云南、广东、广西、甘肃、四川和贵州六省与自治区高级人民法院行使。

[2] 参见《最高人民检察院工作报告》(1988年)。

[3] 参见《中国法律年鉴》(1988年),法律出版社1989年版,第636页。

[4] 参见吴鹏森:《中国刑事犯罪60年:犯罪与社会的互动——兼论当代中国犯罪历史分期》,载《安徽师范大学学报(人文社会科学版)》2012年第3期,第300—301页。

[5] 有学者指出:根据"从重从快"的"严打"方针,有的刑事案件被追诉人从被抓获、预审、批捕、起诉、一审、二审、死刑核准直至执行死刑,只用了六天时间,法定的诉讼程序"全部给冲垮了"。参见崔敏:《求真集》,中国人民公安大学出版社2006年版,第276页。

[6] 参见第八届全国人民代表大会第四次会议于1996年3月17日通过的《全国人民代表大会关于修改〈中华人民共和国刑事诉讼法〉的决定》第110条。

承的。

1996 年《刑事诉讼法》首次规定了简易程序，授权对"依法可能判处三年以下有期徒刑、拘役、管制、单处罚金的公诉案件，事实清楚、证据充分，人民检察院建议或者同意适用简易程序的"，以及自诉案件，适用简易程序，由审判员一人独任审判，不受该法关于普通审判程序中讯问被告人、询问证人、鉴定人、出示证据、法庭辩论程序规定的限制，但在判决宣告前应当听取被告人的最后陈述意见。[1]但是，由于简易程序适用范围较窄，而基层司法机关普遍存在"案多人少"的矛盾[2]，它们认为可能判处三年有期徒刑以上刑罚的"刑事案件审判中指控、质证和辩论等方面"程序繁琐、"占有庭审时间过长"[3]，于是，自 1999 年下半年起，一些基层司法机关开始探索对被告人认罪案件的审理方式改革，实行"普通程序简化审"，即对部分适用普通程序审理的刑事案件，在被告人对被指控的基本犯罪事实无异议，并自愿认罪的前提下，简化审理程序，快速审结案件。据称，这种改革使得"审判效率显著提高。案件庭审时间普遍由过去的 2—3 个小时缩短到 1 小时左右，当庭宣判率达到 70% 左右"。[4]在 2001 年 7 月召开的全国高级人民法院院长座谈会上，最高人民法院将"在不违反刑事诉讼法的前提下，探索普通程序简易化的有效途径，以提高审判效率"作为当时"人民法院刑事审判方式改革的重点之一"。[5]有的检察机关甚至提出，不仅一审普通程序要简化，二审程序也要简化。[6]尽管当时有识之士即已指出，"简化诉讼程序并非我国审判方式改革的主要方向"[7]，但这种意见并未受到重视。2003 年 3 月，最高人民法院、最高人民检察院、司法部联合发布了《关于适用普通程序审理"被告人认罪案件"的若干意见（试行）》，正式认可了"普通程序简化审"程序，实际上是变相地并且大幅地扩充了"简易程序"的适用范围。2006 年年底，最高人民检察院出台《关于依法快速办理轻微刑事案件的意见》，要求对"案情简单，

---

〔1〕 参见 1996 年《刑事诉讼法》第 177 条规定。2012 年《刑事诉讼法》第 213 条、2018 年《刑事诉讼法》第 219 条延续了上述规定。

〔2〕 参见易大庆：《简化适用刑事普通程序的探索与实践》，载《国家检察官学院学报》2003 年第 3 期，第 80 页；葛智敏、汤辉明：《浅谈普通程序"简化审"的几个问题》，载 https://www.chinacourt.org/article/detail/2004/01/id/102293.shtml，最后访问日期：2024 年 1 月 10 日。

〔3〕 薛连清、饶光辉：《刑事案件普通程序简化审的理论与实践》，载《检察实践》2001 年第 5 期，第 39 页。

〔4〕 参见《改革刑事庭审方式　确保公正提高效率》，载《检察日报》2003 年 3 月 16 日，第 2 版。

〔5〕 张子祥、陈殿福：《再论刑事案件普通程序简便》，载《法律适用》2002 年第 9 期，第 35 页。

〔6〕 参见上海市人民检察院第一分院课题组：《关于刑事二审简易审的思考》，载《华东政法学院学报》2001 年第 6 期，第 66 页。

〔7〕 王俊民、仲正康：《刑事诉讼普通程序简化审定位》，载《法学》2003 年第 3 期，第 80 页。

事实清楚，证据确实、充分""可能判处三年以下有期徒刑、拘役、管制或者单处罚金""犯罪嫌疑人、被告人承认实施了被指控的犯罪""适用法律无争议"的案件，"在法定期限内，缩短办案期限，提高诉讼效率"，并对审查批捕和审查起诉的期限、办案文书的简化、简易审理的程序、考核激励等作出了具体规定。此后，各地检察机关联合公安机关和法院普遍建立了"轻微刑事案件的快速办理机制"，提高诉讼效率成为地方公安司法机关办理刑事案件的常态化考核要求。

基于对"严打"政策的系统性反思，2004 年 11 月召开的中央政法工作会议提出实行"宽严相济"的刑事政策。同年年底，中央司法体制改革领导小组提出了关于司法体制和工作机制改革的初步意见，要求将死刑案件核准权统一收归最高人民法院行使。[1]2006 年 10 月 31 日，全国人大常委会通过《关于修改〈中华人民共和国人民法院组织法〉的决定》，恢复了 1983 年法律中"死刑除依法由最高人民法院判决的以外，应当报请最高人民法院核准"的规定，自 2007 年 1 月 1 日起施行。2006 年 10 月 11 日，中共十六届六中全会在《关于构建社会主义和谐社会若干重大问题的决定》中进一步提出："实施宽严相济的刑事司法政策……"至此，"严打"政策正式被宽严相济刑事政策所取代。有学者指出："'宽严相济'刑事政策的提出是对我们国家贯彻二十多年的'严打'政策的一个反思、一个检讨、一个修正。从'严打'到'宽严相济'是一个政策的转变。在实行了二十多年'严打'的历史背景下，现阶段实行'宽严相济'的刑事司法政策本质上是要努力实现刑罚宽缓的这一面。"[2]随后，最高人民检察院、最高人民法院相继发布《关于在检察工作中贯彻宽严相济刑事司法政策的若干意见》（2006 年 12 月）和《关于贯彻宽严相济刑事政策的若干意见》（2010 年 2 月），对检察、审判工作中如何具体贯彻落实宽严相济刑事政策提出了全面的指导性意见。随后，我国实际适用的刑罚在结构上逐渐向轻缓化方向转变，到 2012 年，轻刑率已经下降至78.3%，[3]重刑主义得到了初步遏制。

然而，刑罚的适用由重刑主义向宽严相济的转变，并未减缓诉讼程序从简、从快的节奏。相反，在效率优先的司法习惯推动下，立法者在 2012 年修改《刑事诉讼法》时，基于"普通程序简化审"的经验，将简易程序的适用范围扩展到基

---

〔1〕 李洪江：《〈关于统一行使死刑案件核准权有关问题的决定〉的理解与适用》，载《人民司法》2007 年第 2 期，第 16 页。

〔2〕 贾宇：《从"严打"到"宽严相济"》，载《国家检察官学院学报》2008 年第 2 期，第 150 页。

〔3〕 根据《2012 年全国法院司法统计公报》，2012 年全国法院判处三年以下有期徒刑、拘役、管制、单处附加刑、免予刑事处罚以及宣告缓刑的罪犯合计 919 071 人，受有罪判决的总人数为 1 173 406 人，轻刑率为 78.3%。

层人民法院管辖的、被告人认罪的几乎全部刑事案件，使普通程序的适用范围急剧萎缩。虽然该法明确将"尊重和保障人权"规定为刑事诉讼法的任务，扩大了法律援助辩护的适用对象，正式确立了非法证据排除制度，但它在恢复提起公诉的"全案移送"方式的同时，却没有确立直接言词原则或传闻规则，也未对普通程序的法庭调查和辩论程序按照"控辩式"诉讼模式的要求进行合理化改造，以至于刑事案件的庭审实质化缺乏基本的程序保障。尽管主流意见认为 2012 年《刑事诉讼法》体现了"惩罚犯罪与保障人权并重、实体公正与程序公正并重的理念"[1]，但后来的司法实践证明，对司法公正的提升总是步履维艰，而对诉讼效率的追求却很容易达成共识并"修成正果"。

就在 2012 年修正的《刑事诉讼法》刚刚生效实施的 2013 年，最高人民法院已经开始对刑事案件速裁程序的试点草案征求相关方面的意见。正是在"两高"的积极推动下，2014 年 6 月 27 日，全国人大常委会通过了《速裁程序试点决定》，授权对事实清楚，证据充分，被告人自愿认罪，当事人对适用法律没有争议的危险驾驶、交通肇事、盗窃、诈骗、抢夺、伤害、寻衅滋事等情节较轻，依法可能判处一年以下有期徒刑、拘役、管制的案件，或者依法单处罚金的案件，进一步简化刑事诉讼法规定的相关诉讼程序。同年 10 月，中共十八届四中全会决定提出"完善刑事诉讼中认罪认罚从宽制度"。2016 年 9 月 3 日，全国人大常委会又通过了《认罪认罚试点决定》，将程序从简、从快的要求推广适用于被追诉人认罪认罚的所有刑事案件。2018 年修正的《刑事诉讼法》根据公安司法机关试点经验和立法诉求，最终将"认罪认罚从宽处理"确立为刑事诉讼的一项基本原则，并据此对侦查程序、审查起诉程序和审判程序进行了全面修改，使得整个刑事诉讼制度呈现出一种效率导向。

回顾改革开放以来我国刑事政策的发展变化以及刑事诉讼制度的修改历程，可以清楚地发现，在"从重从快"的"严打"政策之下，公安司法机关已经形成"多捕、快诉、速审、重判"的司法习惯。在转为宽严相济刑事政策之后，基于"以宽济严"的新要求，"多捕、重判"的局面逐渐得到缓解，捕诉率和重刑率进入下降通道，但"快诉、速审"的司法习惯却逐步渗入包括轻微刑事案件在内的诉讼全过程。特别是速裁程序和认罪认罚从宽制度试点之后，伴随犯罪结构的变化和少捕慎押司法理念的确立，刑罚结构进一步轻缓化，捕诉率和重刑率持续下降，原来的"从重从快"政策彻底被"从宽从快"的政策所取代。虽然公安司法机关对待被追诉人的态度从单纯的"职权压制"转向附条件（以被追诉人认罪认

---

〔1〕　陈光中、曾新华：《中国刑事诉讼法立法四十年》，载《法学》2018 年第 7 期，第 35 页。

罚为条件）的"主动合作"，刑事案件的实体处理结果以及被追诉人在诉讼中的处遇越来越宽缓，但诉讼程序上的"从简从快"不仅没有改变，而且得到了进一步的拓展，即从单纯对严重刑事犯罪的迅速审判，逐步转为包括对轻微刑事案件的快速办理，进一步发展为对所有认罪认罚案件的从简从快办理，并且实际从简从快办理的认罪认罚案件在 2019 年后的几年间迅速达到刑事案件总数的 90% 左右。从"从重从快"转为"从宽从快"，虽然适用对象、刑罚轻重有变，而节约司法资源、提高诉讼效率的行为习惯未变。在认罪认罚从宽制度实施之后，检察系统相继推出"捕诉一体"办案机制改革和以"案-件比"为核心的业绩考核机制等，进一步强化了刑事案件办理过程中的效率倾向。因此，认罪认罚从宽制度实施中出现的效率优先的倾向，实际上不过是公安司法机关多年来求"快"的司法习惯的自然延续。

四、认罪认罚从宽制度实施中效率优先倾向的矫正

认罪认罚从宽制度的常态化适用，将对我国刑事司法体系乃至整个法治建设进程产生极其深远的影响。制度实施中存在的效率优先倾向，反映出法律界对这一制度的效率价值定位尚存在模糊之处，制度设计的某些关键环节以及实施机制等方面也存在一定的不足，因而有必要正确定位认罪认罚从宽制度的效率价值，并从制度设计、实施机制等方面采取相应的措施，对实践中的效率优先倾向予以适当矫正，以确保这一制度的实施符合刑事诉讼发展规律，符合我国司法改革和法治建设的基本方向。

（一）正确定位认罪认罚从宽制度的效率价值

1. 认罪认罚从宽制度把效率价值摆在突出位置具有一定的必要性和正当性

这是由党中央提出"完善刑事诉讼中认罪认罚从宽制度"的现实背景以及改革逻辑所决定的。从现实背景看，进入 21 世纪以来至 2015 年为止，我国刑事案件的数量呈现持续快速增长的态势，公安机关刑事案件立案数在 2010 年不足 364 万件，2014 年和 2015 年分别增加到 654 万件和 717 万件。其中，轻微刑事案件占刑事案件总数量的比重逐年上升。"轻罪案件的多发性与司法资源的紧缺性之间表现出了强烈的冲突关系，'案多人少'的现象比较突出"。[1] 从改革逻辑来看，"完善刑事诉讼中认罪认罚从宽制度"与"推进以审判为中心的诉讼制度改革"是在全面依法治国的历史背景下同时提出的两大改革任务，二者互相配套，共同指向"保证公正司法，提高司法公信力"的改革目标，但侧重点有所不同。推进以审

---

〔1〕 梅传强：《论"后劳教时代"我国轻罪制度的建构》，载《现代法学》2014 年第 2 期，第 32 页。

判为中心的诉讼制度改革，需要"全面贯彻证据裁判规则，严格依法收集、固定、保存、审查、运用证据，完善证人、鉴定人出庭制度，保证庭审在查明事实、认定证据、保护诉权、公正裁判中发挥决定性作用"，以便"通过法庭审判的程序公正实现案件裁判的实体公正，有效防范冤假错案产生"〔1〕；而认罪认罚从宽制度则是以被追诉人自愿认罪认罚为前提，依法在实体上从宽处理，在程序上从简从快办理，以便更好地贯彻宽严相济刑事政策、有效惩罚犯罪、加强人权司法保障、提高司法效率，这是化解社会矛盾、修复社会关系、应对"案多人少"矛盾的有效手段。前者重点针对被追诉人不认罪或者认罪不认罚的案件，尤其是一些重大、疑难、复杂的案件，必然要求公安司法机关投入更多的司法资源；后者针对被追诉人自愿认罪认罚的案件，重点是可能判处三年有期徒刑以下刑罚的轻罪案件，以期节约司法成本。决策者希望，通过同步推进以审判为中心的诉讼制度改革、完善刑事诉讼中认罪认罚从宽制度，形成"难案精审""简案快办"的局面，最终实现司法资源的优化配置，达到司法公正和司法效率的有机统一。因此，相对于以审判为中心的诉讼制度改革，认罪认罚从宽制度具有更高的效率追求不仅是必要的，也是正当的。

2. 认罪认罚从宽制度效率价值的实现必须以公正的程序保障为条件

第一，这是司法改革顶层设计的要求。党的十八届四中全会通过的《中共中央关于全面推进依法治国若干重大问题的决定》（以下简称《全面依法治国决定》）明确提出："全面推进依法治国，总目标是建设中国特色社会主义法治体系，建设社会主义法治国家。"最终结果是"实现科学立法、严格执法、公正司法、全民守法，促进国家治理体系和治理能力现代化"。在司法方面，《全面依法治国决定》的总体要求是"保证公正司法，提高司法公信力"，为此，"必须完善司法管理体制和司法权力运行机制，规范司法行为，加强对司法活动的监督，努力让人民群众在每一个司法案件中感受到公平正义"。《全面依法治国决定》因此提出了一系列着眼于提高司法公信力的改革措施，例如，完善确保依法独立公正行使审判权和检察权的制度；优化司法职权配置；健全事实认定符合客观真相、办案结果符合实体公正、办案过程符合程序公正的法律制度；推进以审判为中心的诉讼制度改革，确保侦查、审查起诉的案件事实证据经得起法律的检验；保障人民群众参与司法；加强人权司法保障；加强对司法活动的监督，等等。"完善刑事诉讼中认罪认罚从宽制度"只是"优化司法职权配置"任务下的一个具体改革项目。我们认为，中央关于全面推进依法治国的总体布局以及司法改革的顶层设计已经表

---

〔1〕　习近平总书记关于《中共中央关于全面推进依法治国若干重大问题的决定》的说明。

明，完善刑事诉讼中认罪认罚从宽制度的价值取向只能是"公正优先，兼顾效率"，即在坚持司法公正的前提下，通过程序机制的完善，努力提高诉讼效率。

第二，这是刑事诉讼发展规律的要求。德国著名法学家阿尔布莱希特指出："司法可被视为对行政面构成国家管理机构的相关模式的制衡。行政机构，无论是警察还是其他的管理实体，通常都遵循便宜或时机的原则，它们以自由裁量与成本—收益的思维为基础，更有甚者，仅以效率为基础。司法模式恰恰与这些在行政体制中支配决策的模式相反，其所强调的是正当的程序与公正。"[1]刑事诉讼的历史在一定意义上也就是正当程序的萌芽、形成和不断发展的历史，特别是近代以来，所有法治国家都把建设公正文明的司法制度作为维护法治秩序的一个重要目标，而司法效率只是在公正的司法制度基本框架形成之后随着社会情势的变化才逐步显现的问题，以司法效率为主要价值追求的各种简易程序或协商程序都是在法治化的正当程序得以建立之后才发展起来的。具有大陆法传统的国家和地区之所以对协商性刑事司法的范围作出严格的限制，排除严重犯罪案件的适用，就是基于司法公正优先的考虑。对此，第15届国际刑法大会决议指出："对严重犯罪不得适用简易程序以及不加法律限制的对被告人自由裁量的程序。就其他犯罪而言，立法者应确定程序的要求，并采用确保被告人与司法机关合作的自愿性质的措施，如辩护人对被告人的有效援助。"[2]我国目前的刑事诉讼程序尚不完全符合国际刑事司法准则所确立的正当程序要求，刑事诉讼制度发展面临的根本问题仍然是司法不够公正的问题，提高司法效率只是在加强司法公正的过程中必须努力解决的关联问题之一，它不可能也不应当超越司法公正成为我国刑事诉讼制度改革发展的优先追求。就认罪认罚从宽制度而言，它只是正当程序建设过程中的一个环节，既要依赖正当程序作为运行的基础条件，本身又必须提供程序公正的必要保障，尤其是要保障被追诉人认罪认罚的自愿性、真实性和合法性，以便为实体从宽和程序从简提供正当依据。如果不能提供或者不能落实这样的程序保障，片面地追求效率价值，就会使认罪认罚从宽制度偏离我国司法改革和法治建设的基本方向，并且违反刑事诉讼的发展规律。

第三，这是贯彻落实认罪认罚从宽制度"两个和解"精神的要求。亲自参与相关政策制定和制度设计的胡云腾大法官指出，认罪认罚从宽制度蕴含着"两个和解"的精神，即"通过对自愿认罪认罚的被追诉人给予程序和实体的双重从宽

---

〔1〕［德］汉斯·约格·阿尔布莱希特：《法治与保护人身自由》，载王家福主编：《人身权与法治》，社会科学文献出版社2007年版，第29页。转引自张明楷：《轻罪立法的推进与附随后果的变更》，载《比较法研究》2023年第4期，第9页。

〔2〕《国际刑法大会决议》，赵秉志等编译，中国法制出版社2011年版，第123页。

激励，一方面，敦促被追诉人选择与办案机关合作，通过自愿认罪认罚而获得国家一定程度的宽恕即实现与国家和解。另一方面，认罪认罚从宽制度敦促被追诉人向被害人认罪并通过赔礼道歉、退赃退赔、赔偿被害人损失等方式，与被害人达成和解或者附带民事诉讼调解协议，从而获得被害人谅解即实现与被害人和解"。据此，他认为，实施认罪认罚从宽制度的初衷，不是简单的权力转移或者程序简化，而是化"对抗性司法"为"恢复性司法"，促使被追诉人认罪认罚后与国家、被害人和解，从而达到化解矛盾、促进和谐的目的。[1]只有达成了这两个和解，才能减少国家的诉讼成本和改造罪犯的成本，减轻被追诉人的诉讼负担和应负的刑事责任，从而在整体上节约司法资源，提高司法效率。但是，在刑事诉讼中达成"两个和解"是有条件的，国家与被追诉人之间的和解，以被追诉人自愿认罪、真诚悔罪为前提；被害人与被追诉人之间的和解，以被追诉人自愿认罪并且以赔偿损失、赔礼道歉、退赃退赔等方式获得被害人谅解为条件。为了满足这些条件，国家专门机关首先需要依法收集确实、充分的证据，查实被追诉人确实犯了罪。其次，需要对被追诉人以其理解的语言告知其诉讼权利以及认罪认罚从宽的法律规定，并进行耐心的政策、法律教育，促使其自愿认罪、悔罪，然后充分听取被追诉人及其辩护律师或值班律师对案件事实、罪名和从宽处罚等事项的意见，依法提出适当的量刑建议。再次，需要认真听取被害人及其诉讼代理人的意见，必要时还需要在被追诉人与被害人之间进行调解、促成和解。最后，在法庭审理中，审判人员需要对被告人认罪认罚的自愿性以及认罪认罚具结书的真实性、合法性进行实质审查，对被告人与被害人之间的和解协议、调解协议进行合法性审查，确认无误后依法作出公正的判决。如果公安司法机关在侦查讯问、羁押审查、听取意见、量刑建议、法庭审理等环节以及辩护权保障方面不能遵守公正的程序，致使被追诉人认罪缺乏自愿性或真实性、"认罚"缺乏合法性，或者致使被害人未能充分有效参与诉讼过程中、合理诉求得不到满足，那就很难实现真正的"两个和解"，相反，还可能导致被追诉人在庭审中翻供或者其辩护律师作无罪辩护，在判决后提出上诉或申诉，或者导致被害人申诉或者上访。果真如此，那么认罪认罚从宽制度的效率价值就无法得到充分实现。

3. 认罪认罚从宽制度的效率价值具有内在的限度

第一，认罪认罚从宽制度的适用以被追诉人自愿认罪认罚为前提，而要做到被追诉人既自愿认罪又自愿认罚，必然要求公安司法机关和律师做艰苦细致的工

---

〔1〕 胡云腾：《正确把握认罪认罚从宽 保证严格公正高效司法》，载《人民法院报》2019 年 10 月 24 日，第 5 版。

作，履行必要的权利告知、法律释明、听取意见等程序，因而较之办理被追诉人单纯认罪的案件而言，在被追诉人通过法定程序表示认罪认罚之前，公安司法机关往往需要花费更多的司法成本，尤其在侦查（调查）和审查起诉阶段。[1]

第二，从《认罪认罚试点办法》和《刑事诉讼法》新增的关于认罪认罚从宽制度的规定来看，认罪认罚从宽制度的效率价值追求主要体现在认罪认罚案件办理程序的从简、从快上。据统计，认罪认罚从宽制度实施以来，基层人民法院适用速裁程序、简易程序办结的案件占认罪认罚案件的80%左右，[2]认罪认罚案件被告人的上诉率在3%—5%之间（见表1-1），远低于非认罪认罚案件的上诉率。从这一点来看，认罪认罚从宽制度已经充分实现了其效率价值。但仔细观察可以发现，速裁程序的适用率远未达到立法者预期的高度，在一些基层人民法院甚至不到30%[3]，这与《刑事诉讼法》规定的速裁程序适用范围相比还有较大的差距。为什么？因为虽然《刑事诉讼法》规定速裁程序可以适用于被告人认罪认罚、可能判处三年有期徒刑以下刑罚的案件，但其必须符合"案件事实清楚，证据确实、充分，被告人认罪认罚并同意适用速裁程序"等条件，而且符合"被告人是盲、聋、哑人，或者是尚未完全丧失辨认或者控制自己行为能力的精神病人"等六种情形之一的，即使满足上述条件，也不得适用速裁程序。在调研中，课题组发现各地不同程度地存在一种共同的现象，那就是：如果检察官短时间内受理的批捕、起诉案件较多，难以在10日或者15日以内完成听取意见和签署具结书的程序，或者案件可能存在信访风险，他们通常不会建议适用速裁程序甚至不会适用认罪认罚从宽制度办理。这说明，即使是审判程序的简化，在法律上或事实上也有一定的限度。

第三，从逮捕羁押手段的适用来看，认罪认罚从宽制度节约司法资源的价值也是有限的。虽然法律要求把被追诉人认罪认罚情况作为审查逮捕时判断其社会危险性大小的依据之一，但是，认罪认罚态度本身对逮捕和羁押决定的影响极小。根据笔者对曾参与认罪认罚从宽制度试点的东西部两个基层检察院连续五年的起诉书和不起诉书决定书的统计分析，在诉前羁押率大幅度下降、在押犯罪嫌疑人认罪认罚的比例不断上升的情况下，在押犯罪嫌疑人每年平均在押期限并无明显的积极变化，五年累计人均羁押期限甚至分别长于试点初期（2017年）4日和7

---

〔1〕 类似的看法，参见周光权：《论刑法与认罪认罚从宽制度的衔接》，载《清华法学》2019年第3期，第31页。

〔2〕 最高人民法院咨询委员会第八调研组：《完善认罪认罚从宽制度研究的调研报告》，载《中国应用法学》2024年第2期，第109页。

〔3〕 参见本书第六章的统计和分析。

日（见表1-2）。

表1-2　诉前羁押率、在押犯罪嫌疑人认罪认罚率和羁押期间及一览表

地区	年度	犯罪嫌疑人数	诉前羁押人数	诉前羁押率（%）	在押人认罪认罚率（%）	≤61日		62—92日		93—152日		≥153		人均羁押期限（日）
						人数（人）	占比（%）	人数（人）	占比（%）	人数（人）	占比（%）	人数（人）	占比（%）	
G区	2017	3071	2968	96.65	62.80	735	24.76	482	16.24	1471	49.56	280	9.43	92.25
	2018	4112	4039	98.22	68.53	1001	24.78	516	12.78	2014	49.86	508	12.58	98.15
	2019	1592	1565	98.30	59.81	430	27.48	187	11.95	712	45.50	236	15.08	99.40
	2020	4042	3357	83.05	85.91	843	25.11	368	10.96	1754	52.25	392	11.68	96.38
	2021	4685	2855	60.94	87.32	588	20.60	358	12.54	1712	59.96	197	6.90	97.11
	合计	17 502	14 784	84.47	74.03	3597	24.33	1911	12.93	7663	51.83	1613	10.91	96.66
J区	2017	1443	1029	71.31	73.28	664	64.53	195	18.95	108	10.50	62	6.03	59.64
	2018	1697	1192	70.24	78.27	746	62.58	178	14.93	115	9.65	143	12.00	69.36
	2019	1461	953	65.23	87.72	554	58.13	190	19.94	114	11.96	95	9.97	68.65
	2020	1801	901	50.03	89.23	537	59.60	143	15.87	130	14.43	91	10.10	63.35
	2021	1238	556	44.91	96.58	240	43.17	160	28.78	125	22.48	31	5.58	71.27
	合计	7640	4631	60.62	83.44	2741	59.19	866	18.70	592	12.78	422	9.11	66.45

　　至于2020—2022年全国刑事案件诉前羁押率的显著下降，也不主要是因为认罪认罚从宽制度的实施，而是"捕诉一体"办案机制改革、新冠疫情期间对羁押条件的严格要求、少捕慎押司法理念和政策的落实等多种因素综合作用的结果。

　　需要指出的是，即使是认罪认罚从宽制度实施期间所体现出来的"效率价值"，也不能完全归功于认罪认罚从宽制度本身，还要考虑检察院的"案-件比"考核、法院的结案率和审判期限考核等因素。因为一些案件量较大的基层检察院、法院，检察官、法官为了达到考核指标的要求，往往不得不通过利用休息时间加班的方法，缩短相关办案期限。有实证研究发现，自检察系统于2019年推行"案-件比"考核开始，基层检察官工作日和双休日加班就成为常态。"2019年J区刑事检察部门双休日累计加班357天，工作日累计加班848.15个小时；2020年双休日累计加班陡增到618天，工作日累计加班445.61个小时。如果按照白天12个小时换算，2020年较2019年加班时长增加了221.95天，增幅高达48.99%，2021年又在2020年加班时长的基础上增长了18.12%"。[1] 由此可见，虽然认罪认罚从宽

────────────

　　〔1〕　周晨：《检察机关案件质量评价机制研究——以刑事捕诉业务为例》，上海交通大学2023年博士学位论文，第115页。

制度具有提高诉讼效率的潜力，有利于解决办案流程反复、效率不高的实践问题，但实际办案期限的缩短，主要可能是检察官为了应对办案效率的考核要求而通过自我加压甚至是高负荷的加班实现的。另外，也有的基层司法机关虽然适用了速裁程序，但实际上并未遵守速裁程序所规定的期限等要求。例如，本人对 G 区检察院 2017—2021 年的起诉书进行统计分析时发现，该区五年间共建议对 1555 名在押犯罪嫌疑人适用速裁程序审理，但其中审查起诉阶段的羁押期限超过 15 日（速裁案件的法定审查起诉期限），人均羁押期限最低的 2021 年也有 19.52 日，最高的 2019 年则长达 39 日，五年间人均羁押期限为 29.14 日。其中除少数案件是因为审查起诉阶段变更管辖导致的以外，绝大多数案件超过法定审查起诉期限并无合法依据。虽然形式上这些案件均被纳入速裁程序的统计范围，但实际诉讼效率未必像数据本身展示的那样"快速"。

（二）进一步完善认罪认罚从宽制度的立法和司法解释

法国学者图尔肯斯在比较了欧洲不同国家的协商性刑事司法程序后指出，在简化问题的表面之下是刑事司法运行的效率问题。但追求效率不能企图把支配人类社会的经济原理带入刑事司法领域。效率问题必须从一个整体的角度来看：对于刑事司法，我们究竟想要何种效率——犯罪控制还是正当程序？还有，运用何种资源实现这种效率？无论在何种情况下，效率都必须位于正义之下。[1]认罪认罚从宽制度虽然反映了对司法效率的追求，但是，"司法效率的追求与秩序的追求，是紧密结合在一起的，要使刑事司法不在效率的名义下劣质化，应当将司法效率置于不伤及司法公正的前提下"。[2]

鉴于《刑事诉讼法》的修改已被列入"十四届人大常委会立法规划"，认罪认罚从宽制度的完善需要在此次修法过程中一并予以考虑。从矫正制度实施过程中效率优先的不良倾向角度看，主要需要作以下几个方面的修改：

1. 明确限定认罪认罚从宽制度的适用范围

认罪认罚从宽制度的一个重要特点是，它贯穿刑事诉讼的全过程，适用于侦查、起诉、审判各个阶段。《认罪认罚指导意见》指出："认罪认罚从宽制度没有适用罪名和可能判处刑罚的限定，所有刑事案件都可以适用，不能因罪轻、罪重或者罪名特殊等原因而剥夺犯罪嫌疑人、被告人自愿认罪认罚获得从宽处理的机

---

〔1〕 Francoise Tulkens, Negotiated Justice, in European Criminal Procedures, edited by Mireille Delmas-Marty and J. R. Spencer, Cambridge University Press, 2002, pp.681-682.

〔2〕 张建伟：《协同型司法：认罪认罚从宽制度的诉讼类型分析》，载《环球法律评论》2020 年第 2 期，第 51 页。

会。但'可以'适用不是一律适用，犯罪嫌疑人、被告人认罪认罚后是否从宽，由司法机关根据案件具体情况决定。"但是，这种制度设计必然导致认罪认罚从宽制度适用范围的无限性与实际从宽处罚范围的有限性之间出现矛盾，以致产生制度性诱供的风险，最终损害司法的公信力。因为基于适用范围的无限性，立法者要求侦查人员在讯问犯罪嫌疑人时告知其"如实供述自己罪行可以从宽处理和认罪认罚的法律规定"，其意图是"为了使犯罪嫌疑人更加清楚如实回答、认罪认罚将会受到从宽处理"。[1]虽然侦查人员并不能代表国家对犯罪嫌疑人在从宽幅度问题上给予明确的承诺，但"告知认罪认罚的法律规定"必然包含着"认罪认罚可以获得从宽处理"的内容，这就是典型的"以法律允许的利益相引诱"。如果犯罪嫌疑人基于对侦查人员的信赖而作出了有罪供述，并且愿意接受刑罚处罚，但事后却认定为"虽然认罪认罚但不足以从宽处罚"，即使侦查人员未曾作出任何从宽处罚的明确承诺，也不能否认侦查讯问及相关的告知行为产生了欺骗性的效果。在那些需要严厉打击的严重危害国家安全、公共安全犯罪、严重暴力犯罪等重罪案件中，要求侦查人员不加区别地告知所有犯罪嫌疑人"认罪认罚可以从宽处罚"的法律规定，欺骗性更加明显。这种欺骗并不是个别侦查人员的不当操作，而是制度性的欺骗，它"不仅影响了犯罪追诉机关乃至整个司法体系的公信力，并且因被追诉人认罪认罚的自愿性、真实性存疑，容易导致冤假错案的发生"。[2]

根据宽严相济刑事政策的要求，公安司法机关办理刑事案件，应当根据犯罪的具体情况，区分案件性质、情节和对社会的危害程度，实行区别对待，做到该宽则宽，当严则严，宽严相济，罚当其罪。而认罪认罚从宽制度的基调是"从宽"处理，重点在落实宽严相济刑事政策的"宽"的一面。虽然法律规定对自愿认罪认罚的被追诉人"可以依法从宽处理"，不是"一律从宽"，如果同时又要求侦查、检察人员和审判人员不加区别地对所有被追诉人告知"认罪认罚的法律规定"，就会导致司法行为的前后矛盾。事实上，在全国人大常委会听取最高人民检察院关于检察机关适用认罪认罚从宽制度情况报告之后，最高人民检察院在《贯彻审议意见通知》中已经明确要求："对严重危害国家安全、公共安全犯罪，严重暴力犯罪等重罪案件，应当依法从严惩治，即使适用认罪认罚从宽制度也要慎重把握从宽处罚的幅度，避免案件处理明显违背人民群众的公平正义观念。对犯罪性质和危害后果特别严重、犯罪手段特别残忍、社会影响特别恶劣的犯罪嫌疑

---

〔1〕　王爱立主编：《中华人民共和国刑事诉讼法释义》，法律出版社 2018 年版，第 268 页。

〔2〕　刘泊宁：《认罪认罚从宽制度中司法承诺之考察》，载《法学》2020 年第 12 期，第 61 页。

人、被告人，依法予以严惩。"这实际上就等于说，"严重危害国家安全、公共安全犯罪，严重暴力犯罪等重罪案件"等原则上不适用认罪认罚从宽制度。

为了全面、准确地落实宽严相济刑事政策以及证据裁判原则和罪责刑相适应原则，去除现有认罪认罚从宽制度存在的效率优先导向，修改《刑事诉讼法》时应当对这一制度的适用范围进行一定的限制，明确将严重危害国家安全、公共安全犯罪，严重暴力犯罪等重罪案件以及可能判处无期徒刑、死刑的案件排除在外，并通过司法解释对这一限制性规定作出具体的解释，以便向公安司法人员、当事人和其他诉讼参与人以及社会公众传递明确的政策导向，在国家追诉机关与被追诉人之间建立良好的互信关系，促进认罪认罚从宽制度公正运行。

2. 适当压缩速裁程序的适用范围

鉴于速裁程序的办案期限非常短暂，而速裁案件的法庭审理又省略了法庭调查和法庭辩论等庭审的核心环节，证明标准事实上被降低，现行法关于速裁程序适用于可能判处三年以下有期徒刑的案件这一范围显然过于宽泛，不利于保证速裁案件的公正处理。[1] 为了在公正与效率之间达成适当的平衡，借鉴德国刑事处罚令程序的经验，我国速裁程序的适用范围可以压缩至可能判处一年有期徒刑以下刑罚的案件（相当于"微罪"案件），适用条件、适用期限和审判程序可以维持现状。但是，基于效率的要求，可以对速裁案件被告人的上诉权进行一定的限制，例如，除非有证据证明被告人认罪认罚是不自愿、不属实的，或者有证据证明被告人确实没有实施指控犯罪的，被告人不得对经速裁程序作出的有罪判决提出上诉。相应地，在审查起诉阶段的控辩协商环节，检察官不仅可以就量刑问题与犯罪嫌疑人及其律师进行协商，还可以要求犯罪嫌疑人根据法律规定的条件放弃上诉权。对速裁案件被告人依法提出的上诉，二审法院经审查认为理由成立的，应当撤销原判，发回原审人民法院按照普通程序进行重新审判，不再适用认罪认罚从宽制度。

把速裁程序的适用范围从"轻罪"限缩至"微罪"案件，能够更好地兼顾司法公正与司法效率，更加符合人民群众的公平正义观念，因而更加容易被社会所接受。实际上，即使是"微罪"案件，其数量也并不少。根据《中国法律年鉴》的司法统计数据，2020—2022 年，全国法院判处不满 1 年有期徒刑、拘役、管制以及单处附加刑的人数分别为 481 476 人、614 715 人和 486 780 人，占各年度有罪判决总人数的比例分别为 31.53%、35.84% 和 34.02%，三年平均占比为

---

[1] 有检察业务专家持类似的观点，参见李勇：《证明标准的差异化问题研究——从认罪认罚从宽制度说起》，载《法治现代化研究》2017 年第 3 期，第 58 页。

33.8%。考虑到同期判处三年以下有期徒刑、拘役的罪犯大约有32%的人被宣告缓刑，其中判处一年以下有期徒刑、拘役并宣告缓刑的人数至少占三分之一，如果把这些人纳入"判处一年以下有期徒刑以下刑罚"人数，则全部"微罪"人数占有罪判决总人数的比例应当会超过40%[1]，其中即使只有90%的人认罪认罚，符合速裁程序适用条件的人也已经超过被告人总人数的三分之一，大体上相当于目前全国速裁程序的平均适用率。

3. 完善审查起诉阶段的听取意见和量刑协商程序

其一，应当要求检察官在听取意见时对犯罪嫌疑人具有的诉讼权利、认罪认罚的法律后果等进行详尽的告知和解释，同时告知犯罪嫌疑人和值班律师指控犯罪所依据的主要证据，以便犯罪嫌疑人在律师协助下作出"明知"的认罪认罚决定。

其二，应当建立公正、透明的量刑协商程序和听取被害人意见程序。例如，立法和司法解释应当在检察官提出初步的量刑建议之后，赋予辩护律师、值班律师与犯罪嫌疑人私下进行商量的权利，并保证必要的时间；应当要求值班律师履行阅卷义务和单独会见义务之后才能向犯罪嫌疑人提供专业咨询意见；检察官与犯罪嫌疑人（尤其是被拘留、逮捕以及被指定居所监视居住的犯罪嫌疑人）之间的量刑协商应当通过辩护律师或值班律师进行，并向犯罪嫌疑人作详细的解释和说明，以便其真正理解认罪认罚的法律后果；赋予辩护律师或值班律师提出量刑意见的权利，检察官不采纳辩方的量刑意见的，应当说明理由。同样，应当要求检察官当面听取被害人（在涉众型案件中，可以是被害人代表）及其诉讼代理人的意见，并且对被害人提出的赔偿要求、量刑意见充分予以吸收，明确检察官在刑事和解、民事调解中的职责，增强认罪认罚从宽制度下被害人的权益保护，促进社会矛盾化解。

此外，还应当要求检察官将听取意见及量刑协商的全过程进行记录或同步录音录像，并且随案移送，以便法官对被告人认罪认罚的自愿性、真实性与合法性，以及和解协议、调解协议的合法性和被害人谅解的真实性进行实质审查。

4. 废止"一般应当采纳"的规定

《刑事诉讼法》第201条关于对认罪认罚案件中的指控罪名和量刑建议法院"一般应当采纳"的规定，不仅直接冲击控、审分离这一现代刑事诉讼的基石性

---

[1] 最高人民法院研究室副主任喻海松博士认为，"一年以下有期徒刑的案件"占比已经达到60%。参见喻海松在"'刑事强制措施的理念革新与制度完善'学术研讨会暨中国政法大学修改《刑事诉讼法》专班成立仪式"上的发言：《〈刑事诉讼法〉为何改、怎么改、改什么?》，载微信公众号"中国政法大学诉讼法学研究院"，2024年1月28日。

原则,而且违反了"人民法院依法独立行使审判权"的宪法原则,受到学界的一致批判。[1]检察机关提出的量刑建议即使完全建立在控辩平等协商基础之上,充分反映了控辩双方的"合意",也不应对法院的裁判产生既定的约束力,否则,如何体现"以审判为中心"的要求?法院还有什么动力对认罪认罚的自愿性、真实性、合法性进行实质审查?在司法实践中,全国检察机关对认罪认罚案件提出的量刑建议之所以97%左右得到法院的采纳,很大程度上就是因为这一规定造成的,未必都是因为量刑建议"精准化"的结果。一些基层检察院即使对类似的案件提出了轻重不同的量刑建议,同级法院也因为这一规定不得不采纳。少数案件中法院与检察院围绕量刑建议是否明显不当之所以会发生冲突,甚至引发舆情(例如余金平交通肇事案),也是因为这一规定赋予了检察机关对抗裁判的底气。可以说,"一般应当采纳"的规定是2018年立法者为了追求认罪认罚从宽制度的效率价值而突破公正底线的典型例证,其负面作用大于积极作用,应当尽快予以废止。

废止"一般应当采纳"的规定并不会影响认罪认罚从宽制度的有效适用。因为法院经实体审理以后认为检察机关指控的犯罪事实和罪名有确实、充分的证据证明,量刑建议适当的,仍然会依法采纳,反之则不予采纳。只是检察机关在审查起诉阶段与犯罪嫌疑人及其律师进行量刑协商时应当提醒犯罪嫌疑人和律师,检察机关提出的量刑建议虽然符合法律规定,但法院审理后仍然有权不予采纳,以便犯罪嫌疑人在决定是否签署认罪认罚具结书时具有充分的明知性和自愿性。这样不仅有利于恢复检法两院之间的分工负责、互相制约的关系,而且有利于促进检察机关与犯罪嫌疑人及其律师进行平等的量刑协商,避免检察机关以"一般应当采纳"为后盾单方面武断地决定认罪认罚具结书的内容,致使犯罪嫌疑人陷入要么被迫签署,要么放弃从宽处罚待遇的两难境地。

5. 完善法律援助辩护制度

目前认罪认罚从宽制度的一大缺陷在于,认罪认罚案件中80%左右的犯罪嫌疑人在审查起诉阶段只能得到值班律师的有限法律帮助,部分犯罪嫌疑人甚至没有获得任何律师的法律帮助,因而自认罪认罚从宽制度试点以来,立法者和决策部门试图通过"保障犯罪嫌疑人、被告人获得有效法律帮助",来"确保

---

[1] 参见魏晓娜:《结构视角下的认罪认罚从宽制度》,载《法学家》2019年第2期,第119页;闫召华:《"一般应当采纳"条款适用中的"检""法"冲突及其化解——基于对〈刑事诉讼法〉第201条的规范分析》,载《环球法律评论》2020年第5期,第135-136页;孙远:《"一般应当采纳"条款的立法失误及解释论应对》,载《法学杂志》2020年第6期,第113页。

其了解认罪认罚的性质和法律后果并自愿认罪认罚"[1]的努力实际上并未完全成功。

2017 年以来，在最高人民法院和司法部的大力推动下，审判阶段律师辩护全覆盖的试点工作取得了积极进展。2018 年《刑事诉讼法》实施以后，值班律师的法律帮助不再以被追诉人认罪认罚为前提条件，所有没有辩护人的被追诉人都有机会获得值班律师的法律帮助。2022 年 10 月，最高人民法院、最高人民检察院、公安部、司法部联合发布《深化辩护全覆盖意见》，要求在巩固审判阶段刑事案件律师辩护全覆盖试点工作成效的基础上，进一步在审查起诉阶段开展律师辩护全覆盖试点工作。这对于推进以审判为中心的诉讼制度改革，无疑具有重要的现实意义。然而，根据上述意见，审查起诉阶段律师辩护全覆盖目前仅仅适用于"犯罪嫌疑人没有委托辩护人，且具有可能判处三年以上有期徒刑、本人或其共同犯罪嫌疑人拒不认罪、案情重大复杂、可能造成重大社会影响情形之一"的案件，案件范围和试点范围都极为有限，没有包括犯罪嫌疑人认罪认罚的案件，更不涵盖侦查阶段。而从保障认罪认罚自愿性的现实需要来看，犯罪嫌疑人最需要律师帮助的时刻既不是审判阶段，也不是审查起诉阶段，而是侦查讯问阶段。考虑到我国的现实条件以及认罪认罚从宽制度正当化的要求，我们认为应当将法律援助辩护扩充至公安机关提请批准逮捕的所有犯罪嫌疑人，犯罪嫌疑人自行委托辩护人的除外，理由是：（1）逮捕的首要条件是"有证据证明有犯罪事实"，因此逮捕决定实际上是认定犯罪嫌疑人罪与非罪的关键阶段。自公安机关提请批准逮捕起为没有辩护人的犯罪嫌疑人提供法律援助辩护，能够最大限度地将现有的值班律师辩护人化，更好地保障犯罪嫌疑人"认罪"的自愿性。（2）随着少捕慎押理念的深入人心，我国诉前羁押率持续下降，全国检察机关捕诉率只有 34%，2023 年反弹至 43%，绝对人数减少到 72.6 万人，扣除 20% 左右的人可能委托辩护人，实际需要提供法律援助辩护的犯罪嫌疑人不到 60 万人。按照人均法律援助费用 0.5 万元计算，全年法律援助辩护费用在 30 亿元左右，远远低于绝大多数省（自治区、直辖市）一年的罚没收入。[2]随着少捕慎押司法理念的深入落实，诉前羁押率将会不断下降，因而对在押犯罪嫌疑人的法律援助费用还可能相应下降。

此外，还应当根据以审判为中心的诉讼制度改革要求完善侦查、逮捕、起诉和审判程序，落实检察机关对指控犯罪的证明责任，确保那些不认罪以及认罪不

---

[1] 参见《认罪认罚从宽试点办法》第 5 条。

[2] 2021 年和 2022 年，除江西和西藏无罚没收入的统计数据外，只有青海和宁夏的罚没收入低于 30 亿元。参见陈汐：《中国哪些省市罚没收入高》，载 https://zhuanlan.zhihu.com/p/634885729，最后访问日期：2024 年 1 月 13 日。

认罚的被告人获得公正审判的权利，为认罪认罚从宽制度的公正、高效实施提供一个符合正当程序要求的基础环境，以便对公安机关的侦查讯问权、检察机关的逮捕权和公诉权（包括量刑建议权）以及法院的审判权进行有效的约束。在此基础上，充分保障被追诉人认罪认罚的自愿性、真实性与合法性，真正实现在确保司法公正的前提下最大限度地提高司法效率。

（三）改进认罪认罚从宽制度的实施机制

矫正认罪认罚从宽制度实施中的效率优先倾向不是要否定公安司法机关在办理认罪认罚案件中合理地追求司法效率的提升，而是要对司法效率的追求控制在合理的限度以内，防止公安司法机关超过司法公正的底线片面地追求效率。从五年多来的实施情况看，这主要涉及两大机制：一是"捕诉一体"办案机制，二是司法绩效考核机制。

"捕诉一体"办案机制最初始于部分基层检察机关的实践探索，以此为基础，2018年7月，最高人民检察院明确提出以检察机关内设机构改革为突破口，建立"捕诉合一"办案机制[1]，自2019年起在全国检察系统实行"捕诉一体"，并在2019年12月30日公布施行的《最高检规则》加以制度化。根据《最高检规则》第8条、第310条、第317条和第575条的规定，对同一刑事案件的审查逮捕、审查起诉、出庭支持公诉和立案监督、侦查监督、审判监督等工作，原则上由同一检察官或者检察官办案组负责；对公安机关重新计算侦查羁押期限的备案审查、羁押必要性审查、延长侦查羁押期限案件的审查（以下简称相关羁押审查），也一律由"负责捕诉的部门"承担。尽管学界主流意见[2]和一些检察实务专家[3]并不赞成"捕诉一体"，但在最高人民检察院的强力推动下，"捕诉一体"已经成为检察机关办理刑事案件的常态化机制。这一办案机制固然有利于检察机关提高司法效率，但它将本应客观中立履行的审查逮捕和相关羁押审查等侧重于保护公民人身自由的职能，与以追诉犯罪为使命的公诉职能同时交由一个检察官或办案组负责，必然导致审查批捕以及相关羁押审查职能成为公诉职能的附庸，审查批

〔1〕 尚黎阳：《重组刑事办案机构案件分类捕诉合一》，载《南方日报》2018年7月26日，第A4版。

〔2〕 陈瑞华：《异哉，所谓"捕诉合一"者》，载微信公众号"中国法律评论"，2018年5月29日；龙宗智：《检察机关内部机构及功能设置研究》，载《法学家》2018年第1期，第149页；谢小剑：《检察机关"捕诉合一"改革质疑》，载《东方法学》2018年第6期，第102页。

〔3〕 参见朱孝清：《对检察官中立性几个问题的看法》，载《人民检察》2016年第2期，第11页；孔璋：《现行检察体制内捕诉关系的论证——兼谈中国特色审前羁押司法审查制度的构想》，载《人民检察》2004年第5期，第33页。

捕和相关羁押审查等作为独立的人身自由保护程序而存在的价值荡然无存。[1]这不仅严重背离了刑事正当程序的基本精神和国际公约确认的刑事司法准则[2]，也不符合我国"少捕慎押"的刑事司法理念。由于检察机关的逮捕决定对提起公诉、量刑建议以及法院的裁判具有一定的"绑定"效应，而在认罪认罚从宽制度下，检察机关的量刑建议对法院的裁判又具有一定的实体约束力，加之检察机关本身享有对侦查活动和审判活动的监督权，"捕诉一体"办案机制与认罪认罚从宽制度的结合意味着检察官成为同时拥有侦查监督权、批捕权、公诉权和事实上的量刑裁判权的"巨无霸"，进一步加剧了本就控辩失衡的诉讼结构。在认罪认罚从宽制度实施过程中，一些地区的检察官以批准逮捕为威胁、以取保候审和建议缓刑相引诱，迫使犯罪嫌疑人认罪认罚的情况屡有发生，以至于形成了所谓"逮捕筹码化"现象，对被追诉人认罪认罚的自愿性以及涉案企业合规的自主性造成严重侵害。[3]为了杜绝"逮捕筹码化"现象，从源头上保障被追诉人认罪认罚的自愿性和真实性，同时也为了实现审查逮捕权的相对优化配置，检察机关应当尽快废止"捕诉一体"办案机制，将审查逮捕以及相关羁押审查职能划归不承担侦查、起诉职责的内设机构承担，恢复审查逮捕和相关羁押审查的相对独立性。

司法绩效考核机制是根据中央要求[4]而建立起来的一项重要制度，它是促进司法责任落实，推动员额法官、检察官勤勉尽责的基本手段。认罪认罚从宽制度的适用情况，包括适用率、确定性量刑建议提出率、量刑建议采纳率等，也是考核的重要内容之一；同时检察机关对逮捕质量、"案-件比"等指标的考核，法院系统对结案率、当庭宣判率、上诉发改率等指标的考核，也会影响认罪认罚从宽制度的正确实施。从五年多来认罪认罚从宽制度的实施情况看，检察机关对适用率、确定刑量刑建议提出率、量刑建议采纳率、"案-件比"的考核指标总体上过严，一些考核指标的确定在一定程度上脱离实际，给基层检察官带来巨大压力，使他们不得不加班加点在岗工作，甚至过度追求司法效率；同时，部分逮捕质量评价指标的设定，如捕后不起诉、捕后轻刑等，加剧了逮捕对起诉和判决的绑定

---

〔1〕 参见魏晓娜：《从"捕诉一体"到"侦诉一体"：中国侦查控制路径之转型》，载《政治与法律》2021 年第 10 期，第 157 页。

〔2〕 参见孙长永：《"捕诉合一"的域外实践及其启示》，载《环球法律评论》2019 年第 5 期，第 27 页。

〔3〕 参见陈卫东：《认罪认罚从宽制度与企业合规改革视角下逮捕筹码化的警惕与防范》，载《政法论坛》2022 年第 6 期，第 81 页。

〔4〕 中共中央办公厅《关于加强法官检察官正规化专业化职业化建设全面落实司法责任制的意见》（厅字〔2017〕44 号）明确要求"建立健全司法绩效考核制度"。

效应。建议最高人民检察院、最高人民法院持续修订考核指标，尽量避免不合理、不科学的绩效考核，以激励一线法官和检察官秉公司法，防止因效率导向的考核指标给司法公正带来不良影响。

第二章
认罪认罚案件从宽处理的形式和幅度

为贯彻落实 2014 年《中共中央关于全面推进依法治国若干重大问题的决定》关于"完善刑事诉讼中认罪认罚从宽制度"的战略决策，2018 年立法机关将认罪认罚从宽制度写入《刑事诉讼法》，规定"犯罪嫌疑人、被告人自愿如实供述自己的罪行，承认指控的犯罪事实，愿意接受处罚的，可以依法从宽处理"（第 15 条）。2019 年 10 月 24 日，最高人民法院、最高人民检察院、公安部、国家安全部、司法部（以下简称"两高三部"）联合发布了《认罪认罚指导意见》，不仅将"贯彻宽严相济刑事政策""坚持罪责刑相适应原则""坚持证据裁判原则"等作为适用认罪认罚从宽制度的基本原则，而且对该制度适用的诉讼阶段和案件范围、何为"认罪""认罚""从宽"及其如何具体把握等都作了相对较为具体的规定。2021 年最高人民法院、最高人民检察院《量刑指导意见》和 2021 年《最高法解释》均把"认罪认罚"作为一个"量刑情节"予以从轻处罚。[1] 应当说，以上法律和司法解释的规定，是确定认罪认罚案件从宽处理的形式和幅度的基本规范。然而，这些规范是否足以有效支撑认罪认罚从宽制度的合法、合理、公正适用，需要通过实践来检验。本章拟首先就这些规范展开分析，在此基础上对相关实践情况进行考察，最后提出优化从宽处理的建议。

一、认罪认罚案件从宽处理的规范分析

（一）认罪认罚案件从宽处理的政策要求

时任中共中央政治局委员、中央政法委书记孟建柱在 2016 年中央政法工作会

---

[1]《量刑指导意见》第三部分"常见量刑情节的适用"第 14 项规定："对于被告人认罪认罚的，综合考虑犯罪的性质、罪行的轻重、认罪认罚的阶段、程度、价值、悔罪表现等情况，可以减少基准刑的 30% 以下；具有自首、重大坦白、退赃退赔、赔偿谅解、刑事和解等情节的，可以减少基准刑的 60% 以下，犯罪较轻的，可以减少基准刑的 60% 以上或者依法免除处罚。认罪认罚与自首、坦白、当庭自愿认罪、退赃退赔、赔偿谅解、刑事和解、羁押期间表现好等量刑情节不作重复评价。"《最高法解释》第 355 条第 1 款规定："对认罪认罚案件，人民法院一般应当对被告人从轻处罚……"

议上指出，"认罪认罚从宽制度是我国宽严相济刑事政策的制度化，也是对刑事诉讼程序的创新"。[1]宽严相济刑事政策是我国根据长期以来治理犯罪的经验而制定的基本刑事政策，包括"宽"和"严"两个方面。其中，"宽"是其基本方面，意味着对犯罪情节轻微或具有从轻、减轻、免除处罚情节的，依法从宽处理；对严重的刑事犯罪，如果具有自首、立功等从宽处罚情节的，也应当从宽处罚。理论上，可将宽严相济概括为如下四种情形：一是该轻而轻，即对于犯较为轻微犯罪的，给予较轻的刑事处罚；二是该重而轻，即对于犯较重犯罪，但行为人有坦白、自首或立功等法定或酌定情节的，判处相对较轻之刑；三是非犯罪化，即对于所犯罪行社会危害较小的，不以犯罪论处；四是非刑罚化，即宣告行为人有罪，但不给予刑罚处罚，而只单纯宣告有罪或者给予非刑罚处罚。在"宽"的基础上，对于惯犯、累犯以及没有从宽处罚情节的严重刑事犯罪，应当依法"严"惩。所谓"严"，在司法层面上是指在现行法律框架下，给予较重的刑事处罚。但这并不是一定从严，而是做到宽严相济、罚当其罪。

认罪认罚从宽制度的"从宽"制度设置，是与宽严相济刑事政策的"从宽"基本方面相一致的。《认罪认罚指导意见》要求"对可能判处三年有期徒刑以下刑罚的认罪认罚案件，要尽量依法从简从快从宽办理"。据最高人民检察院2024年3月9日发布的《刑事检察工作白皮书（2023）》，"在刑事案件总量长期高位运行的情况下，全国检察机关起诉严重暴力犯罪从1999年的16.2万人下降至2023年的6.1万人，占比从25.1%下降至3.6%。与此同时，判处三年有期徒刑以下刑罚的轻罪案件人数占比从1999年的54.4%上升至2023年的82.3%"。[2]这意味着，要落实认罪认罚从宽制度，对绝大多数刑事案件都要尽量从宽办理。

对刑事案件落实认罪认罚从宽制度，不仅是为了"推动刑事案件繁简分流、节约司法资源""准确及时惩罚犯罪、强化人权司法保障"，也是为了"化解社会矛盾""维护社会和谐稳定""确保刑事司法公平公正""推动国家治理体系和治理能力现代化"。[3]应当说，这是适用认罪认罚从宽制度的总体目标所在。正因如此，"公正为本、效率优先"被认为是认罪认罚从宽制度改革的核心价值取向。[4]这也意味着，一方面，认罪认罚案件的从宽处理，在促进社会和谐的总体

---

〔1〕 李阳：《攻坚之年看司改风向标——聚焦中央政法工作会议》，载《人民法院报》2016年1月23日，第2版。

〔2〕 参见最高人民检察院官网，https://www.spp.gov.cn/xwfbh/wsfbh/202403/t20240309_648173.shtml，最后访问日期：2024年4月16日。

〔3〕 参见《认罪认罚指导意见》。

〔4〕 参见陈卫东：《认罪认罚从宽制度研究》，载《中国法学》2016年第3期，第51页。

目标与顶层设计问题上，是与宽严相济刑事政策一致的；另一方面，无论是认罪认罚案件的程序从简从宽还是其实体从宽，都应基于这样的总体目标来展开。也正因如此，《认罪认罚指导意见》将"贯彻宽严相济刑事政策"作为适用认罪认罚从宽制度四大基本原则的首要原则，要求"落实认罪认罚从宽制度，应当根据犯罪的具体情况，区分案件性质、情节和对社会的危害程度，实行区别对待，做到该宽则宽，当严则严，宽严相济，罚当其罪"。

（二）认罪认罚案件从宽处理的法定规则

据《认罪认罚指导意见》，认罪认罚案件的从宽处理，至少要满足如下三个方面的法定规则：

1. 基于罪刑法定原则处理好政策指导与法律适用的关系规则

认罪认罚从宽必须于法有据，即是否从宽、如何从宽必须有法律上的明确依据，以体现"罪刑法定"原则的精神。最高人民法院2010年2月出台的《关于贯彻宽严相济刑事政策的若干意见》（以下简称《宽严相济政策意见》）第3条规定："贯彻宽严相济刑事政策，必须坚持严格依法办案，切实贯彻落实罪刑法定原则……依照法律规定准确定罪量刑。"与此相适应，《认罪认罚指导意见》关于认罪认罚后"从宽"的把握问题规定："办理认罪认罚案件，应当依照刑法、刑事诉讼法的基本原则，根据犯罪的事实、性质、情节和对社会的危害程度，结合法定、酌定的量刑情节，综合考虑认罪认罚的具体情况，依法决定是否从宽、如何从宽。"其中，"对犯罪性质和危害后果特别严重、犯罪手段特别残忍、社会影响特别恶劣的犯罪嫌疑人、被告人，认罪认罚不足以从轻处罚的，依法不予从宽处罚""对于减轻、免除处罚，应当于法有据；不具备减轻处罚情节的，应当在法定幅度以内提出从轻处罚的量刑建议和量刑；对其中犯罪情节轻微不需要判处刑罚的，可以依法作出不起诉决定或者判决免予刑事处罚"。[1]

2. 基于罪责刑相适应原则准确构建认罪认罚案件的从宽处理规则

认罪认罚案件的从宽必须于法有度，即从宽幅度必须与被追诉人犯罪的社会危害性和人身危险性相适应，以体现罪责刑相适应原则的精神。所谓罪责刑相适应，根据《刑法》第5条的规定，是指刑事责任的轻重，要与罪行的轻重相适应，要求做到重罪重罚，轻罪轻罚，罪刑相称，罚当其罪。其中，"刑罚"从法律含义看，包括法定刑、处断刑、宣告刑和执行刑；从逻辑含义看，包括刑种和刑量。"犯罪分子所犯罪行"是一种事实，既包括决定罪质的事实，也包括决定罪量的事实。"相适应"并不是某一犯罪与其惩罚间的精确对应关系，而是指惩罚应当

---

〔1〕 参见《认罪认罚指导意见》第8条和第9条。

建立在犯罪的社会危害性和犯罪人的人身危险性等正当性根据基础上，并具有"相当"性。"相适应"只是一个相对要求，不是具体的绝对标准。在实践中，基于罪责刑相适应原则对认罪认罚案件的从宽处理，需通过《刑法》第61条关于量刑一般原则或量刑正当性根据的规定来实现。主要表现在，无论是审判阶段对认罪认罚被告人的从宽处罚，还是侦查和审查起诉阶段由于犯罪嫌疑人认罪认罚而决定撤销案件、酌定不起诉或者特殊不起诉，都应是基于案件所具有的社会危害性或人身危险性，做到"以案件事实为根据""以刑法规定为准绳"。前者是指可用以评价量刑轻重的一切事实，包括用于定罪以外的反映刑事责任大小的量刑轻重程度方面事实、用于定罪之外的反映犯罪行为社会危害性大小的事实、关于犯罪人人身危险性方面的有关规定的事实，如基于《刑法》第65条规定的累犯，第67条规定的自首、坦白，依照第5条罪责刑相适应原则以及第37条、第62条和第63条等确定的酌定从重、从轻、减轻、免除处罚的事实。后者是关于量刑所具体适用的法律规范要求，既包括某个具体案件量刑事实所对应的刑法总则关于量刑的一般性规定，如《刑法》第61条关于量刑根据或一般原则的规定，第30条至第36条、第38条至第60条关于刑罚的种类及其适用要求的规定，第37条、第62条和第63条关于免除处罚、从重处罚、从轻处罚、减轻处罚等的规定，也包括具体个案所涉刑法分则关于相应犯罪形态（基本犯、加重犯或减轻犯）的法定刑及相关量刑情节的规定。

3. 基于罪责刑相适应原则的禁止重复评价规则

基于罪责刑相适应原则，认罪认罚案件的从宽处理必须避免重复评价，即对从宽情节禁止重复评价，特别是认罪认罚情节与自首、坦白、当庭认罪、退赃退赔、刑事和解等情节不能重复评价。对此，《量刑指导意见》明确规定："认罪认罚与自首、坦白、当庭自愿认罪、退赃退赔、赔偿谅解、刑事和解、羁押期间表现好等量刑情节不作重复评价。"

刑法上的禁止重复评价，是指"在定罪量刑时禁止对同一犯罪构成事实予以二次或二次以上的法律评价"。[1]就罪责刑相适应原则而言，该原则所禁止的并非当然是"对于同一事实或者情节在定罪或量刑上作不利于被告人的重复评价"[2]，对于被告人虽然有利但违背了罪责刑相适应原则的重复评价，也应当禁止。刑法上的禁止重复评价原则实际上只禁止针对同一事实的同一属性或侧面进行定性处罚上的二次或二次以上的法律评价，包括进行定罪情节与定罪情节的评价、定罪

---

〔1〕 陈兴良：《禁止重复评价研究》，载《现代法学》1994年第1期，第9页。
〔2〕 张明楷：《刑法格言的展开》，北京大学出版社2013年版，第526–527页。

情节与量刑情节的评价、量刑情节与量刑情节的评价。据此,《量刑指导意见》规定的"不作重复评价",并不意味着不能对同一事实作超出某个事实或情节的社会危害性或人身危险性的其他事实或情节的评价。

从法理上看,基于罪责刑相适应原则,针对同一"事实"分别提取该事实的不同侧面或属性进行量刑根据与定罪根据的评价,不属于禁止重复评价原则意义上的"对同一对象的重复评价"。例如,在"携带枪支、弹药抢夺"犯罪案件中,"携带枪支、弹药抢夺"的事实既可以评价为抢劫罪构成要件的定罪情节,又可以评价为酌定从重处罚的量刑情节,前者针对的是枪支、弹药中的"凶器"属性,后者针对的是超过通常"凶器"程度的"武器"属性;在"十七周岁"的未成年人强奸犯罪案件中,被告人只有"十七周岁"这个事实,既符合强奸罪的主体要件,是定罪情节之一,又符合"未成年人"的情形,属于"应当从轻或减轻处罚"的量刑情节。这种分别针对同一事实的不同侧面或属性而进行的不同评价不属于"重复评价",而是一种符合罪责刑相适应原则的合理评价。

据此,《量刑指导意见》所罗列的"不作重复评价"情形,只是认罪认罚情节与自首、坦白、当庭自愿认罪、退赃退赔、赔偿谅解、刑事和解等量刑情节在社会危害性或人身危险性内容或内涵重合方面不再从宽评价,对于不重合方面仍需从宽评价。而且,认罪认罚情节不是刑法中既有从宽量刑情节的重申或摆设,而是一种有利于提高诉讼效率、节省司法资源、化解社会矛盾、减少刑罚负面功能等的激励性从宽情节。当犯罪嫌疑人、被告人同时具有认罪认罚情节和其他从宽量刑情节时,应有独立从轻、减轻或免除处罚的空间。它们根据各自所具有的社会危害性和人身危险性等所进行的从宽量刑,不是重复评价。

(三) 认罪认罚情节与相关量刑情节的关系

在 2018 年《刑事诉讼法》全面规定认罪认罚从宽制度之前,刑法中已经确立了自首、坦白、当庭认罪等从宽处理情节。《刑事诉讼法》确立了认罪认罚从宽制度之后,如何准确理解刑法上这些既有的从宽处罚情节与认罪认罚情节之间的关系,如何依法兑现认罪认罚的"从宽"政策,成为司法实践中的一大难点,因而有必要结合相关规范加以辨析。

1. 认罪认罚情节与自首情节的不同

它们都要求犯罪嫌疑人、被告人"如实供述自己的罪行",在一定意义上都是认罪认罚从宽制度的组成部分,不同点主要表现在以下方面。

第一,刑法地位不同。自首是一种从宽处罚的法定量刑情节,刑法对其内容和"从轻""减轻""免除"处罚的功能作了明确规定。认罪认罚情节是一种从宽处罚的酌定量刑情节,刑法及其他法律均没有对其内容和从宽处罚的具体功能作出明确规定。虽然《刑事诉讼法》第 15 条规定有"依法从宽处理"的原则性规定，但并未就其到底是从轻还是减轻或免除处罚的量刑功能作出明确规定，不属于法定量刑情节。其从轻、减轻、免除处罚的功能，需在司法上根据《刑法》第 61 条关于量刑的根据（一般原则）等规定具体确定。《量刑指导意见》虽然以司法解释的形式确定了认罪认罚情节的"常见量刑情节"地位，但也未明确其具体的从轻、减轻处罚或免除处罚功能。

第二，成立条件不同。一般自首（《刑法》第 67 条第 1 款）的成立条件是"犯罪以后自动投案"并"如实供述自己罪行"，准自首（《刑法》第 67 条第 2 款）的成立条件是"如实供述司法机关还未掌握的本人其他罪行的行为"。认罪认罚情节的成立条件是既要"如实供述自己的罪行"，还要"承认指控的犯罪事实，愿意接受处罚"。虽然在一般自首的"自动投案"中，有需要等待接受司法机关的审查与裁判要求（犯罪嫌疑人自动投案后又逃跑的，不能认定为自首），但这只是要求投案后不得逃跑，不是在指控和裁判内容上要求"承认指控的犯罪事实愿意接受处罚"。由此，自首在基本特征上只有"认罪"而无"认罚"要求，而认罪认罚情节在基本特征上虽无"自动投案"要求，但既要"认罪"又要"认罚"。这样，"自愿如实供述自己的罪行"的犯罪嫌疑人、被告人可能符合自首的成立条件，但未必符合认罪认罚的成立条件；反之，符合认罪认罚的成立条件却未必符合自首的成立条件。这样，认罪认罚情节与自首并不是包含关系。

第三，所涉对象不同。这包括适用对象和相对方两个方面。就适用对象而言，自首适用于未被采取强制措施的涉嫌犯罪的人、被采取强制措施的犯罪嫌疑人、被告人和正在服刑的罪犯；认罪认罚情节原则上适用于刑事诉讼全过程中的犯罪嫌疑人、被告人，但不适用于正在服刑的罪犯。就相对方而言，自首的相对方即投案对象可以是公检法机关，也可以是所在单位、城乡基层组织或者其他有关负责人员，还可以是其他单位、组织或有关负责人，包括街道、村主任、治保主任等；认罪认罚的相对方通常是检察人员，也可以是侦查机关的侦查人员、监察机关的调查人员和法院的审判人员。

第四，存在的诉讼阶段不同。一般自首是在犯罪以后的侦查阶段，自动投案的时间是在尚未归案之前，包括：犯罪事实或犯罪嫌疑人未被司法机关发觉或掌握前；犯罪事实虽然已被司法机关发觉或掌握，但犯罪嫌疑人未受到调查谈话、讯问、未被宣布采取调查措施或强制措施前；在司法机关尚未确定犯罪嫌疑人前，在一般性排查时主动交代的；等等。准自首是在被采取强制措施的侦查阶段、审查起诉阶段或被执行刑罚的行刑阶段。认罪认罚贯穿整个诉讼过程，无论是在侦查、审查起诉还是在审判阶段，犯罪嫌疑人、被告人都可以认罪认罚。

　　第五，从宽处理范围不同。对于自首，其从宽处理的范围包括一般情况下的"可以从轻或者减轻处罚"和"犯罪较轻"情况下的"可以免除处罚"。对于认罪认罚情节，虽然《最高法解释》第 355 条规定了"减轻处罚"功能，但因其以"具有法定减轻处罚情节的，可以减轻处罚"为适用条件而实际上只是"对被告人从轻处罚"[1]，从而使得其从宽处理幅度或范围通常被限定为了从轻处罚[2]，并在通常情况下小于自首。

　　2. 认罪认罚情节与坦白情节的不同

　　认罪认罚情节与坦白既有相同点又有不同点，是所有相关情节中最相接近、最易混淆的。它们的相同点主要是，都是从宽处理的量刑情节，都要求行为人"如实供述自己的罪行"。它们的不同点主要是，是否要求真诚悔罪。就坦白而言，根据《刑法》第 67 条第 3 款的规定，只要行为人"如实供述自己罪行"就可成立，并未要求真诚悔罪。司法实践中存在的"量刑交易"现象，就是行为人虽然作了有罪供述或赔偿了被害人的损失、预缴了罚金，但并不是出于真诚悔罪，而只是为了换取从宽的处罚。[3]就认罪认罚而言，根据《认罪认罚指导意见》第 6 条和第 7 条的规定，"认罪"只需要"自愿如实供述自己的罪行，对指控的犯罪事实没有异议"就可以成立，而"认罚"要求"真诚悔罪，愿意接受处罚"。不过，根据《刑事诉讼法》第 15 条的规定，认罪认罚并未要求真诚悔罪，只要行为人"自愿如实供述自己罪行，承认指控的犯罪事实愿意接受处罚"就可成立。事实上，刑事诉讼法的本制度设置，更多地是基于提升"打击犯罪的效能、节约司法资源"的现实主义考虑，为公安司法机关提供一个用以合法地诱导犯罪嫌疑人、被告人予以合作的制度利器。[4]在这个意义上，行为人只要在客观上符合以上要求，就应通过同意签署具结书来享受"从宽处理"的好处。

　　它们的不同点主要表现在：

　　第一，刑事法上的地位不同。坦白是一种从宽处罚的法定量刑情节，其"从轻""减轻"处罚功能由刑法给予了明确规定，《刑事诉讼法》第 120 条也要求，侦查人员在讯问犯罪嫌疑人时，应当把"如实供述自己罪行可以从宽处理的法律规定"告知犯罪嫌疑人。认罪认罚情节在刑法上没有直接规定，在刑事诉讼法上

---

　　[1]　参见《最高法解释》第 355 条第 1 款规定。

　　[2]　虽然本解释中同时规定"具有法定减轻处罚情节的，可以减轻处罚"，但这不是因为认罪认罚而是因为"具有法定减轻处罚情节"而减轻处罚。

　　[3]　参见石经海、李婉楠：《我国刑事司法中的"量刑交易"现象研究》，载《西南政法大学学报》2016 年第 4 期，第 24-35 页。

　　[4]　参见周长军：《认罪认罚从宽制度推行中的选择性不起诉》，载《政法论丛》2019 年第 5 期，第 82 页。

有"依法从宽处理"的原则性要求,至于具体如何从宽处理,需依据刑法制度作出决定,属于酌定量刑情节。

第二,成立条件不同。依据《刑事诉讼法》第15条的规定,认罪认罚情节的成立不仅要"如实供述自己的罪行",还要求"承认指控的犯罪事实,愿意接受处罚"。依据《刑法》第67条第3款的规定,坦白的成立只需被动归案后如实供述自己罪行即可,无须"承认指控的犯罪事实、愿意接受处罚"。换言之,坦白在基本特征上只有"认罪"而无"认罚"要求,而认罪认罚在基本特征上既有"认罪"又有"认罚"要求。因此,行为人"如实供述自己的罪行"的情形,符合坦白的成立条件,但不一定符合认罪认罚的成立条件,而符合认罪认罚成立条件的情形,很可能同时符合坦白的成立条件。坦白与认罪认罚情节在一定条件下可能是一种交叉关系。但并不能由此说,认罪认罚情节包含了坦白情节,是一种包含关系。另外,坦白并不要求具有自愿性,而对于认罪认罚情节,"自愿性保障是认罪认罚从宽制度的生命线,不仅决定着程序从简的合法性,也关系到实体从宽的正当性和事实基础的准确性"。[1]

第三,所涉对象不同。就适用对象而言,坦白适用于已归案的犯罪嫌疑人,而认罪认罚情节不仅适用于犯罪嫌疑人,而且还适用于被提起公诉的被告人。就相对方而言,坦白因是被动归案,供述对象只能是侦查机关或监察调查机关,而认罪认罚的相对方在理论上既可以是侦查人员,也可以是检察人员和审判人员。

第四,存在的诉讼阶段不同。坦白只存在于侦查(调查)阶段,而认罪认罚贯穿于整个诉讼阶段,无论是在侦查、审查起诉还是在审判阶段,犯罪嫌疑人、被告人都可以认罪认罚。

第五,从宽处理的范围不同。对于坦白,根据《刑法》第67条第3款以及《自首立功意见》第4条的规定,基于不同的条件,可以甚至应当从轻或减轻处罚。对于认罪认罚情节,在实践中只是从轻处罚。虽然《认罪认罚指导意见》第9条第2款规定,"认罪认罚的从宽幅度一般应当大于仅有坦白,或者虽认罪但不认罚的从宽幅度",但结合《认罪认罚指导意见》第8条关于"对于减轻、免除处罚,应当于法有据"以及《量刑指导意见》第三部分第14项关于认罪认罚与其他从宽量刑情节"不作重复评价"的要求可知,司法规则上的单纯认罪认罚情节本身不具有减轻处罚的功能,因而其从宽范围在客观上小于坦白的从宽范围。

---

[1] 闫召华:《保障认罪认罚自愿性需调整职权行使逻辑》,载《上海法治报》2024年1月31日,第B3版。

3. 认罪认罚情节与其他从宽处罚情节的不同

根据《量刑指导意见》，与认罪认罚情节容易混淆的量刑情节，除了自首、坦白外，至少还有当庭自愿认罪、退赃退赔、赔偿谅解、刑事和解四种。这是因为，凡是反映和体现社会危害性大小或人身危险性大小的事实，依法都可以是影响量刑轻重的量刑情节。这意味着，所有致社会危害性或人身危险性减小的量刑情节，都在正当性根据的内容和从宽处罚内容上存在与认罪认罚情节相混淆方面。不过，因为认罪认罚情节本身就具有贯彻本制度目标的激励从宽性，基于罪刑相适应原则和禁止重复评价规则，在给予以上这些从宽量刑情节从宽处罚评价的同时，也应在其他从宽情节的正当性基础内容外，给予认罪认罚情节更大幅度的从宽处罚评价。

（1）与当庭自愿认罪情节的区别。

当庭自愿认罪是指被告人当庭自愿承认被指控的犯罪。作为量刑情节，其核心内涵有两个方面，一是认罪的时间在"当庭"，即庭审过程中，至于被告人在侦查阶段、审查起诉阶段是否认罪，不影响该量刑情节的认定。二是在实体内容上是"认罪"，即承认指控的基本或主要犯罪事实，但不要求承认具体的犯罪细节、罪名，也不要求接受所处刑罚。根据 2003 年最高人民法院、最高人民检察院、司法部《关于适用普通程序审理"被告人认罪案件"的若干意见（试行）》（2013 年 3 月 1 日废止）第 9 条和《关于适用简易程序审理公诉案件的若干意见》第 9 条的规定，"对自愿认罪的被告人，酌情予以从轻处罚"。[1]如何"酌情"从轻？核心根据在于被告人当庭认罪的表现是否有利于简化法庭审理程序、提高诉讼效率和节约司法资源。至于被告人是否具有悔罪表现及其悔罪表现的大小，是否接受司法机关的量刑裁处等，原则上不影响当庭自愿认罪情节的认定和从宽处罚，只影响从宽处罚的幅度；并且，被告人被指控犯罪的性质、罪行的轻重、认罪程度是否彻底，都不影响本量刑情节的认定。

当庭自愿认罪情节与认罪认罚情节都具有基于程序目的而从宽处罚的立法目的；同时，当庭自愿认罪与"审判阶段"认罪认罚情节的"认罪"部分具有重合之处。根据"两高"《量刑指导意见》的禁止重复评价意见，如果被告人同时具备当庭自愿认罪情节和审判阶段认罪认罚情节，对二者的重合部分（当庭认罪的行为）禁止重复评价，但对超出重合情形的"认罚"部分，应当另行作出认定和从宽评价。

---

[1] 《刑事诉讼法》第 214 条第 1 款规定："基层人民法院管辖的案件，符合下列条件的，可以适用简易程序审判：（一）案件事实清楚、证据充分的；（二）被告人承认自己所犯罪行，对指控的犯罪事实没有异议的；（三）被告人对适用简易程序没有异议的。"

（2）与退赃退赔情节的区别。

退赃退赔情节实际上包括退赃和退赔两个既有共性又有很大不同的方面。在通常意义上，所谓退赃是退还赃物的原物、赃款，所谓退赔是退回已不存在赃物相应价格的现金或者物品。在刑事法意义上，所谓退赃是指行为人直接将通过犯罪手段非法获取的赃款（金钱）或者赃物（物品）[1]退还给被害人或上缴司法机关；所谓退赔是指行为人因犯罪所得的赃物已被非法处置或者毁损，无法退还被害人原物时，直接采取折价方式赔偿被害人或者上缴司法机关。在规范意义上，退赃和退赔既是立法的强制要求，也是从宽处罚的量刑情节。如《刑法》第64条规定："犯罪分子违法所得的一切财物，应当予以追缴或者责令退赔；对被害人的合法财产，应当及时返还；违禁品和供犯罪所用的本人财物，应当予以没收。"退赃退赔旨在减少或弥补被害人的损失，并在一定意义上表明了行为人的悔罪态度，从而使得犯罪行为所造成的社会危害与犯罪人所具有的人身危险有所减小。因此，对具有退赃退赔情节的被告人需要从宽处罚。[2]例如，《刑法》第176条规定，自然人或单位非法吸收公众存款，"在提起公诉前积极退赃退赔，减少损害结果发生的，可以从轻或者减轻处罚"。"两高"《量刑指导意见》第三部分第10项规定："对于退赃、退赔的，综合考虑犯罪性质，退赃、退赔行为对损害结果所能弥补的程度，退赃、退赔的数额及主动程度等情况，可以减少基准刑的30%以下；对抢劫等严重危害社会治安犯罪的，应当从严掌握。"

退赃退赔情节与认罪认罚情节都具有基于一定程度上悔过而从宽处罚的立法目的，退赃退赔往往也是认罪认罚的重要表现形式，在这个意义上，二者之间存在一定的重合之处。根据"两高"《量刑指导意见》的禁止重复评价意见，如果被告人同时具有退赃退赔和认罪认罚情节，法院对其退赃退赔行为不能重复评价，但对超出重合情形的"认罪""认罚"部分需另行作出认定和从宽评价；综合评价的，"可以减少基准刑的60%以下，犯罪较轻的，可以减少基准刑的60%以上或者依法免除处罚"。

（3）与赔偿谅解情节的区别。

赔偿谅解情节是行为人犯罪后对被害人就犯罪行为所造成的经济损失积极进

---

〔1〕 这里的"赃"，包括犯罪所得和非法收入及孳息。

〔2〕 在刑事诉讼中，退赃退赔并非只有量刑情节意义，也会带来刑事程序的改变。如根据《最高检规则》第140条规定，对于行为人"涉嫌的罪行较轻，且没有其他重大犯罪嫌疑"的，积极赔偿损失可以做出不予逮捕决定。另外，从刑法的相应规定来看，在行为人所涉嫌的罪刑不重、主观恶性不大、未造成严重后果等情况下，可能因退赃退赔而基于《刑法》第13条、第37条、第72条的规定作为评价和适用"情节显著轻微危害不大而不认为是犯罪"、免予刑罚处罚、缓刑的因素而在程序上带来公安机关撤案、检察院不起诉和法院判处缓刑的结果。

行赔偿，并取得被害人或其家属谅解的情形。从机理上看，行为人犯罪后对被害人积极进行赔偿，就意味着在一定程度上恢复了个体被侵害的利益，修复了受损的社会关系，犯罪行为的社会危害性以及加害人的人身危险性有所减小，因而可以给予一定幅度的从宽处罚。同理，行为人犯罪后虽然没有或无力对被害人进行赔偿，但因其赔礼道歉等行为而获得被害人或其家属谅解的，也在一定程度上修复了受损的社会关系，可以给予其一定幅度的从宽处罚。"两高"《量刑指导意见》第三部分第 11 项区分"赔偿并取得谅解""赔偿但未取得谅解""未赔偿但取得谅解"三种情节分别作出了不同的从宽处罚规定："对于积极赔偿被害人经济损失并取得谅解的，综合考虑犯罪性质、赔偿数额、赔偿能力以及认罪悔罪表现等情况，可以减少基准刑的 40% 以下；积极赔偿但没有取得谅解的，可以减少基准刑的 30% 以下；尽管没有赔偿，但取得谅解的，可以减少基准刑的 20% 以下。对抢劫、强奸等严重危害社会治安犯罪的，应当从严掌握。"

赔偿谅解情节与认罪认罚从宽情节都具有基于一定程度上悔过而从宽处罚的立法目的，且赔偿谅解往往也是认罪认罚的重要表现形式。根据"两高"《量刑指导意见》的禁止重复评价意见，如果被告人同时具有赔偿谅解和认罪认罚情节，对二者重合部分不能重复评价，但对超出重合情形的"认罪""认罚"部分需另行作出认定和从宽评价；综合评价的，"可以减少基准刑的 60% 以下，犯罪较轻的，可以减少基准刑的 60% 以上或者依法免除处罚"。

（4）与刑事和解情节的区别。

在我国刑事诉讼中，刑事和解是指公诉案件[1]犯罪嫌疑人、被告人真诚悔罪，通过向被害人赔偿损失、赔礼道歉等方式获得被害人谅解，公安司法机关依法对其从宽处理的一种诉讼制度。[2]《刑事诉讼法》第 288 条规定，"下列公诉案件，犯罪嫌疑人、被告人真诚悔罪，通过向被害人赔偿损失、赔礼道歉等方式获得被害人谅解，被害人自愿和解的，双方当事人可以和解：……"；第 290 条规定："对于达成和解协议的案件，公安机关可以向人民检察院提出从宽处理的建议。人民检察院可以向人民法院提出从宽处罚的建议；对于犯罪情节轻微，不需要判处刑罚的，可以作出不起诉的决定。人民法院可以依法对被告人从宽处罚。"

刑事和解作为一种情节，与认罪认罚从宽情节都具有基于悔罪而从宽处罚的立法目的，其中刑事和解对犯罪嫌疑人、被告人的核心要求就是"真诚悔罪"；而根据《认罪认罚指导意见》的规定，认罪认罚从宽制度中的"认罚"也是指

---

〔1〕　根据《刑事诉讼法》第 212 条的规定，在人民法院受理的自诉案件中，"自诉人在宣告判决前，可以同被告人自行和解或者撤回自诉"。本章所称"刑事和解情节"仅指公诉案件而言。

〔2〕　参见孙长永主编：《刑事诉讼法学》，法律出版社 2019 年版，第 459 页。

"犯罪嫌疑人、被告人真诚悔罪，愿意接受处罚"，其"考察的重点是犯罪嫌疑人、被告人的悔罪态度和悔罪表现"。[1]因此，刑事和解情节与认罪认罚情节具有高度重合之处，但在悔罪程度、是否获得被害人谅解等方面，二者又存在一定的区别。"两高"《量刑指导意见》第三部分第 12 项规定："对于当事人根据刑事诉讼法第二百八十八条达成刑事和解协议的，综合考虑犯罪性质、赔偿数额、赔礼道歉以及真诚悔罪等情况，可以减少基准刑的 50% 以下；犯罪较轻的，可以减少基准刑的 50% 以上或者依法免除处罚。"而该部分第 14 项规定认罪认罚情节的从宽幅度为"减少基准刑的 30% 以下"。如果认罪认罚的被告人同时具有刑事和解情节，需要对两个情节分别予以事实认定，但禁止对刑事和解与认罪认罚情节的重合部分进行评价；综合评价的，"可以减少基准刑的 60% 以下，犯罪较轻的，可以减少基准刑的 60% 以上或者依法免除处罚"。

4. 认罪认罚情节是具有独立情节意义的酌定从宽情节

认罪认罚情节的独立法律意义具体表现在以下方面：

（1）认定上的特有视角与不可分割性。

认罪认罚作为从宽情节的视角为"自愿如实供述自己的罪行，承认指控的犯罪事实愿意接受处罚"，尤其是"承认指控的犯罪事实愿意接受处罚"。这个视角，与自首、坦白等量刑情节制度的"自动投案""如实供述"视角明显不同。认罪认罚情节中的"认罪"与"认罚"是不可分割的两个方面，其中，"认罪"就是"自愿如实供述自己的罪行"，指"承认指控的犯罪事实"；[2]"认罚"就是"承认指控的犯罪事实愿意接受处罚"。犯罪嫌疑人、被告人"自愿如实供述自己的罪行"，但没有或不"承认指控的犯罪事实愿意接受处罚"，可以是刑法上的坦白，但不是"认罪认罚"；犯罪嫌疑人、被告人没有或不"自愿如实供述自己的罪行"，纵然"承认指控的犯罪事实愿意接受处罚"，也因缺少了前提条件而不可能为"认罪认罚"。

（2）规范上的从宽实体性与程序附属性。

总体而言，认罪认罚情节的制度规范属于程序法中的实体性规范。刑法学者一度认为，程序法不应该或者说通常不应该设立独立的从宽情节，法定的从宽情节应该规定在实体法（《刑法》）中。事实上，正如刑法中有程序性规定一样，刑事诉讼法中也有实体性规定。在《刑事诉讼法》中，除第 15 条关于认罪认罚从宽处理的规定外，还有第 76 条关于指定居所监视居住折抵刑期的规定

---

[1] 参见《认罪认罚指导意见》第 7 条。

[2] 参见陈兴良：《程序与实体双重视野下认罪认罚从宽制度的教义学反思》，载《政法论坛》2023 年第 5 期，第 10 页。

（"被判处管制的，监视居住一日折抵刑期一日；被判处拘役、有期徒刑的，监视居住二日折抵刑期一日"），也属于实体性规范。《刑事诉讼法》要求对认罪认罚的犯罪嫌疑人、被告人进行"从宽处理"，这样的实体性规定并不违背相关法理。

（四）认罪认罚案件从宽处理的制度形式

从制度规范上看，认罪认罚案件的从宽处理主要有三种形式：[1]一是审判阶段的从宽量刑；二是审查起诉阶段的相对不起诉；三是特殊情况下的撤销案件或特殊不起诉。根据相关法律和司法文件规定，这三种制度形式有其特定内涵与要求。

1. 审判阶段的从宽量刑

审判阶段的从宽量刑，包括基于量刑情节制度裁量的从轻、减轻、免除处罚，以及缓刑裁量。根据《刑法》第 62 条的规定，所谓从轻处罚，是指在所犯之罪应适用的法定刑幅度内，选择适用较轻的刑种或较短的刑期的情形。至于到底要轻多少，应当结合本案其他量刑情节予以综合裁处。

根据《刑法》第 63 条第 1 款的规定，所谓减轻处罚，是指在所犯之罪应适用的法定刑幅度之下选择适用刑种或刑期的情形，具体包括法定减轻处罚和酌定减轻处罚两种。所谓法定的减轻处罚，按照《刑法》第 63 条第 1 款的规定，是指由司法机关根据案件情况和刑法的具体规定予以确定，减轻适用所选择的刑种或刑期需在下一个量刑幅度内；所谓酌定的减轻处罚，按照《刑法》第 62 条第 2 款的规定，是指由司法机关根据案件情况予以具体确定，对减轻适用所选择的刑种或刑期的量刑幅度没有限制，但需经最高人民法院核准。

根据《刑法》第 37 条的规定，所谓免除处罚，是指因犯罪情节轻微不需要判处刑罚，宣告有罪而不给予刑罚处罚。免除刑罚处罚的前提是犯罪情节轻微而不是情节显著轻微和犯罪性质轻微。一方面，情节显著轻微危害不大的，按照《刑法》第 13 条的规定，不是犯罪。另一方面，免除刑罚处罚的适用，并不以犯罪性质轻微为前提，即使是性质严重的犯罪（如故意杀人罪），只要案件的犯罪情节属于轻微、不需要判处刑罚，就可以考虑作为法定或酌定量刑情节给予免除刑罚

---

〔1〕《刑事诉讼法》第 81 条第 2 款规定，"批准或者决定逮捕，应当将犯罪嫌疑人、被告人涉嫌犯罪的性质、情节，认罪认罚等情况，作为是否可能发生社会危险性的考虑因素"。这意味着，认罪认罚案件的从宽处理也包括少捕慎押的刑事强制措施方面。但是，法学界对此有不同意见。参见孙长永：《认罪认罚从宽制度的基本内涵》，载《中国法学》2019 年第 3 期，第 218—220 页。此外，对未成年犯罪嫌疑人的附条件不起诉，也可以视为认罪认罚案件从宽处理的一种形式。只是附条件不起诉的适用范围极为有限，而且从司法实践看，绝大多数最终仍然以相对不起诉终止诉讼。因此，本书未被列入研究范围。

处罚。酌定免除处罚，在认罪认罚从宽制度改革和企业刑事合规改革中有着广泛的探索适用空间。免予刑罚处罚并不意味着不给予任何处罚，可以视案件具体情况，依据《刑法》第 37 条、第 37 条之一等的规定，给予训诫或者责令具结悔过、赔礼道歉、赔偿损失，或者由主管部门予以行政处罚或者行政处分的非刑罚处罚，或者给予相应的职业禁止处置。

根据《刑法》第 72 条第 1 款的规定，所谓缓刑，是指对罪行较轻的犯罪分子，在符合法律规定条件下，暂缓其刑罚执行，并规定一定的考验期，在考验期内没有发生撤销缓刑的法定事由，原判刑罚就不再执行的刑罚制度。对于符合缓刑适用条件的犯罪分子适用缓刑，有助于更好地实现刑罚目的，有助于避免短期自由刑的弊端，有利于犯罪分子的再社会化。

2. 审查起诉阶段的相对不起诉

根据《刑事诉讼法》第 177 条第 2 款的规定，相对不起诉，是人民检察院经审查认为犯罪嫌疑人的行为虽然构成犯罪，但情节轻微，依照刑法规定不需要判处刑罚和免除刑罚，检察机关根据刑事政策和公共利益作出的不起诉决定。[1]其适用条件有二：一是检察机关认为犯罪嫌疑人的行为已经构成犯罪；二是犯罪情节轻微，依照刑法规定不需要判处刑罚或者免除刑罚，这主要是指《刑法》第 37 条的规定："对于犯罪情节轻微不需要判处刑罚的，可以免予刑事处罚。"此外，还包括《刑法》其他条款规定"可以"或"应当"免予刑罚处罚的情形，例如《刑法》第 19 条、第 20 条第 2 款、第 21 条第 2 款、第 22 条第 2 款、第 24 条第 2款、第 27 条第 2 款、第 28 条、第 67 条第 1 款等。作为法定量刑情节的免除刑罚处罚，在《刑法》中往往与减轻处罚并列规定，极少单独规定，以供司法机关选择。作为酌定量刑情节的免除刑罚处罚，由司法机关根据《刑法》第 61 条和第37 条等结合案件的具体情况裁量适用。[2]其中，判断犯罪情节是否轻微，至关重要。[3]检察机关只有在认为犯罪嫌疑人涉嫌的犯罪情节轻微的前提下，才能根据案件的具体事实和犯罪嫌疑人认罪认罚的态度等情况进一步判断是否需要给予其刑罚处罚，从而决定是否适用相对不起诉。《认罪认罚指导意见》第 30 条要求，"充分发挥不起诉的审前分流和过滤作用，逐步扩大相对不起诉在认罪认罚案件中的适用。对认罪认罚后没有争议，不需要判处刑罚的轻微刑事案件，人民检察院

---

〔1〕 参见孙长永：《刑事诉讼法学》，法律出版社 2019 年版，第 313 页。

〔2〕 事实上，在认罪认罚从宽制度改革和企业刑事合规改革等司法实践中，免除刑罚处罚情节有着广泛的探索适用空间。

〔3〕 参见陈兴良：《施某某等聚众斗殴案：在入罪与出罪之间的法理把握与政策拿捏——最高人民检察院指导性案例的个案研究》，载《法学论坛》2014 年第 5 期，第 22 页。

可以依法作出不起诉决定。人民检察院应当加强对案件量刑的预判,对其中可能判处免刑的轻微刑事案件,可以依法作出不起诉决定"。

3. 特殊情况下的撤销案件或不起诉

根据《刑事诉讼法》第 182 条第 1 款的规定,对于犯罪嫌疑人"自愿如实供述涉嫌犯罪的事实""有重大立功或者案件涉及国家重大利益的""经最高人民检察院核准","公安机关可以撤销案件""人民检察院可以作出不起诉决定,也可以对涉嫌数罪中的一项或者多项不起诉"。这就是特殊情况下的撤销案件或不起诉。[1]这是立法基于宽严相济刑事政策将公安机关撤销案件和检察机关裁量不起诉的权力,从轻罪案件扩展到既包括轻罪案件也包括重罪案件。[2]

二、认罪认罚案件从宽处理的实践考察

资料显示,2019 年至 2021 年,全国检察机关的认罪认罚从宽制度适用率从 2019 年的 49.3%提高到 2021 年的 89.4%[3],2023 年检察环节的认罪认罚从宽制度适用率已超过 90%,一审服判率为 96.8%,高出未适用该制度案件 36 个百分点。[4]然而,这些信息并未就认罪认罚案件的从宽量刑、相对不起诉和特殊情况下的撤销案件或不起诉等作出具体描述。事实上,认罪认罚案件的从宽处理实践样态如何,取得了哪些成效,还存在哪些问题,包括是否达到了认罪认罚从宽制度的预期目标、其实体上的从宽幅度与程序上的撤销案件或不起诉处理是否合适等,需要通过实证分析予以考察。

(一) 认罪认罚案件的从宽量刑

在认罪认罚案件的三种从宽处理形式中,审判阶段的从宽量刑是适用最为普遍、存在争议最为广泛的方面。经考察,审判阶段对认罪认罚情节的从宽量刑至少存在如下问题。

---

〔1〕 对于此种不起诉称谓,理论上的分歧较大,如有称之为"特殊不起诉""特殊的裁量不起诉""核准不起诉""选择性不起诉""认罪认罚不起诉"等。参见闫召华:《认罪认罚不起诉:检察环节从宽路径的反思与再造》,载《国家检察官学院学报》2021 年第 1 期;陈卫东主编:《刑事诉讼法学》,高等教育出版社 2022 年版,第 281 页;董坤:《认罪认罚从宽中的特殊不起诉》,载《法学研究》2019 年第 6 期。

〔2〕 参见陈卫东主编:《刑事诉讼法学》,高等教育出版社 2022 年版,第 281 页。

〔3〕 参见戴佳:《今年 1 月至 9 月认罪认罚从宽制度适用率达 90.5%》,载《检察日报》2022 年 10 月 15 日,第 3 版。

〔4〕 参见最高人民检察院检察长应勇于 2024 年 3 月 8 日在第十四届全国人民代表大会第二次会议上的《最高人民检察院工作报告》。

1. 相当一部分认罪认罚案件的量刑结果没有体现从宽

认罪认罚情节在司法实践中是否真的获得了从宽评价或者说是否对量刑结果产生了实质性的影响，是一个较为复杂的问题。在司法机关的各项总结、统计报告等中，几乎没有关于认罪认罚案件的实体从宽处罚状况的统计和报道。相关报告中通常报告的只有认罪认罚从宽制度的适用率、认罪认罚案件的上诉率、量刑建议采纳率、确定刑量刑建议率等。例如，2020 年 10 月，最高人民检察院在向全国人大常委会报告检察机关适用认罪认罚从宽制度情况时，主要报告了侦查阶段建议适用率、检察环节适用率、量刑建议采纳率、确定刑量刑建议率、未成年人犯罪案件适用率、不同审判程序的适用率和认罪认罚案件的上诉率等；关于认罪认罚案件的从宽处理，只报告了相对不起诉的适用情况，但没有涉及审判阶段的量刑从宽问题。[1]

据学界考证，认罪认罚情节对量刑结果的影响在总体上是不明显的。如有论者基于醉驾型危险驾驶罪的实证研究，发现司法中对认罪认罚情节的从宽适用，既有部分依附于刑法上自首、坦白和积极赔偿损失等从宽量刑情节，又有极少部分在自由刑裁量上超过自首、坦白从宽的从宽适用；在考察的六个认罪认罚早期试点城市中，北京、福州、厦门、青岛、杭州都没有在宣告刑上体现从宽处遇，特别是在杭州，还出现有认罪认罚情节比没有这一情节的案件判处更重的情形。[2]还有论者基于对 2021—2022 年 417 份盗窃罪裁判文书的统计，发现实践中认罪认罚案件的实体从宽在整体上都是不显著的。[3]

为验证以上现象，我们也针对醉驾型危险驾驶罪案件做了实证考察，得出了类似结果。具体做法是，首先在裁判文书网上随机抽取某省近三年来（2021 年至 2023 年）的 722 份醉酒驾驶案例组成研究样本，然后通过倾向得分匹配法，[4]即正则表达式提取具体个案的程序特征、量刑情节以及量刑结果三种变量，其中程序特征主要包括个案所适用的普通程序、简易程序、速裁程序等刑事程序类型；

---

[1] 参见张军：《最高人民检察院关于人民检察院适用认罪认罚从宽制度情况的报告——2020 年 10 月 15 日在第十三届全国人民代表大会常务委员会第二十二次会议上》，载《检察日报》2020 年 10 月 17 日，第 2 版。

[2] 参见吴雨豪：《认罪认罚"从宽"裁量模式实证研究 基于部分城市醉酒型危险驾驶罪的定量研究》，载《中外法学》2020 年第 5 期，第 1248-1254 页。

[3] 参见肖玉珊：《认罪认罚"从宽处理"的适用困境与完善对策——以 417 份盗窃罪裁判文书为样本》，载石经海主编：《量刑研究》2023 年第 7 辑，人民法院出版社 2023 年版，第 176 页。

[4] "倾向得分匹配法"（Propensity Score Matching, PSM），主要用于观察性研究中，以减少处理效应估计中的选择偏差和潜在的混杂因素。这种方法通过对处理组和对照组进行匹配来模拟随机对照试验的条件，从而尽可能地比较在其他条件相似的情况下，某种处理或干预的效果。

量刑情节则包括酒精含量，是否具备驾驶资格，是否造成损失、案发原因（例行检查或造成交通事故），是否积极赔偿、自首、坦白、认罪认罚等；量刑结果则主要体现为自由刑量刑结果，以"天"为单位。在对其进行倾向得分匹配后得到如表2-1的实证数据。

表 2-1　醉酒驾驶总样本倾向得分匹配结果统计

变量	适用认罪认罚（N＝658）	不适用认罪认罚（匹配前）（N＝64）	不适用认罪认罚（匹配后）（N＝63）
刑事程序类型			
普通程序	2.8%	3.1%	3.2%
简易程序	18.1%	26.6%	26.9%
速裁程序	79.1%	70.3%	69.9%
量刑情节			
血液酒精含量（mg/100ml）	149.29	153.30	152.97
不具备驾驶资格	14.0%	16.8%	14.2%
造成损失	24.1%	28.1%	28.5%
因交通事故被查获	35.4%	43.7%	44.4%
积极赔偿	19.3%	18.7%	19.0%
自首、坦白	20.6%	7.8%	7.9%

通过处理后，认罪认罚的被告人与不认罪认罚的被告人在程序特征、量刑情节上的显著差异被基本消除。这样，对认罪认罚的被告人与不认罪认罚的被告人之间的量刑结果差异即直接对应认罪认罚情节对量刑结果所造成的差异。在此基础上，我们对认罪认罚的被告人与不认罪认罚的被告人之间的自由刑量刑结果进行 T 检验分析，得出如表2-2所示结果。

表 2-2　认罪认罚情节对量刑的影响独立样本 T 检验结果统计

认罪认罚拘役刑均值（天）	匹配后的对照组拘役刑均值（天）	独立样本 T 检验 P 值	幅度
58.81	60.40	0.755	2.6%

一般认为,在统计学上的 P 值小于 0.05 时,分析结果具有显著性,反之则无统计学上的显著性。通过对倾向得分匹配后的样本进行 T 检验,得出认罪认罚的被告人与不认罪认罚的被告人的量刑之间不具有统计学意义上的显著差异（P>0.05）,进一步验证在排除掉其他情节对量刑的影响的情况下,认罪认罚情节实际上并未对量刑结果产生显著影响。

我们认为,在实践中,之所以出现以上认罪认罚情节的从宽处罚幅度不显著情形,主要有两个原因:一是认罪认罚与相关从宽量刑情节的交叉关系。如有论者在实证统计中发现,既有积极赔偿损失又有认罪认罚的案件,认罪认罚的从宽处罚的幅度影响较小,不到 2%。[1]之所以如此,其实是因为在司法实践中,积极赔偿损失往往是作为认罪认罚的表现。二是认罪认罚从宽规范性文件关于"不重复评价""真诚悔罪"等实体要求被程序化和虚化。

2. 误把从宽处理等同于实体上从轻处罚

依据立法规定,认罪认罚案件的实体从宽处理应包括从轻、减轻和免除处罚。[2]然而,在司法实践中,认罪认罚案件的从宽处理实际上只是"从轻处罚"。例如,2021 年《最高法解释》第 355 条第 1 款规定:"对认罪认罚案件,人民法院一般应当对被告人从轻处罚;……具有法定减轻处罚情节的,可以减轻处罚。"换言之,仅仅有认罪认罚情节,没有法定减轻处罚情节的,不能减轻处罚。《认罪认罚指导意见》第 8 条第 2 款也规定:"办理认罪认罚案件,应当依照刑法、刑事诉讼法的基本原则,根据犯罪的事实、性质、情节和对社会的危害程度,结合法定、酌定的量刑情节,综合考虑认罪认罚的具体情况,依法决定是否从宽、如何从宽。对于减轻、免除处罚,应当于法有据;不具备减轻处罚情节的,应当在法定幅度以内提出从轻处罚的量刑建议和量刑;……"据此,不仅是公诉机关基本都在"从轻"的幅度之内提出量刑建议,而且审判机关也基本上只是做从轻处罚的量刑,很少涉及减轻、免除处罚的量刑建议与量刑判决。[3]对此,立法机关在审议《最高人民检察院关于人民检察院适用认罪认罚从宽制度情况的报告》时,就有委员指出,认罪认罚案件的从宽尺度"不应局限于从轻处罚","应当根据被

---

〔1〕 参见吴雨豪:《认罪认罚"从宽"裁量模式实证研究 基于部分城市醉酒型危险驾驶罪的定量研究》,载《中外法学》2020 年第 5 期,第 1253 页。

〔2〕《刑事诉讼法》第 173 条第 2 款规定:"犯罪嫌疑人认罪认罚的,人民检察院应当告知其享有的诉讼权利和认罪认罚的法律规定,听取犯罪嫌疑人、辩护人或者值班律师、被害人及其诉讼代理人对下列事项的意见,并记录在案:……(二)从轻、减轻或者免除处罚等从宽处罚的建议;……"

〔3〕 参见卞建林、李艳玲:《认罪认罚从宽制度适用中的若干问题》,载《法治研究》2021 年第 2 期,第 19 页。

追诉人认罪认罚的具体情况和相关法律规定来确定"。[1]

为进一步验证以上现象，我们以具有可适用从轻、减轻、免除处罚法定刑幅度的盗窃罪为分析对象，在中国裁判文书网上随机选取了近三年来的 1000 份刑事一审判决书，通过处理得到 981 份有效判决书后，再以正则表达式为分析工具，共得到 825 份被告人认罪认罚和 156 份被告人不认罪认罚的判决书，其中认罪认罚案件从宽处理的文字表达形式主要为如下几种：被告人认罪认罚，（酌情）予以从轻处罚；被告人认罪认罚，（酌情）予以从轻处罚；被告人认罪认罚，（酌情）予以从宽处罚；被告人认罪认罚，（酌情）予以从宽处罚；被告人认罪认罚，（酌情）予以从轻处罚、从宽处罚等。具体分布情况如表 2-3 所示。

表 2-3　"从宽处理"的不同表现形式统计

"从宽处理"不同表述形式	案件数（件）	比例（%）
从轻处罚	304	36.85
从轻处罚	3	0.36
从宽处罚	108	13.09
从宽处罚	365	44.24
从轻处罚、从宽处理	45	5.45

从表 2-3 可以看出，"从宽处理"在审判实践中基本表现为"从轻处罚"；结合判决书的具体内容可知，所谓"从轻处罚、从宽处罚、从宽处理"在本质上也是从轻处罚。这表明，认罪认罚情节在审判实践中的"从宽处理"等同于实体上的"从轻处罚"。

3. 认罪认罚情节挪用其他情节的从宽空间

据我们的调研，一些法官坦言，对于那些认罪认罚从宽实体根据不足的案件，往往会通过适当挤压其他从宽处罚量刑情节的从宽空间来体现对认罪认罚情节的从宽处罚。为验证以上说法的真实性，我们基于前述醉驾型危险驾驶罪的统计数据，并通过整体量刑差异的检验和认罪认罚情节对其他量刑情节依附性的检验予以分析。在整体量刑差异的检验方面，我们以上文的数据为基础，通过对未进行倾向得分匹配的数据进行 T 检验，确定认罪认罚的被告人与不认罪认罚的被告人

---

[1] 参见正义网 2020 年 10 月 18 日的报道：《分组审议时与会人员建议　进一步探索认罪认罚如何"从宽"等问题》，载 https://www.163.com/dy/article/FP7BL24405346982.html，最后访问日期：2024年 4 月 19 日。

之间量刑是否存在显著的差异，得出如表2-4所示的具体结果。

表2-4　整体上认罪认罚情节对量刑的影响 T 检验结果

认罪认罚 拘役刑均值（天）	不认罪认罚 拘役刑均值（天）	独立样本 T 检验 P 值	幅度（％）
54.95	60.39	P<0.01	9.1

从以上数值来看，整体上认罪认罚的被告人与不认罪认罚的被告人的量刑之间存在显著的差异，其从宽幅度远大于倾向得分匹配后认罪认罚组被告人的拘役刑均值与对照组拘役刑均值之间的从宽幅度。这表明，在认罪认罚情节之外的其他情节起着明显的从宽效果，且与认罪认罚情节有依附关系。因此，需要进一步验证认罪认罚是否与其他情节之间具有依附关系。具体来说，如果认罪认罚的从宽处对血液中酒精浓度有依附性，那么认罪认罚组的被告人血液中酒精浓度要明显低于不认罪认罚组的被告人血液中酒精浓度。通过对认罪认罚被告人与不认罪认罚被告人血液中酒精浓度进行 T 检验，得出了如表2-5所示的结果：

表2-5　血液中酒精浓度在认罪认罚分组之间的区别

认罪认罚组血液中酒精浓度均值 （ mg/100ml）	不认罪认罚组血液中酒精均值 （ mg/100ml）	独立样本 T 检验 P 值
149.29	153.30	P<0.01

以上数值显示，认罪认罚的被告人与不认罪认罚的被告人的血液中酒精浓度具有一定的差异，这表明认罪认罚情节在一定程度上从属于血液中酒精浓度。

认罪认罚情节对其他量刑情节依附性的检验，与血液中酒精浓度不同，其他情节基本上都不属于连续变量，而属于分类变量，在数据表达上体现为 0 或者 1 的虚拟变量，0 表示不具有此类情节，1 表示具有此类情节。对于这些情节，可以通过卡方检验就认罪认罚情节对这些情节的依附性进行检验，如表2-6所示。

表2-6　认罪认罚情节对其他情节的依附性检验结果统计

变　量	适用认罪认罚的 案件比例	不适用认罪认罚的 案件比例	卡方检验 P 值
不具备驾驶资格	14.0%	16.8%	0.235
造成损失	24.1%	28.1%	0.153

续表

变　　量	适用认罪认罚的案件比例	不适用认罪认罚的案件比例	卡方检验 P 值
因交通事故被查获	35.4%	43.7%	0.213
积极赔偿	19.3%	18.7%	P<0.01
自首、坦白	20.6%	7.8%	P<0.01

从上述数值来看，认罪认罚情节对血液中酒精浓度、自首、坦白以及积极赔偿等情节具有一定的依附性，特别是认罪认罚情节对自首、坦白等情节的依附性较大。考虑到倾向得分匹配前后的数据中认罪认罚的从宽幅度有较大的差异，可以初步确定，对认罪认罚情节的从宽幅度在一定程度上挪用了自首、坦白等情节的从宽幅度。

4. 对认罪认罚情节的从宽幅度未结合整个案情

认罪认罚情节的从宽幅度不是千篇一律的，应基于每个具体案件的整体情况，如案件性质、罪行性质、整体主观恶性大小、其他从宽情节所带来社会危害性和人身危险性的减小情况等，决定是否从宽以及是从轻处罚、减轻处罚还是免除处罚以及从轻、减轻处罚的幅度。对于犯罪性质并不严重、主观恶性不大，且既有自首、立功又有认罪认罚情节的被告人，从宽处罚的幅度应该更大。然而，在实践中，从宽幅度的认定往往没有结合整个案情，而通常是对认罪认罚情节或其他从宽情节独立地减少所谓基准刑的一定幅度。

为验证这个问题，我们对前述醉驾型危险驾驶罪总体样本中的认罪认罚案件进行了分类，将既具有认罪认罚情节又具有自首、坦白等情节的案例分为一组，将仅具有认罪认罚情节的案例分为一组，同时考虑到在自首、坦白之外的其他量刑情节甚至犯罪情节对量刑结果都可能有明显的影响（例如酒精含量、是否具备驾驶资格、是否造成损失、案发原因、是否积极赔偿等），为了排除自首、坦白以外的从宽情节对分析结果的影响，我们通过倾向得分匹配法对数据进行了处理，得出了如表 2-7 所示的分析结果。

表 2-7　不同认罪认罚情形下的量刑差异对照

不同认罪认罚情形	拘役刑均值（天）	独立样本 T 检验 P 值
认罪认罚且具有自首、坦白情节	57.11	P=0.058
仅具有认罪认罚情节	56.19	

如表 2-7 所示，从总体上看，既有认罪认罚又有自首、坦白等情节的案件与仅有认罪认罚情节的案件在量刑结果上没有明显差异（ P> 0.01），前者甚至略微重于后者。这意味着，量刑实践中的从宽谱系是混乱的，认罪认罚案件的从宽处罚并非综合考虑整体案情对不同从宽情节进行适当评价的结果，而是呈现出一定的任意性，例如，在仅有认罪认罚情节的案件中，为了突出认罪认罚情节的从宽效果，往往给予了更大的从宽幅度。

5. 未对涉量刑数额因素作实质性评价

"唯数额论"是司法实践中的一种常见误区，在认罪认罚案件的定罪量刑方面也同样是一个突出问题，其本质是在定罪量刑过程中未对数额因素做主观与客观、形式与实质相统一实质性评价。通常表现为司法工作人员在认定规定有数额因素的犯罪时，将数额大小作为认定犯罪的主要依据，从而未充分发挥其他重要情节在"数额"上的主观与客观、形式与实质相统一评价作用。[1] 例如，向困难户索贿 10 万元可能比接受富商 100 万元贿赂的社会危害性和人身危险性大，可"唯数额论"会给定罪和量刑都带来巨大差异，进而影响对认罪认罚情节的从宽评价。我们以帮助信息网络犯罪活动罪（以下简称帮信罪）为分析对象，在中国裁判文书网上以"帮助信息网络犯罪活动罪"为检索词，共检出 2020 年 1 月至 2023 年 12 月的刑事一审判决书 36 002 份。考虑到提取文书中数据的难度，同时尽可能实现样本的代表性，我们按照 50% 的比例进行概率抽样，发现支付结算型的帮信罪在所有帮信罪类型中占比最大。同时，该类型的帮信罪中数额、情节等各种影响定罪量刑的因素更为全面，更有利于观测各种情节对定罪量刑的影响。经认真筛查，排除重复、错误的案例，最后确定了 19 737 个样本。另外，我们通过正则表达式提取了具体支付结算金额、违法所得数额、涉案银行卡数量、主观明知的形态（可能知道和确实知道）、犯罪链条中的角色（卡商或者卡农）、账户类型、是否坦白、是否自首、是否立功、是否认罪悔罪、是否退赃退赔以及性别、年龄、文化程度、职业等情节，作为影响定罪和有期徒刑刑期的自变量。在剔除相关情节之后 [2]，以全样本建立回归模型，然后分析各自变量的标准化系数对定罪和有期徒刑刑期的影响力大小。标准化系数的绝对值取值介于 0—1 之间，绝对值越接近于 1，表明该情节对本罪定罪量刑的影响力越大。具体如表 2-8 所示。

---

〔1〕 参见石经海、苏桑妮：《刑法数额因素之"唯数额论"误区》，载《重庆大学学报（社会科学版）》2021 年第 1 期，第 1-13 页。

〔2〕 因年龄、性别、职业、文化水平等变量存在较大的缺失值，而且即使将其纳入模型中，其对有期徒刑刑期的影响力也较为微弱，所以在模型的拟合过程中予以删除。

表 2-8　有期徒刑线性回归分析结果

自变量	标准化系数	影响力位序
是否查明被害人	-.006	15
账户类型	.088*	4
支付结算金额	.366*	1
违法所得数额	.065*	6
银行卡数量	.200*	2
故意内容	.012	13
认罪认罚	-.031*	8
自首	-.047*	7
坦白	.021	11
立功	-.007	14
退还违法所得	-.018	12
初犯	-.029	9
前科	.022	10
累犯	.075*	5
犯罪链条中角色	.103*	3

注：在表格中，"＊"表明该标准化系数具有统计学意义上的显著性，$P<0.05$，下文的相关符号，均照此理解。

回归分析结果显示，支付结算金额在支付结算型帮信罪的量刑过程具有最大的影响力，其他重要情节的影响力则相对微弱。具有代表性的是反映行为人人身危险性的故意内容、犯罪链条中的角色等情节，它们在量刑中本应有更大的影响力，但表 2-8 显示，这些情节对定罪量刑的影响力均小于支付结算金额，这实际上就是量刑过程中的"唯数额论"现象。这一现象表明，在具体案件中，司法机关往往过度关注最后认定的支付结算金额在定罪量刑中的作用，而轻视甚至完全忽略了行为人在整个犯罪过程中提供的帮助大小以及为结果贡献的原因力大小。

"唯数额论"常常表现为犯罪性质严重程度、行为人人身危险性差别不大的案件，仅仅因为案件所认定的支付结算金额的差异而造成显著的量刑差异。例如，在"黎某讯帮助信息网络犯罪活动罪案"[1]中，法院认定，被告人于 2019 年 9 月至 2020 年 5 月，明知他人实施网络犯罪活动，仍将本名银行卡提供给"小曾"（身份不详，另案处理）用于他人在福建省安溪县实施电信诈骗，接收诈骗等网络犯罪所得款人民币 300 694 525 元，并从中获利 1000 元。被告人同时具有初犯、认罪认罚等情节。在本案中，被告人仅仅是将银行卡交于他人，对后续的犯罪行为既不知晓也无法掌控，最终被告人被判处 2 年 5 个月（29 个月）的有期徒刑，远高于支付结算型帮信罪的量刑均值 9.6 个月。与之形成鲜明对比的是"蓬某帮助信息网络犯罪活动罪案"，[2]法院认定，2020 年 12 月，被告人蓬某在明知刘某某（身份不详）收购银行卡用于网络犯罪转账的情况下，在云南省昭通市罗某辉广场，以每套银行卡 1000 元的价格，将其名下的农业、工商银行卡出售给刘某某用于网络犯罪转账使用。通过调取相关银行卡转账记录，蓬某名下银行卡共计转账 68 万余元，蓬某从中获利 1000 元，被告人同时也具有认罪认罚、初犯等情节，最终被判处 8 个月有期徒刑。此案与上述案件在案件事实上基本相似，都是行为人将银行卡售与他人，均对下游的犯罪不知晓也无法掌控，但是因为下游犯罪赃款流水的巨大差异，造成两被告人量刑上的巨大差异，这是定罪量刑"唯数额论"的典型表现。"唯数额论"的另一个表现是，一些犯罪的综合情节明显更为严重，仅仅因为认定的涉案数额不大，量刑却更轻。例如，"李某龙帮助信息网络犯罪活动罪案"，[3]2021 年 4 月，被告人李某龙的哥哥李某元（另案处理）通过"蝙蝠"App 认识其上线"大庭氏"。"大庭氏"提出为其办理银行卡刷流水，即可为二人办理贷款。2021 年 4 月 22 日至 23 日，李某元与李某龙一起在安义县办理了农商银行、九江银行的银行卡，还在南昌市办理了浦发银行、兴业银行、民生银行的银行卡。同月 23 日，二人一同乘火车到达赣州找到"大庭氏"办理贷款，其间入住赣州市章贡区 IG 电竞酒店。二人明知办理的上述银行卡可被他人用于网络犯罪，仍将银行卡提供给"大庭氏"等人使用，并协助进行转账操作，银行卡共进账 2 419 272 元，二人各获利 12 000 余元（李某元另获得价值 9000 余元手机一部）。被告人李某龙具有累犯、获利数额巨大等情节，并在侦查及审查起诉阶段均拒不认罪，只是在庭审中自愿认罪认罚，以及亲属代为退缴其违法所得 12 000 元和预缴罚金 2 万元。被告人李某龙最终被判处 16 个月的有期徒刑。综合来看，本案中的犯罪严重程度要明显大于"黎某讯帮助信息网络犯罪活动罪案"，因为被告人李某龙对支付结算金额有着直接的控制力，同时具有累犯等反映其严

---

〔1〕 参见福建省安溪县人民法院第（2021）闽 0524 刑初 1207 号刑事判决书。

〔2〕 参见河南省开封市尉氏县人民法院第（2021）豫 0223 刑初 740 号刑事判决书。

〔3〕 参见江西省安义县人民法院第（2022）赣 0123 刑初 3 号刑事判决书。

重人身危险性的情节，但法院对李某龙的量刑却明显轻于对黎某讯的量刑。

6. 误把定罪情节作为量刑情节重复评价

这有两种具体的表现：一是在基准刑的选定和量刑起点的调节上，误把本来用于评价定罪的犯罪构成事实用作评价量刑的量刑情节。[1]二是误将基本犯、加重犯、减轻犯的定罪情节（罪状）作为这些罪名的加重量刑情节。[2]这两种表现实质上都是对特定的案件事实在定罪过程进行定量判断后又在量刑过程中继续判断，即对同一事实进行了重复评价。为验证以上情形，我们选择了具有"数额较大""数额巨大""数额特别巨大"三个定罪情节（法定刑升格情节）的诈骗罪为例予以实证分析。具体做法是，在中国裁判文书网以"诈骗罪"为检索词，随机抽取了1000份刑事一审判决书，经过对具有共同犯罪等特征的案件进行处理，共得出698份量刑裁判。其中认定"数额较大"的判决书共有354份、认定"数额巨大"的判决书共有254份、认定"数额特别巨大"的判决书共有90份。根据刑法中的相关量刑规则以及《量刑指导意见》的规定，我们提取了诈骗数额、是否多次诈骗、是否自首、是否坦白、是否立功、是否认罪认罚、是否退赃退赔、是否取得被害人谅解、是否主犯、是否从犯以及是否有累犯、前科等情节，作为自变量；然后以自由刑的刑期为因变量[3]，分别选取"数额较大"的样本和"数额巨大"的样本进行多元线性回归分析，结果如表2-9和表2-10所示。

表2-9　"数额较大"诈骗罪案件回归分析结果

情节	标准化系数	影响力次序
诈骗金额	.241*	1
多次诈骗	.116*	2
自首	.020	9
立功	-.075*	4
坦白	.058	5
认罪认罚	.020	9

---

〔1〕　同一个事实不能被用来既评价定罪又评价量刑，但判断是不是同一个事实要看它的属性，例如14岁的人杀人，定罪上要看刑事责任年龄，量刑上也要看未成年人量刑情节。

〔2〕　比如轮奸是加重犯的定罪情节，但学界和实务界普遍理解认为其是量刑情节。

〔3〕　考虑到其中有部分被告人被判处拘役刑，同时拘役刑相对于有期徒刑要轻，我们以"一个月拘役约等于0.8个月有期徒刑"对拘役刑进行转换。这种转换仅仅是为了显示拘役与有期徒刑之间的轻重差异，不影响最终分析结果。

情节	标准化系数	影响力次序
退赔	-.001	10
谅解	.095*	3
主犯	-.026	8
从犯	-.049	6
累犯、前科	.046	7

表 2-10 "数额巨大"诈骗罪案件回归分析结果

定罪或量刑情节	标准化系数	影响力次序
诈骗金额	.413*	1
多次	.070	7
自首	-.171*	3
立功	.007	9
坦白	-.006	10
认罪认罚	-.088*	6
退赔	-.005	11
谅解	-.019	8
主犯	.109*	4
从犯	-.296*	2
累犯、前科	.100*	5

标准化系数代表具体量刑情节对量刑结果的影响力，位于 0 到 1 之间，其绝对值越接近 1，对应情节对量刑的影响力就越大。表 2-9 显示，在"数额较大"所决定的法定刑幅度内，诈骗数额是影响力最大的因素；表 2-10 显示，在"数额巨大"所决定的法定刑幅度内，诈骗数额也是影响力最大的因素。这意味着，"数额较大"不仅被用作定罪情节，而且被用作量刑情节，在"数额较大"所决定的法定刑幅度内，诈骗数额越大，所判刑期越长；同样，"数额巨大"既决定了法定刑升格，同时在升格后的法定刑幅度内，又进一步影响量刑。不仅如此，如果把表 2-9 与表 2-10 加以对照，还可以发现，相对于"数额较大"的案件，在"数额巨大"的案件中诈骗数额对量刑结果的影响力明显更大。以

上分析表明，司法实践中确实存在"误把定罪情节作为量刑情节重复评价"的现象。

7. 误认为罪后情节只能用于量刑

认罪认罚是罪后情节，罪后情节不仅影响量刑，而且能阻却犯罪成立。这不仅涉及《刑法》第13条规定的但书出罪，还包括刑法中大量的关于"多次"实施一般违法行为（本来不是犯罪的行为）而作为犯罪处理的规定。2010年最高人民法院《关于贯彻宽严相济刑事政策的若干意见》（以下简称《宽严相济刑事政策意见》）第14条也规定："对于具有一定社会危害性，但是情节显著轻微危害不大的行为，不作为犯罪处理。"因此，即使是罪后情节，在能够凸显出全案情节轻微的情况下，也可以发挥出罪功能。

然而，在实践中，普遍存在"罪后情节不能用于出罪，只能用于量刑"的认识误区，进而影响包括认罪认罚在内的事后情节的全面评价功能，造成在很多情况下即使是情节显著轻微可以出罪的案件最终却只得到了量刑上的宽宥。例如，在"来某帮助信息网络犯罪活动案"[1]中，被告人来某通过网络结识"猴子"（另案处理），在明知"猴子"可能利用信息网络实施犯罪的情况下仍以700元的价格将自己办理的两套银行卡（包括银行卡、U盾、手机卡、身份证信息）出售给"猴子"使用。后他人实施网络犯罪，用以上银行卡结算金额共计约37万余元。2021年7月12日，被告人来某主动到公安机关投案，如实供述了自己的犯罪事实。根据最高人民法院、最高人民检察院《关于办理非法利用信息网络、帮助信息网络犯罪活动等刑事案件适用法律若干问题的解释》第12条第1款第2项的规定，支付结算金额超过20万元的，属于《刑法》第287条之二第2款的"情节严重"，达到入罪门槛。本案所认定的支付结算金额并未大幅超过上述司法解释的规定。更重要的是行为人对支付结算金额大小无法控制、无法预知。而且，行为人在主观上只是概括性地知道自己的行为可能违法，主观恶性并不大。行为人在案发后主动投案并且认罪认罚，说明其人身危险性非常微小，正常的批评教育和行政处罚已经能够实现刑罚的目的，本来不需要定罪。但是，由于存在"罪后情节只能影响量刑"的认识误区，加之立法要求法院"一般应当采纳"检察机关指控的罪名和量刑建议[2]，本案被告人来某还是被法院根据量刑建议判处拘役一个月、缓刑二个月，并处罚金1000元。

类似的案例在危险驾驶罪等轻罪案件中也广泛存在，例如，"李某某危险驾驶

---

〔1〕　参见湖北省麻城市人民法院（2021）鄂1181刑初499号刑事判决书；类似的案件，另见安徽省庐江县人民法院（2022）皖0124刑初118号刑事判决书。

〔2〕　参见《刑事诉讼法》第201条。

罪案"。[1]2020 年 5 月 3 日 20 时许，被告人李某某接到宋某的挪车电话后，明知中午已饮酒仍驾驶自己的辽 B×××××号宝马牌小型轿车沿嵩县车村镇伏牛路交叉口由东往西行驶 10 余米，李某某将车停在路边停车位时被嵩县公安局交警大队二中队民警当场查获。经鉴定，案发时李某某血液中乙醇含量为 124.1mg/100ml，属醉酒驾驶。被告人李某某中午饮酒，晚上才挪车，且总共才行驶 10 余米，而且案后积极认罪认罚，明显属于情节显著轻微危害不大，可以予以出罪的情形，但仍然被判处拘役一个月、缓刑三个月。这些案件本来都应当适用《刑法》第 13 条的出罪规定作无罪处理，却因为"罪后情节只能用于量刑"的认识误区，最终对被告人定罪判刑，导致认罪认罚等罪后情节实际上没有发挥出从宽效果。

8. 实体从宽处理标准不符合法理

"两高"《量刑指导意见》明确把"认罪认罚"作为一个"常见量刑情节"，要求认罪认罚情节的适用，需"综合考虑犯罪的性质、罪行的轻重、认罪认罚的阶段、程度、价值、悔罪表现等情况"，以及看是否"具有自首……等情节"，是否"犯罪较轻"，分别可以减少基准刑的 30%以下、60%以下、60%以上或者依法免除处罚，并且"认罪认罚与自首……等量刑情节不作重复评价"[2]，从而以司法规范文件的方式具体确定了认罪认罚的实体从宽处理标准。以上标准，至少存在如下两个问题。

其一，把具有不同功能和层级的量刑情节放一起进行量化运算，违反了刑法关于量刑情节制度和法定刑制度有关规定的精神。

根据《量刑指导意见》的规定，量刑情节有"一般量刑情节"和"特定的量刑情节"之分。[3]对于前者，根据各个量刑情节的调节比例，采用"同向相加、逆向相减"的方法；对于后者，根据各个量刑情节的调节比例，采用"部分连乘、部分相加减"的方法，在量刑起点基础上调节所谓的基准刑；"被告人犯数罪、同时具有适用于各个罪的立功、累犯等量刑情节""先适用该量刑情节调节个罪的基准刑，确定个罪所应判处的刑罚""再依法实行数罪并罚，决定执行的刑罚"，再通过数罪并罚确定执行的刑罚。[4]如此方法，实际上是既不区分案件是否为个罪与数罪、是否为基本犯与加重犯、减轻犯，也不问量刑情节是从轻从重处罚的

---

〔1〕 参见河南省嵩县人民法院（2021）豫 0325 刑初 181 号刑事判决书。

〔2〕《量刑指导意见》"三、常见量刑情节的适用"的第 14 项。

〔3〕 根据《量刑指导意见》的规定，"一般量刑情节"是"特定的量刑情节"以外的各量刑情节，"特定的量刑情节"是指未成年人犯罪、老年人犯罪、限制行为能力的精神病人犯罪、又聋又哑的人或者盲人犯罪，防卫过当、避险过当、犯罪预备、犯罪未遂、犯罪中止，从犯、胁从犯和教唆犯等量刑情节。

〔4〕 参见《量刑指导意见》"二、量刑的基本方法（二）调节基准刑的方法"。

还是减轻、免除处罚的，全部笼统地予以量化并一起量化运算，以至于在部分案件中出现量化结果为"在法定最高刑以上"加重处罚[1]的现象[2]，违背了刑法关于量刑情节制度运行和法定刑运行的规定。[3]

其实，我国刑法对量刑情节制度按量刑功能和制度作了明确的分级规制。首先是针对"具体个罪"按从重、从轻、减轻、免除处罚功能做了分级规制。包括《刑法》第 62 条关于从重或者从轻处罚情节的规定，要求在法定刑幅度内裁处；《刑法》第 63 条关于减轻处罚情节的规定，要求在法定刑的下一个或几个量刑幅度内裁处；《刑法》第 37 条关于免除刑罚处罚情节的规定，要求不作刑罚裁处，只单纯宣告有罪或仅给非刑罚处罚。其次是针对"全案情况"按数罪并罚、刑期折抵等制度做分级规制。包括《刑法》第 69 条等关于数罪并罚的规定，要求先针对个罪分别定罪并宣告裁处的刑罚（宣告刑），再依数罪并罚的原则决定执行的刑罚（执行刑）；《刑法》第 41 条、第 44 条和第 47 条等关于刑期折抵制度的规定，要求先行羁押 1 日折抵行为人全案判处的管制 2 日和拘役、有期徒刑 1 日；《刑法》第 72 条等关于缓刑制度的规定，要求对全案被判处拘役和 3 年以下有期徒刑的犯罪人在一定条件下适用缓刑。

以上规定表明，在法定刑的运行过程中，只有从重和从轻处罚情节的适用在同一层级同一阶段，即在同一"法定刑幅度内"，因而可以大体设置如减少基准刑 30% 以下、60% 以下的幅度参考标准，并运用"同向相加、逆向相减"的方法进行"量化运算"；免除处罚、减轻处罚情节，分别处于"免刑""处断刑""执行刑"量刑阶段因不在同一"法定刑幅度内"，无法一起量化运算，否则就会导致这些量刑情节被虚化或异化适用。至于数罪并罚、刑期折抵、缓刑等量刑制度的适用，则需要基于全案的综合考量，并非当然在同一个罪的裁处阶段或在同一法定刑幅度内裁处。因此，有论者认为，基于"从宽"幅度须受到法定刑幅度的约束，"对于认罪认罚从宽制度中'从宽'的幅度可以不作特别的限制"[4]，这是有一定道理的。

其二，在法定刑幅度内确定某个点或幅度为基准刑和量刑起点，不符合罪刑法定原则和量刑的基本规律。

---

［1］ 参见陈学勇：《确定宣告刑的方法》，载《人民法院报》2011 年 7 月 20 日，第 6 版。

［2］ 1997 年《刑法》为贯彻罪刑法定原则的人权保障精神，彻底废止了"加重处罚"的量刑情节。也就是在现行刑法的立法和司法上，绝对不存在加重处罚的量刑情节。

［3］ 参见石经海：《论量刑基准的回归》，载《中国法学》2021 年第 5 期，第 296 页。

［4］ 刘宪权、林雨佳：《如何在认罪认罚从宽制度中实现科学量刑》，载《检察日报》2019 年 6 月 19 日，第 3 版。

《量刑指导意见》之所以要求在法定刑内确定某个"点""幅"为量刑基准（基准刑/量刑起点），主要是为了防止法官滥用量刑自由裁量权，因为我国《刑法》规定的法定刑幅度较大，有的一个罪的法定刑甚至包含多个刑种。在《量刑指导意见》制定者看来，如果不在法定刑内确定某个"点""幅"为量刑基准（基准刑/量刑起点），很难防止量刑裁量权的滥用，保证量刑公正。然而，这种认识可能忽视了罪刑法定原则对量刑的要求，并且对法官的量刑裁量权存在误解。

根据罪刑法定原则，每一种犯罪均有对应的法定刑。法定刑的幅度不论有多大，都是量刑裁判的合法依据和起始标准，法官只能在个案定罪所确定的法定刑幅度内裁量相应的刑罚。如果在法定刑幅度内机械地选择某一个"点"或"幅度"作为量刑基准，看上去似乎是把法定刑"细化"了，实质上是把法定刑的部分内容从具体犯罪的刑罚规范体系中切割了出来，以事实上的"司法法"代替了法定刑本身作为量刑时的起始标准适用。这不仅违反了罪刑法定原则的要求，而且在实践中也不可行。例如，有学者经实证统计，认为应将强奸罪的量刑基准确定为有期徒刑5—6年。[1]但是，强奸罪既有基本犯，也有加重犯。前者的法定刑为"3年以上10年以下有期徒刑"，后者的法定刑为"10年以上有期徒刑、无期徒刑或者死刑"。[2]以有期徒刑5—6年作为基准刑，针对的是前者还是后者？如果是前者，则将基于强奸案判决统计出来的量刑"平均值"（5—6年）"一刀切"地作为所有强奸罪基本犯的量刑基准，必定会给具体个罪带来过重或过轻的量刑结果；如果是后者，则"5—6年"距"10年以上有期徒刑"的要求过远，必定给具体个罪带来过轻的量刑结果。更何况，强奸罪加重犯的法定刑幅度并不限于"10年以上有期徒刑"，还包括"无期徒刑或死刑"，以有期徒刑5—6年作为基准刑，既无法适用于需要判处无期徒刑或死刑的案件，也无法为强奸罪加重犯的减轻、免除处罚情节提供适当的适用标准。

另外，量刑裁量权本身并不是任意的裁量权，它是基于案件的全部事实，在刑事政策等的指导下，法官基于个人的知识、经验、良知和刑事一体化的法治思维，综合作出既合理又合法的量刑判决的权力。"过大"的法定刑幅度并非当然带来量刑裁量权的滥用。量刑规范化的主要任务并不是"限制"甚至"挤压"量刑裁量权的行使，而是要通过设置并适用完备科学的程序制度，使其合法、合规地行使。虽然在这一过程中，确实有法官心目中的"基准"在发挥作用，但这种

---

〔1〕 参见苏惠渔等：《量刑与电脑——量刑公正合理应用论》，百家出版社1989年版，第83页。
〔2〕 参见《刑法》第236条。

"基准"只是具体案件中综合全部量刑情节的"聚焦点",并非相对于抽象个罪的普适性和"一刀切"式的"量刑基准"。量刑裁量权的行使虽然确实可能因为"权力过大"而存在"不均衡""不公正"的风险,但绝不能为了防范这种风险采取切割法定刑幅度等背离刑法的方法,而应通过提升法官职业素养、完善量刑程序等途径,推动法官合理合法地行使量刑裁量权,促进量刑公正。不仅如此,在任何情况下,都应当尊重法官基于事实和法律在量刑裁判中所作的有差异的量刑,在量刑问题上不能简单地追求统一的"标准答案"。

事实上,在法定刑幅度内确定一个点或幅度作为基准刑并据此进行量化运算,这种方法与《量刑指导意见》规定的"以定性分析为主,定量分析为辅"的量刑基本方法也是相矛盾的。毕竟,只要最终判处的刑罚取决于这种量化运算的结果,就在实质上仍以定量分析为主而不是以定性分析为主。而根据刑法的立法规定和量刑的基本原理,应当先通过定罪确定量刑所需要的法定刑幅度,再基于相应量刑情节和量刑制度分段分级裁处量刑结果。[1]

(二)认罪认罚案件的相对不起诉

认罪认罚从宽制度全面施行以来,全国检察机关积极在审查起诉环节兑现认罪认罚从宽政策,相对不起诉率明显提高。根据最高人民检察院 2024 年 3 月 9 日发布的《刑事检察工作白皮书(2023)》,2019—2022 年,全国检察机关的不起诉率持续上升,分别为 9.5%、13.7%、16.6% 和 26.3%,2023 年不起诉率微幅回落至 25.5%。[2]考虑到自 2019 年起检察系统全面推行"捕诉一体"办案机制,法定不起诉和证据不足不起诉的比例逐渐减少,上述不起诉率主要反映了相对不起诉的适用情况,而相对不起诉率的持续上升,显然是适用认罪认罚从宽制度的结果。例如,2019 年 1 月至 2020 年 8 月,全国检察机关对犯罪嫌疑人认罪认罚,依照法律规定不需要判处刑罚或可能判处免予刑事处罚的轻微刑事案件,依法作出不起诉决定 208 754 人,占适用该制度办理案件总数的 11.3%。[3]2023 年,全国检察机关对犯罪情节轻微、依法不需要判处刑罚或者免除刑罚的犯罪嫌疑人,

---

〔1〕 参见石经海:《论量刑基准的回归》,载《中国法学》2021 年第 5 期,第 293-297 页。

〔2〕 参见《刑事检察工作白皮书(2023)》,载 https://www.spp.gov.cn/xwfbh/wsfbh/202403/t20240309_ 648173shtml,最后访问日期:2024 年 4 月 22 日。

〔3〕 参见张军:《最高人民检察院关于人民检察院适用认罪认罚从宽制度情况的报告——2020 年 10 月 15 日在第十三届全国人民代表大会常务委员会第二十二次会议上》,载《检察日报》2020 年 10 月 17 日,第 2 版。

决定不起诉 49.8 万人，占比 12.6%。[1]

尽管近年来相对不起诉的适用率有明显提高，但也应当看到，各地的适用情况并不平衡，而且就认罪认罚从宽制度下相对不起诉的潜在适用率而言，目前的适用率整体上仍然是偏低的。其原因，除适用相对不起诉有着繁琐的审批程序和较高的风险导致承办检察官不愿意适用以外[2]，主要是关于相对不起诉的适用条件还存在争议，具体包括以下两个方面。

一是"犯罪情节轻微"有无罪名轻重的限制？有观点认为，犯罪情节轻微意味着被告人所实施的犯罪为轻罪，即仅为处以三年以下有期徒刑、拘役或者管制的犯罪。[3]其实，这种理解显然是错误的。基于犯罪情节轻微的立法含义，"定罪免刑"的适用前提不是罪名的性质轻微而是犯罪情节轻微。从刑法关于"定罪免刑"的规定来看，相对不起诉应适用刑法规定的所有罪名，包括犯罪性质较轻的罪名和犯罪性质较重的罪名。[4]

二是"犯罪情节轻微"与"依照刑法规定不需要判处刑罚或者免除刑罚"的关系如何？有观点认为，犯罪情节轻微应当依照刑法规定不需要判处刑罚或者免除刑罚；[5]另有观点认为，犯罪情节轻微只是依照刑法不需要判处刑罚的条件，而不是免除刑罚的条件，对于免除刑罚的情况而言，并不以犯罪情节轻微为前提条件，只要属于法定免除处罚情形的，不论犯罪情节是否轻微，都可以适用相对不起诉。[6]其实，这些争议也是对刑法关于"定罪免刑"规定的理解误区与刑事诉讼法立法认知误区。根据《刑法》第 37 条的规定，"犯罪情节轻微""不需要判处刑罚"显然是"可以免予刑事处罚"的两个基本条件，二者是必须同时具备的一个有机整体，不可以将二者分开后单独适用。

此外，片面地将认罪认罚情节的实体从宽限定为从轻处罚，也限缩了相对不起诉的适用空间。如前所述，根据《认罪认罚指导意见》，认罪认罚作为实体上

---

〔1〕 参见应勇：《最高人民检察院工作报告——2024 年 3 月 8 日在第十四届全国人民代表大会第二次会议上》，载 https://www.spp.gov.cn/spp/gzbg/202403/t20240315_ 649603.shtml，最后访问日期：2024 年 4 月 22 日。

〔2〕 参见郭恒：《认罪认罚从宽制度下相对不起诉制度之适用》，载《人民检察》2018 年第 7 期，第 67 页；周慧娟等：《认罪认罚轻罪案件不起诉裁量权之行使》，载《人民检察》2022 年第 5 期，第 59 页；王新建：《认罪认罚从宽制度下相对不起诉的司法适用》，载《国家检察官学院学报》2021 年第 1 期，第 147 页。

〔3〕 杨新京：《论相对不起诉的适用条件》，载《国家检察官学院学报》2005 年第 6 期，第 75 页。

〔4〕 顾永忠：《关于酌定不起诉条件的理解与思考》，载《人民检察》2014 年第 9 期，第 65 页。

〔5〕 顾永忠：《关于酌定不起诉条件的理解与思考》，载《人民检察》2014 年第 9 期，第 65 页。

〔6〕 孙力、王振峰：《不起诉实务研究》，中国检察出版社 2010 年版，第 36 页。

的量刑情节，通常在从宽程度上只是"从轻处罚"。这种限制性的理解不符合刑法的相关规定。从刑法的相关立法来看，对认罪情节的处罚程度本就不限于从轻处罚，还包括减轻和免除处罚。例如，《刑法》第164条规定，"行贿人在被追诉前主动交待行贿行为的，可以减轻处罚或者免除处罚"；第383条规定，"在提起公诉前如实供述自己罪行、真诚悔罪、积极退赃，避免、减少损害结果的发生，有第1项规定情形的，可以从轻、减轻或者免除处罚"；第390条规定，"行贿人在被追诉前主动交待行贿行为的，可以从轻或者减轻处罚。其中，犯罪较轻的，对调查突破、侦破重大案件起关键作用的，或者有重大立功表现的，可以减轻或者免除处罚"；第392条规定，"介绍贿赂人在被追诉前主动交待介绍贿赂行为的，可以减轻处罚或者免除处罚"。以上立法规定表明，仅有"认罪"（主动交待犯罪行为）的都可以减轻或免除处罚，而作为不仅"认罪"而且还要"认罚"的认罪认罚情节却只能"从轻处罚"，明显缺乏合理性，并且不适当地限制了相对不起诉的适用范围。[1]

（三）认罪认罚案件的特殊不起诉和撤销案件

认罪认罚案件的特殊不起诉和撤销案件情况如何，至今未见公开报道。2023年3月，课题组在南方某大城市调研时获悉，有一例认罪认罚案件符合条件，办案单位拟报最高人民检察院批准后作不起诉处理，但具体案情以及最终结果如何，均不了解。除此以外，课题组在国内其他多地调研，没有发现适用案例。虽然2016年"两高三部"发布的《认罪认罚试点办法》第13条和第14条就对特殊不起诉和撤销案件的适用条件及适用程序作了较为具体的规定，2018年《刑事诉讼法》第182条也正式将特殊不起诉、撤销案件作为认罪认罚案件的从宽处理方式之一，但是因适用案件的特殊性、适用条件的严格性和适用程序的复杂性，实践中相关部门又进一步从严掌握，以至于很难有认罪认罚案件作特殊不起诉或撤销案件处理。[2]例如，在认罪认罚从宽制度试点时期，最高人民检察院即要求，基于"重大立功"的特殊不起诉案件，处理上要"严格控制，慎重适用，防止滥用"；[3]公安部也要求，认罪认罚案件特殊情况下"撤销案件的规定仅适用于涉及国家主权、安全、国防、外交等国家重大利益的极少数情况，不得就一般案件报请公安部启动撤销程序"。[4]认罪认罚从宽制度全面实施以后，"两高三部"联

---

〔1〕　李雅：《相对不起诉案件"刑行衔接"现状与对策》，载《检察日报》2020年7月1日，第3版。

〔2〕　胡云腾主编：《认罪认罚从宽制度的理解与适用》，人民法院出版社2018年版，第41页。

〔3〕　参见陈国庆：《认罪认罚从宽制度若干程序问题探析》，载《人民检察》2017年第23期，第9页。

〔4〕　参见《公安部办公厅关于切实做好刑事案件认罪认罚从宽制度试点工作的通知》（公法〔2016〕1660号）。

合发布的《认罪认罚指导意见》对于特殊不起诉或撤销案件未提出任何指导性意见，2019 年《最高检规则》和 2020 年《公安部规定》对此也未作任何解释性或补充性的规定，以至于认罪认罚案件特殊不起诉和特殊情况下撤销案件的法律规定，至今仍然是一个"僵尸条款"。

三、认罪认罚案件从宽处理问题的原因分析

综合以上分析，认罪认罚案件从宽处理所存在的问题主要表现在从宽量刑方面。这些方面的量刑问题，大体源于如下原因。

（一）对认罪认罚情节的功能定位不当

前述分析表明，司法上的认罪认罚从宽处罚实际上只适用了"从轻处罚"而没有适用"减轻处罚"和"免除处罚"。这不仅与量刑情节正当性根据对其量刑功能要求不相吻合，而且导致认罪认罚情节的从宽法律适用难以达到认罪认罚从宽制度的改革目标。

1. 认罪认罚情节的从宽功能不应背离量刑情节的正当性根据

依据《刑法》第 61 条的规定[1]，所有作为量刑根据的量刑情节，无论是法定情节，还是酌定量刑情节，都需要反映犯罪行为的社会危害性和犯罪人的人身危险性，以贯彻《刑法》第 5 条关于罪责刑相适应原则的要求。这是量刑情节在实体上的正当性根据所在。据此，凡是出于真诚悔罪的自首、坦白、立功、积极赔偿被害人损失、取得被害人谅解等各种反映犯罪行为的社会危害性和犯罪人的人身危险性等方面的事实，都是体现量刑轻重的量刑情节，只不过根据立法的具体规定，它们分属法定或酌定量刑情节而已。

然而，从立法和相关司法文件的规定来看，"认罪认罚"情节的法律适用并没有很好地基于以上正当性根据展开。一方面，虽然《量刑指导意见》要求适用认罪认罚从宽制度，要"综合考虑犯罪的性质、罪行的轻重、认罪认罚的阶段……等情况"，从而决定是从轻处罚（减少基准刑的 30%以下），还是减轻处罚（具有自首……等情节的，可以减少基准刑的 60%以下，犯罪较轻的，可以减少基准刑的 60%以上），或者依法免除处罚，但实践中通常并没有据此予以减轻处罚和免除处罚。另一方面，裁判文书并没有很好地基于量刑的正当性根据进行从宽量刑说理，包括到底给予了多大程度、哪种功能的"从宽"，完全是模糊的。对于量刑的正当性根据所要求的认罪认罚减轻、免除处罚，是否被适用、是否被虚化也无

---

[1] 具体规定为："对于犯罪分子决定刑罚的时候，应当根据犯罪的事实、犯罪的性质、情节和对于社会的危害程度，依照本法的有关规定判处。"

从知晓。

2. 认罪认罚情节的从宽适用不应背离刑法的相关规定

在刑法上，量刑情节的从宽功能包括从轻、减轻以及免除处罚三种。可是，在实践中，至少如下两个方面的原因使认罪认罚情节的从宽适用被限定为从轻处罚。一是地方法院不愿意适用酌定减轻处罚的复杂程序而客观上使认罪认罚的从宽量刑通常只是从轻处罚。例如，虽然《认罪认罚试点办法》第 10 条规定，在审查起诉过程中，检察机关可以就"从轻、减轻或者免除处罚等从宽处罚的建议"听取犯罪嫌疑人及其辩护人或者值班律师的意见，但第 22 条同时要求，法院经审理后，对不具有法定减轻处罚情节的认罪认罚案件，应当在法定刑的限度以内从轻判处刑罚，确实需要在法定刑以下判处刑罚的，应当层报最高人民法院核准。然而，认罪认罚情节毕竟只是酌定量刑情节，如果必须层报最高人民法院核准才能减轻处罚，程序过于复杂，并且由此可能会导致案件审限的严重超期，因而在司法实践中几乎没有法官愿意适用减轻处罚。这样，虽然 2018 年《刑事诉讼法》第 173 条吸收了《认罪认罚试点办法》的"从轻、减轻或者免除处罚等从宽处罚的建议"规定，但事实上通常都只适用从轻处罚。二是相关司法规则虚化了认罪认罚情节的减轻处罚功能。如《认罪认罚指导意见》第 8 条第 2 款规定，对于没有法定减轻处罚情节的认罪认罚案件，不得适用"减轻"处罚。在这里，要求案件有法定减轻处罚情节才可以减轻处罚，因"案件有法定减轻处罚情节"本就应减轻处罚而虚化了认罪认罚情节的减轻处罚功能。实际上，将认罪认罚情节的从宽处罚理解为从轻、减轻以及免除处罚三种功能，更加契合《刑法》《刑事诉讼法》的规定，有利于促进刑事立法上对于认罪认罚从宽制度的衔接。[1]

3. 认罪认罚情节的从宽适用应具有更大从宽幅度的激励性

认罪认罚从宽制度作为由中共中央决定的重大司法改革，在顶层设计上并不只是为了"提高诉讼效率、节省司法资源"，还承载着化解社会矛盾、提升行刑效果、转变刑罚观念、贯彻国家治理体系和治理能力现代化国策等新时代使命。如此顶层设计决定了，认罪认罚情节既不能是刑法中既有从宽规定的简单重申，也不能被视为一个普通的从轻处罚量刑情节，而应是一个兑现从宽政策、具有更大从宽幅度的激励性从宽特别情节。由此，认罪认罚从宽制度下的"从宽处理"，既有程序上的功利依据，也有实体上的正当根据。前者指被追诉人因认罪认罚，配合公安司法机关节约了司法资源、提高了诉讼效率而获得"对价性"的从宽处

---

〔1〕　卞建林、李艳玲：《认罪认罚从宽制度适用中的若干问题》，载《法治研究》2021 年第 2 期，第 19 页。

理；后者指被追诉人因认罪认罚，社会危害性和人身危险性减小而符合从宽处罚的实体条件。据此，在被追诉人仅有程序意义上的认罪认罚，即"自愿如实供述自己的罪行，承认指控的犯罪事实愿意接受处罚"，而无实体上的社会危害性和人身危险性减小，如赔偿损失、真诚悔罪等时，通常就只能获得从轻处罚；在因认罪认罚而同时带来社会危害性和人身危险性减小的情况下，被追诉人应当获得减轻或免除处罚，甚至因此被评价为"情节显著轻微危害不大"而做不认为是犯罪处理。

（二）对禁止重复评价规则的理解与适用存在误区

基于认罪认罚从宽制度的顶层设计或制度初衷，以及从宽处罚所具有的正当性根据，认罪认罚从宽制度蕴含了鼓励被追诉人与办案机关进行合作的内在要求，需要对认罪认罚情节给予超越刑法中既有法定或酌定量刑情节从宽幅度的激励。这不仅没有违背禁止重复评价原则，而且是立法设置该制度的当然之义。因此，对"两高"《量刑指导意见》关于"认罪认罚与自首……等量刑情节不作重复评价"的规定，不可以简单地对认罪认罚情节作不予从宽处罚的处理。如前所述，认罪认罚情节与自首、坦白等从宽量刑情节都只是交叉甚至互易关系，它们在从宽评价的正当性根据内容或内涵上有所不同。由此，基于不相重合的社会危害性和人身危险性等正当性根据内容或内涵所作的从宽评价，不是重复评价。对"重复评价"如此理解，是保证准确和公正适用认罪认罚情节的必要和关键。

（三）既有量刑方法不符合刑法的基本原理

根据《量刑指导意见》的规定，"量刑时，应当以定性分析为主，定量分析为辅，依次确定量刑起点、基准刑和宣告刑"，也就是，量刑是"以定性分析为主，定量分析为辅"为基本方法。然而，如此量刑方法并不符合刑法的基本原理。

1. 该方法关于量刑基准的确定违背刑法的基本理论

量刑基准是在不受任何量刑情节影响下仅依犯罪构成事实所确定的用作量刑起点参考标准的刑罚量。基于定罪与量刑的相互关系，这个刑罚量是定罪所确定的具体法定刑幅度，而不是具体法定刑幅度内另外确定的刑罚量。具体而言，定罪（又称定性）是根据已经查清了的犯罪事实，找出应适用的刑罚条款；定罪要定到犯的是哪一条哪一款的罪，要定到所犯的是该条款的前半段还是后半段的罪，也就是要定到法定刑，找出应适用的法定刑。[1]只有在找到应适用的法定刑后才能开始量刑。因此，定罪与量刑的分野，在于个案个罪法定刑幅度的确定。这个

---

〔1〕 参见顾肖荣、吕继贵主编：《量刑的原理与操作》，上海社会科学院出版社 1991 年版，第 50 页。

法定刑幅度的确定，不仅是定罪的终结，而且是量刑基准的确定。例如，对于强奸犯罪，当其成立为基本犯（没有《刑法》第 236 条第 2 款规定的"特别情节"，而是通常的"以暴力、胁迫或者其他手段强奸妇女"或"奸淫不满 14 周岁的幼女"）时，其量刑基准即为具体法定刑"3 年以上 10 年以下有期徒刑"；当其成立为加重犯（《刑法》第 236 条第 2 款规定的五种"特别情节"）时，其量刑基准即为具体法定刑"10 年以上有期徒刑、无期徒刑或者死刑"。然而，在司法实践中，并不是将具体法定刑作为量刑基准，而是在具体法定刑内另外设置所谓"量刑起点"和"基准刑"两个层级的"量刑基准"。这是违背量刑的运行规律和量刑与刑法立法间的内在关系的。

根据《量刑指导意见》的规定，所谓"量刑起点"，是"根据基本犯罪构成事实在相应的法定刑幅度内确定"的具体刑罚量，即法官根据具体犯罪的基本犯罪构成事实比照抽象个罪的基本犯罪构成确定的具体犯罪在一般既遂状态下所应判处的刑罚，具体为一个刑罚点而不是刑罚幅度，属于第一个层级的量刑基准；所谓"基准刑"，是"根据其他影响犯罪构成的犯罪数额、犯罪次数、犯罪后果等犯罪事实，在量刑起点的基础上增加刑罚量确定"的刑罚量，包括量刑起点和增加的刑罚量两部分，是具体犯罪的基本犯罪构成事实和其他犯罪构成的犯罪事实所对应的刑罚量的总和，体现的是应判处刑罚量的审判经验值，属于第二个层级的量刑基准。如行为人持械故意致 3 人重伤，其中"故意伤害致 1 人重伤"为"基本犯罪构成事实"，用来在《刑法》第 234 条关于故意伤害致人重伤罪的法定刑"3 年以上 10 年以下有期徒刑"内确定"3 年至 5 年有期徒刑幅度内"的某个点为本案的"量刑起点"；致另外 2 人重伤的事实为"其他犯罪构成的犯罪事实"，用来在以上量刑起点基础上按"每增加 1 人重伤，可以增加 1—2 年刑期"的指导意见增加刑罚量。至于"持械"则属于非犯罪构成事实，仅作为量刑情节适用。[1]

《量刑指导意见》关于"量刑起点"和"基准刑"的上述规定以及改革项目组的相关解读，至少存在如下两个方面的突出问题：

一是违背刑法的基本原理。根据刑法的基本原理，犯罪的构成事实，无论是"基本犯罪构成事实"还是"其他犯罪构成的犯罪事实"，都是用来定罪（认定某个行为是否构成犯罪、构成此罪与彼罪、轻罪与重罪）并相应确定该（抽象）个罪所对应的具体法定刑的；从定罪与量刑的关系来看，定罪即为量刑确定了作为

---

〔1〕 参见熊选国主编，最高人民法院量刑规范化改革项目组编写：《量刑规范化办案指南》，法律出版社 2011 年版，第 38—48 页。

量刑起点的具体法定刑。据此，一方面，"根据基本犯罪构成事实"，无法"在相应的法定刑幅度内确定量刑起点"，而只能确定抽象个罪所对应的具体法定刑（定罪的任务）；另一方面，"其他影响犯罪构成的犯罪数额、犯罪次数、犯罪后果等犯罪事实"，其实不是犯罪构成事实，而是犯罪过程中形成的、用来评价犯罪行为社会危害性大小的量刑情节。《量刑指导意见》规定的量刑基本方法混淆了犯罪事实与量刑情节、基本犯罪形态（单个主体单个行为的既遂状态，与共同犯罪、罪数形态和未完成形态等修正犯罪形态相对应）与犯罪构成（包括普通的犯罪构成与加重或减轻的犯罪构成，分别对应基本犯、加重犯和减轻犯的犯罪形态）的关系，以至于把犯罪过程中形成的、与刑法规定的罪状（部分犯罪构成要件）相关的、涉及"基本犯罪形态"的事实[1]，都误认为是"犯罪构成事实"。同时，在量刑起点、基准刑等的确定以及不同量刑情节的评价上，都采取了量化计算的方式，最终的量刑裁判基本上取决于量化运算的结果，这不仅背离了"量刑"的综合评价特质，而且也无法有效适用刑法立法的相关规定。例如，按照《量刑指导意见》的规定，"强奸妇女1人"的量刑起点为"3—6年有期徒刑"，在此基础上，"根据强奸妇女、奸淫幼女情节恶劣程度、强奸人数、致人伤害后果等其他影响犯罪构成的犯罪事实增加刑罚量，确定基准刑"。[2]在这里，"3—6年"的量刑起点的确定违背基本的刑法原理，而且"根据强奸妇女、奸淫幼女情节恶劣程度、强奸人数、致人伤害后果等其他影响犯罪构成的犯罪事实增加刑罚量"，也把刑法中关于强奸罪的犯罪形态（基本犯和加重犯）与量刑情节（"从重处罚"的法定量刑情节）之间的关系设置，该罪的定罪与量刑关系，该罪所涉各个从重、从轻、减轻、免除等法定和酌定量刑情节之间的关系以及对这些情节的系统适用等规则，全部置之不问，而简化为形式逻辑上的算术运算，人为增加所谓"基准刑"使得量刑所应基于的各量刑事实和量刑情节及其法律适用发生逻辑混乱，从而违背了刑法的基本原理以及哲学社会科学关于系统思维、辩证思维等方法论原理。

二是与刑法的适用相冲突。"法典"的存在意味着"法"是以系统化、体系化方式存在的，其中的任何一个条文都不能孤立地予以适用，而应作为体系化的整体"法"中的一个有机组成部分而予以适用（发挥其评价功能），对其理解和适用应当"受制于该规范之意义脉络、上下关系、体系地位及其对法律体系的整

---

[1] 参见熊选国主编，最高人民法院量刑规范化改革项目组编写：《量刑规范化办案指南》，法律出版社2011年版，第47页。

[2] 参见最高人民法院《关于常见犯罪的量刑指导意见》（法发〔2017〕7号）关于强奸罪量刑的指导意见。

个脉络之功能"。[1]具体就个案中的量刑来说，任何一个量刑法律规范的适用，都需置于《刑法》的有机体系中，根据个案个罪及其量刑情节等具体情况，适用《刑法》中的所有相关规定。如果将某一量刑法律规范从刑法系统中抽离出来进行孤立适用，而没有兼顾其与整个刑法体系的内在联系，就会导致量刑法律适用的不完整，从而与《刑法》所规定的系统性法律适用规则相冲突。《量刑指导意见》实质上是构建了一个几乎并列于《刑法》或具有《刑法》部分功能的"量刑法"，在量刑实践中甚至演化为平行于《刑法》的"副法"。其中，最具代表性的就是各地根据《量刑指导意见》所制定的实施细则。这种原本基于尊重地方司法实际而制定的细则，由于潜在的地方司法适用规则，几乎成为各地适用量刑法律时的唯一准则，使得具体个案个罪的量刑在很大程度上游离于整个《刑法》的系统之外。量刑实践中普遍存在的一个做法是，仅就《量刑指导意见》或《量刑指导意见实施细则》的条款予以选择适用，或者仅就《量刑指导意见》《量刑指导意见实施细则》和《刑法》分则条款予以联合适用，而未将其置于整个刑法体系之内予以适用和评价，这一做法使得《量刑指导意见》与《刑法》的适用出现本末倒置的现象，进而导致本来希望通过《量刑指导意见》实现的量刑公正成为遥不可及的目标。

2. 量刑情节以定量分析为主的方法背离了量刑实质

虽然《量刑指导意见》规定量刑的基本方法是"以定性分析为主，定量分析为辅"，但因案件的量刑结果实质上受量化结果的约束，这个方法实际上是"以定量分析为主，定性分析为辅"。主要表现在，从功能上看，定量只是一种数量上的客观事实，本身不具有价值论上的判断取向；而定性则刚好相反，本身不是一种客观事实，而是一种带有价值取向的主观判断。在我国规范化改革的量刑中，从量刑起点到基准刑再到宣告刑的确定，在很大程度上是通过将量刑情节数量化的定量方式来实现的。虽然《量刑指导意见》也要求在个案个罪量刑时要"综合考虑全案情况"，但这主要是指将全案量化的量刑情节进行加减运算而得出"综合计算结果"，并直接约束量刑裁判，并不是真正就这些量刑情节作主观与客观、形式与实质相统一的量化分析与综合的定性判断。可以说，只要量化计算结果对最终的量刑具有实质性约束作用而不仅仅是参考，那么这种量刑方法就不是以定性为主，而是以定量为主。

如此机械的量刑方法，背离了量刑的实质。综观量刑的理论与实践，量刑在实质上并不是"刑之量化"而是"刑之裁量"。"刑之量化"与"刑之裁量"的

---

〔1〕　参见［德］卡尔·拉伦茨：《法学方法论》，陈爱娥译，商务印书馆 2003 年版，第 316 页。

根本不同在于，是否把量刑视为一个能动的和个别化的活动和过程。对于"刑之量化"，因作为量刑事实根据的各因素被事先数量化，而使量刑只是一个"对号入座"的、一般化的技术活动和过程；而对于"刑之裁量"，虽然也在一定程度上包含了"刑之数量化"，但更多的，需针对具体案件的具体情况对作为量刑事实根据的各因素作具体的分析判断，使量刑表现为一个能动的、个别化的活动和过程。"刑之裁量"与"刑之量化"相区别的关键在于，在量刑过程中是否具有"量刑"所应当具有的自由裁量权的行使。我国立法要求量刑必须"以事实为根据，以法律为准绳"，司法实践中并且要求通过"量刑说理"促进量刑公开、透明，因此，量刑自由裁量权不是"任意的"，而必须受到案件事实和法律的限制。[1]量刑的"刑之裁量"实质意味着，量刑只是一门"软科学"，不能简单地用"硬指标"去衡量，不能异化为简单的数学运算。[2]量刑的这一实质决定了，量刑是一项运用裁量权进行综合价值评价的经验活动，不可事先机械地在具体法定刑内确定某个所谓"起点"，再机械地将量刑情节数量化并进行数学运算，而应是根据案件具体情况具体分析，基于量刑裁量权、案件全部事实、全部相关法律规范综合地得出量刑结论。正如有学者所指出的"量刑在没有加重、减轻处罚的时候的从轻、从重，就是指按照法定刑的量刑幅度从轻、从重，即以法定刑为量刑的基准""狭义的量刑以法定刑为基准，广义的量刑同样以法定刑为基准。一句话，量刑以法定刑为基准，离开法定刑没法量刑"。[3]

四、认罪认罚案件从宽处理的优化建议

认罪认罚案件的从宽处理，应当坚持宽严相济刑事政策、证据裁判原则和罪刑相适应原则，遵循量刑的基本原理和司法规律，贯彻落实认罪认罚从宽制度"在保证司法公正的前提下提高司法效率"的价值目标，以刑事立法为依据，以准确认定和评价认罪认罚情节为核心，对认罪认罚案件的从轻处罚、减轻处罚、免除处罚、不认为是犯罪以及相对不起诉和缓刑的适用进行全面优化，切实解决认罪认罚从宽制度实施过程中在从宽处理方面存在的问题。

（一）认罪认罚案件的从轻处罚优化建议

认罪认罚情节作为一个常见酌定量刑情节，其从轻处罚的适用标准，根据 2021

---

〔1〕 参见石经海：《刑法现代化下的"量刑"解构——量刑规范化的科学基础探究》，载《中国刑事法杂志》2010 年第 3 期，第 19 页。

〔2〕 参见石经海：《量刑思维规律下的量刑方法构建》，载《法律科学（西北政法大学学报）》2010 年第 2 期，第 39 页。

〔3〕 肖开权：《量刑的基准》，载苏惠渔、西原春夫主编：《中日刑事法若干问题》，上海人民出版社 1992 年版，第 40-41 页。

年《量刑指导意见》的规定，是"综合考虑犯罪的性质、罪行的轻重、认罪认罚的阶段、程度、价值、悔罪表现等情况，可以减少基准刑的 30% 以下；具有自首、重大坦白、退赃退赔、赔偿谅解、刑事和解等情节的，可以减少基准刑的 60% 以下，犯罪较轻的，可以减少基准刑的 60% 以上"，且"与自首、坦白、当庭自愿认罪、退赃退赔、赔偿谅解、刑事和解、羁押期间表现好等量刑情节不作重复评价"。如前所述，如此标准并不符合独立量刑情节关于从轻、减轻或免除处罚等功能的机理，并对自首、重大坦白、退赃退赔、赔偿谅解、刑事和解等独立法定或酌定量刑情节，通过简单、机械的"同向相加、异向相减"算术方法，将它们在刑法上所各自具有的从轻、减轻或免除处罚功能虚化甚至异化，从而使得所谓的量化量刑，具有既不合法又不合理的嫌疑。为了使认罪认罚案件从轻处罚既合法又合理，需要基于量刑的正当性根据和刑法关于从轻处罚的制度规定，在正确理解和处理禁止重复评价规则基础上，对认罪认罚情节的从轻处罚标准和幅度予以优化确定与适用。

1. 认罪认罚情节的从轻处罚幅度需基于其正当性根据确定

根据《刑法》第 62 条的规定，认罪认罚情节的从轻处罚程度与幅度，需在定罪所相对确定的法定刑幅度内，根据认罪认罚所具体减小的社会危害性或人身危险性或所具体节省的司法资源等情况，并结合相关量刑情节综合决定，具体包括如下方面。

一是凡是符合《刑事诉讼法》第 15 条规定的认罪认罚情节，原则上就要予以从轻处罚。[1]也就是说，只要犯罪嫌疑人、被告人"自愿如实供述自己的罪行，承认指控的犯罪事实，愿意接受处罚"，符合认罪认罚法律规定的程序性要求，就因具有"提高诉讼效率，节省司法资源"的从宽处罚的正当性根据，依法可以从轻处罚。然而，这里的认罪认罚情节并不仅是形式上签订了"具结书"，还应有具体的行为表现，从而体现为形式与实质的有机统一。例如，北京市第三中级人民法院审理的"于某民犯拒不执行判决上诉案"[2]，两级法院以"被告人于某民虽然表示认罪，但仅返还小部分执行标的，在一审法庭辩论结束时，仍拒不返还大部分执行标的，其没有真诚悔过"为由，而不认定其具有"认罪认罚"情节，是合理的。又如，泰州市姜堰区人民法院审理的"王某建受贿案"，王某建在审查起诉阶段签署了认罪认罚具结书，公诉机关的量刑建议书中也提出了其具有认

---

〔1〕　这是认罪认罚情节从轻处罚的基础性方面。换言之，只要符合《刑事诉讼法》关于认罪认罚规定并签订了具结书的，就没有理由不认定其为从宽处罚的量刑情节，只是其从宽幅度取决于其所具有的社会危害性和人身危险性情况。

〔2〕　参见北京市第三中级人民法院第（2020）京 03 刑终 266 号刑事裁定书。

罪认罚情节，但法院以其"在案发前对外享有债权，归案后其银行卡账户余额30余万元也未用于退赃、缴纳财产刑，直至一审宣判前其未有退赃表现，其亲属亦未能代其积极退赃"为由，不认定具有认罚情节，[1]也是合理的。再如，辽宁省高级人民法院审理的"朱某燕、张某及、孙某林虚开增值税专用发票案"[2]，三位被告人到案后，从侦查阶段到审判阶段对于虚开增值税专用发票的事实时供时翻，且二审期间有罪供述中对犯罪所得的供述与证人证实的情况不符，因而二审裁定书认定其不符合"自愿如实供述自己的罪行，承认指控的犯罪事实"的情形，不认定有认罪认罚情节，这也是基本可行的。[3]

二是基于认罪认罚的时间迟早确定其从轻处罚的程度和幅度。认罪认罚的时间迟早会反映和体现犯罪嫌疑人、被告人的人身危险性大小，从而可以使认罪认罚从轻处罚的程度与幅度不同。这一点，早已为一些地方成功探索。如在认罪认罚从宽制度试点期间，厦门集美、山东青岛等地即开始探索"认罪越早、从宽越多"理念，配套以"3-2-1"阶梯式从宽量刑机制，即针对在侦查、起诉、审理不同阶段认罪，分别给予最高30%、20%、10%的量刑减让，由此实现了从宽有据、从宽有别的从轻处罚的程度和幅度。其中，厦门市集美区人民法院2017年审判的"吴某兰、鲁某学容留卖淫案"，所探索的如何正确把握"早认罪优于晚认罪"的刑罚评价精神做法，即对在共同犯罪中的地位、作用相当的被告人吴某兰、鲁某学，分别因为是当庭认罪和在侦查阶段认罪分别减让基准刑的10%和25%，从而成为最高人民法院第1413号指导案例。[4]并且，这一经验被2019年"两高三部"《认罪认罚指导意见》所吸收，该意见第9条规定，"在刑罚评价上，主动认罪优于被动认罪，早认罪优于晚认罪，彻底认罪优于不彻底认罪，稳定认罪优于不稳定认罪"。这一规定对于鼓励犯罪嫌疑人、被告人尽早认罪，促进其与国家和被害人和解，减少控辩对抗，节约国家追诉犯罪成本，实现被追诉人自我救赎等均具有重要意义。不过，需要注意的是，"认罪越早，从宽越多"只是一个原则性规则，具体是否从宽以及从宽幅度，仍要根据案件性质、情节后果等因素，结合认罪的价值和意义综合考量，以确保罪责刑相适应。在审判阶段，法官要重视对整个案件进行实质性审查，以防止由此出现冤假错案和刑法上的认识错误。

[1] 参见《刑事审判参考》第1414号指导案例。
[2] 参见辽宁省高级人民法院第（2021）辽刑终37号刑事裁定书。
[3] 裁定书将"他们的犯罪所得去向不明、国家税收损失未得到挽回"情形作为不认定为认罪认罚情节的理由之一，应是不合理的。这些方面并不属于立法规定的认罪认罚情节成立条件，不应影响认罪认罚情节和不予从轻处罚，只应影响从轻处罚的程度和幅度，以及不得减轻、免除处罚。
[4] 参见《刑事审判参考》第1413号指导案例。

三是基于认罪认罚情节所具有的正当性根据内容或内涵判断是否为从轻处罚的重复评价。"认罪认罚"在实体上作为具有从宽处理正当性根据的独立量刑情节，因其与其他从宽处罚的量刑情节存在交叉，必然涉及与这些量刑情节的重复评价问题。为避免重复评价，需基于各量刑情节所具有的社会危害性和人身危险性大小等正当性根据的内容或内涵，确定认罪认罚情节的从轻程度与幅度。由于认罪认罚情节与自首、重大坦白、退赃退赔、赔偿谅解、刑事和解等情节都是具有从轻处罚等功能的独立从宽处罚情节，都具有基于各自正当性根据的从轻处罚量刑功能，因此在从轻处罚层面上，对它们进行从轻处罚评价并不是重复评价。否则，就会因为有的量刑情节的从轻处罚功能没有得到体现和评价而违背罪责刑相适应原则。

2. 认罪认罚的从轻处罚程度需基于案件相关情节予以综合裁量

任何量刑情节都不是孤立地发挥量刑评价功能的，需要与其他相关量刑情节进行主客观相统一的评价，才能体现出量刑情节所具有的社会危害性大小或人身危险性大小。[1]因此，认罪认罚情节的从轻处罚程度与幅度，不可以简单地规定为"可以减少基准刑的30%以下"，需要基于案件相关情节予以综合裁量。具体表现在：其一，仅凭个别量刑情节在法定刑幅度内切割一个点或幅度作为所谓基准刑，是违背刑法立法关于法定刑幅度才是具体犯罪形态（基本犯、加重犯或减轻犯）的量刑起始标准规定的。同时，为避免误把定罪情节作为量刑情节及其带来的重复评价，须改变量刑规范化从法定刑幅度中切割所谓量刑起点以及把犯罪构成事实的定罪情节用以量刑评价的做法，应按刑法的规定及其定罪量刑关系原理，将定罪确定的法定刑幅度为量刑起始标准，并根据各量刑情节依法作出量刑结论。其二，纵然可以在法定刑幅度中切割某个点或幅度为量刑起始标准，也会因这个起始标准在法定刑幅度中的位置不同，而在不同认罪认罚案件中的从轻处罚程度与幅度不同。这样，将认罪认罚从宽处罚的标准和幅度笼统地表述为"综合考虑犯罪的性质、罪行的轻重、认罪认罚的阶段、程度、价值、悔罪表现等情况，可以减少基准刑的30%以下"，是不科学、不合理的，并会导致"减少基准刑的30%以下"与法定刑幅度关系的悖论。在这个标准接近法定刑幅度下限时，"减少基准刑的30%以下"可能突破了法定刑幅度为减轻处罚而不是从轻处罚；在这个标准接近法定刑幅度上限时，"减少基准刑的30%以下"可能远没有体现从轻处罚的要求。其三，对于涉案犯罪数额，不能仅将其客观方面的数量作为量

---

[1] 纵然是因符合《刑事诉讼法》第15条规定而予以从轻处罚的基础性情节，在量刑过程中也要与其他量刑情节一起综合裁量。

刑轻重的根据，须同时考察获取该犯罪数额所反映的主观恶性并据此作为量刑轻重的依据。其中，犯罪直接故意支配实施的犯罪行为和获得的犯罪数额的社会危害性和人身危险性通常要比犯罪间接故意的大，从而量刑要相对重些；同理，索贿获得的通常要比收受的要大，多次明知故犯的通常要比偶尔的要大，从而量刑要相对重些……如此等等的"数额"情节认定与量刑功能判断，均是围绕社会危害性或人身危险性所作的主观与客观、形式与实质相统一评价，并据此作为量刑轻重的依据。[1]

依据《刑法》第62条的规定，对于从轻处罚情节，"应当在法定刑的限度以内判处刑罚"。其中，所谓"法定刑的限度以内"，是指刑法分则针对某种特定的犯罪的特定情节规定的量刑幅度，既包括适用的刑种，也包括该条文具体规定的刑期，是根据犯罪的事实、情节、社会危害程度以及刑罚的具体量刑幅度判处，不得超出法定最低刑和法定最高刑判处。[2]至于具体如何在"法定刑的限度以内"判处，需要综合所有量刑情节予以裁量，并非在法定刑幅度内先以所谓"中线"或据大数据实证统计确定的所谓"通常点"作为量刑起点来量化从轻。对于刑法规定"可以"从轻处罚的情节，人民法院在量刑时也必须充分考虑该情节，并综合全案情况，决定是否予以从轻处罚以及从轻处罚的幅度。如果犯罪分子同时具备从轻、从重处罚情节的，人民法院应当综合全案情况，在罪责刑相适应原则的指导下，处以合理的刑罚。[3]

（二）认罪认罚案件的减轻处罚优化建议

认罪认罚案件减轻处罚的适用标准，在《量刑指导意见》的规定中是与认罪认罚的从轻处罚标准一样的。如此标准，不仅难以界分减轻处罚与从轻处罚的适用，而且也虚化或异化了自首、重大坦白、退赃退赔、赔偿谅解、刑事和解等情节的量刑功能。毕竟，按照刑法关于量刑情节制度的规定，这些情节无论是法定量刑情节还是酌定量刑情节，各自本就有从轻或减轻处罚等的量刑功能。不能因为有了这些从轻或减轻处罚的量刑情节，而对认罪认罚情节在司法规则上只给减少基准刑的60%以下或以上的从宽程度与幅度，在实践中通常只予从轻处罚，不包含减轻处罚或免除处罚。为了使认罪认罚案件合法又合理地适用减轻处罚，需要基于量刑的正当性根据和刑法关于减轻处罚的制度规定，在正确理解和处理禁

---

〔1〕 这一点也适用于认罪认罚案件的减轻处罚、免除处罚。后文不再赘述。

〔2〕 参见全国人民代表大会常务委员会法制工作委员会主编：《中华人民共和国刑法释义》，法律出版社2015年版，第64页。

〔3〕 参见全国人民代表大会常务委员会法制工作委员会主编：《中华人民共和国刑法释义》，法律出版社2015年版，第64页。

止重复评价规则的基础上，对认罪认罚情节的减轻处罚标准和幅度予以优化。

1. 以社会危险性或人身危险性减小作为认罪认罚情节减轻处罚的根据

基于量刑的正当性根据，对仅仅符合认罪认罚法律规定的程序性要求（包括自愿签署了具结书）的被追诉人只给予从轻处罚，这是认罪认罚从宽制度的基础性要求。在被追诉人的认罪认罚使犯罪行为造成的社会危害性得以减小或犯罪人的人身危险性有所减小的情况下，对认罪认罚情节就不能只是从轻处罚，而应当减轻处罚甚至免除处罚。这是认罪认罚情节体现量刑的正当性根据和罪责刑相适应原则的实体根据所在，也是认罪认罚情节的减轻处罚不同于其从轻处罚的实体标志。例如，甲乙共同盗窃银行，甲负责望风，乙具体实施盗窃，事后甲只获得了少量赃款。在该案中，依照《刑法》第 264 条之规定，甲的行为属于盗窃金融机构，应处以 10 年以上有期徒刑或无期徒刑，但甲在共同犯罪中属于从犯，按照《刑法》第 27 条的规定，对甲应当从轻、减轻或免除处罚，若是基于从犯情节予以减轻处罚，就应在 3 年以上 10 年以下有期徒刑的范围内量刑。同时，甲还有社会危害性或人身危险性减小的认罪认罚情节，可以按罪责刑相适应原则在下一个法定刑幅度即 3 年以下有期徒刑幅度内，依层报核准程序予以减轻处罚。

据此，以下两个司法解释中的要求是不合理的，应予修订完善。一是《认罪认罚指导意见》关于"认罚"以"真诚悔罪"作为成立条件的规定。如前文分析，根据《刑事诉讼法》第 15 条的规定以及认罪认罚从宽制度的立法原意，对于认罪认罚，并未要求行为人真诚悔罪，只要行为人"自愿如实供述自己罪行，承认指控的犯罪事实，愿意接受处罚"就可成立，就应当予以一定程度的从轻处罚；真诚悔罪及其程度，应该是减轻处罚和免除处罚的适用要求。例如，山西省太原市尖草坪区人民法院审理的"张某民贪污案"，[1] 区监察委员会出具了张某民在监委立案调查期间"真诚悔罪悔过，主动认罪认罚，主动书写忏悔材料，积极配合调查工作，主动交代自己的犯罪事实，其家属主动上缴全部赃款"的证明，按照其认罪认罚导致社会危害性和人身危险性减小的情况，根据《刑法》第 383 条第 3 款的规定，张某民的"认罪认罚"情节属于特别的从轻、减轻处罚或免除处罚情节，对此，法院本应减轻处罚或者免除处罚，但法院实际上认定的只是"可酌情从轻处罚"。[2] 二是《最高法解释》第 355 条第 1 款关于认罪认罚案件"具有法定减轻处罚情节的，可以减轻处罚"的规定。显然，如果案件已有"法定减轻处罚情节"，则本来就应当对被告人减轻处罚，而不是因为被告人认罪认罚才减

---

〔1〕　即"犯第 1 款罪，在提起公诉前如实供述自己罪行、真诚悔罪、积极退赃，避免、减少损害结果的发生，有第 1 项规定情形的，可以从轻、减轻或者免除处罚"。

〔2〕　参见山西省太原市尖草坪区人民法院（2020）晋 0108 刑初 16 号刑事判决书。

轻处罚。当认罪认罚情节使犯罪的社会危害性或行为人的人身危险性减小到需要减轻处罚时，按罪责刑相适应原则就应当对被告人减轻处罚，并不需要另外的法定或酌定减轻处罚情节。

当然，以上减轻处罚的适用需要防止从宽处罚情节的重复评价问题。如前所述，"认罪认罚"因在量刑的正当性根据上与其他从宽处罚情节存在交叉而会涉及与这些量刑情节的重复评价问题。但需要注意的是，这里禁止重复评价要求排除的只是其中交叉的重合部分，并不是作为独立量刑情节各自本身应当有的从宽处罚部分。为此，对认罪认罚情节的减轻处罚，应首先认定自首、重大坦白、退赃退赔、赔偿谅解、刑事和解等其他从宽处罚的量刑情节及其从宽处罚功能，其后再根据剩余的社会危害性和人身危险性确定是否达到罪责刑相适应原则所具有的减轻处罚要求，并决定是否减轻处罚。

2. 启动立法程序修改酌定减轻处罚核准程序的级别规定

按照《刑法》第63条第2款的规定，认罪认罚情节作为酌定量刑情节，其酌定减轻处罚适用，须"经最高人民法院核准"。然而，因报请核准的程序复杂且会带来"审限"超期的问题，实践中很少有法官选择适用。为了方便一审法院在符合条件的情况下尽可能以减轻处罚兑现从宽政策，未来可以考虑修改《刑法》第63条第2款的规定，将在法定刑以下判处刑罚的核准权赋予高级人民法院行使，但对引渡回国的被告人需要根据引渡时的承诺在法定刑以下判处刑罚的，仍应报经最高人民法院核准。[1]

(三) 认罪认罚案件的"不认为是犯罪"处理优化建议

据考证，我国尚没有将认罪认罚情节作为定罪情节的任何规范解释。为匡正认罪认罚情节只能用以量刑的误区，建议对作为定罪情节的认罪认罚情节作优化的规范适用。

1. 将认罪认罚情节用于"情节显著轻微、危害不大"的定罪评价

这可以基于既有的司法解释作推广式实践认定与规则提炼。例如，根据《刑法》第133条之一的规定，行为人在道路上"醉酒驾驶机动车的"，就构成危险驾驶罪，需"处拘役，并处罚金"。然而，2023年最高人民法院、最高人民检察院、公安部、司法部《关于办理醉酒危险驾驶刑事案件的意见》将"出于急救伤病人员等紧急情况驾驶机动车，且不构成紧急避险的"等的"血液酒精含量达到80毫克/100毫升以上"四种情形规定为定罪情节，作"不认为是犯罪"处理，包括"不予立案""不予起诉""宣告无罪"。又如，对于盗窃罪，《刑法》第264条规

---

[1] 参见《引渡法》第50条。

定，"盗窃公私财物，数额较大的，……处三年以下有期徒刑……"可是根据
1998 年最高人民法院《关于审理盗窃案件具体应用法律若干问题的解释》第 6 条
第 2 项规定，对于"盗窃公私财物虽已达到'数额较大'的起点"，但案件的情
节轻微，并具有"全部退赃、退赔的"等情形的，可不作为犯罪处理。

　　在司法实践中，类似于认罪认罚的情节之所以可以作"显著轻微、危害不大
而不认为是犯罪"评价，是因为按罪责刑相适应原则的要求，案件的"情节"经
综合评价所具有的社会危害性和人身危险性，并没有达到犯罪的"应受刑罚惩罚
性"要求。例如，在故意伤害罪案件中，在行为人故意伤害已造成被害人轻伤结
果的前提下，综合犯罪性质、手段、犯罪目的、行为人一贯表现等因素，如果因
为行为人认罪认罚而缓和了双方关系、减小了伤害造成的不良后果等，可以认定
为"情节显著轻微、危害不大"，将案件做不认为是犯罪处理。又如，1990 年我
国首例安乐死案件，虽然被告人的行为符合刑法关于故意杀人罪的四个构成要件，
但法院在综合考量案件事实和情节后，依据当时《刑法》第 10 条的但书规定认为
行为人的行为"情节显著轻微，危害不大"，进而判决被告人无罪。[1]

　　因此，就认罪认罚案件而言，经综合考量认罪认罚及其他案件情节，在能被
评价为"情节显著轻微、危害不大"时，完全可以以"不作为犯罪处理"。

　　其中，这里的"综合考量"，是罪前、罪中、罪后综合那些反映行为的社会
危害性和行为人的人身危险性大小的情节，如犯罪的性质、罪行的轻重、悔罪表
现、是否退赃退赔、是否积极赔偿被害人损失、是否取得被害人谅解等所有影响
定罪的情节。

　　2. 因认罪认罚情节而被评价为"情节显著轻微、危害不大"出罪

　　根据《宽严相济刑事政策意见》第 14 条关于"对于有一定社会危害性，但
是情节显著轻微危害不大的行为，不作为犯罪处理"的规定，以及《刑事诉讼
法》第 16 条关于"情节显著轻微、危害不大，不认为是犯罪"的不追究刑事责
任的规定，对于被追诉人因认罪认罚而符合"情节显著轻微、危害不大"情形的
案件，可以"不认为是犯罪"处理，由办案机关依法决定"不予立案""撤销案
件""不起诉""终止审理""宣告无罪"。

---

　　[1]　判决认为："被告人王某在其母夏某文病危难愈的情况下，产生并且再三要求主治医生蒲某为
其母注射药物，让其无痛苦地死去，其行为显属剥夺其母生命权利的故意行为，但情节显著轻微，危害
不大，不构成犯罪。被告蒲某在王某再三要求下，同其他医生商量后向危重病人夏某文注射促进死亡
的药物，对夏的死亡起了一定的促进作用，其行为已属剥夺公民生命权利的故意行为。但情节显著轻微，
危害不大，不构成犯罪。依照《中华人民共和国刑法》第十条，宣告蒲某、王某二人无罪。"参见王鸿
鳞：《关于我国首例"安乐死"案件》，载《人民司法》1990 年第 9 期，第 38-40 页。

（四）认罪认罚案件的特殊不起诉优化建议

如前所述，实践中尚没有特殊不起诉的案例。对特殊不起诉，应当根据其维护国家重大利益等立法目的，在司法和立法上予以优化适用。

1. 司法上应当基于本制度的立法目的出台优化适用规则

特殊不起诉涉及"重罪"的不起诉问题，因而确实需要"严格控制，慎重适用，防止滥用"。但是，不能因此而事实上不予适用。否则，本制度的激发"重大立功"、维护"国家重大利益"等立法目的[1]就得不到实现。由此，应当基于本制度的立法目的出台保证适用的优化规则，让特殊不起诉发挥应有的作用。

一是应明确其中的"重大立功""国家重大利益"的范围。参照《刑法》等的相关规定，这里的"重大立功"，应当包括在重大案件调查、侦查上获得关键性突破[2]，或"阻止他人重大犯罪活动""检举监狱内外重大犯罪活动""发明创造或者重大技术革新""在日常生产、生活中舍己救人""在抗御自然灾害或者排除重大事故中，有突出表现""对国家和社会有其他重大贡献"；[3]这里的"国家重大利益"，包括那些"涉及国家主权、安全、国防、外交等国家重大利益"。[4]

二是基于认罪认罚案件的不同犯罪性质及其所具有的社会危害性和人身危险性予以区别处理。具体可区分为如下三种情况：（1）对于可处3年以下有期徒刑的案件，犯罪性质并不严重，综合各方面因素认为行为的社会危害性以及行为人的人身危险性不大的，符合特殊不起诉实体条件的，原则上都应适用；（2）对于可处3年以上10年以下有期徒刑的案件，综合各方面因素认为行为的社会危害性以及行为人的人身危险性都不是很大的，符合特殊不起诉实体条件的，也可以考虑适用本制度；（3）对于可处10年以上有期徒刑的案件，在案件存在自首、坦白、当庭自愿认罪、退赃退赔、赔偿谅解、刑事和解、羁押期间表现好等多个从宽量刑情节，同时符合特殊不起诉实体条件的，综合各方面因素认为行为的社会危害性以及行为人的人身危险性都不是很大的，也可以考虑适用本制度。

---

〔1〕 结合《刑事诉讼法》第182条第1款的规定，应是通过特殊不起诉制度的适用，激发、感化犯罪嫌疑人的"重大立功"，化消极因素为积极因素，分化瓦解共同犯罪团伙，有效地节约司法资源，维护国家重大利益。

〔2〕 参见《刑法》第390条第3款规定。

〔3〕 参见《刑法》第78条规定。

〔4〕 参见《公安部办公厅关于切实做好刑事案件认罪认罚从宽制度试点工作的通知》（公法〔2016〕1660号）。

2. 立法上应当基于本制度的适用困境修改核准的层级要求

根据《刑事诉讼法》第 182 条第 1 款的规定，特殊不起诉的适用须"经最高人民检察院核准"，只有经过最高人民检察院核准以后，公安机关才能撤销案件，下级人民检察院才能作出决定不起诉或者对涉嫌数罪中的一项或者多项不起诉。这一核准程序过于繁琐，导致一线办案人员不愿意适用。为了确保特殊不起诉制度得到有效适用，切实发挥特殊不起诉在维护国家重大利益、惩治重大犯罪中的作用，建议修改"经最高人民检察院核准"的程序要求，改为只要求报请省级人民检察院或者上一级人民检察院批准即可，但需要将被追诉人从国外引渡回国的案件除外。[1]

（五）认罪认罚案件中缓刑适用的优化建议

《刑法》第 72 条规定："对于被判处拘役、三年以下有期徒刑的犯罪分子，同时符合下列条件的，可以宣告缓刑，对其中不满十八周岁的人、怀孕的妇女和已满七十五周岁的人，应当宣告缓刑：（一）犯罪情节较轻；（二）有悔罪表现；（三）没有再犯罪的危险；（四）宣告缓刑对所居住社区没有重大不良影响。"据此，缓刑的适用条件包括对象条件（缓刑只适用于罪行较轻、社会危害性较小的犯罪分子）、实质条件（适用缓刑确实不致再危害社会）和排除条件（适用缓刑的犯罪分子不是累犯和犯罪集团的首要分子）。缓刑的设置旨在避免短期自由刑的弊端，更好地实现犯罪分子的再社会化，与认罪认罚从宽制度的目标追求完全一致。因此，对于罪行较轻的认罪认罚案件，应当更多地适用缓刑。最高人民法院在"马贺飞盗窃案"中提出指导意见认为，轻罪案件应用好用足认罪认罚从宽制度，符合缓刑适用条件的，应依法判处缓刑，扩大非监禁刑的适用。[2]

然而，自 2018 年《刑事诉讼法》规定的认罪认罚从宽制度全面实施以后至 2022 年，缓刑的适用率不升反降。根据《中国法律年鉴》提供的司法统计数据，2015—2018 年全国法院的缓刑适用率分别为 36.74%、36.69%、37.70%、34.25%，而 2019—2022 年全国法院的缓刑适用率分别只有 30.21%、32.30%、30.82% 和 32.82%，平均下降了 4.8 个百分点。这主要可能有三个方面的原因：一是法官缓刑裁量权有限。如前所述，适用缓刑的实体条件是"确实不致再危害社会"，这

---

　　[1]《引渡法》第 50 条规定："被请求国就准予引渡附加条件的，对于不损害中华人民共和国主权、国家利益、公共利益的，可以由外交部代表中华人民共和国政府向被请求国作出承诺。对于限制追诉的承诺，由最高人民检察院决定；对于量刑的承诺，由最高人民法院决定。在对被引渡人追究刑事责任时，司法机关应当受所作出的承诺的约束。"据此，需要将被追诉人从国外引渡回国的案件，如果需要作出限制追诉的承诺，仍应由最高人民检察院决定。
　　[2] 参见《刑事审判参考》第 1406 号指导案例。

需要法官的经验判断和自由裁量。[1]然而在严格实行司法责任制的现实条件下，很多法官不敢轻易适用缓刑。二是社会调查评估受限。根据《刑法》规定，缓刑的适用需有"社会危险性"的社会调查。虽然《认罪认罚指导意见》《最高法解释》《量刑建议指导意见》等相关司法规则都对"社会危险性"的社会调查提出了要求，但由于审判与社区矫正等部门对接不顺畅、外地户籍人员社会调查面临"两头不知晓"等原因，负责社会调查的相关部门难以在审查起诉阶段完成社会调查工作，致使缓刑的适用受到不应有的掣肘。[2]三是法检之间、控辩双方关于如何适用缓刑问题的分歧影响。其中，在法检分歧上，在检察机关量刑建议中没有包括适用缓刑的建议时，法院可否直接适用缓刑？检察机关建议适用缓刑的，法院可否直接判处实刑？在控辩分歧上，在检察机关量刑建议中没有包括适用缓刑的建议时，法院能不能接受辩护律师当庭提出要求适用缓刑的请求？如此等等的问题、分歧与困惑，都会直接制约着法院对缓刑的适用。

为了破解当前认罪认罚案件适用缓刑方面的难题，保证认罪认罚案件中缓刑得到规范适用，需在司法和立法上对认罪认罚案件的缓刑适用采取必要的措施。

1. 缓刑的实体条件把握并非都要以社会调查评估为前提

根据《刑法》第72条的规定，缓刑的适用须符合"适用缓刑确实不致再危害社会"的实质条件。然而，无论是《刑法》还是《刑事诉讼法》，都没有要求必须先就"社会危险性"进行"社会调查评估"才能适用缓刑，只是《认罪认罚指导意见》、[3]《最高法解释》[4]和《量刑建议指导意见》[5]等司法文件有相关要求，但也没有规定缺乏社会危险性调查评估就不能适用缓刑。

缓刑的适用是否要先做社会调查评估，应当区分不同情形分别处理：（1）对那些在犯罪情节和悔罪表现上尚不足以表明适用缓刑是否再危害社会的认罪认罚案件，确实有必要进行社会危险性的社会调查评估。经评估后，确认被告人虽然只需要被判处拘役或三年以下有期徒刑，但其犯罪情节恶劣，没有悔罪表现，不予关押可能会再危害社会的，不能适用缓刑；相反，经评估后确认被告人留在社会上不致再危害社会，完全符合缓刑适用条件的，才可以适用缓刑。（2）对那些在犯罪情节和悔罪表现上已足以表明适用缓刑确实不会再危害社会的认罪认罚案

---

〔1〕 参见陈华丽：《从判决书看缓刑的适用》，载《法学杂志》2012年第1期，第145页。

〔2〕 参见石经海、田恬：《何为实体"从宽"：基于认罪认罚从宽制度顶层设计的解读》，载《北方法学》2019年第6期，第44页。

〔3〕 参见《认罪认罚指导意见》第35条、第36条和第37条。

〔4〕 《最高法解释》第282条第1款规定，人民检察院"建议……宣告缓刑的，一般应当附有调查评估报告，或者附有委托调查函"。

〔5〕 参见《量刑建议指导意见》第10条。

件，并非一定要做社会危险性的社会调查评估。换言之，从被告人实施犯罪行为后的各种表现来看，对于人身危险性即再犯可能性不大的，没必要做社会危险性的社会调查评估。在实践中，是否具有再犯可能性的人身危险性判断，通常需考虑以下两个因素：其一，犯罪情节的轻重。这可从犯罪动机、目的是否卑鄙，手段是否恶劣，危害后果是否严重等加以考察，具体需要从主观恶性和客观危害两个方面统一评价罪行的社会危害性大小。其二，犯罪人是否有悔罪表现。这可从犯罪后是否真诚认罪悔过，是否如实坦白交待自己的全部罪行，是否积极退赃，是否检举揭发同伙的罪行，是否积极赔礼道歉、赔偿损失争取被害人谅解等加以考察。对于经以上考察，确认被告人的人身危险性较小的，可以不做社会危险性的社会调查评估。如山东省青岛市即墨区人民法院审理的"雒某池、雒某高等故意伤害案"，本案系因民间纠纷引发，并已取得被害人谅解，且四名被告人均当庭自愿认罪认罚，确有悔罪表现，显然不具有再犯罪的危险，宣告缓刑对所居住社区没有重大不良影响，因而公诉机关建议判处缓刑，法院最后也适用了缓刑。[1]像这样的认罪认罚案件，可以不做社会危险性的社会调查评估而直接依法适用缓刑。

2. 以刑法规定为依据化解缓刑适用问题上的法检、控辩分歧

法律的适用，无论是定罪还是量刑的法律适用，都是做法律的符合性评价。就缓刑而言，其适用也一定是依据刑法关于缓刑的全部立法规定，而不是依据理论学说和法院、检察院或律师的单方立场。从公正审判角度看，凡是符合缓刑适用条件的案件，原则上都应适用缓刑，法官、检察官、辩护律师都必须遵守"以事实为根据，以法律为准绳"的基本原则，同时坚持"以审判为中心"的诉讼理念。就检法关系而言，无论检察机关的量刑建议是否包含有适用缓刑的建议，法院基于固有的量刑裁判权都可以依法适用缓刑。相反，即使检察机关提出了适用缓刑的量刑建议，但如果法院经审理后认为被告人不符合缓刑的法定适用条件，并依法通知检察机关调整量刑建议，检察机关拒绝调整的，那么法院可以依法判处实刑。如果检察机关的量刑建议中没有包括适用缓刑的建议，辩护律师却当庭提出适用缓刑的辩护意见或请求的，法院应在认真审查被告人认罪认罚的自愿性、真实性、合法性之后，充分听取控辩双方关于案件适用法律包括适用缓刑的意见。经实体审理后，法院认定被告人符合缓刑适用条件的，应当采纳辩护律师提出的适用缓刑请求，依法作出适用缓刑的裁判并说明理由。例如，厦门市集美区人民

---

〔1〕 参见《刑事审判参考》第 1405 号指导案例，该案已入选"人民法院案例库"，入库编号：2023-02-1-179-006。

法院审理的"黄某珠交通肇事案",公诉机关并未建议适用缓刑,但被告人认罪认罚,其辩护人据理提出了适用缓刑的请求,法院经审理后认为被告人符合缓刑的适用条件,于是采纳辩护人的意见作出判处有期徒刑三年、缓刑四年的判决。[1]

---

[1] 参见福建省厦门市集美区人民法院(2017)闽 0211 刑初 513 号刑事判决书。

第三章
被追诉人认罪认罚的自愿性及其保障

根据全国人大常委会《认罪认罚试点决定》和最高人民法院、最高人民检察院、公安部、国家安全部和司法部（以下简称"两高三部"）《认罪认罚试点办法》以及 2018 年修正的《刑事诉讼法》的相关规定，认罪认罚从宽制度包含三项基本要素：一是犯罪嫌疑人、被告人自愿认罪认罚；二是在案件的实体处理上对犯罪嫌疑人、被告人依法从宽；三是在诉讼程序上依法从简从快办理。其中，犯罪嫌疑人、被告人自愿认罪认罚是前提，从宽处理是核心，程序简化是结果。如果犯罪嫌疑人、被告人认罪认罚缺乏自愿性，那么，实体处理的从宽和诉讼程序的简化均失去了正当依据。因此，自愿性是认罪认罚有效成立的首要条件，也是通过正当程序贯彻从宽政策、公正实施认罪认罚从宽制度的关键。认罪认罚从宽制度的试点情况表明，认罪认罚从宽制度设计的最大难题在于如何保障犯罪嫌疑人、被告人认罪认罚的自愿性。中央司改办原副主任、时任最高人民法院副院长姜伟在与时任最高人民检察院检察长张军、时任中华全国律师协会刑事专业委员会主任田文昌的"三人谈"中坦率地指出："从我参与司法改革的体会看，认罪认罚从宽制度设计的时候最大的一个担心，是担心犯罪嫌疑人、被告人非自愿认罪，怕冤枉无辜。"[1]鉴于此，立法者在 2018 年修正《刑事诉讼法》时根据试点经验作了较为全面的保障性规定；2019 年 10 月 24 日，"两高三部"联合发布的《认罪认罚指导意见》进一步回应了制度全面实施初期实践中出现的主要争议，并从被追诉人辩护权和办案机关职责等方面完善了认罪认罚自愿性的保障措施。然而，这些规定是否足以保障犯罪嫌疑人、被告人认罪认罚的自愿性，需要通过实践来检验。本章拟首先对认罪认罚自愿性保障的相关法律规范进行梳理，通过规范分析明确认罪认罚自愿性的判断标准。其次根据官方统计数据、相关案例、学界相关研究成果以及课题组实证调研情况，对认罪认罚自愿性保障的实践

---

[1] 参见张军、姜伟、田文昌：《认罪认罚从宽制度控辩审"三人谈"》，载陈国庆主编：《认罪认罚从宽制度司法适用指南》，中国检察出版社 2020 年版，第 36 页。

情况进行全面考察，肯定成绩，分析问题及其原因。最后就如何进一步完善认罪认罚自愿性的保障机制提出相应的建议。

一、认罪认罚自愿性的规范分析

（一）认罪认罚自愿性的保障规范

被追诉人自愿认罪认罚，是适用认罪认罚从宽制度的前提。《刑事诉讼法》及相关规范性文件对被追诉人在刑事诉讼各个阶段的认罪认罚自愿性保障作了全面的规定。

1. 侦查阶段认罪认罚自愿性的保障

在侦查阶段，侦查机关讯问犯罪嫌疑人时应当依法履行告知义务，保证犯罪嫌疑人对如实供述和认罪认罚导致的从宽处理后果具有明知性。立法和相关规范性文件还禁止强迫犯罪嫌疑人认罪以及采取刑讯逼供等非法方法收集犯罪嫌疑人的有罪供述。

关于侦查人员的告知义务，《刑事诉讼法》第 120 条第 2 款规定："侦查人员在讯问犯罪嫌疑人的时候，应当告知犯罪嫌疑人享有的诉讼权利，如实供述自己罪行可以从宽处理和认罪认罚的法律规定。"据此，《公安部规定》第 203 条第 1 款进一步要求，侦查人员讯问犯罪嫌疑人时，应当首先讯问犯罪嫌疑人是否有犯罪行为，并告知犯罪嫌疑人享有的诉讼权利，如实供述自己罪行可以从宽处理以及认罪认罚的法律规定，让他陈述有罪的情节或者无罪的辩解，然后向他提出问题。根据《认罪认罚指导意见》第 23 条和《刑事诉讼法》第 162 条的规定，侦查人员在讯问过程中"应当同步开展认罪教育工作，但不得强迫犯罪嫌疑人认罪，不得作出具体的从宽承诺"。"犯罪嫌疑人自愿认罪的，应当记录在案，随案移送，并在起诉意见书中写明有关情况"。

关于禁止强迫认罪和非法讯问，《刑事诉讼法》第 52 条规定："……严禁刑讯逼供和以威胁、引诱、欺骗以及其他非法方法收集证据，不得强迫任何人证实自己有罪……"根据《刑事诉讼法》第 56 条的规定，"采用刑讯逼供等非法方法收集的犯罪嫌疑人、被告人供述"，应当予以排除，"不得作为起诉意见、起诉决定和判决的依据"。2017 年"两高三部"联合发布的《严格排非规定》第 2 条至第 5 条具体规定了排除非法供述的范围。首先，采取殴打、违法使用戒具等暴力方法或者变相肉刑的恶劣手段，使被追诉人遭受难以忍受的痛苦而违背意愿作出的供述，应当予以排除。其次，采用以暴力或者严重损害本人及其近亲属合法权益等进行威胁的方法，使被追诉人遭受难以忍受的痛苦而违背意愿作出的供述，应当予以排除。再次，采用非法拘禁等非法限制人身自由的方法收集的被追诉人供述，应当予以排除。最后，采用刑讯逼供方法使被追诉人作出供述，之后被追诉人受该刑讯逼供行为影响而作出的与该供述相同的重复性供述，除符合"侦查讯问人员变更"和"诉讼阶段变化"两种例外情形[1]外，应当一并排除。

《严格排非规定》第14条第3款还规定："对重大案件，人民检察院驻看守所检察人员应当在侦查终结前询问犯罪嫌疑人，核查是否存在刑讯逼供、非法取证情形，并同步录音录像。经核查，确有刑讯逼供、非法取证情形的，侦查机关应当及时排除非法证据，不得作为提请批准逮捕、移送审查起诉的根据。"据此，最高人民检察院、公安部、国家安全部于2020年9月联合出台的《关于重大案件侦查终结前开展讯问合法性核查工作若干问题的意见》就核查范围、核查程序、核查方式、核查内容、核查时限、核查结果的使用等问题作出了明确规定，从而正式建立了重大案件侦查终结前讯问合法性核查制度。这一制度对于贯彻落实中共十八届四中全会提出的"加强对刑讯逼供和非法取证的源头预防，健全冤假错案有效防范、及时纠正机制"的要求，从侦查阶段起就保障被追诉人认罪认罚的自愿性，具有重要意义。

为了便于被追诉人自侦查阶段起就充分理解自己的诉讼权利以及认罪认罚的法律规定，确保其了解认罪认罚的性质和法律后果后自愿认罪认罚，2018年修正《刑事诉讼法》时立法者根据试点经验建立了值班律师法律帮助制度，明确要求法律援助机构在法院、看守所等场所派驻值班律师。被追诉人没有委托辩护人，法律援助机构没有指派律师为其提供辩护的，由值班律师为其提供法律咨询、程序选择建议、申请变更强制措施、对案件处理提出意见等法律帮助。"人民法院、人民检察院、看守所应当告知犯罪嫌疑人、被告人有权约见值班律师，并为犯罪嫌疑人、被告人约见值班律师提供便利。"[2]《认罪认罚指导意见》第10条规定："人民法院、人民检察院、公安机关办理认罪认罚案件，应当保障犯罪嫌疑人、被告人获得有效法律帮助，确保其了解认罪认罚的性质和法律后果，自愿认罪认罚。"第12条进一步要求，"值班律师应当维护犯罪嫌疑人、被告人的合法权益，确保犯罪嫌疑人、被告人在充分了解认罪认罚性质和法律后果的情况下，自愿认

---

[1]　根据《严格排非规定》第5条的规定，刑讯逼供后获得的重复性供述，在下列两种情形之下，不需要排除：（1）侦查期间，根据控告、举报或者自己发现等，侦查机关确认或者不能排除以非法方法收集证据而更换侦查人员，其他侦查人员再次讯问时告知诉讼权利和认罪的法律后果，犯罪嫌疑人自愿供述的；（2）审查逮捕、审查起诉和审判期间，检察人员、审判人员讯问时告知诉讼权利和认罪的法律后果，犯罪嫌疑人、被告人自愿供述的。

[2]　《刑事诉讼法》第36条。

罪认罚",并就值班律师提供法律帮助的具体职责作出了列举性规定,明确赋予值班律师自侦查阶段起会见在押犯罪嫌疑人、被告人的权利以及自案件"移送审查起诉之日起"查阅案卷材料的权利。

2. 审查起诉阶段认罪认罚自愿性的保障

审查起诉阶段是被追诉人认罪认罚的主要诉讼阶段,不仅被追诉人在侦查阶段所作的供述是否属实、是否自愿需要接受检察人员的严格审查,而且被追诉人认罪认罚的完整意思表示需要最终以签署认罪认罚具结书的形式表现出来。因此,立法及相关规范性文件对检察机关在审查起诉阶段保障被追诉人自愿认罪认罚的职责作出了更加全面的规定,并赋予了被追诉人多项诉讼权利。

首先,检察机关应当依法履行告知义务,保障犯罪嫌疑人认罪认罚的明知性。根据《刑事诉讼法》第173条的规定,讯问犯罪嫌疑人、听取其辩护律师或值班律师以及被害人及其诉讼代理人的意见,是检察机关审查起诉的必经程序。该条第2款特别规定,"犯罪嫌疑人认罪认罚的,人民检察院应当告知其享有的诉讼权利和认罪认罚的法律规定"。其中应当告知犯罪嫌疑人的"诉讼权利",是指刑事诉讼法和其他法律规定的,犯罪嫌疑人在刑事诉讼中享有的程序性权利,如有权委托辩护人;符合法律援助条件的,可以申请向法律援助机构指派律师为其提供辩护;没有辩护人的,约见值班律师提供法律咨询、申请变更强制措施、对案件处理提出意见等法律帮助的权利;申请回避的权利等。"认罪认罚的法律规定"是指刑法和刑事诉讼法有关认罪认罚从宽处理及其他实体性和程序性的规定,如有关犯罪的刑罚、从轻、减轻、免除刑罚,自首和立功等;犯罪嫌疑人如实供述自己的罪行,承认指控的犯罪事实,愿意接受处罚的,可以依法从宽处理;认罪认罚,要签署具结书;适用简易程序或速裁程序等。[1]

其次,对于犯罪嫌疑人在侦查阶段认罪认罚的案件,检察机关应当对认罪认罚的自愿性、真实性进行认真审查。《认罪认罚指导意见》第28条第1款规定:"对侦查阶段认罪认罚的案件,人民检察院应当重点审查以下内容:(一)犯罪嫌疑人是否自愿认罪认罚,有无因受到暴力、威胁、引诱而违背意愿认罪认罚;(二)犯罪嫌疑人认罪认罚时的认知能力和精神状态是否正常;(三)犯罪嫌疑人是否理解认罪认罚的性质和可能导致的法律后果;(四)侦查机关是否告知犯罪嫌疑人享有的诉讼权利,如实供述自己罪行可以从宽处理和认罪认罚的法律规定,并听取意见;(五)起诉意见书中是否写明犯罪嫌疑人认罪认罚情况;(六)犯罪

---

[1] 参见王爱立主编:《中华人民共和国刑事诉讼法释义》,法律出版社2018年版,第354-355页。

嫌疑人是否真诚悔罪,是否向被害人赔礼道歉。"[1]其中第(一)项属于"狭义自愿性"即"自主选择性"审查,第(二)项属于"明智性"审查,第(三)项、第(四)项属于"明知性"审查,第(五)项属于"程序合法性"审查,第(六)项属于"认罚真实性"审查。根据该条第2款的规定,检察机关经审查,发现犯罪嫌疑人违背意愿认罪认罚的,可以重新开展认罪认罚工作;存在刑讯逼供等非法取证行为的,应当依法排除非法供述。

再次,就认罪认罚的相关事项听取犯罪嫌疑人及其律师的意见。根据《刑事诉讼法》第173条第2款的规定,对于认罪认罚的犯罪嫌疑人,检察机关应当在告知其享有的诉讼权利和认罪认罚的法律规定以后,就下列事项听取犯罪嫌疑人及其辩护人或者值班律师、被害人及其诉讼代理人的意见,并记录在案:(1)涉嫌的犯罪事实、罪名及适用的法律规定;(2)从轻、减轻或者免除处罚等从宽处罚的建议;(3)认罪认罚后案件审理适用的程序;(4)其他需要听取意见的事项。为此,最高人民检察院2021年12月出台的《量刑建议指导意见》第24条要求:"人民检察院在听取意见时,应当将犯罪嫌疑人享有的诉讼权利和认罪认罚从宽的法律规定,拟认定的犯罪事实、涉嫌罪名、量刑情节,拟提出的量刑建议及法律依据告知犯罪嫌疑人及其辩护人或者值班律师。"《量刑建议指导意见》第26条还规定:"人民检察院在听取意见的过程中,必要时可以通过出示、宣读、播放等方式向犯罪嫌疑人开示或部分开示影响定罪量刑的主要证据材料,说明证据证明的内容,促使犯罪嫌疑人认罪认罚。"实际上,听取意见的过程也就是控辩双方围绕犯罪事实、指控罪名、量刑建议、适用程序等达成"合意"的过程,以便为犯罪嫌疑人最终签署认罪认罚具结书奠定基础。其间,犯罪嫌疑人有权为自己进行辩解,有权表达自己对案件事实、法律适用特别是从宽处理的意见,并有权委托辩护律师为自己辩护;符合法律援助条件而没有委托辩护人的,检察机关应当通知法律援助机构指派律师为其辩护;没有辩护人的犯罪嫌疑人,检察机关应当通知值班律师为其提供法律帮助。[2]辩护人或值班律师也有义务为犯罪嫌疑人提供辩护和法律咨询,帮助犯罪嫌疑人正确理解涉嫌的犯罪事实、指控罪名以及检察机关的量刑建议,确保犯罪嫌疑人自愿认罪认罚。特别是关于量刑建议问题,《认罪认罚指导意见》第33条明确规定:"犯罪嫌疑人认罪认罚的,人民检察院应当就主刑、附加刑、是否适用缓刑等提出量刑建议。人民检察院提出量刑建议前,应当充分听取犯罪嫌疑人、辩护人或者值班律师的意见,尽量协商

---

[1] 《最高检规则》第271条有相同的规定。

[2] 参见《最高检规则》第267条。

一致。"

复次，依法要求犯罪嫌疑人签署认罪认罚具结书，并根据具结书提出公诉意见和量刑建议。根据《刑事诉讼法》第 174 条的规定，犯罪嫌疑人自愿认罪，同意量刑建议和程序适用的，除符合法定的例外情形以外，"应当在辩护人或者值班律师在场的情况下签署认罪认罚具结书"。"具结书应当包括犯罪嫌疑人如实供述罪行、同意量刑建议和程序适用等内容，由犯罪嫌疑人及其辩护人、值班律师签名"。[1]根据《刑事诉讼法》第 176 条第 2 款的规定，犯罪嫌疑人认罪认罚的案件，检察机关在提起公诉时"应当就主刑、附加刑、是否适用缓刑等提出量刑建议，并随案移送认罪认罚具结书等材料"。

为了保障犯罪嫌疑人在认罪认罚过程中的辩护权以及认罪认罚具结书的约束力，《量刑建议指导意见》第 27 条和第 30 条分别规定："听取意见后，达成一致意见的，犯罪嫌疑人应当签署认罪认罚具结书。有刑事诉讼法第一百七十四条第二款不需要签署具结书情形的，不影响对其提出从宽的量刑建议。犯罪嫌疑人有辩护人的，应当由辩护人在场见证具结并签字，不得绕开辩护人安排值班律师代为见证具结。辩护人确因客观原因无法到场的，可以通过远程视频方式见证具结。犯罪嫌疑人自愿认罪认罚，没有委托辩护人，拒绝值班律师帮助的，签署具结书时，应当通知值班律师到场见证，并在具结书上注明。值班律师对人民检察院量刑建议、程序适用有异议的，检察官应当听取其意见，告知其确认犯罪嫌疑人认罪认罚的自愿性后应当在具结书上签字。""对于认罪认罚案件，犯罪嫌疑人签署具结书后，没有新的事实和证据，且犯罪嫌疑人未反悔的，人民检察院不得撤销具结书、变更量刑建议。除发现犯罪嫌疑人认罪悔罪不真实、认罪认罚后又反悔或者不履行具结书中需要履行的赔偿损失、退赃退赔等情形外，不得提出加重犯罪嫌疑人刑罚的量刑建议。"

2020 年 12 月 7 日，全国人大常委会在听取最高人民检察院关于适用认罪认罚从宽制度情况报告时建议："持续提升量刑协商水平，细化控辩协商程序机制，努力在办理每一件认罪认罚案件中，对认罪认罚教育、量刑协商过程等逐案留痕，以完备的制度促进平等、充分协商，以开门的理念促进严格、公正司法。"[2]为了贯彻落实上述建议，最高人民检察院随即提出"积极探索控辩协商同步录音录像制度"，并于 2021 年 12 月颁布了《听取意见录音录像规定》。该规定要求，检察机关在办理所有认罪认罚案件时，对听取意见和量刑建议的形成、确认及具结

---

〔1〕《最高检规则》第 272 条。

〔2〕 参见中国人大网的报道：《对人民检察院适用认罪认罚从宽制度情况报告的意见和建议》，载 http://www.npc.gov.cn/npc/c2/c30834/202012/t20201207_309085.html，最后访问日期：2024 年 5 月 31 日。

书的签署过程应当进行同步录音录像，并保存十年。

最后，允许犯罪嫌疑人认罪认罚后反悔。根据《认罪认罚指导意见》第 51 条和第 52 条的规定，在审查起诉环节，已经签署认罪认罚具结书的犯罪嫌疑人在检察机关作出相对不起诉决定后或者提起公诉前，均可以反悔。其中，认罪认罚的犯罪嫌疑人在被决定不起诉后否认指控的犯罪事实或者不积极履行赔礼道歉、退赃退赔、赔偿损失等义务的，检察机关应当进行审查，区分不同情形依法作出法定不起诉、提起公诉的决定，或者维持相对不起诉决定；签署了认罪认罚具结书的犯罪嫌疑人在提起公诉前反悔的，具结书失效，检察机关应当在全面审查事实证据的基础上，依法提起公诉。

3. 审判阶段对认罪认罚自愿性的保障

认罪认罚案件除在审前阶段被撤销案件或者决定不起诉的以外，仍需经过法院依法审判，才能最终确定被追诉人的刑事责任。审判阶段既是兑现从宽处罚政策的关键阶段，也是认罪认罚自愿性的最终审查把关阶段。可以说，对被告人认罪认罚自愿性的审查和保障，是法院审理认罪认罚案件的中心任务。因此，《刑事诉讼法》及相关规范性文件从告知义务、审理重点、判决原则、程序变更等方面，对审判阶段被告人认罪认罚自愿性的保障作出了具体规定。

首先，为保障被告人认罪认罚的明知性，法院应履行对被告人的告知义务，向被告人阐明认罪认罚的法律性质及其后果。根据《刑事诉讼法》第 190 条和《认罪认罚指导意见》第 39 条的规定，对于被告人认罪认罚的案件，审判长应当告知被告人享有的诉讼权利和认罪认罚的法律规定，听取被告人及其辩护人或者值班律师的意见。虽然在侦查阶段和审查起诉阶段，侦查人员、检察人员均已履行相关告知义务，但审判人员的告知仍有必要性，这不仅是因为审判阶段被告人的诉讼权利不同于审前阶段，而且因为关于认罪认罚的法律规定，审判人员在公开法庭上的口头告知更容易获得被告人的信任和理解。这对于保障被告人认罪认罚的明知性具有积极意义。

其次，认罪认罚案件的庭前审查和法庭审理应当重点围绕"认罪认罚的自愿性和认罪认罚具结书内容的真实性、合法性"进行。关于认罪认罚案件的庭前审查，2021 年出台的《最高法解释》第 349 条规定："对人民检察院提起公诉的认罪认罚案件，人民法院应当重点审查以下内容：（一）人民检察院讯问犯罪嫌疑人时，是否告知其诉讼权利和认罪认罚的法律规定；（二）是否随案移送听取犯罪嫌疑人、辩护人或者值班律师、被害人及其诉讼代理人意见的笔录；（三）被告人与被害人达成调解、和解协议或者取得被害人谅解的，是否随案移送调解、和解协议、被害人谅解书等相关材料；（四）需要签署认罪认罚具结书的，是否随案移送具结书。未随案移送前款规定的材料的，应当要求人民检察院补充。"其中第（一）项内容直接关系到认罪认罚程序的合法性，后三项内容则涉及判断被告人认罪认罚自愿性、真实性的依据问题。关于认罪认罚案件的法庭审理，《刑事诉讼法》第190条第2款和《最高法解释》第351条规定，对于被告人认罪认罚的案件，法庭审理时应当在告知被告人享有的诉讼权利和认罪认罚的法律规定后，"审查认罪认罚的自愿性和认罪认罚具结书内容的真实性、合法性"。《认罪认罚指导意见》第39条第1款具体规定："庭审中应当对认罪认罚的自愿性、具结书内容的真实性和合法性进行审查核实，重点核实以下内容：（一）被告人是否自愿认罪认罚，有无因受到暴力、威胁、引诱而违背意愿认罪认罚；（二）被告人认罪认罚时的认知能力和精神状态是否正常；（三）被告人是否理解认罪认罚的性质和可能导致的法律后果；（四）人民检察院、公安机关是否履行告知义务并听取意见；（五）值班律师或者辩护人是否与人民检察院进行沟通，提供了有效法律帮助或者辩护，并在场见证认罪认罚具结书的签署。"其中第（一）项涉及被告人认罪认罚的自主选择性（狭义自愿性），第（二）项涉及被告人认罪认罚的明智性，第（三）项、第（四）项涉及被告人认罪认罚的明知性，第（五）项涉及被告人签署认罪认罚具结书的程序合法性。为了审查被告人认罪认罚的自愿性、真实性，该条第2款进一步规定："庭审中审判人员可以根据具体案情，围绕定罪量刑的关键事实，对被告人认罪认罚的自愿性、真实性等进行发问，确认被告人是否实施犯罪，是否真诚悔罪。"

再次，法院对认罪认罚案件的判决，应当充分尊重控辩双方达成的合意。《刑事诉讼法》第201条第1款规定："对于认罪认罚案件，人民法院依法作出判决时，一般应当采纳人民检察院指控的罪名和量刑建议，但有下列情形的除外：（一）被告人的行为不构成犯罪或者不应当追究其刑事责任的；（二）被告人违背意愿认罪认罚的；（三）被告人否认指控的犯罪事实的；（四）起诉指控的罪名与审理认定的罪名不一致的；（五）其他可能影响公正审判的情形。"由于认罪认罚案件的指控罪名和量刑建议是检察机关根据被告人签署的认罪认罚具结书的内容提出的，体现了控辩双方的合意，立法要求法院"一般应当采纳"指控罪名和量刑建议，本质上就是满足被告人对定罪量刑的心理预期，以保障其认罪认罚的自愿性。法院只有当发现被告人违背意愿认罪认罚或者否认指控的犯罪事实、指控行为不构成犯罪或者不应追究刑事责任、起诉指控的罪名与审理认定的罪名不一致以及量刑建议"明显不当"时，才能不采纳指控罪名和量刑建议。

最后，法院发现被告人违背意愿认罪认罚的，应当变更审理程序，不再适用认罪认罚从宽制度进行审理。《刑事诉讼法》第 226 条规定，"人民法院在审理过程中，发现有被告人的行为不构成犯罪或者不应当追究其刑事责任、被告人违背意愿认罪认罚、被告人否认指控的犯罪事实……"，应当按照公诉案件第一审普通程序或者简易程序的规定重新审理。根据《认罪认罚指导意见》第 53 条的规定，在案件审理过程中，被告人反悔不再认罪认罚的，法院应当根据审理查明的事实，依法作出裁判，必要时转换为普通程序或者简易程序进行重新审理。

（二）认罪认罚自愿性的内涵和判断标准

《刑事诉讼法》第 15 条规定："犯罪嫌疑人、被告人自愿如实供述自己的罪行，承认指控的犯罪事实，愿意接受处罚的，可以依法从宽处理。"《认罪认罚指导意见》第 6 条和第 7 条分别规定："认罪认罚从宽制度中的'认罪'，是指犯罪嫌疑人、被告人自愿如实供述自己的罪行，对指控的犯罪事实没有异议。承认指控的主要犯罪事实，仅对个别事实情节提出异议，或者虽然对行为性质提出辩解但表示接受司法机关认定意见的，不影响'认罪'的认定。""'认罚'，是指犯罪嫌疑人、被告人真诚悔罪，愿意接受处罚。……在侦查阶段表现为表示愿意接受处罚；在审查起诉阶段表现为接受人民检察院拟作出的起诉或不起诉决定，认可人民检察院的量刑建议，签署认罪认罚具结书；在审判阶段表现为当庭确认自愿签署具结书，愿意接受刑罚处罚。"根据上述规定和实践情况，犯罪嫌疑人、被告人认罪认罚的自愿性包含三个"自愿"：（1）自愿供述，即犯罪嫌疑人、被告人自愿如实供述自己的罪行，也就是要提供关于自己具体如何实施犯罪行为的完整供述；（2）自愿认罪，即对检察机关指控的犯罪事实没有异议；（3）自愿认罚，其最常见的形式是对检察机关提出的量刑建议，包括主刑、附加刑和行刑方式以及犯罪的非刑罚后果（如禁止令）表示同意，并且一般要签署具结书，但侦查阶段和审判阶段"认罚"的形式略有不同。至于犯罪嫌疑人、被告人是否同意适用速裁程序或者简易程序，并不影响认罪认罚从宽制度的适用，因而是否"自愿"选择适用何种审判程序不属于"认罪认罚自愿性"的固有内涵。

根据现有的法律规定，我国认罪认罚从宽制度与英美有罪答辩制度存在三点重要区别：（1）我国要求犯罪嫌疑人、被告人自愿如实供述自己的罪行，即提供一份在法律上具有证据能力和证明力的完整口供，而有罪答辩制度并不要求被告人先行供述犯罪事实。（2）我国明确把"认罚"与"认罪"捆绑在一起，要求犯罪嫌疑人、被告人在认罪的同时一并"同意"检察机关的量刑建议，至少要有愿意接受处罚的概括意思表示和行为（仅限于侦查阶段），才能获得"认罪认罚"的完整从宽优惠，而且禁止在被告人没有供述犯罪事实或拒绝认罪的情况下以其"认罚"为由给予从宽处罚。而在有罪答辩制度下，"认罚"往往是被告人以"认罪"为条件与控方进行协商的结果，答辩交易的核心是以"认罪"换取从宽处罚；但在特殊情况下，法律允许被告人对指控犯罪作出"不予争辩的答辩"（plea of nolo contendere）或者"阿尔福德答辩"（Alford plea）[1]，其本质是"认罚不认罪"，尽管其在刑事诉讼中的效果等同于有罪答辩。（3）在认罪认罚与从宽处理的关系上，我国采取了"裁量从宽为主、协商从宽为辅"的程序模式，要求犯罪嫌疑人、被告人首先"认罪认罚"，以争取司法机关的宽大处理，在犯罪事实和自首、立功、坦白等法定量刑情节的认定、罪名和罪数的确定等方面，不允许控辩双方进行协商，控辩双方可以协商的内容主要[2]限于量刑轻重及刑罚执行方式问题。而在有罪答辩制度下，被告人的"有罪答辩"与法官判处的刑罚之间通常是互为因果的，因为在绝大多数情况下，有罪答辩以及相应的刑罚都是控辩双方"讨价还价"的结果。这就决定了，在我国，对犯罪嫌疑人、被告人认罪认罚自愿性的考察，不能仅仅关注犯罪嫌疑人、被告人形式上的"认罪"是否自愿，而必须分别从供述的自愿性、认罪的自愿性和认罚的自愿性三个方面进行，并且要注意供述与认罪之间、认罪与认罚之间可能实际存在的互相影响。

那么，如何判断犯罪嫌疑人、被告人的供述是否属于"自愿供述"呢？这是证据法理论和司法实践中长期争论不休的问题。在西方两大法系的刑事诉讼中，供述自愿性规则是关于有罪供述是否具有证据能力或可采性的基本规则。从供述自愿性规则的法理依据来看，经历了从"虚假排除说""人权维护说""司法廉洁说"到"程序违法说"的发展过程，但在具体判断标准上，各个国家和地区并不完全相同，不过总体上普遍注重于从侦查讯问方法是否导致犯罪嫌疑人违背意愿作出陈述方面进行审查。例如，《德国刑事诉讼法》第 136 条 a 规定："1. 不得以虐待、疲劳战术、伤害身体、服用药物、折磨、欺诈或者催眠等方法损害犯罪嫌疑人意志决定和意志活动的自由。仅在刑事诉讼法准许的范围内允许实施强制。禁止以刑事诉讼法不准许的措施相威胁，禁止以法律没有规定的利益相许诺。2. 禁止使用有损犯罪嫌疑人记忆力或者理解力的措施。3. 第 1 款和第 2 款的禁止性规定，不论犯罪嫌疑人是否同意，一律适用，违反这些禁止性规定所获得的陈述，即使犯罪嫌疑人同意，也不得使用。"《日本刑事诉讼法》第 319 条第 1 款规定："出于强制、拷问或者胁迫的自白，在经过不适当的长期扣留或者拘禁后的自白，

---

[1] 关于"阿尔福德答辩"的分析，参见郭烁：《在自愿与真实之间：美国阿尔弗德答辩的启示》，载《当代法学》2020 年第 4 期，第 69—72 页。

[2] 只有根据《刑事诉讼法》第 182 条的规定所进行的协商，属于"罪数"或"犯罪事实"协商，不限于量刑协商。

以及其他可以怀疑为并非出于自由意志的自白，都不得作为证据。"美国的情况相对复杂一点。根据美国联邦最高法院的判例，犯罪嫌疑人、被告人的供述是否可采，可以分为三种情形：一是根据联邦宪法第五修正案的不被强迫自证其罪条款，被拘捕的犯罪嫌疑人如果没有明知、明智、自愿地放弃"米兰达权利"（沉默权和律师帮助权），警察不得对其进行讯问，否则所获得的供述不可采；二是根据联邦宪法第六修正案的律师帮助权条款，受犯罪指控的被告人如果没有明知、明智、自愿地放弃律师在场权，警察不能对其进行讯问，否则所获得的供述不可采；[1]三是根据联邦宪法第五修正案和第十四修正案的正当程序条款，不论犯罪嫌疑人是否在押，其供述必须是自愿的，即出于"自由意志和不受限制的选择"[2]而作出的，才可以作为证据使用；相反，警察通过"压服犯罪嫌疑人的意志"（overbearing the will of suspects）而获得的供述属于非自愿供述，不得作为证据使用。其中，前两个情形已经将"自愿性判断"解释为"程序合法性判断"，争议较小，但适用范围有限；在多种情况下，判断供述是否可采，需要根据正当程序条款所要求的自愿性条件进行（第三种情形）。[3]美国联邦最高法院指出："社会之所以厌恶使用非自愿的供述，并不仅仅是因为其内在的不可信性，同时还基于根深蒂固的那种情感，警察在执法过程中必须遵守法律，否则，生命和自由最终会因为对那些被认为是罪犯的人定罪而使用的非法方法所侵害，就像受到真正的犯罪侵害一样。"[4]至于在具体案件中如何判断供述是否具有自愿性，美国联邦最高法院自1936年的"布朗诉密西西比州案"[5]之后通过一系列判例逐步发展出"综合权衡标准"（totality of circumstances standard），考虑的因素包括警察是否使用了暴力、威胁、疲劳审讯、引诱、欺骗等非法讯问方法，犯罪嫌疑人的行为能力、精神状况、受教育情况、对其诉讼权利是否明知等情况，[6]其中暴力、威胁等方法与"自由和正义的根本原则"相冲突，使用这些方法获取的供述当然不可采；[7]使用疲劳审讯的方法获得的供述，因疲劳审讯具有内在的强制性而不可采。[8]

---

〔1〕　Eve Brensike Primus, The Future of Confession Law: Toward Rules for the Voluntariness Test, 114 Mich. L. Rev. 1, 10 (2015).

〔2〕　Culombe v. Connecticut, 367 U. S. 568, 602 (1961).

〔3〕　Stephen J. Schulhofer, Confessions and the Court, 79 Mich. L. Rev. 865, 877 (1981).

〔4〕　Spano v. New York, 360 U. S. 315 (1959).

〔5〕　Brown v. Mississippi, 297 U. S. 278 (1936).

〔6〕　关于与判断供述自愿性的相关因素及其相关判例，参见 Stephen A. Saltzburg and Daniel J. Capra, American Criminal Procedure, 6th ed., West Group 2000, pp. 620–621.

〔7〕　参见 Brown v. Mississippi, 297 U. S. 278, 286 (1936); Chambers v. Florida, 309 U. S. 227, 236 (1940); Lisenba v. California, 314 U. S. 219, 236 (1941).

〔8〕　Ashcraft v. Tennessee, 322 U. S. 143 (1944).

"有些供述之所以被认定为缺乏自愿性，是因为混合使用了多种讯问方法，其中每一种方法如果单独使用未必会导致供述被认定为非自愿，但混合使用多种方法显示，警察的行为模式在个案中违背了根本公正的观念。"[1]一般情况下，警察在讯问过程中，不得向犯罪嫌疑人承诺供述后予以释放或者宽大处理，否则，即使是犯罪嫌疑人"自愿"作出的供述，也不可采。[2]

我国《刑事诉讼法》虽历经三次修正，但从来没有确认过"供述自愿性"规则，犯罪嫌疑人、被告人的有罪供述是否可以作为证据使用，从来不以是否出于本人自愿为前提条件。虽然《刑事诉讼法》第52条规定"严禁刑讯逼供和以威胁、引诱、欺骗以及其他非法方法收集证据，不得强迫任何人证实自己有罪"，但是并不意味着犯罪嫌疑人、被告人违背意愿作出的所有供述都属于需要排除的非法证据。根据《刑事诉讼法》第56条，应当排除的非法供述仅限于"采用刑讯逼供等非法方法收集的犯罪嫌疑人、被告人供述"。2017年《严格排非规定》只要求对采取刑讯逼供、暴力威胁等导致被追诉人"遭受难以忍受的痛苦"而作出的供述以及采用非法剥夺人身自由的方法收集的供述和刑讯逼供后的重复供述予以排除，但采用其他非法方法致使犯罪嫌疑人、被告人违背意愿作出的供述不属于"应予排除"的范围。例如，采用疲劳审讯手段获得的供述，以长时间逮捕羁押或者建议判处重刑相威胁获得的供述以及随后的重复性供述，违反法律规定限制犯罪嫌疑人约见值班律师或者会见辩护律师期间获得的供述，违背事实对犯罪嫌疑人谎称在案发现场发现了其指纹或者同案犯供认并检举其参与实施了犯罪等诱使犯罪嫌疑人作出的供述，等等。如果犯罪嫌疑人、被告人认罪认罚源于以上供述，检察院或法院能否接受其认罪认罚呢？这是一个需要通过实践探索予以解决的问题。从正当程序的精神出发，为了实现认罪认罚从宽制度"确保无罪的人不受刑事追究，有罪的人受到公正惩罚，确保司法公正"的目的，应当允许各地司法机关根据个案具体情况等逐步向排除的方向努力。

如何判断犯罪嫌疑人、被告人"自愿认罪"？这是当代法治国家适用认罪协商制度时普遍面临的难题。以美国为例，有罪答辩的自愿性是有罪答辩有效成立的前提条件。根据《美国联邦刑事诉讼规则》第11条第2款的规定，法官在接受被告人的有罪答辩之前，必须在公开的法庭上亲自询问被告人，告知被告人并确认其理解每项指控的性质、享有的诉讼权利以及有罪答辩的法律后果，然后"确

---

[1] Eve Brensike Primus, The Future of Confession Law: Toward Rules for the Voluntariness Test, 114 Mich. L. Rev. 1, 26 (2015).

[2] [美] 佛瑞德·E. 英鲍等：《刑事审讯与供述（第五版）》，刘涛等译，中国人民公安大学出版社2015年版，第413页。

定有罪答辩是自愿的，而非外部压力、威胁或者引诱（答辩协议中的承诺除外）的结果"。据此，美国学者认为，有罪答辩的自愿性包含三项基本要素：一是被告人"同意"作出有罪答辩；二是被告人"理解"指控的性质；三是被告人"理解"有罪答辩的后果。[1] 被告人的答辩能力与受审能力的标准是一致的，取决于被告人能否理解针对他提出的诉讼以及是否有合理的理解能力咨询律师。[2] 如果被告人面对多项选择时有能力作出理性的选择，那么他就有答辩能力；[3] 相反，如果关于被告人精神健康问题的专家证言表明被告人容易作出冲动的、不理性的决定，不考虑行为的后果，并且控辩双方对此专家证言没有异议，则法院就会对被告人的答辩能力产生合理怀疑。[4] 至于有罪答辩自愿性的判断标准，在实践中低于有罪供述自愿性的判断标准。[5] 在下列两种情况下，被告人可以有罪答辩不自愿为由要求撤回有罪答辩：（1）有证据证明检察官滥用权力，给被告人造成损害的，例如检察官隐瞒了重要的无罪证据[6]，或者误导被告人相信"如果法院没有按照控辩双方达成的量刑幅度协议量刑，被告人可以撤回有罪答辩"（实际上被告人并无这样的权利）。（2）律师提供了无效辩护。对此，被告人必须证明辩护律师为其提供的辩护"低于客观的合理性标准"，并且该辩护导致其受到了损害，其判断标准是"存在一种合理的可能性，即如果不是因为律师不专业所犯下的错误，诉讼的结果会是不同的"。[7]

在我国，"自愿认罪"的规范表达最先出现于2003年3月14日最高人民法院、最高人民检察院和公安部联合发布的《关于适用简易程序审理公诉案件的若干意见》和《关于适用普通程序审理"被告人认罪案件"的若干意见（试行）》中。前一个意见规定，对于"事实清楚、证据充分""被告人及辩护人对所指控的基本犯罪事实没有异议""依法可能判处三年以下有期徒刑、拘役、管制或者单处罚金"的公诉案件，法院可以根据检察机关的建议或者依职权决定由独任审判员适用简易程序进行审理；"独任审判员应当讯问被告人对起诉书的意见，是否

---

〔1〕　Note, The Trial Judge's Satisfaction as to Voluntariness and Understanding of Guilty Pleas, 1970 Wash. U. L. Q. 289, 305（1970）.

〔2〕　Godinez v. Moran, 113 S. Ct. 2680, 125L. Ed. 2d 321（1991）；Yale Kamisar, Wayne R. LaFave & Jerold H. Israel, Modern Criminal Procedure, 8th ed. , West Publishing Co. , 1994, pp. 1149–1150.

〔3〕　Miles v. Stainer, 108 F. 3d 1109, 1112（9th Cir. 1997）.

〔4〕　Shafer v. Bowersox, 329 F. 3d 637, 652–653（8th Cir. 2003）.

〔5〕　详细的分析，参见杜磊：《论认罪认罚自愿性判断标准》，载《政治与法律》2020年第6期，第151–152页。

〔6〕　Miller v. Angliker, 848 F. 2d 1312, 1321–1322（2d Cir. 1988）.

〔7〕　Strickland v. Washington, 466 U. S. 668（1984）；Hill v. Lockhart, 474 U. S. 52, 56（1985）.

自愿认罪，并告知有关法律规定及可能导致的法律后果"。"被告人自愿认罪，并对起诉书所指控的犯罪事实无异议的，法庭可以直接作出有罪判决"，并"酌情予以从轻处罚"。后一个意见规定，法院依据普通程序审理被告人认罪案件时，"合议庭应当在公诉人宣读起诉书后，询问被告人对被指控的犯罪事实及罪名的意见，核实其是否自愿认罪和同意适用本意见进行审理，是否知悉认罪可能导致的法律后果"，并在程序上作一定简化；"对自愿认罪的被告人，酌情予以从轻处罚"。但是，"自愿认罪"的提法并未被 2012 年《刑事诉讼法》认可。2012 年《刑事诉讼法》第 208 条关于简易程序适用条件的规定只要求"被告人承认自己所犯罪行，对指控的犯罪事实没有异议"，[1]没有要求被告人"自愿认罪"。立法层面第一次出现"自愿认罪"的要求，始于全国人大常委会 2014 年 6 月 27 日通过的《关于授权最高人民法院、最高人民检察院在部分地区开展刑事案件速裁程序试点工作的决定》，其中规定，"对事实清楚，证据充分，被告人自愿认罪，当事人对适用法律没有争议的危险驾驶、交通肇事、盗窃、诈骗、抢夺、伤害、寻衅滋事等情节较轻，依法可能判处一年以下有期徒刑、拘役、管制的案件，或者依法单处罚金的案件"，可以适用速裁程序进行审理。然而，最高人民法院、最高人民检察院、公安部、司法部 2014 年 8 月 22 日发布的《速裁程序试点办法》关于速裁程序适用条件的规定并没有出现"自愿认罪"的要求，相应的表述是"犯罪嫌疑人、被告人承认自己所犯罪行，对指控的犯罪事实没有异议"，这与 2012 年《刑事诉讼法》第 208 条的表述完全相同。[2]《速裁程序试点办法》中唯一出现"自愿认罪"表述的是第 13 条，该条规定："人民法院适用速裁程序审理案件，对被告人自愿认罪、退缴赃款赃物、积极赔偿损失、赔礼道歉，取得被害人或者近亲属谅解的，可以依法从宽处罚。"但这一条只是关于"从宽处罚"的提示性规定，并不涉及速裁程序的适用条件。似乎在《速裁程序试点办法》的制定者看来，犯罪嫌疑人、被告人"承认自己所犯罪行，对指控的犯罪事实没有异

---

〔1〕 2012 年《刑事诉讼法》第 208 条规定："基层人民法院管辖的案件，符合下列条件的，可以适用简易程序审判：（一）案件事实清楚、证据充分的；（二）被告人承认自己所犯罪行，对指控的犯罪事实没有异议的；（三）被告人对适用简易程序没有异议的。"

〔2〕 不过，在速裁程序试点实践中，有关部门多次强调了"自愿认罪"的要求。例如，2016 年 6 月 26 日最高人民法院、最高人民检察院、公安部、司法部下发的《刑事案件速裁程序试点座谈会纪要（二）》有三处提到"自愿认罪"：一是要求"人民法院、人民检察院、公安机关受理案件后，应当及时告知犯罪嫌疑人、被告人适用速裁程序的有关规定，确保其在充分知悉法律后果的前提下，自愿认罪并同意适用速裁程序"；二是要求把"自愿认罪"作为优先适用取保候审的条件之一，规定，"犯罪嫌疑人、被告人自愿认罪同意适用速裁程序的，在保障诉讼顺利进行且符合条件的情况下，优先适用取保候审"；三是对被告人"自愿认罪"案件的证明标准作出了特殊规定："被告人自愿认罪，有关键证据证明被告人实施了指控的犯罪行为的，可以认定被告人有罪。"

议"就等于"自愿认罪"，这显然忽视了认罪的"自愿性"问题。在总结速裁程序试点工作经验的基础上，2016 年 9 月《认罪认罚试点决定》规定"对犯罪嫌疑人、刑事被告人自愿如实供述自己的罪行，对指控的犯罪事实没有异议，同意人民检察院量刑建议并签署具结书的案件，可以依法从宽处理"，正式将"自愿性"作为认罪认罚从宽制度的内在要求。同年 11 月《认罪认罚试点办法》进一步将"自愿认罪认罚"的程序具体化。2018 年修正的《刑事诉讼法》第 15 条以自愿认罪认罚为前提将"认罪认罚从宽处理"确定为刑事诉讼的基本原则。

根据《刑事诉讼法》第 162 条第 2 款、第 173 条、第 174 条、第 190 条第 2 款、第 201 条、第 226 条以及《认罪认罚指导意见》第 28 条和第 39 条的规定，参照英美法中有罪答辩有效性的要求[1]，我国犯罪嫌疑人、被告人"自愿认罪"应当符合以下三个条件：(1) 明知性，即明知自己涉嫌的犯罪或者被指控的犯罪事实和罪名及其所适用的法律规定、坦白从宽和认罪认罚的法律规定、依法享有的诉讼权利，特别是对指控犯罪的性质和认罪的法律后果，必须有清楚的认识。"认罪的法律后果"既包括实体法上所认之罪的刑罚后果，也包括程序法上认罪之后的程序克减。[2]这一条件主要通过侦查、检察和审判人员履行告知义务以及律师提供法律帮助予以满足。(2) 明智性，根据犯罪嫌疑人、被告人的诉讼行为能力，他能够理解被告知的事项以及自己所处的诉讼境况，充分认识到认罪的法律后果以及随后的诉讼程序，能够对如何作出最符合自己利益的判断进行理性权衡。这一条件主要通过办案人员履行特别关照义务以及律师提供有效法律帮助予以满足。(3) 自主选择性（狭义的自愿性），即犯罪嫌疑人、被告人在明知、明智的前提下，根据本人的真实意愿自主决定对检察机关指控的犯罪事实表示承认；在选择认罪还是不认罪时，没有受到暴力、威胁、非法引诱等外在的不当压力。例如，如果办案人员以"不认罪认罚就从重处罚"（而不仅仅是不能获得"从宽"处理）或者"不认罪认罚就逮捕"要求犯罪嫌疑人、被告人认罪认罚就属于"威胁"；与此相关的，以"认罪认罚就取保"或者"认罪认罚就建议判缓刑"等事实上不能合法兑现的承诺相引诱的，就属于"非法引诱"。相反，办案人员通过释法说理，告知犯罪嫌疑人、被告人认罪认罚的法律规定，并结合具体案件事实、情节，告知犯罪嫌疑人、被告人认罪认罚与不认罪认罚可能面临的不同刑罚以及适用取保候审、缓刑的可能性，对尚未认罪认罚的犯罪嫌疑人、被告人进行"教育转化"，由犯罪嫌疑人、被告人自主选择是否认罪认罚的，不属于威胁和非法

---

〔1〕　R v. Nightingale［2013］EWCA Crim 405；Brady v. U. S. , 397 U. S. 742, 750 (1970).

〔2〕　孔冠颖：《认罪认罚自愿性判断标准及其保障》，载《国家检察官学院学报》2017 年第 1 期，第 22 页。

引诱。

需要指出的是，自愿认罪并不意味着犯罪嫌疑人、被告人在决定是否认罪时没有任何压力。因为犯罪嫌疑人、被告人毕竟被指控实施了犯罪，一旦被定罪，后果危及其自由、财产甚至生命。加之，办案人员和律师可以"坦白从宽"和认罪认罚从宽处理的法律规定劝导犯罪嫌疑人、被告人认罪，以换取从宽处理。这些诉讼"环境的内在压力"不可避免地会对犯罪嫌疑人、被告人认罪产生影响。正如英国上诉法院所指出的："被告人对于作出答辩必须本人负责，在履行其个人责任时，他必须自由选择作出有罪还是无罪答辩。""这一原则没有也不能有这样的意思，被告人在作出答辩决定时必须完全不受他不得不作出选择时所处的环境的压力。"〔1〕只要犯罪嫌疑人、被告人在明知、明智的条件下出于本人自由意志自主选择"承认指控的犯罪事实"，就可以认定其认罪是自愿的。

如何判断犯罪嫌疑人、被告人"自愿认罚"？这个似乎是我国刑事诉讼中特有的问题，其实不然。凡是存在有罪答辩或者认罪协商制度的国家和地区，大多也存在这个问题，因为在严格的协商性司法程序中，认罪与认罚往往是关联在一起的，是否愿意承受认罪后可能判处的刑罚通常是被追诉人决定是否认罪的最重要考虑因素。在我国，根据《认罪认罚指导意见》第 28 条和第 39 条的规定，对认罪认罚的自愿性需要进行一并审查，不存在独立于"认罪自愿性"的另一个"认罚自愿性"标准，因此，对认罚自愿性也应当从明知性、明智性和自主选择性三个方面进行审查判断。其中，认罚的明知性指犯罪嫌疑人、被告人在明知被指控罪行和罪名的前提下，清楚地了解该罪在刑法上产生的惩罚性后果和认罪认罚以后可以获得的从宽处理后果以及程序上的简化。这一条件主要通过检察人员和审判人员履行告知义务以及律师提供法律帮助予以满足，特别是在听取意见或量刑协商过程中，检察机关结合案件具体情况做好释法说理工作，说明量刑建议的具体依据，让犯罪嫌疑人、被告人对所面临的不利后果有确定的认识和预期。认罚的明智性指犯罪嫌疑人、被告人能够理解被告知的关于被指控罪行的处罚规定、认罚从宽的法律规定以及检察机关的量刑建议，充分认识到认罚的法律后果，能够对是否接受量刑建议作出理性的判断，并在必要时就量刑建议提出不同意见。认罚的自主选择性，即犯罪嫌疑人、被告人在明知、明智的前提下，在权衡利弊之后能够根据本人的真实意愿自主决定是否接受检察机关的量刑建议以及是否签署认罪认罚具结书。

在供述自愿性、认罪自愿性和认罚自愿性三者之间，供述自愿性是自愿认罪

---

〔1〕 McCarthy v. R［2015］EWCA Crim. 1185.

以及自愿认罚的前提和基础。一般来说，凡是自愿如实供述了自己罪行的犯罪嫌疑人和被告人，通常情况下会对检察机关指控的犯罪事实表示认可，只是在特殊情况下可能对指控的个别次要犯罪事实表示异议，但这并不影响"自愿认罪"的认定；而"自愿认罪"也必然要求犯罪嫌疑人、被告人"自愿如实"供述自己的罪行（至少要供述主要犯罪事实），是在如实供述自己的罪行的基础上对指控犯罪事实的认可或接受。如果犯罪嫌疑人、被告人拒不供述自己的罪行，只是对指控的犯罪事实表示认可的，或者虽然供述了自己的罪行，但是对指控的犯罪事实不予认可或者接受的，均不构成认罪认罚从宽制度中的"认罪"。如果犯罪嫌疑人、被告人以其供述系采取刑讯逼供等非法方法收集的为由申请予以排除，但没有获得检察机关或者法院的认可，事后才表示"自愿认罪"的，后续办案机关应当对自愿认罪是否符合明知性、明智性和自主选择性进行全面审查，确保供述和认罪的自愿性、真实性。

自愿认罚是自愿供述和自愿认罪的落脚点，也是适用速裁程序和认罪认罚从宽制度的前提条件之一。犯罪嫌疑人、被告人自愿如实供述、承认检察机关指控的犯罪事实，直接目的是获得最终的从宽处理。即使是自愿如实供述、自愿认罪的犯罪嫌疑人、被告人，也未必都自愿接受检察机关的量刑建议。事实上，由于对犯罪事实的相关情节（从犯、未遂、被害人有无过错、是否情节严重等）、犯罪后的有关情节（自首、坦白、退赃退赔、被害人谅解、检举立功等）以及处罚条款和量刑指导意见等的理解不同，控辩双方对于案件最终如何量刑，可能会出现意见分歧，因而往往需要对量刑有关问题（主刑的刑种、刑期长短、是否缓刑、是否判处附加刑、罚金的数额等）进行一定程度的协商。原则上，只有当犯罪嫌疑人、被告人在明知、明智的前提下，根据本人意愿自主选择接受检察机关的量刑建议，并依法签署认罪认罚具结书[1]的，才能认定其"自愿认罚"。如果检察机关没有把指控罪行所对应的法律后果以及认罪认罚的法律规定向犯罪嫌疑人、被告人解释清楚，或者所提出的量刑建议不明确（例如自由刑的刑期、罚金刑的数额幅度过大，是否适用缓刑不清楚），辩护律师或者值班律师也未能帮助犯罪嫌疑人、被告人充分理解指控罪行的法律后果、认罪认罚从宽制度的法律规定以及检察机关的量刑建议，那么，即使犯罪嫌疑人、被告人勉强签署了认罪认罚具结

---

〔1〕 犯罪嫌疑人在审前阶段认罪认罚，但符合《刑事诉讼法》第174条规定的不需要签署具结书的情形的，不需要签署具结书。另外，案件在审查起诉阶段未启动认罪认罚工作，法院在审判阶段可以启动，被告人当庭自愿认罪认罚的，不需要签署具结书，由法院全面听取控辩双方意见后依法判决。参见人民法院案例库入库案例——林甲等组织、领导、参加黑社会性质组织案（入库编号：2023-04-1-271-037）。

书，也不能认为其"自愿"认罚。

在司法实践中，鉴于犯罪嫌疑人、被告人的认罪态度以及是否接受量刑建议的态度可能会随着诉讼的进展而发生变化甚至反复，司法机关对供述自愿性、认罪自愿性、认罚自愿性应当一并审查，准确认定其是否具备"自愿认罪认罚"情节。即使被追诉人在审查起诉阶段认罪认罚，而在审理中又对指控事实提出辩解，甚至公诉机关表示撤回量刑建议的，法院仍应从程序、实体两个维度以及定罪、量刑等多个方面认真审查，综合认定被告人是否成立认罪认罚、认罪认罚的成立阶段、价值意义及从宽处罚的幅度，切实保障被告人的辩护权。既要避免对技术型认罪认罚的被告人错误地予以从宽处罚，又要确保对自愿认罪认罚的被告人依法兑现从宽政策，真正保障被告人认罪认罚的自愿性。[1]

二、被追诉人认罪认罚自愿性保障的实践考察

虽然针对被追诉人认罪认罚自愿性保障的相关法律规定不断完善，但司法实践中的做法是否与之相符，实际保障情况如何，需要通过实证研究加以考察。

（一）认罪认罚自愿性保障概况

2018 年《刑事诉讼法》规定的认罪认罚从宽制度全面实施以后，审查并保障被追诉人认罪认罚的自愿性成为公安司法机关办理认罪认罚案件过程中最为重要的环节。

为了保障犯罪嫌疑人、被告人认罪认罚的自愿性，各级公安司法机关尤其是检察机关持续做出了艰苦的努力。2020 年 8 月"两高三部"联合印发《值班律师办法》，进一步细化了值班律师的职责和具体要求，从而使得认罪认罚从宽制度值班律师全覆盖驶入规范化推进的"快车道"，为保障犯罪嫌疑人、被告人认罪认罚的自愿性奠定了更为坚实的制度基础。2020 年 12 月，最高人民检察院就十三届全国人大常委会对人民检察院适用认罪认罚从宽制度情况报告的审议意见提出 28 条贯彻落实意见，其中第 6 条明确要求"加强对认罪认罚自愿性和合法性的审查。对侦查阶段认罪认罚的，要注重审查是否存在暴力、威胁、引诱等违法情形，犯罪嫌疑人认罪认罚时的认知能力和精神状态是否正常，犯罪嫌疑人是否理解认罪认罚的性质和可能导致的法律后果等方面内容，防止违背意愿认罪认罚情形发生"。2021 年 1 月，时任最高人民检察院检察长张军亲自在河南组织召开认罪认罚从宽制度调研座谈会，并在会上提出，认罪认罚的本质在于"自愿"。认罪认

---

[1] 参见人民法院案例库入库案例——刘某甲等 12 人走私贵重金属、骗取出口退税案（入库编号：2023-05-1-081-001）。

罚从宽制度适用效果如何，关键在于自愿性的审查判断。[1]《检察日报》在认罪认罚从宽制度正式实施三周年之际发表的专题述评中指出："犯罪嫌疑人、被告人认罪认罚的自愿性、真实性，是认罪认罚从宽制度的生命线。有辩护人或者值班律师参与，是确保认罪认罚自愿性、程序正当性的关键所在。"[2]上述意见为地方检察机关加强认罪认罚自愿性保障提供了有力指导。

认罪认罚从宽制度正式实施以来，检察机关的量刑建议采纳率整体上不断提高，近三年均在97%左右；认罪认罚案件中被告人的一审服判息诉率也在96%左右，远高于其他案件。[3]2019年以来，历年最高人民检察院工作报告均有关于认罪认罚从宽制度适用情况的报告，其中一审服判息诉率是一个重点，2021—2023年，一审服判息诉率分别达到96.5%、97%和96.8%。[4]2024年3月9日，最高人民检察院发布的《刑事检察工作白皮书（2023）》关于服判息诉率的说明指出："被告人认罪服法成为常态，促进社会治理成效明显。"从官方统计数据看，在绝大多数认罪认罚案件中，犯罪嫌疑人、被告人认罪认罚的自愿性均得到了保障，改革设计者初期最担心的"犯罪嫌疑人、被告人非自愿认罪"的问题，似乎并没有当初想象的那样严重。

地方公安司法机关也纷纷出台认罪认罚从宽制度的实施细则，对认罪认罚自愿性的保障作出了具体详细的规定。例如，2020年6月，湖北省高级人民法院、省人民检察院、省公安厅、省安全厅、省司法厅印发《关于适用认罪认罚从宽制度实施细则（试行）》（以下简称《湖北细则》），其中第16条要求，法院、检察院、公安机关办理认罪认罚案件，应当保障犯罪嫌疑人、被告人获得有效法律帮助，确保其了解认罪认罚从宽的性质和法律后果，自愿认罪认罚；第18条至第27条对犯罪嫌疑人、被告人辩护权的保障作出了更为详细的规定。据《湖北省人民检察院关于2021年上半年工作暨认罪认罚从宽制度落实情况的报告》，自2019年1月至2021年6月，全省检察机关适用认罪认罚从宽制度办理案件128 050人，占全部办结刑事案件的77.25%。其中，2021年上半年适用率达到89.01%，位居全国前列。全省检察机关在办案中，严格落实权利告知责任，充分听取犯罪嫌疑

---

〔1〕　参见邱艳春：《把"救心""传道"的好制度落得更好——张军就认罪认罚从宽制度实践中的热点难点问题回应社会关切》，载最高人民检察院官网，https://www.spp.gov.cn/spp/tt/202102/t20210221_509442.shtml，最后访问日期：2024年5月1日。

〔2〕　史兆琨：《认罪认罚从宽制度正式施行三周年："化学反应"初显现》，载《检察日报》2021年10月26日，第1版。转引自最高人民检察院官网，https://www.spp.gov.cn/spp/zdgz/202110/t20211026_533352.shtml，最后访问日期：2024年5月1日。

〔3〕　参见本书第一章，表1–1。

〔4〕　参见本书第一章，表1–1。

人及其辩护人或值班律师的意见，积极开展平等沟通和量刑协商，有效保证了控辩协商的公正性、犯罪嫌疑人认罪认罚的自愿性和具结书内容的真实性、合法性。2019 年以来，全省认罪认罚案件检察机关量刑建议的法院采纳率逐年上升，2021 年达到 97.58%，其中确定刑量刑建议采纳率达到 98.11%；"全省适用认罪认罚从宽制度审结案件当事人上诉率为 3.5%，与未适用的案件相比，低 13.64 个百分点"。[1]

与湖北省类似，安徽省检察机关在认罪认罚从宽制度实施以后，切实履行指控证明犯罪主导责任，加强与其他办案机关衔接配合，着力提升办案质效，积极推动认罪认罚从宽制度适用工作，在促进社会和谐稳定、及时有效惩治犯罪、提升诉讼效率、服务保障经济社会发展等方面取得了积极成效。截至 2021 年 6 月，安徽省检察系统认罪认罚从宽制度适用率从 2019 年的 31.99% 逐步提升至 87.25%，量刑建议采纳率从 2019 年的 80.91% 逐步提升至 96.03%，认罪认罚案件上诉率从 2019 年的 4.92% 逐步下降至 4.02%。[2]

仔细查阅各地实施细则和专题报告，结合调研情况，本课题组发现，地方公安司法机关保障认罪认罚自愿性的主要方式包括办案人员依法履行告知义务、通过律师提供法律帮助、听取意见、庭审中审查核实等。具体到侦查阶段、审查起诉阶段和审判阶段，各地在遵守共同的制度规范的同时，也有一些不同举措。

（二）侦查阶段认罪认罚自愿性的保障

地方出台的实施细则均对侦查阶段认罪认罚自愿性的保障作出了具体的规定，同时通过在看守所、执法办案区播放认罪认罚从宽制度法治宣传片，教育引导犯罪嫌疑人自愿认罪认罚。例如，2019 年 11 月，山东省高级人民法院、省人民检察院、省公安厅、省安全厅、省司法厅发布的《关于适用认罪认罚从宽制度办理刑事案件的实施细则（试行）》（以下简称《山东细则》）规定，公安机关在侦查过程中应当告知犯罪嫌疑人依法享有的诉讼权利，如实供述罪行和认罪认罚可以从宽处理的法律规定，听取犯罪嫌疑人及其辩护人或者值班律师的意见，犯罪嫌疑人自愿认罪认罚的，记录在案并随案移送。2020 年 12 月，浙江省高级人民法院、省人民检察院、省公安厅、省司法厅联合发布的《浙江省刑事案件适用认罪

〔1〕 王守安：《湖北省人民检察院关于 2021 年上半年工作暨认罪认罚从宽制度落实情况的报告——2021 年 7 月 27 日在湖北省第十三届人民代表大会常务委员会第二十五次会议上》，载湖北人大网，http://www.hppc.gov.cn/p/28363.html，最后访问日期：2024 年 5 月 1 日。

〔2〕 参见安徽省人民检察院官网报道：《省人大常委会听取认罪认罚专项检察报告》，载 http://www.ah.jcy.gov.cn/jcyw/202111/t20211122_3432171.shtml，最后访问日期：2024 年 5 月 1 日。

认罚从宽制度实施细则》（以下简称《浙江细则》）第 23 条规定："公安机关及羁押场所应当开展认罪教育宣传工作。但不得强迫犯罪嫌疑人、被告人认罪，不得对其作出具体的从宽承诺。"根据江苏省人民检察院 2021 年 12 月，向省人大常委会所作的专题报告[1]，江苏省政法机关加强教育转化，促进认罪悔罪。推动认罪认罚宣传片播放全覆盖，探索证据开示，促使犯罪嫌疑人自愿认罪、真诚悔罪。该省如皋市人民检察院办理的零口供"黄金大盗"案，嫌疑人反复观看宣传片后，主动约见提前介入的检察官，如实交代犯罪事实，在其带领下，公安人员起获重约 5.8 公斤的黄金。

（三）审查起诉阶段认罪认罚自愿性的保障

在审查起诉阶段，各地检察机关主要通过以下措施保障犯罪嫌疑人认罪认罚的自愿性。

第一，依法履行告知义务，告知犯罪嫌疑人享有的诉讼权利和认罪认罚可能导致的法律后果。例如，2020 年 6 月《湖北细则》第 43 条规定，案件移送审查起诉后，人民检察院应当告知犯罪嫌疑人享有的诉讼权利和认罪认罚的法律规定，保障犯罪嫌疑人的程序选择权。告知应当采取书面形式，必要时应当充分释明。第 44 条要求："人民检察院在审查起诉阶段应当积极开展认罪认罚从宽教育工作，但不得强迫犯罪嫌疑人认罪认罚。……受案时犯罪嫌疑人为未成年人的，人民检察院还应当告知犯罪嫌疑人的法定代理人享有的诉讼权利和认罪认罚的法律规定，并听取、记录未成年犯罪嫌疑人及其法定代理人、辩护人、被害人及其诉讼代理人的意见。"

第二，严格审查侦查阶段犯罪嫌疑人认罪认罚的自愿性、真实性、合法性。由于我国侦查阶段具有秘密性和封闭性的特征，犯罪嫌疑人在侦查阶段大多缺乏律师的帮助，可能存在被迫认罪的情况，因而地方检察机关普遍比较重视对犯罪嫌疑人在侦查阶段认罪认罚的自愿性审查。例如，2019 年《山东细则》第 32 条重申了《认罪认罚指导意见》第 28 条的规定，要求对犯罪嫌疑人侦查阶段认罪认罚的自愿性、合法性进行重点审查。2020 年《湖北细则》第 45 条以及 2020 年《浙江细则》第 36 条也作了类似规定。2020 年 9 月，重庆市人民检察院出台的《重庆市检察机关适用认罪认罚从宽制度工作指引》（以下简称《重庆指引》）在第 26 条明确规定了自愿性、真实性、合法性的审查重点之后，又在第 27 条具体

---

[1]　刘华：《江苏省人民检察院关于落实认罪认罚从宽制度情况的报告》（2021 年 12 月 7 日），载 https://www.jsjc.gov.cn/jianwugongkai/zxbg/202112/t20211207_1317782.shtml，最后访问日期：2024 年 5 月 2 日。

规定了审查方法："人民检察院审查犯罪嫌疑人认罪认罚的自愿性、真实性、合法性，可以案卷材料为依托，对法律文书、讯问笔录、自书供述等进行审查，在此基础上，通过讯问、听取意见、查看同步录音录像、复核相关证据等方式进行核实。可以将犯罪嫌疑人的供述与其他证据，特别是客观性证据进行比对，考查供证内容是否相互印证，排查有无影响供述自愿性、真实性、合法性的因素。"江苏省人民检察院 2020 年 12 月出台的《江苏省检察机关办理认罪认罚案件工作指引（试行）》（以下简称《江苏指引》）第 11 条规定，检察机关应当通过提前介入侦查机关侦办的重大、疑难、复杂案件，"依法保障侦查阶段正确适用认罪认罚从宽制度"；第 12 条进一步要求："提前介入重大疑难刑事案件，可以围绕认罪认罚开展以下工作：（一）听取侦查机关关于案件的事实和证据情况的介绍，了解犯罪嫌疑人认罪认罚的情况；（二）查看犯罪现场和同步录音录像，核实犯罪嫌疑人认罪认罚的自愿性、真实性；（三）查阅案件法律文书和证据材料，把握案件事实和证据，核实有无对犯罪嫌疑人进行权利告知、权利保障、开展认罪教育、听取辩护人或者值班律师意见；（四）询问侦查人员，了解案件侦破过程、背景以及犯罪嫌疑人归案后的认罪悔罪态度等；（五）适时向侦查机关提出开展认罪认罚教育的意见或者建议，引导侦查机关全面搜集与定罪量刑有关的证据，视情建议侦查机关委托社区矫正机构或者有关社会组织开展社会调查；（六）及时向检察长汇报提前介入情况，对争议问题必要时提请检察官联席会议讨论，向侦查机关反馈介入意见。"江苏省泰州市人民检察院办理黄某某销售假冒注册商标的商品案，犯罪嫌疑人虽然自愿认罪认罚，但检察机关经严格审查、仔细甄别，查明此案系顶包作案，从而有效避免了虚假认罪。[1]这表明，检察机关依法履行了对侦查阶段认罪认罚自愿性的审查监督职责。

第三，积极发挥辩护律师和值班律师的法律帮助作用。例如，根据 2022 年 11 月上海市人民检察院向上海市人大常委会所作的专题报告，[2]上海市检察机关设置了多层次法律帮助。对于犯罪嫌疑人没有委托辩护人且可能判处三年有期徒刑以下刑罚的认罪认罚案件，通知值班律师提供法律帮助；对于可能判处三年有期徒刑以上刑罚的认罪认罚案件，通知法律援助机构指派律师提供辩护；对于未成年犯罪嫌疑人，通过法定代理人、法律援助律师全程参与，切实保障合法权益。

---

〔1〕 刘华：《江苏省人民检察院关于落实认罪认罚从宽制度情况的报告》（2021 年 12 月 7 日），载 https://www.jsjc.gov.cn/jianwugongkai/zxbg/202112/t20211207_1317782.shtml，最后访问日期：2024 年 5 月 2 日。

〔2〕 参见陈勇：《上海市人民检察院关于适用认罪认罚从宽制度情况的报告》（2022 年 11 月 23 日），载 https://www.shrd.gov.cn/n8347/n8407/n9531/u1ai254478.html，最后访问日期：2024 年 5 月 2 日。

2023 年 4 月，上海市高级人民法院、市人民检察院、市公安局、市司法局联合印发《关于进一步深化刑事案件律师辩护全覆盖试点工作的实施意见》，全面开展律师辩护全覆盖工作，其中要求，值班律师提供法律帮助时，应当充分了解案情，当面或者通过视频方式核实犯罪嫌疑人、被告人的真实意愿，对于案情较为复杂的案件，应当在查阅案卷材料并向犯罪嫌疑人、被告人充分释明相关诉讼权利和程序规定后，对案件处理提出意见。2020 年《浙江细则》第 16 条规定："辩护人、值班律师应当与犯罪嫌疑人、被告人就是否认罪认罚进行沟通，提供法律咨询和帮助。犯罪嫌疑人、被告人向辩护人或者值班律师表示愿意认罪认罚的，辩护人或者值班律师应当及时告知办案单位。办案单位经审查认为不符合认罪认罚从宽制度规定的，应当及时告知犯罪嫌疑人、被告人及其辩护人或值班律师，并说明理由。"这一规定实际上赋予了辩护人、值班律师主动申请适用认罪认罚从宽制度的权利。该细则第 18 条还规定："犯罪嫌疑人、被告人自愿认罪认罚，值班律师有不同意见的，办案人员应当记录在案，但值班律师仍应当在具结书上签名以表明其在场见证。"

第四，规范听取意见以及与被追诉人之间的量刑协商、证据开示活动，力争犯罪嫌疑人在充分知情后自愿认罪认罚。各地检察机关除认真落实"两高三部"《认罪认罚指导意见》、最高人民检察院制定的《量刑建议指导意见》《听取意见录音录像规定》的要求以外，还根据当地实际情况，在实施细则中就量刑协商活动以及听取犯罪嫌疑人及其辩护人、值班律师意见进行了具体规定。例如，2020 年《浙江细则》第 48 条规定："在提出量刑建议前，人民检察院应当与犯罪嫌疑人、被告人及其辩护人或值班律师进行平等的量刑协商，释明量刑的依据和理由，充分听取犯罪嫌疑人、被告人及其辩护人的意见，犯罪嫌疑人、被告人没有辩护人的，应当听取值班律师的意见，记录在案并附卷。人民检察院未采纳辩护人、值班律师意见的，应当说明理由，并及时反馈。"第 50 条规定："辩护人、值班律师提出犯罪嫌疑人不构成犯罪、无社会危险性、不适宜羁押或者认罪认罚不具有自愿性、侦查活动有违法犯罪情形等书面意见的，检察人员应当审查，说明是否采纳的情况和理由，并及时反馈。"不少地方检察机关积极探索量刑协商前的证据开示，以便促使犯罪嫌疑人在充分了解案件情况后自愿认罪认罚。例如，《山东细则》第 33 条规定："人民检察院可以针对案件具体情况，探索证据开示制度，在诉前与犯罪嫌疑人、辩护人或者值班律师沟通，将与案件指控事实相关的证据进行简化集中展示，增强犯罪嫌疑人对认罪认罚结果的预测性，保障犯罪嫌疑人的知情权和认罪认罚的真实性及自愿性。"福建省人民检察院 2020 年发布的《关于刑事案件适用认罪认罚从宽制度若干实务问题的意见（试行）》第 22 条和 2020 年《重庆指引》第 36 条也有类似规定。2020 年《江苏指引》第 27 条的规定则更加具体："人民检察院审查认为案件事实清楚，证据确实充分，符合起诉条件，犯罪嫌疑人可能认罪认罚，但对犯罪事实和量刑建议存在疑问的，在提起公诉前，可以进行证据开示。开展证据开示，应当邀请辩护人或者值班律师参加，告知犯罪嫌疑人、辩护人或者值班律师检察机关拟指控的事实与罪名，简化、集中展示与案件事实、定性有关的证据，听取犯罪嫌疑人、辩护人或者值班律师的意见。证据开示过程应当制作笔录，并进行同步录音录像。犯罪嫌疑人、辩护人或者值班律师对开示的证据没有异议的，承办检察官可以仅就证据的名称及所证明内容进行说明；有异议的，可以详细出示证据。对侦查机关获取的涉及国家秘密、商业秘密以及个人隐私的证据，应当做好保密措施，并同步做好证人、鉴定人、被害人的保护工作。对于使用技术侦查措施获取的证据材料，如果可能危及特定人员的人身安全、涉及国家秘密或者公开后可能暴露侦查秘密或者严重损害商业秘密、个人隐私的，可以不出示。证据开示后，犯罪嫌疑人自愿认罪认罚的，可以开展量刑协商工作。"该指引第 28 条还对量刑建议的程序进行了规范，要求检察机关提出量刑建议前要"分轻重""定幅度""查依据""多协商"，其中关于"多协商"，具体规定是，"提出量刑建议前，应当充分听取犯罪嫌疑人、辩护人或者值班律师、被害人及其近亲属、诉讼代理人的意见。必要时，可以听取办案机关、案发地或者犯罪嫌疑人、被害人居住地人民群众的意见，也可以提请检察官联席会议讨论。听取意见、讨论情况应当记录"。这对于保障犯罪嫌疑人认罪认罚的自愿性以及量刑建议的适当性起到了重要作用。正是由于积极探索证据开示，坚持做到"三个注重"（注重检察官释法说理[1]的充分性，注重审查嫌疑人态度转变的自然性和具结书签署的自愿性，注重律师帮助的有效性[2]），并实行量刑协商全程同步录音录像，江苏省检察机关 2021 年确定刑量刑建议率达到 99%，位居全国第一；一审服判息诉率为 98.03%，高于全国平均水平。[3]

第五，保障被追诉人签署认罪认罚具结书过程的自愿性与真实性。各地除认

---

[1]《江苏指引》第 26 条规定："人民检察院办理刑事案件过程中，应当主动开展认罪认罚教育转化工作，通过充分释法说理，促进犯罪嫌疑人自愿认罪认罚。对重大、疑难、复杂案件或者社会关注的案件，以及当事人或者相关机关可能产生异议的案件，说理要针对证据采信、事实认定、案件焦点、量刑建议、从宽幅度等进行重点说明。对可以适用速裁程序、简易程序处理的案件以及当事人达成和解的轻微刑事案件等事实清楚、争议不大的案件，可以简化说理内容、方式。"

[2]《江苏指引》第 25 条规定："对犯罪嫌疑人自愿认罪认罚的，可以通过提前告知值班律师具结时间、提供单独会见场所、保障会见时间、提供阅卷场所和设施、提供远程见证便利条件等方式，保障犯罪嫌疑人获得有效法律帮助。"

[3] 刘华：《江苏省人民检察院关于落实认罪认罚从宽制度情况的报告》（2021 年 12 月 7 日），载 https://www.jsjc.gov.cn/jianwugongkai/zxbg/202112/t20211207_1317782.shtml，最后访问日期：2024 年 5 月 2 日。

真落实《刑事诉讼法》《认罪认罚指导意见》关于被追诉人签署认罪认罚具结书的规定以外，还针对实践中存在争议的问题通过实施细则作出补充性规定。例如，《江苏指引》第30条规定："犯罪嫌疑人自愿认罪，同意量刑建议和程序适用的，应当在辩护人或者值班律师在场的情况下签署认罪认罚具结书。辩护人或者值班律师确因正当理由，无法当面参与的，可以采取视频、电话等必要的方式进行，并做好同步录音录像。具结书应当包括犯罪嫌疑人如实供述罪行、同意指控的罪名、量刑建议、程序适用等内容。同时需注明具结反悔后具结书失效、人民检察院撤回从宽量刑建议并可能依法提起抗诉的后果。可以视情在具结书中提出多项或者附条件的量刑建议。具结书由犯罪嫌疑人、辩护人或者值班律师签名。"第31条进一步要求："认罪认罚案件控辩协商过程一般应当进行同步录音录像，主要包括以下内容：（一）对于犯罪嫌疑人诉讼权利和认罪认罚法律规定释法说理情况；（二）对于拟起诉的犯罪事实、罪名和提出的量刑建议等向犯罪嫌疑人及其辩护人或者值班律师说明理由、依据和计算方法，听取意见并协商的情况；（三）犯罪嫌疑人签署认罪认罚具结书及辩护人或者值班律师见证的情况；（四）其他需要音像记录的相关协商情况。"2020年《湖北细则》第47条对未成年人犯罪嫌疑人签署认罪认罚具结书的程序作出了详细规定："未成年犯罪嫌疑人认罪认罚的，应当在法定代理人、辩护人在场的情况下签署认罪认罚具结书。因未成年犯罪嫌疑人的法定代理人、辩护人对其认罪认罚有异议而不签署具结书的，人民检察院应当对未成年人认罪认罚情况，法定代理人、辩护人的异议情况如实记录。提起公诉的，应当将该材料与其他案卷材料一并移送人民法院。未成年犯罪嫌疑人的法定代理人无法到场的，合适成年人可以代为行使到场权、知情权、异议权等。法定代理人未到场的原因以及听取合适成年人意见等情况应当记录在案。"

从检察机关在审查起诉阶段为保障犯罪嫌疑人认罪认罚自愿性所采取的诸多举措可以发现，相较于侦查阶段而言，审查起诉阶段对犯罪嫌疑人认罪认罚自愿性的保障更加具体而全面，凸显了审查起诉阶段对认罪认罚从宽制度正确实施的重要作用。[1]各级检察机关作为审前程序的主导者以及认罪认罚从宽制度的坚定推动者，持续不断地加强对检察官履行告知义务、听取意见、证据开示、量刑协商等活动以及具结书签署程序的规范，对于保障犯罪嫌疑人认罪认罚的自愿性、真实性、合法性起到了决定性作用。

---

〔1〕 参见李奋飞：《以审查起诉为重心：认罪认罚从宽案件的程序格局》，载《环球法律评论》2020年第4期，第24—25页。

（四）审判阶段认罪认罚自愿性的保障

最高人民法院认为，"贯彻认罪认罚从宽制度，公检法三机关配合制约的关系没有变化，控辩审三方的职能配置和诉讼格局没有变化，人民法院对案件质量审查把关的职责要求没有变化"。[1]因此，认罪认罚案件的审判仍然要贯彻以审判为中心的原则。从司法实践来看，全国各地法院按照最高人民法院的统一要求，认真贯彻《刑事诉讼法》和《认罪认罚指导意见》关于办理认罪认罚案件的一般原则和程序要求，积极发挥庭前审查的过滤作用和庭审的把关作用，较好地保障了被追诉人认罪认罚的自愿性。

第一，通过庭前审查和庭审，及时发现不符合认罪认罚从宽制度适用条件的案件以及程序适用不当的案件，并依法决定适用适当的审理程序或者通知检察机关调整量刑建议。课题组在南方大城市 A 市调研得知，法官在庭前审查过程中，如果发现案件不符合认罪认罚从宽制度的适用条件或者不符合速裁程序、简易程序的适用条件，便会改变检察机关起诉建议适用的审理程序；法庭审理过程中发现存在上述情形的，也会依法转换审理程序。2019—2021 年，全市 10 家基层人民法院适用速裁程序审理的认罪认罚案件，转换为简易程序或普通程序的比例分别为 4.83%和 2.53%；适用简易程序的认罪认罚案件转换为普通程序的比例达到 11.88%[2]，其原因除案件需要补充侦查或补充起诉、被害人对量刑建议或赔偿金额提出异议等以外，还包括辩护人作无罪或罪轻辩护且辩护意见较为充分，或者认定罪名或量刑建议不适当但又不宜当庭调整等情形。可见，转换审理程序的重要原因之一在于更好地保障被告人认罪认罚的自愿性和真实性。虽然全国法院对认罪认罚案件量刑建议的采纳率自 2019 年以来持续上升，近三年平均达到 97% 左右，但其中包括了经法院建议调整后的案件，并不是检察机关一开始提出的量刑建议就那么适当。例如，根据课题组在西部某大城市 5 家基层人民法院认罪认罚案件量刑建议调整情况的调研结果，4 家法院的调整率在 3.37%—6.02%，一家法院的调整率达到 12.24%，5 家基层人民法院的平均调整率为 6.34%；而且在绝大多数情况下，检察机关都会尊重法院提出的调整建议，并与被告人达成新的量刑合意。[3]最高人民法院的统计数据表明，2022 年全国认罪认罚案件量刑建议的采纳率只有 88.7%，如果扣除检察机关调整后重新提出的量刑建议，调整前量刑

---

〔1〕 沈亮：《凝聚共识 推进认罪认罚从宽制度深入有效实施》，载《人民法院报》2021 年 7 月 22 日，第 5 版。

〔2〕 参见本书第六章，表 6-3 和表 6-7。

〔3〕 参见孙长永、田文军：《认罪认罚案件量刑建议机制实证研究——以 A 市两级法院适用认罪认罚从宽制度审结的案件为样本》，载《西南政法大学学报》2021 年第 5 期，第 7-9 页。

建议的采纳率其实只有 79.3%。[1]

第二，通过庭审核实被告人认罪认罚的自愿性和认罪认罚具结书内容的真实性、合法性，并依法作出公正的裁判。全国法院对认罪认罚案件量刑建议的采纳率高达 97%左右，被告人对认罪认罚案件一审判决的服判息诉率高达 96%左右，这两个数据足以说明，全国法院在整体上通过审判程序依法对被告人认罪认罚的自愿性和真实性进行了审查核实，并且充分尊重了检察机关与被告人在审前达成的量刑合意。与此同时，也绝不能忽视另外 3%左右未采纳量刑建议的案件中法院审判职能的重要作用。虽然法律要求法院对认罪认罚案件"一般应当采纳"检察机关的指控罪名和量刑建议，但这并不意味着法院只是公诉意见的"橡皮图章"。相反，最高人民法院领导多次强调，法院对认罪认罚案件仍然要进行实质化审理，"发挥庭审对查明事实、保护诉权、公正裁判的决定性作用，特别是要重点对认罪认罚自愿性、真实性和定罪量刑关键事实、关键证据进行审查核实，避免庭审流于形式"。[2]地方相关规范性文件对此也作了更加具体的要求。例如，2019 年 8 月施行的《江苏省高级人民法院关于办理认罪认罚刑事案件的指导意见》（以下简称《江苏指导意见》）第 31 条第 2 款和第 32 条分别规定："为确保认罪认罚的自愿性、真实性，防止冒名顶替、非自愿认罪认罚，必要时，审判人员在庭审中可以根据具体案情，围绕定罪量刑的关键事实，对被告人认罪认罚的自愿性、真实性等，选择案件部分事实细节进行要素式发问，确认被告人是否实施犯罪，是否真诚悔罪。""对公安机关违反告知义务，或可能采用暴力、威胁、引诱、欺骗等方式导致犯罪嫌疑人违背意愿认罪认罚的，人民法院应当严格审查相关证据。对讯问笔录等相关证据有未记录告知等瑕疵的，应当要求公安机关补正或者作出合理解释，不能补正或者作出合理解释的，不得作为定案的根据；对于可能存在以非法方法收集证据情形的，应当启动非法证据排除程序。对人民检察院违反告知义务，可能导致犯罪嫌疑人违背意愿认罪认罚的，人民法院应当在查明案件事实证据的基础上依法作出判决。"

笔者通过中国裁判文书网和北大法宝数据库检索发现，自认罪认罚从宽制度

---

〔1〕 参见最高人民法院咨询委员会第八调研组：《完善认罪认罚从宽制度研究的调研报告》，载《中国应用法学》2024 年第 2 期，第 110 页。

〔2〕 沈亮：《凝聚共识 推进认罪认罚从宽制度深入有效实施》，载《人民法院报》2021 年 7 月 22 日，第 5 版。此前，时任最高人民法院院长周强在《最高人民法院、最高人民检察院关于在部分地区开展刑事案件认罪认罚从宽制度试点工作情况的中期报告》（2017 年 12 月 23 日）即已指出："强化权利保障，确保认罪认罚真实自愿。……推进庭审实质化，既审查认罪认罚的自愿性，又对事实证据进行全面审查，防止犯罪嫌疑人、被告人被迫认罪、替人顶罪。"参见全国人大网，http://www.npc.gov.cn/npc/c2/c30834/201905/t20190521_ 278763.html，最后访问日期：2024 年 5 月 2 日。

全面实施以来，有不少案件，法院在审理过程中认真调查、核实被告人认罪认罚的自愿性、真实性和相关证据，结果发现被告人的认罪认罚是虚假的，也是从根本上违背其本人真实意愿的。有的案件，虽然被告人"自愿认罪认罚"，而且辩护律师也仅仅作罪轻辩护，但法院经审理后发现，被告人的被指控行为事实上不构成犯罪，依法宣告被告人无罪（见表 3-1）。

表 3-1　部分认罪认罚案件一审无罪判决

序号	判决书编号	指控罪名	被告人态度	律师辩护意见	法院判决结果
1	（2019）粤0606刑初789号	开设赌场	被告人但某某对公诉机关指控的犯罪事实、罪名、证据及量刑建议均无异议	辩护人提出，被告人但某某系初犯，认罪、悔罪态度良好，希望法庭从轻处罚	被告人但某某的行为属于"提供棋牌室等娱乐场所只收取正常的场所和服务费用的经营行为"，其行为并不具备开设赌场罪的社会危害性、刑事违法性和刑事处罚必要性，故不构成开设赌场罪
2	（2019）云0622刑初296号	诈骗	被告人杨某某、邹某某自愿认罪认罚；被告人杨某友当庭自愿认罪	杨某某的辩护人对指控的罪名、事实和量刑建议无异议；邹某某、杨某友的辩护人作无罪辩护	指控杨某某、邹某某、杨某友犯诈骗罪的事实不清，证据不足，指控犯罪不成立
3	（2020）川1922刑初73号	被告人杨某某、王某非法买卖枪支；被告人王某发、陈某非法买卖、非法持有枪支	四名被告人均认罪认罚	杨某某、王某的委托辩护人均作无罪辩护；王某发、陈某的指定辩护人均作罪轻辩护	两支涉案枪支是否为法律意义上的枪支存疑，指控被告人杨某某、王某发、王某、陈某涉嫌犯非法买卖枪支罪，被告人王某发涉嫌犯非法持有枪支罪的犯罪事实及罪名不能成立；指控陈某犯非法持有枪支罪的犯罪事实及罪名成立

续表

序号	判决书编号	指控罪名	被告人态度	律师辩护意见	法院判决结果
4	（2020）青2223刑初18号	盗窃	被告人切某某认事不认罪；被告人索某1自愿认罪认罚	切某的辩护人作无罪辩护；索某1没有辩护人	二被告人侵犯的客体及主观方面不符合盗窃罪的构成要件，公诉机关指控二被告人犯盗窃罪罪名不成立
5	（2020）内0428刑初236号	聚众斗殴	被告人刘某、孟某某、徐某均自愿认罪认罚	三名被告人的指定辩护人均作罪轻辩护	被告人刘某、孟某某犯聚众斗殴罪；被告人徐某既非聚众斗殴行为的组织、策划、指挥者，亦非积极参加者，其行为不构成聚众斗殴罪
6	（2021）赣1104刑初287号	非法采矿	被告人徐某某自首，认罪认罚	指定辩护人作罪轻辩护	被告人徐某某采挖、加工、出售旧石材厂的采矿废石的行为，不构成非法采矿罪
7	（2021）赣1104刑初214号	非法采矿	被告人孙某某对起诉指控的事实及罪名不持异议，请求法庭对其从轻处罚；被告人彭某某对起诉指控的事实及罪名没有异议	被告人孙某某的辩护人对指控的罪名不持异议，建议从轻处罚；被告人彭某某的辩护人作无罪辩护	被告人孙某某、彭某某采挖、出售废弃煤矸石的行为，不构成非法采矿罪
8	（2021）青0225刑初11号	过失致人死亡	被告人韩某1对指控的罪名及犯罪事实无异议，自愿认罪认罚	辩护人作无罪辩护，认为被告人不存在过失致人死亡的过失，不应对被害人的死亡结果承担刑事责任，请求宣告无罪	指控被告人韩某1犯过失致人死亡罪的事实不清，证据不足；被告人的辩护人提出的无罪辩护意见成立。被告人韩某1无罪

第三，依法保障被告人及其辩护人的辩护权，正确处理被告人及其辩护人或值班律师对量刑建议的异议。被告人认罪认罚的案件，辩护人能否作无罪辩护，

或者突破认罪认罚具结书所载量刑建议的范围进一步要求从宽处罚，这是理论界和实务界都存在争议的一个问题，四川、陕西、福建等地均出现法院因为辩护人作无罪辩护而拒绝对案件适用认罪认罚从宽制度进行审判的案例，[1]有的地方甚至以规范性文件的形式对此作禁止性规定。例如，2020 年《浙江细则》第 49 条规定："犯罪嫌疑人、被告人认罪，但辩护人坚持作无罪辩护或者对主要犯罪事实提出异议的，人民检察院可以不主动开展量刑协商工作。在法庭审理过程中，辩护人坚持作无罪辩护或者对主要犯罪事实提出异议的，人民检察院可以根据案件具体情况撤销具结。"但也有一些地方规范性文件明确肯定认罪认罚案件中律师可以作无罪辩护，例如，2019 年《山东细则》第 4 条，河南省高级人民法院、河南省人民检察院、河南省公安厅、河南省国家安全厅、河南省司法厅 2022 年 3 月联合出台的《关于适用认罪认罚从宽制度的实施细则》第 4 条均规定，犯罪嫌疑人、被告人表示自愿认罪，但辩护人、值班律师认为无罪或对指控罪名提出不同意见的，不影响"认罪"的认定。也存在法院没有因为辩护人作无罪辩护而影响对被告人适用认罪认罚从宽制度的案例。[2]在 2021 年 10 月 11 日作出的（2021）浙 0382 刑初 710 号刑事判决中，浙江省乐清市人民法院在尚某某等三人被指控污染环境罪一案中，面对律师的独立辩护与公诉机关调整量刑建议的冲突，坚定地选择维护辩护律师的独立辩护权和被告人认罪认罚的自愿性。该案的基本情况是，乐清市人民检察院指控尚某某、薛某、赖某污染环境罪，其中尚某自首，但庭审供述存在反复；薛某、赖某为从犯，两人在审查起诉阶段均签署了认罪认罚具结书，公诉机关建议判处被告人薛某有期徒刑八个月，并处罚金 1 万元；判处被告人赖某某拘役五个月，缓刑十个月，并处罚金 5000 元。后公诉机关以辩护人提出取样过程不规范的意见直接影响定罪关键证据监测报告的采信，该意见的结果利益归属被告人享有为由，撤回了原认罪认罚具结书中的量刑建议，改为建议判处被告人薛某有期徒刑九个月，并处罚金 1 万元；判处被告人赖某某拘役六个月，适用缓刑，并处罚金 6000 元。薛某辩护人及赖某某辩护人提出希望法庭按原量刑建议对二被告人判处刑罚。乐清市人民法院在判决书中明确指出："本院认为，辩护人享有独立的辩护权，本案中辩护人依据相关规范提出执法部门的执法瑕疵，

---

〔1〕 参见本书第七章第二部分的考察和分析；闵春雷：《认罪认罚案件中的无罪辩护》，载《当代法学》2023 年第 6 期，第 100 页。

〔2〕 例如，被告人金某某被指控滥用职权罪和受贿罪两个罪名，其本人对公诉机关指控的犯罪事实没有异议，还有自首、坦白等情节；其辩护人对滥用职权罪作无罪辩护，对受贿罪作罪轻辩护。法院审理后认定两个指控罪名均成立，并且确认了被告人"自愿认罪认罚"的事实，依法采纳公诉机关的量刑建议判处了刑罚。参见江苏省连云港市中级人民法院（2020）苏 07 刑初 59 号刑事判决书。

有理有据，公诉机关因辩护人提出的辩护意见撤回认罪认罚具结，并在量刑建议中增加对被告人的刑罚，本院不予支持。"该案在公诉机关因辩护人的独立辩护而撤回原认罪认罚具结书所载量刑建议的情况下法院依法维护律师辩护权和被告人从宽处罚待遇，因而成为"人民法院案例库"首批入选案例之一[1]，其"裁判要旨"明确指出："辩护制度是一项基本刑事诉讼制度，辩护人提出罪轻、无罪或者量刑意见系其职责所在。被告人有权获得辩护是一项宪法性权利，辩护人依法发表辩护意见不能当然视为被告人拒不认罪，亦即辩护人的独立意见并不当然推翻被告人的认罪认罚态度。"与此类似，在"曾某某、陈某某介绍卖淫案"中，被告人曾某某的辩护人提出，"被告人曾某某区别于同案人陈某某，系初犯，并无前科，建议调整量刑建议，适用与陈某某同样的量刑直至适用缓刑"。这一意见已经超出了被告人曾某某签署的认罪认罚具结书和公诉机关量刑建议的范围，但广东省潮州市枫溪区人民法院于 2021 年 3 月 15 日作出的（2021）粤 5191 刑初 17 号刑事判决中并未因此而否定被告人曾某某的认罪认罚情节，而仍然根据审理后认定的事实，并采纳公诉机关的量刑建议作出了公正的判决。该案也因为维护了律师的独立辩护权而入选"人民法院案例库"[2]，其"裁判要旨"是："被告人认罪认罚并签署具结书，辩护人虽作突破量刑建议的辩护，并不导致具结书无效。辩护人突破量刑建议的辩护，仅为履行独立辩护职责，最终的刑事责任依然由被告人承担。……只要被告人始终认罪认罚，就不能因为辩护人基于辩护职责提出较轻刑罚的辩护意见，从而视为被告人不愿意认罪认罚、认罪认罚具结书无效，并让被告人对已明确应承担的法律后果的预期落空。"以上两个入库案例表明了最高人民法院的鲜明态度，只要被告人自愿认罪认罚，法院不能仅仅因为辩护人作无罪辩护或者在量刑建议范围外要求进一步从宽处罚而否定被告人认罪认罚的自愿性和具结书的效力，从而剥夺被告人期待中的从宽处罚利益。由于入库案例有严格的遴选标准，而且对于类案的处理具有权威参考意义[3]，相信以上两个案例的入选必将推进认罪认罚案件的律师独立辩护权以及被告人认罪认罚的自愿性在审判阶段得到更好的保障。

第四，依法保障认罪认罚被告人的反悔权。认罪认罚的被告人能否在审判阶段表示反悔，或者在一审判决采纳量刑建议后提出上诉，这也是涉及认罪认罚自愿性保障的一个重要问题。在认罪认罚从宽制度试点期间以及制度实施初期，各

---

[1]　入库编号：2023-11-1-340-010。

[2]　入库编号：2023-05-1-371-001。

[3]　参见王丽丽：《完善中国特色案例制度　促进法律正确统一适用——人民法院案例库建设工作新闻发布会答记者问》，载《人民法院报》2024 年 2 月 28 日，第 3 版。

地实践中存在不同做法。2019 年 10 月出台的《认罪认罚指导意见》第 53 条规定："案件审理过程中,被告人反悔不再认罪认罚的,人民法院应当根据审理查明的事实,依法作出裁判。需要转换程序的,依照本意见的相关规定处理。"这一规定明确了被告人的反悔权,但如何保障被告人在明知相关后果的情况下理性地行使反悔权,同时充分尊重被告人认罪认罚的自愿性,确保被告人不会因为反悔而受到从重处罚,各地在实践中进行了积极探索。例如,《江苏指导意见》第 33 条规定:"办理认罪认罚案件,被告人认罪认罚并签署认罪认罚具结书后,在判决前又反悔而撤回的,人民法院应当允许,但应当向被告人说明撤回的后果,包括可能被采取羁押强制措施、不再享有因此带来的量刑从宽,不得再主张适用速裁程序等,确保被告人知悉撤回认罪认罚的后果。对于认罪认罚后又撤回的被告人,应当坚持庭审实质化,确保公正审判,不得以'不认罪认罚'为由对其从严处罚,其签署的认罪认罚具结书不得作为证据使用。"一些二审法院对于认罪认罚被告人提出上诉的案件,并不仅仅因为被告人上诉而否定其认罪认罚情节,也不会仅仅因为检察机关抗诉而加重对被告人的刑罚,而是在认真审查案件事实和被告人认罪认罚真实意愿的基础上依法作出裁判。[1]例如,杨某某被指控诈骗罪一案,一审期间,被告人杨某某当庭对检察机关的指控没有提出异议,并自愿认罪认罚,一审法院依法从轻判处其有期徒刑 10 年,并处罚金 5 万元。杨某某不服判决,提出上诉,称"没有虚构事实、隐瞒真相,更没有非法占有的目的",请求改判无罪;检察机关则建议维持原判。二审法院经审理后认定:"原判认定杨某某犯诈骗罪,属于认定事实和适用法律错误,应当依法予以纠正。杨某某上诉及其辩护人称不构成诈骗罪的理由成立,本院予以支持。"遂改判杨某某无罪。[2]

三、被追诉人认罪认罚自愿性保障存在的问题及其原因

前文实证考察表明,全国各地公安司法机关为保障被追诉人认罪认罚的自愿性、真实性作出了艰苦的努力,相关的制度规范和地方实施细则也不断健全,因而从总体上看,在有罪供述采纳标准极为宽松的现有司法条件下,大多数犯罪嫌疑人、被告人认罪认罚的自愿性得到了较好的保障。然而,毋庸讳言,认罪认罚自愿性保障问题仍然是认罪认罚从宽制度实施中的一个现实难题,法学界和实务界围绕这一问题的大量研究也表明,认罪认罚自愿性保障不足的问题仍然存在,

---

〔1〕 参见最高人民法院指导案例(第 1412 号):《杨某然贩卖毒品案——认罪认罚案件被告人以量刑过重为由提起上诉是否影响对原认罪认罚情节的认定》,载《刑事审判参考》总第 127 辑,https://www.scxsls.com/column/publishInfo/3245,最后访问日期:2024 年 5 月 3 日。
〔2〕 参见河南省商丘市中级人民法院(2020)豫 14 刑终 425 号刑事判决书。

无罪者虚假认罪认罚以及事实上有罪者"屈从型自愿"认罪认罚的风险客观存在。[1]笔者指导的西南政法大学博士生潘运于 2023 年 12 月在 H 省 H 市看守所和监狱面向在押人员进行了问卷调查（以下简称《2023 年在押人员问卷调查》），在收回的 474 份有效答卷[2]中，对于"签署认罪认罚具结书时，是否是自愿的"这一提问，385 人选择了"自愿"，占比 81.2%；89 人选择了"不自愿"，占比 18.8%。自愿签署认罪认罚具结书的比例，远低于官方公布的认罪认罚案件的服判息诉率。

（一）认罪认罚自愿性保障存在的问题

在司法实践中，被追诉人实质性"认罪"即如实供述[3]大多发生在侦查阶段，"认罚"并签署具结书通常发生在审查起诉阶段；审判阶段才认罪认罚的情形相对较少，但在审判阶段，法官需要对认罪认罚的自愿性进行司法审查。因此，认罪认罚自愿性保障不足的问题，在侦查讯问、审查起诉和法庭审理等环节的表现各不相同，但从总体上看，主要体现在以下四个方面。

1. 认罪认罚的明知性保障不足

其一，司法人员权利告知不明确、释法说理不到位。在侦查阶段，公安机关告知犯罪嫌疑人诉讼权利义务以及认罪认罚可以获得从宽处理的法律规定，主要有两种方式，一是通过《犯罪嫌疑人诉讼权利义务告知书》的方式告知，二是通过专门制作的《认罪认罚从宽制度告知书》的方式告知。无论哪一种方式，对于犯罪嫌疑人而言，关于认罪认罚可以获得从宽处理的内容总体均比较模糊、空泛，缺乏相对明确的从宽处理结果的内容，其实际效果与传统的"坦白从宽"政策告知没有区别，不足以激励犯罪嫌疑人产生与公安机关合作的足够动力。[4]有学者调研发现，公安机关、检察机关和审判机关在各自的诉讼阶段均能够履行告知义务，"但告知的内容仅为程序性事项的告知，并不涉及个案的具体内容，甚至存在直接向被追诉人发放《认罪认罚从宽制度告知书》而不做解释的现象。如此，显然无

---

〔1〕　汪海燕：《认罪认罚案件再审问题研究——以 541 份裁判文书为分析对象》，载《比较法研究》2023 年第 5 期，第 58 页；王迎龙：《认罪认罚自愿性困境实证研究》，载《环球法律评论》2023 年第 6 期，第 156-159 页；郭烁：《认罪认罚背景下屈从型自愿的防范——以确立供述失权规则为例》，载《法商研究》2020 年第 6 期，第 131-135 页；陈欢：《自愿型虚假供述成因的多角度解读》，载《北京警察学院学报》2015 年第 1 期，第 39-40 页。

〔2〕　其中看守所在押人员 153 份、监狱在押人员 321 份。

〔3〕　关于"实质认罪"与"形式认罪"的区分，参见杜磊：《论认罪认罚自愿性判断标准》，载《政治与法律》2020 年第 6 期，第 149 页。

〔4〕　参见李建东：《公安机关适用认罪认罚从宽制度研究》，西南政法大学 2023 年博士学位论文，第 115 页。

法保障被追诉人对认罪认罚从宽制度的理解，进而做出明知的判断与选择"。[1]上海市人大监察和司法委员会 2022 年 6—11 月所作的专项调研也发现："部分检察人员在办理认罪认罚案件中，对诉讼权利和法律后果的告知不全面、释法说理不到位，导致有的犯罪嫌疑人原本不想认罪或者指控证据不足却认罪认罚。"[2]《2023 年在押人员问卷调查》显示，声称自己在签署认罪认罚具结书时是"不自愿"的 89 人中，关于签署具结书的理由，56 人选择"相信或担心不签署具结书会导致刑罚更重"，13 人选择"签署过程中存在量刑引诱"，4 人选择"不理解法律规定，认为仅仅是必经的法律流程"，3 人选择"时间紧张，未仔细思考作出决定"，以上四项合计 76 人，占自称不自愿签署具结书总人数的 85.4%。这一结果表明，至少从被追诉人角度来看，司法人员告知认罪认罚的法律规定和法律后果不够明确、清楚，在要求被追诉人签署具结书前的释法说理不够充分、不够耐心。一些原来在审查起诉阶段已经签署认罪认罚具结书的案件之所以在一审过程中出现被告人否认指控的犯罪事实或者拒绝接受量刑建议的情况，甚至在一审判决后提出上诉，这是其中的重要原因之一。[3]

其二，被追诉人在签署认罪认罚具结书以前对涉嫌或被指控的犯罪事实和相关证据不够了解。根据《刑事诉讼法》第 173 条的规定，只有当犯罪嫌疑人表示认罪认罚以后，检察机关才需要就"涉嫌的犯罪事实、罪名及适用的法律规定""从宽处罚的建议等""认罪认罚后案件审理适用的程序"等事项听取犯罪嫌疑人及其律师的意见。立法没有要求检察机关向没有辩护人的犯罪嫌疑人开示证据，以便其作出明智的认罪认罚决定。由于犯罪嫌疑人没有阅卷权，绝大多数犯罪嫌疑人也没有辩护律师的帮助，值班律师一般也只是通过《起诉意见书》或者检察官的告知了解有限的案情，绝大多数犯罪嫌疑人在签署认罪认罚具结书时对于案件的控诉证据处于完全无知的状态。虽然《认罪认罚指导意见》要求检察机关针对案件具体情况"探索证据开示制度，保障犯罪嫌疑人的知情权和认罪认罚的真实性及自愿性"，不少地方也确实进行了积极探索，但大多仅在犯罪嫌疑人不愿意认罪认罚或者对指控的重要犯罪提出异议时才会有限地开示，具体开示多少证据、

---

[1] 参见周新：《认罪认罚被追诉人权利保障问题实证研究》，载《法商研究》2020 年第 1 期；类似的实证调研结果，参见王迎龙：《认罪认罚从宽制度基本原则的教义学分析——以"自愿性"和"真实性"为视角》，载《湖北社会科学》2020 年第 7 期，第 129 页。

[2] 上海人大监察和司法委员会：《关于本市检察机关适用认罪认罚从宽制度情况的调研报告》，载《上海市人民代表大会常务委员会公报》2022 年第 9 号，第 76 页。

[3] 例如，刘某某聚众斗殴案，安徽省阜阳市中级人民法院（2020）皖 12 刑终 522 号刑事裁定书；李某根滥伐林木案，江西省抚州市中级人民法院（2020）赣 10 刑终 176 号刑事附带民事裁定书等。

以何种形式开示、何时开示证据，完全取决于检察机关的自由裁量[1]，犯罪嫌疑人并没有"了解证据以后才认罪认罚的权利"。在"段某故意伤害案"中，段某故意伤害其父亲致死。在审查起诉阶段，段某签署了认罪认罚具结书，但在法院送达起诉书副本时明确表示不是自愿认罪，对起诉书指控的事实有异议，庭审笔录证实段某当庭对指控的事实、罪名均有异议，一审法院决定适用普通程序审理，公诉人亦当庭明确表示撤回原量刑建议。一审鉴于其存在自首情节，同时考虑到其案发期间存在"情绪不稳型人格障碍""行为控制能力有所削弱，加之案件因家庭矛盾引发，并取得被害人亲属的谅解"等情况，从轻判处段某有期徒刑九年。段某不服提出上诉，其重要理由之一是在审查起诉阶段"所签自愿认罪认罚具结书是在精神病鉴定、供述、定罪量刑均不明确的情况下签署"的，请求二审法院免除或减轻处罚。[2]虽然段某的上诉理由经二审法院审理后被认定为均不成立，但段某签署认罪认罚具结书"是在精神病鉴定、供述、定罪量刑均不明确的情况下签署"的事实主张却是真实的，说明段某在签署具结书之前对案件的事实、关键证据并不知情。

以上涉及认罪认罚明知性的两方面问题往往是交织在一起的，在具体案件中往往会通过被告人当庭表示反悔或者判决后提出上诉反映出来。例如，对某省不同区县检察院经办的214件上诉案件分析后发现，认罪认罚被告人之所以会提出上诉，其中一个重要原因是个别检察人员"在签署认罪认罚具结书时，履行相关告知义务不充分，进行实质性协商不周全，导致文化水平较低的被告人没有完全了解认罪认罚的性质和法律后果，对自己定罪量刑没有清晰认识"，包括"未明确、详细告知被告人在起诉书中认定的具体事实及细节、犯罪数额、获利等，对被告人最关心的问题如'是否适用缓刑'等，没有进行有针对性地宣读、强调、解释，导致一些被告人对具结书内容不清晰，盲目签署"，等等。[3]

2. 认罪认罚的自主选择性保障不足

第一，非法讯问的持续存在导致部分被追诉人被迫认罪认罚，如果被追诉人申请排除非法供述，否定原已供述的犯罪事实，可能导致认罪认罚情节被否定。认罪认罚从宽制度旨在以从宽处理为杠杆激励被追诉人认罪认罚，但由于有罪供述的自愿性规则未得到确立，采取非暴力威胁、引诱以及疲劳审讯等非法方法收

---

[1]　郭烁：《认罪认罚背景下屈从型自愿的防范——以确立供述失权规则为例》，载《法商研究》2020年第6期，第134页。

[2]　参见湖北省武汉市中级人民法院（2021）鄂01刑终56号刑事裁定书。

[3]　余响玲：《以质效为手段减少认罪认罚案件上诉——以214个上诉案例逐案剖析为样本》，载《中国刑事司法》2024年第3辑，第87页。

集的有罪供述，原则上不属于法定的排除范围，被追诉人在审查起诉阶段签署具结书以后，如果事后又以有罪供述系办案人员以威胁、引诱或疲劳审讯等方法收集的，要求排除，可能被认为是翻供，导致其认罪认罚情节被否定。被追诉人如果要想获得从宽处罚的待遇，必须一并放弃申请排除非法证据的权利，维持原来通过威胁、引诱、疲劳审讯等方法获得的供述。例如，被告人杨某某因涉嫌帮助信息网络犯罪活动罪在审查起诉阶段签署了认罪认罚具结书，但在庭审时对公诉机关指控的事实和罪名均有异议，辩称其在公安机关所作的有罪供述是因为受到民警威胁。杨某某的辩护人为其作无罪辩护，认为杨某某在侦查阶段所作的三次讯问笔录及在审查起诉阶段所作的一次讯问笔录均是非法证据，其中，2023 年 9 月 11 日的讯问笔录与同步录音录像不一致，并提出书面的非法证据排除申请，认为"杨某某在庭审过程中，就相关事实作出了如实供述，并表示如果构成犯罪，愿意认罪认罚，建议对其适用缓刑"。一审法院召开庭前会议对相关证据收集的合法性问题听取了控辩双方意见，认为"公诉机关已经出示相关证据材料，对证据收集的合法性加以说明，能够排除以刑讯逼供等非法方法收集被告人供述的情形，且没有新的线索或者材料表明可能存在非法取证的情形"，于是决定在庭审中不启动非法证据排除调查程序；认为杨某某庭前四次供述笔录均由杨某某查阅签字确认，"其中 2023 年 8 月 26 日及 2023 年 10 月 27 日供述的主要犯罪事实细节详细，具有明显的个性特征，且与在案其他证据相互印证，能够作为定案依据。""确有部分讯问笔录与同步录音录像不一致，对讯问笔录与同步录音录像不一致的部分，本院不作为定案的根据。"这意味着，一审法院以有罪供述的真实性取代了对其自愿性的审查。最后，一审法院认为："被告人杨某某当庭供述不认可起诉指控的犯罪事实及量刑建议，庭审中亦未明确表示愿意接受处罚，故辩护人提出被告人杨某某具有认罪认罚情节的辩护意见，本院不予采纳。"〔1〕实际上，由于被告人杨某某推翻了以前的有罪供述，即使他当庭表示"如果法院认定其有罪，愿意接受处罚"，一审法院也不会认定其具备认罪认罚情节。考虑到被告人只有维持原来的有罪供述和已经签署的具结书，才能获得从宽处罚的好处，在一些案件中，辩护人即使认为被告人在法律上不构成犯罪（例如控诉证据不足、没有主观故意等），也不敢坚持作无罪辩护，而只能违心地作罪轻辩护（见表 3-1）；在另一些案件中，辩护人坚持做无罪辩护的，往往导致被告人失去适用认罪认罚从宽制度的机会。

第二，逮捕羁押手段"筹码化"，成为迫使一部分被追诉人认罪认罚、固化

---

〔1〕 参见安徽省歙县人民法院（2023）皖 1021 刑初 337 号刑事判决书。

其有罪供述的合法手段。逮捕本来只是刑事诉讼中的一种强制措施，其应然功能是防止被追诉人逃避或者妨碍刑事诉讼或者继续犯罪，保障刑事诉讼活动的顺利进行。但是，由于侦查破案以获得口供为中心，起诉、定罪也以口供为主要依据，加之"捕诉一体"办案机制等因素的影响，在有证据证明被追诉人有犯罪事实的前提下，如果被追诉人拒绝作出有罪供述或者供述后又翻供，公安司法机关通常都会对被追诉人适用逮捕措施；被追诉人如果在侦查阶段被取保候审，在审查起诉阶段签署认罪认罚具结书后或者到了审判阶段又翻供的，同样会被检察机关或法院决定逮捕。司法实践中长期存在的惩罚性适用逮捕羁押措施的陋习以及基于对宽严相济刑事政策的误读而形成的"取保就是从宽、逮捕就是从严"的错误认识，在认罪认罚从宽制度下催生了"强制措施从宽"的谬论[1]，导致逮捕羁押手段在某些地方成为控方迫使被追诉人早期作出有罪供述、后期维持认罪认罚态度的一大利器。"逮捕筹码化"的负面后果之一便是产生胁迫效应，严重干扰被追诉人认罪认罚的自愿性。[2]因为当被追诉人拒绝供述或者拒绝认罪认罚被视为社会危险性大的因素时，公安司法机关一般都会采取逮捕措施，被追诉人不得不在"认罪认罚"与"失去自由"的两难之间作出艰难的选择[3]，尤其是"罪行较轻"的被追诉人。[4]

第三，检察官听取意见不充分，值班律师法律帮助"见证人化"，导致量刑"合意"异化为强迫认罪。为了保证被追诉人自愿认罪认罚，2018 年修正《刑事诉讼法》时，立法者特意在审查起诉阶段增加了检察官就特定事项听取犯罪嫌疑人及其律师意见的程序，明确要求在确认犯罪嫌疑人自愿认罪认罚后才能让其签署具结书。[5]《认罪认罚指导意见》第 33 条进一步规定："人民检察院提出量刑建议前，应当充分听取犯罪嫌疑人、辩护人或者值班律师的意见，尽量协商一致。"为此，试点期间建立起来的值班律师制度被正式写入《刑事诉讼法》第 36 条。然而，在认罪认罚从宽制度试点期间，就存在检察官听取意见不充分、"控辩

---

〔1〕　关于"强制措施从宽"的批评意见，参见孙长永：《认罪认罚从宽制度的基本内涵》，载《中国法学》2019 年第 3 期，第 218-220 页。

〔2〕　陈卫东：《认罪认罚从宽制度与企业合规改革视角下逮捕筹码化的警惕与防范》，载《政法论坛》2022 年第 6 期，第 84 页。

〔3〕　吴宏耀：《认罪认罚从宽制度的体系化解读》，载《当代法学》2020 年第 4 期，第 66 页。

〔4〕　《认罪认罚指导意见》第 19 条规定："人民法院、人民检察院、公安机关应当将犯罪嫌疑人、被告人认罪认罚作为其是否具有社会危险性的重要考虑因素。对于罪行较轻、采用非羁押性强制措施足以防止发生刑事诉讼法第 81 条第 1 款规定的社会危险性的犯罪嫌疑人、被告人，根据犯罪性质及可能判处的刑罚，依法可不适用羁押性强制措施。"据此，认罪认罚因素对逮捕社会危险性条件的影响，仅仅体现在"罪行较轻"的案件中。

〔5〕　参见《刑事诉讼法》第 173 条和第 174 条。

双方之间的协商明显不足"的问题。〔1〕根据课题组在各地的调研和访谈，在认罪认罚从宽制度全面实施以后，特别是《认罪认罚指导意见》出台之后，这一问题虽然逐渐有所缓解，但各地仍在不同程度上存在，其突出表现有二，一是检察官未依据《刑事诉讼法》第 173 条的规定听取犯罪嫌疑人及其律师意见，直接让犯罪嫌疑人签署具结书，甚至告知犯罪嫌疑人签署具结书是"必经流程"，不作具体解释。二是检察官提出量刑建议时，不给犯罪嫌疑人与其律师商量的时间，让其短时间内表示是否接受，没有进一步协商的余地。例如，《2023 年在押人员问卷调查》显示，43.7% 的被调查人员反映，检察官在让被追诉人签署具结书之前没有听取其意见；对于"在您决定签署认罪认罚具结书之前，您有充足的时间考虑自己的决定吗"这一问题，选择"否，时间紧迫"的有 286 人，占被调查总人数的 60.3%。另据 67.5% 的被调查人员反映，在看守所羁押期间，没有充分的机会与法律专业人员（如律师）进行交流。值班律师由于既不阅卷，也不单独会见在押犯罪嫌疑人，主要作用在于充当犯罪嫌疑人签署具结书时的见证人。而且，即使检察官决定就案件事实、指控罪名、从宽处罚建议等听取犯罪嫌疑人意见，值班律师一般也不在场。通常的做法是，检察官就量刑建议获得犯罪嫌疑人同意之后，才会通知值班律师见证具结书的签署，有时甚至在犯罪嫌疑人签署具结书之后让值班律师补签。《最高人民检察院关于人民检察院适用认罪认罚从宽制度情况的报告》也指出："量刑建议协商机制不健全，主动听取律师意见不够，影响量刑协商效果。"〔2〕因此，认罪认罚具结书中记载的所谓"量刑合意"，实际上往往是检察机关的单方面意见，被追诉人除了接受以外，没有其他选择。

3. 认罪认罚自愿性的司法审查流于形式

根据《刑事诉讼法》和相关司法解释的规定，法院对于认罪认罚案件，可以分别适用速裁程序、简易程序以及普通程序简化审程序进行审理。由于检察机关主导、"一般应当采纳"原则、片面强调司法效率等多种因素的影响，认罪认罚案件的审判程序普遍呈现出"形式化"的特征，即使是适用普通程序审理的认罪认罚案件，其庭审过程也往往只是走个过场，以至于本应对被告人认罪认罚的自愿性以及认罪认罚具结书内容的真实性、合法性进行重点审查核实的审判职能未能得到落实，本应通过在一审中加以纠正的情形未予纠正，导致被告人不服判决

---

〔1〕 参见最高人民法院《认罪认罚从宽制度试点总结报告》，载胡云腾主编：《认罪认罚从宽制度的理解与适用》，人民法院出版社 2018 年版，第 280 页。

〔2〕 张军：《最高人民检察院关于人民检察院适用认罪认罚从宽制度情况的报告——2020 年 10 月 15 日在第十三届全国人民代表大会常务委员会第二十二次会议上》，载《检察日报》2020 年 10 月 17 日，第 2 版。

提出上诉。例如，在"朱某某盗伐林木案"中[1]，海南省第一中级人民法院一审采纳公诉机关的量刑建议，以盗伐林木罪判处认罪认罚的被告人朱某某有期徒刑二年九个月，并处罚金 1 万元。朱某某以原判量刑过重为由提出上诉，认为自己"系初犯，犯罪后自动投案，如实供述自己的罪行且认罪认罚，应当从轻或者减轻处罚"；检察机关针对被告人朱某某的上诉提出了"跟进式抗诉"，认为朱某某"认罪认罚具结后反悔""案件不应再适用认罪认罚从宽制度，原判量刑不当""依法应当判处三年以上七年以下有期徒刑，并处罚金"。海南省高级人民法院二审后指出，上诉人朱某某构成盗伐林木罪，盗伐林木的数量巨大，并且在"二审庭审时否认签署《认罪认罚具结书》的自愿性，否认理解《认罪认罚具结书》的内容，否认得到值班律师的在场帮助，否认海南省人民检察院第一分院提出的量刑建议，否认在原审庭审时对上述内容的确认，是其在本案中对审查起诉阶段、原审阶段认罪认罚自愿性、《认罪认罚具结书》内容真实性和合法性的全部否认，系对原认罪认罚的反悔。本案适用认罪认罚从宽制度已不具备条件，应当根据审理查明的事实，依法作出裁判"。但与此同时，二审法院指出："上诉人朱某某犯罪以后自动投案，如实供述自己的罪行，是自首，依法予以减轻处罚。"其认为"根据上诉人朱某某上述犯罪的事实、性质、情节和对社会的危害程度，原审中抗诉机关提出以盗伐林木罪，判处上诉人朱某某有期徒刑二年九个月，并处罚金 1万元的量刑建议，并未充分体现对上诉人朱某某认罪认罚给予从宽处理，本案即使不再适用认罪认罚从宽制度，原判量刑亦为适当"。综上，终审判决只是根据二审查明的事实增加了对犯罪工具的没收和违法所得的追缴判项，但维持了一审判决的定罪量刑部分。这个案件虽然因被告人朱某某反悔提出上诉而引起二审程序，但上诉的主要原因在于，公诉机关提出的量刑建议以及一审判决的量刑"未充分体现对上诉人朱某某认罪认罚给予从宽处理"，说明被告人朱某某在审查起诉环节和一审庭审中认罪认罚并非出于自愿。

司法实践中，认罪认罚被告人以量刑过重为由提出上诉，除"留所服刑"类技术性上诉以外，有不少上诉都是因为检察机关量刑建议形成过程中协商不够，或者一审法院庭审过程中自愿性审查把关不严导致认罪认罚自愿性保障不足引起的。有的案件被追诉人在审查起诉阶段和庭审中均认罪认罚，而且公诉机关按照认罪认罚从宽制度起诉并提出了量刑建议，但一审法院不仅未就"认罪认罚的自愿性、真实性和本案的定罪、量刑听取控辩双方的意见"，而且不经量刑建议调整

---

〔1〕　参见海南省高级人民法院（2020）琼刑终 67 号刑事判决书。

程序直接判处更重的刑罚，引发被告人上诉。[1]有的案件由于庭审把关不严，甚至引发了错判，直到判决生效后才又通过再审程序予以纠正。例如，汪海燕教授通过北大法宝司法案例库检索发现，截至2023年4月30日，在541件启动再审的认罪认罚案件中，有20件是因为原审被告人存在包庇顶罪或冒用身份等问题，占认罪认罚案件再审理由的比例为3.6%。[2]在这些案件中，被告人"故意"作出虚假的认罪认罚，不可能是"自愿"的。

4. 认罪认罚后的反悔权缺乏制度保障

如前所述，根据《认罪认罚指导意见》第51条至第53条的规定，被追诉人在审查起诉阶段和审判阶段都可以对认罪认罚表示反悔。反悔之后，原认罪认罚具结书失效，检察机关可以根据案件情况决定变更、维持不起诉决定或者依法提起公诉，法院则应当根据审理查明的事实依法作出裁判，必要时转换程序。学界普遍认为，被追诉人有权撤回认罪认罚或者对认罪认罚表示反悔是认罪认罚自愿性的重要组成部分[3]，"特别是，由于非法侦查讯问行为的存在、律师帮助权的缺位和证据先悉权的缺失等，现阶段我国认罪认罚从宽程序面临着较高的非自愿认罪风险和虚假认罪风险，应当以反悔权加以救济"。[4]然而，如何保障被追诉人的反悔权？《刑事诉讼法》缺乏明确的规定，司法实践中如何处理被追诉人认罪认罚后又反悔的问题，成为认罪认罚从宽制度适用中不得不面对的"特殊的制度困扰"[5]，其中比较突出的问题有两个：

一是有的检察机关在被追诉人签署认罪认罚具结书时明确告知他判决后不得上诉，否则检察机关将提出抗诉，抗诉就会导致二审加刑。被追诉人迫于检察机关的压力不得不签署认罪认罚具结书，判决之后也不敢上诉。从实践情况看，对于认罪认罚的被告人在一审判决后反悔，以量刑过重为由提出上诉的案件，检察机关往往提出"跟进式抗诉"[6]，要求二审法院改判加刑。对于这种抗诉案件，

---

〔1〕参见谢某某寻衅滋事案，湖南省邵阳市中级人民法院（2020）湘05刑终246号刑事判决书。

〔2〕汪海燕：《认罪认罚案件再审问题研究——以541份裁判文书为分析对象》，载《比较法研究》2023年第5期，第58页。

〔3〕参见汪海燕：《被追诉人认罪认罚的撤回》，载《法学研究》2020年第5期，第177-180页；马明亮、张宏宇：《认罪认罚从宽制度中被追诉人反悔问题研究》，载《中国人民公安大学学报（社会科学版）》2018年第4期，第93页。

〔4〕谢小剑：《认罪认罚从宽制度中被追诉人反悔权研究》，载《江西社会科学》2022年第1期，第86页。

〔5〕苗生明：《认罪认罚后反悔的评价与处理》，载《检察日报》2020年2月20日，第3版。

〔6〕有学者检索2016年11月1日至2019年5月31日中国裁判文书网收录的全国认罪认罚案件被抗诉的二审裁判文书（104份），发现"针对被告人上诉的抗诉"有27份，占比约为26%。参见连洋、马明亮、王佳：《认罪认罚从宽案件中抗诉的冲突与规制——以全国104件认罪认罚抗诉案件为分析对

二审法院关于是否加刑的立场不尽一致，既有认为被告人反悔不认罚导致原判畸轻从而改判加刑的，也有认为上诉是被告人的法定权利、原判基于被告人的认罪认罚态度量刑适当从而维持原判的。[1]对此，最高人民检察院和最高人民法院也呈现出截然相反的两种立场。[2]有的案件中，被告人主动或者在抗诉压力之下申请撤回上诉，但二审法院仍然不予准许，并执意改判加刑，借以"惩罚"被告人的上诉行为。例如，鲍某某被指控犯强制猥亵罪，自愿认罪认罚，一审判处其有期徒刑十个月；鲍某某提出上诉，声称案件当日，其因酒醉不清才误入被害人家中并将被害人误认为是其女友才导致本案的发生，恳请二审法院考虑其认罪态度好对其减轻处罚。公诉机关提出抗诉，认为对鲍某某不再适用认罪认罚从宽制度，"应处以更重的刑罚，一审判决量刑不当"，并得到上级检察机关支持。鲍某某在上诉期满后申请撤回上诉，但二审法院"不予准许"。二审法院认为："鲍某某违背具结协议上诉无理，系对认罪认罚的反悔，不应适用认罪认罚从宽制度，应对其处以更重的刑罚，抗诉机关的抗诉意见成立。"因此，改判鲍某某有期徒刑一年四个月。[3]该案二审判决的加刑率高达60%，远远超过"认罪认罚情节"的从宽处罚幅度，明显带有惩罚性质。与此案以"不再适用认罪认罚从宽制度"之名变相惩罚认罪认罚后提出上诉的被告人不同，"刘某盗窃案"二审判决书公开主张对认罪认罚被告人的上诉行为进行惩罚。刘某被指控犯盗窃罪，自愿认罪认罚，被一审法院判处有期徒刑六个月，并处罚金1000元；刘某以量刑过重为由提出上诉，要求改判拘役或管制。公诉机关随即提出抗诉，认为刘某"认罪动机不纯，违背认罪认罚承诺，导致一审对其作出的从宽判决基础丧失，量刑畸轻"。在二审庭审中，刘某申请撤回上诉，声称"提出上诉是为了通过进入二审程序，拖延时间达到不去监狱服刑的目的"。上级检察机关支持抗诉，认为刘某"虽当庭供述提起上诉的目的是拖延交付执行的时间，但这种任意行使上诉权的行为损害了司

（接上页）象》，载《法律适用》2020年第14期，第87页。本课题组采用类似方法检索，发现2016年11月11日至2019年11月19日共有认罪认罚案件二审抗诉裁判文书102份，其中"针对被告人上诉的抗诉"36份，占比为35.3%；发现2022年1月至2023年10月共有认罪认罚案件二审抗诉裁判文书43份，其中"针对被告人上诉的抗诉"9份，占比为20.9%。详见本书第九章的分析。

〔1〕参见孙长永、冯科臻：《认罪认罚案件抗诉问题实证研究——基于102份裁判文书的分析》，载《西南政法大学学报》2020年第4期，第93-94页。另参见本书第九章的分析。

〔2〕参见最高人民检察院2020年12月8日发布的第二十二批指导性案例：琚某忠盗窃案（检例第83号）；最高人民法院"人民法院案例库"入库案例：王某故意毁坏财物案（入库编号：2023-03-1-230-001）。

〔3〕参见江西省景德镇市中级人民法院（2019）赣02刑终187号刑事判决书。类似的案件，参见王某盗窃案，重庆市第一中级人民法院（2017）渝01刑终574号刑事判决书等。

法权威，同时致使一审适用的认罪认罚从宽程序丧失判决基础，应当增加刑罚量。鉴于刘某当庭认识到自己行为所造成的恶劣影响，并自愿申请撤回上诉，建议给予增加一定的刑罚量予以惩戒"。二审法院认为："虽然上诉权是被告人依法享有的刑事诉讼权利，但刘某违背认罪认罚的承诺，为达到自己不到监狱服刑改造的目的，在无任何正当理由的情况下提出上诉，造成原审所采用的认罪认罚从宽制度丧失了适用的基础，迫使检察机关提出抗诉，导致本案启动二审程序，极大地损害了司法权威，浪费了司法资源，对刘某的此种行为应当予以惩戒，增加其刑罚量。鉴于刘某在二审庭审中，表示已深刻认识自己行为的错误，其上诉的动机仅是留所服刑，并自愿申请撤回上诉，本院决定对其增加十日的刑罚量。"遂改判刘某"有期徒刑六个月零十天，并处罚金 1000 元"。[1]检察机关以抗诉压制认罪认罚的被告人上诉，二审法院通过改判加刑惩罚被告人的上诉行为，本质上都是要求认罪认罚的被告人必须始终如一地接受检察机关的量刑建议，不得反悔，这不仅严重损害了被告人认罪认罚的自愿性和法定的上诉权利，而且会对认罪认罚从宽制度的公正实施带来负面影响。

二是被追诉人在签署认罪认罚具结书后要求撤回或者对案件主要事实或量刑建议提出异议，因而不再认罪认罚的，原具结书失效，但在"认罪协商"中所作的有罪供述是否可以撤回？目前缺乏制度规范。在司法实践中，认罪认罚具结书即使由于被追诉人反悔或者撤回而失效，只是"不能作为本人认罪认罚的依据，但仍可能作为其曾作有罪供述的证据，由人民法院结合其他证据对本案事实进行认定"。[2]这与域外实行协商性司法制度的国家和地区从制度上禁止使用被撤回的有罪答辩或认罪供述的做法完全不同。例如，根据《美国联邦证据规则》第410 条的规定，已经被撤回的有罪答辩、不予争辩的答辩、在答辩协商过程中所作的与上述两种答辩有关的任何陈述，以及在与检察官进行答辩协商时所作的没有导致有罪答辩或者导致的有罪答辩后来又被撤回的任何陈述，均不得在随后的民事或刑事诉讼中用作不利于作出答辩的被告人或者答辩协商参与人的不利证据。美国联邦最高法院认为，如果允许使用被告人已经撤回的有罪答辩，必然导致准许撤回有罪答辩的决定化为虚无，并置被告人于两难境地，这与撤回有罪答辩后进行正式审判的决定是冲突的。[3]《德国刑事诉讼法》第 257c 条第 4 款也规定，

---

〔1〕 参见四川省内江市中级人民法院（2019）川 10 刑终 141 号刑事判决书。

〔2〕 参见《人民检察院认罪认罚从宽制度告知书》，载胡云腾主编：《认罪认罚从宽制度的理解与适用》，人民法院出版社 2018 年版，第 126-127 页。

〔3〕 Kercheval v. United States, 274 U. S. 220. 47 S. Ct. 582, 71 L. Ed. 1009（1927）；州法院的类似立场，参见 People v. Spitaleri, 9 N. Y. 2d 168, 212 N. Y. S. 2d 53, 173 N. E. 2d 35（1961）。

在以下两种情况下，法院不再受认罪协议的约束：（1）忽视或者新出现了法律上或事实上的重要情况，并且法院确信先前承诺的量刑幅度已不再与犯罪行为和罪责相适应的；（2）被告人的后续诉讼行为与法院对他表现的预测不一致。在这两种情况下，对于被告人基于协商而作出的有罪供述，均产生禁止使用的效果，即法院不得把被告人在协商中所作的有罪供述作为认定其有罪的证据。"唯有如此，程序的公平才能得到妥适保障。"〔1〕不仅如此，《德国刑事诉讼法》第 257c 条进一步要求，法院应当在被告人同意协商之前把法院违背先前承诺结果的要件和后果告知被告人。〔2〕相比之下，我国《刑事诉讼法》虽然要求侦查、检察、审判人员告知被追诉人认罪认罚的法律规定，但被追诉人基于职权信赖作出认罪认罚的诉讼行为之后最终是否能够获得从宽处理，却取决于司法机关的自由裁量，特别是检察机关的量刑建议。司法实践中一方面承认认罪认罚的被追诉人可以反悔，同时却又不禁止使用被追诉人所作的有罪供述，事实上导致被追诉人既无法撤回有罪供述，又失去从宽处罚的利益，而追诉方在以从宽处理"引诱"被追诉人作出有罪供述之后既可以使用有罪供述成功追诉犯罪，又无须付出从宽处罚的对价，这种做法对于试图反悔的被追诉人而言显然是一种不合理的限制，也不符合公法上的信赖保护原则。〔3〕

（二）认罪认罚自愿性保障不足的原因

认罪认罚自愿性保障不足的问题有相当复杂的原因，其中既有认罪认罚从宽制度本身设计不够完善的因素，也有认罪认罚从宽制度运行的基础条件（主要是正当程序）不够健全的因素；同时，公安司法机关在贯彻落实这一制度的过程中对司法效率的片面追求，也是不可忽视的重要因素。对此，本课题组以及学界多人已经进行了不少研究。〔4〕如果限于"直接相关因素"，我们认为，认罪认罚从

---

〔1〕　［德］维尔纳·薄逸克、［德］萨比娜·斯沃博达：《德国刑事诉讼法教科书》，程捷译，北京大学出版社 2024 年版，第 412-413 页。

〔2〕　［德］维尔纳·薄逸克、［德］萨比娜·斯沃博达：《德国刑事诉讼法教科书》，程捷译，北京大学出版社 2024 年版，第 412 页。

〔3〕　参见王子晨：《论行政语境下的信赖保护原则》，载《江西社会科学》2021 年第 11 期，第 192-196 页；刘泊宁：《认罪认罚从宽制度中司法承诺之考察》，载《法学》2020 年第 12 期，第 52-54 页。

〔4〕　参见孙长永：《认罪认罚从宽制度实施中的五个矛盾及其化解》，载《政治与法律》2021 年第 1 期，第 3-4 页；孙长永、郭航：《被追诉人认罪认罚自愿性再审视》，载《河南社会科学》2024 年第 1 期，第 55-58 页；郭烁：《认罪认罚背景下屈从型自愿的防范——以确立供述失权规则为例》，载《法商研究》2020 年第 6 期，第 131-135 页；王迎龙：《认罪认罚自愿性困境实证研究》，载《环球法律评论》2023 年第 6 期，第 158-160 页；史立梅：《认罪认罚从宽程序中的潜在风险及其防范》，载《当代法学》2017 年第 5 期，第 122-128 页，等等。

宽制度实施中对自愿性保障不足的主要原因如下。

1. 羁押性讯问中被追诉人供述义务的长期存在以及供述自愿性规则的缺位严重妨碍犯罪嫌疑人自愿认罪认罚

自 1979 年《刑事诉讼法》以来，我国立法一直要求"犯罪嫌疑人对侦查人员的提问应当如实回答"，只有对"与案件无关的问题"，才有拒绝回答的权利。[1]由于"坦白从宽、抗拒从严"刑事政策的存在，不仅是对于侦查人员的提问，即使是检察人员的提问，甚至审判阶段面对公诉人和审判人员的提问，被追诉人也有如实回答的义务。[2]"如实回答"的义务本质上是要求被追诉人供述自己的罪行，因而学界又称其为"供述义务"。虽然 2012 年修改《刑事诉讼法》时增加了"不得强迫任何人证实自己有罪"的规定，但并未因此而废止"供述义务"的规定；同年立法确立的非法供述排除制度也仅仅要求排除"采用刑讯逼供等非法方法收集的犯罪嫌疑人、被告人供述"，2017 年《严格排非规定》将其具体化为四种非法供述。据此，我国在有罪供述的证据能力方面没有建立供述自愿性规则，有罪供述是否具有证据能力，与其是否出于被追诉人的自由意志没有必然联系。更重要的是，我国绝大多数犯罪嫌疑人在接受侦查讯问时均处于人身自由被侦查机关控制的状态（例如被留置盘问、强制传唤、拘传、拘留、逮捕等），相当于在羁押状态下接受讯问（custodial interrogation），因而讯问过程带有内在的强制性。加之讯问期间犯罪嫌疑人不能由律师陪同在场，讯问过程带有较大的封闭性；立法对夜间讯问也缺乏必要的规制，长时间讯问成为侦查讯问的常态。此外，侦查机关对口供以外证据的取证能力不足，导致侦查机关更加依赖口供以及口供所提供的线索来查明案件事实。这些是我国长期以来侦查阶段犯罪嫌疑人认罪率畸高、"初次讯问"认罪率极高的主要原因。[3]综合起来看，羁押性讯问中被追诉人负有供述义务、供述自愿性规则的缺位成为我国强制取供机制的制度基础；"由供到证"的侦查取证模式进一步强化了侦查机关对口供的依赖，并为维

---

[1] 参见 1979 年《刑事诉讼法》第 64 条、2012 年《刑事诉讼法》第 118 条、2018 年《刑事诉讼法》第 120 条。

[2] 参见孙长永：《侦查程序与人权——比较法考察》，中国方正出版社 2000 年版，第 365 页。

[3] 刘方权教授对西部 C 市 J 区 1984 年、1994 年和 2004 年的侦查《讯问笔录》抽样调查显示，侦查阶段犯罪嫌疑人的整体认罪率分别为 98.3%、100% 和 95.08%，初次讯问认罪率分别为 88.13%、94.44% 和 88.52%，远高于英美国家犯罪嫌疑人在警察讯问时的认罪率（参见刘方权：《认真对待侦查讯问——基于实证的考察》，载《中国刑事法杂志》2007 年第 5 期，第 97—100 页）；李建东博士通过对 2014 年至 2018 年与 2019—2022 年裁判文书的对照分析以及对侦查人员的访谈发现，认罪认罚从宽制度全面实施以后，侦查阶段非自首案件犯罪嫌疑人"如实供述"率整体提升 5% 左右（参见李建东：《公安机关适用认罪认罚从宽制度研究》，西南政法大学 2023 年博士学位论文，第 107 页）。

持"供述义务"以及侦查讯问过程的封闭性提供了强大动力。可以说，侦查中心主义的诉讼构造以及审判阶段长期维系在 99% 的有罪判决率，从根本上讲是以强制取供机制为基础的，而这一机制的核心正是羁押性讯问中被追诉人的"供述义务"。

认罪认罚从宽制度本意在于通过从宽处理激励被追诉人认罪认罚，以公权力机关与被追诉人的自愿合作，实现及时有效惩罚犯罪、修复社会关系、提高司法效率等目的，并且为从源头上防范因刑讯逼供等非法讯问方法导致冤假错案创造有利条件。在注重"健全冤假错案有效防范、及时纠正机制"的改革背景下，这一制度的全面实施确实减少了刑讯逼供等严重的非法讯问情形，然而并未改变原有的强制取供机制。根据课题组的调研，虽然在 2017 年认罪认罚从宽制度试点以后，对犯罪嫌疑人的刑事拘留率、逮捕率总体上均呈现出下降的趋势，但整体上仍然处于高位，有的地方刑事拘留率即使到了 2021 年（历史最低位）仍在 60% 以上，而且多数犯罪嫌疑人在被刑事拘留以前，已经被侦查机关控制人身自由（如强制传唤、抓捕、行政拘留、拘传等）[1]，因此绝大多数犯罪嫌疑人实际上仍然是在羁押状态下接受侦查人员讯问的，而这些犯罪嫌疑人一如既往地负有"供述义务"。只要侦查人员没有使用导致有罪供述依《严格排非规定》应予排除的非法讯问方法，即使是犯罪嫌疑人被迫作出的有罪供述，依法仍然具有证据能力。[2] 而一旦犯罪嫌疑人在侦查阶段作出了有罪供述，除极少数完全被冤枉、随后即坚持翻供的以外，面对从宽处理的"利诱"特别是变更取保候审、判处缓刑等肉眼可见的"优惠"以及即使不认罪认罚也几乎笃定被判决有罪甚至被"从严"处罚的"威胁"，理智健全的犯罪嫌疑人通常都会在接受检察官讯问时表示认罪认罚。司法实践证明，认罪认罚从宽制度在审查起诉阶段的适用率之所以能够在 2019 年下半年以后短时间内得到迅速提升，并且近三年稳定在 90% 左右，最重要的原因就在于绝大多数犯罪嫌疑人已经在侦查阶段如实供述了罪行，而且这种供述不会因为违背犯罪嫌疑人的自愿而被排除；即使犯罪嫌疑人事后翻供，甚至签署认罪认罚具结书后又反悔，也不影响其有罪供述被作为定罪的证据使用。因此，羁押性讯问中被追诉人的"供述义务"以及供述自愿性规则的缺位从源头

---

〔1〕　参见孙长永：《诉前羁押实证研究报告——基于两个基层检察院 2017~2021 年起诉书和不起诉决定书的统计分析》，载《现代法学》2023 年第 3 期，第 53 页、第 55-56 页。

〔2〕　参见千某帮助信息网络犯罪活动案，内蒙古自治区鄂尔多斯市中级人民法院（2023）内 06 刑终 183 号刑事裁定书；杨某某帮助信息网络犯罪活动案，安徽省歙县人民法院（2023）皖 1021 刑初 337 号刑事判决书，等等。

上对认罪认罚的自愿性造成了严重妨碍。[1]

2. 控辩失衡的诉讼构造和"捕诉一体"的办案机制进一步加剧了被追诉人认罪认罚的非自愿性

我国刑事诉讼构造以公检法三机关分工负责、互相配合、互相制约原则为根本的制度性基础，其最大特点在于审判不中立，侦查、起诉和审判职能共同指向犯罪控制的目标。到目前为止，以控审分离、控辩平等、审判中立为核心的所谓"审判中心主义的诉讼构造"在我国只是一种理想状态，在现实的刑事诉讼中，公检法等专门机关作为公权力的代表在不同诉讼阶段共同履行追究犯罪嫌疑人、被告人刑事责任的职责，形成了典型的、稳定的"流水作业式"诉讼构造。[2]在这种诉讼构造中，控辩双方的诉讼地位和诉讼资源处于严重失衡的状态，而认罪认罚从宽制度正是在这一状态下推进的。[3]

首先，侦查、起诉机关的调查取证活动和适用强制性措施的行为既不需要外部中立机构的审查批准，也不受中立的司法机构监督。与此相对的是，犯罪嫌疑人不仅负有"供述义务"，而且当其依法享有的、有限的诉讼权利受到侵害时，也只能向侦查、起诉机关申诉。实际上，由于我国刑事正当程序发育不良，犯罪嫌疑人、被告人在整个刑事诉讼中仍然只是被追诉的客体，尚未真正成为诉讼主体。

其次，认罪认罚从宽制度采用了检、法机关"裁量从宽"而非控辩双方"协商从宽"模式，对某一特定的犯罪嫌疑人、被告人是否适用认罪认罚从宽制度、如何从宽，基本上由检察机关裁量决定，犯罪嫌疑人、被告人没有要求适用以及要求从宽处理的法定权利。根据《认罪认罚指导意见》第5条和第9条的规定，认罪认罚从宽制度适用于侦查、起诉、审判各个阶段，没有适用罪名和可能判处刑罚的限定；而且"在刑罚评价上，主动认罪优于被动认罪，早认罪优于晚认罪，彻底认罪优于不彻底认罪，稳定认罪优于不稳定认罪"。实践中，由于侦查讯问的封闭性、强制性以及律师帮助的有限性，绝大多数犯罪嫌疑人在检察机关接手案件后、了解不利证据之前已经作了有罪供述。然而，供述有罪的犯罪嫌疑人、被

---

[1] 龙宗智教授也认为："在封闭的审讯环境下，侦查官员以严重法律后果相威胁，再以认罪认罚从宽诱导，同时强调嫌疑人的供述义务，容易导致嫌疑人违心、被迫认罪，包括没有犯罪的人承认自己已实施犯罪。侦查阶段出现的非自愿性认罪和非自愿性供述，实已从认罪认罚的初始阶段就破坏了自愿性原则，损害了认罪认罚从宽程序的基础。"龙宗智：《完善认罪认罚从宽制度的关键是控辩平衡》，载《环球法律评论》2020年第2期，第13页。

[2] 关于"流水作业式"诉讼构造的深入分析，参见陈瑞华：《刑事诉讼的前沿问题》（上册），中国人民大学出版社2016年版，第283-294页。

[3] 参见龙宗智：《完善认罪认罚从宽制度的关键是控辩平衡》，载《环球法律评论》2020年第2期，第9-13页。

告人是否能够获得从宽处理，最终仍然取决于检察机关或法院的裁量。在这个意义上，认罪认罚从宽制度的法律规定实际上成为侦查机关、检察机关诱使被追诉人作出有罪供述乃至认罪认罚的合法手段，而被追诉人作出有罪供述的信赖保护利益却缺乏应有的保障。

再次，即使控辩双方对案件事实、罪名、量刑建议和程序达成了"合意"，并不是由控辩双方共同签署认罪认罚协议书，明确"双方的权利义务"，而仅仅由被追诉一方签署认罪认罚具结书，明确被追诉人"认罪认罚"的具体内容，以显示其仅仅约束被追诉人；[1]至于追诉方在被追诉人认罪认罚后应当承担何种义务，则不属于认罪认罚具结书所载的内容。因此，检察机关即使在审判阶段从重调整量刑建议，被追诉人也只能接受，否则将会失去从宽处罚的利益，甚至可能受到"从严"处罚。

复次，立法对认罪认罚案件所规定的"一般应当采纳"的判决原则虽然在理论上似乎有利于满足被追诉人认罪认罚后的心理期待，但它把定罪量刑的实质裁判权转移给本来已经集中了侦查权、侦查监督权、逮捕权、起诉权和审判监督权的检察官，使检察官可以同时使用重刑威胁和从宽处罚引诱的手段迫使对案件进展几乎一无所知的犯罪嫌疑人认罪认罚，进一步恶化了犯罪嫌疑人面对侦查、检察机关时的地位。在一些涉黑、涉恶等敏感的共同犯罪案件中，检察机关以"程序分流"之名，利用"一般应当采纳"原则和分案审理制度，先获得部分认罪认罚被追诉人的有罪判决，再以罪判决的既判力对抗不认罪的共同被追诉人的无罪抗辩，迫使其"认罪认罚"，更加凸显了审判不中立的背景下控诉方相对于被追诉人的绝对优势地位。

最后，2019 年检察系统全面实行"捕诉一体"办案机制之后，对同一刑事案件的审查逮捕和审查起诉由同一检察官或检察官办案组负责，逮捕作为追诉手段的性质被进一步强化，为检察官在审查逮捕阶段利用"鼓励早认"的规则迫使被追诉人认罪认罚提供了更加有力的手段。在审查逮捕、审查起诉职能相对分离的情况下，审查逮捕时主要考虑犯罪嫌疑人是否符合逮捕的法定条件，审查起诉时主要考虑犯罪嫌疑人是否符合提起公诉的法定条件，即使普遍存在"以捕促供"、"以捕促赔"、"构罪即捕"以及"捕后即诉""有诉即判"（有罪）的实际规则，但负责审查逮捕的检察官不能以起诉后的从宽处理（如不起诉、建议判缓刑等）"引诱"犯罪嫌疑人认罪。负责审查起诉的检察官固然需要考虑犯罪嫌疑人已经被逮捕的前提事实，但如果审查后认定已经被逮捕的犯罪嫌疑人不构成犯罪或者

---

〔1〕 参见魏晓娜：《结构视角下的认罪认罚从宽制度》，载《法学家》2019 年第 2 期，第 114–115 页。

证明其犯罪的证据不足，仍然可能会依法作出"法定不起诉"或"证据不足不起诉"的决定。检察机关实行"捕诉一体"办案机制之后，检察官在审查逮捕时就承担了"认罪认罚教育转化"的任务，"不认罪认罚就逮捕""认罪认罚就取保候审、不起诉甚至建议从宽量刑（包括缓刑）"成为检察官合法的"教育"手段；到了审查起诉阶段，在押犯罪嫌疑人在压力面前不太可能拒绝签署认罪认罚具结书，逮捕羁押蜕变为压制被追诉人妥协和接受认罪认罚的控制力量；[1]被取保候审的犯罪嫌疑人如果拒绝签署认罪认罚具结书，或者反悔翻供，很可能会被重新逮捕羁押。在"捕诉一体"办案机制与认罪认罚从宽制度同步实施的条件下，检察官不仅可以相对不起诉化解前期不够准确的逮捕决定，而且可以逮捕羁押迫使犯罪嫌疑人认罪认罚且事后不敢反悔翻供，最后又以"一般应当采纳"的量刑建议确保认罪认罚的被告人被判处有期徒刑以上的刑罚，证明当初批准逮捕的决定是"完全正确的"。不难发现，"捕诉一体"办案机制为逮捕羁押手段的"筹码化"提供了程序保障，加剧了被追诉人认罪认罚的外部压力。

3. 有限的法律帮助不足以弥补认罪认罚自愿性保障的制度性缺陷

从认罪认罚从宽制度的试点开始，改革方案设计者就清楚地认识到认罪认罚的自愿性保障是一大难题，因而在《认罪认罚试点办法》第5条明确规定，"办理认罪认罚案件，应当保障犯罪嫌疑人、被告人获得有效法律帮助，确保其了解认罪认罚的性质和法律后果，自愿认罪认罚"，要求增设值班律师，为认罪认罚却又没有辩护人的犯罪嫌疑人、被告人"提供法律咨询、程序选择、申请变更强制措施等法律帮助"。2018年修正《刑事诉讼法》时，立法者正式将值班律师制度化，并扩大适用于所有没有辩护人的犯罪嫌疑人、被告人，不再以认罪认罚作为犯罪嫌疑人、被告人获得值班律师法律帮助的前提条件。根据《刑事诉讼法》第173条和第174条的规定，检察机关办理认罪认罚案件有两个环节必须有律师参与。一是犯罪嫌疑人认罪认罚的案件，检察机关应当就犯罪嫌疑人涉嫌犯罪的事实、罪名及适用的法律规定，从宽处罚建议，认罪认罚后案件审理适用的程序等法定事项听取辩护律师或者值班律师的意见，并为值班律师了解案件情况提供必要的便利；二是犯罪嫌疑人签署认罪认罚具结书必须有辩护律师或者值班律师在场见证。根据《量刑建议指导意见》第27条的规定，检察机关"不得绕开辩护人安排值班律师代为见证具结"，即使犯罪嫌疑人自愿认罪认罚、没有委托辩护人，同时又拒绝值班律师帮助的，在其签署具结书时，仍然"应当通知值班律师

---

[1] 参见郭华：《认罪认罚从宽制度的权力俘获及纾困程序》，载《清华法学》2022年第5期，第93页。

到场见证,并在具结书上注明"。这说明,律师见证是认罪认罚具结书合法有效的前提条件。立法者认为:"认罪认罚从宽制度中律师参与是必不可少的,一方面,律师可以向犯罪嫌疑人介绍有关刑事政策和法律规定,让其了解法律责任规定,讲解有关法律程序,告知其享有的各项诉讼权利等,使犯罪嫌疑人能够了解选择认罪认罚的利弊得失,认识到认罪认罚的性质和法律后果,作出正确的选择;另一方面,签署具结书时律师在场能够保证办案活动依法进行,防止办案人员给予犯罪嫌疑人不必要压力,确保犯罪嫌疑人认罪认罚的自愿性,从而维护犯罪嫌疑人的合法权益,促进司法公正。"[1]然而,从司法实践情况看,辩护律师和值班律师对认罪认罚程序的参与有限,所提供的法律帮助有限,不足以弥补认罪认罚自愿性保障方面的缺陷。

首先,能够获得辩护律师辩护的犯罪嫌疑人占比较少。根据笔者对东西部两个大城市辖区 B 区和 J 区人民检察院 2017 年至 2021 年起诉书和不起诉决定书的审查和统计,认罪认罚案件犯罪嫌疑人获得辩护律师辩护的平均比例分别为13.31%和9.13%,绝大多数认罪认罚的犯罪嫌疑人只能获得值班律师的法律帮助(见表3-2)。课题组在 A 市的调研也发现,一些本该由法律援助机构指派法律援助辩护律师进行辩护的案件,办案机关并未通知法律援助机构指派辩护律师,而仅由值班律师提供了法律帮助,即使案件的审判适用的是普通程序。[2]

表3-2 认罪认罚案件犯罪嫌疑人获得律师帮助情况统计

地区	年度	认罪认罚总人数(人)	有辩护律师(人)	辩护率(%)	有值班律师	帮助率(%)	律师帮助合计	律师帮助率(%)
东部 G 市 B 区	2017	1945	173	8.89	1772	91.11	1945	100
	2018	2826	250	8.85	2577	91.19	2826	100
	2019	949	120	12.64	828	87.25	947	99.79
	2020	3546	559	15.76	2699	76.11	3257	91.85
	2021	4277	700	16.37	3550	83	3996	93.43
	合计	13 543	1802	13.31	11 426	84.37	12 971	95.78

---

〔1〕 王爱立主编:《中华人民共和国刑事诉讼法释义》,法律出版社 2018 年版,第 358 页。

〔2〕 参见本书第六章表 6-9 的相关分析部分。

地区	年度	认罪认罚总人数（人）	有辩护律师（人）	辩护率（%）	有值班律师	帮助率（%）	律师帮助合计	律师帮助率（%）
西部 Q 市 J 区	2017	978	57	5.83	905	92.54	962	98.36
	2018	1310	98	7.48	1190	90.84	1288	98.32
	2019	1185	119	10.04	1015	85.65	1134	95.7
	2020	1367	160	11.7	1183	86.54	1343	98.24
	2021	963	96	9.97	855	88.79	951	98.75
	合计	5803	530	9.13	5148	88.71	5678	97.85

其次，即使有辩护律师，辩护律师也未必依法独立提供辩护意见，维护被追诉人的合法权益。一方面，辩护律师必须充分尊重被追诉人及其家属的意见，如果被追诉人或者其家属不希望律师提出检察机关或法院不愿意接受的独立辩护意见，辩护律师往往只能根据委托人的要求提出罪轻辩护意见，被动配合检察机关签署认罪认罚具结书，以免被追诉人失去其期待的从宽处罚利益或者避免出现被追诉人担心的其他不利后果；另一方面，有的辩护律师为了维持与公安司法机关的业务关系，违背辩护人的"忠诚义务"，罔顾当事人的合法利益，"不仅不同公安司法机关积极沟通争取无罪，反而规劝当事人认罪认罚"。[1]这是部分案件中辩护律师仅作罪轻辩护而法院最终判决被告人无罪的重要原因。

再次，在值班律师参与的认罪认罚案件中，值班律师一般既无动力也无能力提供有效的法律帮助，而普遍只能为被追诉人提供法律咨询，并在被追诉人签署认罪认罚具结书时在场见证，有的甚至连在场见证都谈不上，而只是在被追诉人已经签署的具结书上补充签字。例如，重庆市人民检察院 2020 年 7 月在专题报告中坦率地指出，认罪认罚从宽制度实施中存在的一大问题是"值班律师制度作用有待进一步发挥"，具体表现是"法律帮助实质化程度有待提高，值班律师在检察环节主动提出阅卷、要求会见的分别占认罪认罚案件总量的 0.39%、1.84%，对事实证据认定、案件处理提出实质性意见的仅占 4%，申请变更强制措施的仅占 1%"。[2]由

---

〔1〕 王迎龙：《认罪认罚自愿性困境实证研究》，载《环球法律评论》2023 年第 6 期，第 161 页。

〔2〕 贺恒扬：《重庆市人民检察院关于适用认罪认罚从宽制度工作情况的报告——2020 年 7 月 28 日在市五届人大常委会第二十次会议上》，载 https://www.cqrd.gov.cn/site/article/12113 60468243337216/web/content_1211360468243337216.html，最后访问日期：2024 年 5 月 28 日。

于绝大多数认罪认罚的被追诉人仅仅获得了值班律师提供的法律帮助，而这种法律帮助又基本停留于具结书签署的见证，立法者期待的通过值班律师有效参与"确保犯罪嫌疑人认罪认罚的自愿性"的目标基本落空。

最后，在一部分认罪认罚案件中，即使是值班律师的有限法律帮助也未能得到保障。例如，2020年1月至2021年8月，西藏自治区检察机关办理刑事犯罪案件适用认罪认罚从宽制度3670件4365人，件数和人数分别占同期审结刑事案件的86.6%、80.7%，但其中有辩护人或值班律师参与的只有3130人，占适用认罪认罚人数的71.7%，另外28.3%的犯罪嫌疑人、被告人既未得到辩护人的辩护，也未得到值班律师的法律帮助。[1]不仅是欠发达地区，即使在发达地区，极少数认罪认罚案件的办理，也没有值班律师的参与。如表3-2所示，在东部大城市G市B区人民检察院2020年和2021年办理的认罪认罚案件中，分别有8.15%和6.57%的犯罪嫌疑人没有获得律师的法律帮助。在完全没有律师参与的情况下，被追诉人认罪认罚的自愿性不可能得到保障。

4. 效率优先的价值追求导致司法机关放松了对自愿性、真实性的审查和保障职责

认罪认罚从宽制度在程序设计上就存在司法效率优先的价值取向，司法实践中也普遍存在片面追求司法效率的倾向。[2]例如，检察机关脱离现实保障条件，过度追求认罪认罚从宽制度的适用率、确定量刑建议提出率和量刑建议采纳率，压制认罪认罚被告人上诉率，并且通过严格的考核指标，把这种追求落实到具体案件的办理之中。在这些考核指标的引导下，一线检察官一方面尽快促成被追诉人认罪认罚，另一方面严防被追诉人反悔。告知诉讼权利不全面、听取意见不充分、选择性证据开示、释法说理不到位等现象，主要是片面追求司法效率的价值导向所致；针对认罪认罚被告人上诉提出"跟进式抗诉"甚至"报复性抗诉"，也是基于压制被告人上诉、发挥"抗诉一案、警示一片"作用的目的。[3]法院适

---

〔1〕 涂琼：《全区检察机关适用认罪认罚从宽制度工作取得良好成效》，载《拉萨日报》2021年10月5日，第2版。

〔2〕 详见本书第一章的分析。

〔3〕 例如，安徽省马鞍山市人民检察院在专题报告中指出："对认罪认罚后无正当理由上诉的犯罪嫌疑人依法进行抗诉，严厉打击虚假认罪认罚行为，维护司法权威。2019年至今，对认罪认罚后又反悔上诉的被告人提出抗诉47件，其中花山区院提抗的胡金林盗窃案被依法改判，发挥了'抗诉一案、警示一片'的作用，促进认罪认罚从宽制度良性运行。"参见《马鞍山市人民检察院关于落实认罪认罚从宽制度工作情况的报告（2021年）》，载 http://www.maanshan.jcy.gov.cn/jwgk/gzbg/202304/t20230421_ 4103320.shtml，最后访问日期：2024年5月28日。时任最高人民检察院检察长张军认为，只要被追诉人签署了认罪认罚具结书后反悔了，不管是"对认罪的不认，还是对量刑建议反悔"，都属于检察机关"应当抗诉"的范围，但抗诉的目的是"减少无谓的上诉"。参见张军、姜伟、田文昌：《认罪认罚从宽制度控辩审"三人谈"》，载陈国庆主编：《认罪认罚从宽制度司法适用指南》，中国检察出版社2020年版，第47页。

用速裁程序、简易程序审理认罪认罚案件时，本身就受到法定审理期限的约束，加之"一般应当采纳"原则的要求、检法沟通配合机制的存在、法院案多人少的矛盾等因素，"在判断是否自愿认罪认罚时，往往采用'无异议'代替'自愿性'标准，导致自愿性审查程序实际上演变为是否'有异议'的确认程序"[1]，庭审对认罪认罚自愿性以及认罪认罚具结书的审查普遍沦为过场。只要这种片面追求司法效率的不良倾向不能通过程序制度和考核机制的调整予以遏制，检察机关和法院对被追诉人认罪认罚自愿性、真实性的审查尤其是庭审所作的司法审查，很难达到"实质化"的程度，不足以保障被追诉人认罪认罚的自愿性、真实性。

四、被追诉人认罪认罚自愿性保障的完善

自认罪认罚从宽制度试点和实施以来，学界对被追诉人认罪认罚自愿性保障不足的问题持续关注，提出了大量的合理建议，其中不少建议都着眼于制度的进一步完善，需要通过修改立法才能落实。[2]应当承认，被追诉人认罪认罚自愿性保障不足，突出暴露了我国既有刑事正当程序建设的滞后以及认罪认罚从宽制度顶层设计对制度运行的系统性和配套条件考虑不周。然而应当清醒地认识到，这一制度实施过程中出现的问题涉及面广、争议大，不可能通过立法一次性解决，其中有些问题属于"执行"层面的问题，也不需要运用修改立法的手段。根据我们的调研和思考，应当以有效保障被追诉人认罪认罚的自愿性、增强认罪认罚从宽制度的正当性为中心，根据问题的不同性质和类型，遵循渐进主义的思路，从解释论路径到立法论路径逐步解决。

（一）解释论路径

解释论路径，是指在不改变现有法律规定的前提下，通过完善相关司法解释和办案机制，不断加强对被追诉人认罪认罚自愿性的保障。主要措施包括但不限于以下五个方面。

---

〔1〕 施珠妹、郭航：《认罪认罚自愿性保障的实证考察》，载《净月学刊》2018 年第 2 期，第 27 页；孙长永、郭航：《被追诉人认罪认罚自愿性再审视》，载《河南社会科学》2024 年第 1 期，第 57 页。

〔2〕 参见史立梅：《认罪认罚从宽程序中的潜在风险及其防范》，载《当代法学》2017 年第 5 期，第 122-128 页；马明亮、张宏宇：《认罪认罚从宽制度中被追诉人反悔问题研究》，载《中国人民公安大学学报（社会科学版）》2018 年第 4 期，第 997-998 页；郭烁：《认罪认罚背景下屈从自愿的防范——以确立供述失权规则为例》，载《法商研究》2020 年第 6 期，第 131-135 页；汪海燕：《被追诉人认罪认罚的撤回》，载《法学研究》2020 年第 5 期，第 184-186 页；朱孝清：《认罪认罚从宽制度相关制度机制的完善》，载《中国刑事法杂志》2020 年第 4 期，第 3-14 页；龙宗智：《完善认罪认罚从宽制度的关键是控辩平衡》，载《环球法律评论》2020 年第 2 期，第 18-22 页；孙长永：《认罪认罚从宽制度实施中的五个矛盾及其化解》，载《政治与法律》2021 年第 1 期，第 14-19 页；王迎龙：《认罪认罚自愿性困境实证研究》，载《环球法律评论》2023 年第 6 期，第 162 页。

1. 细化告知程序，充分保障被追诉人的知情权

具体包括：（1）进一步规范侦查讯问程序，确保侦查人员在第一次讯问时以通俗、准确的语言告知犯罪嫌疑人依法享有的诉讼权利（包括随时约见值班律师的权利）和认罪认罚的法律规定。（2）进一步规范审查起诉阶段检察人员听取犯罪嫌疑人意见的程序，检察人员除应告知犯罪嫌疑人依法享有的诉讼权利和认罪认罚的一般法律规定以外，还应结合具体案件告知犯罪嫌疑人其涉嫌犯罪的事实、罪名、证明其犯罪的主要证据、该罪适用的法律规定以及认罪认罚的法律后果、从宽处罚的建议等；其中证据开示应当采用书面摘要清单与口头告知相结合的方式，确保犯罪嫌疑人充分了解案件的基本事实、主要证据和认罪认罚与不认罪认罚的不同法律后果；对检察人员告知权利和听取意见的过程中应当全程同步录音录像，并在提起公诉时随案移送至法院。（3）进一步规范审判人员的权利告知程序，审判人员对被告人的权利告知除以书面形式在庭前送达以外，还应在公开法庭上口头告知；告知内容应当覆盖检察人员的告知内容，在此基础上，还应当告知被告人有权对案件事实、证据和法律适用发表辩护意见，有权撤回认罪认罚具结，但否认主要犯罪事实或者撤回具结后即不再享有从宽处罚的利益，公诉机关可以调整量刑建议，确保被告人真正理解认罪认罚的性质和法律后果。

2. 充分发挥律师在保障被追诉人认罪认罚自愿性方面的作用

在相当长的时间内，值班律师将继续是认罪认罚的被追诉人获得法律帮助的主要来源。当务之急是在全面落实法律援助辩护制度的同时，努力实现值班律师"法律帮助的实质化"，充分发挥律师在保障被追诉人认罪认罚自愿性方面的作用。为此，应当明确值班律师的"权、责、利"，完善值班律师法律帮助有效性的标准。

第一，严格落实《刑事诉讼法》规定的犯罪嫌疑人约见值班律师的权利以及《认罪认罚指导意见》规定的值班律师的会见权和阅卷权，让值班律师有充分的条件了解案件事实和证据等情况，确保其有提供有效法律帮助的基础条件。

第二，严格落实2020年《值班律师办法》第6条规定的值班律师职责，并把值班律师履职情况作为判断其法律帮助有效性以及支付相应报酬的基本依据。对于没有单独会见犯罪嫌疑人、没有阅卷以及没有就《刑事诉讼法》第173条规定的事项向犯罪嫌疑人提供咨询意见的值班律师，应当予以相应纪律处分和经济制裁。

第三，应当根据值班律师参与案件的复杂程度、履行职责情况以及犯罪嫌疑人的评价等，给予其有充分激励作用的报酬，原则上不得低于当地法律援助辩护律师的平均报酬。废止目前简单地以服务人数"计件"付酬的做法。

第四，对于愿意认罪认罚而又没有辩护人的被追诉人，应当把值班律师的法律帮助作为其签署认罪认罚具结书的前置必经程序，不能仅仅在签署认罪认罚具结书时才让值班律师到场，更不允许事后补签具结书，否则应当以办案程序违法为由追究相关办案人员的责任。

3. 规范量刑协商程序

首先，量刑协商不应由检察官与犯罪嫌疑人直接进行，应当在检察官、辩护律师或值班律师和犯罪嫌疑人三方在场的情况下进行，以提高量刑协商的透明度和公信力，确保最终提出的量刑建议公平、公正。

其次，量刑协商只能在控辩双方之间进行，法官不得以任何形式参与量刑协商。即使到了审判阶段，法官认为量刑建议明显不当并通知检察官调整的，法官也只能提供一个调整的方向，由检察官与被告人在律师协助下进行重新协商，而不应当直接给出具体的量刑建议，然后让检察官说服被告人接受。

最后，量刑协商时，检察官应当充分听取被追诉人及其律师的意见，并保证被追诉人与其律师之间就量刑建议进行考虑所必要的时间（至少不短于72小时）；如果被追诉人的辩解或者律师的意见确有道理，应当依据事实和法律作出必要的调整；不得以从重处罚威胁被追诉人必须接受某一确定的量刑建议，更不得要求被追诉人在签署具结书后放弃上诉权。如果被追诉人表示愿意接受处罚，只是不接受检察官提出的确定刑量刑建议的，检察官仍然应当移送相关的记录或录音录像，以便法院全面审查被追诉人认罪认罚的自愿性和真实性，依法作出公正的量刑判决。

4. 强化法院自愿性审查程序

认罪认罚案件的自愿性审查程序分为庭前和庭上两个阶段。对于适用速裁程序审理的案件而言，法官对被告人认罪认罚自愿性的审查应当以庭前审查为主、法庭上的审理为辅，因为适用速裁程序的前提条件包括"案件事实清楚，证据确实、充分""被告人认罪认罚并同意适用速裁程序"等，庭审过程中"一般不进行法庭调查、法庭辩论"，因此法官应当在庭审前对检察机关的案卷材料，包括审查起诉阶段听取被追诉人及其律师意见的笔录、量刑协商同步录音录像、认罪认罚具结书、讯问笔录、和解（调解）协议书、谅解书、律师提交的法律意见书等进行全面、细致的审查，对认罪认罚的自愿性、真实性以及适用速裁程序的合法性没有疑问的，才能适用速裁程序进行审理；同时，在庭审过程中，要在告知相关权利之后，围绕被告人是否认可指控的犯罪事实、罪名和量刑建议，是否自愿签署的具结书，是否在辩护律师或值班律师提供法律帮助并见证之下签署的具结书，是否同意适用速裁程序等事项逐一询问被告人，确保其认罪认罚的自愿性、真实性。

适用简易程序审理的认罪认罚案件，原则上参照上述程序办理，因为适用简易程序的事实、证据条件与速裁程序是基本相同的。[1]但是，在由合议庭适用简易程序审理的认罪认罚案件中，不得省略法庭调查和法庭辩论程序，以便合议庭对被告人认罪认罚的自愿性、真实性、合法性进行集体审查把关，避免审判长以庭前阅卷形成的个人认知代替合议庭的集体判断。

适用普通程序审理的认罪认罚案件，对被告人认罪认罚的自愿性审查，应当以庭审为主、庭前阅卷为辅，并建立相对独立的自愿性审查程序，由审判人员在公开法庭上通过讯问被告人、询问辩护人和公诉人等方式，对被告人认罪认罚的自愿性进行审查，并核实具结书签署的真实性与合法性。[2]需要强调的是，法官应当对被告人审前供述的自愿性、承认指控事实的自愿性以及认罚的自愿性进行全面审查，特别是要从供述过程、检察人员听取意见和量刑协商过程、律师帮助过程等方面，对可能出现违背意愿认罪认罚的情形进行仔细、认真的审查，不能以对认罪认罚真实性的审查代替认罪认罚自愿性的审查，更不能满足于仅仅对认罪认罚具结书的形式合法性进行审查。此外，对共同犯罪案件，原则上禁止以部分被告人认罪认罚而进行分案审理，禁止把分案审理的认罪认罚案件判决书作为认定不认罪认罚的共犯有罪的证据使用。[3]

建议最高人民法院通过司法解释就适用不同程序审理的认罪认罚案件，针对被告人认罪认罚自愿性的审查规则作出更加明确、可操作的规定，以便尽快扭转认罪认罚自愿性审查形式化的局面。

5. 改变"捕诉一体"办案机制，持续优化相关业务考评指标体系，防止片面追求司法效率而冲击对认罪认罚自愿性的保障

检察机关实行"捕诉一体"的办案机制，对于强化侦诉协作、提高侦查取证的质量，具有一定的积极意义。然而，"捕诉一体"办案机制把逮捕和起诉的权力集中在同一检察官手中，不仅扭曲了逮捕的性质，进一步恶化了被逮捕人的弱势地位，在认罪认罚从宽制度下还带来逮捕羁押手段"筹码化"的问题，严重损害被追诉人认罪认罚的自愿性，因而受到学界主流意见的一致批判。[4]在法律关

---

〔1〕　参见《刑事诉讼法》第 214 条和第 222 条的规定。

〔2〕　详见本书第六章的阐述。

〔3〕　参见龙宗智：《完善认罪认罚从宽制度的关键是控辩平衡》，载《环球法律评论》2020 年第 2 期，第 22 页。

〔4〕　参见陈瑞华：《异哉，所谓"捕诉合一"者》，载微信公众号"中国法律评论"，2018 年 5 月 29 日；龙宗智：《检察机关内部机构及功能设置研究》，载《法学家》2018 年第 1 期，第 149 页；谢小剑：《检察机关"捕诉合一"改革质疑》，载《东方法学》2018 年第 6 期，第 102 页；孙长永：《"捕诉合一"的域外实践及其启示》，载《环球法律评论》2019 年第 5 期，第 27 页；魏晓娜：《从"捕诉一体"到"侦诉一体"：中国侦查控制路径之转型》，载《政治与法律》2021 年第 10 期，第 157 页。

于逮捕权的配置规定没有变化的前提下，建议最高人民检察院恢复原有的审查逮捕与审查起诉相对分离的办案机制，将逮捕羁押措施的适用严格限制在防止被追诉人妨碍、逃避刑事诉讼或者继续犯罪的限度以内，禁止以羁押手段威胁被追诉人认罪认罚，逐步改变把逮捕羁押手段作为追诉工具使用的陋习。

从业绩考评方面看，最高人民检察院先后于 2019 年、2020 年和 2021 年对认罪认罚从宽制度的适用率、确定刑量刑建议的提出率、量刑建议的采纳率等提出过严格的考核指标，给地方检察机关施加了很大的办案压力，导致一些基层检察院出现了过度追求适用率、采纳率而轻视办案质量的现象，有的地方甚至连值班律师的"见证"都保障不了也要强推认罪认罚从宽制度。这也是被追诉人认罪认罚自愿性难以得到保障的重要原因之一。2023 年以来，检察系统两次修订《检察机关案件质量主要评价指标》，[1] 评价指标由最初的 87 项逐步精减为 38 项，通报指标也由原来的 14 项减至 6 项。新的评价指标体系坚持系统观念、体系思维，注重全面评价、整体评价、组合评价、实绩评价，体现了新一届最高人民检察院领导班子"不被数据所困，不为考核所累"以及"高质效办好每一个案件"的检察工作理念。但从捕诉业务的相关指标来看，关于认罪认罚从宽制度适用率、确定刑量刑建议采纳率的要求（85%）等，仍然明显偏高，需要进一步优化。

（二）立法论路径

从长远角度看，要充分保障被追诉人认罪认罚的自愿性，必须对认罪认罚从宽制度本身进行不断完善，同时加强刑事正当程序建设，确保被追诉人能够在正当法律程序保障下获得公正的审判，使被追诉人能够从侦查阶段起就在明知、明智的状态下自主决定是否认罪、是否认罚，并且可以依法反悔。主要措施包括以下内容。

1. 废止"供述义务"，确立供述自愿性规则

"供述义务"是我国现行刑事司法过程中的顽瘴痼疾，它从根本上否定了被追诉人认罪认罚的自愿性以及被追诉人面向国家专门机关时的诉讼主体地位，与现代正当程序原则格格不入。[2] 只有废除供述义务，明确不被强迫自证其罪的权利，才能铲除强制取供机制的制度基础，从而倒逼侦查机关客观全面地收集口供

---

〔1〕 徐日丹、常璐倩：《科学设置案件质量评价指标 引导高质效办好每一个案件——最高检印发修订后的〈检察机关案件质量主要评价指标〉》，载《检察日报》2023 年 4 月 3 日，第 1 版；常璐倩：《最高检对〈检察机关案件质量主要评价指标〉再修订》，载《检察日报》2024 年 1 月 17 日，第 1 版。

〔2〕 我国政府 1998 年 10 月签署的《公民权利与政治权利国际公约》第 14 条第 3 款明确规定："在判定对他提出的任何刑事指控时，人人完全平等地有资格享受以下的最低限度的保证：……（庚）不被强迫作不利于他自己的证言或强迫承认犯罪。"

以外的证据，从源头上防止冤假错案的发生。

废除供述义务之后，应当相应地确立供述自愿性规则。据此，排除非法供述的范围将不仅限于采用刑讯逼供、暴力威胁、非法拘禁等方法收集的有罪供述，凡是违背被追诉人自由意志的供述以及严重侵害其辩护权所获得的供述，包括以法律不允许的措施进行威胁、以没有法律依据的利益相引诱所获得的有罪供述，采用疲劳审讯、欺骗、催眠、服用药物等方法获得的有罪供述，以及非法限制律师会见期间所获得的有罪供述，一律应予排除，不得作为提请逮捕、移送起诉、提起公诉和有罪判决的根据。与此相应地，侦查、检察、审判人员在讯问被追诉人时，应当告知其有不被强迫自证其罪的权利，不需要违背自己的意愿作出任何陈述，但其陈述如果属实，可以用作证据。只有这样，才能统一有罪供述的自愿性、狭义的认罪自愿性与认罚自愿性的判断标准，切实维护被追诉人的人格尊严，增强认罪认罚从宽制度的正当性。

2. 加强对羁押性讯问的法律规制，严格控制羁押措施的适用

现代侦查讯问程序的重点是控制羁押性讯问，核心是保障被追诉人的意志自由，贯彻供述自愿性规则，防止因非自愿供述和违反法定程序获得供述损害程序公正，甚至造成冤假错案。各国普遍赋予犯罪嫌疑人沉默权、律师在场权，并要求讯问人员告知指控的性质和诉讼权利，严禁损害犯罪嫌疑人意志自由的讯问方法，要求对讯问过程进行同步录音或录像，同时将强制到案与羁押候审措施相分离，严格限制侦查机关控制犯罪嫌疑人人身自由的时间，对羁押措施实行司法令状原则和司法救济原则等，都是防止公权力滥用、保障犯罪嫌疑人人格尊严和主体地位的有效措施。自2012年以来，我国对侦查讯问本身进行了较为严格的限制，如禁止非法讯问、要求对被羁押人原则上只能在看守所讯问、对讯问过程进行全程同步录音或录像、严格排除非法讯问所收集的有罪供述等，但对刑事拘留、逮捕等羁押手段仍然采取了行政审批、侦押合一、"原告抓被告""抓人不讲理"等做法，以至于侦查、检察机关拥有长时间直接控制犯罪嫌疑人的绝对权力。检察机关实行"捕诉一体"办案机制，进一步强化了逮捕羁押手段的"追诉"性质，被追诉人在整个刑事诉讼过程中事实上被侦查、检察机关所控制，很难自愿认罪认罚。从发展方向上看，一方面需要对刑事拘留、逮捕等羁押措施的适用确立司法审查和司法救济原则，把侦查人员能够不经外界批准控制犯罪嫌疑人的时间压缩到48小时以内，并进一步降低审前羁押率，使审前羁押成为一种例外的强制候审措施；另一方面需要对羁押性讯问的程序进行更加严格的规范，如强化讯问前的权利告知、严格限制讯问的持续时间、原则上禁止夜间讯问，明确规定对在押犯罪嫌疑人、被告人的讯问必须有辩护律师或值班律师在场，在提起公诉以

后非经被告人书面同意并有辩护律师在场，侦查、检察人员不得继续讯问被告人。只有这样，才能为被追诉人自愿认罪认罚创造符合正当程序要求的基础条件。

3. 进一步完善法律援助辩护制度，保障所有被追诉人获得及时、平等、有效的律师辩护

根据国际刑事司法准则，政府有责任保障被追诉人获得及时、平等、有效的律师辩护。第八届联合国预防犯罪和罪犯待遇大会1990年9月7日通过的《关于律师作用的基本原则》规定："2. 各国政府应确保向在其境内并受其管辖的所有的人，……提供关于平等有效地获得律师协助的迅捷有效的程序和机制……7. 各国政府还应确保，被逮捕或拘留的所有的人，不论是否受到刑事指控，均应迅速得到机会与一名律师联系，不管在何种情况下至迟不得超过自逮捕或拘留之时起的四十八小时。8. 遭逮捕、拘留或监禁的所有的人应有充分机会、时间和便利条件，毫无迟延地、在不被窃听、不经检查和完全保密情况下接受律师来访和与律师联系协商。"联合国大会2013年通过的《关于在刑事司法系统中获得法律援助机会的原则和准则》第20条和第23条分别规定："国家应当确保，被拘留者、被逮捕者、涉嫌或被控可处以徒刑或死刑的刑事犯罪者在刑事司法程序各阶段均有权得到法律援助"，"警察、检察官和法官有责任确保向无力聘请律师和（或）境况脆弱的受其审问者提供获得法律援助的机会"。

我国法律援助辩护制度虽经多次修法完善，但其范围仍然较为有限，特别是在审前阶段，80%以上的被追诉人无法获得辩护律师的帮助；在监察机关调查阶段，被调查人甚至连值班律师的法律帮助也无法获得，这与中国式现代化进程中加强人权司法保障的现实要求不符。从保障被追诉人认罪认罚自愿性的需要来看，我国有必要进一步完善法律援助辩护制度，努力实现刑事案件律师辩护全覆盖，并确保法律援助辩护律师提供有效辩护。

首先，应当将法律援助辩护的范围扩大到所有因刑事拘留、逮捕、指定居所监视居住、监察留置而剥夺人身自由（以下简称被剥夺人身自由）的犯罪嫌疑人、被调查人，切实改变目前审前阶段犯罪嫌疑人、被调查人孤立无援的状态。

其次，对于被剥夺人身自由的犯罪嫌疑人、被调查人，除本人自愿放弃律师在场权以及法律明确列举的例外情形，没有辩护律师在场，侦查、调查、检察人员不得进行讯问，侦查、调查、检察人员讯问前告知认罪认罚的法律规定时，应当一并解释从宽处理的"裁量"性质，使犯罪嫌疑人或被调查人明确认识到即使认罪认罚也可能无法获得从宽处理，否则所获得的有罪供述除非完全合法，且被追诉人事后同意，不得作为指控和认定其犯罪的证据。

再次，赋予辩护律师在侦查阶段查阅、摘抄、复制提请批准逮捕书及其所依

据的讯问笔录、技术性鉴定材料等证据的权利以及调查取证权，并将听取犯罪嫌疑人及其辩护律师意见作为批准逮捕的必经程序，从而打破审查逮捕程序的封闭性；除经中立的司法官根据侦查机关申请批准予以短时间限制的情形以外，辩护律师在侦查、调查期间与被剥夺人身自由的犯罪嫌疑人、被调查人会见交流不受限制。侵害被剥夺人身自由的犯罪嫌疑人、被调查人律师会见权期间所获得的有罪供述，应予排除。

最后，对于被剥夺人身自由的犯罪嫌疑人，检察机关在审查起诉阶段必须听取其辩护律师的意见；量刑协商应当由检察官在辩护律师在场的情况下与犯罪嫌疑人进行；签署认罪认罚具结书之时也必须有辩护律师在场，不宜仅仅由值班律师提供法律帮助。在审判阶段，所有被继续剥夺人身自由的被告人，不论适用何种程序进行审判，必须有辩护律师出庭辩护。

总之，不论被追诉人、被调查人是否认罪认罚，只要其人身自由被剥夺了，就应在讯问、听取意见、量刑协商、认罪认罚具结、法庭审判等程序中实行强制辩护制度。如果被追诉人、被调查人没有委托辩护人，应当由办案机关通知法律援助机构指派律师为其辩护；对侵害律师辩护权的行为，必须提供公平的司法救济。只有借助于辩护律师的及时、有效辩护，才能促进控辩平衡，为被追诉人、被调查人自愿认罪认罚提供稳定、可靠、专业的法律支持。

4. 充分保障被追诉人认罪认罚后的反悔权和期待利益

被追诉人认罪认罚后反悔，是认罪认罚自愿性中自主选择性的重要组成部分。目前《认罪认罚指导意见》虽然允许被追诉人在审查起诉阶段反悔，但没有体现"不得强迫任何人证实自己有罪"的权利性质。未来的立法中，应当明确规定，凡是在认罪认罚协商中所作的有罪供述以及被追诉人、被调查人基于对办案人员的合理信赖所作的有罪供述，如果最终没有兑现从宽处理的承诺或法律规定，或者被追诉人无法接受检察机关提出的量刑建议，除非被追诉人书面表示同意，不得作为指控或认定其有罪的证据使用；审查起诉阶段或者在一审庭审中认罪认罚的被追诉人对量刑判决的上诉权不受影响；禁止检察机关针对认罪认罚被告人的上诉提出抗诉。为了保障被追诉人自愿认罪认罚后所合理期待的从宽处罚利益，禁止检察机关在一审判决采纳其量刑建议后又提出要求加重处罚的二审抗诉和再审抗诉；禁止法院在认罪认罚案件判决生效后主动启动不利于原审被告人的再审，并改判加刑。

此外需要指出的是，要从根本上保障被追诉人认罪认罚的自愿性、真实性，进而保证从宽处理的合法性、公平性，还应当根据刑事诉讼规律和我国国情，对认罪认罚从宽制度的运行环境进行改造，其中最重要的措施是深入推进以审判为中心的刑事诉讼制度改革，努力提升刑事程序的正当化水平。[1]只有当所有刑事案件的被追诉人能够平等地获得公正审判的机会时，被追诉人才能拥有坚持无罪辩护、拒绝检方量刑建议的底气，其认罪认罚的自愿性才有可能得到稳定可靠的制度保障。

---

[1] 参见孙长永：《认罪认罚从宽制度实施中的五个矛盾及其化解》，载《政治与法律》2021年第1期，第14页。

第四章
认罪认罚案件的证明标准

根据我国《刑事诉讼法》的规定和学界通说，刑事案件侦查终结、提起公诉和有罪判决的证明标准相同，都要求达到"案件事实清楚，证据确实、充分"的标准。然而，自刑事案件速裁程序试点以来，法学界和法律实务界围绕速裁案件是否降低证明标准的问题存在激烈的争论。在认罪认罚从宽制度试点以及全面实施以后，争论的话题转化为认罪认罚案件是否需要降低证明标准。从实践情况看，在认罪认罚从宽制度的试点以及全面实施过程中，均存在认罪认罚案件的定罪证明标准被放松的情况，对此应当引起高度警惕。

由于证明标准涉及刑事案件事实认定的准确性，如何准确理解和适用证明标准，不仅直接关系到认罪认罚案件的办理质效，还关系到认罪认罚从宽制度的价值取向和未来走向，进而波及证据裁判原则、罪责刑相适应原则等刑事法基本原则的贯彻落实。在认罪认罚从宽制度的适用率已经稳定地居于90%左右的条件下，认真研究认罪认罚案件证明标准的法律规范与实践动向，并对美国答辩交易制度下有罪答辩的事实基础问题和德国认罪协商制度下证明标准的立法和实践进行比较法考察，有助于消弭理论上和实践中的认识分歧，从尊重诉讼规律与立足中国国情相结合的高度，进一步推动认罪认罚从宽制度乃至整个刑事诉讼制度的持续完善和公正实施。

一、认罪认罚案件证明标准的规范分析

（一）速裁程序和认罪认罚从宽制度试点中对证明标准的把握

2012年《刑事诉讼法》第53条规定："对一切案件的判处都要重证据，重调查研究，不轻信口供。只有被告人供述，没有其他证据的，不能认定被告人有罪和处以刑罚；没有被告人供述，证据确实、充分的，可以认定被告人有罪和处以刑罚。证据确实、充分，应当符合以下条件：（一）定罪量刑的事实都有证据证明；（二）据以定案的证据均经法定程序查证属实；（三）综合全案证据，对所认定事实已排除合理怀疑。"第160条规定："公安机关侦查终结的案件，应当做到

犯罪事实清楚，证据确实、充分，并且写出起诉意见书，连同案卷材料、证据一并移送同级人民检察院审查决定；同时将案件移送情况告知犯罪嫌疑人及其辩护律师。"第 172 条规定："人民检察院认为犯罪嫌疑人的犯罪事实已经查清，证据确实、充分，依法应当追究刑事责任的，应当作出起诉决定，按照审判管辖的规定，向人民法院提起公诉，并将案卷材料、证据移送人民法院。"第 195 条规定："在被告人最后陈述后，审判长宣布休庭，合议庭进行评议，根据已经查明的事实、证据和有关的法律规定，分别作出以下判决：（一）案件事实清楚，证据确实、充分，依据法律认定被告人有罪的，应当作出有罪判决；（二）依据法律认定被告人无罪的，应当作出无罪判决；（三）证据不足，不能认定被告人有罪的，应当作出证据不足、指控的犯罪不能成立的无罪判决。"根据上述规定，立法者认为"证据确实、充分"是我国刑事诉讼法对侦查机关侦查终结移送起诉、检察机关提起公诉的要求，"也是审判程序中人民检察院完成被告人有罪的举证责任，人民法院判决被告人有罪的证明标准"。[1]法学界通说也认为，"案件事实清楚，证据确实、充分"即为我国刑事案件的证明标准。[2]尽管法学界长期以来就存在"证明标准层次性"的讨论[3]，但并未对立法、司法解释和实践带来变化。

然而，2014 年开展刑事案件速裁程序试点以后，实务部门迅速提出了降低证明标准的诉求，并得到了学界的响应。天津市高级人民法院在《关于刑事案件速裁程序试点工作的调研报告》中率先提出了"适度放宽证明标准"的建议，认为"对于被告人认罪的简单、轻微刑事案件来说，没有必要与重大复杂案件适用完全相同的证明标准。适度放宽证明标准，适度减轻检察机关的举证责任、审判机关的认证责任，才能实质性地减轻基层法官、检察官的工作负担，提高速裁程序的适用率"。[4]但该调研报告并未明确"适度放宽"后的具体标准是什么。学界很

〔1〕 郎胜主编：《中华人民共和国刑事诉讼法释义》，法律出版社 2012 年版，第 114 页。
〔2〕 参见陈光中主编：《刑事诉讼法》，北京大学出版社、高等教育出版社 2016 年版，第 182 页；陈卫东主编：《刑事诉讼法学》，高等教育出版社 2017 年版，第 195 页；龙宗智、杨建广主编：《刑事诉讼法》，高等教育出版社 2016 年版，第 142 页；孙长永主编：《刑事诉讼法学》，法律出版社 2016 年版，第 230 页；樊崇义主编：《证据法学》，法律出版社 2012 年版，第 350-351 页；李玉华等：《诉讼证明标准研究》，中国政法大学出版社 2010 年版，第 120 页。
〔3〕 参见李学宽、汪海燕、张小玲：《论刑事证明标准及其层次性》，载《中国法学》2001 年第 5 期，第 125 页；陈光中：《构建层次性的刑事证明标准》，载陈光中、江伟主编：《诉讼法论丛》（第 7 卷），法律出版社 2002 年版，第 16 页；王圣扬：《刑事证明标准的层次性论略》，载《政治与法律》2003 年第 5 期，第 54 页；聂立泽、苑民丽：《主客观相统一原则与刑事证明标准的层次性研究》，载《法学评论》2011 年第 2 期，第 39 页。
〔4〕 张勇等：《推进刑案速裁 促进繁简分流——天津高院关于刑事案件速裁程序试点工作的调研报告》，载《人民法院报》2015 年 9 月 24 日，第 8 版。

快对此作出了响应。有学者提出，"对适用速裁程序的案件，可以适当降低证明标准，采取'基本事实清楚、基本证据充分'证明标准。……只要涉及定罪量刑的核心证据、重要证据能够排除合理怀疑即可"。[1]"这种证明标准的降低，可以看作是被告人基于诉权处分权对自己权利的一种让渡和对检察官证明义务的主动降低，并无损害程序公正和案件客观真实之可能，相反却是适应轻罪案件审判需要和提高诉讼效率的必由之路。"[2]2015 年 12 月，最高人民法院、最高人民检察院、公安部、司法部联合发布的《刑事案件速裁程序试点工作座谈会纪要（二）》（以下简称《座谈会纪要（二）》）第 7 条明确要求："准确把握证明标准。被告人自愿认罪，有关键证据证明被告人实施了指控的犯罪行为的，可以认定被告人有罪。对于量刑事实的认定，采取有利于被告人原则。"此处虽然强调"准确把握证明标准"，但并未使用"案件事实清楚，证据确实、充分"的表述或者对该表述作出具体解释，而使用了"被告人自愿认罪，有关键证据证明被告人实施了指控的犯罪行为的，可以认定被告人有罪"的说法，在强调效率优先的速裁程序试点背景下，这实际上相当于告知地方司法机关：对速裁案件可以降低证明标准。实证调研表明，在速裁程序试点期间，适用速裁程序审判的刑事案件事实上适用了低于法律所规定的证明标准。[3]在 2016 年由中国政法大学课题组就刑事速裁程序试点效果所进行的问卷调查中，高达 73% 的法官、68% 的检察官、86% 的警察都对在刑事速裁程序中降低证明标准问题持赞同态度。[4]

关于速裁案件证明标准的上述观点对随后开展的认罪认罚从宽制度试点工作产生了重要影响。2016 年 1 月召开的中央政法工作会议在部署推进以审判为中心的诉讼制度改革时提出，在完善证据制度方面，"要坚持从我国社会主义初级阶段基本国情出发，把握好惩治犯罪和保障人权的平衡，既不人为降低证明标准，造成对当事人合法权利保障不力，又不脱离实际盲目提高证明标准，影响打击犯罪的力度和效果。研究探索对被告人认罪与否、罪行轻重、案情难易等不同类型案件，实行差异化证明标准"。[5]此处所谓"对被告人认罪与否、罪行轻重、案情难易等不同类型案件，实行差异化证明标准"的要求，显然意味着对被告人认罪

---

〔1〕 廖大刚、白云飞：《刑事案件速裁程序试点运行现状实证分析——以 T 市八家试点法院为研究样本》，载《法律适用》2015 年第 12 期，第 27 页。

〔2〕 汪建成：《以效率为价值导向的刑事速裁程序论纲》，载《政法论坛》2016 年第 1 期，第 121 页。

〔3〕 参见高通：《刑事速裁程序证明标准研究》，载《法学论坛》2017 年第 2 期，第 115 页；孙长永：《认罪认罚案件的证明标准》，载《法学研究》2018 年第 1 期，第 168 页。

〔4〕 参见陈瑞华：《认罪认罚从宽制度的若干争议问题》，载《中国法学》2017 年第 1 期，第 40 页。

〔5〕 参见李阳：《攻坚之年看司改风向标——聚集中央政法工作会议》，载《人民法院报》2016 年 1 月 23 日，第 2 版。

的轻微刑事案件，可以适用较低的证明标准。2016 年 11 月最高人民法院、最高人民检察院、公安部、国家安全部、司法部印发《认罪认罚试点办法》第 4 条虽然把"坚持证据裁判"作为办理认罪认罚案件应当坚持的原则之一，要求"依照法律规定收集、固定、审查和认定证据"，但未明确要求不得降低法定的证明标准。时任最高人民检察院副检察长孙谦在 2016 年 11 月 28 日召开的检察机关刑事案件认罪认罚从宽试点工作部署会议上的讲话中指出："我国刑事诉讼法对侦查机关侦查终结、人民检察院提起公诉、人民法院作出有罪判决规定了同一的证明标准，这一法定证明标准适用于所有刑事案件，包括认罪认罚案件。推动认罪认罚从宽制度改革，并未降低证明犯罪的标准，而是在坚持法定证明标准的基础上，力图更加科学地构建从宽的评价机制，特别是在程序上作出相应简化，以更好地实现公正与效率的统一。因此，办理认罪认罚案件，仍须按照法定证明标准，依法全面收集固定证据、全面审查案件，虽然犯罪嫌疑人认罪，但没有其他证据，或者认为'事实不清、证据不足'的，应当坚持'疑罪从无'原则，依法作出不起诉。"[1]

然而，试点地区政法机关根据《认罪认罚试点办法》制定的实施细则，在认罪认罚案件的证明标准问题上，大多作出了低于法定标准的规定，有的规定为"主要犯罪事实清楚，主要证据确实、充分"，有的规定为"犯罪构成要件事实清楚，排除合理怀疑"，有的则明确规定"在速裁程序和简易程序中降低法定的证明标准"。[2]有实务部门对试点情况进行调研后明确提出："我国在完善认罪认罚从宽制度时，适用放宽的证明标准将成为大的趋势，具体来说，法院在审查认罪认罚案件时，应确保被告人认罪的控辩双方达成合意（控辩双方无异议）的犯罪事实清楚，并有相应的证据支持。"[3]

（二）2018 年《刑事诉讼法》关于认罪认罚案件证明标准的规定

2018 年修正的《刑事诉讼法》将"认罪认罚从宽处理"确立为刑事诉讼的一项基本原则，并对侦查讯问程序、审查逮捕的内容、审查起诉程序和审判程序等作出了系统的修改完善，还增设了值班律师制度。但新法对于刑事案件侦查终结、提起公诉和有罪判决的证明标准并未作出任何修改[4]，也没有专门针对认罪认

---

[1] 孙谦：《"刑事案件认罪认罚从宽制度"试点工作这九大问题要注意》，载微信公众号"国家公诉"，2017 年 2 月 8 日。

[2] 参见孙长永：《认罪认罚案件的证明标准》，载《法学研究》2018 年第 1 期，第 170-171 页。

[3] 山东省高级人民法院刑三庭课题组：《关于完善刑事诉讼中认罪认罚从宽制度的调研报告》，载《山东审判》2016 年第 3 期，第 102 页。

[4] 参见《刑事诉讼法》第 55 条、第 162 条、第 176 条和第 200 条。

罚案件规定不同的证明标准。相反，新增《刑事诉讼法》第 222 条第 1 款关于速裁程序的适用范围和条件明确规定："基层人民法院管辖的可能判处三年有期徒刑以下刑罚的案件，案件事实清楚，证据确实、充分，被告人认罪认罚并同意适用速裁程序的，可以适用速裁程序，由审判员一人独任审判。"这一规定较之《刑事诉讼法》第 214 条第 1 款关于简易程序适用条件的规定[1]以及《速裁程序试点办法》第 1 条、《认罪认罚试点办法》第 16 条关于速裁程序适用条件的规定[2]在证据方面的要求更加严格。对此，立法者的解释是："速裁程序的庭审程序比简易程序还要简化，一般不进行法庭调查、法庭辩论，为确保司法公正，人民法院在决定适用速裁程序前应当对案件的证据情况进行实质性审查，确认证据确实、充分。"[3]由此可见，立法者认为，即使是适用速裁程序的刑事案件，仍然适用"案件事实清楚，证据确实、充分的证明标准"。这一立场事实上否定了认罪认罚从宽制度试点期间部分地区降低认罪认罚案件证明标准的规定和做法以及学界关于降低速裁程序证明标准的观点。

　　一些地方政法机关在新法生效之后制定的相关细则或指导意见也明确了坚持法定证明标准的要求。例如，浙江省人民检察院 2019 年 3 月出台的《关于全面实施认罪认罚从宽制度的意见》第 4 条规定："切实落实证据裁判、疑罪从无原则。证据裁判、疑罪从无是我国刑事诉讼制度的基本原则，认罪认罚从宽制度并不是降低证明犯罪的标准、弱化证据裁判，而是必须同样坚持事实清楚、证据确实充分的证明标准，依照法律规定收集、固定、审查和认定证据，确保无罪的人不受刑事追究，有罪的人受到公正惩罚。"江苏省高级人民法院 2019 年 8 月发布的《关于办理认罪认罚刑事案件的指导意见》第 14 条规定："办理认罪认罚案件，必须坚持贯彻证据裁判原则。犯罪嫌疑人、被告人认罪的，办案机关应当依法全面收集、固定、审查、运用证据，人民法院要按照法定程序、法定标准认定和采信证据。对于认罪认罚案件，作出有罪判决应当严格坚持'事实清楚，证据确实、

---

　　[1]　《刑事诉讼法》第 214 条第 1 款规定："基层人民法院管辖的案件，符合下列条件的，可以适用简易程序审判：（一）案件事实清楚、证据充分的；（二）被告人承认自己所犯罪行，对指控的犯罪事实没有异议的；（三）被告人对适用简易程序没有异议的。"

　　[2]　最高人民法院、最高人民检察院、公安部、司法部 2014 年 8 月 22 日印发的《速裁程序试点办法》第 1 条规定，适用速裁程序的条件之一是"案件事实清楚、证据充分"。最高人民法院、最高人民检察院、公安部、国家安全部、司法部 2016 年 11 月印发的《认罪认罚试点办法》虽然明确要求办理认罪认罚案件，应当"坚持证据裁判，依照法律规定收集、固定、审查和认定证据"，并且将速裁程序的适用范围从"可能判处一年以下有期徒刑、拘役、管制的案件，或者依法单处罚金"的认罪认罚案件扩展到"可能判处三年有期徒刑以下刑罚"的认罪认罚案件，但该办法第 16 条继续将"事实清楚，证据充分"作为适用速裁程序的条件之一，没有要求"证据确实、充分"。

　　[3]　王爱立主编：《中华人民共和国刑事诉讼法释义》，法律出版社 2018 年版，第 470 页。

充分'的法定证明标准，切实防止因为被告人认罪而降低证据要求和证明标准，对本因'疑罪从无'的案件从轻处理，坚决防范冤假错案。"宁夏回族自治区监察委员会、自治区高级人民法院、自治区人民检察院、自治区公安厅、自治区司法厅、宁夏国家安全厅2019年8月联合发布的《关于开展刑事案件适用认罪认罚从宽制度工作实施细则（试行）》第4条规定："办理认罪认罚从宽案件，应当……坚持证据裁判原则，严格按照证据裁判要求，全面收集、固定、审查和认定证据。坚持法定证明标准，侦查终结、提起公诉、作出有罪裁判应当做到犯罪事实清楚，证据确实、充分，防止因为犯罪嫌疑人、被告人认罪而降低证据要求和证明标准。"但也有一些地方尚在观望状态，没有明确认罪认罚案件的办理要遵守法定的证明标准。[1]

为了正确实施《刑事诉讼法》关于认罪认罚从宽制度的新规定，解决司法实践中适用认罪认罚从宽制度所存在的一些突出问题（如适用范围、认罪认罚的理解、从宽的把握、量刑建议的提出方式、值班律师的诉讼权利、抗诉等），确保严格公正司法，推动国家治理体系和治理能力现代化，最高人民法院、最高人民检察院会同公安部、国家安全部、司法部于2019年10月出台了《认罪认罚指导意见》。该意见把"坚持证据裁判原则"作为办理认罪认罚案件的四项基本原则之一，明确要求："办理认罪认罚案件，应当以事实为根据，以法律为准绳，严格按照证据裁判要求，全面收集、固定、审查和认定证据。坚持法定证明标准，侦查终结、提起公诉、作出有罪裁判应当做到犯罪事实清楚，证据确实、充分，防止因犯罪嫌疑人、被告人认罪而降低证据要求和证明标准。对犯罪嫌疑人、被告人认罪认罚，但证据不足，不能认定其有罪的，依法作出撤销案件、不起诉决定或者宣告无罪。"上述意见进一步明确了办理认罪认罚案件坚持法定证明标准的具体要求，明确提出要"防止因犯罪嫌疑人、被告人认罪而降低证明要求和证明标准"，这对于澄清部分司法实务人员的模糊认识，确保认罪认罚案件的办案质量具有十分重要的意义。据牵头负责起草《认罪认罚指导意见》的人员介绍，之所以规定办理认罪认罚案件要坚持法定的证明标准，主要理由有两个方面：其一，"证据裁判是现代刑事诉讼的一项基本原则。它要求不论犯罪嫌疑人、被告人是否认

---

[1]　例如，福建省高级人民法院、省人民检察院、省公安厅、省司法厅2019年6月出台的《关于推进刑事案件认罪认罚从宽制度适用工作的意见（试行）》共有19个条文，但是没有关于证明标准的规定。直到2020年3月，福建省人民检察院才根据《认罪认罚指导意见》的精神在《关于刑事案件适用认罪认罚从宽制度若干实务问题的意见（试行）》第2条规定："办理认罪认罚案件，应当坚持法定证明标准，做到事实清楚，证据确实、充分，证明犯罪构成要件事实的证据已经查证属实且综合全案证据已排除合理怀疑，防止因犯罪嫌疑人、被告人认罪而降低证据要求和证明标准。"

罪，提起公诉、作出有罪判决都应当坚持证据裁判。具体到认罪认罚案件，应当坚持刑事诉讼法规定的证明标准"，"适用认罪认罚从宽制度办理刑事案件，并未降低证明犯罪的标准，而是在坚持证明标准的基础上，力图更加科学地构建从宽的评价机制，特别是在程序上作出相应简化，以更好地实现公正与效率的统一"。其二，"防止犯罪嫌疑人翻供后无法认定犯罪，保证诉讼顺利进行，实现司法公正的需要"。[1]同时，起草人员还认为，"司法实践中，有些案件犯罪手段隐蔽，或者因客观条件所限，证据的提取、固定存在困难，证据体系可能存在这样或者那样的不足，对这些案件，如果犯罪嫌疑人、被告人自愿认罪认罚，使得证明犯罪构成要件事实的基本证据完备，能够排除合理怀疑，则可以按照认罪认罚从宽制度办理"。[2]"证明犯罪构成要件事实的基本证据完备，能够排除合理怀疑"，相当于"要件事实清楚，基本证据充分，排除合理怀疑"，至少就定罪而言，这样的表述仍然符合法定的证明标准。

（三）认罪认罚案件的证明标准解析

根据《刑事诉讼法》第 55 条的规定，证据确实、充分，应当符合三个条件：（1）定罪量刑的事实都有证据证明；（2）据以定案的证据均经法定程序查证属实；（3）综合全案证据，对所认定事实已排除合理怀疑。第（2）项是关于证据"确实"的标准，第（1）项、第（3）项是关于证据"充分"的标准，其中"定罪量刑的事实都有证据证明"是对证据数量的要求；"综合全案证据对所认定事实已排除合理怀疑"是对证据质量（综合证明力）的要求；[3]证据的量与质兼备，才符合"证据充分"的标准。基于对上述规定的文义解释，证据确实、充分的标准不仅适用于"定罪"的事实，也适用于量刑事实。但根据《最高法解释》第 72 条第 2 款的规定，只有"认定被告人有罪和对被告人从重处罚"，才"适用证据确实、充分的证明标准"，对被告人有利的量刑事实以及程序法事实，不适用这一标准。

需要注意的是，所谓"据以定案的证据均经法定程序查证属实"在审前阶段与审判阶段具有不同的含义。在审前阶段，侦查、检察机关可以通过讯问、询问、辨认、鉴定或重新鉴定、复验复核、侦查实验、阅卷等方法审查核实证据的真实

---

〔1〕 苗生明、周颖：《〈关于适用认罪认罚从宽制度的指导意见〉的理解和适用》，载陈国庆主编：《认罪认罚从宽制度司法适用指南》，中国检察出版社 2020 年版，第 165-166 页。

〔2〕 苗生明、周颖：《〈关于适用认罪认罚从宽制度的指导意见〉的理解和适用》，载陈国庆主编：《认罪认罚从宽制度司法适用指南》，中国检察出版社 2020 年版，第 166 页。

〔3〕 也有学者把证据确实、充分的三个条件分别称为实体条件、程序条件和心证条件，参见孙远：《论认罪认罚案件的证明标准》，载《法律适用》2016 年第 11 期，第 16-17 页。

可靠性，而在审判阶段，对审查证据是否属实的"法定程序"无非以下三种：（1）庭外阅卷，包括开庭前审查案件时的阅卷、休庭期间的阅卷；（2）法庭审理，特别是其中的法庭调查程序；（3）庭外调查核实程序。[1]其中，最重要的方法当属法庭审理程序，因为证据裁判原则对人民法院的基本要求就在于，只能依据经法庭调查和辩论程序查证属实的证据认定案件事实。对此，《最高法解释》第70条和第71条分别规定："审判人员应当依照法定程序收集、审查、核实、认定证据。""证据未经当庭出示、辨认、质证等法庭调查程序查证属实，不得作为定案的根据。"

《刑事诉讼法》第51条规定，"公诉案件中被告人有罪的举证责任由人民检察院承担……"。这种举证责任要求人民检察院不仅在提起公诉时要一并移送全部案件证据材料，而且在开庭审理过程中，要指派公诉人出庭，对指控犯罪事实进行全面举证、质证，以确实、充分的证据证明被告人犯有被指控的犯罪，并反驳被告人及其辩护人可能提出的不实辩护。对此，《最高检规则》第399条进一步规定："在法庭审理中，公诉人应当客观、全面、公正地向法庭出示与定罪、量刑有关的证明被告人有罪、罪重或者罪轻的证据。按照审判长要求，或者经审判长同意，公诉人可以按照以下方式举证、质证：（一）对于可能影响定罪量刑的关键证据和控辩双方存在争议的证据，一般应当单独举证、质证；（二）对于不影响定罪量刑且控辩双方无异议的证据，可以仅就证据的名称及其证明的事项、内容作出说明；（三）对于证明方向一致、证明内容相近或者证据种类相同，存在内在逻辑关系的证据，可以归纳、分组证证、质证。公诉人出示证据时，可以借助多媒体设备等方式出示、播放或者演示证据内容。定罪证据与量刑证据需要分开的，应当分别出示。"根据《刑事诉讼法》第200条的规定，经法庭审理后，如果人民法院认为人民检察院指控犯罪的证据不足，不能认定被告人有罪的，应当作出"证据不足、指控的犯罪不能成立的无罪判决"。

然而，在被告人认罪认罚的案件中，检察机关在法庭上的举证责任大大减轻，主要表现为不需要对影响定罪量刑的证据进行单独举证和质证，在速裁程序中，"一般不进行法庭调查和法庭辩论"，这意味着一般不需要举证和质证；法庭审理的主要任务是"审查认罪认罚的自愿性和认罪认罚具结书内容的真实性、合法性"，并听取被告人的最后陈述意见[2]，而不是围绕指控的犯罪事实调查核实具体的证据。在这种情况下，所谓"证据必须经过法定程序查证属实"的要求，实

---

[1]《刑事诉讼法》第196条规定："法庭审理过程中，合议庭对证据有疑问的，可以宣布休庭，对证据进行调查核实。人民法院调查核实证据，可以进行勘验、检查、查封、扣押、鉴定和查询、冻结。"

[2] 参见《刑事诉讼法》第190条第2款、第219条和第214条。

际上主要是指"法官通过庭前阅卷"的方式查证属实。由于控辩双方对于影响定罪量刑的基本事实没有争议，法官对事实的认定结论不是形成于法庭审理，而是形成于庭外阅卷以及与检察官之间可能的私下交流，影响定罪量刑的事实是否都有证据证明、这些证据是否属实、综合全案证据对所认定的事实能否排除合理怀疑，完全取决于法官的自由裁量。显然，至少从"证据确实"的角度来看，"据以定案的证据均经法定程序查证属实"这一法定条件因"法定程序"的简化是被降低了，速裁程序尤其明显；而证据确实条件的降低必然会对"证据充分"条件的判断产生负面影响，因为证据充分条件的"定罪量刑的事实都有证据证明"和"综合全案证据对所认定的事实能够排除合理怀疑"中所说的"证据"和"全案证据"，在审判阶段，原本仅限于经法庭审理程序查证属实的证据，这是证据裁判原则和审判中心主义的应有之义。如果证据确实条件的降低导致法官对影响定罪或量刑的关键证据是否属实作出了错误的判断，那么他关于证据充分的判断也必然跟着发生错误。

当然，定案证据即使未经法庭审理程序查证属实，也不一定意味着证据就是不属实的。相反，《刑事诉讼法》第 222 条要求，法院在决定适用速裁程序之前必须审查确认"案件事实清楚，证据确实、充分"。换言之，速裁案件的定案证据不是通过法庭审理程序查证属实的，而是通过庭前阅卷查证属实的。《认罪认罚指导意见》中规定的"坚持法定证明标准，侦查终结、提起公诉、作出有罪裁判应当做到犯罪事实清楚，证据确实、充分，防止因犯罪嫌疑人、被告人认罪而降低证据要求和证明标准"，应当理解为，在认罪认罚案件中，即使审判程序被简化了，但公检法机关认定被告人有罪和判处刑罚的实体条件和心证条件不能降低。正是在这个意义上，才能说，无论被告人是否认罪认罚，侦查终结、提起公诉和有罪判决的证明标准都是一样的，即"案件事实清楚，证据确实、充分"。

二、认罪认罚案件证明标准的实践考察

虽然《刑事诉讼法》在速裁程序的适用条件中明确作出了"案件事实清楚，证据确实、充分"的规定，《认罪认罚指导意见》进一步要求公安司法机关办理认罪认罚案件必须坚持法定的证明标准，但理论上关于认罪认罚案件的证明标准是否应当降低的争论仍然存在，而地方司法机关在办理认罪认罚案件中又普遍存在效率优先的价值导向和业绩考核的压力。在这种背景下，基层司法人员能否在认罪认罚案件中实际坚守法定的证明标准呢？这是需要实证考察的重要问题。

（一）认罪认罚从宽制度地方实施细则关于证明标准的规定

自 2019 年 10 月《认罪认罚指导意见》出台以后，各地制定的认罪认罚从宽

制度实施细则在证明标准问题上大多采用了《认罪认罚指导意见》的表述，但也有一些地方实施细则或指导性文件对此作了模糊处理，主要表现为两种方式。一种是"回避"，即对认罪认罚案件的证明标准问题不作具体规定。例如，2019 年 11 月山东省高级人民法院、省人民检察院、省公安厅、省安全厅、省司法厅《关于适用认罪认罚从宽制度办理刑事案件的实施细则（试行）》第 2 条，2019 年 12 月海南省高级人民法院、省人民检察院、省公安厅、省国家安全厅、省司法厅《关于适用认罪认罚从宽制度办理刑事案件的若干意见》第 1 条，2020 年 9 月《重庆市检察机关适用认罪认罚从宽制度工作指引（试行）》第 3 条，2020 年 12 月《江苏省检察机关办理认罪认罚案件工作指引（试行）》第 3 条，2022 年 3 月河南省高级人民法院、省人民检察院、省公安厅、省安全厅、省司法厅《关于适用认罪认罚从宽制度的实施细则》第 2 条，都只是重申了办理认罪认罚案件应当坚持宽严相济、罪责刑相适应、证据裁判和各机关配合制约四项基本原则，但无贯彻这些原则的具体要求，回避了关于认罪认罚案件证明标准问题的明确规定。另一种是仅作原则性规定，但没有明确要求必须坚持法定的证明标准。例如，2019 年 11 月云南省高级人民法院、省人民检察院、省公安厅、省国家安全厅、省司法厅《云南省贯彻刑事案件认罪认罚从宽制度实施细则（试行）》第 2 条规定："办理认罪认罚案件，应当坚持下列原则：……坚持证据裁判。依照法律规定收集、固定、审查和认定证据，合理运用证明标准和证据规则认定事实，坚持非法证据排除、疑罪从无、程序公正原则。"此处提出"合理运用证明标准"，而没有要求"按照法定证明标准"，这可能反映了当地政法机关对认罪认罚案件证明标准的区别对待态度。因此，从地方实施细则的文本看，2019 年 10 月以后已经不存在试点期间那些明确授权降低认罪认罚案件证明标准的规定，但是否明确要求坚持法定的证明标准，则不同地区立场不完全一致。

（二）基层司法人员关于认罪认罚案件证明标准的主观认知

从基层司法人员的主观认知来看，部分人员认为认罪认罚案件的证明标准确有降低。笔者指导的博士生李建东分别于 2020 年和 2021 年以"对于犯罪嫌疑人认罪认罚的案件，侦查终结的证明要求是否有所降低"为题，面向不同的公安民警进行了在线问卷调查，有效答卷人数分别为 1017 人和 1312 人，两次问卷调查的结果比较接近。

表 4-1　"认罪认罚案件侦查终结的证明要求是否降低" 问卷调查统计

选　项	选择人数（人）	有效答卷总人数（人）	比例（%）	合计（%）
是的，实践中证明要求的确有所降低，也应当降低	442	1312	33.69	49.31
是的，实践中证明要求有所降低，但不应当降低	205		15.63	
不是的，证明要求并没有降低，但应当降低	270		20.58	50.69
不是的，证明要求并没有降低，也不应当降低	395		30.11	
是的，实践中证明要求的确有所降低，也应当降低	360	1017	35.40	49.36
是的，实践中证明要求有所降低，但不应当降低	142		13.96	
不是的，证明要求并没有降低，但应当降低	196		19.27	50.64
不是的，证明要求并没有降低，也不应当降低	319		31.37	

　　如表 4-1 所示，调研结果表明，认为司法实践中对认罪认罚案件侦查终结的证明要求的确有所降低的民警大约占 49.31%，认为认罪认罚案件侦查终结的证明要求没有降低的民警大约占 50.69%。[1]虽然认为已经有所降低的人数略在少数，但从民警对于 "侦查终结的证明要求是否应当降低" 的态度来看，多数民警认为 "应当降低"，这种态度或许会对侦查取证的实践产生潜在的影响。

　　本课题组对部分基层检察官和法官进行了多次访谈。接受访谈的多数人认为，认罪认罚案件中虽然犯罪嫌疑人、被告人的有罪供述，对于罪与刑的判断有很大影响，但无论是提起公诉还是有罪判决，证明标准都没有降低。因为不仅《刑事

---

〔1〕 李建东：《公安机关适用认罪认罚从宽制度研究》，西南政法大学 2023 年博士学位论文，第 174-175 页。

诉讼法》和《认罪认罚指导意见》对此有明确规定，而且从司法责任制的角度看，也不敢降低，否则将会被终身追责。[1] 少数检察官和法官认为，至少在一部分认罪认罚案件中，确实存在提起公诉和有罪判决的证明标准被降低的情况。例如，南方 G 市 H 区人民检察院某副检察长认为，绝大多数经公安机关侦查终结后移送起诉的案件不论犯罪嫌疑人是否认罪认罚，都达到了提起公诉的证明标准，如果不是因为适用率的考核，检察官并不愿意适用认罪认罚从宽制度；少数案件如果其他证据指向一致，但被告人坚持不认罪的，检察官更加愿意选择作存疑不起诉，而不愿意费时、费力地去转化教育工作，但存在重要的公共利益（如共同犯罪案件、涉众型犯罪案件等）时不得不想办法起诉。东部 S 市 D 区人民检察院一位检察官认为，认罪认罚从宽制度实施以后，公安机关移送的案件在证据方面存在较多的问题，一部分案件因为证据比较薄弱甚至要经过五六次"协商"才能让犯罪嫌疑人签署认罪认罚具结书，最终得以诉出去；但只要诉出去了，法院一般都会采纳公诉意见。"实际上，不少案件都是这样消化掉的"。浙江某地级市刑事案件数量较少的一家基层人民法院法官也反映，"认罪认罚从宽制度实施后，证据收集不到位，公检法三家理解不一致"的问题比较突出，检察官"更多的考虑是能否达成具结，其他考虑不多，导致涉案财产、是否适用缓刑等事实不清，法院需要做进一步调查"。课题组调研发现，在一些案件较多的基层检察院和法院，对于适用速裁程序审理的案件，有时基于结案时间的压力，检察官和法官对少数影响量刑的情节如涉案金额、违法犯罪次数等情况，不一定都核实得那么清楚。

（三）部分认罪认罚案件证明标准降低的主要表现

从实际办案结果来看，对于犯罪嫌疑人、被告人认罪认罚的部分案件，提起公诉和有罪判决的证明标准无论是定罪事实的证明标准，还是量刑事实的证明标准，都有不同程度的下降。

1. 提起公诉证明标准的降低

提起公诉的证明标准降低，主要表现为有部分被告人认罪认罚的公诉案件，经法院审理后被认定为无罪，其中甚至包括辩护律师作罪轻辩护而未作无罪辩护的案件。在我国当下无罪判决率极低的司法现实条件下，如果不是因为被告人认罪认罚，检察机关本来不太可能对这些尚未达到证明标准的刑事案件提起公诉。

---

[1] 有法官公开承认这一点，参见郑婷婷：《繁简再分流：认罪认罚案件证据的清单式审查——以证据分布充足性为视角》，载刘贵祥主编：《人民法院服务中国特色社会主义法治体系建设与刑事法律适用问题研究——全国法院第 34 届学术讨论会获奖论文集》（下），人民法院出版社 2023 年版，第 451-452 页。

检察机关之所以对这些案件提出公诉，主要是因为在审查起诉时，犯罪嫌疑人认罪认罚，检察官没有对案件事实、证据进行全面、细致的审查，导致公诉证明标准被降低，其中有的案件指控犯罪的客观要件缺乏证据；有的案件证明指控犯罪的关键证据缺乏应有的证明力，还有的案件证明指控犯罪主客观要件的证据均有不足。2020 年 10 月，最高人民检察院时任检察长张军在向全国人大常委会报告人民检察院适用认罪认罚从宽制度适用情况时也坦承："有的检察官审查把关不严，存在因认罪认罚而降低证据要求和证明标准的问题。"〔1〕2023 年 5 月，最高人民法院咨询委员会第八调研组在福建、广东两省及辖区部分法院调研后也发现，部分认罪认罚案件变相、隐性地降低了证据审查要求，有的案件由于过度依赖被告人的有罪供述，对客观证据的调查和收集不到位，导致被告人在庭审翻供时不得不转换程序审理，"更有个别案件经补侦补查仍事实不清、证据不足，不得不宣判无罪"。〔2〕

下面以几个具体案件加以说明。

案例一：张某利出售出入境证件案〔3〕

2017 年 7 月，张某利以"黑龙江省利足对外贸易有限责任公司"的名义，以 1600 卢布向他人出售以商务洽谈为申请签证理由的邀请函。后他人持张某利出具的邀请函在我国驻俄罗斯联邦共和国哈巴罗夫斯克领馆为乌克兰籍人员安某某、亚某（中文译名）申请了商务签证，安某某、亚某持上述商务签证入境我国并在刘某某等人的安排下，在北京市朝阳区朋恩幼儿园非法从事劳务工作。北京市朝阳区人民检察院指控张某利犯出售出入境证件罪，向北京市朝阳区人民法院提起公诉。鉴于张某利自愿认罪认罚，建议判处张某利有期徒刑七个月至一年，并处罚金，并建议适用速裁程序审理本案。被告人张某利在审查起诉阶段签署认罪认罚具结书，认可公诉机关的量刑建议，同意适用速裁程序。张某利对于公诉机关指控的事实及罪名在法院送达起诉书副本及开庭审理过程中均表示认可，其辩护律师亦对本案作罪轻辩护。但北京市朝阳区人民法院经审查认为，被告人张某利的行为可能不构成犯罪，遂决定适用普通程序审理本案。经开庭审理，北京市朝

---

〔1〕 张军：《最高人民检察院关于人民检察院适用认罪认罚从宽制度情况的报告——2020 年 10 月 15 日在第十三届全国人民代表大会常务委员会第二十二次会议上》，载《检察日报》2020 年 10 月 17 日，第 2 版。

〔2〕 最高人民法院咨询委员会第八调研组：《完善认罪认罚从宽制度研究的调研报告》，载《中国应用法学》2024 年第 2 期，第 112 页。

〔3〕 北京市朝阳区人民法院（2018）京 0105 刑初 1717 号刑事裁定书。

阳区人民法院认为，本案证据仅能证明被告人张某利出售的是办理商务签证时所需的材料——商务邀请函，该文件本身不属于刑法规定的出入境证件，张某利的行为不构成出售出入境证件罪。北京市朝阳区人民检察院于 2019 年 1 月 2 日以证据不足为由向北京市朝阳区人民法院申请撤回起诉，获得法院裁定准许。

这个案例表明，在犯罪嫌疑人自愿认罪认罚的情况下，检察机关降低了提起公诉的证明标准，没有对出售出入境证件罪的客观要件事实——出售出入境证件及其支撑证据进行认真审查，导致对本来无罪的张某利提起了公诉。如果不是因为法院进行实质性审查，被告人张某利很可能被定罪判刑。

案例二：涂某发非法采矿案[1]

江西省上饶市广信区人民检察院指控，2018 年 12 月至 2020 年 1 月，被告人徐某发违反《矿产资源法》的规定，在未办理采矿许可证的情况下，擅自在上饶市广信区开采 4422.5 立方米的花岗岩出售给邓某录用于建筑工程，销售额达 22.1 万元。经国家资源部南昌矿产资源监督检测中心鉴定，被告人徐某发非法开采的花岗岩属于中细粒黑云母钾花岗岩。其行为触犯了《刑法》第 343 条第 1 款之规定，应当以非法采矿罪追究其刑事责任。因徐某发有自首情节，自愿认罪认罚，建议判处徐某发有期徒刑八个月，缓刑一年，并处罚金。

徐某发对起诉指控的事实、罪名和量刑建议没有异议，但提出其所挖的石头是以前金鑫公司堆放的边角料。其辩护人对指控的事实及罪名没有异议，提出被告人开采过程中对环境破坏较小，有自首情节，自愿认罪认罚，建议法庭从轻处罚。

江西省上饶市广信区人民法院审理后认为，被告人徐某发的行为不构成非法采矿罪，最终宣告徐某发无罪，理由如下：第一，被徐某发用于破碎的石材原料不属于自然状态的矿产资源，不属于非法采矿罪的犯罪对象。第二，徐某发挖掘用于破碎的石材原料不属于采矿行为。第三，挖掘用于破碎的石材原料是否需要办理采矿许可证，并无明确的法律规定，而《刑法》第 343 条规定，非法采矿罪的构成要件之一就是未取得采矿许可证擅自采矿。

本案公诉机关未能认真审查案件事实，主要错误在于没有重视"认罪认罚"被告人徐某发的辩解，以至于把用于破碎的石材原料——2008 年以前旧石材厂丢弃的边角料作为自然状态的矿产资源，把徐某发挖掘用于破碎的石材原料作为非

---

[1] 江西省上饶市广信区人民法院（2021）赣 1104 刑初 287 号刑事判决书。

法采矿罪所指的采矿行为对待。从证明标准角度看，本案与张某利非法出售出入境证件案件类似，本质上也属于对指控的客观行为构成犯罪缺乏证据的情形。[1]

案例三：杨某旭、王某发、王某等非法制造、买卖、运输、邮寄、储存枪支、弹药、爆炸物案[2]

四川省南江县人民检察院指控，被告人杨某旭违反枪支管理规定，私自出售枪支2支，犯罪事实清楚，证据确实、充分，应当以非法买卖枪支罪追究其刑事责任；被告人王某发、王某违反枪支管理规定，私自购买枪支各1支，犯罪事实清楚，证据确实、充分，应当以非法买卖枪支罪追究其刑事责任；被告人王某发违反枪支管理规定，非法持有王某购买的枪支1支用于打猎，犯罪事实清楚，证据确实、充分，应当以非法持有枪支罪追究其刑事责任；被告人王某发犯非法买卖枪支罪、非法持有枪支罪，应当数罪并罚。被告人杨某旭、王某发、王某自愿认罪认罚，建议判处被告人杨某旭有期徒刑三年，缓刑四年；判处被告人王某发有期徒刑三年，缓刑三年六个月；判处被告人王某有期徒刑三年，缓刑三年。

被告人杨某旭、王某发、王某对南江县人民检察院指控的事实、罪名、证据及量刑建议均无异议，签署了认罪认罚具结书，请求从轻处罚。杨某旭的委托辩护人董某城律师和王某的委托辩护人刘某智均作无罪辩护，认为现有证据对于涉案枪支是否为法律意义上的枪支，公诉机关出示的证据不确实、不充分，不能排除合理怀疑；王某发的指定辩护人郭某对公诉机关指控被告人王某发的犯罪事实及罪名、量刑建议均无异议，请求从轻处罚。

四川省南江县人民法院适用普通程序对本案进行审理后认为，公诉机关指控三名被告人涉嫌非法买卖枪支罪的关键物证缺失（2支涉案枪支被砸毁），致使涉案枪支无法通过鉴定程序进行枪支鉴定，2支涉案枪支是否为法律意义上的枪支存疑，故公诉机关指控被告人杨某旭、王某发、王某犯非法买卖枪支罪，被告人王某发犯非法持有枪支罪的犯罪事实及罪名不能成立，遂宣告被告人杨某旭、王某发、王某无罪。

本案中控方因为涉案枪支被砸毁无法鉴定，只提供了涉案枪支的击针、击锤、扳机等枪支散件的鉴定意见作为证据，而这一鉴定意见作为控方的关键证据并不

---

[1] 与此类似的案件还有孙某天、彭某庆非法采矿案，参见江西省上饶市广信区人民法院（2021）赣1104刑初214号刑事判决书。

[2] 四川省南江县人民法院（2020）川1922刑初73号刑事判决书。

能证明涉案枪支就是法律意义上的枪支。尽管如此，公诉机关却认定，三名被告人的"犯罪事实清楚，证据确实、充分"，说明公诉机关对案件证据的审查相当不严谨，大大放宽了指控犯罪的证明标准。

案例四：杨某树、邹某顺、杨某友诈骗案[1]

云南省巧家县人民检察院指控，2016 年，四川公路桥梁建设集团有限公司××项目经理部在巧家县××乡××村××处修建临时溜索及施工便道路后修建桥梁。2016 年 12 月，被告人杨某树、邹某顺、杨某友及邹某 1（已死亡）四人在××乡××村××临时溜索处，虚构修桥占用土地系其所有，阻止施工方施工，要求修桥项目部对被占用的土地进行赔偿，后修桥项目部对被占用的土地进行丈量，并赔偿了杨某树 15 792 元、邹某顺 15 792 元、邹某 1 15 792 元、杨某友人民币 39 648 元。而项目部修建临时溜索及施工便道占用的土地属于××村移民搬迁范围内的集体土地，不属于杨某树、杨某友、邹某 1、邹某顺四家人的土地。被告人杨某树、邹某顺、杨某友的行为已触犯了《刑法》第 266 条的规定，应当以诈骗罪追究被告人杨某树、邹某顺、杨某友的刑事责任。被告人杨某树、邹某顺认罪认罚，建议分别判处一年以下有期徒刑，并处罚金 5000 元以上 10 000 元以下；被告人杨某友当庭自愿认罪认罚，公诉人当庭将被告人杨某友的量刑建议调整为一年六个月以上二年以下有期徒刑，并处罚金 10 000 元以上 20 000 元以下。

被告人杨某树、邹某顺自愿认罪认罚，对公诉机关指控事实、罪名及量刑建议均无异议，且已签字具结，请求从轻处罚。杨某树的辩护人对公诉机关指控杨某树构成诈骗罪的定性及事实无异议，仅作了罪轻辩护；被告人邹某顺的辩护人作无罪辩护，认为证据证实邹某顺等人是受村委会指使，谎称系土地的承包经营权人，通过阻工方式获得补偿，依照村委会集体开会讨论意见缴纳大部分补偿，其行为不构成诈骗，只是民事上维权方式不当；被告人杨某友的辩护人也作无罪辩护，她认为本案中涉案地块属于杨某友所有，杨某友并没有非法侵占他人公私财物的目的和虚构事实或者隐瞒真相的行为。

云南省巧家县人民法院经审理后认为，明确涉案地块的权属是认定本案被告人是否构成诈骗罪的前提。被告人杨某树、邹某顺及邹某 1 涉案地块属××村集体所有，村委会有权向土地占用人追索补偿。公诉机关提供的指控证据，不能排除被告人杨某树、邹某顺的索赔行为系××村村委会的集体行为；亦未对杨某友涉案地块的地名及权属进行核实，致杨某友涉案地块的地名及权属不清。因此，公诉

---

[1] 云南省巧家县人民法院（2019）云 0622 刑初 296 号刑事判决书。

机关提供的指控证据不具有排他性，不能证明被告人杨某树、邹某顺、杨某友的行为符合诈骗罪的主客观构成要件，指控杨某树、邹某顺、杨某友犯诈骗罪的事实不清，证据不足，指控犯罪不能成立。于是，依法宣告三名被告人无罪。

本案涉及的土地补偿分配问题本来属于民事法律关系调整范畴，但公诉机关在未查清涉案土地权属的情况下，仅仅根据三名被告人向四川公路桥梁建设集团有限公司××项目经理部索取了占地补偿款，便认定三人构成诈骗罪。虽然三名被告人中有两人在审查起诉阶段认罪认罚，另一人在法庭审理中认罪认罚，但本质上，被告人所认的只是索取了土地补偿款的事实，至于这是否属于诈骗行为、主观上有无非法占有目的、客观上四川公路桥梁建设集团有限公司××项目经理部是否基于错误认识而支付了补偿款且蒙受了财产损失，仍需控方提供证据进行证明，并对辩方的主张进行反驳。绝不能因为被告人认罪认罚，加之存在索取土地补偿款的事实就认定其构成诈骗罪，否则明显达不到"犯罪事实清楚，证据确实、充分"的证明标准。[1]

需要指出的是，公诉证明标准的降低，并不限于一审法院判决无罪或者裁定准许撤诉的认罪认罚案件，还包括一审采纳指控罪名和量刑建议定罪判刑后被告人提出上诉，二审法院以事实不清、证据不足发回重审[2]或者直接改判无罪的案件[3]，以及一审判决生效后经再审改判无罪的认罪认罚案件。

2. 有罪判决证明标准的降低

有罪判决的证明标准降低，表现为两种情形：一是部分认罪认罚案件经一审作出有罪判决后进入二审程序，被二审法院以原判决认定事实不清、证据不足为由发回重审或者直接改判无罪；二是部分认罪认罚案件在一审判决或者二审裁判生效后又因原审裁判认定事实存在错误而启动再审，并在再审后被改判。

课题组通过中国裁判文书网对2019—2021年被告人认罪认罚并经法院判决生效后进入再审程序的案件进行过检索[4]，共发现426件再审案件，分布在全国30个省（区、市）。从案件轻重来看，判处三年有期徒刑以下刑罚的轻罪案件374件，占比高达87.8%；重罪案件只有52件，占12.2%。从原审适用的审判程序看，在426件再审案件中，绝大部分的原审程序为一审，经过二审的只有14件。

---

〔1〕 被告人在"认事"意义上认罪认罚被检察机关提起公诉，后被法院宣告无罪的类似案件，另参见切某、索某1盗窃案［青海省海晏县人民法院（2020）青2223刑初18号刑事判决书］、但某飞开设赌场案［广东省佛山市顺德区人民法院（2019）粤0606刑初789号刑事判决书］等。
〔2〕 参见刘某贩卖毒品案，重庆市第五中级人民法院（2019）渝05刑终967号刑事裁定书。
〔3〕 参见杨某孟诈骗案，河南省商丘市中级人民法院（2020）豫14刑终425号刑事判决书。
〔4〕 检索截止时间：2022年2月27日。

从启动再审的理由来看，在 426 件进入再审程序的认罪认罚案件中，因事实认定错误而启动再审的有 177 件，占 41.5%，具体主要有三种情形：一是遗漏了前科、累犯、前罪刑罚尚未执行完毕等量刑事实情节的，有 125 件；二是定罪量刑情节认定错误的，有 39 件，例如犯罪数额认定错误、被告人身份认定错误、未认定自首或立功情节；三是出现了证明原判决、裁定认定的事实确有错误的新证据的，有 13 件，例如原判决生效后新的鉴定意见推翻原鉴定意见的结论等。根据课题组检索到的裁判文书，全国各级人民法院 2020 年审结的认罪认罚再审案件有 229 件，其中维持原判 31 件，改判 196 件，发回重审 2 件，占比分别为 13.5%、85.6%、0.9%。如果以 2019 年至 2021 年再审的 426 件认罪认罚案件为基数计算，则再审后改判数为 370 件，占比高达 86.9%，远远高于刑事再审案件的平均改判率。在 370 件改判案件中，改判无罪、变更主要事实、变更罪名的案件分别有 2 件、14 件、10 件，其中因冒名顶替改判包庇罪的有 4 件。冒名顶替案件的出现，意味着检察机关和人民法院对被告人与犯罪行为人的同一性认定错误，对认罪认罚案件的办理未能坚守法定的定罪证明标准。[1]

在本课题组的阶段性成果发表以后，其他学者也就认罪认罚案件的再审问题采用类似的方法进行了研究，结果与本课题组的研究结果大致相同，甚至情况更加严重。例如，汪海燕教授通过北大法宝司法案例库检索发现，截至 2023 年 4 月 30 日，在 541 件启动再审的认罪认罚案件中，有 20 件是因为原审被告人存在包庇顶罪或冒用身份等问题，占认罪认罚案件（554 件）[2] 再审理由的 3.6%；因原审裁判生效后发现被告人还存在未予考虑的前科漏罪，包括原审未查清的累犯事实、再犯事实，以及被告人存在前罪未实际执行或尚未执行完毕的事实，还有被告人原审宣判时尚处于缓刑、假释考验期内的事实等情形而启动再审的，有 127 件，占全部认罪认罚案件再审理由的 22.9%；因原审裁判认定事实错误导致的量刑不当的（主要包括原审犯罪数额认定错误、原审遗漏对被告人量刑事实的认定等），占全部认罪认罚案件再审理由的 8.7%，二者合计为 31.6%。[3] 综合起来看，在认罪认罚案件的再审理由中，因原审裁判对犯罪事实和量刑事实的认定未达到"事实清楚，证据确实、充分"的证明标准的，占了全部认罪认罚案件再审理由

---

[1] 参见孙长永、李昭婧：《再审程序视野下认罪认罚从宽制度实证研究——基于 426 件再审案件的分析》，载《西南政法大学学报》2022 年第 3 期，第 52-58 页。

[2] 汪海燕教授在该文中对同一案件存在两种以上改判理由的进行了复次计算，因此计算不同再审理由的占比时，分母是 554，不是 541。

[3] 汪海燕：《认罪认罚案件再审问题研究——以 541 份裁判文书为分析对象》，载《比较法研究》2023 年第 5 期，第 59 页表 2。

的 35.2%。汪海燕教授还特别指出："综合再审改判后进行了实质变更的案件数和再审后发回重审的案件数来看，认罪认罚案件的再审实际纠正率达到了 90% 左右，已经在一定程度上超过了非认罪认罚再审案件的实际纠正率。"[1]

应当承认，提起公诉和有罪判决的证明标准在非认罪认罚案件中也存在未得到落实的情况，但认罪认罚案件再审改判率如此之高说明，在认罪认罚案件的办理过程中，证明标准被降低的问题显得更加严重。包括如此众多的冒名顶替问题以及对重要量刑情节的大量遗漏或错误认定问题，在非认罪认罚案件中出现的概率应当说是更低的。因此，至少在部分认罪认罚案件中，可以说定罪和量刑两个方面事实的证明标准的确有所降低。其原因除司法人员的业务水平、责任心以及案件本身的情况等因素外，与认罪认罚从宽制度的效率导向特别是庭审程序的简化无疑有重要关系。

三、认罪认罚案件证明标准的比较法考察

我国认罪认罚从宽制度参考了美国答辩交易制度的合理因素，决策部门在制定相关试点方案之前，曾经专门到美国联邦法院、州法院、检察官办公室、律师协会等机构进行考察。自认罪认罚从宽制度试点以后，学界也加强了对美国答辩交易制度的研究。但是关于美国答辩交易制度下法官认定被告人有罪的证明标准是否降低的问题，目前国内学界和实务界尚存在一些不同认识。[2] 为了正确理解我国认罪认罚从宽制度下证明标准的应然定位和实然问题，有必要对美国答辩交易制度下有罪答辩的真实可靠性（accuracy）问题进行考察。

同时，鉴于我国刑事司法一向具有重视发现客观真相的传统，即使在"控辩式"审判方式已经推行了 20 多年的当下，法官基于"忠于事实真相"的法定职责仍然存在强烈的"职权调查情结"，检察机关的所谓"举证责任"事实上远远不及"控辩式"审判模式应有的严格程度。在这种背景下，大陆法系代表性国家如德国如何对待协商性司法中的事实认定尤其是证明标准问题，引起了学界和实务界的共同关注。因此，本节拟对德国"供述协商"程序中的证明标准问题一并

---

〔1〕　汪海燕：《认罪认罚案件再审问题研究——以 541 份裁判文书为分析对象》，载《比较法研究》2023 年第 5 期，第 60 页。类似的研究，另参见奚玮：《论法庭对认罪认罚案件的实质审理——基于 226 份再审改判案例的分析》，载《中国政法大学学报》2023 年第 5 期，第 88 页。

〔2〕　多数人认为，美国答辩交易制度下并不要求定罪必须满足排除合理疑问的证明标准，少数人认为，在美国的答辩交易制度下，定罪的证明标准仍然是排除合理疑问，没有降低。参见张军、姜伟、田文昌：《认罪认罚从宽制度控辩审"三人谈"》，载陈国庆主编：《认罪认罚从宽制度司法适用指南》，中国检察出版社 2020 年版，第 32 页；肖沛权：《论认罪认罚案件的证明标准》，载《法学杂志》2019 年第 10 期，第 29 页。

进行考察。

（一）美国答辩交易制度下有罪答辩的准确性

答辩交易是指检察官以减轻指控罪名、降低指控等级、建议从轻判刑或者不反对辩方申请法官从轻判刑等多种方式，换取被告人作出有罪答辩[1]以代替正式审判，从而给被告人定罪判刑的一种诉讼制度，它是美国司法系统处理刑事案件的最常用方式。美国联邦最高法院2012年援引司法部统计数据指出，美国联邦司法系统97%的有罪判决、州司法系统94%的有罪判决是有罪答辩而非正式审判的结果[2]，其中大多数是答辩交易的结果。[3]与之相对的是，正式审判程序仅仅适用于被告人不认罪的极少数案件。如表4-2所示，在美国联邦地区法院，作出有罪答辩的被告人占有罪判决总人数的比例，从1990年的86.57%上升到2010年的97.41%，此后至2023年，基本稳定在97%—98%；与此对应，进入正式审判的被告人占被告人总人数的比例从1990年的13.93%持续下降至2010年的2.79%，此后一直在低位徘徊，最低时（2021年）只有1.7%。有的司法区甚至连续多年没有进入正式审判的案件，所有刑事案件均通过有罪答辩程序解决。[4]正因如此，美国联邦最高法院宣称："我们的制度主要是答辩制度，而不是审判制度，……在很大程度上，……控辩双方讨价还价决定了谁去坐牢、坐多久。这就是答辩交易。它不是刑事司法制度的附件，它就是刑事司法制度本身。"[5]

---

〔1〕 参见《美国联邦刑事诉讼规则》第11条。

〔2〕 Missouri v. Frye, 566 U. S. 134, 143 (2012).

〔3〕 据美国司法部官员估算，在联邦司法系统，大约25%的有罪答辩不涉及答辩交易。因此，75%左右的有罪答辩都是协商交易的结果。参见 Transcript of Oral Arg. at 61 – 62, Class v. United States, 138 S. Ct. 798 (2018) (No. 16-424)。转引自美国律师协会刑事司法部答辩交易专家组2023年年度报告，Plea BargainTask Force Report, https://www. americanbar. org/content/dam/aba/publications/criminaljustice/plea-bargain-tf-report. pdf, 最后访问日期：2024年1月26日。

〔4〕 参见 Jeffrey Q. Smith & Grant R. MacQueen, Going, Going, But Not Quite Gone: Trials Continue to Decline in the Federal and State Courts. Does It Matter?, 101 Judicature 4, 32-34 (2017); Marisa Gerber, No Criminal Trials Held in Santa Cruz County Since 2010, Nogales Int' 1, Nov. 21, 2012。

〔5〕 Missouri v. Frye, 566 U. S. 134, 143-144 (2012).

表 4-2　美国联邦地区法院刑事案件结案人数统计（1990—2023 年）[1]　　单位：人

年度	被告人总人数	未定罪					定罪判刑				有罪答辩占有罪判决总数比例（%）	审判占被告人总数比例（%）
		无罪总数	无罪率（%）	驳回起诉	法官审判	陪审团审判	有罪判决总数	有罪答辩	法官审判	陪审团审判		
2023	72 255	6512	9	6249	79	184	65 743	64 166	165	1412	97.6	2.55
2022	71 954	6191	9	5901	60	230	65 763	64 384	134	1245	97.9	2.32
2021	63 725	5209	8	5013	55	141	58 516	57 631	108	777	98.49	1.7
2020	71 485	5372	8	5173	75	124	66 113	64 887	132	1094	98.15	1.99
2019	85 478	6711	8	6424	80	207	78 767	77 104	181	1482	97.89	2.28
2015	81 024	7899	10	7610	85	204	73 125	71 330	145	1650	97.55	2.57
2010	98 311	8570	9	8147	137	286	89 741	87 418	257	2066	97.41	2.79
2005	86 000	8661	10	8141	159	361	77 339	74 024	291	3024	95.71	4.46
1995	54 980	8207	15	7112	482	613	46 773	43 103	467	3203	92.15	8.67
1990	56 519	9794	17	8193	630	971	46 725	40 452	1063	5210	86.57	13.93

有罪答辩（guilty plea）不同于大陆法系和我国所讲的"有罪供述"（confession）。从内容上看，它不要求被告人具体地供述犯罪事实，而只要求被告人对指控的犯罪事实明确表示"认罪"。从效力上看，有罪答辩远远大于有罪供述，自愿、明智地作出的有罪答辩可以作为有罪判决的唯一事实根据，被告人因此放弃了接受公正审判的宪法权利，检察官也因此被免除了以排除合理疑问的标准证明指控犯罪成立的责任。因此，有罪答辩不仅必须是自愿的、明智的，而且必须是真实可靠的，才能确保司法公正，避免没有犯罪的人因不真实的有罪答辩而受到有罪判决和刑罚处罚。

如何保证有罪答辩的真实可靠性呢？1966 年，《美国联邦刑事诉讼规则》咨询委员会在修改该规则时，除了要求法官必须亲自告知被告人有罪答辩的法律后果、确认其理解指控的性质以及认罪的自愿性以外，还补充了一项新规定："在根据有罪答辩作出判决之前，法官必须确认该答辩存在事实基础"。这一规定一直延续至今。[2] 咨询委员会当时对该规定的说明是："法官应当通过询问被告人或者检察官，或者审查判刑前报告等材料，确认被告人所承认的行为构成起诉书指控或者所包含的犯罪。这种询问应当对虽然理解指控的性质并作出自愿答辩却没有

---

〔1〕　参见 Federal Court Management Statistics，https://www.uscourts.gov/statistics-reports/analysis-reports/federal-court-management-statistics，最后访问日期：2024 年 2 月 6 日。

〔2〕　在州司法系统，很多州只对重罪案件要求法官确认有罪答辩的事实基础，而对轻罪案件没有提出类似的要求。参见 John L. Barkai，Accuracy Inquiries for All Felony and Misdemeanor Pleas：Voluntary Pleas but Innocent Defendants?，126 U. PA. L. Rev. 88，93（1977）。

意识到其行为实际上不属于指控犯罪范围的被告人提供保护。"[1]据此，从立法原意看，有罪答辩的事实基础需要法官通过当庭询问或庭外查阅相关材料的方式予以确认，其目的在于防止被告人对不属于犯罪的行为作出有罪答辩。但《联邦刑事诉讼规则》及其说明均未明确有罪答辩"事实基础"的标准，美国联邦最高法院除了基于效率价值承认了答辩交易的合宪性[2]并要求通过加强答辩协商过程中的知情权[3]和律师辩护权[4]帮助被告人作出明智的决定以外，也没有对有罪答辩的"事实基础"及其确认程序作出任何具体的规范。在1969年"麦卡锡诉美国案"中，美国联邦最高法院认为，有罪答辩自愿性与事实基础两个要求是交织在一起的，"除非被告人实际理解与案件事实相关的法律"，否则，有罪答辩"不可能是真实自愿的"。[5]在1970年关于"北卡罗来纳州诉阿尔福德案"的判决中，美国联邦最高法院指出，如果被告人在作出有罪答辩的同时又声称自己事实上无罪，那么，只有当存在强有力的证据证明其罪行的情况下接受其有罪答辩才符合联邦宪法。[6]1999年，美国联邦最高法院又表示，它不会干涉地区法院按照自己的方式确认被告人未被强迫而在没有事实基础的情况下作出有罪答辩。[7]根据联邦上诉法院的判例，即使法官在答辩听审（plea colloquy）中没有获得适当的事实基础支持而接受有罪答辩的，也不必然导致有罪答辩的无效，如果上诉法院认为法官所犯错误是"无害错误"（例如，即使不存在这一错误，被告人仍然会作有罪答辩；[8]诉讼记录表明被告人知道自己有重罪前科；[9]被告人承认了指控的要件事实[10]等），则有罪答辩仍然可以维持。能否根据被告人的上诉对有罪答辩的事实基础进行司法审查以及按照何种标准进行审查，不同联邦上诉法院的立场也不相同。[11]绝大多数州法院系统也要求法院在接受有罪答辩之前必须确认存在事实基础，但少数州如科罗拉多州、南达科他州无此要求，路易斯安那州则

---

[1] Advisory Committee's Notes to the 1966 Amendment of Rule 11, Federal Rules of Criminal Procedure.

[2] Brady v. United States, 397 U. S. 742, 753 (1970).

[3] Padilla v. Kentucky, 559 U. S. 356, 369 (2010).

[4] Missouri v. Frye, 566 U. S. 134, 141 (2012); Lafler v. Cooper, 566 U. S. 156, 176 (2012).

[5] McCarthy v. US, 394 U. S. 466 (1969).

[6] North Carolina v. Alford, 400 U. S. 25, 37-38 (1970).

[7] Mitchell v. US, 526 U. S. 314, 324 (1999).

[8] U. S. v. Delgado-Hernandez, 420 F. 3d 16, 28 (1st Cir. 2005).

[9] U. S. v. Brandon, 965 F. 3d 427, 432-33 (5th Cir. 2020).

[10] U. S. v. Puentes-Hurtado, 794 F. 3d 1278, 1287 (11th Cir. 2015).

[11] Kristen N. Sinisi, The Cheney Dilemma: Should a Defendant Be Allowed to Appeal the Factual Basis of His Conviction After Entering an Unconditional Guilty Plea, 59 Cath. U. L. Rev. 1171 (2010).

要求由检察官确认有罪答辩的事实基础。[1]美国学界对答辩交易实践能否产出准确的案件结果也一直存在争论。[2]

从司法实践看，不同法院对有罪答辩事实基础的审查方法、审查标准等存在很大区别。从审查方法来看，询问被告人、询问检察官、查阅判刑前报告是各联邦司法区普遍认可的审查方法，但具体要求存在差异，特别是宣读起诉书后询问被告人是否实施了其中指控的行为的方法是否满足确认有罪答辩事实基础的要求，联邦的不同司法区之间存在意见分歧。[3]在州法院系统，确认有罪答辩事实基础的最常用方法是法官当庭询问被告人是否实施了被指控的犯罪，部分州也允许由检察官或者辩护律师询问被告人，或者由检察官或辩护律师当着被告人的面作证并由被告人确认其真实性，也可以由法官在答辩听审时听取证人的证言，或者使用正式的书面证言、大陪审团或预审程序记录、缓刑或判刑前报告等材料确认有罪答辩的事实基础。[4]从审查标准来看，在联邦法院系统，只要被告人明确无误地承认自己实施了犯罪行为并且知道是犯罪，且法官采用了某种适当的方法确定有罪答辩的事实基础，是否满足事实基础完全取决于法官的自由裁量；但在被告人作出"阿尔福德"答辩的情况下，法官必须确认存在强有力的证据证明被告人有罪，但"强有力的证据"标准，并不要求达到经正式审判后定罪所必要的"排除合理疑问"标准。例如，哥伦比亚特区明确要求，有罪答辩的事实基础适用"定罪的高度可能性"（a high probability of conviction）标准[5]，即只要有证据证明被告人如果进入正式审判，存在被陪审团定罪的高度可能性即可。在州法院系统，对于被告人明确无误地作出有罪答辩的案件，部分州通过成文法或判例确定了所适用的事实审查标准，但不同州的标准宽严不一。严格的如阿拉斯加州，要求适用"排除合理疑问"的标准——这可能与该州禁止对死刑以外的案件基于有罪答辩的有罪判决提出上诉有关；宽松的如缅因州，只要求达到"定罪并非不合理"的标准；居中的如密歇根州和伊利诺伊州，前者适用"在正式审判中可能被定

〔1〕　Tina M. Zottoli et al, State of the States: A Survey of Statutory Law, Regulations and Court Rules Pertaining to Guilty Pleas across the United States, 37 Behav. Sci. & L. 388, 414 (2019).

〔2〕　Myeonki Kim, Conviction beyond a Reasonable Suspicion: The Need for Strengthening the Factual Basis Requirement in Guilty Pleas, 3 Concordia L. Rev. 102, 111 (2018).

〔3〕　John L. Barkai, Accuracy Inquiries for All Felony and Misdemeanor Pleas: Voluntary Pleas but Innocent Defendants?, 126 U. PA. L. Rev. 88, 120 (1977).

〔4〕　Ibid, pp. 121-122. 关于州法院审查有罪答辩事实基础的方法，另参见 William F. McDonald, Plea Bargaining: Critical Issues and Common Practices (U. S. Department of Justice. , 1985), pp. 126-127。

〔5〕　John L. Barkai, Accuracy Inquiries for All Felony and Misdemeanor Pleas: Voluntary Pleas but Innocent Defendants?, 126 U. PA. L. Rev. 88, 126 (1977).

罪"的标准，后者适用"有基础合理地断定被告人实际上实施了犯罪"的标准。另外一些州则没有就明确无误的有罪答辩确定审查其事实基础的标准[1]，而由法官根据个案的具体情况如被告人的举止、经历、指控的复杂程度等确定。如果被告人作出的是"阿尔福德"答辩，州法院系统没有设置特别的审查标准，在具体案件中适用联邦最高法院在阿尔福德案件中确定的"强有力证据"标准。[2]

应当指出的是，美国有罪答辩的真实可靠性并不完全取决于法官在答辩听审程序中对事实基础的审查，还取决于检察官提起公诉时掌握的证据标准以及辩护律师对真实义务和忠诚义务的履行。美国律师协会《关于控诉职能的刑事司法标准》第四部分第3条关于"提起和维持公诉的最低要求"规定："（1）只有在合理地相信有合理根据支持犯罪指控、可采证据足以排除合理疑问地证明定罪，并且决定起诉符合司法利益时，检察官才能寻求或者提出犯罪指控。（2）提起公诉以后，只有当检察官继续合理地相信存在合理根据、可采证据足以排除合理疑问地证明定罪时，检察官才能维持公诉。（3）如果检察官对于被分配刑案被告人的罪行或者对于其证据在质量、真实性或充分性上存在重大疑问，则检察官应当向上级报告这些疑问，检察官办公室应当决定继续诉讼是否适当。（4）检察官办公室如果相信被告人是无罪的，不得提起或者维持公诉，不论证据情况如何。"[3]此外，美国律师协会《关于有罪答辩的刑事司法标准》第三部分第2条关于"辩护律师的特别责任"要求，辩护律师为了帮助被告人就答辩作出决定，应当经适当调查之后对可能的不同选择向被告人提供咨询，并就被告人作出答辩决定有重要意义的考虑因素加以说明，"除非对案件已经完成适当的调查和研究，否则辩护律师不得建议被告人接受答辩"。[4]所谓"适当的调查"，是指美国律师协会《关于辩护职能的刑事司法标准》第四部分所规定的调查。该部分第4-4.1条规定："（一）辩护律师在所有的案件中都有义务进行调查，并确定犯罪指控是否有充分的事实基础。（二）此项调查义务不得因下列因素而终止：控方证据明显有力；

---

〔1〕 例如《得克萨斯州刑事诉讼法》第1.15条规定：在重罪案件中，如果被告人作出有罪答辩，"控方应当提供证据并记录在案，以表明被告人的罪行，并且该证据应当被法庭接受为判决的基础。在任何情况下，如果缺乏充分的证据支持定罪，被告人不得根据其答辩被定罪。如果此类案件的被告人在公开法庭上书面同意放弃证人出庭、对质和盘问证人，并且同意对证据或证言进行约定或者同意使用宣誓证言笔录、证人的书面证言以及其他书面证据支撑法院的判决，对证据可以进行约定。这种放弃和同意须经法院书面许可，并归档"。参见网址：https://statutes.capitol.texas.gov/Docs/SDocs/code of criminal procedure.pdf，最后访问日期：2024年1月29日。

〔2〕 John L. Barkai, Accuracy Inquiries for All Felony and Misdemeanor Pleas: Voluntary Pleas but Innocent Defendants?, 126 U. PA. L. Rev. 88, 126-127 (1977).

〔3〕 ABA Criminal Justice Standards for the Prosecution Function, 2015, 4th ed., Standard 3-4.3.

〔4〕 ABA Criminal Justice Standards for Pleas of Guilty, 1999, 3rd ed., Standards 14-3.2 (b).

当事人据称已向他人自认显示其有罪的事实；当事人明确希望作出有罪答辩或者不希望进行调查；或者，当事人已向辩护律师作出了有罪供述。"〔1〕综合上述两条规定可见，辩护律师如果经过调查后发现犯罪指控缺乏充分的事实基础，不得建议被告人作出有罪答辩。但是，在法律上，检察官只要有"合理根据"（probable cause）认定被告人实施了犯罪便可以合法地对其提起公诉，而案件一旦被起诉，通常便进入了答辩协商程序，尤其是"在几乎所有司法区，检方都有就指控进行交易的自由，而且并不要求指控交易必须完全、充分地反映案件事实"〔2〕，加之法官对有罪答辩的审查往往专注于认罪及放弃宪法权利的自愿性和明智性而非确认有罪答辩的事实基础〔3〕，平均审查时间只有七八分钟〔4〕，以至于有美国学者批评说："只要有合理根据，检察官就能在几乎所有刑事案件中获得有罪判决。"〔5〕有学者甚至认为，在多数刑事案件中，法官接受有罪答辩时实际适用的证明标准，"最多只是'合理根据'，也可能只是'合理怀疑'（reasonable suspicion）"。〔6〕

　　尽管美国被告人在进行有罪答辩时几乎都有辩护律师的帮助，但由于检察官在答辩交易的要约方面（包括指控罪名、罪数和量刑建议的从宽幅度等）享有几乎不受限制的自由裁量权，起诉的证据标准和法官对有罪答辩的事实审查标准又均低于正式审判的定罪证明标准，加之其他一些因素，导致一些事实上无罪的被告人作出有罪答辩，最终被定罪判刑。〔7〕据美国加州大学尔湾分校等三所大学联合项目组调查，自1989年根据DNA证据纠正第一例冤案以来，至2024年1月20日止，美国全国已经有3459名罪犯经赦免、撤销案件或者宣告无罪而得以平反，其中838人的有罪判决是根据有罪答辩作出的，占24.2%；而这些曾经作出有罪

〔1〕 ABA Criminal Justice Standards for the Defense Function, 2015, 4th ed., Standard 4-4.1 (a) & (b).

〔2〕 ［美］珍妮·特纳:《证据不足案件中的检察官和辩诉交易：比较的视角》，载［美］艾瑞克·卢拉、［英］玛丽安·L.韦德主编:《跨国视角下的检察官》，杨先德译，法律出版社2016年版，第91页。

〔3〕 Myeonki Kim, Conviction beyond a Reasonable Suspicion: The Need for Strengthening the Factual Basis Requirement in Guilty Pleas, 3 Concordia L. Rev. 102, 104 (2018).

〔4〕 William F. McDonald, Plea Bargaining: Critical Issues and Common Practices (U.S. Department of Justice., 1985), p.135.

〔5〕 Gregory M Gilchrist, Reviewing the Prosecution, in Lucian E. Dervan et al., Voices on Innocence, 68 FLA. L. Rev. 1569, 1589 (2016).

〔6〕 Myeonki Kim, Conviction beyond a Reasonable Suspicion: The Need for Strengthening the Factual Basis Requirement in Guilty Pleas, 3 Concordia L. Rev. 102, 113 (2018).

〔7〕 无罪的被告人为什么会认罪，原因很复杂，参见 Blume, J. H.; Helm, R. K., The Unexonerated: Actually Innocent Defendants Who Plead Guilty, 100 (1) Cornell L. Rev. 157 (2014); Glinda S. Cooper, Vanessa Meterko & Prahelika Gadtaula, Innocents Who Plead Guilty: An Analysis of Patterns in DNA Exoneration Cases, 31 Fed. Sent'g Rep. 234, 236 (2019)。

答辩的人中，744 人被指控的犯罪事实根本就没有发生过[1]，占比高达 88.8%，占被平反总人数的 21.5%。

美国联邦最高法院曾对答辩交易的真实可靠性表示乐观态度。例如，在 1970 年首次确认答辩交易合宪时，美国联邦最高法院认为："如果通过宽大处理鼓励认罪，大幅增加了有称职律师帮助的被告人错误谴责自己的可能性，我们将会对此案产生严重怀疑。但我们的观点恰恰相反。"[2]五年之后，在另一份判决中，美国联邦最高法院又写道："经咨询律师后作出的有罪答辩是对事实上有罪的承认，这种承认是如此可靠，以至于只要是自愿地、明智地作出的答辩，它就非常有效地消除了案件中事实上是否有罪的争议。"[3]在 1985 年的一份判决中，美国联邦最高法院史蒂文斯大法官援引第七巡回上诉法院的话再次指出："对不公正的程序可能导致无辜被告人被定罪的担忧，仅在罕见情况下通过撤销认罪答辩的请求被提起。"[4]直到 2017 年，美国联邦最高法院托马斯大法官还坚持认为，"有罪答辩本身通常是可靠的"[5]。然而，近三十多年来通过 DNA 证据获得平反的大量冤案使美国法律界和法学界有识之士认识到，"美国刑事司法制度中对无罪者的错误定罪问题是持续性的、系统性的，而不仅仅是批评者错误地宣称的偶发的和反常的"[6]。由此引发了美国刑事司法中的一场"洗冤运动"或"洗冤革命"（Innocence Movement, Innocence Revolution），被称为"21 世纪的民权运动"[7]。很多人因此加入了关于如何改进答辩交易制度的讨论，内容涉及限制检察官的起诉裁量权、加强法官的司法审查和辩护律师的法律帮助、扩大控方开示证据的范围、改造正式审判程序、完善上诉审查程序和量刑指南等诸多方面。[8]2023 年 2 月，

---

[1]　参见 The National Registry of Exonerations, at https://www. law. umich. edu/special/exoneration/Pages/detaillist. aspx? View=%7bFAF6EDDB-5A68-4F8F-8A52-2C61F5BF9EA7%7d&FilterField1=Group&FilterValue1=P, 最后访问日期：2024 年 1 月 20 日。

[2]　Brady v. US, 397 U. S. 742, 758 (1970).

[3]　Menna v. New York, 423 U. S. 62 n. 2. (1975).

[4]　Hill v. Lockhart, 474 U. S. 58 (1985) (Stevens, J., dissenting).

[5]　Lee v. United States. 582 U. S. 357, 378 (2017) (Thomas, J., dissenting).

[6]　Richard A. Leo, What Innocence Means Today and Why it Matters, in Lucian E. Dervan ed al., Voices on Innocence, 68 Fla. L. Rev. 1579 (2016).

[7]　Daniel S. Medwed, Innocentrism, U. Illinois L. Rev. 1549, 1550 (2008).

[8]　例如，Rachel E. Barkow, Institutional Design and the Policing of Prosecutors: Lessons from Administrative Law, 61 STAN. L. Rev. 869 (2009); Marvin Zalman; Ralph Grunewald, Reinventing the Trial: The Innocence Revolution and Proposals to Modify the American Criminal Trial, 3 Tex. A&M L. Rev. 189 (2015); Designing Plea Bargaining from the Ground up: Accuracy and Fairness without Trials as Backstops, 57 Wm. & Mary L. Rev. 1055 (2016); Lucian E. Dervan, Vanessa A. Edkins & Thea Johnson, Victims of Coercive Plea Bargaining: Defendants Who Give False Testimony for False Pleas, 72 Am. U. L. Rev. 1919 (2023).

美国律师协会刑事司法部答辩交易专家组[1]历经三年深入研究后发布了一份研究报告。[2]该报告基于对效率导向的答辩交易制度的反思，提出了完善答辩交易制度、改进答辩交易实践的 19 项原则建议，以期"促进整个刑事司法系统的透明度、问责制、公正性和合法性"。与有罪答辩的准确性最为相关的，是该报告提出的第五项原则："刑事司法系统应认识到，答辩交易诱使被告人出于各种原因认罪，其中一些原因与是否在事实上和法律上有罪几乎无关。在现行制度下，无辜的人有时会对自己没有犯下的罪行认罪。"专家组认为，正视答辩交易制度下无罪问题的存在是解决该问题的首要一步，并且建议：保障每一名被告人作出有罪答辩前获得称职律师帮助的权利，减小正式审判与有罪答辩后的量刑差，禁止以审前羁押等方法迫使被告人认罪，保证被告人获得全面的证据开示并有充分时间审查这些证据，保证被告人在被定罪后获得适当的上诉审查权，加强对刑事司法系统中所有行为的过程监督，以确保被告人认罪的自愿性、明智性，监测认罪过程的准确性和完整性。美国法律界和法学界对认罪答辩事实基础的可靠性乃至整个答辩交易制度存在问题的认识和对策建议，值得我国在实施和完善认罪认罚从宽制度时借鉴。

（二）德国认罪协商制度下定罪的证明标准

德国认罪协商制度最先是 20 世纪 70 年代基于应对涉及面广、证据调查方面有困难的经济犯罪、毒品犯罪、环境犯罪等疑难案件的需要而在司法实践自发地产生的，后来其适用范围不断扩大，直至可以适用于故意杀人等暴力犯罪案件。[3] 2009 年 7 月 29 日，德国联邦议会在总结司法实践经验的基础上，通过了《认罪协商法》（2009 年 8 月 4 日生效），该法在《德国刑事诉讼法》第 257 条后增加了三个条文，对认罪协商的实践做法正式予以确认，同时针对司法实践中认罪协商存在的问题就允许协商的内容和协商程序进行了明确的规范，其中核心条文是第 257c 条，该条共有五款，基本内容是：（1）法官在适当情况下可以与诉讼参与人就之后的诉讼进程和结果进行协商并达成协议，但《德国刑事诉讼法》第 244 条

---

[1]　美国律师协会刑事司法部专家组成立于 2019 年，共有 14 名成员，由贝尔蒙特大学法学院教授 Lucian E. Dervan 和佐治亚州立大学法学院教授 Russell Covey 联袂担任主任，其他成员均为知名的律师、检察官、法官、学者以及非政府组织的代表。

[2]　美国律师协会刑事司法部答辩交易专家组 2023 年年度报告，Plea Bargain Task Force Report, https://www.americanbar.org/content/dam/aba/publications/criminaljustice/plea-bargain-tf-report.pdf，最后访问日期：2024 年 1 月 26 日。

[3]　[德] 约阿希姆·赫尔曼：《德国刑事诉讼程序中的协商》，王世洲译，载《环球法律评论》2001 年冬季号，第 411 页。

第 2 款规定的职权调查原则不受影响。（2）协商的内容只能是构成判决及其所属裁定内容的法律后果，包括刑罚种类和幅度、缓刑和相关负担、程序的终止、法院是否收集证据以及被告人是否放弃证据申请等，有罪判决以及矫正与保安处分不得成为协商内容。（3）法官可以根据全案情况提出在被告人认罪的情况下可能判处刑罚的上限和下限，以换取被告人当庭认罪，然后听取辩护律师和检察官的意见；如果各方达成一致，协议即告成立；协议内容必须在法庭上公开。（4）如果在协商过程中忽视了或者协议达成后新出现了某种法律上或者事实上具有重要意义的情况，或者被告人没有如约作出符合法庭预期的有罪供述，则认罪协议对法庭失去约束力，在此情况下，法庭不得使用被告人的有罪供述作为证据。（5）法官应当告知被告人法庭在前述情况下背离承诺的前提和后果。根据上述规定，德国的认罪协商本质上是法官以一定幅度的量刑从宽换取被告人在法庭上作出有罪供述，以便简化审判程序、及时终止诉讼的一种案件处理方式，故又称为"供述协商"或"自白协商"。[1]德国立法虽然赋予了法官启动认罪协商的权力，但对认罪协商的内容和程序进行了严格限制，它不仅禁止法官在协商中提出"精确"的量刑建议、禁止在认罪协议中要求被告人放弃上诉权[2]，而且要求法庭将法庭背离协议的前提条件和后果提前告知被告人。此外，根据《德国刑事诉讼法》第 267 条第 3 款第 5 句和第 273 条第 1 款之二的规定，不论最终是否达成协议，所有协商行为均应在法庭上公开，并且在审判笔录中予以记载，对已经达成的协议还应在判决理由中写明。

德国认罪协商制度区别于美国答辩交易制度的一个重要特点是，它要求被告人在法庭上作出有罪供述，而不只是简单地表示认罪；[3]而且即使被告人根据协议当庭作出了有罪供述，也不影响《德国刑事诉讼法》第 244 条第 2 款规定的职权调查原则的适用，根据这一原则，法院为了查明事实真相，应当依职权将证据调查延伸到对于裁判有意义的所有事实和证据方法上。因此，法院不能简单地依赖控辩双方提供的事实（包括被告人的有罪供述），而必须独立地调查作出判决所必要的充分事实基础。[4]

---

〔1〕 参见陈慧君：《德国自白协商制度研究》，法律出版社 2023 年版，第 2—5 页。

〔2〕 参见《德国刑事诉讼法》第 302 条第 1 款。

〔3〕 如德国巴伐利亚州总检察长在《关于刑事案件中协议的指示》中要求："被告人作出的必须是一个'合格的供述'，对该供述能够基于案卷内容进行检验。通过简单援引起诉罪状而对指控的罪名作的无实质内容的供述是不够的。"见［德］聂泽尔：《刑事诉讼中的辩诉交易与认罪协商——司法实务角度的解读》，载陈光中主编：《公正审判与认罪协商》，法律出版社 2018 年版，第 187 页。

〔4〕 Thomas Weigend & Jenia lontcheva Turner, The Constitutionality of Negotiated Criminal Judgments in Germany, 15 German L. J. 81, 91 (2014).

　　然而，实证研究表明，德国立法关于认罪协商的要求在司法实践并未得到完全落实。德国阿尔滕海因（Karsten Altenhain）教授团队 2012 年对 190 名刑事法官（其中 73 人为地区法院刑事审判庭的审判长）、68 名检察官和 76 名刑辩律师的调查发现，在区法院（Amtsgericht）和地区法院（Landgericht），分别有 17.9% 和 23% 的刑事案件是通过认罪协商解决的。接受调查的 58.9% 的法官承认，他们进行的认罪协商一半以上是"非正式"的，即没有遵守《德国刑事诉讼法》第 257c 条的规定，没有在法庭笔录中对认罪协商进行记录；部分法官甚至就犯罪事实和罪名进行协商；46.7% 的法官说，他们没有按照《德国刑事诉讼法》第 267 条第 3 款的要求在判决理由中说明是依据认罪协商作出的判决。[1]虽然有 61.7% 的法官说他们总是会审查被告人有罪供述的可信性，但 38.3% 的法官说他们没有对被告人有罪供述的可信性"总是"加以审查，而只是"经常""有时""很少"甚至"从不"会审查。[2]与此形成鲜明对照的是，受访检察官中只有 29.9% 的比例表示，法院总是会审查有罪供述的可信性，有 19.4% 的比例表示法院偶尔甚至从未审查有罪供述的可信性；受访的辩护人中表示法院总是会审查有罪供述可信性的比例仅为 14.7%，高达 44% 的辩护人表示法院偶尔甚至从未加以审查。[3]这样的调研结果显示，司法实践的违规操作对于《德国刑事诉讼法》第 244 条法院应尽到澄清义务的法规范诫命要求形成相当挑战。[4]

　　针对司法实践中存在的上述问题，德国宪法法院在 2013 年 3 月 9 日的一份判决中在维持《认罪协商法》合宪性的同时，重申了罪责原则、法治国家程序原则、无罪推定原则等宪法原则的重要性，认为"基本法中确立的罪责原则和与之相连的发现实质真实的义务以及（构建）公正、符合法治国要求的基本原则，无罪推定和法官客观中立的义务都排除了将查明真相、法律涵摄以及量刑原则置于诉讼参与人和法庭的自由处分之下"。认罪协商"蕴含着不充分遵守宪法规定的风险"，"在法律规范计划之外发生的所谓非正式协商是不被允许的"。[5]该判决

　　　　　　　　　　　　　　　　

　　〔1〕　Alexander Schemmel, Christian Corell & Natalie Richter, *Plea Bargaining in Criminal Proceedings: Changes to Criminal Defense Counsel Practice as a Result of the German Constitutional Court Verdict of* 19 March 2013?, 15 German L. J. 43, 48（2014）.

　　〔2〕　Ibid.

　　〔3〕　卢映洁：《德国刑事诉讼依协商为判决之制度发展与实践》，载《中正大学法学集刊》2016 年 10 月，第 102-103 页。

　　〔4〕　卢映洁：《德国刑事诉讼依协商为判决之制度发展与实践》，载《中正大学法学集刊》2016 年 10 月，第 103 页。

　　〔5〕　〔德〕聂泽尔：《刑事诉讼中的辩诉交易与认罪协商——司法实务角度的解读》，载陈光中主编：《公正审判与认罪协商》，法律出版社 2018 年版，第 185-186 页。

特别强调法官的真实发现义务，认为无论是在被告人不认罪的案件中，还是在认罪协商案件中，法官在宪法上都负有发现真实的义务；"彻底调查实体真实的义务对于实现罪责原则而言是必不可少的，对此，立法者不能随意处置"。因此，离开法庭对案件事实的独立调查，仅凭诉讼参与者之间的合意，不能使刑事裁判合法化；简单的形式上认罪绝不足以满足法庭调查事实真相的义务，即使被告人在正式庭审中作出详细的有罪供述也不一定能够满足需要。联邦宪法法院清楚地指出，法官的从轻量刑承诺可能会在部分案件中导致被告人作出虚假的供述，因此，法官必须独立审查有罪供述的事实基础，仅仅把有罪供述与控方案卷材料进行形式上的对比尚未尽到查明事实真相的义务。[1]

在 2013 年 3 月 9 日德国宪法法院的判决之后，阿尔滕海因教授团队再次接受宪法法院的委托，于 2018 年 3 月 1 日至 2020 年 2 月 28 日针对 128 个区法院和 129 个地区法院，通过案卷分析以及对法官、检察官和辩护人等的问卷和访谈，对认罪协商规则在司法实践中的适用情况进行了全面调查。调研结果显示，31.5% 的受访法官表示，过半数协商仍然是以违法的非正式协商方式进行的，"过于复杂的程序性保障措施常使其难以确定协商程序是否合法，从而更倾向于适用诉讼交易。"[2]有 78.6% 的法官表示，总是会在协商程序中审查有罪供述的真实性；7.7% 的法官表示，在有争议的案件中，除提出幅度刑量刑建议外，还会提出另一个供被告人选择的刑罚；12.5% 的法官表示，其不会在庭审笔录中记载协商性对话的内容；7.8% 的法官"不在判决理由中载明协商程序的发生"；11.7% 的法官表示，存在被告人在协商程序中放弃上诉权的情况。[3]对比上述两次调查结果可知，坚持调查有罪供述真实性的法官比例虽然有一定幅度的上升，但仍有超过五分之一的法官"并非总是审查有罪供述的真实性"，与立法和宪法法院判例的要求仍然存在一定的距离。由此可见，在德国认罪协商制度下，传统的实体真实原则和定罪证明标准在部分认罪协商案件中出现了一定的松动迹象，而且这种松动具有顽固的持续性，并未因为 2009 年认罪协商入法以及 2013 年宪法法院的判决而出现根本性的变化。

（三）比较分析

从比较法的角度来看，美国法对正式审判程序适用有"排除合理疑问"的证

---

[1] Thomas Weigend & Jenia lontcheva Turner, The Constitutionality of Negotiated Criminal Judgments in Germany, 15 German L. J. 81, 97-98 (2014).

[2] 陈慧君：《德国自白协商制度研究》，法律出版社 2023 年版，第 21-22 页。

[3] 陈慧君：《德国自白协商制度研究》，法律出版社 2023 年版，第 22 页。

明标准，对根据有罪答辩作出的有罪判决只要求法官确认有罪答辩存在事实基础，正式审判和有罪答辩程序的定罪证明标准存在明显的差异。相比之下，德国无论是立法，还是宪法法院的判例，都要求认罪协商后的有罪判决建立在实体真实原则之上，法官判决认定被告人有罪必须根据全案证据（包括被告人有罪供述）形成内心确信。美、德两国协商性刑事司法证明标准的差异，反映了两国刑事诉讼理念以及协商性司法实际作用方面的区别。

　　美国刑事诉讼采用典型的当事人主义模式，它以正当程序为基本理念。在这种理念指导下，刑事诉讼实行当事人推进原则和当事人处分原则。如果被告人对指控的犯罪作出无罪答辩，案件通过正式审判程序处理，由控方对指控犯罪事实承担证明责任，并适用"排除合理疑问"的证明标准，即只有当控方对指控犯罪的每一要件证明到排除合理疑问的程度时，事实裁判者才能作出有罪判决[1]，但事实裁判者自身并无主动查明案件事实真相的义务。然而，一旦被告人作出有罪答辩，即由法官当庭告知被告人诉讼权利并确认被告人认罪的自愿性、明智性和事实基础以后接受有罪答辩，并判处相应的刑罚，不再对案件安排正式审判。换言之，在被告人作出有罪答辩的案件中，控方的有罪证明责任被免除，不再适用"排除合理疑问"的证明标准。就此而言，美国刑事诉讼带有浓厚的"纠纷解决"性质，有罪答辩的事实基础仅仅是满足诉讼各方接受案件的处理结果所必要的事实根据，至于它与客观事实是否相符，不是诉讼程序规制的重点。正因如此，即使被告人作出有罪答辩的同时声称自己事实上无罪，只要法官确认被告人理解指控的性质以及在专业律师帮助下所作的认罪答辩是自愿的、明智的，并且有强有力的证据支撑（低于排除合理疑问的证明标准），法官就可以接受有罪答辩并据此作出有罪判决。

　　与美国不同的是，德国刑事诉讼采用较为典型的职权主义模式，它的基本理念是实体真实。在这种诉讼理念指导下，德国侦查程序和审判程序均被设计为"官方调查程序"（official inquiry），检察官承担客观义务，法官负有职权调查义务，有罪判决所依据的案件事实由法官在公诉事实同一性的范围内依职权查明，不适用美国刑事诉讼那种证明责任制度。[2]被告人的有罪供述即使是在公开法庭上自愿作出的，也不具有有罪答辩那种"定罪"效果，它只是法官认定案件事实的证据之一。不仅如此，根据《德国刑事诉讼法》第244条至第261条和第267条的规定，法官对案件证据的调查，必须遵守言词、直接原则和公开审理原则，

---

　　[1]　In re Winship, 397 U. S. 358 (1970).

　　[2]　Thomas Weigend, Assuming That the Defendant Is Not Guilty: The Presumption of Innocence in the German System of Criminal Justice, 8 Crim. L. & Phil. 285, 290 (2014).

只有在依法调查全案证据后确信被告人有罪，才能最终宣告被告人有罪，并在判决理由部分"写明已经查明的、具有犯罪行为法定特征的事实"以及"所适用的刑法和决定量刑的情节"。根据德国的法学理论，罪责原则以及作为其基础的实体真实不允许诉讼当事人进行处分，刑事诉讼也不是国家与被告人之间的某种"纠纷"，而是法院代表国家在控辩双方的参与下努力发现真实真相、确定被告人罪责的过程。[1]因此，在认罪协商案件中，被告人的有罪供述既不能免除法官对案件进行正式审判的义务，也不能作为法院作出有罪判决的唯一根据。在任何情况下，判决都必须建立在通过实质化庭审之后所查明的实体真实基础之上。

虽然德国的认罪协商制度与美国的答辩交易制度同属协商性刑事司法的具体类型，但它们在各自国家刑事司法系统中的实际作用不可同日而语。答辩交易原则上[2]不受案件类型、犯罪性质、罪行轻重等限制，它与正式审判适用完全不同的程序规则，也不受正式审判中的证据规则限制，它是美国替代正式审判程序给被告人定罪判刑的最常用程序，因不认罪而进入正式审判程序的案件大约不超过检察官起诉案件的5%，这是美国联邦最高法院宣称美国刑事司法制度"主要是答辩制度，而不是审判制度"[3]的主要原因。答辩交易适用率如此之高，表明美国刑事司法制度的实际运作高度依赖答辩交易，因此，要求对经答辩交易后定罪的案件继续适用正式审判的证明标准不具有现实可行性。德国的认罪协商制度则不同，它是嵌入于正式审判程序的一种制度，它仅仅适用于检察官申请正式审判且被告人不认罪的案件，"现行犯和已经较早作出（可采的）供述的被告人并无任何交易可做"。[4]由于经认罪协商达成协议后定罪量刑的刑事案件在进入正式审判的案件中所占比例较低，在刑事案件总数中所占比例自然更低。根据德国联邦司法和消费者保护部的统计，2017年，德国检察机关对424 049人提出了正式起诉，另有531 795人提出了处罚令申请，对其他犯罪嫌疑人均以不起诉或附条件不起诉终止诉讼，进入正式审判的案件只占犯罪嫌疑人总数的7.6%。[5]阿尔

---

〔1〕 参见〔德〕托马斯·魏根特：《德国刑事程序法原理》，江溯等译，中国法制出版社2021年版，第233-240页。

〔2〕 美国联邦司法系统对答辩交易没有适用范围的限制，但个别州如加利福尼亚州对特定的重罪禁止适用答辩交易。参见美国《加利福尼亚州刑法典》第1192.7条第1款。

〔3〕 Missouri v. Frye, 566 U. S. 134, 143-144（2012）.

〔4〕 〔德〕托马斯·魏根特：《德国刑事程序法原理》，江溯等译，中国法制出版社2021年版，第217页。

〔5〕 参见Jorg-Martin Jehle, Criminal Justice in Germany: Facts and Figures, Published by the Federal Ministry of Justice and Consumer Protection 7th Ed. 2019, p. 21.

滕海因教授团队关于认罪协商适用率的实证调研显示，认罪协商在区法院、地区法院正式审判案件中的平均适用率只有 18.9%[1]。如果按此比例进行推算，德国 2017 年适用认罪协商的被告人人数大约为 80 145 人，仅占被告人总人数（申请正式审判和处罚令人数之和）的 8.4%，远远低于美国答辩交易的实际适用率。虽然著名学者许乃曼教授认为，"认罪协商法案通过以来，认罪协商的案件比例一直在增加"，但阿尔滕海因教授团队 2020 年发表的最新实证调查结果显示，"根据法官在调查问卷和访谈中的陈述，总体上认罪协商的比例仅在 12% 至 13% 之间"。[2]由于德国认罪协商制度属于正式审判程序的组成部分，实际适用率较低，加之德国主流法学理论对罪责原则、法治国家程序原则、无罪推定原则以及与此关联的实体真实原则的珍视，德国立法机关、联邦最高法院[3]和宪法法院一致要求法院必须依法履行依职权查明实体真实的义务，禁止法院仅仅依据协商后的有罪供述作出有罪判决。

既然如此，为什么德国认罪协商实践中未能完全坚持立法和判例所要求的实体真实原则呢？主要原因有二：

其一，判例关于认罪协商案件中有罪供述真实性审查方式的要求，本身就不完全符合实体真实原则。在 2013 年 3 月 19 日的判决中，德国宪法法院一方面宣称不能简单地把经协商后作出的有罪供述与检察官移送的案卷材料进行对比，另一方面却又允许法官通过庭外阅卷或者当庭宣读被告人的庭前陈述向被告人质问的方式核实有罪供述的真实性，只要法官保证已经阅览了案卷材料，或者被告人肯定其庭前陈述的正确性，那么相关案件材料或被告人的庭前陈述即转化为审判

---

〔1〕　阿尔腾海因教授团队 2011 年对法官的实证调查显示，平均而言，区法院法官审结的案件量大约为 252 件，其中通过认罪协商终结的约为 45 件；地区法院法官审结的案件量大约为 65 件，其中通过认罪协商终结的约为 15 件，因此，区法院和地区法院适用认罪协商的比例分别为 17.9% 和 23%，平均适用率为 18.9%。参见卢映洁：《德国刑事诉讼依协商为判决之制度发展与实践》，载《中正大学法学集刊》2016 年 10 月，第 86 页。

〔2〕　[德] 贝恩德·许乃曼：《德国刑事认罪协商制度的新进发展及评析》，黄河译，载《法治社会》2023 年第 1 期，第 123—124 页。

〔3〕　针对实践中日益盛行的认罪协商以及法学界和实务界对此的争议，德国联邦最高法院在 1997 年 8 月 28 日的历史性判决中指出，德国刑事诉讼"在根本上是反对和解的"，但协商性司法如果遵循某些原则，也可以与现行法相符，这些原则包括：审判法庭必须履行查明事实真相的义务，即使被告人作出了有罪供述，禁止对被告人施加过度压力使其供述有罪；罪责与刑罚相适应；在法官办公室进行的协商必须在公开法庭上予以披露；所有审判人员（包括陪审员）和当事人（包括被告人）都必须参与协商程序；审判法官不得承诺判处特定的刑罚，禁止要求被告人放弃上诉权；除非出现了严格的新情况，否则法官不得偏离事先承诺的量刑范围。参见 Thomas Weigend & Jenia Iontcheva Turner, The Constitutionality of Negotiated Criminal Judgments in Germany, 15 German L. J. 81, 88 (2014)。

中的证据，[1] 可以用作定案的根据。而这两种审查方式本质上都是通过案卷材料与有罪供述进行对比的方法审查有罪供述的真实性，与《德国刑事诉讼法》第244 条和第 250 条规定的职权调查原则和直接审理原则并不完全相符。

其二，效率导向的协商性司法对正式审判程序的证据规则和证明标准具有天然的腐蚀性。如同美国答辩交易制度一样，德国认罪协商制度是一种效率导向的协商性司法制度，它本来就起源于法院简化正式审判程序、及时终结诉讼的实践需要。[2] 如果法官仍然按照法律规定的要求适用言词直接原则和公开原则对作为定案根据的每一个证据进行法庭调查，那么，认罪协商就会失去节约诉讼时间和成本的优势，因而对法官、检察官和辩护人不再有吸引力。有德国学者甚至认为，只有当法庭放弃对事实的进一步调查，把被告人的有罪供述作为定罪的唯一根据，有罪供述才能产生简化审判程序的作用，而协商后的从宽处罚也正是基于有罪供述的这种作用。[3] 阿尔滕海因教授团队 2012 年对法官、检察官和辩护人的调查显示，通过与案卷材料的比对来审查有罪供述的可靠性的，占受访法官的 91.9%、受访检察官的 89.4% 和受访辩护人的 83.3%；通过就特定问题再次讯问被告人进行核实的，占受访法官的 71.5%、受访检察官的 98.5% 和受访辩护人的 97%。相比之下，"证人或鉴定人的讯问、笔录资料的提示及文书证据的自我阅览等程序都是居于不重要的角色，甚至有一些辩护人明确表示，认罪自白的审查根本是一种'不在场审查'（Alibiüberprüfung）"。[4] 对此，许乃曼教授批评道："刑事协商导致的结果是，放弃作为查明真相手段的审判程序，且当被告在供述中证实侦查案卷的正确性时，判决仅仅以侦查案卷为依据。"[5] 正因如此，阿尔滕海因教授团队认为，法官主导并促进认罪协商的主要动机正是为了简化正式庭审中的证据调查程序。[6] 一旦简化了庭审程序，便意味着法官在公开法庭上的职权调查义务被

---

[1] Thomas Weigend & Jenia Iontcheva Turner, The Constitutionality of Negotiated Criminal Judgments in Germany, 15 German L. J. 81, 98 (2014).

[2] 参见 [德] 托马斯·魏根特：《德国刑事程序法原理》，江溯等译，中国法制出版社 2021 年版，第 223-227 页。

[3] Karsten Altenhain, Absprachen in German Criminal Trials, in World Plea Bargaining: Consensual Procedures and the Avoidance of the Full Criminal Trial, edited by Stephen C. Thaman, Carolina Academic Press, 2010, p. 172.

[4] 参见卢映洁：《德国刑事诉讼依协商为判决之制度发展与实践》，载《中正大学法学集刊》2016 年 10 月，第 104-106 页。

[5] [德] 贝恩德·许乃曼：《公正程序（公正审判）与刑事诉讼中的协商（辩诉交易）》，载陈光中主编：《公正审判与认罪协商》，法律出版社 2018 年版，第 38 页。

[6] 参见卢映洁：《德国刑事诉讼依协商为判决之制度发展与实践》，载《中正大学法学集刊》2016 年 10 月，第 104 页。

松绑，法官关于定罪量刑的事实认定不再受到庭审证据调查程序即"严格证明"程序的限制，法官最终定罪是否有内心确信支撑，完全取决于法官的自由裁量，即使其心证门槛仍然达到了内心确信的标准，也不主要是基于法庭审理的结果，而主要是庭前阅卷甚至法官与诉讼当事人"合意"的结果，这与《德国刑事诉讼法》第261条关于法庭只能根据庭审调查过程中建立起来的内心确信决定证据调查结果的规定和同法第244条规定的职权调查原则是相冲突的。这也正是认罪协商制度多年来在德国受到激烈批评的重要原因之一。[1]

虽然德国刑事司法中的错案比美国的错案数量上少得多[2]，并且德国立法和宪法法院判例均要求坚守职权调查原则，而不能把有罪判决仅仅建立在经认罪协商后被告人所作的有罪供述上，但从司法实践情况看，"在相当比例的案件中，法官接受了被告人对检察官指控事实的形式同意，作为认定被告人有罪的唯一根据"，这种"效率和发现'真实'之间的交换可能会导致错误定罪，就像美国的答辩交易一样"。[3]例如，2000年，波兰人阿尔图·托卡奇在德国波茨坦的一家区法院被控走私稀土罪，法院以判处缓刑、当庭释放为条件换取了已经被关押了五个月的托卡奇的有罪供述，判处托卡奇有期徒刑二年缓期执行、没收"走私"的货物及其运输工具。六年之后经法兰克福的事实审上诉法院再审，托卡奇终于获得无罪宣告。[4]

需要指出的是，尽管美国答辩交易制度和德国认罪协商制度在定罪的事实基础或者证明标准方面均较正式审判程序有所弱化，但美、德两国关于有罪答辩或有罪供述自愿性、真实性的一些制度保障，如辩护律师帮助权、沉默权、阅卷权或证据开示权、达成合意后的反悔权以及反悔后相关陈述不可采等，是我国认罪认罚从宽制度所欠缺的。这表明，证明标准在美国、德国和我国刑事诉讼中具有

---

〔1〕 参见 Karsten Altenhain, Absprachen in German Criminal Trials, in World Plea Bargaining: Consensual Procedures and the Avoidance of the Full Criminal Trial, edited by Stephen C. Thaman, Carolina Academic Press, 2010, pp. 162-163；［德］托马斯·魏根特：《德国刑事程序法原理》，江溯等译，中国法制出版社2021年版，第316-317页；［德］贝恩德·许乃曼：《德国刑事认罪协商制度的新进发展及评析》，黄河译，载《法治社会》2023年第1期，第124-126页。

〔2〕 关于德国的冤案情况及其与美国冤案原则的比较分析，参见 Fredericke Leuschner, Martin Rettenberger & Axel Dessecker, Imprisoned but Innocent: Wrongful Convictions and Imprisonments in Germany, 1990-2016, 66 Crime & Delinquency 687 (2020).

〔3〕 Erin Schapiro, Wrongful Convictions: Not Just an American Phenomenon?: An Investigation into the Causes of Wrongful Convictions in the United States, Germany, Italy, and Japan, 34 Emory Int'l L. Rev. 897, 919 (2020).

〔4〕 参见［德］汤玛斯·达恩史戴特：《法官的被害人》，郑惠芬译，我国台湾地区卫城出版社2016年版，第307-315页。

完全不同的法律意义〔1〕，我国不能简单地模仿或者照搬美国或德国的经验。

四、认罪认罚案件证明标准的价值选择和准确适用

在当代刑事法和比较法领域享有盛誉的德国法学家魏根特教授认为："任何一国的法律系统都是围绕真实建构的，只不过在审判程序的选择上有所区别而已。"决定性的问题在于，"我们应当如何保证程序结果未经历完整的审判程序，但建立在'真相'之上？"〔2〕这既是美国、德国等西方发达国家刑事诉讼制度发展中面临的现实难题，也是我国认罪认罚从宽制度实施及进一步完善中必须正确回答的重要问题，其本质是认罪认罚从宽制度的效率价值与公正价值如何取舍的问题。

（一）认罪认罚案件证明标准的价值选择

在刑事诉讼中，定案处理时适用何种证明标准，涉及效率价值与公正价值的权衡问题。正如秦宗文教授所言，"证明标准的设定与把握，是打击犯罪与保障人权、公正与效率综合平衡下的产物，无论是认罪还是不认罪案件皆为如此"。〔3〕如果选择效率优先，像美国答辩交易制度那样，那就不可能适用正式审判的定罪证明标准，否则效率价值就无从体现。相反，如果选择公正价值优先，效率只是附带效果，那就必然要求坚持实体真实理念和法定的证明标准，不能因为被追诉人认罪认罚而降低收集、固定、审查和认定证据的要求以及定案的证明标准。汪海燕教授认为，认罪认罚从宽制度的确在司法资源配置以及构建层次化的诉讼程序方面保障、推进了以审判为中心的诉讼制度改革，但是，这种保障、推进作用并不表明认罪认罚案件就不需要遵从以审判为中心的要义或游离于以审判为中心之外。如果以推进审判为中心诉讼制度改革为由，将认罪认罚案件排除在审判中心的体系之外，进而以此降低此类案件的证明标准，在逻辑上不具有自洽性。由于证明标准的导向性和指引性，坚守证明标准，能够促使审前阶段主持机关全面客观、依法收集、审查判断、运用证据，进而保证案件的侦查和审查起诉的质量；相反，如果降低证明标准，其逆向指引作用就会显现，即在审前程序中，侦查机关、检察机关可能将犯罪嫌疑人认罪认罚的口供作为证据收集的重心，甚至将证据收集的全面性、合法性抛诸脑后。〔4〕

---

〔1〕 参见孙长永：《认罪认罚案件的证明标准》，载《法学研究》2018 年第 1 期，第 177-178 页。

〔2〕 ［德］托马斯·魏根特：《德国刑事程序法原理》，江溯等译，中国法制出版社 2021 年版，第 266 页。

〔3〕 秦宗文：《认罪案件证明标准层次化研究——基于证明标准结构理论的分析》，载《当代法学》2019 年第 4 期，第 106 页。

〔4〕 汪海燕：《认罪认罚从宽案件证明标准研究》，载《比较法研究》2018 年第 5 期，第 74-75 页。

笔者认为，认罪认罚从宽制度追求一定的效率价值具有必要性和正当性，但效率价值的实现必须以公正的程序保障为条件。[1] 从总体上看，我国认罪认罚从宽制度的价值取向只能是"公正优先，兼顾效率"，即在坚持司法公正的前提下，通过程序机制的完善，努力提高诉讼效率。正因如此，认罪认罚案件的证明标准不能降低。理由是：

第一，降低认罪认罚案件的证明标准违反我国刑事诉讼的基本原则，也不符合检察官、法官办案责任制的精神。我国刑事诉讼一向坚持"以事实为根据，以法律为准绳"的基本原则，这一原则是"案件事实清楚，证据确实、充分"的证明标准的法律基础。为了贯彻"以事实为根据"的基本原则，我国《刑事诉讼法》第 52 条规定："审判人员、检察人员、侦查人员必须依照法定程序，收集能够证实犯罪嫌疑人、被告人有罪或者无罪、犯罪情节轻重的各种证据。严禁刑讯逼供和以威胁、引诱、欺骗以及其他非法方法收集证据，不得强迫任何人证实自己有罪。必须保证一切与案件有关或者了解案情的公民，有客观地充分地提供证据的条件，除特殊情况外，可以吸收他们协助调查。"第 53 条进一步要求："公安机关提请批准逮捕书、人民检察院起诉书、人民法院判决书，必须忠实于事实真象。故意隐瞒事实真象的，应当追究责任。"对于检察机关依法提起公诉的案件，《刑事诉讼法》在第一审普通程序中设置了较为详细的法庭调查程序，要求法院依法对各类证据进行调查；只有经法定程序查证属实的证据，才能作为法院作出裁判的根据。一审判决之后，被告人只要"不服"判决，就可以依法提出上诉，不需要说明具体的上诉理由。不仅如此，法律还要求二审法院对上诉、抗诉案件进行"全面审查"，不受上诉、抗诉范围的限制；审理后如果认为"原判决事实不清楚或者证据不足"，应当依法"查清事实后改判"或者裁定撤销原判，发回原审人民法院重新审判。[2] 即使在判决、裁判发生法律效力之后，如果检察机关或者法院发现"据以定罪量刑的证据不确实、不充分、依法应当予以排除，或者证明案件事实的主要证据之间存在矛盾的"，还应当依法启动再审。[3] 此外，根据司法责任制的相关规定，"检察人员应当对其履行职责的行为终身负责"。[4] "法官应当对其履行审判职责的行为承担责任，在职责范围内对办案质量终身负

---

[1] 具体分析论证，参见本书第一章。

[2] 参见《刑事诉讼法》第 227 条、第 233 条和第 236 条。

[3] 《刑事诉讼法》第 253 条和第 254 条。

[4] 参见最高人民检察院 2024 年 7 月 4 日发布的《关于人民检察院全面准确落实司法责任制的若干意见》第 26 条。

责"。[1]如果降低认罪认罚案件的证明标准，就意味着要放弃检察官、法官在认罪认罚案件中依职权查明案件事实的义务，这在法律上不仅要求对第一审刑事案件的法庭调查程序进行简化，而且必然要对上述关于客观全面收集证据、忠于事实真相的规定，关于认罪认罚被告人的上诉权、二审法院的审理范围和裁判原则、再审启动条件的规定以及检察官、法官办案质量终身负责制等规定进行全面、系统的修改，这将从根本上改变我国刑事诉讼的基本原则和职权主义构造，并且全面放松党的十八大以来推行的司法责任制。这样的改变，不具有可行性。

第二，降低证明标准会导致办案质量下降，尤其是加剧出现冤假错案的风险。这是因为我国犯罪嫌疑人在侦查阶段普遍被限制或被剥夺人身自由，而且在法律上负有"如实回答提问"的义务，办案人员自侦查阶段开始即可以"从宽处理"为条件要求被追诉人认罪认罚，但并不明确告知其具体的事实指控和证据；85%以上的犯罪嫌疑人在侦查阶段和审查起诉阶段没有辩护律师的法律帮助，[2]值班律师基本上只是被追诉人签署认罪认罚具结书的见证人，很难为被追诉人提供有效的法律帮助；法律规定的非法供述排除规则在司法实践中适用"痛苦规则"[3]确定排除范围，人权保护力度很小，且执行效果非常有限；加之控辩力量严重失衡，检察官缺乏与犯罪嫌疑人进行平等协商的动力和压力。在上述多种因素综合作用下，被追诉人认罪认罚的自愿性很难得到完全保障，法定的证明标准几乎成为无罪的人不受刑事追究、有罪的人受到公正惩罚的唯一有效保障。一旦法定的证明标准被降低，一些证据不足的案件可能因为控辩协商一致而最终获得法院的有罪判决，由此对审查起诉和侦查取证产生连锁反应，导致对证据收集、固定、保全、审查的全面性、客观性受到冲击，强迫认罪、重罪轻判、放纵罪犯甚至冒名顶罪的现象将会显著增加。在这个方面，对司法实践已经出现的部分认罪认罚案件证明标准下降的苗头性倾向尤其是定罪错误的现象应当高度警惕，美国、德

---

〔1〕 参见最高人民法院 2015 年 9 月 21 日发布的《关于完善人民法院司法责任制的若干意见》第25 条第 1 款。

〔2〕 参见孙长永：《诉前羁押实证研究报告——基于两个基层检察院 2017—2021 年起诉书和不起诉决定书的统计分析》，载《现代法学》2023 年第 3 期，第 69 页；另参见本书第三章，表 3-2。

〔3〕 2012 年《最高法解释》第 95 条规定："使用肉刑或者变相肉刑，或者采用其他使被告人在肉体上或者精神上遭受剧烈疼痛或者痛苦的方法，迫使被告人违背意愿供述的，应当认定为刑事诉讼法第五十四条规定的'刑讯逼供等非法方法'。"《人民检察院刑事诉讼规则（试行）》第 65 条规定："……刑讯逼供是指使用肉刑或者变相使用肉刑，使犯罪嫌疑人在肉体或者精神上遭受剧烈疼痛或者痛苦以逼取供述的行为。其他非法方法是指违法程度和对犯罪嫌疑人的强迫程度与刑讯逼供或者暴力、威胁相当而使其违背意愿供述的方法。"根据上述规定，非法供述的排除以"在肉体或者精神上遭受剧烈疼痛或者痛苦"为核心判断要件，因此可称为"痛苦规则"，从而有别于"自白任意性规则"。参见龙宗智：《我国非法口供排除的"痛苦规则"及相关问题》，载《政法论坛》2013 年第 5 期，第 16-20 页。

国等法治发达国家的协商性司法因放松事实准确性的审查导致错案增加的教训也值得我国借鉴。

有学者提出："认罪认罚案件中审理的重点应该是被告人口供的自愿性这一程序性问题，而不再是案件的客观事实这一实体问题。""只要被告人的口供是自愿的，就应当推定其是真实的。这就相当于降低了认罪认罚案件的证明标准。"[1]但是，这种"推定自愿作出的有罪供述为真实"的观点值得商榷。如前所述，美国联邦最高法院就曾经乐观地相信，被告人在专业律师的帮助下自愿作出的有罪答辩都是可靠的，然而大量的事例说明，自愿认罪的被告人也可能事实上是完全无罪的。我国有学者通过中国裁判文书网检索发现，截至 2021 年 3 月 12 日，共有 146 件涉及虚假供述的认罪认罚案件，主要包括交通肇事、危险驾驶、非法采矿、故意伤害、寻衅滋事、盗窃等犯罪，其中替人顶罪型虚假认罪认罚共 87 件，占自愿型虚假认罪类型的 59%；趋利避害型虚假认罪认罚共 33 件，占比为 23%；同案犯包庇型虚假认罪认罚共 26 件，占比为 18%。[2]实践中还有"认识错误型"虚假供述的认罪认罚，即行为人如实供述被指控的"犯罪"事实，并自愿认罪认罚，但实际上其行为在法律性质上不属于犯罪。本章前述案例一至案例四都是这方面的典型案例。此处再举一例予以说明。

案例五：杨某江寻衅滋事案[3]

2019 年 11 月 6 日 21 时许，被告人杨某江、被不起诉人马某某和李某某、杨某某等人在 A 县新区轩烨茶餐厅二楼包厢内喝酒过程中发生口角，并相互撕扯，导致茶几上的啤酒瓶和碟子碰落在地、包厢内电视机等物品损坏。经 A 县价格认证中心对毁坏的物品进行估价，合计总价值 4730 元。一审判决认为，被告人杨某江酒后无事生非，任意损毁他人财物，情节严重，其行为构成寻衅滋事罪。公诉机关指控被告人杨某江的犯罪事实清楚，证据确实、充分，罪名成立，予以支持。被告人杨某江如实供述自己的罪行，可以从轻处罚。被告人杨某江的家属赔偿了被害人张某广的经济损失，取得被害人张某广对被告人杨某江的谅解，可酌定对被告人杨某江从轻处罚。被告人杨某江自愿签订认罪认罚具结书，根据《刑事诉讼法》第 15 条的规定，可以从宽处罚。根据被告人杨某江的犯罪情节、社会危害程度、认罪悔罪态度，依法采纳公诉机关的指控罪名和量刑建议，判决被告人杨

---

[1] 杨文革：《试论认罪认罚从宽案件的证明标准》，载《长白学刊》2019 年第 3 期，第 76 页。

[2] 夏春竹：《认罪认罚真实性分析》，载上海市法学会：《上海法学研究》，上海人民出版社 2021 年版，第 73-74 页。

[3] 参见宁夏回族自治区吴忠市中级人民法院（2020）宁 03 刑再 1 号刑事判决书。

某江犯寻衅滋事罪，判处有期徒刑九个月，缓刑一年。一审判决生效后，A 县人民检察院以原审认定事实和适用法律错误为由提出抗诉，A 县人民法院再审查明，原审被告人杨某江与被不起诉人马某某在酒后互相撕扯推搡中，造成被害人价值 3700 元的电视机、包间门毁损，并非《最高人民法院、最高人民检察院关于办理寻衅滋事刑事案件适用法律若干问题的解释》第 1 条第 2 款、第 3 款所规定的寻求刺激、发泄情绪、逞强耍横等，无事生非，借故生非的故意行为。且被害人的价值 1030 元的暖风机、墙壁、衣架等财物系马某某故意毁损，不应认定为原审被告人杨某江的行为所致。原审被告人杨某江与被不起诉人马某某是表兄弟，根据《最高人民法院、最高人民检察院关于办理寻衅滋事刑事案件适用法律若干问题的解释》第 1 条第 3 款的规定，二人之间的撕扯推搡行为针对的是各自人身，并非针对不特定的对象和社会公共秩序，不应认定为寻衅滋事。原审被告人杨某江的行为是一般的违法行为，不符合寻衅滋事罪的犯罪构成要件，不构成犯罪。原判决认定原审被告人杨某江犯寻衅滋事罪的定性和适用法律错误。依法改判原审被告人杨某江无罪。

在这个案件中，原审被告人杨某江虽然如实供述，自愿认罪认罚，但他并不清楚自己的行为在法律上不属于犯罪行为，而只是一般违法行为。事实证明，"单纯依赖供述自愿性的保障，难以提供认罪认罚从宽制度所要求的案件真相"。[1] 被追诉人自愿认罪认罚只是降低了公安司法机关查明案件事实的难度，并不意味着自愿作出的有罪供述都是真实的，更不等于说被追诉人所供述的行为在法律上都构成犯罪。如果因为被追诉人自愿认罪认罚就降低定案证明标准，必将导致认罪认罚案件的办理完全依赖于通过从宽处理引诱获得的有罪供述，这不仅在理论上违反了"以事实为根据"的法律原则以及司法机关的真实义务和法律职责，而且在实践中必然导致大量的错诉、错判。

第三，降低证明标准将背离我国刑事司法改革的基本方向。根据党的十八届四中全会通过的《中共中央关于全面推进依法治国若干重大问题的决定》，全面推进依法治国的总目标是建设中国特色社会主义法治体系，建设社会主义法治国家，它在司法方面的总体要求是"保证公正司法，提高司法公信力"。为此，"必须完善司法管理体制和司法权力运行机制，规范司法行为，加强对司法活动的监督，努力让人民群众在每一个司法案件中感受到公平正义"，具体包括"完善确保依法独立公正行使审判权和检察权的制度""优化司法职权配置""推进严格司

---

[1] 秦宗文、叶巍：《认罪认罚案件口供补强问题研究》，载《江苏行政学院学报》2019 年第 2 期，第 123-124 页。

法""保障人民群众参与司法""加强人权司法保障""加强对司法活动的监督"
六个方面的改革任务。其中，"完善刑事诉讼中认罪认罚从宽制度"只是"优化
司法职权配置"任务下的一个具体项目，"推进以审判为中心的诉讼制度改革"
是"推进严格司法"任务下面的一个具体项目，二者必须共同服务于"努力让人
民群众在每一个司法案件中感受到公平正义"这一基本目标。最高人民法院、最
高人民检察院、公安部、国家安全部、司法部《关于推进以审判为中心的刑事诉
讼制度改革的意见》第 21 条规定："推进案件繁简分流，优化司法资源配置。完
善刑事案件速裁程序和认罪认罚从宽制度，对案件事实清楚、证据充分的轻微刑
事案件，或者犯罪嫌疑人、被告人自愿认罪认罚的，可以适用速裁程序、简易程
序或者普通程序简化审理。"这说明，在中央顶层设计中，完善认罪认罚从宽制度
是以审判为中心的诉讼制度改革的组成部分，因此，认罪认罚从宽制度必须体现
以审判为中心的诉讼制度改革精神。即使认罪认罚从宽制度追求效率价值具有一
定的正当性，也必须坚持审判为中心的原则，坚守司法公正的底线。而以审判为
中心的诉讼制度改革，旨在纠正侦查中心主义的笔录裁判模式，形成诉讼以审判
为中心、审判以庭审为中心、庭审以证据为中心的诉讼格局，其中"诉讼证据出
示在法庭、案件事实查明在法庭、控辩意见发表在法庭、裁判结果形成在法庭"
是核心要求。虽然以审判为中心并不要求所有刑事案件都进行实质化的庭审，但
是，由于认罪认罚从宽制度在法律上缺乏适用范围的限制，在适用程序上被全面
简化，其中适用速裁程序审理的案件更是可以完全省去法庭调查和法庭辩论程序，
在适用认罪认罚从宽制度审理的案件占进入审判程序的全部刑事案件的比例已经
达到 80% 以上[1]的情况下，如果以提高效率之名降低认罪认罚案件的证明标准，
那就意味着 80% 以上进入审判程序的刑事案件不再需要经过实质化的庭审，不再
适用法定的证明标准，实质化的庭审和法定证明标准最终仅仅适用于少数被告人，
其结果必然导致刑事诉讼在整体上呈现出"效率先于公正"的局面，这与我国刑
事司法改革的基本方向是明显不符的。在答辩交易盛行、正式审判逐渐"消失"
的美国，学术界和实务界的有识之士对司法现实提出了强烈批评。例如，美国联
邦最高法院大法官古德堡（Goldberg）指出："如果刑事司法系统的持续有效性取
决于公民在不知情的情况下放弃宪法权利，那么任何刑事司法系统都不能或应该
生存下去。"[2]美国律师协会刑事司法部答辩交易专家组 2023 年研究报告中关于
完善答辩交易制度、改进答辩交易实践的 19 项原则建议的第一项原则，就是重申

---

〔1〕　最高人民法院咨询委员会第八调研组：《完善认罪认罚从宽制度研究的调研报告》，载《中国
应用法学》2024 年第 2 期，第 109 页。

〔2〕　Escobedo v. Illinois, 378 U. S. 478, 490 (1964).

正式审判的核心地位和重要价值，认为"一个充满活力的、活跃的正式刑事审判以及审前和审后诉讼记录对于促进刑事司法系统的透明度、问责制、正义性和合法性至关重要"，为此，该专家组呼吁："每个司法区都应该考虑是否正在进行足够数量的正式审判，以确保通过陪审团服务进行强有力的社区参与和监督，保持检察官、辩护律师、法官、执法人员和其他人的审判技能，从而保持任何个人行使审判权的能力，并确保以公平、一致和反映正义的方式解决刑事指控。"[1]我国刑事司法改革如果重蹈效率优先的美国答辩交易之覆辙，那将是我国法治的严重倒退。

此外，保护被害人利益的必要性不能成为降低证明标准的根据。有学者提出："由于受侦查能力及其他客观因素的制约，在刑事侦查活动中，即使穷尽一切侦查手段，也必然有部分案件难以达到事实清楚，证据确实、充分的程度。在此情况下，如果嫌疑人始终自愿认罪，且有相应证据予以印证，即使达不到事实清楚，证据确实、充分的程度，难道释放嫌疑人就是公正的吗？若适当降低证明标准，案件就会顺利确定，被害人的利益就能够得到保护；若仍然坚持'事实清楚，证据确实、充分'的标准，嫌疑人即使自愿认罪，也会被无罪释放，被害人的利益就不能得到保护。考虑到错案代价与被害人利益的平衡，更考虑到趋利避害的人类本性，错案的概率微乎其微，此种情况下实行较低证明标准就是可取的、合理的。"[2]这一观点所提出的重要问题在于，对于定案证据达不到法定证明标准的案件，能否为了保护被害人的利益而降低证明标准从而作出有罪处理？美国答辩交易制度允许检察官对控诉证据不足的重大案件进行答辩交易后定罪判刑，[3]这与美国当事人主义的刑事诉讼传统和"纠纷解决型"的刑事诉讼性质是匹配的。然而，一向把"以事实为根据，以法律为准绳"作为刑事诉讼基本原则，并且正在持续深化以审判为中心的诉讼制度改革的我国，能够以保护被害人利益之名适用认罪认罚从宽制度消化"证据不足"的案件吗？须知，"疑罪从无"规则是实现实体公正的底线，它在中国刑事诉讼中的适用本身就存在很多困难，法院的有罪判决多年来高达99%以上，每年适用这一规则宣告无罪的案件微乎其微。[4]如果公安司法机关明知定案证据不足，只要被追诉人认罪认罚，就可以降低证明标

---

[1] 美国律师协会刑事司法部答辩交易专家组 2023 年年度报告，Plea BargainTask Force Report, https://www.americanbar.org/content/dam/aba/publications/criminaljustice/plea-bargain-tf-report.pdf，最后访问日期：2024 年 1 月 26 日。

[2] 杨文革：《试论认罪认罚从宽案件的证明标准》，载《长白学刊》2019 年第 3 期，第 77 页。

[3] 参见美国《加利福尼亚州刑法典》第 1192.7 条第 1 款。

[4] 关于"疑罪从无"规则在中国的适用实践，参见孙长永主编：《中国刑事诉讼法制四十年：回顾、反思与展望》，中国政法大学出版社 2021 年版，第 421—432 页。

准定罪判刑，那么，在有直接被害人的刑事案件中，"疑罪从无"规则的适用空间必将全部消失。虽然在认罪认罚从宽制度的立法设计与实施过程中，应当切实保障被害人的知情权、参与权等诉讼权利以及赔偿、和解等实体权益，但用降低证明标准的方法惩罚证据不足以支持定罪判刑的被追诉人，必然会加剧我国刑事诉讼中的控辩失衡，导致侦查、起诉权彻底失去司法控制，最终被害人未必受益，而无罪的被追诉人必然遭受牢狱之灾。

有学者认为，基于公正与效率价值的权衡，速裁案件的证明标准应当降低。例如，在速裁程序试点期间，有人提出，"对于适用刑事速裁程序的轻微刑事案件，笔者认为证明标准可以适当降低，沿用'两个基本'（基本事实清楚、基本证据确实）的证明标准即可"。理由是"轻伤害、交通肇事、寻衅滋事等轻罪案件存在发案快、过程短暂、现场灭失快、微量痕迹物证难收集的特点，证据链很难达到普通案件的证明程度，而这些案件中被告人已经自愿认罪，对某些事项的证明可以进行简化、省略，这种证明标准的降低，可以看作是被告人基于诉权处分权对自己权利的一种让渡和对检察官证明义务的主动降低，并无损害程序公正和案件客观真实之可能，相反却是适应轻罪案件审判需要和提高诉讼效率的必由之路。而且，在轻罪案件中设置低于普通刑事案件的证明标准也符合国际惯例，英美法系国家通常也根据罪行轻重而适用不同的证明标准"。[1]但该学者提出上述观点有一个前提和一个附带条件。一个前提是他认为速裁程序的适用范围只限于可能判处一年以下有期徒刑、拘役、管制或者依法单处罚金的案件，对于可能判处一年以上有期徒刑的案件，如果被告人自愿认罪，应当适用简易程序审理。[2]附带条件是"必须有一套确保被告人自愿认罪的保障机制，必须为被告人提供律师帮助，通过律师向被告人解释速裁程序的含义和意义，以保证被告人能够在是否认罪的问题上做出理性的选择；法官必须在法庭上对被告人进行当面询问，考察被告人自愿认罪的真实性和可靠性。只有一套确保被告人自愿认罪的保障机制得以建立完善，在速裁程序中对证明标准的适当放松才具有正当性基础"。[3]姑且不论他所说的"前提"已经被认罪认罚从宽制度试点和2018年《刑事诉讼法》所突破，所谓"确保被告人自愿认罪的保障机制"也没有完全建立起

〔1〕　汪建成：《以效率为价值导向的刑事速裁程序论纲》，载《政法论坛》2016年第1期，第121页。高通博士也认为，"刑事速裁程序证明标准的降低具有不可避免性"，主张"设置分层次的刑事速裁证明标准，对被告人供述自愿性的证明须达至'排除合理怀疑'的程度，其他犯罪事实和量刑事实证明达至'大致的心证'即可"。参见高通：《刑事速裁程序证明标准研究》，载《法学论坛》2017年第2期，第104页。

〔2〕　汪建成：《以效率为价值导向的刑事速裁程序论纲》，载《政法论坛》2016年第1期，第120页。

〔3〕　汪建成：《以效率为价值导向的刑事速裁程序论纲》，载《政法论坛》2016年第1期，第121页。

来，即使仅仅就其主张降低速裁程序证明标准的理由来看，也是不成立的。原因是：第一，所谓速裁案件的证据"很难达到普通案件的证明程度"的观点与司法实践情况和证明标准的基本原理都是不相符的，相反，速裁案件由于案情简单、罪行轻微、被告人自愿认罪认罚，更容易达到普通案件的证明标准。第二，"两个基本"的证明标准是 20 世纪 80 年代"严打"期间提出来的定案证据标准，由此造成多少冤错案件至今无法统计。在一定意义上可以说，"两个基本"作为刑事案件的定案标准乃是"严打"政策的"负面遗产"，已经被 1996 年和 2012 年《刑事诉讼法》所规定的证据标准所明确否定，不宜"捡回来"重新使用。第三，英美法系区分正式审判与有罪答辩案件的定罪证明标准，不是根据"罪行轻重"，而是根据被告人是否在公开法庭上自愿作出有罪答辩，但英美那种有罪答辩制度是当事人主义"纠纷解决型"的诉讼性质决定的。事实上，关于降低速裁程序证明标准的观点，已经被 2018 年修正时增补的《刑事诉讼法》第 222 条所明确否定。

在认罪认罚从宽制度试点期间以及 2018 年《刑事诉讼法》实施以后，学界仍有人主张降低认罪认罚案件的证明标准。例如，有学者认为，"认罪认罚从宽改革更强调程序节俭和效率，这本身就有加大错案风险的可能性。实行认罪认罚从宽制度，就应承认这种逻辑关系，一方面追求资源节省，另一方面企图通过证明标准的维持来保持同样的错案率，存在逻辑困难"。因而他主张，"对于适用简易程序，特别是速裁程序的案件，若承认程序对实体公正的保障作用，就应承认程序简化后错案率有加大的风险，对错案率应有一定的容忍度，可适当降低证明标准"。具体建议是：第一，对可能判处有期徒刑一年以下刑罚适用速裁程序处理的案件，只要口供得到"确实"的证据补强，即可视为"证据确实、充分"；第二，可能判处一年以上三年以下有期徒刑刑罚适用速裁程序处理的案件，口供应得到"强有力证据"的补强；第三，可能判处三年以上有期徒刑刑罚的案件，即使适用简易程序，也应坚持"证据确实、充分"的传统标准。[1]后来，该学者又从刑事诉讼证明标准的结构理论角度提出，我国刑事诉讼证明标准的主线应当从强调客观印证转换为主观确信，在此基础上，他主张"在保障裁决者形成有罪确信的条件下，承认裁决者主体因素在事实认定中的作用，根据案件类型调整对证据完备性和证据量的要求"，具体来说，"对可能判处三年有期徒刑以下刑罚的认罪案件，一般可降低对充分性的要求。依利益衡量与错案风险评估，这类案件应以效

---

〔1〕 秦宗文：《认罪认罚从宽制度的效率实质及其实现机制》，载《华东政法大学学报》2017 年第 4 期，第 38-41 页。

率为导向，在供述自愿性得到充分保障的情况下，承认口供的核心地位，只要有确实可靠的证据担保口供真实性，即可进行整体认定，不必要求对口供全方位印证"，但"口供虚假的可能性仍然很高，甚至存在顶罪可能"的轻罪案件除外。[1]其他学者也有人支持证明标准差异化理论，主张"在中级人民法院审理的认罪认罚的第一审案件中，对于判处死刑、无期徒刑的，应当坚持法定的标准，即'事实清楚，证据确实、充分，排除合理怀疑'的标准；对于可能判处有期徒刑及以下刑罚的案件，只要'基本事实清楚，基本证据确凿，没有合理怀疑'，即可定案。在基层人民法院适用简易程序审理的案件中，对于可能判处五年有期徒刑以上刑罚的案件，可适用口供补强规则，只要口供是自愿的、真实的，并有清楚和强有力的证据予以补强，即可定案；对于可能判处五年有期徒刑以下刑罚的案件，只要口供有相应的证据予以补强，亦可定案。在适用速裁程序的案件中，对于可能判处一年有期徒刑以上刑罚的案件，只要口供有适当证据予以补强，即可定案；对于可能判处一年有期徒刑以下刑罚的案件，即使仅有口供，只要其真实、合法、合情合理，不存在疑点，亦可定案"。[2]换言之，只有需要判处死刑、无期徒刑的案件，才适用"证据确实、充分"的证明标准，其他案件一律可以适用较低的证明标准，尤其是"速裁程序应当紧紧围绕审查口供的自愿性来进行，而不应该再围绕所谓的事实问题来进行。简易程序应当将口供的自愿性作为一个重要内容，在确定口供的自愿性后，应当审查口供与其他证据是否能够互相印证"。[3]在笔者看来，上述两位学者的观点都过度强调了认罪认罚从宽制度的效率价值，忽视了我国口供中心主义司法传统的现实危害，低估了认罪认罚案件错诉、错判的可能性及其对普通民众基本人权的巨大威胁。只要认真审视我国正当程序有待进一步发展、被追诉人的诉讼主体地位尚未得到稳固确立、以审判为中心的诉讼制度改革进展较为缓慢、侦查追诉权力尚未受到有效约束的司法现实，真诚地面对人民群众对司法公正的殷切期盼以及众多冤案被害人及其家人所承受的极度痛苦，就没有理由把效率价值作为认罪认罚从宽制度的首要价值追求，更没有理由在司法效率名义下降低认罪认罚案件的法定证明标准。[4]虽然维持法定的证明标准，并不能完全杜绝错案，但只要刑事诉讼不是单纯的法律"纠纷"，

---

[1]　秦宗文：《认罪案件证明标准层次化研究——基于证明标准结构理论的分析》，载《当代法学》2019年第4期，第104-106页。另参见秦宗文、叶巍：《认罪认罚案件口供补强问题研究》，载《江苏行政学院学报》2019年第2期，第125-127页。

[2]　杨文革：《试论认罪认罚从宽案件的证明标准》，载《长白学刊》2019年第3期，第78页。

[3]　杨文革：《试论认罪认罚从宽案件的证明标准》，载《长白学刊》2019年第3期，第78页。

[4]　类似的观点，参见戴鹏、聂立泽：《认罪认罚案件的证明标准研究》，载《社会科学家》2022年第7期，第134-135页。

以人类认识能够达到的最高标准确定案件的事实真相，努力把错误定罪的风险降至最低，仍然是我国刑事司法必须坚守的底线。诚如魏根特教授所言："社会可以容忍（因为它别无选择）法院在事实认定方面的一定幅度的误差，但即使在普通法系，一个甚至都不标榜以'真相事实'为基础的判决也不会被社会视为对冲突的公正解决，反而只能以专横的司法命令的面目出现。"[1]至于司法实践中根据案件罪行轻重和不同诉讼程序的特点，对"证据确实、充分"的具体把握上不尽相同，这属于对法定证明标准的灵活运用问题，不是降低法定证明标准的正当理由。相反，为了防止认罪认罚从宽制度片面地追求司法效率，应当从降低错案风险的需要出发，明确限制认罪认罚从宽制度不适用于可能判处死刑、无期徒刑的案件，并将速裁程序的适用范围限制在可能判处一年有期徒刑以下刑罚的案件。[2]

（二）认罪认罚案件证明标准的准确适用

从认罪认罚从宽制度的实施情况看，对认罪认罚案件的证明标准问题，既存在要不要降低的理论困惑，也存在如何准确理解和适用的实践困惑。公安司法机关既要坚定不移地贯彻法定证明标准，又要根据案件的轻重、适用的审判程序、在案证据情况等不同因素，灵活、有效地运用这一标准，真正将"公正优先、兼顾效率"的价值取向落到实处。

1. 法定证明标准在不同案件和不同审判程序中的灵活把握

在认罪认罚从宽制度试点期间，有实务专家系统论证了"证明标准差异化"理论，主张"将证明标准区分为量刑及程序性事实的证明标准和定罪事实的证明标准，对于前者采取优势证明标准；对于后者在坚持'证据确实、充分'证明标准的前提下，按照死刑及无期徒刑案件、不认罪普通程序案件、三年以上简易程序案件、三年以下简易程序案件、一年以下速裁程序案件划分出五个位阶"[3]并且提出，"证明标准的差异化需要相应的配套制度保障，其中最为重要、紧迫的是沉默权制度和律师帮助制度"，认为"化解人们'降低证明标准'影响案件质量的忧虑，就必须建立真正的、彻底的沉默权制度和完善的、有效的律师帮助制度"。[4]这种观点来源于一线司法实践，具有很强的现实意义，但其实质并不是

---

〔1〕 ［德］托马斯·魏根特：《德国刑事程序法原理》，江溯等译，中国法制出版社 2021 年版，第270 页。

〔2〕 相关的分析，参见本书第一章。

〔3〕 李勇：《证明标准的差异化问题研究——从认罪认罚从宽制度说起》，载《法治现代化研究》2017 年第 3 期，第 55 页。

〔4〕 李勇：《证明标准的差异化问题研究——从认罪认罚从宽制度说起》，载《法治现代化研究》2017 年第 3 期，第 58-60 页。

"证明标准的差异化"，而是法定证明标准在罪行轻重的不同案件中的灵活运用，因为即使作者认为"证明标准要求最低的"速裁程序，也要坚持"证据确实、充分"的证明标准，只是审查的重点不同而已。

从法律上看，定罪量刑的证明标准只有一个，但认罪认罚案件的审理程序有普通程序、简易程序和速裁程序三种，而三种程序的适用条件、具体要求和期限各不相同。普通程序是最为完整的审判程序，包括庭前准备、开庭、法庭调查、法庭辩论、评议和宣判等环节，其中法庭调查程序需要对用作定案根据的所有证据进行全面举证、质证和辩论，虽然由于被告人自愿认罪认罚，在举证、质证方式上可以有所简化（如可以分组举证，不必一证一质），但影响定罪量刑的所有证据都必须在法庭审理中出示，并经控辩双方质证和辩论；法庭辩论程序也可能会涉及对行为性质、罪名、共同被告人在犯罪中的不同作用等的辩论，尽管重点是在量刑方面。由于法律要求只要"起诉书中有明确的指控犯罪事实"，法院就"应当决定开庭审判"，开庭前合议庭并不需要对案件事实、证据进行实质审查。只有经过全面、充分的调查和辩论，合议庭才能作出指控犯罪的证据是否确实、充分的结论。

简易程序和速裁程序的适用与此完全不同，因为《刑事诉讼法》对这两类程序的适用规定了严格的条件，法官在开庭之前必须认真进行阅卷，确定案件符合简易程序或速裁程序的适用条件时，才能适用简易程序或速裁程序开庭审理。例如，法官必须在开庭之前对案件材料进行实质审查，确认"案件事实清楚、证据充分"，并且符合简易程序的适用范围，经被告人同意后，才能决定适用简易程序进行审理。[1]同理，法官必须在开庭之前对案件材料进行实质审查，确认"案件事实清楚，证据确实、证据充分"，并且符合速裁程序的适用范围，经被告人同意后，才能适用速裁程序进行审理。[2]从庭审程序看，简易程序与普通程序的最大区别在于，不受普通程序"关于送达期限，讯问被告人，询问证人、鉴定人，出示证据，法庭辩论程序规定的限制。但在判决宣告前应当听取被告人的最后陈述意见"。[3]这意味着法庭上调查的事实范围、举证和质证方式、辩论内容等都被大大简化，审理的重点在于核查被告人认罪认罚的自愿性、真实性与合法性，并且有无有罪供述以外的证据印证。因此，简易程序中主审法官关于证据确实、充分的判断，主要不是基于法庭审理的结果，而主要是依据庭前阅卷的结果，必要时可能还有与检察官、律师之间的适当沟通；法庭审理在很大程度上只起到了对

---

〔1〕　参见《刑事诉讼法》第 214 条、第 215 条和第 217 条。

〔2〕　参见《刑事诉讼法》第 222 条和第 223 条。

〔3〕　参见《刑事诉讼法》第 219 条。

法官庭前审查结果的辅助性支撑作用。但是，为了防止事实误判，即使是适用简易程序的案件，对于定罪量刑所依据的关键证据（尤其是庭前阅卷时发现有疑问的），如涉案财物的鉴定意见、对被告人的辨认结果等，仍应坚持当庭单独调查，分别听取控辩双方的意见，确保定案证据的质量达到"确实"的标准。速裁程序较之简易程序更加简便，因为除了开庭告知诉讼权利以及被告人最后陈述环节以外，"一般不进行法庭调查、法庭辩论"〔1〕，开庭审理的主要目的是核实"被告人认罪认罚的自愿性和认罪认罚具结书的真实性、合法性"，因此，如果法官在庭审中没有发现需要转换程序的特殊情况，〔2〕那么他在庭审前阅卷后形成的"证据确实、充分"的心证也就是最终的事实认定结论。在一定意义上说，速裁案件是否达到法定的证明标准主要取决于审查起诉阶段检察机关的审查把关以及法官的庭前阅卷，开庭审理程序只是对控辩双方达成合意的事实、证据在阅卷基础上予以确认而已。由于程序简化、方式灵活，控辩双方关于案件基本事实、证据没有不同意见，适用简易程序、速裁程序的案件更容易达到"排除合理疑问"的主观确信。

2. 法定证明标准与口供补强规则的运用

认罪认罚案件的定案证据在总体上可以分为两类：一是犯罪嫌疑人、被告人的有罪供述，二是有罪供述以外的证据。在认罪认罚案件中准确适用法定证明标准，关键在于正确理解和运用口供补强规则。一方面，要坚持作为定案依据的口供的合法性和真实性，严格排除以刑讯逼供等非法方法收集的犯罪嫌疑人、被告人供述；另一方面，要认真审查补强证据的合法性和真实性。作为认定案件事实的实质证据，补强证据同样必须具有证据能力，而且通常情况下应当有独立于口供的来源，但在证明力方面只要求能够印证口供的真实性，不要求对口供的内容进行全面印证。只有在极其特殊的例外情况下，根据被告人的供述、指认提取到了隐蔽性很强的物证、书证，且供述与其他证明犯罪事实发生的证据相互印证，并排除串供、逼供、诱供等可能性的，才能适用补强规则认定被告人有罪。〔3〕在共同犯罪案件中，即使被告人都明确表示认罪认罚，但关于定罪的事实，共同被告人的有罪供述不能互为补强证据。换言之，只有共同被告人一致的供述，没有其他证据印证的，不符合定罪"证据充分"的条件，不能定罪判刑。〔4〕

---

〔1〕 参见《刑事诉讼法》第 224 条。

〔2〕 参见《刑事诉讼法》第 226 条。

〔3〕 参见《最高法解释》第 141 条。

〔4〕 2008 年最高人民法院印发的《全国部分法院审理毒品犯罪案件工作座谈会纪要》（《大连会议纪要》）第 2 条规定："有些毒品犯罪案件，往往由于毒品、毒资等证据已不存在，导致审查证据和认定事实困难。在处理这类案件时，只有被告人的口供与同案其他被告人供述吻合，并且完全排除诱供、逼供、

有一种意见主张，"在讯问录音录像可信性得到解决的情况下，对于可能判处一年有期徒刑以下刑罚的案件，可由讯问录音录像对口供进行补强，根据讯问录音录像保障的自愿性作为口供真实性的唯一判断根据，不再要求独立的外部证据补强"。[1]但是，讯问录音录像的可信性只能表明对讯问的录音录像过程是可信的，并不代表讯问录音录像的内容是真实的，而讯问录音录像的主要内容仍然是口供，不同载体记录的口供并不能互相"证明"其真实性。以讯问录音录像作为口供真实性的唯一判断根据，实际上就是以讯问录音录像这种来源于同一被追诉人的"一份口供"作为另一份口供的补强证据，其实际结果仍然是仅仅凭口供定案。这不仅违反口供补强规则的基本原理，也违反《刑事诉讼法》第 55 条的明文规定。

至于不影响定罪的量刑事实，应当根据与被告人的利害关系来确定适用的证明标准。对于不利于被告人的量刑事实，如累犯、结果加重犯等，应当适用事实清楚，证据确实、充分的证明标准，达不到这一标准的，对量刑事实应作有利于被告人的认定；对于有利于被告人的量刑事实，如自首、立功等，则可以适用优势证据标准。考虑到认罪认罚案件的效率价值，对涉案金额、主从犯、违法行为次数等仅仅影响量刑的事实，如果控方证据达不到确实、充分的要求，可以在被告人自愿认可的范围内，并经其他证据印证，作出有利于被告人的事实认定，而不要求查清全部事实。

3. 法定证明标准与证据不足案件中的认罪认罚协商

在美国答辩交易制度下，有罪答辩的事实基础远远低于正式审判后定罪所需要的"排除合理疑问"证明标准，如果被告人坚持作无罪答辩，那些根据有罪答辩定罪判刑的案件至少有相当一部分会被陪审团宣告无罪。美国《加利福尼亚州刑法典》第 1192.7 条第 1 款第 2 项明确规定："如果起诉书指控的是任何严重的重罪，被告人个人使用武器的任何重罪，任何在酒精、药品、麻醉品或其他致瘾性物品影响下的驾驶罪，则禁止答辩交易，除非控方证据不充分，或者关键证人的证言无法获得，或者降格起诉或者撤回起诉不会导致量刑上的实质性变化。"据此，对于立法原则上禁止进行答辩交易的犯罪，可以在控方证据不足的情况下通

（接上页）串供等情形，被告人的口供与同案被告人的供述才可以作为定案的证据。仅有被告人口供与同案被告人供述作为定案证据的，对被告人判处死刑立即执行要特别慎重。"这一规定实际上是附条件地允许将同案被告人口供作为补强证据来使用。但 2023 年 6 月最高人民法院印发的《全国法院毒品案件审判工作会议纪要》（《昆明会议纪要》）已经删去了上述规定，并且最高人民法院在印发通知中明确指出："我院此前印发的有关毒品案件审判工作的会议纪要，不再适用。"

〔1〕秦宗文、叶巍：《认罪认罚案件口供补强问题研究》，载《江苏行政学院学报》2019 年第 2 期，第 124—126 页。

过答辩交易进行处理。德国认罪协商制度最初也是因为应对事实、证据比较复杂的疑难案件而产生和发展起来的，只不过德国立法者、联邦最高法院和宪法法院要求不得因为被告人认罪而放松职权调查责任，但实践中法官降低法律要求而主要依赖被告人有罪供述定案处理的情况是客观存在的。我国法学界和法律实务界主流意见以及立法者之所以坚持在认罪认罚案件中适用"证据确实、充分"的证明标准，也是因为认罪认罚从宽制度的适用存在一种潜在的风险，即定案证明不足的案件可能因为被追诉人自愿认罪认罚而作出有罪处理。毕竟我国刑事案件的处理不可能仅仅基于控辩双方合意的事实，而只能依据公安司法机关依法查明的事实。然而，这是否意味着，在控诉证据不足的案件中，就不能开展控辩协商了呢？

检察系统有领导认为，"在我国，基于实质真实的原则，控辩双方不能将那些事实不清、证据不足的案件，纳入认罪协商的对象"。[1]法学界主流意见也认为，我国认罪认罚协商一般只限于量刑协商；[2]也有学者提出，我国认罪认罚案件中的协商"主要是量刑协商和程序适用协商；对于有重大立功或者涉及国家重大利益的案件，还可能涉及犯罪协商或罪数协商"。[3]根据本课题组的调研，认罪认罚从宽制度实施五年多来，只有南方某大城市出现过一例准备适用《刑事诉讼法》第182条规定作出不起诉处理的案件，其他地区没有类似的适用案例。认罪认罚案件中的控辩协商虽然主要围绕量刑问题进行，但并非不能涉及"罪"的问题。相反，越是定案证据不足的案件，检察机关越有通过认罪认罚协商获得被告人有罪供述并成功追诉的动力。在共同犯罪案件，尤其是涉及面广、案情复杂的案件中，不仅量刑问题存在协商，是否认罪的问题也存在协商。

在笔者看来，在现行认罪认罚从宽制度下，只要坚持"不得强迫任何人证实自己有罪"的法律原则，充分尊重被追诉人的自由意志，检察机关对定案证据不足的案件在审查起诉阶段和审判阶段与被追诉人及其律师开展"认罪协商"应当得到允许。这是因为，我国认罪认罚从宽制度的首要功能是及时有效惩罚犯罪、维护社会稳定，[4]对于那些案情复杂、取证困难的案件，检察机关经审查发现定案证据不足的案件，只有允许检察机关与被追诉人及其律师开展认罪认罚协商，通过从宽处罚的利益引诱吸引被追诉人作出有罪供述并提供其他证据线索，检察

---

〔1〕 陈国庆主编：《认罪认罚从宽制度司法适用指南》，中国检察出版社2020年版，第84页。

〔2〕 陈光中、马康：《认罪认罚从宽制度若干重要问题探讨》，载《法学》2016年第8期，第10页；叶青：《认罪认罚从宽制度的若干程序展开》，载《法治研究》2018年第1期，第54页。

〔3〕 朱孝清：《认罪认罚从宽制度中的几个争议问题》，载《法治研究》2021年第2期，第9页。

〔4〕 参见刘子阳：《落实宽严相济刑事政策提升司法公正效率——周强就开展刑事案件认罪认罚从宽制度试点工作作说明》，载《法制日报》2016年8月30日，第1版；朱孝清：《论司法体制改革》，中国检察出版社2019年版，第331页。

机关才能及时补充完善指控证据体系，最终以"证据确实、充分"的证明标准提出指控并说服法院作出有罪判决。《最高人民检察院关于人民检察院适用认罪认罚从宽制度情况的报告有关案例说明》提到的雷某豪等 4 人贩毒案、王某岭等 16 人网络诈骗案都是典型的例证。[1] 如果不允许检察机关在定案证据不足的案件开展认罪认罚协商，这些案件很可能会放纵罪犯，认罪认罚从宽制度在"及时有效惩罚犯罪"方面的功能将难以得到全面实现。事实上，由于我国认罪认罚从宽制度把"认罚"与"认罪"捆绑在一起，以量刑从宽作为激励手段引导被追诉人自愿认罪，是完全正当、合理的取供方式。对于那些事实上有罪的被追诉人来说，如果能够通过认罪认罚协商，避免可能面临的重罚，即使明知检察机关指控证据不足，也愿意与检察机关进行协商。南昌大学原校长周某某被指控受贿、挪用公款案[2]，周某某一审被判处无期徒刑，因庭审中的激烈辩论引发社会广泛关注，二审在辩护律师的积极努力下，控辩双方经充分协商并经法院同意后就案件事实、定罪、量刑等达成一致意见，最终被二审法院改判受贿罪一个罪名，判处有期徒刑十二年。在目前的司法条件下，像这样的案件，如果不允许控辩双方进行认罪认罚协商，法院无论如何判决，最终结果都难以得到诉讼相关方和社会的认可，更难以达到"让人民群众在每一个司法案件中都感受到公平正义"的要求。

需要强调的是，允许对定案证据不足的案件进行认罪认罚协商，并不等于降低定案的证明标准，而是充分利用认罪认罚从宽制度更好地达到法定的证明标准。因为通过协商获得被告人的有罪供述后，检察机关仍应及时收集补充相关证据，核实被告人有罪供述的真实性，而不是仅仅凭有罪供述认定案件事实。如果最终认定的犯罪事实在证据上仍然达不到"确实、充分"的法定标准，那么就不能作出有罪认定；相关量刑事实达不到法定证明标准的，也应当作出有利于被追诉人的认定。在任何情况下，绝不能把认罪认罚协商直接作为消化证据不足案件的手段。[3]

---

〔1〕　《最高人民检察院关于人民检察院适用认罪认罚从宽制度情况的报告有关案例说明》，载《检察日报》2020 年 10 月 17 日，第 3 版。

〔2〕　参见易延友：《周文斌案二审程序中的认罪协商》，载陈光中主编：《公正审判与认罪协商》，法律出版社 2018 年版，第 319 页。

〔3〕　关于定案证据不足的案件开展认罪认罚协商的限制条件，参见龙宗智：《存疑有利于被告原则及司法适用》，载《中国法学》2024 年第 1 期，第 74~75 页。

第五章
认罪认罚案件中的量刑建议

　　量刑建议，顾名思义是有关主体就被追诉人应处的刑罚向法官提出的建议。公诉人、当事人、辩护人和诉讼代理人等都有权提出量刑意见。但考虑到检察机关的特殊定位，我们在习惯上对"量刑意见"与"量刑建议"两个概念作了一定的区分。量刑建议通常专指检察机关就被追诉人的刑罚裁量向法院提出的量刑意见。量刑建议权则被等同于检察机关的求刑权，被视为一项专属于检察机关的法定职权。[1]

　　我国检察机关对量刑建议工作的探索可以追溯到 2000 年前后。1999 年 8 月，北京市东城区人民检察院率先尝试"公诉人当庭发表量刑意见"。[2]2005 年 6 月，最高人民检察院出台的《关于进一步加强公诉工作　强化法律监督的意见》明确提出，要"积极探索量刑建议制度"，"在总结一些地方探索量刑建议经验的基础上，进一步积极稳妥地开展量刑建议试点工作"。2005 年 7 月，最高人民检察院颁行了《人民检察院开展量刑建议试点工作实施意见》。此后，各地检察机关结合本地实际，陆续出台了推广量刑建议改革的意见。2010 年 2 月，最高人民检察院在吸收总结各地试点经验的基础上，制定了《人民检察院开展量刑建议工作的指导意见（试行）》。随后，2010 年 9 月，最高人民检察院又会同最高人民法院等发布了《关于规范量刑程序若干问题的意见（试行）》，量刑建议制度被正式确定在我国的司法解释之中，量刑建议工作开始全面推行。但由于量刑建议制度理论研究基础薄弱，实施效果未达预期，2012 年《刑事诉讼法》并未规定与量刑建议有关的条款，量刑建议制度的运行一直只能以司法解释为支撑。[3]

　　2014 年以后，伴随着刑事案件速裁程序和认罪认罚从宽制度试点引入量刑建

---

　　〔1〕　李勇：《认罪认罚案件量刑建议"分类精准"模式之提倡》，载《河北法学》2021 年第 1 期，第 184 页。

　　〔2〕　吴雁：《首次向法院提交量刑建议书》，载 https://www.hi.jcy.gov.cn/webSite/module/M101/view/459967/00500008，最后访问日期：2023 年 12 月 20 日。

　　〔3〕　参见陈卫东：《认罪认罚案件量刑建议研究》，载《法学研究》2020 年第 5 期，第 159 页。

议的合意机制，[1]2018 年《刑事诉讼法》将试点办法中的相关规定正式吸收入法，在认罪认罚案件中依照法定程序提出明确、规范的量刑建议开始成为检察机关的法定义务，而且，量刑建议还具有拘束法院量刑裁判的效力，量刑建议的性质和功能开始出现显著改变。认罪认罚案件中的量刑建议由检察机关单方的指控意志转变为控辩双方的量刑合意，其在继续发挥"启动量刑程序、制约量刑裁判、明确证明责任、预设监督标尺""提高量刑的公开性、公正性和公信力""保障当事人诉讼权利""提高公诉质量和水平"等传统功用的同时，还被赋予了激励认罪认罚、促进繁简分流、提高诉讼效率的核心功能。从检察机关在听取意见的基础上提出量刑建议，到被追诉人认可量刑建议签署具结书，再到法院采纳量刑建议，这一过程既是对被追诉人认罪认罚的促成和确认，也是对被追诉人从宽利益的确定和兑现，是认罪认罚从宽程序的核心，而量刑建议在其中发挥的关键作用则使成为形塑我国认罪认罚从宽制度的核心机制，也使其成为检察机关在认罪认罚从宽制度实施中发挥主导作用的重要依托，[2]撑起了认罪认罚从宽制度的"阿基米德支点"。[3]因此，在一定意义上可以说，量刑建议工作的开展情况决定着认罪认罚从宽制度实施的成效。当前，全面总结认罪认罚从宽制度试点，特别是 2018 年《刑事诉讼法》实施以来量刑建议工作的实践经验，系统梳理量刑建议制度运行中暴露出的突出问题，破解问题背后的诸多理论困惑，以进一步完善认罪认罚案件量刑建议规则，对于认罪认罚从宽制度的优化发展和有效实施有重大意义。

一、认罪认罚案件量刑建议工作开展概况

为了更准确地了解认罪认罚案件量刑建议的实践机制，使得相关讨论建立在扎实的数据和事实之上，除通过最高人民检察院工作报告及相关数据统计、最高人民检察院以及最高人民法院的指导性案例及典型案例、法律年鉴数据、12309 中国检察网法律文书库、中国裁判文书网等了解全国范围内认罪认罚案件量刑建议开展的整体情况外，课题组还选择了西部 Q 直辖市各级人民检察院、中部的 A 省 S 市 Y 区人民检察院、东部的 Z 省 W 市各级人民检察院作为重点研究对象，收集了这些地区 2018 年《刑事诉讼法》实施以来量刑建议工作开展的相关数据，并实地进行了座谈交流，了解办案人员对量刑建议工作的直接感受。同时，作为补

---

〔1〕　参见陈国庆：《量刑建议的若干问题》，载《中国刑事法杂志》2019 年第 5 期，第 3 页。

〔2〕　参见林喜芬：《论量刑建议制度的规范结构与模式——从〈刑事诉讼法〉到〈指导意见〉》，载《中国刑事法杂志》2020 年第 1 期，第 9-12 页。

〔3〕　王刚：《认罪认罚案件量刑建议规范化研究》，载《环球法律评论》2021 年第 2 期，第 135 页。

充，课题组也收集了多份其他学者针对量刑建议制度实施情况的实证调研材料。实证研究表明，从整体上看，五年多来，量刑建议工作取得了显著成效，量刑建议的规范化水平不断提高，量刑建议形成过程的合意性不断增强，量刑建议内容不断趋向精准化，量刑建议效力不断趋向实质化，不少地方还在量刑建议工作中探索出了提升量刑建议工作质效的创新举措，量刑建议在确保认罪认罚从宽制度的功能发挥和价值实现方面发挥出了枢纽作用。当然，由于规则上的缺陷、认识上的分歧以及其他一些主体性、结构性因素的影响，量刑建议的各个实践环节也出现了一些不容忽视的问题，需要高度重视并研究解决。

（一）认罪认罚案件量刑建议工作开展的现状与成效

1. 量刑建议制度建设进展迅速，实施细则不断完善

2016 年 11 月 11 日 "两高三部" 印发的《认罪认罚试点办法》中涉及量刑建议的有四条规定。其中，第 1 条承袭并发展了 2014 年 8 月最高人民法院、最高人民检察院、公安部、司法部出台的《速裁程序试点办法》第 1 条的规定，引入量刑建议合意机制，并且将 "同意量刑建议" 确定为 "认罚" 的标准；第 10 条规定了量刑建议形成中的听取意见机制；第 11 条明确了人民检察院在对认罪认罚案件提起公诉时提出量刑建议的义务，同时，将明确性规定为量刑建议提出的原则，并且，一改之前以幅度刑为主乃至更早期以概括型为主的提出模式，规定了幅度刑量刑建议与确定刑量刑建议并行的模式；第 20 条赋予了认罪认罚案件中的量刑建议拘束法院量刑裁判的效力，并且，为了确保量刑建议效力的实质化，还在第 21 条进一步赋予了检察机关在法院认为量刑建议明显不当或辩方对量刑建议提出异议时的量刑建议调整权。

2018 年《刑事诉讼法》对认罪认罚案件量刑建议的规定较为粗疏，基本是对《认罪认罚试点办法》相关条文的简单吸收。其在第 15 条规定认罪认罚从宽原则时不再将 "认罚" 表述为 "同意量刑建议"，而是改为较为抽象的 "愿意接受处罚"；第 173 条第 2 款和第 174 条吸收了《认罪认罚试点办法》第 10 条的规定；第 176 条吸收了《认罪认罚试点办法》第 11 条的部分规定，明确了量刑建议的提出义务；第 201 条几乎照搬了《认罪认罚试点办法》第 20 条、第 21 条关于认罪认罚量刑建议对量刑裁判约束力的规定。2019 年 "两高三部" 发布的《认罪认罚指导意见》对立法中的量刑建议规定进行了一定细化，其中，有两点值得特别关注，一是要求检察机关在提出量刑建议前应当充分听取犯罪嫌疑人、辩护人或者值班律师的意见，"尽量协商一致"；二是在量刑建议的提出内容上，由《认罪认罚试点办法》中的幅度刑与确定刑并行模式，改为 "以确定刑为主，以幅度刑为辅"。2020 年 11 月，"两高三部" 出台了《关于规范量刑程序若干问题的意见》，

部分条文从量刑规范化和侦诉审衔接的角度进一步规范了量刑建议工作。2021年《量刑指导意见》为检察机关量刑建议工作在指导原则、基本方法、量刑基准的把握、常见量刑情节的适用等方面提供了基本遵循。特别是，其在常见量刑情节的适用部分，还专门规定了认罪认罚情节与其他量刑情节的关系。2021年12月，最高人民检察院又制定了《量刑建议指导意见》，从一般规定、量刑证据的审查、量刑建议的提出、听取意见、量刑建议的调整、量刑监督等六大方面建章立制，成为检察机关办理认罪认罚案件开展量刑建议工作的重要规范依据。同月，为了规范认罪认罚案件听取意见活动，强化权利保障和多元参与，最高人民检察院又颁布了《人民检察院办理认罪认罚案件听取意见同步录音录像规定》。至此，我国初步建构起了认罪认罚案件量刑建议的制度体系。

2. 量刑建议的精准度提升迅速，量刑建议的采纳率居于高位

伴随着认罪认罚从宽制度适用率的不断提高，司法解释及相关政策对认罪认罚案件量刑建议提出内容之要求的转变，认罪认罚案件量刑建议的精准度经历了一个迅猛提升的过程。自认罪认罚从宽制度开始试点至2017年11月底，检察机关提出的幅度刑量刑建议占70.6%，确定刑量刑建议仅占29.4%，而试点地区当时认罪认罚从宽制度的总体适用率为45%。[1]2018年《刑事诉讼法》颁行之初，由于检察机关不敢用、不愿用、不善用认罪认罚从宽制度，2019年1月，检察环节该制度的适用率只有20.9%，到6月也只有39%，而2019年1月至6月，检察机关提出确定刑量刑建议的占比也仅为28%，[2]基本与试点期间持平。此后，最高人民检察院通过指标考核等，强化了认罪认罚从宽制度适用的力度。到2019年12月，认罪认罚从宽制度的适用率已达83.1%。2019年10月，《认罪认罚指导意见》要求检察机关提出的量刑建议应以确定刑为主、以幅度刑为辅。随后，2020年1月召开的全国检察长会议上，时任最高人民检察院检察长张军明确提出了量刑建议精准化的发展方向。自此，检察机关推进量刑建议工作的实践焦点从"仅关注适用率逐步向并重适用率及确定刑量刑建议提出率和采纳率"转变。[3]至2020年8月，

---

〔1〕 参见周强：《最高人民法院、最高人民检察院关于在部分地区开展刑事案件认罪认罚从宽制度试点工作情况的中期报告——2017年12月23日在第十二届全国人民代表大会常务委员会第三十一次会议上》，载 http://www.npc.gov.cn/npc/c2/c30834/201905/t20190521_278763.html，最后访问日期：2023年12月25日。

〔2〕 参见陈国庆主编：《认罪认罚从宽制度司法适用指南》，中国检察出版社2020年版，第143页。

〔3〕 参见北京市顺义区人民检察院项目课题组：《认罪认罚从宽制度下量刑精准化问题探析——基于B市S区检察院推行精准量刑建议的实践》，载《北京政法职业学院学报》2021年第4期，第43页。

确定刑量刑建议提出率上升至 76%。[1]2020 年年底，认罪认罚从宽制度适用率超过了 85%，确定刑量刑建议的提出率为 73.5%，较之 2019 年，同比增加了 36.7 个百分点。[2]2021 年，检察机关提出确定刑量刑建议的占比已超过 90%。[3]2022 年，认罪认罚从宽制度适用率达到了 90% 以上。对于确定刑量刑建议适用率，虽然最高人民检察院公布的数据依然只是说超过了 90%，[4]但该比率较之 2021 年稳中有升。2023 年，检察机关提出确定刑量刑建议的比率已高达 97.2%。[5]

同确定刑量刑建议提出率的一路攀升略有不同，受到检察机关与法院对确定刑量刑建议认识分歧等因素的影响，量刑建议的整体采纳率曾出现过波动，但整体上一直处于高位。认罪认罚从宽制度试点阶段，法院对认罪认罚案件量刑建议的采纳率就高达 92.1%。[6]但 2018 年《刑事诉讼法》实施之初，2019 年 1 月到 5 月，量刑建议采纳率仅为 51.75%，到 6 月提升至 58%，到 9 月提升至 81.6%，到 12 月下降至 79.8%。在最高人民检察院着力提升量刑建议采纳率后，2020 年 8 月，量刑建议采纳率为 87.7%，而其中确定刑量刑建议采纳率为 89.9%。[7]至 2020 年年底，量刑建议采纳率已高达 94.9%。[8]2021 年，法院采

〔1〕 参见张军：《最高人民检察院关于人民检察院适用认罪认罚从宽制度情况的报告——2020 年 10 月 15 日在第十三届全国人民代表大会常务委员会第二十二次会议上》，载 https://www.spp.gov.cn/zdgz/202010/t20201017_ 482200. shtml，最后访问日期：2023 年 12 月 25 日。

〔2〕 参见最高人民检察院：《2020 年全国检察机关主要办案数据》，载 https://www.spp.gov.cn/xwfbh/wsfbt/202103/t20210308_ 511343. shtml#1，最后访问日期：2023 年 12 月 25 日。

〔3〕 参见最高人民检察院：《2021 年全国检察机关主要办案数据》，载 https://www.spp.gov.cn/xwfbh/wsfbt/202203/t20220308_ 547904. shtml#1，最后访问日期：2023 年 12 月 25 日。

〔4〕 参见最高人民检察院：《2022 年全国检察机关主要办案数据》，载 https://www.spp.gov.cn/xwfbh/wsfbt/202303/t20230307_ 606553. shtml#1，最后访问日期：2023 年 12 月 25 日。

〔5〕 参见最高人民检察院 2024 年 3 月 9 日发布的《刑事检察工作白皮书（2023）》，载 https://www.spp.gov.cn/xwfbh/wsfbh/202403/t20240309_ 648173. shtml，最后访问日期：2024 年 3 月 10 日。

〔6〕 参见周强：《最高人民法院、最高人民检察院关于在部分地区开展刑事案件认罪认罚从宽制度试点工作情况的中期报告——2017 年 12 月 23 日在第十二届全国人民代表大会常务委员会第三十一次会议上》，载 http://www.npc.gov.cn/npc/c2/c30834/201905/t20190521_278763.html，最后访问日期：2023 年 12 月 25 日。

〔7〕 参见张军：《最高人民检察院关于人民检察院适用认罪认罚从宽制度情况的报告——2020 年 10 月 15 日在第十三届全国人民代表大会常务委员会第二十二次会议上》，载 https://www.spp.gov.cn/zdgz/202010/t20201017_ 482200. shtml，最后访问日期：2023 年 12 月 25 日。

〔8〕 参见最高人民检察院：《2020 年全国检察机关主要办案数据》，载 https://www.spp.gov.cn/xwfbh/wsfbt/202103/t20210308_ 511343. shtml#1，最后访问日期：2023 年 12 月 25 日。

纳认罪认罚案件量刑建议的比率已达97%以上。[1]2022年，认罪认罚量刑建议的采纳率进一步上升至98.3%。[2]2023年，对检察机关提出的认罪认罚案件量刑建议，法院的采纳率为97.5%。[3]

3. 检察机关通过各种创新举措不断增强量刑建议工作正当化、规范化水平

同量刑规范化一样，量刑建议规范化也是一项系统工程，量刑建议的精准度和采纳率只是量刑建议规范化的一部分外在表征，要真正实现量刑建议的规范化，需要以量刑理论为基础，以量刑规律为指导，以科学的量刑方法为实现路径，以公正的程序为制度保障。[4]自认罪认罚从宽制度试点以来，从整体上看，量刑建议的规范化水平是在不断提升的。各级司法机关为此采取了各种措施，主要包括但不限于以下方面。

其一，探索认罪认罚案件听取意见同步录音录像制度，推进听取意见的实质化和规范化。自2020年9月始，最高人民检察院就开始在江苏、山东、重庆、宁夏等地开展认罪认罚从宽制度控辩协商同步录音录像试点。各地也出台了很多专门规定。例如，2021年10月，上海市人民检察院联合上海市公安局监所管理总队印发的《认罪认罚案件控辩协商同步录音录像工作配合协作办法》。2021年12月2日，在认真总结各地试点经验的基础上，最高人民检察院正式发布了《听取意见录音录像规定》，要求所有认罪认罚案件中的听取意见过程都要同步录音录像，并对同步录音录像的范围、场所、方式、保存和使用等作了细化规定。该措施对于"防止听取意见不规范、走形式甚至强迫认罪认罚等问题"产生了一定的积极意义。[5]

其二，探索"量刑协商"机制，搭建多方沟通平台。为了在提出量刑建议过程中充分听取各方意见，不少地方制定了"量刑协商"规范，打造了"量刑协商"机制。例如，杭州市人民检察院建立了"诉前会议"机制。在"诉前会议"

---

[1]　参见张军：《最高人民检察院工作报告（第十三届全国人民代表大会第五次会议2022年3月8日）》，载 https://www. 12309. gov. cn/llzw/jcyksjb/202203/t20220308_ 548413. shtml，最后访问日期：2023年12月25日。

[2]　参见张军：《最高人民检察院工作报告（第十四届全国人民代表大会第一次会议2023年3月7日）》，载 https://www. spp. gov. cn/spp/gzbg/202303/t20230317_ 608767. shtml，最后访问日期：2023年12月25日。

[3]　参见最高人民检察院：《2023年全国检察机关主要办案数据》，载 https://www. spp. gov. cn/xwfbh/wsfbt/202403/t20240310_ 648482. shtml#1，最后访问日期：2024年4月24日。

[4]　参见王刚：《认罪认罚案件量刑建议规范化研究》，载《环球法律评论》2021年第2期，第139页。

[5]　李楠楠、薄晨棣：《最高检明确：办理认罪认罚案件听取意见应同步录音录像》，载 https://www. sohu. com/a/507427153_ 114731?_ trans_ ＝000019_ wzwza，最后访问日期：2023年12月28日。

上，辩护人可提交其收集到的各种证据材料（包括量刑证据），参会的被追诉人、被害人等各方均可充分发表对量刑情节认定、量刑建议的意见。而且，为了使犯罪嫌疑人直接地了解、比较自身的从宽幅度，杭州市人民检察院还创制了"犯罪嫌疑人认罪认罚情况记录表"，详细记录从侦查到提起公诉环节被追诉人的认罪认罚情况，根据被追诉人的主观恶性程度、具体认罪认罚时点等，设计出"逐级折扣"的量刑减让规则，让犯罪嫌疑人及辩护人对从宽幅度一目了然。

其三，探索附条件量刑建议，减少量刑建议的调整，提高量刑建议采纳率。有些认罪认罚案件被追诉人在审查起诉阶段签署具结书后，量刑情节有可能在审判阶段发生变化，可能需要量刑建议的调整，从而影响诉讼效率和量刑建议采纳率。针对这一问题，部分检察院积极探索附条件量刑建议机制。例如，海南省海口市美兰区人民检察院专门出台了《认罪认罚案件附条件量刑建议制度实施细则》，规定检察官可以将可预见的新生量刑情节如退赃退赔、赔偿损失、达成和解等作为附加条件，针对不同情形提出相应的量刑建议，供法庭在审判阶段根据实际情况选择采纳。为了保证附条件量刑建议规范适用，该院还制作了统一格式的文书模板。据统计，该院自 2021 年以来已对 32 名犯罪嫌疑人提出附条件量刑建议，已判案件中，量刑建议采纳率达到 100%。[1]有关地方关于附条件量刑建议的经验也已经被最高人民检察院吸收进了《量刑建议指导意见》。

其四，探索建立与法院的量刑建议沟通协调机制，进一步保障量刑建议的采纳率。调研发现，各地检察机关在提出量刑建议时，均在不同程度上存在与法院的沟通现象。各地"检""法"有关量刑建议的沟通主要有两种情况：一是就类案量刑基准和量刑政策的沟通，二是就个案量刑情节和意见的沟通。有的地方专门建立起了"检""法"量刑建议沟通机制。如贵州省江口县人民检察院通常会在对案件的事实和证据进行审查后，对被追诉人提出确定刑量刑建议前，与法院就案件的事实、证据、量刑进行提前沟通，力求消除意见分歧，并针对法院的调整建议，召开检察官联席会议分析讨论并适时调整。2022 年，该院确定刑量刑建议采纳率达 100%。[2]

其五，随着智慧检务的推进，积极在量刑建议工作中应用大数据技术，通过类案大数据提取量刑要素，分析量刑尺度，借助量刑智能辅助系统，为检察官提出准确的量刑建议提供有效的参考，增进量刑建议内容的科学性、合理性。如青

---

〔1〕 参见李轩甫、莫洁凤：《立足"三个坚持"，推进附条件量刑建议提升办案质效》，载《检察日报》2023 年 3 月 28 日，第 7 版。

〔2〕 参见安慧芳：《江口检察院　练好"巧"字诀　提高量刑建议采纳率》，载 https://baijiahao.baidu.com/s? id＝1764527663370216205&wfr＝spider&for＝pc，最后访问日期：2023 年 12 月 29 日。

岛市人民检察院依托"智慧检察官"办案平台，建立了"量刑建议计算器"系统，并不断完善和细化系统中包含的常见罪名量刑情节和量刑标准，促进了量刑建议的精准化。[1]有些地方虽然没有引入量刑智能辅助系统，但也会借助大数据，收集辖区法院近年来的案件，并根据罪名、情节分类，经过汇总分析，作为提出量刑建议时的参考。

（二）认罪认罚案件量刑建议工作开展中的主要问题及成因

1. "检""法"冲突现象较为突出

检察机关与法院对于量刑建议工作的开展存在诸多认识分歧。而且，有关认罪认罚案件量刑建议"最热烈的争论主要在检察院与法院之间展开"，[2]由此导致"检""法"冲突成为我国认罪认罚从宽制度改革推进中具有鲜明特征的现象之一。譬如，尽管确定刑量刑建议的采纳率长期居于高位，但事实上，"检""法"两家对确定刑的理解很不统一。检察机关多认为确定刑量刑建议的提出率及采纳率没有最高，只有更高，[3]因此，检察机关往往基于考核压力希望法院尽量不要拒绝量刑建议。但法院通常认为，"量刑是一个考量所有法定、酌定情节，类案、共犯间处刑平衡，权益保护、三个效果（政治效果、法律效果、社会效果）等方面内容的综合判断过程，对这些内容，审查起诉环节难以穷尽及全面平衡"，加之，部分检察官量刑能力及经验欠缺，量刑建议把握不准的情况并不少见，[4]片面追求量刑建议精准化，不符合量刑规律。此外，"检""法"还对量刑建议的效力、量刑建议"明显不当"的把握、量刑建议调整权等问题认识不一。课题组认为，认罪认罚案件量刑建议工作开展中之所以出现"检""法"冲突现象，至少可以从以下四个方面理解。

（1）有关量刑建议的许多关键问题尚未达成普遍共识。2014 年后，围绕认罪认罚案件中的量刑建议制度，理论界与实务界展开了新一轮的讨论，主要涉及认罪认罚案件量刑建议是否应当对法院产生"一般应当采纳"的刚性约束力，认罪认罚案件量刑建议到底应该遵循何种形成机制，认罪认罚案件中的量刑建议应以何种形式提出，如何理解"量刑建议明显不当"及辩方"对量刑建议提出异议"

〔1〕 参见陈国庆：《量刑建议的若干问题》，载《中国刑事法杂志》2019 年第 5 期，第 68 页。

〔2〕 左卫民：《量刑建议的实践机制：实证研究与理论反思》，载《当代法学》2020 年第 4 期，第 48 页。

〔3〕 参见杨宇冠等：《认罪认罚从宽制度中量刑建议精准化的进路》，载《人民检察》2020 年第 7 期，第 41 页。

〔4〕 上海市人大监察和司法委员会：《关于本市检察机关适用认罪认罚从宽制度情况的调研报告》，载《上海市人民代表大会常务委员会公报》2022 年第 9 期，第 74-75 页。

等。但整体而言，讨论还不够充分，在诸多关键问题上争议还比较大，困惑与误解并存，无法给司法机关提供统一、正确的理论指导。特别是在认罪认罚案件量刑建议的效力问题上，自 2018 年《刑事诉讼法》颁行以来，围绕第 201 条正当性的争论从未停歇。"余金平交通肇事案"还曾引发对该条文的"现象级"讨论。有论者指出，该案"背后是法院与检察院就认罪认罚案件量刑权归属之争"，而该案的判决则反映了法院对第 201 条"立法安排"的异议。至今为止，对《刑事诉讼法》第 201 条的合理性，各方仍然聚讼纷纭，个别法官对"一般应当采纳"的要求有强烈的抵触情绪。无疑，这是导致第 201 条适用中"检""法"冲突的根本性因素之一。

（2）"检""法"不适应认罪认罚从宽制度改革带来的角色转变。认罪认罚从宽制度改革不仅是宽严相济刑事司法政策的落实，也不仅仅是对诉讼原则或理念的抽象调整，而是融合了原则、规则和概念的重大变革。认罪认罚从宽制度既在我国传统的职权诉讼的框架之下，又是对传统刑事诉讼程序的突破和创新，其"从功能上赋予了检察官对刑事案件定罪量刑的决定权，这与原来由法院对公诉案件进行实体审理以后才能最终决定罪与罚的诉讼模式存在重要区别"，实质上已成为"中国版的检察官司法"。[1]认罪认罚从宽程序的检察主导特征直接影响了审判环节的性质和功能，即不管认罪认罚案件最终在形式上适用何种审判程序（普通程序、简易程序或速裁程序），其本质上均是以检察机关提出建议，法院加以审查和核准的方式进行的，审查起诉环节成为诉讼的重心，而审判在一定意义上转变为审核。在审判环节，法院的工作重点是审查认罪认罚的自愿性和具结书内容的真实性与合法性，其对案件事实或证据问题的关注点也与非认罪认罚案件有明显不同。换言之，在认罪认罚案件的办理中，检察机关与法院的角色已发生明显改变。[2]但部分司法者特别是法官还认识不到或是不能适应或是刻意排斥这种角色转变，在审查证据、认定事实、定罪量刑时仍然将自己定位为如非认罪认罚案件中一样的裁判者角色。这样做当然要强于检察院疏于履行主导责任而法院审查又流于形式的"两不管"局面，在客观上有利于保障案件的办理质量，但也会模糊认罪认罚案件的审查重点，降低诉讼效率，有违改革初衷，而且，也很容易催生诉讼主导权之争，成为"检""法"冲突之源。

（3）认罪认罚案件量刑建议规则的混乱、粗疏。2018 年《刑事诉讼法》及相

---

〔1〕 孙长永：《中国检察官司法的特点和风险——基于认罪认罚从宽制度的观察与思考》，载《法学评论》2022 年第 4 期，第 71 页。

〔2〕 参见王迎龙：《认罪认罚从宽制度实行中法官角色的转变》，载《人民法院报》2020 年 4 月 24 日，第 5 版。

关司法解释尽管已从量刑建议的形成、提出、调整、审查与采纳等方面初步建构起了认罪认罚案件量刑建议制度，但从整体上看，还是较为粗疏，缺乏系统性和协调性，很容易引发"检""法"冲突。例如，《刑事诉讼法》第 201 条规定了"一般应当采纳"原则，而《认罪认罚指导意见》第 40 条则刻意对该原则及作为其例外的"明显不当"基准进行了调整。该意见第 40 条强调了法院对量刑建议的审查职责，并且提出，只有"量刑建议适当的"，人民法院才应当采纳。该条规定与《刑事诉讼法》第 201 条的立法精神并不一致，甚至与《认罪认罚指导意见》第 41 条法院只在量刑建议明显不当时才告知检察机关调整的规定自相矛盾。再如，立法并没有明确"提出量刑建议"是否为认罪认罚案件的必经程序，被追诉人在侦查、审查起诉阶段没有认罪认罚，而是到审判阶段才认罪认罚的，是否还需要检察机关提出量刑建议？对此，"检""法"理解不一，个别检察机关还因法院未通知检察机关对审判阶段认罪认罚的被追诉人提出量刑建议而以程序违法为由提出抗诉。[1]而《认罪认罚指导意见》一方面规定，对于被告人当庭认罪认罚的案件，人民法院应当根据审理查明的事实，就定罪和量刑听取控辩双方意见，依法作出裁判，但同时又在"量刑建议的提出"一条强调，检察机关在提出量刑建议时，"被告人在审判阶段认罪认罚的，在前款基础上可以适当缩减。建议判处罚金刑的，参照主刑的从宽幅度提出确定的数额"。上述条文似乎表明，只有当庭认罪认罚的情况才可免去量刑建议的提出或调整环节。而 2020 年 3 月 1 日起施行的《最高法解释》第 356 条则直接规定，对于审判阶段认罪认罚的，人民法院可以不再通知人民检察院提出或者调整量刑建议。还有，对于认罪认罚案件，当人民法院认为量刑建议明显不当时，是否可以在未通知检察机关调整量刑建议或不给检察机关调整量刑建议的机会的情况下直接判决，立法和司法解释对此语焉不详，实践中也易引发"检""法"冲突。

（4）"检""法"各自的部分推进举措可能缺乏全局考量。组织合法性理论将组织行为的核心目标归结为增强组织合法性，证明组织的存在意义，实现组织的存续和发展，即根据利益相关者群体的评价偏好，采取符合或者改善组织合法性评判结果的行动策略，从而获得更多的资源流入。[2]在这一点上，对于推动、参与认罪认罚从宽制度改革的专门机关也概莫能外。各专门机关一般都会倾向于优先考量如何通过浩大的声势和可观的数据展现其在治理大局中所作的贡献，从而博取负责资源分配的权威部门对自身的认同和信任，进而强化自身的存在。例如，

---

〔1〕　参见北京市第三中级人民法院（2019）京 03 刑终 534 号刑事判决书。

〔2〕　参见刘云、Wang G Greg：《基于评价者视角的组织合法性研究：合法性判断》，载《外国经济与管理》2017 年第 5 期，第 75 页。

针对"检""法"两机关在认罪认罚从宽制度中的定位，检察机关的领导通常认为，应当积极发挥检察机关的主导作用，[1]而法官则需要让渡出部分自由裁量权，以实现司法资源的优化配置；[2]而法院的领导则通常认为，裁判权是法院的固有权力，认罪认罚从宽制度是国家公诉权的转让，并未改变法院依法独立审判、公正裁量刑罚的职责。[3]再如，检察机关致力于推进量刑建议的精准化，强调确定刑量刑建议的提出率和采纳率，并将量刑建议精准化视为实现认罪认罚从宽制度预设目标的必然要求和重要制度安排，[4]却通常容易淡化或忽略是否符合量刑规律以及对法官保留原则的影响。而法院在强调"人民法院对案件质量审查把关的职责要求没有变化"，"定罪量刑作为审判权的核心内容，具有专属性，检察机关的量刑建议仍然属于程序职权，是否适当、是否采纳，要由人民法院依法裁判"时，[5]也容易忽视认罪认罚从宽制度的特点。但这种自说自话、各求所需的推进思路往往为"检""法"冲突埋下伏笔。

2. 量刑建议形成的合意性不足

合意性是认罪认罚案件量刑建议的典型特征，也是认罪认罚案件量刑建议产生特殊效力的基础。按照《认罪认罚指导意见》第33条的要求，检察机关在提出量刑建议前，应当充分听取犯罪嫌疑人、辩护人或者值班律师的意见，尽量协商一致。而根据《刑事诉讼法》第173条第2款的规定，认罪认罚案件中，人民检察院还应当就"从轻、减轻或者免除处罚等从宽处罚的建议"听取被害人及其诉讼代理人的意见。因此，在我国，多元主体的实质参与是保证认罪认罚案件量刑建议正当性的重要条件，认罪认罚案件量刑建议也应当是"以检察院为主导的与不同主体不断协商、沟通的结果"。[6]诚然，司法机关已经采取包括"建立认罪认罚案件听取意见同步录音录像制度"、搭建控辩量刑"协商"平台等多种措施提升听取意见的多元性、实质性、充分性。然而，由于当前审查起诉阶段值班律师依然是提供法律帮助的主力（在有些地区甚至占到90%以上），[7]而值班律师

---

〔1〕　参见张军：《关于检察工作的若干问题》，载《国家检察官学院学报》2019年第5期，第9页。

〔2〕　参见陈国庆：《量刑建议的若干问题》，载《中国刑事法杂志》2019年第5期，第16页。

〔3〕　参见胡云腾：《去分歧　凝共识　确保认罪认罚从宽制度贯彻落实》，载《法制日报》2019年12月11日，第9版。

〔4〕　参见罗庆东：《以精准化量刑建议落实认罪认罚从宽》，载《检察日报》2020年2月10日，第3版。

〔5〕　沈亮：《凝聚共识　推进认罪认罚从宽制度深入有效实施》，载《人民法院报》2021年7月22日，第5版。

〔6〕　李振杰：《困境与出路：认罪认罚从宽制度下的量刑建议精准化》，载《华东政法大学学报》2021年第1期，第145页。

〔7〕　参见北京市顺义区人民检察院项目课题组：《认罪认罚从宽制度下量刑精准化问题探析——基于B市S区检察院推行精准量刑建议的实践》，载《北京政法职业学院学报》2021年第4期，第46页。

通常怠于行使会见权、阅卷权，更多地只是充当具结书签署时形式上的见证人，[1] 与检察机关主动沟通量刑建议问题的意愿极低，无法提供有效的法律帮助，而被追诉人自己在权利配置、法律素养、信息占有等方面更没有任何优势，还有部分被追诉人处于审查羁押状态，与检察机关沟通量刑建议的机会和能力受到极大限制。加之监督制约机制的不健全，导致在检察官与辩方以及被害方的沟通中处于极为强势的地位。更何况，审查起诉阶段启动认罪认罚从宽程序的多数案件，其实被追诉人在侦查阶段已经认罪，在判决有罪几无悬念的情况下，即便是辩护律师与检察官沟通，一般也很难改变检察官的意见。

3. 量刑建议适当性的保障有待加强

按照《认罪认罚指导意见》的要求，在办理认罪认罚案件时，要坚持罪责刑相适应原则，既要考虑体现认罪认罚从宽，又要考虑被追诉人所犯罪行的轻重、应负刑事责任和人身危险性的大小，依法提出量刑建议，确保罚当其罪，避免罪刑失衡。因此，检察机关在提出量刑建议时，应当区别认罪认罚的不同诉讼阶段、认罪认罚对查明案件事实的价值和意义以及其他各种量刑情节，综合考量确定建议的刑罚，以充分体现认罪认罚优于不认罪认罚、主动认罪认罚优于被动认罪认罚、早认罪认罚优于晚认罪认罚，彻底认罪认罚优于不彻底认罪认罚，稳定认罪认罚优于不稳定认罪认罚。然而，在实践中，有些量刑建议虽然明确、具体但并不适当，不能满足罪责刑相适应的要求：有的量刑建议对被追诉人量刑减让幅度小，甚至未明显体现认罪认罚情节，不当限制了被追诉人应得的认罪认罚利益，而被告方一旦提出异议，则可能会面临更重的刑罚；有的检察机关为了促成认罪认罚，提出畸轻的量刑建议。[2] 该现象形成的主要原因有：(1) 部分检察官缺乏提出适当量刑建议的经验和能力，甚至在提出量刑建议时还存在"估堆现象"，即"有量刑结果而无量刑过程，有量刑结论而无量刑论证"，"在确定法定刑幅度后，罗列一系列的量刑情节，然后径直得出量刑结果"。[3] (2) 部分检察官在提出量刑建议时容易受控诉立场、考核指标的不当影响，不能恪守客观义务和量刑的基本原则。(3) 虽然"两高"已经出台了规范认罪认罚案件量刑建议的方法、根据、基准和过程的指导意见，但实体规则依然不够明晰，对于部分罪名特别是"常见犯罪"之外的罪名并未提供具体、详尽的操作指引，留有较大的裁量空间。

---

〔1〕　上海市人大监察和司法委员会：《关于本市检察机关适用认罪认罚从宽制度情况的调研报告》，载《上海市人民代表大会常务委员会公报》2022 年第 9 号，第 76 页。

〔2〕　参见王继余：《认罪认罚案件精准量刑建议实证分析——以 L 省的认罪认罚案件数据为参考》，载《辽宁大学学报（哲学社会科学版）》2022 年第 4 期，第 78 页。

〔3〕　田立文：《认罪认罚案件量刑的四个核心问题》，载《中国应用法学》2022 年第 6 期，第 14 页。

（4）量刑建议的程序规范也不尽完善，特别是检察机关内部量刑建议的决策机制以及量刑建议的监督机制不健全，部分检察院尚未建立起大数据（人工智能）辅助量刑建议机制。（5）部分被追诉人可能不了解相关法律规定特别是关于从宽幅度的规定，也不掌握案件的证据情况，而且，获得的法律帮助也不充分。（6）有些检察官对量刑建议解释说理不到位，未向被追诉人说明提出量刑建议的依据以及量刑建议的确定标准和过程，或者只是用套话、空话代替量刑论证，用法条和对事实、证据、情节的简单堆砌代替说理。

4. 对量刑建议采纳率等指标的过度重视

不可否认，量化考核是迅速推进政策落实和制度贯彻的有效方式之一。在量刑建议工作的开展中，通过量化考核，可以更为直接、更为客观、更为快捷地了解到量刑建议的提出、采纳的整体情况。但也要看到量化考核的固有局限。量化考核指标对样本数量和数据本身的客观性要求较高，而且，量化指标及其合理值的设置很难避免主观预设，在数据标准化所要求的删繁就简中很容易"削足适履"，掩盖考核对象丰富、生动的细节特征。例如，目前，确定刑量刑建议提出率和（确定刑）量刑建议采纳率已经成为评估量刑建议改革成效乃至认罪认罚案件办理质效的最主要指标。然而，应当看到，确定刑量刑建议不一定就是精准的量刑建议，不一定就是高质量的量刑建议。相反，如果检察官的量刑建议经验不足、量刑建议能力偏弱、量刑建议立场不客观且检察机关与法院又欠缺统一、规范、可操作性强的量刑指引，量刑建议越具体、确定，容错和调整空间也就越有限，出现偏差的可能性也就越大。同样，（确定刑）量刑建议采纳率也不一定能够直接反映量刑建议的质量，高采纳率的形成反而可能与对高采纳率指标本身的刻意追求有关。因为，"唯指标论""唯数据论"很容易导致被考核对象盲目追求指标中所要求的比率，而无视制度的实际效果，甚至为了达成评价指标的特定比率要求，采取不合理乃至不合法的手段刻意促成。个别地方的检察机关会仅仅因为法院未采纳量刑建议就提出抗诉，而不考虑量刑建议自身的合理性。个别地方的检察机关甚至还专门出台规范性文件，强调法院不采纳认罪认罚案件量刑建议时的抗诉工作。[1]十三届全国人大常委会审议最高人民检察院关于人民检察院适用认罪认罚从宽制度的报告时，在充分肯定认罪认罚从宽制度改革取得的明显成效的同时，也尖锐地指出，在改革的推进中尚存在"不适应不到位"的问题，特别是，有的地方盲目追求比率，设定具体指标，导致层层加码、强推硬推现象。[2]

---

〔1〕 参见广东省 G 市《量刑建议精准化操作规程》。

〔2〕 参见中国人大网的报道：《对人民检察院适用认罪认罚从宽制度情况报告的意见和建议》，载 http://www.npc.gov.cn/npc/c2/c30834/202012/t20201207_309085.html，最后访问日期：2024 年 5 月 31 日。

此后，最高人民检察院在强调上述量化指标的同时，也开始更加重视量刑建议工作等的实际质效。[1]

5. 各地量刑建议工作开展情况不平衡

量刑建议工作开展的不平衡主要体现在以下几个方面：一是达标情况与实际质效的失衡。上文已述及，个别地方只重视确定刑量刑建议的提出率和（确定刑）量刑建议的采纳率，认为只要达标或超过通报值就万事大吉，而不注重提升量刑建议工作的实际质效，从而导致"表里不一"。而另一些地方虽然重视量刑建议工作的质效，但在量化达标方面并未采取得力的举措，导致在考核中成为"后进"，反过来导致量刑建议工作的实际质效也让人怀疑。真正能恰当平衡满足量化考核指标和实现量刑建议工作高质效的地方较少。二是单纯从量化考核指标看，各地之间确实存在一些明显差异。例如，Q直辖市检察机关2023年2月统计显示，确定刑量刑建议提出率全市平均为95.63%，其中，有8个基层检察院的确定刑量刑建议提出率达到了100%，另有8个基层检察院的确定刑量刑建议提出率超过了99%，但有7个基层检察院确定刑量刑建议提出率在82%以下，最低的只有66.67%。[2]Q直辖市人民检察院在通报中还专门指出，个别单位确定刑量刑建议提出率长期较低，影响了全市平均水平。再以Z省W市统计的各基层人民检察院自2021年12月1日至2022年1月31日认罪认罚案件听取意见同步录音录像制度适用率为例。适用率最高的T区人民检察院达到64.41%，另有3家基层检察院的适用率超过了50%，但有6家基层检察院的适用率在40%以下，其中1个区检察院的适用率仅有16.23%。导致出现上述差异的因素较为复杂，其中一个很重要的原因就是，部分地方对认罪认罚量刑建议工作的重视程度不够，存在"重定罪、轻量刑"倾向，部分检察官对量刑建议工作特别是提出确定刑量刑建议工作存在畏难情绪，工作动力不足。[3]三是分（州、市）检察院与基层检察院量刑建议工作开展状况不平衡。由于分（州、市）检察院主要办理的案件性质特殊，因此，在量刑建议的某些工作指标上与基层检察院出现一定的差异是正常的。但有时候，由于多种原因，差异的程度会超过正当范围，从而出现上下失衡现象。比如，Z省W市，在2021年12月和2022年1月两个月间，各基层检察院认罪认罚听取意见同步录音录像适用率平均为40%，而市检察院办理的案件中认罪认罚人

---

〔1〕　参见《最高人民检察院就十三届全国人大常委会对人民检察院适用认罪认罚从宽制度情况报告的审议意见提出28条贯彻落实意见》，载 http://www.law-lib.com/law/law_view.asp? id=708197，最后访问日期：2023年12月29日。

〔2〕　Q直辖市确定刑量刑建议提出率的通报值为75%，有5个基层院都在通报值以下。

〔3〕　参见陈国庆：《量刑建议的若干问题》，载《中国刑事法杂志》2019年第5期，第7页。

数为 7 人，但听取意见同步录音录像适用率为 0。此外，部分地方月度、年度之间适用不平衡，月度、年度之间适用率波动较大，量刑建议工作的稳定性不够。

二、认罪认罚案件量刑建议的性质与效力

（一）高采纳率背后的实践纷争

1. 对认罪认罚案件量刑建议的性质定位及效力认识上存在较大分歧

根据最高人民检察院的统计，自 2020 年以后，法院对检察机关认罪认罚案件的采纳率均在 90% 以上，且不断提升，尤其是确定刑量刑建议的采纳率不断接近乃至达到 100%。但有意思的是，高采纳率并不意味着"检""法"在认罪认罚案件量刑建议问题认识上的高度协调统一。事实上，"检""法"对认罪认罚案件量刑建议的性质定位及效力认识上仍存在较大分歧。

最高人民检察院时任检察长张军强调："修改后的《刑事诉讼法》确立的认罪认罚从宽制度，更是一个十分典型的以检察官主导责任为基础的诉讼制度设计……《刑事诉讼法》特别明确规定，法官原则上应该采纳检察官提出的量刑建议，如果认为不妥，得要求检察官重新提出量刑建议，如果检察官调整了量刑建议，法官仍认为不妥，才可以直接作出裁判。"[1] 最高人民检察院时任副检察长陈国庆认为，要完善认罪认罚案件抗诉标准，对量刑建议并无明显不当而未被法院采纳的，要选择典型案件依法提出抗诉，维护认罪认罚从宽制度良性运行。[2] 而时任最高人民法院审判委员会专职委员沈亮则撰文指出："贯彻认罪认罚从宽制度，公检法三机关配合制约的关系没有变化，控辩审三方的职能配置和诉讼格局没有变化，人民法院对案件质量审查把关的职责要求没有变化。侦查权、检察权、审判权仍是由公检法三机关分别依法行使，定罪量刑作为审判权的核心内容，具有专属性，检察机关的量刑建议仍然属于程序职权，是否适当、是否采纳，要由人民法院依法裁判""从职权配置上看，认罪认罚案件的定罪量刑，对检察机关提出的量刑建议，人民法院要在严格审查的基础上依法作出裁判。"[3] 时任最高人民法院审判委员会委员、刑三庭庭长李勇也撰文强调，应正确认识检察机关的量刑建议，检察机关无论是否提出量刑建议，无论提出何种量刑建议及是否按照

---

〔1〕 张军：《关于检察工作的若干问题》，载《国家检察官学院学报》2019 年第 5 期，第 9 页。

〔2〕 参见陈国庆：《关于新时代刑事检察工作的创新发展》，载张志杰主编：《刑事检察工作指导》（总第 12 辑），中国检察出版社 2021 年版，第 26 页。

〔3〕 沈亮：《凝聚共识　推进认罪认罚从宽制度深入有效实施》，载《人民法院报》2021 年 7 月 22 日，第 5 版。

法院要求调整量刑建议，人民法院都应当切实履行审判职责，依法作出裁判。[1]

实践中，"检""法"在具体认罪认罚案件中理解量刑建议的约束力时也经常发生冲突乃至对抗，这方面最典型的案例莫过于"余金平交通肇事案"。被追诉人余金平涉嫌交通肇事罪，在审查起诉阶段自愿认罪认罚，北京市门头沟区人民检察院对其提出了判三缓四的量刑建议。但门头沟区人民法院经过审理认为，余金平作为纪检干部，交通肇事后逃逸，主观恶性较大，应予严惩，判处缓刑不足以惩戒犯罪，因此不采纳检察机关判处缓刑的量刑建议，判处余金平有期徒刑二年。检察机关以"余金平符合适用缓刑的条件"，"量刑建议适当，一审法院不采纳量刑建议无法定理由"，"一审法院曾判处类似案件的被告人缓刑"，"对余金平宣告缓刑更符合诉讼经济原则"等提出抗诉。余金平本人也以量刑过重为由提出上诉。二审法院即北京市第一中级人民法院审理后认为，一审认定余金平的行为构成自首并据此对其减轻处罚以及认定余金平酒后驾驶机动车却并未据此对其从重处罚不当，驳回了检察院的抗诉和余金平的上诉，改判余金平有期徒刑三年半。随后，北京市人民检察院向北京市高级人民法院提出抗诉，北京市高级人民法院裁定撤销该案一、二审判决，将案件发回门头沟区人民法院重审。门头沟区人民法院经过重审，判决余金平两年有期徒刑。该案作为一个认罪认罚案件，历时两年多，牵涉三级司法机关，而最后的结果又回到最初的一审判决。[2]可以说，该案处理的过程和结果在一定程度上预示着"检""法"关于认罪认罚案件量刑建议约束力的论争远未结束。

当然，在更多的案件中，一审法院与检察机关在理解《刑事诉讼法》第201条的规定上意见不同，二审法院则选择坚持"一般应当采纳"的立场。例如，在"王某寻衅滋事案"中，王某在审查起诉阶段自愿认罪认罚，检察机关在听取了王某及值班律师的意见后，提出了判处有期徒刑、适用缓刑的量刑建议；王某在值班律师的见证下，自愿在认罪认罚具结书上签字。该案提起公诉后，一审法院认可了认罪认罚的自愿性和认罪认罚具结书内容的真实性、合法性，判决王某构成寻衅滋事罪，但并未采纳检察机关提出的适用缓刑的量刑建议，且之前没有履行建议检察机关调整量刑建议的程序，直接对王某判处实刑。检察机关认为，量刑建议并无不当，法院在没有正当理由的情况下不采纳量刑建议，且没有通知检察机关调整量刑建议，违反了法定程序，据此提出抗诉。二审法院审查后认为，该案不存在《刑事诉讼法》第201条规定的不采纳指控意见的五种例外情形，且

---

〔1〕　参见李勇：《加强人权司法保障　确保严格公正司法——持续深入推进以审判为中心的诉讼制度改革》，载 https://m. thepaper. cn/baijiahao_ 14400360，最后访问日期：2024 年 1 月 1 日。
〔2〕　参见北京市门头沟区人民法院（2021）京 0109 刑初 244 号刑事判决书。

量刑建议并无明显不当，法院应当采纳检察机关的量刑建议，原判定罪准确，但量刑不当，依法予以纠正，遂改判王某缓刑。[1]

如果说以上两个案件尚属于"检""法"在认罪认罚案件量刑建议约束力问题上的正常分歧的话，个别案件中法院判决故意仅对认罪认罚案件量刑建议作出微小调整，可能就更能反映出个别法官对"一般应当采纳"规定的质疑立场了。如在"蔡某危险驾驶案"中，蔡某自愿认罪认罚，检察机关据此提出"拘役两个月十五日，并处罚金 6000 元"的量刑建议。一审法院审理后判处蔡某拘役三个月十日，并处罚金 8000 元。检察机关遂以一审法院无故不采纳量刑建议、适用法律错误为由提出抗诉。二审法院改判蔡某拘役两个月十五日，并处罚金 6000 元。[2] 再如，在"彭某某盗窃案"中，彭某某在审查起诉阶段认罪认罚，检察机关对其提出拘役四个月到六个月，并处罚金的量刑建议，并建议法院适用速裁程序，但一审法院未采纳量刑建议，判处彭某某拘役三个月，并处罚金 1000 元。检察机关以法院无故不采纳量刑建议属适用法律错误为由提出抗诉，二审法院采纳了抗诉意见，改判彭某某拘役四个月，并处罚金 1000 元。[3]

访谈发现，检察官、法官对《刑事诉讼法》第 201 条规定的合理性也呈现出较为对立的评价，检察官肯定者居多，而法官则多数持保留意见。应当说，《认罪认罚指导意见》第 40 条的规定较为契合多数法官对认罪认罚案件量刑建议效力的认识。该规定强调了法院对量刑建议的实质审查职责，并且提出，只有"量刑建议适当的"，人民法院才应当采纳。但问题是，如果对待认罪认罚案件的量刑建议，像对待非认罪认罚案件一样，只有"对于事实清楚，证据确实、充分，指控的罪名准确，量刑建议适当的"，才予采纳。那么，《刑事诉讼法》第 201 条规定还有何意义？甚至，《认罪认罚指导意见》第 40 条规定是否还有意义？进一步言之，以《认罪认罚指导意见》第 40 条否定《刑事诉讼法》第 201 条是否合理？当然，也有部分司法人员对这个问题的认识相对较为公允。最高人民法院的杨立新审判员认为，要充分理解"一般应当采纳"规定的重大意义，"之所以规定为'一般应当'采纳而不是'应当'采纳，是由量刑建议权的求刑权属性决定的；之所以规定为'一般应当'采纳而不是'可以'采纳，则是由量刑建议的协商性所决定的"，正是对控辩合意的这种尊重，赋予了认罪认罚从宽制度丰富的价值蕴

---

[1] 参见印仕柏主编：《未成年人刑事案件捕诉操作指引》，中国检察出版社 2021 年版，第 355 页。

[2] 参见臧德胜：《论认罪认罚案件中量刑建议的效力及在司法裁判中的运用——从两起认罪认罚抗诉案件的二审裁判展开》，载《中国法律评论》2020 年第 2 期，第 199 页。

[3] 参见《无故未采纳量刑建议怎么办？安徽首次发布典型案例》，载 https://www.ah.jcy.gov.cn/jcyewu/xsjc/201910/t20191015_ 2701950. shtml，最后访问日期：2024 年 1 月 3 日。

含。[1]

2. 对审判阶段认罪认罚是否需要提出量刑建议的理解不一

对于被追诉人在审前阶段不认罪认罚而审判阶段才认罪认罚的，是否需要检察机关调整或提出量刑建议，各地司法机关理解不一。考虑到对量刑建议提出率、采纳率等的考核，多数检察机关认为对这种情况，检察机关应当根据被追诉人的认罪认罚，在听取意见的基础上，提出或调整量刑建议。对此，有的法院持赞成态度。如在"检例第 84 号""林某彬等人组织、领导、参加黑社会性质组织案"中，52 名被追诉人中只有 12 名在审查起诉阶段认罪认罚。检察机关将本案起诉到法院后，在庭前会议阶段，检察机关通过展示全案证据，释明认定犯罪依据，又促成 14 名被告人认罪认罚，检察机关提出从宽处罚的量刑建议，14 名被告人在庭前会议结束后签署了具结书。开庭前，又有 10 名被告人表示愿意认罪认罚，同意检察机关提出的量刑建议，并签署了具结书。最终，法院依法判决，全部采纳了检察机关提出的量刑建议。[2]再如，在"邓某浩盗窃案"中，被告人邓某浩在审前没有认罪认罚，但在法院开庭审理时表示愿意认罪认罚。法院依法启动了认罪认罚从宽程序，通知检察机关提出量刑建议。检察机关建议判处被告人有期徒刑八年到十一年，被告人当庭表示接受该量刑建议。但有意思的是，法院最后经审理认为，检察机关提出的量刑建议明显不当，建议检察机关调整，而检察机关拒绝调整，法院依法作出判决。[3]

但有的法院认为审判阶段才认罪认罚的，人民法院可直接依法判决，不必通知检察机关调整或提出量刑建议。个别案件中还因此引发了"检""法"冲突。如在"前某门等非法吸收公众存款案"中，被告人前某门等人在侦查、审查起诉阶段没有认罪，而在审判阶段表示认罪认罚，一审法院依据普通程序进行审理，在未通知检察机关调整量刑建议，未要求被告人签署具结书的情况下，直接作出从宽处罚的判决。一审宣判后，检察院提出抗诉，认为一审法院在适用认罪认罚从宽制度对被告人从宽处罚的情况下，没有依据该制度的程序规定向控辩双方宣告权利、签署认罪认罚具结书、征求控方量刑建议，系程序适用不当，导致量刑失当，建议二审法院撤销原判，发回重审。但二审法院认为一审法院已听取了控

---

[1] 杨立新：《对认罪认罚从宽制度中量刑建议问题的思考》，载《人民司法》2020 年第 1 期，第 10 页。

[2] 详见《检察机关第二十二批指导性案例》，载 https://www.spp.gov.cn/spp/jczdal/202012/t20201208_ 488442. shtml，最后访问日期：2023 年 12 月 31 日。

[3] 参见广东省深圳市福田区人民法院（2021）粤 0304 刑初 288 号刑事判决书。

辩双方意见，对认罪认罚的被告人依法裁判并无不当，遂裁定驳回抗诉。[1]

还有的案件，检察机关竟然建议法院不走提出量刑建议和具结程序，直接依法裁判。如在"邱某强盗窃案"中，被告人邱某强审前阶段没有认罪认罚，直到开庭审理时才表示其对指控的事实、罪名没有异议，同意适用简易程序，表示认罪，愿意接受处罚。公诉机关的意见是，邱某强当庭认罪认罚，可以从宽处理，但不需要再签署具结书，建议法院记录在案，根据庭审及被告人认罪态度等情况，径行作出判决。最后，法院认定邱某强成立认罪认罚，直接作出了从宽处理的裁判。[2]

其实，在司法解释层面，对于该问题的处理也有一些模糊、矛盾之处。《认罪认罚指导意见》第 49 条规定，被告人当庭认罪认罚的，人民法院应当根据审理查明的事实，就定罪和量刑听取控辩双方意见，依法作出裁判。也就是说，当庭认罪认罚，无须再提出或调整量刑建议或签署具结书。但需要注意，此处，只是强调"当庭"，是否涵盖整个审判阶段存疑。而且，《认罪认罚指导意见》第 33 条（量刑建议的提出）第 4 款规定："犯罪嫌疑人在侦查阶段认罪认罚的，主刑从宽的幅度可以在前款基础上适当放宽；被告人在审判阶段认罪认罚的，在前款基础上可以适当缩减。建议判处罚金刑的，参照主刑的从宽幅度提出确定的数额。"[3]这一规定并没有否定审判阶段提出量刑建议的必要和可能。此外，《认罪认罚指导意见》第 7 条在界定"认罚"的表现时指出，认罚"在审判阶段表现为当庭确认自愿签署具结书，愿意接受刑罚处罚"。也就是说，即便是当庭认罪认罚，也需要签署具结书。而根据《最高法解释》第 356 条、第 357 条规定，被告人在一审或者二审阶段才认罪认罚的，人民法院可以不再通知人民检察院提出或者调整量刑建议，而在就定罪量刑听取控辩双方意见以后，根据认罪认罚从宽原则及有关从宽幅度的规定依法作出判决。但需要注意，《最高法解释》在规定"不再通知人民检察院提出或调整量刑建议"时用的是"可以"，并没有完全否定必要时通知检察机关提出或调整量刑建议的可能。而且，《量刑建议指导意见》第 29 条、第 30条规定，人民检察院提起公诉后开庭前，被告人自愿认罪认罚的，人民检察院可以组织听取意见。达成一致的，被告人应当在辩护人或者值班律师在场的情况下

---

〔1〕 参见北京市第三中级人民法院（2019）京 03 刑终 534 号刑事判决书。

〔2〕 参见湖北省十堰市茅箭区人民法院（2021）鄂 0302 刑初 363 号刑事判决书。

〔3〕《认罪认罚指导意见》第 33 条第 3 款规定："犯罪嫌疑人认罪认罚没有其他法定量刑情节的，人民检察院可以根据犯罪的事实、性质等，在基准刑基础上适当减让提出确定刑量刑建议。有其他法定量刑情节的，人民检察院应当综合认罪认罚和其他法定量刑情节，参照相关量刑规范提出确定刑量刑建议。"

签署认罪认罚具结书；开庭审理前或者休庭期间调整量刑建议的，应当重新听取被告人及其辩护人或者值班律师的意见。虽然"两高三部"《关于规范量刑程序若干问题的意见》第 24 条明确要求，对被告人在侦查、审查起诉阶段没有认罪认罚，而当庭认罪，愿意接受处罚的，人民法院应当根据审理查明的事实，就定罪和量刑听取控辩双方意见，依法作出裁判，但该意见的第 27 条又同时强调，对于认罪认罚案件量刑建议的提出、采纳与调整等，适用《认罪认罚指导意见》的有关规定。

3. 检察机关单方撤回或变更量刑建议

应当看到，量刑建议在提出后有可能基于被追诉人辩护态度、量刑情节变化等原因，而需要重新调整乃至撤回。当然，如果继续适用认罪认罚从宽制度，可能需要重新听取意见、提出新的量刑建议、重新具结。但在实践中，个别检察机关在没有出现新的事实、证据的情况下，单方撤回或变更已经获得辩方认可甚至已征求被害人意见的量刑建议，任意反悔，导致信守具结的被追诉人得不到预期的认罪认罚利益。如 Z 市 J 区人民检察院办理的"芦某寻衅滋事案"，被告人在审查起诉阶段认罪认罚，并于看守所在值班律师的见证下签署了认罪认罚具结书，同意检察机关提出的判处其一年半到两年的量刑建议。然而，在开庭时，公诉人对法庭称，"关于芦某签订认罪认罚具结书，在其签订具结书以后，我们将被告人的刑期汇报后认为被告人的刑期偏轻，故没有随卷移送认罪认罚具结书"。由于检察机关单方撤回了量刑建议，未移送被告人的具结书，被告人及其辩护律师遂在后续的庭审中做了无罪辩护，在未新增犯罪事实的情况下，J 区人民法院判处芦某有期徒刑三年六个月。[1] 在另一起贩卖毒品案件中，检察机关在审判阶段擅自变更了已得到被追诉人认可的量刑建议，增加了对被追诉人建议的刑期，而且，一审法院支持检察机关变更量刑建议，甚至在最后量刑时超出了检察机关建议的量刑幅度。被告人上诉后，二审法院认为，"原量刑建议是公诉机关根据被告人的认罪认罚情况确定下来并在起诉书予以确认了的，公诉人未当庭说明而擅自更改量刑建议违反了认罪认罚从宽制度"，一审法院支持公诉机关变更量刑建议不当，且量刑畸重，遂予以改判。[2]

---

〔1〕 谢寅宗：《河南一检察院撤回认罪认罚具结书：汇报后认为量刑偏轻》，载 https://baijiahao.baidu.com/s? id=1677405816735562204&wfr=spider&for=pc，最后访问日期：2024 年 1 月 1 日。

〔2〕 胡铭等：《认罪认罚从宽制度的实践逻辑》，浙江大学出版社 2020 年版，第 89 页。

（二）认罪认罚案件量刑建议的特性和应有效力

1. 认罪认罚案件量刑建议的性质和特殊功能

作为提起公诉的主体，检察机关依法享有请求法院依法确定被追诉人罪刑的权力，也就是所谓的求刑权，又可分为定罪请求权和量刑请求权。在我国探索量刑建议制度之初，对于检察机关是否享有量刑建议权，即量刑请求权是否当然地等同于量刑建议权，曾引起了一些争议。但主流观点认为，检察机关提出量刑建议是公诉权的应有之义，是量刑请求权的自然引申。而量刑请求权之所以被称为"请求权"，是相对于审判机关带有"决定权"性质的量刑权或量刑裁判权而言的。"请求"只是"取效行为"，其本身不产生实体效果，法院的"决定"或"裁判"才是能够产生实体效果、直接作用于实体的"予效行为"。[1]因此，量刑建议的本质只是"求刑"，量刑建议不能直接、硬性约束法院，这是刑事诉讼法学界的基本共识。[2]但问题是，仅仅用"求刑权"来描述认罪认罚案件量刑建议的根本性质，虽然对正确界定认罪认罚量刑建议的拘束力尤为重要，但并不足以揭示出认罪认罚量刑建议的特殊性，就像动物这样的定位无法揭示出人的特殊性一样。

一般而言，检察机关提出量刑建议不仅可以为法院正确裁量刑罚提供重要参考，还可以在一定程度上限制量刑裁判权，促进量刑公正。但除此之外，认罪认罚案件量刑建议还被赋予了特殊功能。

首先，认罪认罚案件量刑建议是检察机关主导的认罪认罚从宽程序的关键环节，成为检察机关在认罪认罚从宽程序中发挥主导作用的重要依托。与非认罪认罚案件中量刑建议的"可有可无"截然不同，在检察机关提出公诉的认罪认罚案件中，量刑建议既关系到作为前提的"认罪认罚"的促成，又影响着作为结果的"从宽承诺"的兑现，其必要性和重要性不言而喻。就认罪认罚案件的程序推进而言，提出量刑建议是基础，对量刑建议的审核、采纳则是归宿。《认罪认罚试点办法》第1条曾一度将"认罚"定义为被追诉人同意人民检察院的量刑建议。2018年《刑事诉讼法》虽然改将"认罚"界定为愿意接受处罚，但在新法的制度框架下，除个别认罪认罚案件可以根据其第182条规定作撤销案件或不起诉处理外，提出量刑建议是认罪认罚从宽程序的关键要素和基本环节。

其次，认罪认罚案件量刑建议的首要功能是激励被追诉人。在认罪认罚案件中，量刑建议最为重要的作用已从促进量刑规范化转化为激励被追诉人认罪认罚，

---

〔1〕 参见聂友伦：《检察机关批捕权配置的三种模式》，载《法学家》2019年第3期，第46页。

〔2〕 陈卫东：《认罪认罚案件量刑建议研究》，载《法学研究》2020年第5期，第161页。

并自愿同意程序简化。这进而决定了，（1）在量刑建议的导向上，不能像一般案件那样站在完全中立的立场，不考虑辩方态度，提出或从宽或从严的意见，更不能受追诉者身份的影响，带有从严从重的偏向性，而必须依法提出从宽的处罚建议；（2）在量刑建议的内容上，不能只是笼统地请求从轻、减轻处罚，而必须对刑种、刑度、执行方式提出具体意见，进而以相对乃至绝对确定的从宽建议保障激励效果；（3）在量刑建议提出的时机上，在认罪认罚程序中也是宜早不宜迟，以促使被追诉人在更早的诉讼阶段认罪认罚、签署具结书，实现程序分流。

再次，认罪认罚案件中的量刑建议是控辩双方关于量刑的共同意见，甚至还体现了被害人的意见，认罪认罚案件办理中的量刑建议机制是国家兑现对被追诉人从宽承诺的机制。认罪认罚案件中的量刑建议，是以被追诉人认罪认罚为基础，充分听取被追诉人及其辩护人或值班律师以及被害人及其诉讼代理人等的意见，并且达成一致意见后而提出的。"认罪认罚案件的量刑建议，于犯罪嫌疑人而言，它是检察机关'带有司法公信力的承诺'；于审判机关而言，它是控辩协商的结果。"[1]我国认罪认罚从宽制度采取的是以听取意见为基础的职权从宽模式，即由被追诉人通过认罪认罚争取从宽，专门机关则在吸收被追诉人等合理意见的前提下依法建议或确定认罪认罚利益。检察机关的量刑建议虽然很难说是平等协商的产物，但它毕竟是在听取辩方及其他诉讼参与人意见的基础上提出的，被追诉人同意量刑建议既是认罚的表现，也是签署具结书的前提。因此，认罪认罚程序中的量刑建议包含着被追诉人对认罪认罚利益的明确期待，不再是检察机关单方的量刑请求。是否采纳量刑建议关系到国家承诺能否真正兑现。

最后，认罪认罚案件量刑建议的提出便于充分吸纳各方意见，进而简化审判程序，节约司法资源。量刑建议的形成过程就是检察机关与辩方、被害方等充分沟通的过程，也是各方就该案可能的定罪量刑乃至简化程序的适用达成合意的过程。认罪认罚案件量刑建议一旦确定于法律文书中，意味着之后的刑事诉讼程序将以合作而非对抗的方式进行，被追诉人自愿放弃了某些体现权利保障的严格程序规则的保护，诉讼程序由此而大大简化。

2. 认罪认罚案件量刑建议的特殊功能要求法院不能随意拒绝

如上所述，认罪认罚案件中的量刑建议虽然是求刑权的体现，但它已不再像一般案件一样仅仅是检察机关单方面的意志，是检察机关、辩方乃至被害方的合意，承担着吸纳各方意见、激励认罪认罚、兑现国家承诺、促进程序简化等特殊

---

[1] 杨立新：《对认罪认罚从宽制度中量刑建议问题的思考》，载《人民司法》2020年第1期，第9页。

功能。这意味着，在把握认罪认罚案件量刑建议的效力时，在充分考虑我国国情的基础上，既要遵守其根本权力属性——求刑权的内在要求，又要兼顾认罪认罚案件量刑建议的特殊性。可以说，2018 年《刑事诉讼法》第 201 条的"一般应当采纳"的规定就是在这一背景下出台的。暂且不论法律直接赋予认罪认罚案件量刑建议对量刑裁判的刚性拘束力是否合理，法院面对认罪认罚案件的量刑建议，必须给予更多的重视和尊重，不能随意拒绝，即至少在事实层面认可认罪认罚案件量刑建议对量刑裁判的柔性制约力。

在国外的协商性司法中，同样存在类似问题，其处理思路和方式，可供我国在后续完善认罪认罚案件量刑建议的效力规则时借鉴。

域外协商性司法中检察机关量刑建议对法院量刑裁判的制约力，在实践与理论、立法之间，也存在非常明显的抵牾。在理论上，量刑权是法官的专有职权，法官有责任确保量刑适当，为此，法官不必受检察官量刑建议的拘束，也无须与任何一方参与人的量刑意见保持一致。虽然有国家允许法官直接参与量刑协商，但却没有任何一个国家把检察官的量刑建议完全等效于法官的量刑裁判，或者在法律中赋予量刑建议对量刑裁判的必然拘束力，从而在形式上否定法官对量刑建议的实质审查权。但实践中，法官通常不会轻易拒绝检察官和辩方达成的量刑协议，庭审更像是"走过场"，成为"对早先'暗中'作出的交易的正式批准和宣布而已"，"法官几乎会毫无例外地听从建议"。[1]

例如，在美国，法律上，"法官很明显不会仅仅因为协议是双方当事人达成的，而背负批准量刑减让的义务"，[2]他可以在对量刑协议审查后，选择接受、拒绝或者推迟决定，至于接受或拒绝的标准，则完全交由法官自由裁量。而且，法官也可以选择接受认罪答辩，但却不接受量刑协议。[3]《美国联邦刑事诉讼规则》还详细区分了两种量刑协议，即建议或不反对被告方的量刑请求，或者同意某一具体量刑是合适的处理方式。并且强调，对于前一种协议，对法院没有约束力，而后一种协议，在批准后对法院产生约束力。[4]事实上，两种量刑协议的最大差别并不在于能否约束法院，在它们被接受或批准之前，都不会对法院产生约束力。只是，由于两种协议中控方量刑意见的性质和内容不同，影响控方不同的

---

〔1〕 ［美］克雷格·布兰德利：《检察官的角色：辩诉交易与证据排除》，载［美］艾瑞克·卢拉、玛丽安·L. 韦德主编：《跨国视角下的检察官》，杨先德译，法律出版社 2016 年版，第 80—81 页。

〔2〕 ［美］韦恩·R. 拉费弗、杰罗德·H. 伊斯雷尔、南西·J. 金：《刑事诉讼法》（下册），卞建林、沙丽金等译，中国政法大学出版社 2003 年版，第 1079 页。

〔3〕 参见王禄生：《美国司法体制的数据观察》，法律出版社 2018 年版，第 167 页。

〔4〕 See Federal Rules of Criminal Procedure, Rule 11 c (1).

协议责任、辩方不同的履约风险，进而决定了法院不同的告知义务以及被告人是否享有撤回有罪答辩的权利。当然，完全鼓励法官自由地拒绝辩诉协议也是不合理的，但难题在于，法官对量刑协议该给予何种程度的考虑才算合理？这恐怕很难通过法律确定。"美国诉安米唐案"可谓是这方面的一个独特案例。在该案中，二审法院认为："审判法官必须合理地使用自己的自由裁量权，以使自己作出的、有别于控辩双方达成协议的决定合理化。"[1]但即便是"安米唐规则"的支持者中也有不少人承认，如果不是"美国诉安米唐案"中的指控减让，而是量刑交易，恰当量刑的最终决定权还是在法院手中。这些人想通过区分指控交易和量刑交易来确定法院自由裁量的范围。但批评者认为，指控交易也必然影响量刑，否定法官的裁量自由就相当于承认了检察官在量刑上的权力。

不难看出，域外协商性司法实践中量刑建议对量刑裁判的高度影响力或"预决"效果，在性质上属于一种缺乏强行规则支撑的柔性制约，更多地基于法官与检察官之间的默契，即法官对双方达成的量刑协议都会认真考虑，法官乐意与检察官在事实上分享科刑权。而该默契的产生，至少可以从以下几个方面理解：(1)刑事案件数量特别是复杂犯罪与日俱增，传统诉讼程序却拖沓冗长，在巨大的办案压力下，法官并不希望每一个案件都开庭审理，因此，以接受控辩双方联合量刑建议的方式快速结案"符合组织利益，也符合个人利益"。[2]立法者也往往首先从公共开支的节约上寻求协商性司法的合法性，[3]而对效率的追求甚至会促使法官直接参与协商，以量刑折扣换取有罪答辩。[4](2)法官的确有责任确保量刑适当，确保协商符合公共利益，但以不符合公共利益拒绝联合量刑建议是尴尬的，因为，该项建议通常由代表公共利益的检察官根据基于公共利益制定的量刑指引提出。特别是在对抗制体系下，如果控辩双方均认为协商是适当的，量刑意见是合适的，"消极而中立的裁判员"又何来动力去拒绝？[5](3)各国的法律通常对被告人针对法院根据认罪协议所作判决的上诉权作出了严格限制，不同程

---

〔1〕[美]韦恩·R.拉费弗、杰罗德·H.伊斯雷尔、南西·J.金：《刑事诉讼法》（下册），卞建林、沙丽金等译，中国政法大学出版社2003年版，第1079页。

〔2〕[美]斯蒂芬诺斯·毕贝斯：《庭审之外的辩诉交易》，杨先德、廖钰译，中国法制出版社2018年版，译者序第20页。

〔3〕参见[英]麦高伟、路加·马什：《英国的刑事法官：正当性、法院与国家诱导的认罪答辩》，付欣译，商务印书馆2018年版，第356页。

〔4〕参见[德]托马斯·魏根特、[美]吉安娜·朗其瓦·特纳：《德国协商性刑事裁判的合宪性》，载彭海青、吕泽华、[德]彼得·吉勒斯编著：《德国司法危机与改革——中德司法改革比较与相互启示》，法律出版社2018年版，第154页。

〔5〕[美]威廉·T.皮兹：《完美风暴：美国的检察自由裁量权》，载[美]艾瑞克·卢拉、玛丽安·L.韦德主编：《跨国视角下的检察官》，杨先德译，法律出版社2016年版，第180页。

度地认可被告人在协议中对上诉权的放弃。在德国，虽然《德国刑事诉讼法》不允许法官在协商时要求被告人放弃上诉权，但在实践中，协议放弃上诉权的情况还是经常出现，在达成协议的案件中，被告人提出上诉的情形极为罕见。〔1〕相反，一旦法院拒绝认罪协议，或在协议的量刑范围之外作出判决，不管法律上是否允许被告人撤回有罪答辩，通常都不会限制被告人提起上诉的权利，而且，被告人一般都会选择通过该途径寻求救济。〔2〕

3. 认罪认罚案件量刑建议对检察机关自己的约束力

检察机关在对认罪认罚案件提出量刑建议后，是否享有类似于被追诉人的"反悔权"，即是否可以在被追诉人未反悔、案件事实及证据未变化的情况下，撤回量刑建议，甚至单方面随意终止认罪认罚从宽制度的适用呢？答案当然是否定的。课题组认为，检察机关依法提出的量刑建议作为一种体现多方合意的正式法律决定，对各方都应产生约束力。虽然课题组并不赞成个别学者从契约角度理解量刑建议或具结书的效力，〔3〕但上文已述及，"在认罪认罚案件中，检察机关的量刑建议代表了国家对认罪认罚被追诉人的庄严承诺"，〔4〕需要专门机关依法兑现。尽管我国的认罪认罚从宽制度没有采取西方的那种讨价还价的交易从宽模式，但作为一种合作式司法，依然会涉及"承诺""兑现""反言""保障"的问题，原则上应当禁止在一方信守了承诺情况下另一方的任意反言。检察机关不能仅仅因归咎于自己一方的原因，让被追诉人承担不利后果，否则，将直接影响司法公信力和法律权威。

由此还牵涉一个更深层面的问题，即认罪认罚从宽制度的性质——适用认罪认罚从宽制度到底是被追诉人的一种权利，还是专门机关的一项职权？如果属于被追诉人的权利，专门机关的"反悔"主要受被追诉人权利保障规范的约束；如果属于专门机关的职权，则专门机关的"反悔"主要应受职权行使规范的限制。从相关立法的基本精神看，我国的认罪认罚从宽制度采取的是职权从宽的思路。但需要强调的是，即便把认罪认罚从宽制度的适用界定为专门机关的职权，也不

---

〔1〕 See Alexander Schemmel, Christian Corell & Natalie Richter, "Plea Bargaining in Criminal Proceedings: Changes to Criminal Defense Counsel Practice as a Result of the German Constitutional Court Verdict of 19 March 2013", German L. J. , Vol. 15, No. 1 (2014), p. 48.

〔2〕 关于域外借鉴部分的内容具体可参见闫召华：《论认罪认罚案件量刑建议的裁判制约力》，载《中国刑事法杂志》2020 年第 1 期，第 19-20 页。

〔3〕 参见马明亮：《认罪认罚从宽制度中的协议破裂与程序反转研究》，载《法学家》2020 年第 2 期，第 118 页。

〔4〕 孙长永：《认罪认罚案件"量刑从宽"若干问题探讨》，载《法律适用》2019 年第 13 期，第 12 页。

是说专门机关就可以任意拒绝适用或者终止适用认罪认罚从宽制度。因为，所谓的职权，是职责和权力的统称。对于专门机关而言，适用认罪认罚从宽制度，既是一种权力，也是一种责任。专门机关需要确保认罪认罚从宽制度的实施。[1]"可以从宽"中的"可以"所蕴含的裁量权其实只作用于是否存在虽认罪认罚尚不足以从宽或不适宜适用该制度的特殊情况的判断，而在一般情况下，只要被追诉人认罪认罚，专门机关就应当依法适用认罪认罚从宽制度。同理，在决定适用认罪认罚从宽制度后，专门机关除非发现不宜适用或不宜继续适用认罪认罚从宽制度的特殊情形或新情况，不能任意反悔，终止认罪认罚从宽制度的适用，也不能在没有合理根据的情况下，任意撤回已得到被追诉人认可并成为其合理预期的从宽处罚的建议。

（三）"一般应当采纳"规定的理解及评价

1. "一般应当采纳"规定的理解[2]

2018年《刑事诉讼法》第201条"一般应当采纳"规定，赋予量刑建议一定的裁判拘束力，旨在创建一个诉判衔接、以共同兑现被追诉人从宽利益的机制，尽量促进"检察机关量刑建议与审判机关量刑决定一致性的最大化"。[3]但在评价"一般应当采纳"规定之前，首先要准确理解它的内涵。

（1）2018年《刑事诉讼法》第201条第1款中的"原则"与"例外"。作为认罪认罚案件量刑建议约束量刑裁判的直接根据，《刑事诉讼法》第201条第1款规定，除非具备五种法定情形，人民法院在对认罪认罚案件依法作出判决时，"一般应当采纳"检察机关提出的量刑建议。"一般应当采纳"强调的是"一般应当"，即人民法院原则上予以采纳，但不是"应当采纳"。[4]此处的"一般"首先针对的就是第201条第1款规定的五种不得采纳的例外情形。综观五种不得采纳情形，特别是前四种情形，其实多数已不具备认罪认罚从宽制度的适用条件。也就是说，"规定法院面对这些情形时拒采量刑建议，其用意并不在否定量刑建议的约束力，而是为了凸显人民法院对认罪认罚案件基本适用条件的审查职责"。[5]

〔1〕　王爱立、雷建斌主编：《〈中华人民共和国刑事诉讼法〉释解与适用》，人民法院出版社2018年版，第27页。

〔2〕　参见闫召华：《"一般应当采纳"条款适用中的"检""法"冲突及其化解——基于对〈刑事诉讼法〉第201条的规范分析》，载《环球法律评论》2020年第5期，第141-143页。

〔3〕　孔杰、王强、孙娟：《认罪认罚从宽制度中的量刑建议》，载胡卫列、董桂文、韩大元主编：《认罪认罚从宽制度的理论与实践》，中国检察出版社2017年版，第499页。

〔4〕　参见胡云腾主编：《认罪认罚从宽制度的理解与适用》，人民法院出版社2018年版，第53页。

〔5〕　闫召华：《论认罪认罚案件中量刑建议的裁判制约力》，载《中国刑事法杂志》2020年第1期，第22页。

就此而言，严格意义上，将这五种情形视为量刑建议刚性约束力的例外可能并不妥当，因为根据第 201 条的明确要求，"一般应当采纳"本来就是以成立适格的"认罪认罚案件"为前提的，前提不存在，自然就不应该有"一般应当采纳"原则的适用。故而，法院因出现这五种法定情形而不采纳量刑建议无可厚非，这主要是不适用认罪认罚从宽制度当然的法律后果。

（2）2018 年《刑事诉讼法》第 201 条第 1 款中的"原则"与第 201 条第 2 款。"一般应当采纳"量刑建议中的"一般"还有意针对第 201 条第 2 款中提及的"量刑建议明显不当或者被告人、辩护人对量刑建议提出异议"两种特殊情形。当被告人对量刑建议提出异议，一般都会影响认罚的认定，进而可能波及认罪认罚从宽制度的适用性。[1]在这种情况下，法院不当然采纳量刑建议在基本原理上和上述五种例外情形并无太大差异。而当辩护人对量刑建议提出异议，第 201 条第 2 款也直接赋予其"检察院不调整量刑建议时，法院应当依法判决"的效力。但是，由于辩护人的意见相对独立于被追诉人，认罚的成立也不以辩护人接受量刑建议为条件，而且，辩护人对量刑建议的异议本身也不一定合理，采用如此缺乏弹性的处理机制反而容易激起"检""法"冲突，妨碍认罪认罚从宽制度的适用，不利于保障被追诉人的从宽利益。相较而言，"量刑建议明显不当"情形更为直接地规定了量刑建议对量刑裁判的约束程度。该规定一方面体现了法院在量刑问题上的终局裁判权，另一方面则明确了法院无权在量刑建议仅仅存在微小偏差或不太适当时拒绝采纳。

（3）2018 年《刑事诉讼法》第 201 条第 1 款中的"例外"与第 201 条第 2 款。在对余金平一案的讨论中，暴露出另一个易被忽略的重要问题，即第 201 条第 1 款中的五种法定"例外"情形与第 2 款中"明显不当"情形的逻辑关系。有论者提出，法院不能抛开第 201 条第 1 款中的五种"例外"情形而直接引用第 2 款中的"明显不当"情形，因为，第 1 款与第 2 款是继受关系，"满足第 1 款五种情形之一的，才有适用第 2 款的余地"，第 1 款五种情形之外的情形，法院都应当采纳量刑建议。[2]但笔者认为，这显然是对第 1 款与第 2 款关系的误解。如上所述，第 1 款的五种法定情形严格说来主要是否定了"一般应当采纳"原则的适用前提，而并未否定"一般应当采纳"原则本身。仅就"一般应当采纳"原则在量刑建议方面的适用而言，第 2 款中的"明显不当"情形才是名副其实的例外情形。

---

〔1〕 当然，也有这种可能，即在被告人提出异议后，控辩重新沟通，达成合意，检察机关调整量刑建议，从而继续适用认罪认罚从宽制度。

〔2〕 郭烁等：《余金平交通肇事案中的法检之争》，载 https://www.sohu.com/a/388552006_120058 306，最后访问日期：2023 年 12 月 30 日。

而且，第 1 款中的五种法定情形与第 2 款中的"明显不当"不仅在性质上有差异，在适用程序及法律效果上也不完全相同，如果适用第 1 款中的五种法定情形，则法院可以直接拒采指控意见，依法作出判决，通常不再适用认罪认罚从宽制度。而如果适用第 2 款中的"明显不当"情形，多数情况下可能继续适用认罪认罚从宽制度，而且，还涉及检察机关对量刑建议的调整问题。事实上，从立法精神看，只有在不符合第 1 款五种法定情形的情况下，即在作为认罪认罚从宽制度适用前提的重大事项上不存在问题时，法院才宜单独考量量刑建议的适当性问题，才应有第 2 款"明显不当"情形的适用。值得注意的是，有论者在解读第 1 款第五种法定情形时，将"量刑建议明显不当影响公正审判的"，[1]或者"被告人的行为依照修改后的刑法处罚更轻的"等列入其内，[2]可能不够妥当。第一种解读貌似与第 2 款"明显不当"情形保持一致，实则混淆了第 1 款与第 2 款的性质。而第二种解读提到的情形，如果仅涉及量刑问题的话，尽管导致量刑建议不当的原因非常特殊——"刑法修改"，但完全可以直接援用第 2 款解决。而且，该种解读也没有顾及量刑建议不当的程度，如果量刑建议没有达到"明显不当"的程度，依然属于"一般应当采纳"的范围。申言之，不宜将单纯的量刑建议不当（或明显不当）解释在"其他影响公正审判的情形"之内。

2. "一般应当采纳"规定的评价

多数学者对 2018 年《刑事诉讼法》第 201 条"一般应当采纳"规定持批判态度。有人认为，"这种明显具有约束意味的条文出现在严肃的国家立法中，不仅不符合诉讼原理，而且违背'人民法院依法独立行使审判权'的原则'"。[3]还有人提出，"《刑事诉讼法》第 201 条的'一般应当采纳'条款，在立法论上存在明显失误，对控审分离这一刑事诉讼基本原则造成了相当程度的冲击"。[4]

课题组也认为，在认罪认罚从宽程序中，法院对量刑建议的采纳是实现认罪认罚案件实体从宽和程序从快的关键，这必然要求认罪认罚案件中的量刑建议产生对量刑裁判更强的制约力，以使被采纳成为常态。因此，我国刑事诉讼法"将检察机关的量刑建议定性为对法庭量刑具有一定影响力和预决效力的实体性权

---

〔1〕　胡云腾主编：《认罪认罚从宽制度的理解与适用》，人民法院出版社 2018 年版，第 50 页。

〔2〕　王爱立主编：《中华人民共和国刑事诉讼法修改条文解读》，中国法制出版社 2018 年版，第 144-145 页。

〔3〕　魏晓娜：《结构视角下的认罪认罚从宽制度》，载《法学家》2019 年第 2 期，第 119 页。

〔4〕　孙远：《"一般应当采纳"条款的立法失误及解释论应对》，载《法学杂志》2020 年第 6 期，第 112 页。

力",[1]即在法律上直接赋予量刑建议对量刑裁判的拘束力,可以增强从宽利益的确定性和可预期性,确保制度层面从宽承诺的兑现,强化对被追诉人认罪认罚和同意程序简化的激励,从而保证认罪认罚从宽制度功能和价值的最终实现。然而,这种立法方式可能产生的负面效果也不容小觑。仅仅用"明显不当"等几种法定例外情形来"体现"量刑建议的求刑性质和量刑裁判的司法属性,[2]其实更多地体现出对量刑裁判的限制。而该种限制有可能导致检察机关求刑权能的不当扩张,减弱法院对量刑建议审查的全面性、实质性和有效性,使得在认罪认罚案件中检察机关成为一定意义上的裁判者,从而改变刑事诉讼的基本权力配置,加大检察机关权力失范的风险。而且,检察环节的控辩沟通毕竟不同于庭审,加之受到律师帮助有效性、量刑规则统一性、量刑事实动态性等因素的影响,量刑建议偏离量刑裁判是非常正常的,因此,规定"一般应当采纳"有可能削弱法院防范非自愿认罪和量刑不公的终局把关作用。

更重要的是,量刑毕竟是法院的权力,尊重控辩双方在量刑上的"合意"不能放弃法院对量刑建议的实质审查,追求量刑效率不能以牺牲量刑公正为代价。不管是从基本法理、实践情况,还是从比较法的视角看,都不适宜在法律上直接限制法院对于量刑的最终决定权,因此,从长远来看,删除"一般应当采纳"规定是理性选择。

课题组认为,认罪认罚案件量刑建议对量刑裁判的限制应主要通过柔性制约实现。认罪认罚案件量刑建议至少可以通过以下三种途径对量刑裁判发挥柔性制约作用。

一是控辩双方对判决的异议权及由此带来的复审压力。在美国的辩诉交易程序中,尽管法官在法律上并没有批准或接受辩诉协议的当然义务,但实践中法官拒绝采纳辩诉协议的情形较为少见,因为法官知道这样能使得刑事案件快速审结。在我国的认罪认罚从宽程序中也同样如此,真正防范法官滥用拒绝权的,可能并不是违反"一般应当采纳"的法定义务而招致的不利法律后果(至于会招致何种不利后果,法律没有也很难明确),而是拒绝后可能引发抗诉、上诉,进而带来诉讼效率的下降及考核上的不利评价。而且,由于认罪认罚案件量刑建议的合意性及其作为认罪认罚激励的特殊定位,法院的拒绝意味着检察机关失信于被追诉人,很容易同时激起控辩双方的对抗情绪,控辩双方提出抗诉、上诉的概率远远大于

〔1〕 贺卫:《认罪认罚从宽量刑建议机制的检视与完善》,载《中国检察官》2018 年第 23 期,第 33 页。

〔2〕 孔杰、王强、孙娟:《认罪认罚从宽制度中的量刑建议》,载胡卫列、董桂文、韩大元主编:《认罪认罚从宽制度的理论与实践》,中国检察出版社 2017 年版,第 493 页。

非认罪认罚案件。更何况，在我国，法院裁决时还必须顾及，检察机关面对法院的拒绝，不仅可以基于诉权作为当事方提起抗诉引发二审，还可以基于法律监督权作为监督者提起抗诉启动审判监督程序。但需要注意的是，不管是基于诉权，还是基于法律监督权，检察机关不能仅仅因为法院不采纳量刑建议而随意提起抗诉，而应视量刑裁判是否确有错误或存在明显不当决定。

二是量刑程序的独立化所带来的场域压力。最高司法机关积极推动的量刑规范化改革，其基本目的就是要规制法官的量刑裁量权，防范量刑失衡，而为此采取的措施可概括为两个方面，在实体上，推行"以定性分析为主、定量分析为辅"的量刑方法，而在程序上，就是将量刑纳入庭审中，构建相对独立的量刑程序。不管是否赋予量刑建议刚性制约力，量刑建议的提出均有利于规范量刑程序，促进量刑公正。在认罪认罚案件中，量刑程序对量刑裁判权行使的场域压力同样存在。虽然认罚的要求在一定意义上消除了量刑程序的两造对抗，但依然要求公开性、透明性和多方参与性；已经认罚的被告人有反悔的权利，法庭不接受量刑建议时也会重新听取控辩双方的量刑意见。而更加不容忽略的是，量刑建议的提出是一个动态的过程，不排除有些案件在庭审阶段乃至量刑调查或辩论阶段才促成认罪认罚，还有些案件则需要检察机关在量刑程序启动后根据新情况，在听取被告人意见，以及与法院沟通的基础上对量刑建议进行调整，所以，即便适用速裁程序审理的认罪认罚案件，也不能说肯定没有量刑程序。

三是不采纳的判决说理对裁量自由度的内在限制。如果不要求量刑说理，不公示刑罚裁量过程，再精密的"量刑指南"也无法构成对量刑裁判的实质限制，再富有逻辑的量刑推理也难以摆脱"估堆量刑"的嫌疑。当然，对量刑说理的要求确实应当根据案件不同，特别是相关问题是否存在争议而有所区分。由于认罪认罚案件控辩双方在量刑方面已经形成合意，整体上属于"弱需说理"案件。但这是针对认罪认罚案件运行的常态而言的，即法院接受体现控辩合意的量刑建议。一旦法院拒绝量刑建议，否定控辩双方在量刑方面的一致意见，就很容易使量刑成为审判方与控辩之间乃至控辩相互间的一个争议问题，在这种情况下，说理不仅成为促使两造息诉服判的需要，也成为法院以反常态方式处理认罪认罚案件的必要牵制。法院在判决中对不采纳量刑建议的说理，既要说明量刑的法律标准和依据，又要说明依法确定宣告刑的具体理由。而且，不能想当然地将采纳量刑建议的案件视为"弱需说理"案件，对于检察机关量刑建议本身说理不足的，法院即使采纳量刑建议，也应当充分说理，以解释从宽处罚的合理性。此外，不管法院是否采纳量刑建议，法院均应将量刑建议载入判决书中。

当然，要确保柔性制约机制真正发挥出正当而适度的制约力，单靠上述机制是远远不够的，还有赖于量刑建议程序、实体规则的完善以及相关考核机制等的有力支撑。

（四）审判阶段认罪认罚量刑建议的合理定位

在侦查阶段和审查起诉阶段没有认罪认罚，到了一审阶段乃至二审阶段被追诉人才认罪认罚的，是否还需要遵循检察机关在听取意见的基础上提出量刑建议以及被追诉人签署具结书等一般认罪认罚案件的必经程序？可否由人民法院在听取控辩双方意见的基础上，依法直接裁判，而只是将被追诉人认罪认罚作为需要综合考量的从宽处罚情节之一？课题组认为，对此不可一概而论。

如果将认罪认罚从宽制度的价值追求主要定位于效率，则目前《最高法解释》中规定的依法直接裁判的处理思路显然更为合理。正如有学者所言，我国刑事诉讼法本来就规定了两种并存的从宽思路，一种是协商思路，另一种是类似于坦白从宽、自首从宽的政策实施思路。"认罪认罚从宽不必然表现为控辩协商，也可以表现为立法者和司法者基于宽严相济刑事政策给予认罪认罚的被告人的一种量刑上的优惠。"因此，如果被追诉人在审前没有认罪认罚，到了审判阶段才认罪认罚，此时，法院完全可以按照政策实施思路对被追诉人予以从宽处理，只有这样才能体现认罪认罚从宽制度"节约司法资源"的价值取向，在这种情况下非要让检察机关提出量刑建议，非要要求被追诉人签署具结书，无异于画蛇添足。[1]但值得注意的是，尽管我国的认罪认罚从宽制度在改革试点之初以效率为主要价值追求，但随着改革的推进，顶层设计者对认罪认罚从宽制度的价值定位进行了不断调整，现在强调的是对犯罪治理、恢复性司法、人权保障、诉讼效率、案件质量与司法公正等多元价值的综合平衡，追求的是在更高层次上实现多种价值目标的有机统一。因此，在考量审判阶段被追诉人才选择认罪认罚的程序处理时，仅仅从效率维度考量，从而认为该种认罪认罚对定罪障碍的削减和程序的简化之意义已大打折扣，因而无须启动专门的认罪认罚从宽程序，显然其视野失之偏狭。一概以"依法直接裁判"处理审判阶段被追诉人才认罪认罚的情况可能隐藏着多种风险。（1）目前，即便在非认罪认罚案件中，检察机关绝大多数情况下也都提出了量刑建议，当审判阶段被追诉人才选择认罪认罚时，如果法院不通知检察机关调整或提出量刑建议而直接裁判，就意味着拒绝了检察机关之前已经提出的量刑建议，无疑将排除量刑建议发挥量刑监督等多种功能的可能性。（2）与域外的辩诉交易或认罪协商不同，我国的认罪认罚从宽制度充分融入了恢复性司法的理

---

〔1〕 魏晓娜：《认罪认罚从宽制度的司法适用与疑难问题》，载《人民司法》2021年第26期，第30页。

念，这既体现在对被追诉人"真诚悔罪"的要求上，也体现在对被害人参与、被害人意见以及被追诉人与被害人和解等的重视上。在审判阶段才认罪认罚，如果只是听取控辩双方意见，不审查和考虑恢复性司法的这些关注点，这样的认罪认罚从宽和之前的当庭认罪从宽无异，难以充分体现该制度的精神。而通过量刑建议的沟通与提出、具结书签署等认罪认罚程序更有利于贯彻这些内在要求。（3）认罪认罚从宽制度还着眼于加强人权的司法保障，特别是加强对被追诉人权利的保障。认罪认罚从宽程序中的检察主导和法院审查可以形成一个诉判衔接且相互制约的机制，更有利于保障认罪认罚的自愿性。有的法院探索所谓的"后置式协商"，就是对于审前没有认罪认罚的案件，法院直接与被追诉人协商，促进被追诉人认罪认罚。对于这种情况，如果只是就从宽裁判听取控方意见，很难发挥出互相制约机制的应有效能，如果法院追求被追诉人认罪认罚，在强大的审判权方面，认罪认罚的自愿性很难保障。综上，课题组认为，对于审判阶段被追诉人才认罪认罚的，应当根据情况，区别对待。在审判阶段，被追诉人主动认罪认罚，案件没有被害人或者被害人已谅解被追诉人或已与被追诉人达成和解，且控方未要求适用认罪认罚从宽特定程序的情况下，法院可以在听取控辩双方意见的前提下，依法直接裁判。但对于需要积极沟通被追诉人才可能认罪认罚的案件，未达成和解或被害人不谅解被追诉人的案件，控方要求适用认罪认罚从宽特定程序的案件，法院原则上不能直接依法裁判，而应遵循由检察机关提出量刑建议、被追诉人签署具结书等程序。

被追诉人在二审阶段才选择认罪认罚的，原则上应当遵循上述一审阶段才认罪认罚的程序思路。但值得强调的是，启动认罪认罚从宽程序并不意味着必须给予被追诉人从宽处理。《刑事诉讼法》规定的是对认罪认罚的被追诉人可以从宽，而非应当从宽。特别是在二审中，如果需要检察机关提出量刑建议时，需要严格把握是否从宽及从宽的幅度，避免不当激励被追诉人的投机心理，从而变相鼓励被追诉人一审不认罪认罚，待定罪后再上诉认罪认罚，导致司法资源的大量浪费，从而完全背离认罪认罚从宽制度的立法目的。

三、认罪认罚案件量刑建议的形成机制

（一）形成机制的模式选择

《刑事诉讼法》第 176 条规定了对提起公诉的认罪认罚案件检察机关负有提出量刑建议的义务，即"犯罪嫌疑人认罪认罚的，人民检察院应当就主刑、附加刑、是否适用缓刑等提出量刑建议"。但《刑事诉讼法》并没有明确规定"量刑建议"的形成机制，仅仅在第 173 条第 2 款规定认罪认罚案件审查起诉的要求时提及，

人民检察院应当听取犯罪嫌疑人、辩护人或者值班律师、被害人及其诉讼代理人对"从轻、减轻或者免除处罚等从宽处罚的建议"。这意味着，作为认罪认罚案件量刑建议核心内容的"从轻、减轻或者免除处罚等从宽处罚的建议"的形成不是由检察机关凭单方意志直接确定的，而至少要履行"听取意见"的程序。有人认为，这就是我们国家的量刑协商程序。[1]也有人认为，《刑事诉讼法》第173条"从法律逻辑上既难以解释为'认罪协商'，也难以解释为'量刑协商'"[2]，"认为认罪认罚从宽制度确立了控辩协商机制"是一种误解[3]，该条确立的事实上是一种与域外协商性司法中的协商存在根本性质差异的听取意见模式[4]或职权从宽逻辑。[5]《认罪认罚指导意见》第33条在规定量刑建议的提出时强调，人民检察院提出量刑建议前，应当充分听取犯罪嫌疑人、辩护人或者值班律师的意见，"尽量协商一致"。这是在司法解释层面首次明确量刑建议提出前的"协商"要求。此外，"两高"的司法文件中也曾多次出现"协商"或"量刑协商"的提法。有意思的是，自2020年9月起，最高人民检察院曾推行所谓的"认罪认罚控辩协商同步录音录像"的试点。而且，《检察日报》和最高人民检察院官网在2021年10月的相关报道中使用的还是"控辩协商"的提法[6]，但在2021年年底正式出台司法解释时，改为《听取意见录音录像规定》，司法解释中的相关表述也全部进行了调整。此外，最高人民检察院同期出台的另一个司法解释《量刑建议指导意见》中，有些条文的表述也从"协商"调整为"听取意见"。例如，其第27条规定，"听取意见后，达成一致意见的，犯罪嫌疑人应当签署认罪认罚具结书"，调整的痕迹非常明显，足见调整之仓促。

课题组认为，事实上，在文字表述上是使用"协商"还是"听取意见"来描述认罪认罚案件量刑建议的形成机制并不重要，重要的是必须认识到即便用"协商"来概括，这种"协商"与西方协商性司法中的协商也有巨大差异。真正的协商性司法只可能在对抗式司法的底蕴或者基础上才能产生，对抗越充分，协商才会越平等、越彻底。但我国诉讼模式尽管有对对抗式庭审方式的学习借鉴，但从整体上看，很难称得上是对抗式司法，因而也很难产生真正的协商。认罪认罚从

---

〔1〕 参见陈瑞华：《论量刑协商的性质与效力》，载《中外法学》2020年第5期，第1126页。

〔2〕 陈卫东：《认罪认罚从宽制度的理论问题探讨》，载《环球法律评论》2020年第2期，第29页。

〔3〕 参见张智辉：《认罪认罚从宽制度适用中的几个误区》，载《法治研究》2021年第1期，第3页。

〔4〕 参见闫召华：《听取意见式司法的理性建构——以认罪认罚从宽制度为中心》，载《法制与社会发展》2019年第4期，第60页。

〔5〕 参见杜磊：《认罪认罚从宽制度适用中的职权性逻辑和协商性逻辑》，载《中国法学》2020年第4期，第225页。

〔6〕 参见蔡俊杰等：《认罪认罚从宽，在镜头下进行》，载《检察日报》2021年10月26日，第5版。

宽制度，"是我国刑事政策法律发展和司法实践经验的总结提炼"，"是中国特色社会主义刑事司法制度的有机组成，绝不是国外辩诉交易制度的简单翻版"，"被告人只是通过认罪认罚争取从宽，而不是就定罪量刑进行讨价还价"。[1]因此，将第173条第2款的相关规定概括为听取意见模式更为贴切，即便称之为"协商"，也是带有鲜明中国特色的"协商"。

应当看到，较之域外的协商模式，我国认罪认罚案件量刑建议形成的听取意见模式具有一定优势。首先，听取意见模式更加契合我国的诉讼传统和诉讼构造，可以有效避免刑事司法改革中的价值失序和机制冲突。其次，听取意见模式更能在追求效率的同时确保遵循基本的刑事法原则和公正底线，更容易找到效率与公正的平衡点。再次，听取意见模式中专门机关并不是单纯的交易一方或逐利者，而是被追诉人合法权益的保护者，是公正诉讼的主导者和把关者，需要坚持客观公正的立场，全面履行告知义务，尊重被追诉人自愿、明智的选择，维护被追诉人正当的认罪认罚利益，从而更有利于保障被追诉人的权利。复次，听取意见模式更为关注被害人的诉求，其强调化解刑事纠纷，彻底解决社会矛盾，实现诉源治理，更加充分地体现和贯彻恢复性司法的理念。最后，听取意见模式能更好地兼顾公共利益，提高裁判的社会认可度，维护司法威信。

当然，职权因素是听取意见模式的优势所在，但同时，这里面也隐藏着听取意见模式的隐患和风险。其中，最关键的就是听取意见的有效性问题。听取意见的初衷是实现被追诉人及其辩护人或值班律师、被害人及其诉讼代理人等对专门机关司法过程的富有意义的参与，让参与人能在实体结论或程序决定形成过程中施加自己的影响。但如果不能防范职权任性地"想听才听"或"听而不取"，不能确保被追诉人获得有效法律帮助并使其理解量刑建议并提出有效意见，所谓的"合意"或"协商"只能是枉谈。

（二）形成机制的实践运作

《刑事诉讼法》第173条只是原则性地规定了"量刑建议"形成中的听取意见要求。此后，《认罪认罚指导意见》《量刑建议指导意见》等司法解释初步构建起了我国认罪认罚案件量刑建议的形成机制。这套机制可以大致分为两个部分，一是认罪认罚量刑建议检察机关内部决策机制，二是以听取意见为中心的外部沟通机制。整体来看，这两年，检察机关在认罪认罚案件内部决策机制方面进步显著，各级人民检察院基本能够按照最高人民检察院"28条意见"的要求，形成了

---

[1]　沈亮：《凝聚共识　推进认罪认罚从宽制度深入有效实施》，载《人民法院报》2021年7月22日，第5版。

基于不同案件类型的量刑建议提出、研究、审核、把关规则，在量刑建议决策程序中明确了检察官、检察官联席会议、部门负责人、检察长等不同决策主体的分工和责任。[1]在外部沟通机制方面，也在提升沟通协商水平、监督沟通协商过程、构建沟通协商平台等方面做了许多努力和有益的探索，形成了一些经验。在最高人民检察院公布的"吕某某、郭某某故意伤害案"这一检察机关适用认罪认罚从宽制度的典型案例中，侧重展示了检察官在充分听取辩护律师意见基础上，向被追诉人及其辩护人详尽的量刑建议说理过程，包括如何确定量刑起点，确定被追诉人的基准刑，如何根据本案具有的量刑情节对基准刑进行调节，确定拟建议刑，最后是检察官如何根据案情对拟建议刑进行 30%幅度内的自由调节，确定精准量刑建议。[2]而在"检例第 82 号""钱某故意伤害案"这一指导性案例中，最高人民检察院则全面展示了一套基层检察机关构建的量刑协商机制，即检察机关首先根据犯罪事实和量刑情节，初步拟定一个量刑建议，听取辩方意见及被害人意见，对其中的不合理意见说明了不采纳的理由，然后，采纳了其中的合理意见，形成了最终的量刑建议，多方达成一致意见。而且，在被追诉人签署具结书前，检察机关又向辩方详细阐释了量刑建议的理由和依据，辩方表示认可。检察机关提起公诉时还随案移送了量刑建议说理书。[3]在"检例第 75 号""金某某受贿案"中，检察机关通过在监察调查阶段提前介入，全面掌握案情，充分了解被调查人的认罪悔罪情况，为后续在审查起诉阶段提出确定刑量刑建议奠定了坚实基础。[4]尽管成效不容否认，但认罪认罚案件量刑建议形成机制运行中存在的以下问题也不容忽视。

1. 听取辩方意见不到位

正如最高人民检察院在"28 条意见"中提到的，"认罪认罚案件中听取意见不到位和控辩量刑协商不足、质量不高问题不同程度存在，个别办案人员不尊重辩护人和犯罪嫌疑人意见"。[5]有的地方提出量刑建议后，根本不允许被追诉人

---

〔1〕 参见《最高人民检察院就十三届全国人大常委会对人民检察院适用认罪认罚从宽制度情况报告的审议意见提出 28 条贯彻落实意见》，载 http://www.law-lib.com/law/law_view.asp? id = 708197，最后访问日期：2024 年 1 月 3 日。

〔2〕 参见《检察机关适用认罪认罚典型案例之吕某某、郭某某故意伤害案》，载 https://www.spp.gov.cn/spp/xwfbh/wsfbh/201910/t20191024_435825.shtml，最后访问日期：2024 年 1 月 3 日。

〔3〕 具体参见钱某故意伤害案，检例第 82 号。

〔4〕 具体参见金某某受贿案，检例第 75 号。

〔5〕 参见《最高人民检察院就十三届全国人大常委会对人民检察院适用认罪认罚从宽制度情况报告的审议意见提出 28 条贯彻落实意见》，载 http://www.law-lib.com/law/law_view.asp? id = 708197，最后访问日期：2024 年 1 月 3 日。

协商，只要被追诉人有异议，就会被认为不认罚，或者被威胁，"如果不同意不签字，量刑建议会更重"。[1]在量刑建议形成过程中，实际参与的律师，主要还是值班律师，辩护律师的参与率较低。如在2020年上半年B市S区，值班律师参与认罪认罚案件1586件，占提出确定刑量刑建议案件的97.2%，而辩护律师参与的案件仅占2.8%。[2]还有的地方常抢在辩护律师或值班律师到位之前与被追诉人进行所谓的协商，或者，只在签署具结书时，才通知值班律师到场，不给其了解案情、提出意见提供便利。从课题组对律师的访谈情况看，绝大多数律师反映，检察机关对认罪认罚案件的量刑建议一旦拟定就很难改变，辩方要么同意要么不同意，很少有根据犯罪嫌疑人或者辩护人的意见修改或调整量刑建议的现象。在认罪认罚从宽制度实施之初，有一些地方甚至在认罪认罚从宽制度的实施办法中明确将某些所谓的严重案件排除在量刑协商范围之外，这些案件即使适用认罪认罚从宽制度，量刑建议也只能由检察机关单方提出，辩方无权协商。[3]而且，从客观上而言，检察机关推行的对量刑建议提出过程的公式化、标准化的控制以及量刑建议智能辅助系统的应用，也进一步压缩了控辩协商的空间。

2. 不能合理对待被害人意见

在就量刑建议听取被害人意见方面，实践中存在两种错误倾向。一是不重视被害人意见，彻底否定被害人对从宽处罚建议提出意见的权利。二是极为重视被害人意见，特别是在一些具有较高社会影响力的案件中，无被害人谅解或对量刑建议的认同，不可能进入具结程序。譬如，在"聂某强故意杀人案"中，一审时，聂某强认罪并愿意向被害方赔偿四五十万元，但被害人家属不接受，聂某强被判处死刑立即执行。二审时，被害人家属愿意接受被告方90万元的赔偿（但仍不愿出具谅解书），法院改判聂某强死刑缓期两年执行。[4]在这类案件中，被害人意见的重要性又被强调到无以复加的程度。之所以如此，与专门机关对于个案中被害人态度、权益的关照和对办案社会效果的强调有关，但对悔罪要求的形式化理解也是重要因素。

3. 公安机关或监察机关的参与失调

一方面，公安机关在量刑建议的形成中参与明显不足。实践中，公安机关在

---

〔1〕　关振海：《检察机关落实认罪认罚从宽制度的四个建议》，载《检察日报》2019年8月2日，第3版。

〔2〕　参见北京市顺义区人民检察院项目课题组：《认罪认罚从宽制度下量刑建议精准化问题探析——基于B市S区检察院推行精准量刑建议的实践》，载《北京政法职业学院学报》2021年第4期，第46页。

〔3〕　参见张吉喜：《论认罪认罚协商机制的构建》，载《法治论坛》2018年第4期，第235页。

〔4〕　参见郑莉莉：《聂李强终审改判死缓原因　90万赔偿不是减刑理由》，载http://www.mnw.cn/news/shehui/1930967.html，最后访问日期：2024年1月4日。

侦查中通常只重视收集定罪证据，而不太重视收集量刑证据，不利于从源头上保障量刑建议质量。而且，《刑事诉讼法》目前仅规定对于达成和解协议的案件，公安机关可以向人民检察院提出从宽处理的建议。对于认罪认罚案件，除了在极其特殊的情况下，经最高人民检察院核准可以撤销案件外，公安机关所能做的只是"记录在案，随案移送并在起诉意见书中写明有关情况"，并未被赋予提出从宽处罚建议的权力。另一方面，与公安机关不同，监察机关被明确赋予了对于认罪认罚的被调查人在向检察机关移送审查起诉时提出从宽处罚建议的权力。访谈发现，一旦监察机关提出从宽处罚的建议，不管是笼统建议，还是具体建议，对检察机关提出量刑建议都会构成较强限制，检察机关基本上会在充分体现监察机关从宽处罚建议的基础上提出量刑建议。还有人调研发现，监察机关从宽处罚建议的提出率总体偏低，而且，提出的内容、形式、程序上存在很多不规范现象，自由裁量的空间大，带有较强的职权化特征。[1]而且，同公安机关一样，监察机关在对量刑证据收集的重视程度上也有较大提升空间。

4. 法官参与量刑协商存在隐患

实践中，不少检察机关在提出量刑建议前，除听取辩方、被害方的意见外，还会就量刑建议与法院进行沟通，即通过当面口头沟通或电话沟通等方式，向法官征询量刑意见，[2]而且，多数情况下检察官都会尊重法官的意见。[3]无疑，通过这种方式，提前获得法院对量刑建议的支持，对于减少"检""法"分歧，提高量刑建议的精准度和采纳率，均大有帮助。而且，在有些学者看来，法官提前介入量刑协商不仅更符合诉讼经济原则，也更能借助审判权的客观性、中立性来确保协商公正。[4]此外，还具有"顺应诉讼重心前移的趋势""平衡审判权与公诉权的关系""保障被追诉人认罪认罚权利""推动刑事诉讼模式的转型"等多维价值，[5]可谓一举多得。但法官介入量刑协商也有很多隐患。其一，法官的提前介入可能会使后续的审理程序流于形式，审判阶段对检察机关量刑建议的实质把

---

〔1〕 参见阳平：《从宽处罚建议制度的"职权化"运行与规范化发展——基于对 100 余名实务人员的访谈研究》，载《安徽大学学报（哲学社会科学版）》2022 年第 6 期，第 109—110 页。

〔2〕 参见胡云腾：《完善认罪认罚从宽制度改革的几个问题》，载《中国法律评论》2020 年第 3 期，第 84 页。

〔3〕 参见左卫民：《量刑建议的实践机制：实证研究与理论反思》，载《当代法学》2020 年第 4 期，第 51 页。

〔4〕 参见蔡元培：《从控辩协商走向辩审协商：我国认罪协商制度之反思》，载《大连理工大学学报（社会科学版）》2019 年第 2 期，第 109—114 页。

〔5〕 参见赵恒：《法官参与认罪认罚案件具结活动的模式和法律制度前瞻》，载《政治与法律》2021 年第 1 期，第 36—38 页。

关作用不复存在。其二，如果把握不好参与度，法官的提前介入很容易导致检察官对于法官意见的不当依赖，从而导致控辩协商实质上转变为审辩协商，影响检察机关对认罪认罚从宽程序的主导作用。其三，法官的提前介入可能会影响被追诉人认罪认罚的自愿性和明知性。

5. 个别案件中实质协商可能突破公正底线

个别案件中，确实已经出现了实质协商现象，而且，既有控辩协商，也有审辩协商。如在"江西周某某受贿案"中，周某某在一审中被判处无期徒刑，而在二审中被改判为十二年有期徒刑，之所以如此，主要原因在于二审阶段的审辩协商。辩护律师与专门机关进行了多次实质意义上的正式协商和交涉，而辩方意见也直接影响了裁判结果。在多轮协商中，辩方逐渐明确和收缩谈判的底线，而法官所考虑的最高量刑也从二十年有期徒刑逐步降到十二年有期徒刑。[1] 而在该案中，专门机关之所以接受协商，一是因为本案一审在事实认定、法律适用及诉讼程序上可能存在瑕疵，若被告人认罪，会取得较好的法律效果；二是因为本案的社会关注度较高，在一审中，专门机关与辩方进行了激烈的对抗，若被告人认罪，会取得较好的社会效果。这种"讨价还价"式的协商虽然体现了控辩平等，而且，貌似实现了控、辩、审三赢的结果，但皆大欢喜的背后隐藏了公正底线失守的风险。因为，在实质协商中，一旦合意成为专门机关的首要追求，就很容易放弃对实体真实原则、证据裁判原则、罪责刑相适应等刑事法基本原则的遵循。[2]

（三）形成机制的改革完善

就认罪认罚案件量刑建议的形成机制而言，理性的选择不是完全抛开"主义"之争，只研究"问题"，而是在明确"主义"的前提下，解决"问题"。当然，单纯地在文字层面争论是叫"协商"还是叫"听取意见"没有太大意义。但这并不是说，对认罪认罚案件量刑建议形成机制的模式定位无关紧要。恰恰相反，不管在名称上叫什么，至少需要认识到，协商的本质性要素到底是什么？我国的认罪认罚案件量刑建议形成机制与"讨价还价"式的协商有何区别？我国构建起类似域外的协商模式面临着哪些根本性的制约？立法为何在"协商"一词的使用上谨小慎微？实践当然有可能超越法律，走在法律之前，但即使如此，也不能轻视立法本身，应当关注当前立法中所蕴含的是一种社会接受程度可能更高的实践

〔1〕 参见关于该案协商过程的详细介绍，参见易延友：《从周文斌案看中国的辩诉交易与辩审协商》，载易延友主编：《中国案例法评论》（第2辑），法律出版社2017年版，第176-181页。
〔2〕 参见孙长永：《认罪认罚从宽制度实施中的五个矛盾及其化解》，载《政治与法律》2021年第1期，第4-5页。

逻辑。我们既不能否定"听取意见"与域外的"协商"模式的某些共性，但更需要关注一些根本性的差异。在打造中国式的"量刑协商"时，既要探寻中国模式，尊重国情，又不能忽略或者践踏普遍规律。如何协调好这二者的关系，是改革的难点，也是改革的重点。课题组认为，不管是从法律及司法解释的规定，还是从实践运行特征看，我国认罪认罚案件中的"量刑协商"采取的就是一种职权主导的听取意见模式。针对实施中暴露出的问题，该模式亟待在以下三大方面予以改革完善。

1. 增强听取意见的实质性，将"合意"逻辑贯彻始终

如上所述，有些地方在认罪认罚案件量刑建议形成阶段不够重视辩方及被害方的意见，强调检察主导，往往是办案人员"一锤定音"，而在面对被追诉人的上诉或者法院的拒绝采纳时，又强调量刑建议是合意的产物，应该被恪守或尊重，前后出现逻辑分裂，即在量刑建议的提出和形成中遵循"职权性逻辑"，而在量刑建议的效力上则主张"协商性逻辑"，从而导致认罪认罚从宽制度适用中专门机关与诉讼参与人及专门机关相互之间关系的紊乱。[1]对此，课题组认为，不能人为割裂量刑建议机制不同运行阶段的司法逻辑，既不能以"职权性逻辑"刻意压制诉讼参与人的实质参与，也不能以"协商性逻辑"不当限制被追诉人的反悔权或其他专门机关的实质把关职责，而是应该将职权主导的合意逻辑贯彻始终，重点是在量刑建议形成阶段真正贯彻合意逻辑，可以尝试从以下几个方面着手：（1）检察机关可设置专门的、独立的量刑建议听取意见环节，并在听取意见合理时间之前通知参与人或者设置适当的听取意见期限，以充分保障参与人准备意见的时间。（2）规定专门机关的全面告知义务，除告知被追诉人等享有的诉讼权利和认罪认罚的法律规定外，还应告知案件基本证据情况及量刑建议的内容、具体根据和计算方法，因为被追诉人只有充分知晓与量刑建议相关的所有信息才有可能对这些事项充分表达意见。（3）通过改善待遇、完善权利、明确责任，提高值班律师法律帮助的有效性。（4）规定检察机关听取意见中的透明义务和记录义务。"协商程序的透明性、公开性，以及完整的书面性"被德国宪法法院视为管控刑事协商的"核心支柱"，违反透明和记录义务有可能导致裁判被推翻。[2]对此，我国量刑建议的形成机制有必要适度借鉴。检察机关应尽量在公开、多方参与人

---

〔1〕 参见杜磊：《认罪认罚从宽制度适用中的职权性逻辑和协商性逻辑》，载《中国法学》2020年第4期，第222页。

〔2〕 参见［德］托马斯·魏根特、［美］吉安娜·朗其瓦·特纳：《德国协商性刑事裁判的合宪性》，载彭海青、吕泽华、［德］彼得·吉勒斯编著：《德国司法危机与改革——中德司法改革比较与相互启示》，法律出版社2018年版，第161页。

在场的情况下听取意见，而且，不管听取意见是以何种方式进行，必须形成书面记录或录音录像记录，并放入卷宗，随案移送，确保听取意见的可审查性。（5）明确要求检察机关在相关文书中对听取到的意见作出反馈和说明，对于不采纳的，要详细说明理由，对于吸收和采纳的合理意见，也要解释其对最终量刑建议的影响。（6）规定法院对检察机关听取意见有效性的审查义务，事实上也是要求法院通过审阅听取意见笔录，审查认罪认罚的自愿性、明智性和量刑建议的适当性等。（7）在对待被害人意见问题上，一方面，"不能被被害人意志所左右"，[1]量刑建议无须征得被害人同意，被追诉人未能满足被害人的不合理要求不影响对被追诉人作出从宽处理。另一方面，检察机关应当充分考虑被害人受损利益的弥补、是否谅解及以此为基础的是否认可量刑建议等情况，合理把握对被追诉人的从宽方式及幅度。

2. 坚持基本量刑原则，坚守实体公正底线

虽然检察机关在提出量刑建议时，要吸收被追诉人及其辩护人以及被害方的合理意见，"尽量协商一致"，但检察机关最终提出的量刑建议必须符合罪责刑相适应原则，反映犯罪的社会危害性和被告人的人身危险性，即使由于被告人认罪认罚而给予一定的量刑减让，也必须有充分的事实根据和法律依据，不能违背事实和法律而在量刑问题上进行"讨价还价"，从而失守公正底线。不可否认，面对与日俱增的案件压力，对认罪认罚案件从轻从速处理，以优化司法资源配置，实现简案快办、繁案精办，已成为当今世界各国刑事司法改革的大势所趋。这也是协商模式兴起的原因之一。但不管是英美法系的辩诉交易，还是大陆法系的刑事协商，效率都是协商模式的"本质偏好"，而效率至上的价值取向也极大地滋生了协商模式的各种公正风险[2]，如冤假错案、量刑失衡、法律可预期性缺失等。与之不同，我国的认罪认罚案件量刑建议形成机制由于强调职权主导则更容易找到效率与公正的平衡点。在体现效率方面，该机制不仅同样能实现协商模式的案件分化、繁简分流功能，而且，由于其本质上属于职权模式，相对而言会简化磋商过程，节约直接成本，有利于及时终结诉讼。因此，"及时性可能并不是一种能为协商所实现的过程利益"，在协商模式与调查模式之间，"如果存在客观标准和时间压力的话"，人们肯定会偏向于后者。[3]而在保障公正方面，该机制的

---

〔1〕 董凡超：《最高检副检察长孙谦解读修改后的刑事诉讼法有关问题：认罪认罚从宽贯穿整个刑诉程序》，载《法制日报》2018 年 12 月 13 日，第 3 版。

〔2〕 参见吴思远：《论协商性司法的价值立场》，载《当代法学》2018 年第 2 期，第 138 页。

〔3〕 参见［美］迈克尔·D. 贝勒斯：《程序正义——向个人的分配》，邓海平译，高等教育出版社2005 年版，第 216 页。

优势更为显著。其依然需要坚持"保证刑法的正确实施，惩罚犯罪，保护人民"的直接目的，依然需要遵循罪刑法定、罪责刑相适应、程序法定等刑事法基本原则，依然不能改变实质真实的目标，不能降低对定罪事实和量刑事实的标准和要求，依然要经历开庭审理，不允许以牺牲公正为代价追求效率。当然，要实现这些预期功能特别是在公正保障方面的特殊功能，仅仅依靠检察机关等专门机关的职权自觉是不现实的，还必须在细化职权行使规范、落实职权法定原则的基础上，进一步健全量刑建议形成中职权的"制约监督机制"〔1〕，防止职权的恣意行使，进而使其在听取意见、促成合意的同时，能够最大限度地确保量刑均衡和司法公正。

3. 健全量刑建议形成中与其他专门机关的协调沟通机制

量刑建议虽然表面上是由检察机关一个机关提出的，但是，合理、适当的量刑建议的形成离不开其他专门机关的有效参与和支持。

首先，需要公安机关、监察机关在侦查、调查环节全面收集、固定涉及量刑事实的证据，并需要规范监察机关提出从宽处罚建议的程序，强化检察机关对监察机关从宽处罚建议的实质审查职责，不能一味"照单全收"。而且，还可以探索完善公安机关在认罪认罚案件中提出从宽处罚建议的机制：（1）在法律及相关司法解释中明确公安机关向检察机关提出从宽建议的职责，并将其作为侦查阶段从宽处理的基本形式。（2）公安机关提出的从宽建议在内容上既要留有余地，又不能过于抽象。考虑到公安机关仅仅是提出建议，不是最终的决定者，加之辩方参与度弱，公安机关难以准确认定事实、理解法律，以及案件尚处于程序的初始阶段，变数比较大等，公安机关向检察机关提出的从宽处理建议不能过于肯定和具体。〔2〕但是，如果公安机关提出的从宽建议仅止于"建议依法从宽处理"的笼统表述，与不提任何从宽处理建议没有实质差别，难以在侦查阶段形成对被追诉人的有效激励。（3）明确公安机关提出的从宽处理建议的效力。对于公安机关提出的从宽处理建议，检察机关应当充分考虑。不采纳公安机关建议的，检察机关应当说明理由。

其次，合理规制法官的提前参与。为了尊重检察机关在量刑建议机制中的主

---

〔1〕 在 2024 年 1 月 14 日召开的全国检察长会议上，最高人民检察院应勇检察长强调要将构建完善"刑事诉讼制约监督体系"作为刑事检察要重点完善的"三个体系"之一。参见巩宸宇：《全国检察长会议在京召开 应勇强调紧紧围绕推进中国式现代化这个最大的政治 加快推进检察工作现代化》，载 https://www.spp.gov.cn/tt/202401/t20240114_640157.shtml，最后访问日期：2024 年 1 月 15 日。

〔2〕 参见朱孝清：《侦查阶段是否可以适用认罪认罚从宽制度》，载《中国刑事法杂志》2018 年第 1 期，第 122 页。

导地位，平衡控辩审关系，避免审判偏见以及法院参与对被追诉人认罪认罚自愿性等的不利影响，法官提前参与量刑建议形成的方式和程度应该受到合理限制。在参与的方式上，法官原则上应当以口头参与为主、书面参与为辅。在法官参与的内容上，原则上应以就类案量刑标准和方法的指导为主，以就具体案件提出具体量刑意见为辅。法官参与的重点是就量刑实施细则的理解、案件涉及罪名的量刑标准、量刑证据的运用规则、量刑方法与裁量幅度等向检察机关提供参考意见，应尽量避免越俎代庖，提出明确具体的量刑意见。而且，提前介入审查起诉阶段，提出量刑指导意见的法官，应尽量避免担任后续该案件的审判人员。同时，应将法官提前参与的情况如实记录在案，以利于事后的审查和监督。[1]此外，检察机关还应当加强与司法行政部门的协调，推动解决值班律师资源短缺、经费保障不足、向社区矫正机构委托调查难从而影响缓刑及管制量刑建议提出等问题。

四、认罪认罚案件量刑建议的提出

（一）量刑建议的提出方式

1. 趋势与现状

提出量刑建议主要有三种方式：一是概括刑量刑建议，即只提出对刑种的量刑建议或者提出在法定刑幅度内量刑的建议；二是幅度刑量刑建议，即提出确定的刑种和带有一定幅度刑期的相对具体的量刑建议；三是确定刑量刑建议，即在法定刑幅度内提出确定的刑种和明确的刑期的量刑建议。[2]从相关规范性文件的规定看，提出量刑建议的方式大致经历了四个发展阶段，即概括刑阶段、幅度刑为主阶段、幅度刑与确定刑并行阶段以及确定刑为主阶段。

第一阶段为概括刑量刑建议阶段。概括刑量刑建议是在量刑建议探索初期存在的较为粗放式的量刑建议模式。自 1996 年《刑事诉讼法》实施后，为了适应庭审方式改革带来的变化，部分基层人民检察院开始尝试量刑建议制度的探索。1999 年，北京市东城区人民检察院试行"公诉人当庭发表量刑意见"。但在探索阶段，由于对量刑建议权的正当性尚存争议，整体上看，检察机关所提的量刑建议都较为抽象、笼统，基本上都是刑种建议、法定刑幅度建议，即便是幅度较大的刑期建议都极少。2005 年 7 月，最高人民检察院下发了《人民检察院量刑建议试点工作实施方案》，正式将量刑建议列为检察改革项目，授权 11 个省、市检察

---

〔1〕 参见赵恒：《法官参与认罪认罚案件具结活动的模式和法律制度前瞻》，载《政治与法律》2021 年第 1 期，第 45 页。

〔2〕 参见陈国庆主编：《认罪认罚从宽制度司法适用指南》，中国检察出版社 2020 年版，第 72 页。

院在辖区开展量刑建议工作试点，探索在庭审中就被告人量刑幅度向审判机关提出具体意见。[1]

第二阶段为幅度刑量刑建议为主的阶段，主要存在于 2010 年以后至速裁程序试点前。2010 年 2 月 13 日，最高人民检察院公诉厅出台的《人民检察院开展量刑建议工作的指导意见（试行）》第 5 条规定，"建议判处有期徒刑的，一般应当提出一个相对明确的量刑幅度"，"根据案件具体情况，如确有必要，也可以提出确定刑期的建议"。但该意见也同时规定："对不宜提出具体量刑建议的特殊案件，可以提出依法从重、从轻、减轻处罚等概括性建议。"2010 年 9 月 13 日，"两高三部"《关于规范量刑程序若干问题的意见（试行）》第 3 条规定："对于公诉案件，人民检察院可以提出量刑建议。量刑建议一般应当具有一定的幅度。"2012 年 11 月 22 日，最高人民检察院发布的《人民检察院刑事诉讼规则（试行）》第 399 条又规定："建议判处有期徒刑、管制、拘役的，可以具有一定的幅度，也可以提出具体确定的建议。"

第三阶段为幅度刑量刑建议和确定刑量刑建议并行阶段，主要存在于速裁程序和认罪认罚从宽制度试点期间及认罪认罚从宽制度正式实施之初。在此之前，提出量刑建议仅仅是检察机关的"自选动作"，而在此之后，适用速裁程序的案件及认罪认罚案件中提出量刑建议开始成为必须完成的"规定动作"。2014 年《速裁程序试点办法》第 8 条规定，人民检察院"决定起诉并建议人民法院适用速裁程序的，应当在起诉书中提出量刑建议"。2016 年《认罪认罚试点办法》第 11 条规定，"人民检察院向人民法院提起公诉的，应当在起诉书中写明被告人认罪认罚情况，提出量刑建议"；"量刑建议一般应当包括主刑、附加刑，并明确执行方式。可以提出相对明确的量刑幅度，也可以根据案件具体情况，提出确定刑期的量刑建议。建议判处财产刑的，一般应当提出确定的数额"。2018 年《刑事诉讼法》第 176 条第 2 款规定："犯罪嫌疑人认罪认罚的，人民检察院应当就主刑、附加刑、是否适用缓刑等提出量刑建议，并随案移送认罪认罚具结书等材料。"但这一规定并未明确要求确定刑还是幅度刑，通常理解为两种方式都可以。

第四阶段为确定刑量刑建议为主阶段，主要存在于《认罪认罚指导意见》颁行之后。2019 年 10 月 24 日，"两高三部"《认罪认罚指导意见》第 33 条规定，"犯罪嫌疑人认罪认罚的，人民检察院应当就主刑、附加刑、是否适用缓刑等提出量刑建议"，"办理认罪认罚案件，人民检察院一般应当提出确定刑量刑建议"，"对新类型、不常见犯罪案件，量刑情节复杂的重罪案件等，也可以提出幅度刑量

---

[1] 参见苗生明主编：《认罪认罚从宽制度研究》，中国检察出版社 2019 年版，第 68 页。

刑建议"。此后，2019 年 12 月颁布的《最高检规则》也作出了类似规定。2020 年 12 月 1 日，在就十三届全国人大常委会对人民检察院适用认罪认罚从宽制度情况报告的审议意见提出的 "28 条贯彻落实意见" 中，最高人民检察院明确提出，"着力在精确量刑建议上下功夫，提升量刑规范化水平"。2021 年 11 月 15 日，最高人民检察院推出的《量刑建议指导意见》第 4 条再次明确："办理认罪认罚案件，人民检察院一般应当提出确定刑量刑建议。对新类型、不常见犯罪案件，量刑情节复杂的重罪案件等，也可以提出幅度刑量刑建议，但应当严格控制所提量刑建议的幅度。"值得一提的是，早在 2009 年 5 月宁波召开的量刑建议庭审观摩暨公诉改革会议上，检察机关就对量刑建议到底是一个"点"还是"幅度"展开了热烈讨论。与会的全国 16 个省市的绝大多数公诉处长主张是一个"点"。主要理由是，量刑建议的提出初衷是协助法官量刑，在我国刑法中的法定刑都是幅度刑，检察机关提出量刑建议就是帮助法官从在法定的幅度中寻找一个适合于案件、适合于被告人的"点"。[1]

自认罪认罚从宽制度正式实施以来，确定刑量刑建议占比不断提升。2019 年上半年仅为 28%，2020 年 8 月已上升至 76%，开始形成"确定刑量刑建议为主、幅度刑量刑建议为辅"局面。2021 年，确定刑量刑建议占比已超过 90%。而到了 2023 年，检察机关提出确定刑量刑建议的比率已高达 95% 以上。换言之，2021 年以后的认罪认罚案件办理实践中，已经基本达到确定刑量刑建议全面推行、幅度刑量刑建议很少出现的状态。课题组对部分地区的调研也进一步印证了这个结论。在 Z 省 W 市，基层检察院认罪认罚案件确定刑量刑建议提出率最低的某区检察院，其提出率也达到了 95.83%，另有 4 个区的提出率均达到了 100%；Q 直辖市辖区检察院确定刑量刑建议提出率平均为 95.63%，其中，有 9 个基层检察院确定刑量刑建议提出率达到了 100%；S 直辖市全市认罪认罚案件确定刑量刑建议提出率也高达 97.7%。

但需要注意的是，不少确定刑量刑建议在附加刑或刑罚执行方式的明确性上还存在一定不足。如有论者在随机抽样 F 市 2020 年 100 份认罪认罚案件判决书进行分析后发现，量刑建议提出具体罚金数额的比率偏低。在 100 份判决书中，公诉方提出罚金刑建议 77 份，仅有 8 份有数额建议，其余 69 份皆提出概括性罚金，具体数额罚金提出占比仅为 10.39%，明显不符合最高人民检察院提出的量刑建议精准化的要求。[2]按法律及司法解释的要求，人民检察院在就认罪认罚案件提出

---

〔1〕 参见潘申明：《论量刑建议模式的选择》，载《华东政法大学学报》2013 年第 6 期，第 73 页。

〔2〕 参见黄超祺：《认罪认罚从宽制度下量刑建议实证研究——以 F 市法院 100 份判决书为样本》，载《哈尔滨学院学报》2023 年第 10 期，第 49 页。

量刑建议时应当对刑罚执行方式即是否适用缓刑予以明确，对符合缓刑适用条件的认罪认罚案件，检察机关应当提出缓刑量刑建议。但实践中，有的地方对提出缓刑量刑建议设置了较为复杂的批准程序，再加上基层检察院案件量大、审查起诉期限短、关于是否适合缓刑的社会调查评估难以及时有效开展等原因，导致检察官不愿意提出缓刑量刑建议。当然，在最高人民检察院明确提出防止某些前置程序成为提出确定刑量刑建议的障碍之后，认罪认罚案件缓刑量刑建议的提出比例已在不断提高，但依然存在准确度不高、司法尺度不统一等问题。[1]

当前，判处三年有期徒刑以下刑罚的案件，即所谓的轻罪案件占比在85%左右，但适用认罪认罚从宽制度审结人数已占同期审结人数的90%以上，检察机关提出确定刑量刑建议也占量刑建议提出数的95%以上，这意味着，有相当一部分的重罪案件也适用了确定刑量刑建议。而最高人民检察院针对确定刑量刑建议专门推出的指导性案例和典型案例也主要是重罪案件。如在典型案例"武某某故意杀人案"中，武某某认罪认罚，检察机关向法院提出判处武某某无期徒刑的确定刑量刑建议，并被法院采纳，武某某当庭表示不上诉，认罪服法。[2]再如，在指导性案例"金某某受贿案"中，金某某认罪认罚后，检察机关提出确定刑量刑建议，建议判处金某某有期徒刑10年，并处罚金50万元。法院采纳了检察机关的量刑建议，金某某当庭表示服判不上诉。[3]

2. 挑战与问题

虽然检察机关认为，认罪认罚案件量刑建议精准化，一方面有助于犯罪嫌疑人、被告人直观、明确地知悉认罪认罚的法律后果，获得一定的庭审预期，更容易接受检察机关的量刑建议，降低被告人认罪认罚后反悔的概率；另一方面强化对人民法院的监督，提高量刑程序的规范性和公开性。[4]但在检察机关全面推动认罪认罚案件量刑建议精准化的过程中，也面临着一些障碍，暴露出一些问题。

（1）检察机关工作负担加重，同时，一些检察官量刑经验和能力不足，且存在一定的角色抵牾。工作负担和司法担责是影响办案机关选择工作方案的深层决

〔1〕 参见蒋安杰：《认罪认罚从宽制度若干争议问题解析（中）——专访最高人民检察院副检察长陈国庆》，载 https://www.spp.gov.cn/spp/gxcxjxfdhmjcgzzwn/202005/t20200505_ 580080. shtml，最后访问日期：2024年1月8日。

〔2〕 参见最高人民检察院：《检察机关适用认罪认罚典型案例：武某某故意杀人案》，载 https://www.spp.gov.cn/spp/xwfbh/wsfbh/201910/t20191024_ 435825. shtml，最后访问日期：2024年1月8日。

〔3〕 参见金某某受贿案，检例第75号。

〔4〕 参见孙谦：《认罪认罚从宽制度实务指南》，中国检察出版社2019年版，第171页。

定因素。[1]随着量刑建议精准化工作的推进，为了避免法院不采纳确定刑量刑建议，检察机关不得不采用强化内部审批，加强"量刑协商"，以及加强与法院就个案量刑建议沟通意见等措施，这必然会增加检察机关的工作负担。同时，法院虽然也可能希望借由检察机关的精准量刑建议减轻自己的办案负担，但受制于司法担责等因素，也不敢放松对确定刑量刑建议的实质审查，从而并没有节约多少审判成本。[2]另外，在认罪认罚从宽制度推行前，检察官的主要任务是审查侦查机关的有罪结论、向法院提起指控，可以根据案情需要提出量刑建议，但该职能未受到重视。长期以来"重定罪，轻量刑"的司法惯性和思维定式，使得多数检察官对量刑问题关注不够，缺乏量刑经验，对量刑标准和量刑方法不了解、不熟悉，对量刑情节、量刑证据的综合分析判断能力不足，从而很难把握量刑建议的精准度。[3]而且，"强求一个集批捕、起诉权于一人的独办检察官在起诉时就提精准量刑建议"，[4]不仅在经验、能力、期限等方面勉为其难，而且在角色定位和程序支撑方面面临障碍。以确定刑建议为主的量刑建议工作，通常需要"量刑程序"作为量刑证据实质审查的平台，以及需要具有中立身份以居中衡平案内外各量刑事实和法律因素，以裁量刑罚。[5]然而，在程序上，审查起诉阶段存在"透明度差、参与人少等弱项"，[6]在角色定位上，公诉人也不容易实现从指控者到中立裁判者的角色转换。

（2）容易引起"检""法"冲突。根据《刑事诉讼法》第201条的规定，被告人自愿认罪认罚的案件，对于检察机关指控的罪名和量刑建议，法院"一般应当采纳"。如果量刑建议是幅度刑，法院经审理后可以根据庭审查明的事实、情节以及被告人的认罪认罚态度在幅度内酌量宣告刑，这样也不违反控辩双方的"合意"；但是，如果量刑建议是确定刑，法院的量刑裁量权将受到严格限制，在被告人自愿认罪认罚的情况下，法院要么采纳量刑建议，要么不采纳量刑建议，

〔1〕　参见林喜芬：《论量刑建议制度的规范结构与模式——从〈刑事诉讼法〉到〈指导意见〉》，载《中国刑事法杂志》2020年第1期，第10页。

〔2〕　参见梅传强、梁选点：《认罪认罚案件量刑建议精准化改革的反思与完善》，载《重庆社会科学》2022年第7期，第105页。

〔3〕　参见陈国庆：《刑事诉讼法修改与刑事检察工作的新发展》，载《国家检察官学院学报》2019年第1期，第33页。

〔4〕　参见胡云腾：《正确把握认罪认罚从宽　保证严格公正高效司法》，载《人民法院报》2019年10月24日，第5版。

〔5〕　参见石经海：《量刑建议精准化的实体路径》，载《中国刑事法杂志》2020年第2期，第10页。

〔6〕　参见胡云腾：《正确把握认罪认罚从宽　保证严格公正高效司法》，载《人民法院报》2019年10月24日，第5版。

一旦不采纳量刑建议，按照《认罪认罚指导意见》的要求，法院就需要通知检察机关调整，只有在检察机关不调整或者调整后仍然明显不当的情况下，法院才能"依法判决"。虽然如上所述，近年来法院对检察机关量刑建议的采纳率总体上不断上升，特别是确定刑量刑建议的采纳率，接近100%，但由于检察官的量刑建议能力普遍低于法官，检察官在认罪认罚案件中的量刑建议，很难完全符合"量刑适当"的要求，法院很难"照单全收"。加之不少法官对确定刑量刑建议有抵触情绪，对检察机关提出的量刑建议精准化的改革方向心存质疑，认为量刑建议精准化违背量刑规律，容易造成量刑不均衡。[1]这就导致在少数案件中，法院拒绝采纳量刑建议甚至作出无罪判决，以致"检""法"之间出现明显的意见分歧，有的案件如"余金平交通肇事案""谢某卿等诈骗案"中的"检""法"冲突甚至酿成了公共舆情。

（3）增大"量刑协商"难度，并可能加剧认罪认罚非自愿性风险和压缩量刑辩护空间的风险。要求检察机关提出确定刑量刑建议，由于缺乏统一明确的量刑标准，控辩双方的立场又不同，导致控辩双方在沟通中很容易产生分歧，从而难以达成一致意见。而且，在当前量刑建议形成机制"合意性"不足的情况下，检察机关在量刑建议的形成中掌握着绝对的主导权。检察机关提出的确定刑量刑建议，被追诉人要么接受，要么不接受，根本就没有商量的余地。被追诉人的任何异议都可能被视为被追诉人不认罪认罚，可能面临更重的量刑建议，从而只能被迫接受。同样，辩护人如果不能在确定刑量刑建议形成之前提出意见并被采纳，一旦确定刑量刑建议形成，辩护人再通过异议改变量刑建议的可能性微乎其微，而且提出这样的异议也面临使被追诉人丧失适用认罪认罚从宽制度机会的巨大压力。特别是那些在被追诉人签署了认罪认罚具结书之后再介入的辩护人，面对确定刑量刑建议，几乎就没有了量刑辩护的空间。即便是辩护律师实质性参与了量刑"协商"，在与检察官就确定刑量刑建议达成一致上也存在很多困难，在多数情况下，被追诉人认罪认罚前案件已经事实清楚，证据确实、充分，辩护人可以用来与检察官"协商"的"筹码"并不多。[2]

此外，还有论者指出，检察机关推行认罪认罚案件量刑建议的精准化是认为其有利于兑现对被追诉人的从宽承诺、增强被追诉人的合理预期、促进诉讼分流等，但不管在法理层面、制度设计层面，抑或在实施层面，都看不出确定刑量刑建议在兑现承诺的作用上大于幅度刑量刑建议，或者量刑建议形式与被追诉人合

---

〔1〕 参见胡云腾主编：《认罪认罚从宽制度的理解与适用》，人民法院出版社2018年版，第283页。

〔2〕 参见李刚：《检察官视角下确定刑量刑建议实务问题探析》，载《中国刑事法杂志》2020年第1期，第32页。

理预期的必然联系，以及确定刑量刑建议对促进诉讼分流、提高诉讼效率的实际作用，因此，确定刑量刑建议的功用有被夸大之嫌。[1]

3. 学理争议与改革方向

以确定刑为主的量刑建议提出方式乃至在认罪认罚案件中全面推行确定刑量刑建议提出方式是否正当？对此，学界也存在争议。持肯定论的学者多从程序法理维度展开论证，其主要依据通常有以下几点：其一，量刑建议只有确定一个具体刑期，才是真正意义上的量刑建议，才能实现量刑建议的参考和监督作用，才有利于维护检察机关的权威性和法律的严肃性，才不会违背建立量刑建议制度的初衷，才有助于放开检察机关的手脚而更好地推广和深化量刑建议制度。其二，确定刑量刑建议不仅因"具体量刑最终仍由审判阶段确认与裁定"而与人民法院的审判权并不实质冲突，而且意味着控辩双方围绕量刑问题，展开了实质性的平等协商，最终达成了一致意见。[2]其三，确定刑量刑建议可以"增强量刑协商过程及其结果的稳定性、权威性与延续性，进一步固化具结书的签署效力"，可以"更好地激活认罪认罚从宽制度的'激励机制'，鼓励自愿认罪认罚"，从而"进一步发挥该项制度的积极意义，实现繁简分流"，并"防止事后因量刑问题引发上诉、抗诉以及程序回转等问题"，"实现'同案同判、类案类判'的效果，继而做到量刑标准的统一性，避免量刑不公正等问题"。[3]

而持否定论者则通常从实体法与程序法一体化的视角展开，认为：（1）幅度刑建议能够适应定罪量刑事实情节的复杂性。由于成文法天然地具有不周延性和滞后性，而现实生活中的犯罪事实千奇百态，从罪责刑相适应的角度出发，只有充分体现刑罚个别化才能罚当其罪。（2）幅度刑建议为审判阶段量刑事实的变化提供了空间。由于证据的可变性和不确定性，法院据以定罪量刑的事实可能会在不同的诉讼阶段发生变化。幅度刑量刑建议存在一定的量刑幅度，为在幅度内变化的定罪、量刑事实提供了一定空间。（3）幅度刑建议为被告人在庭审中认罪态度好转留下了有利空间。如果检察机关量刑建议为一个相对明确的量刑幅度，并告知被告人当庭认罪态度是合议庭量刑时要考虑的重要因素，不少被告人可能会减少对抗性，认罪态度会相对较好，以期获得法庭好感，谋求一个相对较轻的量刑。（4）确定刑量刑建议容易僭越法院的审判权，而幅度刑量刑建议则更有利于

---

〔1〕　参见杨立新：《对认罪认罚从宽制度中量刑建议问题的思考》，载《人民司法》2020年第1期，第12-14页。

〔2〕　樊崇义：《认罪认罚从宽制度的理性认识与实施建言》，载张志杰主编：《刑事检察工作指导》（总第1辑），中国检察出版社2019年版，第110页。

〔3〕　樊崇义：《关于认罪认罚中量刑建议的几个问题》，载《检察日报》2019年7月15日，第2版。

平衡认罪认罚案件中量刑建议权与量刑裁判权、检察机关与法院的关系。此外，还有论者指出，《刑事诉讼法》规定"一般应当采纳"条款，其实有一个前置条件，即《刑事诉讼法》第176条只规定了量刑建议的基本要素，对量刑建议的确定程度未做刚性规定，而实践中也是以幅度刑量刑建议为主的，而在"立法规定的司法定型化过程中"，这样的前置条件已不复存在。在不能改变"一般应当采纳"条款的前提下，强推确定刑为主的量刑建议，有违立法精神，也不符合常理。[1]

课题组总体倾向于否定论，认为幅度刑为主、确定刑为辅应是认罪认罚案件量刑建议更为合理的发展方向。事实上，确定刑量刑建议和幅度刑量刑建议各有优势，但也都有一定的缺陷。确定刑量刑建议虽然更符合合作式司法的内在精神和增速提效的改革需求，但它是以建议立场的客观性、量刑信息的充分性、量刑情节的稳定性、量刑标准的明确性为前提的，但这些前提条件在实践中并不总是具备，即使是类案判决的大数据分析也不可能完全替代个案情节的综合裁量。而且，面对确定刑量刑建议，裁判意识强的法官可能产生排斥心理，裁判意识弱的法官则容易产生依赖心理，不管是排斥还是依赖，都不是量刑建议与量刑裁判的良性互动状态。而幅度刑量刑建议虽然更能兼顾量刑情节的复杂性和动态性以及量刑裁判权的独立性，但过于宽幅的量刑建议必然会削弱对被追诉人的激励效果和建议的有效性。但只要控制好幅度，幅度刑量刑建议具有更强的适应性，也更具有普遍适用的法律依据与学理基础。因此，应当允许检察官根据个案的具体情况灵活选择量刑建议的形式，但原则上应以幅度刑量刑建议为主，而确定刑量刑建议应当被限制在妥当的、有限的范围之内，如限于可能判处三年有期徒刑以下的案件，或者适用速裁程序的案件等。在具体考量确定刑量刑建议的适用范围时，有论者提出的"认罪认罚案件量刑建议'分类精准'模式"有一定的参考价值，即适用速裁程序的案件及可能判三年有期徒刑以下刑罚的简易程序案件，适用确定刑量刑建议；可能判三年有期徒刑以上五年有期徒刑以下刑罚的简易程序案件，适用确定刑量刑建议为主、最小化幅度量刑建议为辅；可能判五年有期徒刑以上刑罚十年有期徒刑以下刑罚的简易程序案件，适用最小化幅度刑量刑建议为主、确定刑量刑建议为辅；可能判十年有期徒刑以上刑罚的简易程序案件，适用幅度刑量刑建议为主、确定刑量刑建议为辅；普通程序审理的认罪认罚案件，适用幅度刑量刑建议。[2]在当前量刑建议形成机制的合意性不足、认罪认罚案件自愿性

---

〔1〕 黄京平：《幅度刑量刑建议的相对合理性——〈刑事诉讼法〉第201条的刑法意蕴》，载《法学杂志》2020年第6期，第104页。

〔2〕 参见李勇：《认罪认罚案件量刑建议"分类精准"模式之提倡》，载《河北法学》2021年第1期，第191页。

保障机制不完善、庭审实质化改革和刑事诉讼程序的正当化进程尚未完成的背景下，在注重发挥认罪认罚案件中检察机关主导作用的同时，也必须坚持量刑程序中的"控审分离原则"，充分尊重法官在认罪认罚案件中的量刑职权，实现量刑裁判权对量刑建议权的有效制约。在把握"幅度刑为主、确定刑为辅"的量刑建议提出模式时，应当注意以下两大方面。

一是提倡"幅度刑为主"并不是否定量刑建议精准化的改革方向。尽管确定刑量刑建议是量刑建议精准化的典型体现，而且有论者提出，这种包含确定刑期的主刑、明确的附加刑以及明确缓刑是否适用的量刑建议才叫"精准量刑建议"，[1]或者主张精准量刑建议必须是确定刑量刑建议[2]，但量刑建议精准化不能简单等同于必须提出确定刑量刑建议。量刑建议精准化是一个方向性要求，是一个动态发展的过程，从最初的概括性量刑建议，转向在某一档法定刑范围内提出相对具体的幅度刑量刑建议，再到建议某一个特定刑种、精确刑期以及具体执行方式的确定刑量刑建议，是一个从抽象到具体、从幅度到点不断精确化的过程。[3]当然，从另一个角度讲，即便是确定刑量刑建议也不一定就是精准量刑建议。精准是对量刑建议质量的内在要求，"量刑建议精准与否，不在于量刑建议之内容是否具体"，[4]确定刑量刑建议不一定就是精准的量刑建议。

诚然，坚持量刑建议精准化的改革方向具有一定合理性，通过提升量刑建议的明确度和质量，不仅契合认罪认罚案件的特点和速审要求，也有利于从宽承诺的兑现。然而，量刑建议精准化改革应当重点指向的是认罪认罚实践中提出过于抽象的概括型建议或与法定刑幅度几乎等齐的幅度刑量刑建议等不负责任的工作方式和观念。只要做到了"情节考虑全面"，"刑期、刑种、执行方式明确"，"标准、方法得当"，"说理充分"，提出幅度刑量刑建议一样可以符合"精准化"的政策目标，而不是必须提出一个对于审判机关而言没有任何裁量空间、只能回答采纳与否的绝对值才叫精准。推动认罪认罚案件量刑建议的精准化不是说一定要全面推行确定刑量刑建议，不分情况、不分案件类型地强推确定刑量刑建议，反而会降低量刑建议的质量，效果适得其反。

二是检察机关不管是提出确定刑量刑建议，还是提出幅度刑量刑建议，除注

---

〔1〕 参见苗生明：《认罪认罚案件量刑建议精准化的理解与把握》，载《检察日报》2019 年 7 月 29日，第 3 版。

〔2〕 参见刘卉：《确定刑：认罪认罚从宽制度下量刑建议精准化之方向》，载《检察日报》2019 年7 月 29 日，第 3 版。

〔3〕 董坤：《认罪认罚案件量刑建议精准化与法院采纳》，载《国家检察官学院学报》2020 年第 3期，第 31 页。

〔4〕 赵恒：《认罪认罚案件确定刑量刑建议的法理反思》，载《当代法学》2023 年第 3 期，第 142 页。

重自身的能力提升、经验积累以外，还要重视精准化的两个实现路径。

其一，精准化的证据实现路径。检察机关提出的量刑建议，应基于案件所有的量刑事实，因此，必须全面收集和审查所有量刑证据。具体包括：（1）证明案件"社会危害性而说明刑事责任大小"量刑情节的证据。（2）证明案件"人身危险性而说明刑事责任大小"量刑情节的证据。（3）证明案件其他"因立法特别规定的价值需求而量刑从宽"量刑情节的证据。这些证据包括反映刑法的人道主义和人性关怀而量刑从宽的法定情节的证据、反映刑法的人权保障而量刑从宽的法定情节的证据、反映刑法关于提高办案效率的功利需要而量刑从宽的法定情节的证据、反映民意的酌定从宽或酌定从重处罚情节的证据等。

其二，精准化的规范实现路径。主要是如何科学运用量刑规范化来提高量刑建议的精准化。在认罪认罚案件中，法院已由量刑者转变为量刑建议的审查者，明显有别于普通案件中"将量刑纳入庭审程序"的量刑规范化改革要求。[1]在实现量刑建议精准化的过程中，既不能简单地按"量刑指导意见"关于"基准刑""量刑起点"的规则设置提出量刑建议，也不能直接根据基于以上机理开发的智能量刑建议辅助系统提出量刑建议，而需要基于定罪与量刑的关系和刑法条文的内在法律关系确定量刑建议，确保个案量刑所涉全部法律规范得以体系化适用，使量刑裁量权得以充分保障，以实现量刑的实体公正与程序公正的有机统一。具体而言，一方面要注意，作为量刑起点的"量刑基准"，只能是个案定罪所选定的具体法定刑。这是因为，定罪是量刑的基础和前提。对犯罪行为进行刑法上的性质认定，需要根据刑法总则、分则的规定，对有多个具体法定刑（多个法定刑幅度）的罪名，进行轻罪与重罪的认定（对应着基本犯、加重犯、减轻犯的犯罪形态），才算完成。定罪完成后，也就相应确定了该案的具体法定刑。另一方面还要注意，量刑在实质上并不是"刑之量化"，而是"刑之裁量"。"刑之裁量"虽然也在一定程度上包含了"刑之数量化"，但更多的，需针对具体案件的具体情况对作为量刑事实根据的各因素作具体的分析判断，使量刑表现为一个能动的、个别化的活动和过程，不能异化为简单的数学运算。在这个活动中，既需要统一的法律规范（量刑基准），又需要全面把握案情并梳理出关于行为的社会危害性、行为人的人身危险性及其他相关事实，还需要利用司法官的量刑自由裁量权使以上两方面相结合，通过充分的形式逻辑（技术）和辩证逻辑（智慧）论证，形成最终的判断。

---

[1] 参见张国轩：《认罪认罚从宽中量刑规范化的特殊性》，载《中国检察官》2018年第15期，第41页。

（二）量刑建议的载体

1. 量刑建议载体形式的规范变迁

对于如何提出量刑建议，从规范性文件的规定看，大致经历了五个阶段，即当庭提出量刑建议阶段，量刑建议书中提出为主、公诉意见书中提出为辅阶段，起诉书中提出量刑建议阶段，量刑建议书中提出与起诉书中提出并行阶段，以及量刑建议书中提出为主、起诉书中提出为辅阶段。

第一阶段，即当庭提出量刑建议阶段，主要存在于量刑建议制度探索初期。如上文提及的 1999 年号称第一次正式提出量刑建议的北京市东城区人民检察院，其试点的就是"公诉人当庭发表量刑意见"。2005 年最高人民检察院颁布的《人民检察院量刑建议试点工作实施方案》提倡要探索的，也是公诉人当庭就被告人量刑幅度向合议庭提出具体意见。在这一阶段，书面的量刑建议主要写在检察机关的公诉意见书中。

第二阶段，即量刑建议书中提出为主、公诉意见书中提出为辅阶段，主要存在于 2010 年以后至速裁程序试点前。早在 2009 年，就有基层检察院尝试向法院提交独立的"量刑建议书"。[1]2010 年《人民检察院开展量刑建议工作的指导意见（试行）》第 11 条规定："人民检察院提出量刑建议，一般应制作量刑建议书，根据案件具体情况，也可以在公诉意见书中提出。对于人民检察院不派员出席法庭的简易程序案件，应当制作量刑建议书。"同时，该意见还规定，"公诉人应当在法庭辩论阶段提出量刑建议"，并强调了量刑建议书与起诉书的一并送达。2010 年《关于规范量刑程序若干问题的意见（试行）》第 3 条第 2 款也要求："人民检察院提出量刑建议，一般应当制作量刑建议书，与起诉书一并移送人民法院；根据案件的具体情况，人民检察院也可以在公诉意见书中提出量刑建议。对于人民检察院不派员出席法庭的简易程序案件，应当制作量刑建议书，与起诉书一并移送人民法院。"但值得注意的是，2012 年《人民检察院刑事诉讼规则（试行）》对于量刑建议载体的要求有所调整，一方面，对于制作量刑建议书的要求，由"一般应当"改为了"可以"；另一方面，没有明确规定在公诉意见书中提出量刑建议。[2]

---

〔1〕　参见徐日丹、段善策：《北京：检察机关首份量刑建议书发出 此为最高法院量刑程序改革试点》，载《检察日报》2009 年 7 月 6 日，第 1 版。

〔2〕　2012 年《人民检察院刑事诉讼规则（试行）》第 400 条规定："对提起公诉的案件提出量刑建议的，可以制作量刑建议书，与起诉书一并移送人民法院。量刑建议书的主要内容应当包括被告人所犯罪行的法定刑、量刑情节、人民检察院建议人民法院对被告人处以刑罚的种类、刑罚幅度、可以适用的刑罚执行方式以及提出量刑建议的依据和理由等。"

第三阶段，即起诉书中提出量刑建议阶段，主要存在于速裁程序和认罪认罚从宽制度试点期间。2014 年《速裁程序试点办法》第 8 条规定，人民检察院"决定起诉并建议人民法院适用速裁程序的，应当在起诉书中提出量刑建议"。同样，2016 年《认罪认罚试点办法》第 11 条也明确要求，"人民检察院向人民法院提起公诉的，应当在起诉书中写明被告人认罪认罚情况，提出量刑建议"。

第四阶段，即量刑建议书中提出与起诉书中提出并行阶段，主要存在于认罪认罚从宽制度正式实施之初。2018 年《刑事诉讼法》并未明确量刑建议书的载体问题，但 2019 年《认罪认罚指导意见》第 32 条规定："量刑建议书可以另行制作，也可以在起诉书中写明。"同年出台的《最高检规则》第 274 条和第 364 条对认罪认罚案件和非认罪认罚案件的量刑建议载体作出了不同的规定：对于认罪认罚案件，"量刑建议可以另行制作文书，也可以在起诉书中写明"；对于非认罪认罚案件，"提出量刑建议的，可以制作量刑建议书，与起诉书一并移送人民法院"，没有明确规定"可以在起诉书中写明"。2020 年"两高三部"《关于规范量刑程序若干问题的意见》第 9 条就量刑建议的载体作出了更加明确的区别性规定："人民检察院提出量刑建议，可以制作量刑建议书，与起诉书一并移送人民法院；对于案情简单、量刑情节简单的适用速裁程序的案件，也可以在起诉书中写明量刑建议。"该条对"在起诉书中写明量刑建议"的范围限定为"案情简单、量刑情节简单的适用速裁程序的案件"，这表明，在规则制定者看来，量刑建议原则上应当另行以量刑建议书的形式提出。

第五阶段，即量刑建议书中提出为主、起诉书中提出为辅阶段，主要存在于 2021 年最高人民检察院颁行《量刑建议指导意见》之后。该意见第 31 条明确规定：对认罪认罚案件，"人民检察院提出量刑建议，一般应当制作量刑建议书，与起诉书一并移送人民法院。对于案情简单、量刑情节简单，适用速裁程序的案件，也可以在起诉书中载明量刑建议。量刑建议书中应当写明建议对犯罪嫌疑人科处的主刑、附加刑、是否适用缓刑等及其理由和依据，必要时可以单独出具量刑建议理由说明书。适用速裁程序审理的案件，通过起诉书载明量刑建议的，可以在起诉书中简化说理"。这一规定是对 2020 年"两高三部"《关于规范量刑程序若干问题的意见》第 9 条内容的进一步明确，体现出最高人民检察院开始力推独立的量刑建议载体——量刑建议书，以促进量刑建议的独立化、规范化。

2. 现状与问题

调研发现，2021 年之前各地在量刑建议载体选择上的混乱状况在《量刑建议指导意见》颁布后有了明显改变。受访的检察机关整体上都能贯彻"一般应当制作量刑建议"的要求，绝大多数认罪认罚案件包括适用速裁程序的案件都制作有专门的量刑建议书，共同犯罪案件中会为每一个被追诉人制作独立的量刑建议书。而且，不少单位不仅制作了量刑建议书，还在起诉书中载明量刑建议。当然，各地情况可能会有一定差异。课题组在中国裁判文书网检索后发现，浙江省兰溪市人民法院自 2020 年以来通常会在判决书中载明量刑建议书情况，因此，对兰溪市人民法院认罪认罚案件判决书的分析可以呈现该地量刑建议书的使用概况。该法院自实施认罪认罚从宽制度以来，共作出一审判决 537 份，其中，指明检察机关提出量刑建议书的 145 份，总体适用率约为 27%。其中，2019 年以前，适用率为 0（判决书未说明是否有量刑建议书）；2020 年量刑建议书适用率约为 23%；2021 年适用率约为 38%；2022 年约为 60%；2023 年约为 71%；2024 年为 100%。该市量刑建议书适用率的上升趋势非常明显。

各地量刑建议书的格式和内容大同小异，一般采用如下模板：

某省某县人民检察院
量刑建议书

某某检量建（2023）001 号

被告人_____一案，经本院审查认为，被告人_____的行为已触犯《中华人民共和国刑法》第_____条之规定，犯罪事实清楚，证据确实、充分，应当以_____罪追究其刑事责任，其法定刑为_____。

因其具有以下量刑情节：

1. 法定从重处罚情节：_____

2. 法定从轻、减轻或者免除处罚情节：_____

3. 酌定从重处罚情节：_____

4. 酌定从轻处罚情节：_____

5. 其他：_____

故建议判处被告人_____。

此致

某县人民法院

检察官：

某年某月某日

（院印）

那些未制作专门的量刑建议书，而在起诉中直接载明量刑建议的，通常的表述模式为：被告人某某因（法定从重处罚情节或酌定从重情节），依据《刑法》

某条规定，应从重处罚；被告人某某因（其他法定从轻、减轻或免除处罚情节及酌定从轻情节），依据《刑法》某条规定，从轻处罚；被告人某某自愿认罪认罚，依据《刑事诉讼法》第 15 条规定，可以从宽处理。建议判处某某何种刑罚。其实和量刑建议书的内容没有太大差异。

不难看出，在量刑建议载体的规范化方面，近年来有较为明显的进步。不管是制作专门的量刑建议书，还是在起诉书中载明量刑建议，检察机关一般都会清晰明了地列出被追诉人所有法定、酌定的量刑情节，指明从重从轻的法律根据。而且，不少地方还借助智慧刑检办案系统的子系统——智能量刑辅助系统，把实务中总结出的与量刑有关的所有要素全部融入量刑算法设计中，并通过后台海量同类既判案例比对自动修正量刑结果，加上检察官在系统操作过程中根据个案实际情况进行的量刑精准度校正，基本实现了量刑建议书的一键生成。[1]但是，在量刑建议书的适用中也存在不少问题。

（1）量刑建议书不能完整反映量刑过程和标准。虽然量刑建议书罗列了主要的量刑情节，但并未阐明具体量刑建议的形成过程，即量刑起点是如何确定的，基准刑的确定又考虑了哪些因素，如何根据每个量刑情节对基准刑进行了调节，宣告刑的确定又综合考虑了哪些情况，缺乏对各种量刑情节的细致分析[2]，导致每个量刑情节对基准刑的影响幅度不够明晰，甚至不能排除估堆量刑现象。此外，量刑建议书都会将认罪认罚列为一个独立的从轻量刑情节，但一般不会说明其与坦白、自首、退赃退赔、和解等相关量刑情节的关系，难以避免重复评价。

（2）对量刑情节、量刑依据、量刑证据的展示不充分。其一，量刑建议书通常只展示常规的、已在量刑指导意见中明确的法定、酌定量刑情节，往往忽视犯罪动机、家庭情况、个人品格、帮教可能、被害人过错等酌定量刑情节。部分量刑建议书甚至没有说明被追诉人是在哪个诉讼阶段认罪认罚，忽略对认罪认罚的阶段性从宽梯度的体现，更没有交代认罪认罚的主动或被动、彻底或不彻底、稳定或不稳定等因素对从宽幅度的具体影响。其二，量刑建议书通常没有说明对辩方量刑意见及被害方量刑意见的吸收采纳情况，没有充分体现量刑建议的合意性，也必然影响到辩方及被害方对量刑建议的接受度。其三，量刑建议书中缺乏对量刑证据的展示。由于未载明量刑证据，无法客观全面地展现作为量刑建议基础的量刑事实，导致量刑建议的适当性存疑。

（3）量刑建议书还存在其他的规范性问题。其一，量刑建议的载体形式依然

---

〔1〕 参见刘家埔：《智能量刑辅助系统——让认罪认罚从宽"看得见""落得实"》，载 https://www. spp. gov. cn/spp/llyj/202008/t20200822_ 477552. shtml，最后访问日期：2024 年 1 月 10 日。

〔2〕 参见贺恒扬主编：《新时代检察改革研究》，中国检察出版社 2022 年版，第 178 页。

不够统一、规范，有的地方在量刑建议书之外，另附量刑建议说理书，或者另附量刑建议智能辅助系统自动生成的量刑要件要素、情节以及计算结果的表格；有的地方惯于在起诉书及具结书中载明量刑建议，而不再制作量刑建议书；有的地方则不区分案件，一概制作量刑建议书。其二，部分量刑建议书未写明所犯罪名的法定刑，或引用法定刑时只引用建议适用的具体刑罚档次，而非法定刑规定中的全部刑种，或者在有些罪名的法定刑包含几种不同的量刑档次时，未指明被告人档次选择的根据，或者在表述法定刑时，将并处罚金遗漏；部分量刑建议书对法定、酌定量刑情节错误分类，错误引用法律根据，或者错误运用量刑规则和标准，导致不当确定起点刑、基准刑和拟宣告刑。[1]其三，量刑建议书不公开，导致有效监督不足。

3. 完善建议

（1）进一步规范、统一量刑建议的载体形式。司法解释应进一步明确有关量刑建议载体形式的规定。考虑到量刑建议的动态可调性、量刑建议充分说理的要求、起诉书的相对稳定性等，司法解释宜规定，除适用速裁程序的案件外，认罪认罚案件均应制作量刑建议书。具结书只记载结论层面的量刑建议，不能替代量刑建议书。在 2021 年《量刑建议指导意见》出台之前，有的地方不制作量刑建议书，而是在具结书中载明量刑建议，并同时提交量刑建议说理书。[2]其实，所谓的量刑建议说理书也就是包含了说理成分的量刑建议书。但在当前量刑建议书成为规定动作的情况下，再要求同时制作量刑说理书，徒增检察官的办案负担，也导致程序和材料上的烦琐混乱，因此，只需要增强量刑建议书中的说理即可。此外，最高人民检察院还应进一步完善量刑建议书的模板，规范程式语言的运用，明确各种量刑情节的定位，丰富量刑建议书的内容要素，健全量刑建议书的制作、重做或补充程序。

（2）全面展现量刑事实和量刑情节。量刑建议书应注重内容的全面性，对量刑情节需要尽可能全面罗列，既要包含反映罪行程度的情节，也应包含反映被告人人身危险性、可融入社会改造程度的情节；既要包含与犯罪事实交叉、影响起点刑和基准刑确定的情节，又要包含独立反映量刑事实、影响基准刑调节和拟宣告刑确定的情节；既要包含罪前、罪中量刑情节，又要包含罪后量刑情节；既要包含罪轻、从轻、减轻、免除处罚的情节，也要包含罪重、从重情节；既要包含法定情节，也要包含酌定情节；既要包含法律或司法解释明确规定的常规量刑情

---

[1] 参见陈兰、杜淑芳：《量刑建议书制作规范化分析》，载《中国检察官》2020 年第 13 期，第 46-47 页。

[2] 参见钱某故意伤害案，检例第 82 号。

节，又要包含法律未明确规定、体现被告人及个案特点的酌定量刑情节。而且，更加重要的是，对于量刑建议书中载明的所有量刑情节，都要确保有充分的量刑证据佐证，并附有对量刑证据的分析，确保量刑情节的认定以事实为根据、以证据为基础。此外，还需要重视对辩方提交的量刑证据的审查与合理运用。

（3）加强量刑说理，充分展示量刑形成过程。具体来说，需要做到三个层次的说理工作：第一，对量刑建议具体形成过程的展现要充分，即在量刑建议书中应包含从确定量刑起点、调节基准刑、常见量刑情节的适用和调整、确定量刑建议的形成的完整过程，实现量刑计算的全要素、全过程的可视化。在这方面可借力能全程留痕的量刑建议智能辅助系统。第二，对量刑依据、量刑情节的描述要详细，不能仅仅用套话简单指出量刑情节。如某地量刑建议书在描述被告人的酌定从重处罚情节时说："被告人李某某有多次犯罪前科，多次受到行政、刑事处罚后，在与他人产生矛盾纠纷时仍然没有汲取以往的深刻教训，缺乏应有的理智与自制，采取暴力方式继续实施犯罪行为，非法侵害他人的人身权益，再次导致犯罪结果发生，人身危险性较大；被告人李某某故意伤害他人的行为，致使两名被害人身体多处受伤，其中一名被害人的伤情程度经鉴定为轻伤二级，另外一名被害人的伤情程度经鉴定为轻微伤，社会危害性较大，应当对被告人李某某酌定从重处罚"；在描述被告人的酌定从轻处罚情节说："被告人李某某案发时在张某某家中吃饭，席间被害人径行到张某某家嚓骂被告人李某某，从而引发双方争执，继而发生厮打，被害人对矛盾的激化负有一定过错责任，可以对被告人李某某酌定从轻处罚"。[1]显然，这样的表述方式较之于简单指出被告人"有前科""被害人过错"等具有更强的说服力。第三，对相关决定的说理要充分。在量刑建议书中既要说明认定量刑事实和量刑情节的根据，又要说明各量刑情节对应的从宽幅度以及综合判断得到量刑结果的理由，还要回应辩方及被害方的量刑意见，充分体现量刑建议的合意性。需要特别注意的是，智能系统形成的反映量刑建议形成过程及考量因素的表格并不能完全取代检察官在量刑建议书中的说理，这是因为影响量刑结果的不仅仅是法律和事实，还可能包括法学理论、刑事政策、社会伦理道德乃至一些非理性因素等。刑罚的确定是在良心、法律、现实与多种处置方案之间反复推敲的结果，人工智能形成的结论只能作为司法人员决策的参考。

（4）公开量刑建议书。在大力推进检务公开的背景下，应当将认罪认罚案件的量刑建议书与起诉书一起及时公开，以便强化对量刑建议工作的监督，倒逼检

---

〔1〕参见《河南省××县人民检察院量刑建议书（××检××量建［20××］××号）》，载《人民检察》2021年第20期，第73页。

察官重视量刑建议工作，树立量刑与定罪同等重要的理念，促使检察官在制作量刑建议书时更加严谨慎重，细化对量刑建议的说理，提高量刑建议书的规范水平。

五、认罪认罚案件量刑建议的采纳与调整

（一）现状与问题

1. 量刑建议的高采纳率及其复杂成因

如前所述，认罪认罚从宽制度正式实施以来，认罪认罚案件量刑建议的采纳率一路飙升，从 2019 年的 79.8% 上升到 2022 年的 98.3%，2023 年虽略有下降，但仍在 97.2% 的高位。课题组调研的样本地区情况也与上述统计数字大体一致，仅从确定刑量刑建议的采纳率就可见一斑。例如，根据 2022 年的一组统计数据，Z 省 W 市 12 个基层检察院中，确定刑量刑建议采纳率超过 98% 的有 7 个，还有 3 个基层检察院的采纳率达到了 100%；在 Q 直辖市的 38 个基层检察院中，确定刑量刑建议采纳率超过 98% 的有 26 个，有 9 个基层检察院的确定刑量刑建议采纳率达到了 100%；A 省 S 市的全市平均确定刑量刑建议采纳率也高达 98.76%。

有论者指出，量刑建议的高采纳率足以反映出量刑建议的高质量，也能反映出法院对建立在控辩合意基础上的量刑建议的充分尊重，以及检察官与法官量刑观念的趋近。[1]但上述论断可能失之偏狭。事实上，之所以量刑建议采纳率高，固然可能与检察官业务水平的增强、量刑建议智能辅助系统的广泛应用、量刑建议精准度的提升等有关，但以下几个因素也不容忽视（甚至更为重要）：（1）量刑建议调整后被采纳的，也被记入采纳率。即法院认为量刑建议明显不当，建议检察机关调整，或者基于新情况或辩方异议，检察机关调整量刑建议，法院在判决中予以采纳。部分检察机关以量刑建议的灵活调整机制作为量刑建议采纳率的最后保障手段。例如，重庆市合川区人民检察院从"细化措施""聚焦重点""加强沟通""严格监督"四大方面入手，构建起了快捷有效的量刑建议调整机制，明确了检察机关在面对"出现新的犯罪事实""出现新的量刑情节""被告人对罪名和量刑建议提出异议""辩护人对罪名和量刑建议提出异议"五类情况时不同的调整策略和注意事项，将当庭调整和送达书面的《量刑建议调整书》相结合，实现了量刑建议调整的规范性。2019 年至 2020 年底，该院对 22 件案件提出量刑建议调整，均被法院采纳。[2]（2）大多数检察机关将量刑建议采纳率作为业务考

---

〔1〕　参见胡云腾主编：《认罪认罚从宽制度的理解与适用》，人民法院出版社 2018 年版，第 278 页、第 335 页。

〔2〕　李立峰：《重庆：量刑建议坚持精细化规范化智能化》，载《检察日报》2021 年 1 月 13 日，第 12 版。

核指标，并作为自身履行法律监督职能的业绩。相应地，部分法院也将抗诉率等纳入绩效考核，当检察机关认为法院不采纳量刑建议缺乏根据而提起抗诉时会导致对承办法官的不利评价。(3) 个别地方的检察机关专门出台了强化量刑监督和确保量刑建议实效性的措施。如 W 市人民检察院在其《量刑建议精准化操作规程》中规定，对于人民法院不采纳量刑建议，且未听取检察机关意见而直接判决的，应当依法提出抗诉；对于听取意见时检察机关明确不予修改量刑建议，案件不存在违背意愿认罪认罚等法定理由，人民法院仍然不采纳量刑建议的，也应当依法提出抗诉。(4) 部分地方的检察机关还与法院建立了所谓的量刑建议提出前的会商制度，即检察机关在提出量刑建议前先听取法院意见，以确保尺度统一。例如，重庆市万州区人民检察院与万州区人民法院定期召开联席会议，研讨认罪认罚案件量刑标准、程序适用等方面的问题。双方还联合出台了《会议纪要》，将一些常见罪名的量刑起点、量刑尺度、罚金标准等予以细化，为办案人员提供了具体、可操作的指引。此外，双方还各自指定了专人负责日常联系沟通，侧重解决个案及类案量刑上的分歧。因此，该院的量刑建议采纳率在 2020 年即达到了 95.8%。[1]

不难发现，保障认罪认罚案件量刑建议高采纳率的关键因素有可能既非认罪认罚案件量刑建议的合意性，也主要不是法律规定的"一般应当采纳"的约束机制，而是以考核指标等为核心的工作机制层面的一些因素和措施。这反过来也可以解释为什么量刑建议的高采纳率并非认罪认罚从宽制度试点以后的新现象。其实，早在 2016 年之前，各地量刑建议的采纳率也基本上能维持在 90% 以上，"部分基层检察院甚至出现了提出率和采纳率的'双百'现象"。[2]当然，认罪认罚从宽制度施行之前（包括制度试点期间）量刑建议的高采纳率还有另一个重要原因，即当时还是以幅度刑量刑建议作为检察机关提出量刑建议的主要方式，而且，量刑建议幅度通常还比较宽。以广州某区人民法院为例，在该院 2017 年前 4 个月审理的 242 件认罪认罚案件中，量刑建议幅度达 6 个月的占 82.64%，有些甚至已经接近法定刑幅度，沦为无效建议。[3]

2. 法院拒绝采纳量刑建议的主要情形

不管是在认罪认罚从宽制度正式实施之前，还是之后，实践中，量刑建议未被采纳的案件都是极少数。法院不采纳认罪认罚案件量刑建议主要分三种情形：

〔1〕 李立峰：《重庆：量刑建议坚持精细化规范化智能化》，载《检察日报》2021 年 1 月 13 日，第 12 版。
〔2〕 饶冠俊：《检察机关量刑建议的规范化——基于实证分析的视角》，载《甘肃理论学刊》2017 年第 6 期，第 125 页。
〔3〕 参见胡云腾主编：《认罪认罚从宽制度的理解与适用》，人民法院出版社 2018 年版，第 374 页。

其一，法院认为案件属于《刑事诉讼法》第 201 条第 1 款规定的例外情形，从而不再适用认罪认罚从宽制度，不采纳量刑建议；其二，法院认为量刑建议明显不当，不通知检察机关调整量刑建议，直接作出判决；其三，法院认为量刑建议明显不当，建议检察机关调整量刑建议，检察机关拒不调整或者调整量刑建议后仍然明显不当，法院依法作出判决。

调研发现，在这些案件中，量刑建议未被采纳的主要原因有四个：一是检察院和法院对于量刑情节、量刑标准及其适用规则认识不一致，法官不认可检察院提出的从宽幅度，不认可检察机关提出的罚金数额，或者不认可检察机关提出的刑罚执行方式。[1]检察机关对于"量刑起点所依据的犯罪构成事实""基准刑所赖以确定的其他犯罪事实""宣告刑所据以形成的量刑情节"，极有可能与法院产生不同认识。而司法解释对许多罪名也没有提供统一而明确的标准，很难保证量刑建议与量刑裁判形成于对全部量刑情节的一致的、适当的法律评价之上。二是如上所述，部分法官对于检察机关提出的量刑建议特别是精准型量刑建议有抵触情绪。虽然检察机关一直在积极推进量刑建议的精准化，但部分法官对此并不是特别认同，认为对某类案件要求一律提出精准量刑建议，或者过度追求量刑建议精准化，不符合量刑规律，影响了法官量刑裁判权。[2]三是量刑建议的形成中辩方的参与不充分。个别检察机关在提出量刑建议时对辩方的意见也不够重视，被追诉人通常也无法提出有效的量刑意见，从而影响了量刑建议的合意性，致使少数案件辩方在庭审时才提出新的量刑情节。或者是，辩方到了审判阶段反悔，对主刑幅度提出异议，或者提出对附加刑或刑罚执行方式存在误解[3]，甚至直接否认指控的犯罪事实或罪名[4]，导致量刑建议无法被采纳。四是检察机关提出的量刑建议未预估可能出现的新情况，当量刑情节或事实基础发生了客观变化，检察机关又未对量刑建议及时调整。检察机关提出量刑建议所依据的量刑信息未经举证、质证、辩论，且主要依据控方收集的证据，有可能不够准确、完整，审判阶段也有可能出现新的量刑情节（如预缴了罚金、赔偿了损失），或者发现了新的量刑证据，从而直接改变了支撑量刑建议的事实基础。

〔1〕 参见王继余：《认罪认罚案件精准量刑建议实证分析——以 L 省的认罪认罚案件数据为参考》，载《辽宁大学学报（哲学社会科学版）》2022 年第 4 期，第 76 页。

〔2〕 参见邓华成：《认罪认罚案件确定型量刑建议实证研究——以 W 市检察机关认罪认罚实践为视角》，载《广西政法管理干部学院学报》2021 年第 2 期，第 51 页。

〔3〕 参见傅朱钢、邱纯杰、陈奕笑：《认罪认罚量刑建议不被采纳的实证考察》，载《人民司法》2021 年第 28 期，第 21-22 页。

〔4〕 参见黄婷：《认罪认罚从宽制度下法院变更量刑建议之实证考察》，载《广西政法管理干部学院学报》2023 年第 1 期，第 106 页。

3. 面对幅度刑量刑建议的贴底量刑现象

法院在幅度刑量刑建议的审查、采纳实践中，"贴底量刑"现象值得关注，即法院通常会在检察院建议的量刑幅度内就低判决，甚至经常按照量刑幅度的下限作出判罚。[1]例如，一份基于"无讼案例网"抽样案例的统计数据表明，法院更加倾向于在检察机关提出的量刑建议幅度内选择较轻的刑罚，在2019年至2020年上半年检察机关提出的219份幅度刑量刑建议中，法院选择贴底量刑的比例约为60%，而在未被采纳的量刑建议中，法院的裁判低于量刑建议的情况也占大多数。[2]可以说，"贴底量刑"现象自量刑建议制度实施以来就一直存在。该现象至少可以从检察院、法院的立场、职能差异以及法院的息诉心理两个角度理解。

一方面，检察院在提出量刑建议时虽然担负客观义务，立足量刑标准，着眼量刑公正，但受制于其刑事追诉立场，会不可避免地带有偏向性，更多地考虑国家、社会利益和被害方需求，更为关注从重、加重的量刑情节，从而倾向于提出幅度更高的量刑建议。而法院立场相对中立，在庭审中掌握的量刑信息更为完整，更能兼顾各方的利益和诉求，所以一般会在控方建议的偏重的量刑幅度内就低量刑，甚至在建议的幅度以下判罚。

另一方面，法院在量刑时无疑会考虑被告人的诉求特别是其上诉的可能性，而在控方建议的量刑幅度内就低判罚，有利于消解被告人的对抗情绪，增强裁判的可接受性，避免上诉。在认罪认罚案件中，"贴底量刑"的现象必然更为突出。这是因为，对认罪认罚的被告人"贴底量刑"带有从宽性质，契合立法精神和政策导向。而且，认罪认罚从宽制度追求程序从简从快，在此背景下，法院对避免上诉审有更为强烈的现实需求。

但应当看到，"贴底量刑"现象其实隐含着对案情的不加区分，对量刑建议的过度依赖，以及对诉讼效率的盲目追求。公正是效率的前提，通过量刑建议机制中的互相制约而实现的检、法良性互动是实现认罪认罚案件量刑公正的基础，如果法院仅仅为了功利目的而放弃对量刑建议的实质审查责任，不仅有碍量刑公正，也必将异化认罪认罚从宽制度的基本功能。

4. 个别案件会引发"检""法"冲突

实践中，检察机关和法院在个别案件中也可能因为量刑建议的审查采纳问题而引发冲突，其直接起因主要有两大类。一是量刑实体问题上的认识分歧，特别是两机关办案人员对量刑建议是否属于"明显不当"认识上的不一致。由于法律

---

[1] 参见张祥伟：《认罪认罚从宽制度研究》，中国政法大学出版社2020年版，第106页。

[2] 参见张曙、彭钰：《认罪认罚案件量刑建议的大数据模型建构》，载《辽宁大学学报（哲学社会科学版）》2021年第3期，第90页。

及相关司法解释缺乏对"明显不当"的明确界定，是否属于"明显不当"存在主观判断的因素，"检""法"很容易产生不同理解。[1]二是适用程序上的争议，即通知检察机关调整量刑建议是不是法院依法判决前的必经程序。检察官多认为，根据《刑事诉讼法》第 201 条第 2 款的立法精神，通知检察机关调整是法院依法判决的前置条件，否则，法院将构成程序违法。部分法官则认为，《刑事诉讼法》第 201 条第 2 款并未要求法院认为量刑建议明显不当时或辩方提出异议时，应当通知检察机关调整，而只是说在这种情况下，检察机关"可以调整"。法院在检察机关不调整量刑建议或者调整量刑建议后仍然明显不当时，有权直接依法作出判决，因此，调整量刑建议不是依法判决的必经程序。而《认罪认罚指导意见》第 41 条"量刑建议明显不当的，人民法院应当告知检察机关调整量刑建议"的规定，只是"工作层面上的要求，不是法定义务"。[2]

　　因这两类问题引发的"检""法"冲突有时会引发检察机关的抗诉。如在 Q 直辖市 J 区，2019 年以来，因量刑实体问题上的认识分歧，检察机关已对 2 件认罪认罚案件提出抗诉，第一件（"罗某某盗窃案"）是检察机关认为法院错误地适用了数罪并罚的规定，第二件（"曹某危险驾驶案"）是检察机关认为法院对不应当适用缓刑的案件适用了缓刑。两起案件二审法院均作出改判，支持了检察机关的抗诉请求。而"检""法"因对量刑建议调整程序上的争议而引发抗诉的案件也有不少。有论者以"未通知　调整量刑建议　程序违法　抗诉"等为关键词，在中国裁判文书网搜索出相关裁判文书近百件。[3]对于检察机关以未通知调整量刑建议或未听取控方意见而构成程序违法为由提出的抗诉，二审法院裁判意见不一。有的二审法院明确支持了检察机关的抗诉意见，认定该情形属于程序违法。[4]但更多的二审法院则认为，告知检察机关调整量刑建议并非法院作出裁判的法定前置程序，因此，一审法院并未构成程序违法，不支持抗诉意见。[5]还有的二审法院提出，该情形仅仅属于一审法院的工作瑕疵，抗诉意见不应支持。[6]最高人民法院在《刑事审判参考》第 127 辑收录的"苏某花开设赌场案"裁判意

---

　　〔1〕　参见上海市人大监察和司法委员会：《关于本市检察机关适用认罪认罚从宽制度情况的调研报告》，载《上海市人民代表大会常务委员会公报》2022 年第 9 号，第 75 页。

　　〔2〕　杨立新：《对认罪认罚从宽制度中量刑建议问题的思考》，载《人民司法》2020 年第 1 期，第 30 页。

　　〔3〕　参见徐光明：《法检博弈：认罪认罚法院调整量刑未告知检方，检方抗诉能否支持?》，载 https://www.sohu.com/a/651403345_100279994，最后访问日期：2024 年 1 月 17 日。

　　〔4〕　参见吉林省松原市中级人民法院（2020）吉 07 刑终 207 号刑事判决书。

　　〔5〕　参见福建省南平市中级人民法院（2020）闽 07 刑终 33 号刑事判决书。

　　〔6〕　参见四川省南充市中级人民法院（2020）川 13 刑终 241 号刑事判决书。

见中，也基本采纳了上述"一审法院未建议调整量刑建议不构成程序违法"的主流观点。[1]

（二）完善建议

1. 强化法院对认罪认罚案件量刑建议的实质把关责任

量刑建议的采纳率从根本上应该取决于量刑建议的质量。认罪认罚从宽制度是中国特色的"有条件认罪宽恕制度"，不是美国等西方国家辩诉交易制度的翻版或中国化。认罪认罚案件量刑建议必须基于罪刑法定、罪责刑相适应等刑法基本原则，必须以量刑事实、量刑情节为根据，以量刑规则为准绳，而不能仅仅因为控辩双方的合意而忽略对量刑实体公正性的要求。《刑事诉讼法》第 102 条"一般应当"采纳中的"应当"二字体现出法院对于检察机关主导下基于合意形成的量刑建议的尊重，但其中的"一般"二字又凸显出了法院的实质审查和理性采纳的责任。一言以蔽之，"一般应当"采纳其实是一种"附条件的采纳"。[2]这决定了，法院对检察机关提出的量刑建议，要"从证据采信、事实认定、定罪量刑、程序操作、各方参与和建议说理等方面进行全面的、实质的审查"，不能"照单全收"。[3]

具体而言，法院对检察机关量刑建议的实质审查整体上可分为三大步骤：一是根据《刑事诉讼法》第 190 条第 2 款的规定，在告知被追诉人享有的诉讼权利和认罪认罚法律规定的基础上，专门审查被追诉人认罪认罚的自愿性和认罪认罚具结书内容的真实性、合法性，要特别注意对具结书中记载的量刑建议的合意性、真实性、合法性的审查。二是根据《刑事诉讼法》第 201 条第 1 款的规定，审查案件是否具备"一般应当"采纳的五种例外情形。虽然这五种情形不一定和量刑建议的适当性有直接关系，但它们却是采纳量刑建议的前提和基础，是量刑建议适当性的根本保障。三是根据《刑事诉讼法》第 201 条第 2 款的规定，审查量刑建议的适当性。对于前两个步骤的审查，如果发现案件已丧失了"一般应当"采纳的适用基础，当然应当拒绝采纳量刑建议。对于第三个步骤的审查，法院应当注意"一般应当"采纳的要求不是"可以"采纳，要避免斤斤计较式的不采纳，只在量刑建议"明显不当"的情况下才能拒绝采纳。

---

[1] 参见最高人民法院刑事审判第一、二、三、四、五庭编：《刑事审判参考》（总第 127 辑），人民法院出版社 2021 年版，第 26—27 页。

[2] 杨立新：《对认罪认罚从宽制度中量刑建议问题的思考》，载《人民司法》2020 年第 1 期，第 10 页。

[3] 参见胡云腾：《正确把握认罪认罚从宽　保证严格公正高效司法》，载《人民法院报》2019 年 10 月 24 日，第 5 版。

2. 明确量刑适当和"明显不当"的标准，促进"检""法"在量刑理念、思路和标准上的趋近

标准不明是造成量刑建议适当和量刑建议采纳问题上发生"检""法"冲突的重要原因。因此，要想真正提升量刑建议的精准度，提升认罪认罚案件量刑建议的规范化水平，一方面需要最高司法机关进一步完善和细化可供"检""法"共同遵循的量刑指导意见，明确量刑建议"明显不当"的尺度，探索新类型、不常见犯罪的量刑规则，并在进一步明确具体犯罪量刑建议实体标准的基础上，构建同类犯罪的量刑建议标准以及一般犯罪的量刑建议标准，形成"三层级的量刑建议标准"。[1]另一方面，各个地方也可以在上述文件的基础上，强化"检""法"沟通，联合制定符合本地区实际的量刑实施细则，细化常见罪名量刑标准，统一量刑方法与裁量幅度，形成共同认可、共同遵循的量刑规则。

在这些规则中，重中之重是要明确"明显不当"的标准。从"明显不当"的类型而言，根据一种较为权威的解读，量刑建议"明显不当"主要包括"两畸三错"，即刑罚的档次、量刑幅度畸重或畸轻，以及主刑适用错误、附加刑适用错误、适用缓刑错误。[2]也有论者从法院审查把握的视角提出，量刑建议"明显不当"主要包括量刑建议存在"明显违反罪责刑相适应原则、违反类案同判和法律统一适用、悖离司法公正或者人民群众公平正义观念、违背一般司法认知"等情形。[3]但这些概括都还只是停留在粗略分型或大体思路层面，并未提供具体的审查标准。课题组较为赞成的观点是，可以考虑在量刑指导意见中通过数据（比例）量化设定"明显不当"的认定阈值，作为法官判断的参考。由于现行"量刑指导意见"允许独任审判员或合议庭综合考虑全案情况在 20% 幅度内调整基准刑调节结果，以确定宣告刑，因此，20% 可以作为"明显不当"的界分点，法官拟判处的刑量超过精准刑量刑建议上下 20% 的或超过幅度刑量刑建议上、下限 20% 的，可认定为"明显不当"。而且，为了避免不同的刑期跨度适用这一标准可能造成的巨大刑期差，可增设绝对差值作为补充，如规定，拘役的绝对差值为一个月，法定刑三年以下有期徒刑的绝对差值为三个月，法定刑三年以上有期徒刑的绝对差值为六个月。[4]当然，不宜赋予这些数值以刚性拘束力，是否"明显不

---

〔1〕 王刚：《认罪认罚案件量刑建议规范化研究》，载《环球法律评论》2021 年第 2 期，第 144 页。

〔2〕 参见李寿伟主编：《中华人民共和国刑事诉讼法解读》，中国法制出版社 2018 年版，第 502 页。

〔3〕 参见胡云腾：《正确把握认罪认罚从宽 保证严格公正高效司法》，载《人民法院报》2019 年 10 月 24 日，第 5 版。

〔4〕 参见田立文：《认罪认罚案件量刑的四个核心问题》，载《中国应用法学》2022 年第 6 期，第 13 页。

当"最终还是要由法官综合个案情况灵活判断。

3. 规范量刑建议的调整程序

认罪认罚案件量刑建议的调整可分为主动调整和被动调整两种情况。前者是指检察机关考虑到新的事实或情节，或者发现先前提出的量刑建议不当时，在征求被追诉人意见的基础上主动调整建议的刑罚。后者则是检察机关在法院认为量刑建议"明显不当"，或者被追诉人、辩护人在对量刑建议提出异议的情况下，结合法院或辩方意见，根据事实和法律，对量刑建议作出调整。

对于检察机关对量刑建议的主动调整，应当作出严格限制。主要原因有二：（1）检察机关起诉时所提量刑建议，不论是记载于起诉书，还是专门的量刑建议书中，均属于控方的诉讼请求，一经提出即应产生诉讼法上的效力，而检察机关调整量刑建议，严格意义上而言，属于公诉变更，会引起辩护对象和审判对象的改变。因此，除非经过法定程序以法定方式，不可随意变更。[1]（2）认罪认罚案件中的量刑建议不仅仅是控方单方意志的反映，而是控方、辩方乃至被害方等合意的产物，是检察机关代表国家对认罪认罚的被追诉人作出的庄严承诺，被追诉人对此有信赖保护利益，因而不能随意调整。《刑事诉讼法》第201条第2款的规定从另一个角度可以理解为只有在"人民法院经审理认为量刑建议明显不当"或者"被告人、辩护人对量刑建议提出异议"时，人民检察院才可以调整量刑建议。[2]

对于认罪认罚案件量刑建议的被动调整，《刑事诉讼法》第201条第2款明确规定，人民法院经审理认为量刑建议明显不当，或者被告人、辩护人对量刑建议提出异议的，人民检察院可以调整量刑建议。也就是说，法律明确赋予了在这两种情况下检察机关享有调整量刑建议的权力。同时，该款又规定，只有在"人民检察院不调整量刑建议或者调整量刑建议后仍然明显不当的"，人民法院才不再受"一般应当"采纳条款的限制，应当依法作出判决。因此，立法的精神已经相当明确，法院不能在认为量刑建议明显不当时，直接剥夺检察机关的量刑建议调整权，径行判决。因此，《认罪认罚指导意见》第41条"量刑建议明显不当的，人民法院应当告知检察机关调整量刑建议"的规定符合立法原意，部分法官或法院将其解释为"告知调整"只是"工作层面上的要求"，而非法院的法定义务，是非常牵强的。虽然法院采取听取意见的基础上径行判决的方式处理量刑建议"明

---

〔1〕 万毅：《认罪认罚从宽程序解释和适用中的若干问题》，载《中国刑事法杂志》2019年第3期，第101页。

〔2〕 参见杨立新：《对认罪认罚从宽制度中量刑建议问题的思考》，载《人民司法》2020年第1期，第30页。

显不当"问题更有效率，但我国的认罪认罚从宽制度毕竟追求的是多元价值，径行判决的方式隐藏着很多风险，比如对于辩方正当权利的影响、对于量刑建议制度功能的影响等。在有些情况下，径行判决方式实质上会转变为由法官与辩方进行"量刑协商"，在当前的制度环境下，可能引发一些"次生灾害"。因此，课题组主张，人民法院经审理认为量刑建议明显不当时，应当告知检察机关可以调整量刑建议，只有在检察机关拒不调整或调整后依然明显不当时，才能依法判决。

根据《刑事诉讼法》第 201 条第 2 款的规定，同人民法院认为量刑建议明显不当的情形一样，当"被告人、辩护人对量刑建议提出异议"时，适用同样的量刑建议调整机制。但该规定的合理性值得商榷，因为如上所述，该种情形可能导致的后果是非常复杂的，不一定都适用调整机制。被告人对量刑建议提出异议，可能影响到认罚的认定，进而导致不再适用认罪认罚从宽制度；也可能在被告人提出异议后，经过控方或者审判方的教育转化，被告人又重新认可了量刑建议；还有可能在被告人提出异议后，控辩重新沟通，达成合意，检察机关调整量刑建议。而辩护人对量刑建议提出异议，不影响认罚的成立，而且，辩护人的异议本身也不一定合理。对于以上情形，都赋权法院在检察机关不调整量刑建议的情况下可以依法判决，明显失之简单了。我们认为，对于被告人、辩护人在审判阶段对量刑建议提出异议的情形，只能交由司法机关根据个案情况依法处理，不能直接套用法院认为量刑建议"明显不当"时的处理机制。

值得强调的是，在检察机关调整认罪认罚案件量刑建议时，不管是主动调整，还是被动调整，都需要遵循一定的程序。如果是在开庭前调整，需要重新听取意见，形成量刑建议调整书，并更新具结书后一并提交法院。如果是当庭出现需要调整的情形，出庭公诉的检察官有独立调整权的，可以当庭听取意见，口头提出调整后的量刑建议。如果公诉人无调整权限的，可以申请休庭，重新听取意见，并在检察机关内部履行量刑建议的调整程序，更新具结书后，向法院提交量刑建议调整书。

4. 规制检察机关的"情绪化"抗诉

对于人民法院不采纳认罪认罚案件的量刑建议，如果"检""法"对于量刑事实或量刑情节的认定不存在争议，仅仅是在从宽幅度的把握上有一定分歧，考虑到对法院量刑裁量权的尊重，检察机关不宜提出抗诉，特别是在法院量刑偏轻的情况下。此外，检察机关也不能以抗诉作为单纯的上诉应对手段。有些认罪认罚案件，在法院采纳了量刑建议的情况下，被追诉人依然以量刑过重等为由提出上诉。个别检察机关将被追诉人这种"基于故意，在缺乏合理根据、违反诉讼目的的情况下""以公然的、表面上合法的方式达到案件裁判结果以外的隐然的、非善意的目的"的上诉界定为"恶意上诉，并建议以抗诉应对"。[1]但这种司法理念与思路显然有失妥当。在当前的权利型上诉制度下，上诉是被追诉人法定的救济性权利，且没有行使理由的限制。司法机关不能对被追诉人的上诉行为本身或者特定理由的上诉直接给予否定性评价。检察机关的抗诉只能针对"确有错误"的裁判，而不应该成为以跟进式抗诉的"必要之恶"对抗被追诉人"无正当理由反言之恶"的手段，[2]否则很容易面临"情绪化抗诉""报复性抗诉"的质疑与指责。[3]而且，最高人民法院还推出了适用认罪认罚从宽制度判决后被告人量刑上诉、检察机关提出抗诉但法院维持原判的典型案例，并且强调，不会仅因被告人上诉检察机关就此抗诉，二审就加重刑罚。[4]所以，这样的抗诉其实也很难起到预期效果，反而容易引起"检""法"冲突。

5. 构建价值导向合理的考评机制

上已述及，量刑建议是否被法院采纳其实并不能直接反映量刑建议的质量，不采纳可能是因为出现了新情况，采纳也可能是因为法官怠于进行实质审查，过高的采纳率反而可能"凸显的是量刑建议在认罪认罚从宽制度中的作用弱化"。[5]因此，以认罪认罚量刑建议采纳率或者确定刑量刑建议的采纳率作为最核心的考核指标反映了机械的结果主义导向，不仅容易扭曲量刑建议的"建议"功能，也给量刑裁判制造了不合理的压力。有论者提出，检察机关不应大肆渲染量刑建议的采纳率，而应"渲染未采纳量刑建议的抗诉率，以此彰显量刑建议之制约功能"。[6]事实上，强调不采纳量刑建议的抗诉率与强调采纳率在价值导向和客观效果上并无二致。我们认为，检察机关对量刑建议机制运行成效的考核，应当尽量摒弃结果主义的评价标准，从结果评价转向过程评价，从形式评价转向实质评价，即重点考核量刑建议的形式选择是否合理，依据是否科学，说理是否充分，

〔1〕 岳阳、汪玫瑰：《认罪认罚背景下的恶意上诉法律问题研究》，载 https://baijiahao.baidu.com/s？id=1652965965550185940&wfr=spider&for=pc，最后访问日期：2024 年 1 月 20 日。

〔2〕 参见董哲：《论认罪认罚从宽实践中的跟进式抗诉》，载《北京警察学院学报》2022 年第 2 期，第 6 页。

〔3〕 参见谢小剑：《认罪认罚从宽案件中以抗诉应对量刑上诉之质疑》，载《环球法律评论》2023 年第 2 期，第 193 页。

〔4〕 参见沈亮：《凝聚共识 推进认罪认罚从宽制度深入有效实施》，载《人民法院报》2021 年 7 月 22 日，第 5 版。

〔5〕 钟政：《认罪认罚案件量刑建议工作机制研究——以构建大数据量刑建议系统为视角》，载《贵州警官职业学院学报》2018 年第 6 期，第 45 页。

〔6〕 刘宁、史栋梁：《量刑建议制度：现实与未来——一个实证角度的研究》，载《北方法学》2012 年第 6 期，第 129 页。

信息获取途径是否广泛，是否尊重了辩方的参与权等，而不是量刑建议是否被采纳，是否被写入判决，是否得到了法官的回应，是否提起了抗诉。相应地，在认罪认罚案件量刑建议制度实施方面，法院也不应当主要以抗诉率、上诉率、申诉率等作为终极尺度，而应重点考核量刑裁判本身的合理性及其说理情况。

第六章
认罪认罚案件的审判程序

我国认罪认罚从宽制度区别于英美有罪答辩制度的一大特点在于，被追诉人的认罪认罚仅仅具有实体法上的从宽处理和程序法的从简从快办理等效果，但没有"代替"或者"放弃"审判程序的效果。相反，认罪认罚案件经人民检察院提起公诉后，仍然要经过法定的审判程序，经法院依法审理确认被告人认罪认罚的自愿性和认罪认罚具结书内容的真实性、合法性之后，才能判决宣告被告人有罪和处以适当的刑罚。这既是认罪认罚从宽制度体现"以审判为中心"的内在要求，也是认罪认罚案件办案质量的重要保证。

自认罪认罚从宽制度全面实施以来，审判程序的适用情况如何？不同审判程序之间的衔接或转换机制如何？实施中存在哪些问题？本章拟在规范分析的基础上，通过实证研究对上述问题予以揭示，并在分析原因之后，提出相应的完善建议。

一、认罪认罚案件审判程序的规范分析

根据《刑事诉讼法》的规定，认罪认罚案件的办理并不存在一套统一的、独立的办案程序，对进入审判阶段的认罪认罚案件也不存在统一的、独立的审判程序。2018 年修正《刑事诉讼法》时，立法者对审判程序的修改包括三个方面：（1）增加第 190 条第 2 款，规定："被告人认罪认罚的，审判长应当告知被告人享有的诉讼权利和认罪认罚的法律规定，审查认罪认罚的自愿性和认罪认罚具结书内容的真实性、合法性。"这一规定适用于所有进入审判程序的认罪认罚案件，不论法院审理案件时适用的是何种程序。（2）增加了第 201 条的规定，明确要求法院对认罪认罚案件"一般应当采纳"检察机关指控的罪名和量刑建议。（3）在"第三编 审判"的"第二章 第一审程序"下增设"速裁程序"一节，以 5 个条文分别规定了速裁程序的适用条件、适用范围、具体程序、审理期限和程序转换。根据《刑事诉讼法》第 15 条以及第三编第二章的规定，认罪认罚从宽处理是刑事诉讼的一项基本原则，法院对认罪认罚案件，应当根据案件情况，依法适用速裁程序、简易程序或者普通程序审理，形成了三种审判程序有序衔接的诉讼体

系。[1]

（一）速裁程序

速裁程序是 2018 年修正《刑事诉讼法》时根据前期试点经验新设的一种审判程序。它是简易程序的简化版，但在适用条件、适用范围、审判组织、庭审程序、审理期限等方面都有不同于简易程序的特点，比简易程序更加简便、快捷。

根据《刑事诉讼法》第 222 条的规定，适用速裁程序的案件必须同时符合以下四个条件：第一，必须属于基层人民法院管辖的案件，危害国家安全犯罪、恐怖活动犯罪案件等依法应由中级以上人民法院管辖的案件不适用速裁程序；第二，必须是轻罪案件，即可能判处三年有期徒刑以下刑罚的案件；第三，案件事实清楚，证据确实、充分；第四，被告人认罪认罚并同意适用速裁程序。但是，并不是符合上述条件的案件都可以适用速裁程序。根据《刑事诉讼法》第 223 条的规定，有下列情形之一的，不适用速裁程序：（1）被告人是盲、聋、哑人，或者是尚未完全丧失辨认或者控制自己行为能力的精神病人的；（2）被告人是未成年人的；（3）案件有重大社会影响的；（4）共同犯罪案件中部分被告人对指控的犯罪事实、罪名、量刑建议或者适用速裁程序有异议的；（5）被告人与被害人或者其法定代理人没有就附带民事诉讼赔偿等事项达成调解或者和解协议的；（6）其他不宜适用速裁程序审理的。

《刑事诉讼法》第 222 条第 2 款规定："人民检察院在提起公诉的时候，可以建议人民法院适用速裁程序。"根据《最高法解释》第 369 条的规定，对检察院未建议适用速裁程序的案件，法院经审查认为符合速裁程序适用条件的，可以决定适用速裁程序，并在开庭前通知检察院和辩护人。被告人及其辩护人可以向法院提出适用速裁程序的申请。

法院适用速裁程序审理案件，由审判员一人独任审判，不受公诉案件第一审普通程序中有关送达期限的限制，一般不进行法庭调查、法庭辩论，但在判决宣告前应当听取辩护人的意见和被告人的最后陈述意见，并且应当当庭宣判。根据最高人民法院、最高人民检察院会同公安部、国家安全部、司法部于 2019 年 10 月出台的《认罪认罚指导意见》第 44 条的规定，法院适用速裁程序审理案件，可以"集中开庭、逐案审理"；检察院可以指派公诉人集中出庭支持公诉；公诉人简要宣读起诉书后，审判人员应当当庭询问被告人对指控事实、证据、量刑建议以及适用速裁程序的意见，核实具结书签署的自愿性、真实性、合法性，并核实附带民事诉讼赔偿等情况；集中审理的，可以集中当庭宣判；宣判时，根据案件

---

[1]　参见胡云腾主编：《认罪认罚从宽制度的理解与适用》，人民法院出版社 2018 年版，第 69 页。

需要，可以由审判员进行法庭教育；裁判文书可以简化。

为了保证被告人的反悔权和认罪认罚的自愿性，《刑事诉讼法》第226条就速裁程序的转换问题作出了明确规定：在审理过程中，发现有被告人的行为不构成犯罪或者不应当追究其刑事责任、被告人违背意愿认罪认罚、被告人否认指控的犯罪事实或者其他不宜适用速裁程序审理的情形的，应当按照普通程序或者简易程序的规定重新审理。

鉴于适用速裁程序的案件控辩双方关于案件事实、指控罪名、量刑等均已达成一致意见，且一般不进行法庭调查和法庭辩论，《刑事诉讼法》第225条规定对速裁程序的审理期限作出了严格限制，该条规定："适用速裁程序审理案件，人民法院应当在受理后十日以内审结；对可能判处的有期徒刑超过一年的，可以延长至十五日。"这一期限，较之简易程序的办案期限更短。

（二）简易程序

简易程序指基层人民法院在按照第一审程序审理刑事案件时所适用的、较之普通程序相对简化的程序。这一程序在我国的设置始于1996年《刑事诉讼法》，当时设定了较严格的适用条件。[1]2012年《刑事诉讼法》根据司法实践需要将简易程序的适用范围扩大到基层人民法院管辖的所有认罪案件，同时对适用简易程序的条件作了修改。[2]2018年《刑事诉讼法》对简易程序未作任何调整，但由于速裁程序的增设，简易程序的适用范围实际上受到了一定的削减。

根据《刑事诉讼法》第214条的规定，适用简易程序的刑事案件必须同时符合以下条件：第一，属于基层人民法院管辖范围；第二，案件事实清楚、证据充分；第三，被告人承认自己所犯罪行，对指控的犯罪事实没有异议；第四，被告人对适用简易程序没有异议。符合上述条件的案件，检察机关在提起公诉时，可以建议法院适用简易程序。根据立法人员的解释，上述第二项条件是指"人民法院根据指控的事实，认为案件事实简单明确，定罪量刑的证据客观全面，足以认定被告人有罪"。[3]第三项条件中的"承认自己所犯罪行"，是指被告人对指控的罪名和犯罪行为供认不讳；"对犯罪事实没有异议"，是指被告人对所指控的犯罪行为和犯罪证据都没有异议。"如果被告人对罪名或犯罪事实或证据提出异议的，

---

〔1〕 1996年《刑事诉讼法》第174条规定："人民法院对于下列案件，可以适用简易程序，由审判员一人独任审判：（一）对依法可能判处三年以下有期徒刑、拘役、管制、单处罚金的公诉案件，事实清楚、证据充分，人民检察院建议或者同意适用简易程序的；（二）告诉才处理的案件；（三）被害人起诉的有证据证明的轻微刑事案件。"

〔2〕 参见郎胜主编：《中华人民共和国刑事诉讼法释义》，法律出版社2012年版，第450-451页。

〔3〕 郎胜主编：《中华人民共和国刑事诉讼法释义》，法律出版社2012年版，第452页。

都不属于没有异议"。[1]

但是，并不是符合上述条件的案件都可以适用简易程序。根据《刑事诉讼法》第215条的规定，有下列情形之一的，不适用简易程序：（1）被告人是盲、聋、哑人，或者是尚未完全丧失辨认或者控制自己行为能力的精神病人的；（2）有重大社会影响的；（3）共同犯罪案件中部分被告人不认罪或者对适用简易程序有异议的；（4）其他不宜适用简易程序审理的。

由于简易程序的适用范围较为广泛，立法根据案件轻重分别对审判组织和审判期限作出了相对灵活的规定。关于审判组织，《刑事诉讼法》第216条第1款规定："适用简易程序审理案件，对可能判处三年有期徒刑以下刑罚的，可以组成合议庭进行审判，也可以由审判员一人独任审判；对可能判处的有期徒刑超过三年的，应当组成合议庭进行审判。"这与速裁程序只能由审判员独任审判的规定是不同的。关于审判期限，《刑事诉讼法》第220条规定："适用简易程序审理案件，人民法院应当在受理后二十日以内审结；对可能判处的有期徒刑超过三年的，可以延长至一个半月。"这一期限长于速裁程序、短于普通程序的办案期限。

简易程序区别于普通程序的最大特点在于庭前送达程序和法庭审判程序的简化方面。根据《刑事诉讼法》第218条和第219条的规定，适用简易程序审理案件，不受普通程序关于送达期限、讯问被告人、询问证人、鉴定人、出示证据、法庭辩论程序规定的限制；但是，经审判人员许可，被告人及其辩护人可以同公诉人、自诉人及其诉讼代理人互相辩论；在判决宣告前应当听取被告人的最后陈述意见。《认罪认罚指导意见》第46条规定："适用简易程序审理认罪认罚案件，公诉人可以简要宣读起诉书，审判人员当庭询问被告人对指控的犯罪事实、证据、量刑建议及适用简易程序的意见，核实具结书签署的自愿性、真实性、合法性。法庭调查可以简化，但对有争议的事实和证据应当进行调查、质证，法庭辩论可以仅围绕有争议的问题进行。裁判文书可以简化。"《最高法解释》第365条规定："适用简易程序审理案件，可以对庭审作如下简化：（一）公诉人可以摘要宣读起诉书；（二）公诉人、辩护人、审判人员对被告人的讯问、发问可以简化或者省略；（三）对控辩双方无异议的证据，可以仅就证据的名称及所证明的事项作出说明；对控辩双方有异议或者法庭认为有必要调查核实的证据，应当出示，并进行质证；（四）控辩双方对与定罪量刑有关的事实、证据没有异议的，法庭审理可以直接围绕罪名确定和量刑问题进行。适用简易程序审理案件，判决宣告前应当听取被告人的最后陈述。"由于控辩双方对于与定罪量刑的事实、证据以及

---

[1] 郎胜主编：《中华人民共和国刑事诉讼法释义》，法律出版社2012年版，第452页。

罪名、量刑等问题已经达成一致意见，简易程序实际上不仅可以"简化"而且可以"省略"法庭调查和法庭辩论，只有"核实具结书签署的自愿性、真实性、合法性"和被告人最后陈述是必须保留的庭审环节。

把《刑事诉讼法》第三编第二章第三节关于简易程序的规定与第四节关于速裁程序的规定对照起来，可以发现，就认罪认罚案件的审判程序而言，简易程序与速裁程序具有高度的相似性。(1) 适用范围具有重合性。适用速裁程序的案件都可以适用简易程序。具体适用哪一种程序，由法院根据控辩双方的意见和案件具体情况决定。从立法意图来看，凡是符合速裁程序适用条件的刑事案件，法院应当优先适用速裁程序。[1] (2) 程序简化具有相似性。适用速裁程序和简易程序审理案件，都不受法律关于普通程序送达期限的限制；其中适用速裁程序审理案件时一般不进行法庭调查和法庭辩论，适用简易程序审理案件时则可以对法庭调查和法庭辩论进行简化。除了"开庭"和"被告人最后陈述"两个环节得以形式上保留，构成普通程序核心环节的"法庭调查""法庭辩论"在这两种简化程序中实质上可以被"核实具结书签署的自愿性、真实性、合法性"所取代。(3) 程序转换具有相似性。根据《刑事诉讼法》第 221 条和第 226 条的规定，法院适用简易程序审理案件过程中，"发现不宜适用简易程序的"，"应当"转换为普通程序重新审理；法院适用速裁程序审理案件过程中，发现"不宜适用速裁程序审理的情形的"，"应当"转换为普通程序或者简易程序重新审理。

(三) 普通程序

普通程序是第一审公诉案件最为重要的审判程序，它"具有完整的程序环节和充分的审理期限，对诉讼参与人诉讼权利的程序保障最为充分。接受普通程序审理应当是每一个进入审判程序的刑事被告人的权利"。[2] 由于我国认罪认罚从宽制度没有适用范围和罪名的限制，不是所有的认罪认罚案件都适宜按照速裁程序和简易程序进行审判。相反，凡是不符合简易程序和速裁程序适用条件的认罪认罚案件，包括基层人民法院根据《刑事诉讼法》第 215 条和第 223 条规定认为不宜适用简易程序和速裁程序的认罪认罚案件，中级人民法院适用认罪认罚从宽制度的案件，基层人民法院认为不宜适用简易程序的认罪不认罚案件以及被告人不认罪的案件，都应当按照普通程序进行审判。

---

〔1〕《认罪认罚指导意见》第 1 条规定："对可能判处三年有期徒刑以下刑罚的认罪认罚案件，要尽量依法从简从快从宽办理，探索相适应的处理原则和办案方式。"据此，对于同时符合速裁程序和简易程序适用条件的案件，应当优先适用速裁程序。

〔2〕 王爱立主编：《中华人民共和国刑事诉讼法释义》，法律出版社 2018 年版，第 480 页。

仅就认罪认罚案件而言，最高人民法院、最高人民检察院、公安部、国家安全部、司法部《关于推进以审判为中心的刑事诉讼制度改革的意见》明确提出："犯罪嫌疑人、被告人自愿认罪认罚的，可以适用速裁程序、简易程序或者普通程序简化审理。"2019 年《认罪认罚指导意见》第 47 条根据《刑事诉讼法》第 190 条第 2 款的精神和普通程序的要求，对适用普通程序审理认罪认罚案件如何简化庭审程序作了以下补充规定："适用普通程序办理认罪认罚案件，可以适当简化法庭调查、辩论程序。公诉人宣读起诉书后，合议庭当庭询问被告人对指控的犯罪事实、证据及量刑建议的意见，核实具结书签署的自愿性、真实性、合法性。公诉人、辩护人、审判人员对被告人的讯问、发问可以简化。对控辩双方无异议的证据，可以仅就证据名称及证明内容进行说明；对控辩双方有异议，或者法庭认为有必要调查核实的证据，应当出示并进行质证。法庭辩论主要围绕有争议的问题进行，裁判文书可以适当简化。"与简易程序、速裁程序相比，适用普通程序审理认罪认罚案件，保留了法庭调查、法庭辩论等核心程序，但可以适当简化，重点仍然是"审查认罪认罚的自愿性和认罪认罚具结书内容的真实性、合法性"。由于适用普通程序的认罪认罚案件相对更加复杂，审判组织、庭前准备和庭审程序等都需要消耗更多的司法资源，因而立法没有要求当庭宣判，对普通程序的审判期限也作出了更加宽松的规定。[1]

根据最高人民法院《认罪认罚从宽制度试点总结报告》，在认罪认罚从宽制度试点期间，18 个试点城市的 251 个基层人民法院和 17 个中级人民法院共审结认罪认罚案件 204 827 件、233 967 人，占同期审结的全部刑事案件总数的 53.68%。其中，适用速裁程序审理的案件 134 122 件，占认罪认罚案件的 65.48%；适用简易程序审理的案件 54 537 件，占认罪认罚案件的 26.63%，适用普通程序审理的案件 16 851 件（其中中级人民法院审结 683 件），占认罪认罚案件的 8.23%。[2] 适用简易程序和速裁程序审结的案件总和超过认罪认罚案件总数的 90%，认罪认罚案件的当庭宣判率达到 78.91%，其中速裁程序的当庭宣判率高达 92.82%。因此，最高人民法院认为："适用认罪认罚从宽制度，使得案件通过速裁程序、简易程序、普通程序分流处理，司法资源配置进一步优化，办案效率进一步提升，既

---

〔1〕《刑事诉讼法》第 208 条规定："人民法院审理公诉案件，应当在受理后二个月以内宣判，至迟不得超过三个月。对于可能判处死刑的案件或者附带民事诉讼的案件，以及有本法第一百五十八条规定情形之一的，经上一级人民法院批准，可以延长三个月；因特殊情况还需要延长的，报请最高人民法院批准。人民法院改变管辖的案件，从改变后的人民法院收到案件之日起计算审理期限。人民检察院补充侦查的案件，补充侦查完毕移送人民法院后，人民法院重新计算审理期限。"

〔2〕胡云腾主编：《认罪认罚从宽制度的理解与适用》，人民法院出版社 2018 年版，第 69-70 页、第 271 页。

及时有效惩治了犯罪，也在实践中构建了速裁程序——简易程序——普通程序繁简分流、有序衔接的一审刑事诉讼格局。"〔1〕基于认罪认罚从宽制度的上述试点经验，同时鉴于全国法院判处三年有期徒刑以下刑罚的人占生效判决总人数的比例（所谓"轻刑率"）自 2013 年起即已超过 80%〔2〕，认罪认罚案件中的绝大多数可望通过速裁程序和简易程序予以审结，尤其是新设立的速裁程序因为"进一步体现了程序简化和注重效率的原则"〔3〕，立法者期待它能够"保障司法机关实现简案快审、难案精审，在确保司法公正的基础上进一步提升诉讼效率"。〔4〕

二、认罪认罚案件审判程序的实践考察

2018 年《刑事诉讼法》生效施行以来，认罪认罚从宽制度适用率呈现持续上升态势，审查起诉阶段的适用率 2021—2023 年保持在 90% 左右，以至于最高人民检察院认为"已经形成以认罪认罚为基本诉讼模式的刑事诉讼新常态"。〔5〕从审判方面看，2019—2023 年，全国法院适用认罪认罚从宽制度审结的刑事案件占同期审结刑事案件总数的比例分别为 44%、73.1%、80.1%、86% 和 88.2%，五年间上升了一倍。〔6〕总体上看，法院适用认罪认罚从宽制度"平稳有序，案件数量、适用比例稳步上升"。〔7〕最高人民法院认为，"审判质效明显提升，在依法及时惩治犯罪、加强人权司法保障、优化司法资源配置、促进社会和谐稳定、维护社会公平正义方面取得了显著成效"。〔8〕

学界近年来围绕审判阶段认罪认罚的自愿性或真实性审查、"一般应当采纳"规定的适用、证据标准的把握、被告人的反悔权等问题进行了大量的研究，通说认为司法机关对认罪认罚案件的办理仍应贯彻"以审判为中心"的要求，法院对

---

〔1〕 胡云腾主编：《认罪认罚从宽制度的理解与适用》，人民法院出版社 2018 年版，第 274 页。

〔2〕 根据《中国法律年鉴》，2013 年至 2018 年，我国的轻刑率分别为 80.61%、82.73%、83.16%、84.48%、75.14% 和 83.19%。

〔3〕 王爱立主编：《中华人民共和国刑事诉讼法释义》，法律出版社 2018 年版，第 488 页。

〔4〕 王爱立主编：《中华人民共和国刑事诉讼法释义》，法律出版社 2018 年版，第 472 页。

〔5〕 参见史兆琨：《做优新时代刑事检察 增强人民群众安全感——最高检"迎两会·新时代检察这五年"首场新闻发布会侧记》，载《检察日报》2023 年 2 月 16 日，第 4 版。

〔6〕 参见行海洋：《最高法副院长杨万明：适用认罪认罚从宽制度，推进轻罪审理现代化》，载 https://www.chinacourt.org/article/detail/2024/03/id/7839047.shtml，最后访问日期：2024 年 5 月 31 日。

〔7〕 最高人民法院咨询委员会第八调研组：《完善认罪认罚从宽制度研究的调研报告》，载《中国应用法学》2024 年第 2 期，第 109 页。

〔8〕 沈亮：《凝聚共识 推进认罪认罚从宽制度深入有效实施》，载《人民法院报》2021 年 7 月 22 日，第 5 版。

办案质量和司法公正的最终把关责任并未改变。[1]然而，关于认罪认罚案件的审判程序问题，包括现有三种不同审判程序的具体适用问题，学界的关注和研究则明显不够；对于立法者期待的"在确保司法公正的基础上进一步提升诉讼效率"的改革目标是否得以实现的问题，学界的跟踪评估性研究也不够。[2]2020年10月，最高人民检察院在提交全国人大常委会的报告中认为，认罪认罚从宽制度"显著提升了诉讼效率"，对于检察机关适用这一制度提起公诉的案件，法院"适用速裁程序审理的占27.6%；适用简易程序审理的占49.4%；适用普通程序审理的占23%，比2018年下降20个百分点"。[3]根据最高人民检察院2024年3月9日发布的《刑事检察工作白皮书（2023）》，2023年，"在法院适用认罪认罚从宽制度审理的案件中，适用简易程序434 474件，占38.8%；适用速裁程序378 497件，占33.8%，案件繁简分流、快慢分道初显成效，保障公平正义'不迟来'"。[4]

为了进一步考察认罪认罚案件审判程序的实施情况，课题组收集了甲市两级法院2019年至2021年的刑事案件办案数据。三年间，甲市两级法院共办结认罪认罚案件33 300件，占同期办结刑事案件总量的56.77%。其中由甲市中级人民法院办结的认罪认罚案件只有658件，占两级法院认罪认罚案件总量的1.98%。这一数据与认罪认罚从宽制度试点期间全国18个试点城市两级法院的办案数据类似，说明认罪认罚从宽制度主要适用于基层人民法院管辖的刑事案件。比较而言，基层人民法院适用认罪认罚从宽制度涉及速裁、简易和普通三种审判程序，而中级人民法院适用认罪认罚从宽制度只能适用普通程序，因而具体分析基层人民法院的适用数据，对于考察评估不同审判程序的实施情况更加全面、准确。下文仅以甲市10家基层人民法院适用认罪认罚从宽制度的办案数据为基础，结合通过访

[1]　参见朱孝清：《认罪认罚从宽制度相关制度机制的完善》，载《中国刑事法杂志》2020年第4期；龙宗智：《认罪认罚案件如何实现"以审判为中心"》，载《中国应用法学》2022年第4期；汪海燕：《认罪认罚从宽制度视野下的"以审判为中心"》，载《中国法学》2023年第6期。

[2]　截至目前，关于认罪认罚案件审判程序的代表性成果主要有：周新：《我国刑事诉讼程序类型体系化探究——以认罪认罚从宽制度的改革为切入点》，载《法商研究》2018年第1期；闫召华：《检察主导：认罪认罚从宽程序模式的构建》，载《现代法学》2020年第4期；汤火箭、郝廷婷、陶妍宇：《认罪认罚案件审判程序分流效果实证研究——以C市法院3076件认罪认罚案件为样本的分析》，载《山东大学学报（哲学社会科学版）》2021年第3期；卞建林：《认罪认罚案件审理程序的若干问题》，载《中国刑事法杂志》2022年第1期等。

[3]　张军：《最高人民检察院关于人民检察院适用认罪认罚从宽制度情况的报告——2020年10月15日在第十三届全国人民代表大会常务委员会第二十二次会议上》，载《检察日报》2020年10月17日，第2版。

[4]　《刑事检察工作白皮书（2023）》，载https://www.spp.gov.cn/xwfbh/wsfbh/202403/t20240309_648173.shtml，最后访问日期：2024年3月10日。

谈、查阅案卷等方法收集的情况展开分析。

之所以将甲市作为样本采集地区，主要考虑到三个因素。（1）甲市作为全国计划单列城市，经济总量和人均 GDP 长期位于全国"第一梯队"，犯罪案件总量和新类型犯罪案件、疑难复杂案件的数量较大，各类刑事案件总量甚至多于部分省和自治区，由此足以保证相关分析所需要的样本案件数量。（2）甲市是全国速裁程序和认罪认罚从宽制度试点城市，两级法院审判业务水平较高，它们创造的先进经验多次被最高人民法院采纳和推广，因而该市基层人民法院在审判程序中对认罪认罚从宽制度的适用在全国具有代表性。（3）甲市两级法院与课题负责人所在单位存在长期合作关系，收集数据较为便利。

（一）审判阶段适用认罪认罚从宽制度的基本情况

据统计，2019—2021 年，甲市基层人民法院办理的认罪认罚案件分别为 11 838 件、10 014 件、10 790 件，审判阶段认罪认罚从宽制度的适用率依次为 61.87%、68.4%、70.34%，量刑建议采纳率依次为 69.84%、83.82%、92.93%，其中审判阶段才认罪认罚的被告人占比依次为 2.79%、2.29%、2.35%，[1] 上诉和抗诉率依次为 11.6%、13%、11.75%。作为认罪认罚从宽制度的试点地区之一，甲市 2020—2021 年的适用率低于全国平均水平，量刑建议采纳率与全国平均水平大体持平，但上诉、抗诉率明显高于全国平均水平。[2]

以下就认罪认罚案件适用三种审判程序的情况进行分别考察。

（二）速裁程序的适用情况

1. 整体适用率呈下降趋势，且不同基层人民法院之间极不平衡

2019—2021 年，甲市基层人民法院适用速裁程序审结的刑事案件共计 12 460 件，占认罪认罚案件总数的 38.17%，其中 2019 年适用率最高，达到 42.62%，2020 年和 2021 年分别下降至 35.53% 和 35.75%。但是，各基层人民法院对速裁程序的适用率极不平衡（见表 6-1）。

---

[1] 此处的审判阶段认罪认罚是指依照《最高法解释》第 356 条规定，被告人在案件进入审判阶段之后才认罪认罚，法院根据被告人的具体情况，依法作出从宽处罚的判决。其与《认罪认罚指导意见》第 49 条所规定的"当庭认罪认罚"相比，还包括庭前认罪认罚，因而外延更广。

[2] 根据最高人民检察院工作报告，2020 年，全国检察机关审查起诉环节认罪认罚从宽制度适用率超过 85%，量刑建议采纳接近 95%，一审服判率超过 95%；2021 年，全国检察机关审查起诉环节认罪认罚从宽制度适用率超过 85%，量刑建议采纳率超过 97%，一审服判率为 96.5%。全国法院审判阶段认罪认罚从宽制度的适用率整体上低于审查起诉环节的适用率，但 2020 年和 2021 年分别达到 71.3%、80.1%，高于甲市。

表 6-1　甲市基层人民法院适用速裁程序情况统计（2019—2021 年）

单位：件/%

年份 法院	2019 年			2020 年			2021 年			合计		
	数量	占比 1	占比 2	数量	占比 1	占比 2	数量	占比 1	占比 2	数量	占比 1	占比 2
A 区	236	36.09	18.80	216	33.03	16.73	202	30.89	18	654	17.83	5.25
B 区	0	0	0	0	0	0	0	0	0	0	0	0
C 区	1260	42.14	84.39	854	28.56	75.91	876	29.30	82.1	2990	81.14	24
D 区	2509	43.01	89.19	1698	29.11	86.99	1627	27.89	88.62	5834	88.38	46.82
E 区	0	0	0	0	0	0	0	0	0	0	0	0
F 区	87	43.07	45.08	56	27.72	36.13	59	29.21	41.84	202	41.31	1.62
G 区	720	32.26	47.24	712	31.9	47.06	800	35.84	54.83	2232	49.64	17.91
H 区	/	/	/	/	/	/	226	100	25.51	226	25.51	1.81
I 区	233	77.93	60.21	22	7.36	7.83	44	14.72	10.48	299	27.48	2.4
J 区	/			0	0	0	23	100	40.35	23	37.70	0.18
合计	5045	/	42.62	3558	/	35.53	3857	/	35.75	12 460	38.17	100

说明：

（1）各年份栏目之下的"占比 1"是指在本院连续三年速裁程序案件中所占比例；"占比 2"是指在本院同期办理认罪认罚案件中所占比例；

（2）"合计"栏目"占比 1"是指在本院连续三年办理认罪认罚案件中所占比例，"占比 2"是指在甲市基层人民法院连续三年速裁程序案件中所占比例；

（3）H 区法院的刑庭成立于 2021 年 1 月，故缺少 2019 年和 2020 年数据；J 区法院成立于 2020 年 1 月，故缺少 2019 年数据；下同。

在 2019 年全市适用速裁程序的 5045 件案件中，D 区法院、C 区法院贡献最大，这两家法院当年适用速裁程序审结的案件分别占其审结的认罪认罚案件总数的 89.19% 和 84.39%，远远高于同年全国法院适用速裁程序的平均水平。[1]不过，在 2019 年之后有所降低，2020 年是最低的年份。[2]出现此种变化的可能原因是，经过一年的"尝试"，很多法官发现速裁程序并没有原来想象的那么便捷，适用速裁程序存在诸多现实难题，主要是全面审查职责未减、法定审理期限太短，法官无论是否适用速裁程序，最终都要对案件办理终身负责。权衡利弊之下，自

〔1〕　根据 2023 年 11 月上海交通大学凯原法学院和上海市人民检察院联合主办的"认罪认罚从宽制度实施问题研讨会"上有关实务专家披露的信息，2019 年全国法院适用速裁程序审理认罪认罚案件的比例只有 30.5%。

〔2〕　2021 年 H 区法院成立了刑庭，并办理速裁程序案件 226 件。如果将 H 区法院从 2021 年的数据中剔除，那么，2021 年甲市基层人民法院适用速裁程序的数量要比 2020 年少。

2020 年开始，不少法官改变了对速裁程序的看法，选择了尽量少用或者不用。

或许正是为了规避速裁程序的审限限制等现实难题，同时又获得适用认罪认罚从宽制度简化程序带来的便利，有两家法院甚至选择对速裁程序"零适用"，而大量适用简易程序。其中，B 区法院在 2014 年 6 月刑事案件速裁程序试点之初就被确定为试点法院，2016 年时该院适用速裁程序审结的刑事案件已经达到 1544 件，占全院同年审结刑事案件总数的 77.24%，因而一度成为全国适用速裁程序的"样板法院"。但该院直到 2022 年才设立速裁案号，在此之前均以简易程序代替速裁程序。E 区法院 2019—2021 年审结认罪认罚案件的数量依次为 3061 件、2654 件和 2778 件，无论是案件数量还是占比，在甲市所有基层人民法院中均排名第一，但是该院连续三年竟然没有一件刑事案件适用过速裁程序。与这两家法院对速裁程序的"零适用"形成鲜明对比的是，D 区法院、C 区法院适用速裁程序审结的刑事案件占本院审结的认罪认罚案件总数的比例分别高达 81.14% 和 88.38%，其中 D 区法院适用速裁程序审结的刑事案件数量甚至占到全市 10 家基层人民法院适用速裁程序审结刑事案件总数的 46.82%。

2. 速裁程序庭审过程的类型

以是否进行法庭调查和法庭辩论为区分标准，速裁程序的庭审过程大体上分为两种类型。根据《刑事诉讼法》第 224 条的规定，[1]适用速裁程序审理案件，"一般不进行法庭调查、法庭辩论"。这意味着，速裁程序存在不进行法庭调查、法庭辩论的"原则型"，也存在需要进行法庭调查或者法庭辩论的"例外型"。课题组调研发现，在绝大多数情况下，甲市基层人民法院适用"原则型"速裁程序审理案件，只有在涉及共同犯罪、被告人委托有辩护律师、社会关注度较高、被告人对量刑建议有一定的异议或明确提出量刑过重等案件，才会采用适用"例外型"速裁程序。对于适用"原则型"速裁程序的案件，通常安排固定时间"集中开庭、逐案审理"。以 H 区法院为例，该院与区司法局商议后决定每周四指派一名值班律师为没有辩护人的被告人提供法律帮助，只在每周四上午集中审理速裁案件。一名法官半天内能够适用速裁程序审结十几件认罪认罚案件，平均每件的庭审时间在 10 分钟左右。在庭审中，书记员也无须制作庭审笔录，只有一份开庭顺序表备案在卷。

3. 辩护律师参与率

根据《刑事诉讼法》的规定，即使是适用速裁程序的案件，被告人仍然有权

---

[1] 《刑事诉讼法》第 224 条规定："适用速裁程序审理案件，不受本章第一节规定的送达期限的限制，一般不进行法庭调查、法庭辩论，但在判决宣告前应当听取辩护人的意见和被告人的最后陈述意见。"

委托律师进行辩护；符合法定条件的被告人还有权获得法律援助律师的辩护（指派律师）。既没有委托辩护人、法律援助机构没有指派律师提供辩护的被告人，则由值班律师提供法律帮助。但由于适用速裁程序的案件均为轻罪，而且大多为危险驾驶、盗窃等事实情节比较简单的案件，被告人委托辩护律师的动力不足，符合法律援助辩护条件的被告人也较少，因而速裁程序的被告人获得律师辩护的比例较低。

根据调研单位提供的数据，2019—2021 年，甲市 10 家基层人民法院共有委托辩护律师 1766 人、指派律师 5879 人参与了 12 460 件速裁案件的审判程序，占比分别为 14.17%和 47.18%，合计为 61.35%，这一数据远远高于全国刑事案件审判阶段的律师辩护率。[1]但后来经过深入调查核实，原来 D 区、I 区和 J 区法院的"指派律师"数据，不限于法律援助"辩护"律师，还包括值班律师。如果扣除这三个区的数据，其他七个区共有 1232 名委托辩护律师、110 名法律援助辩护律师参与了 9906 件速裁案件的审判程序，占比分别为 12.44%和 1.11%，合计为 13.55%。这一数据远低于全国刑事案件审判阶段的平均辩护率。

表 6-2　甲市基层人民法院速裁程序中辩护律师参与情况统计（2019—2021 年）

单位：件/%

年份 法院	2019 年				2020 年				2021 年			
	委托律师		指派律师		委托律师		指派律师		委托律师		指派律师	
	数量	占比	数量	占比	数量	占比	数量	占比	数量	占比	数量	占比
A 区	45	19.07	0	0	33	15.28	0	0	31	15.35	0	0
B 区	/	/	/	/	/	/	/	/	/	/	/	/
C 区	271	21.51	63	5	150	17.56	28	3.28	334	38.13	5	0.57
D 区	226	9.01	2375	94.66	149	8.78	1569	92.40	143	8.79	1503	92.39
E 区	/	/	/	/	/	/	/	/	/	/	/	/
F 区	23	26.44	2	2.3	17	30.36	1	1.79	13	22.03	0	0
G 区	67	9.31	0	0	57	8.01	0	0	58	7.25	0	0
H 区	/	/	/	/	/	/	/	/	133	58.85	11	4.87
I 区	14	6.01	233	100	0	0	22	100	2	4.55	44	100

---

〔1〕 在 2012 年《刑事诉讼法》实施期间，全国刑事案件审判阶段的平均辩护率为 20%—30%。参见孙长永主编：《中国刑事诉讼法制四十年回顾、反思与展望》，中国政法大学出版社 2021 年版，第 78 页。

续表

年份 法院	2019 年				2020 年				2021 年			
	委托律师		指派律师		委托律师		指派律师		委托律师		指派律师	
	数量	占比	数量	占比	数量	占比	数量	占比	数量	占比	数量	占比
J 区	/	/	/	/	0	0	0	0	0	0	23	100
合计	646	12.8	2673	52.98	406	11.41	1620	45.53	714	18.51	1586	41.12
合计 2	406	9.92	65	1.59	257	9.1	29	1.03	569	19.03	16	0.54

说明:
(1)"指派律师"是通过法律援助机构为被告人指派的法律辩护律师,但 D、I、J 三区法院"指派律师"包括值班律师;
(2)"占比"指有辩护律师的案件占该院适用速裁程序审结的认罪认罚案件的比例;
(3)"合计 2"为扣除 D、I、J 三区相关数据之后,其他七个区法院辩护律师参与速裁程序案件之和及其占比。

但是,在各个区法院辖区,委托辩护的比例差异很大。最高的是 H 区法院,该院 2021 年开始审理刑事案件,当年速裁案件的委托辩护率达到 58.85%;其次是 F 区法院,该院 2019—2021 年适用速裁程序审结的案件中,委托辩护率分别为 26.44%、30.36% 和 22.03%。不过,H 区、F 区两家法院适用速裁程序的案件数量较少。在适用速裁程序较多的 C 区法院,各年度速裁案件中的委托律师辩护率分别达到 21.51%、17.56%、38.13%,高于全市平均水平。与此形成鲜明对照的是,I 区法院 2020 年、J 区法院 2020—2021 年适用速裁程序审结的案件中,委托辩护率为"零"。从法律援助辩护方面看,A 区、G 区两家法院连续三年未出现一例法院通知法律援助机构指派辩护律师参与速裁程序的案件;J 区法院 2020 年、F 区法院 2021 年审结的速裁案件也没有出现指派法律援助律师辩护的情况。C 区、F 区法院虽然存在指派法律援助辩护律师参与速裁程序的案件,但占比很低。其缘由或许是因为符合法律援助辩护的被告人本来就少,或许因为速裁程序推进速度较快而没有来得及通知指派律师,或者出于其他原因。

不过,从 D 区、I 区和 J 区指派律师的数据看,在适用速裁程序审理的案件中,没有辩护律师的被告人通常都能获得值班律师的法律帮助,少数案件中甚至出现被告人先获得值班律师帮助,后委托律师辩护的情况。根据《刑事诉讼法》第 174 条的规定,犯罪嫌疑人签署认罪认罚具结书时,必须有辩护人或者值班律师在场见证,结合表 6-2 可以推断,甲市基层人民法院适用速裁程序审结的案件中,为被告人提供法律帮助的律师主要是值班律师,辩护律师(包括委托辩护和指派辩护)的参与率总体上较低。这与全国其他地区的情况相似。

4. 速裁程序转为简易程序比速裁程序转为普通程序的案件数量更多，且程序转换的门槛较低

如表 6-3 所示，2019—2021 年，甲市基层人民法院将速裁程序转为简易程序的案件 633 件、转为普通程序的案件 323 件，结合全市适用速裁程序审结的刑事案件数量来看，前者占比 4.83%，后者占比 2.53%，[1]合计为 7.13%，整体比例较低。无论是转换为简易程序，还是转换为普通程序，转换数量最多的是 2019 年，其次是 2021 年，最少是 2020 年。不同法院转换程序的案件数量相差较大，转换程序数量较多的有 D 区、G 区和 A 区三家法院，但因 D 区、G 区适用速裁程序较多（分居第一位和第三位），转换程序比例分别只有 4.75% 和 10.97%，A 区法院适用速裁程序的数量相对较少（第四位），转换程序比例却高达 18.96%。比较而言，速裁程序转为简易程序的案件数量比速裁程序转为普通程序的案件数量明显更多，相较于速裁程序转为普通程序，多数法院习惯于将速裁程序转为简易程序，但也有个别法院（如 C 区法院）更加青睐于将速裁程序转为普通程序。

表 6-3 甲市速裁程序转为简易程序、普通程序统计（2019—2021 年）

单位：件

年份 法院	2019 年		2020 年		2021 年		合计
	转简易	转普通	转简易	转普通	转简易	转普通	
A 区	47	12	39	11	37	7	153
B 区	/	/	/	/	/	/	/
C 区	0	52	1	21	0	5	79
D 区	100	25	68	17	65	16	291
E 区	/	/	/	/	/	/	/
F 区	0	14	0	4	4	11	33
G 区	32	26	74	29	83	31	275
H 区	/	/	/	/	4	37	41
I 区	73	2	4	3	2	0	84
J 区	/	/	0	0	0	0	0

---

[1] 计算方法：转换率等于转换程序案件数除以全市基层人民法院适用速裁程序审结的刑事案件数与转换程序案件数之和（共 13 416 件）。下文中简易程序转为普通程序的比例计算方法，与此相同。

续表

法院 \ 年份	2019 年		2020 年		2021 年		合计
	转简易	转普通	转简易	转普通	转简易	转普通	
合计	252	131	186	85	195	107	956

经访谈相关法官得知，速裁程序转换率较低的原因，除了速裁案件本身很少出现事实或法律上的争议，主要在于法院决定是否适用速裁程序并不受检察机关建议的影响。法官在阅卷过程中如果认为案件不符合适用速裁程序条件的，便会决定不适用速裁程序，不必等到开庭时再来转换，这就使得开庭过程中转换程序的案件大为减少。个别法院转换程序比例较高，可能也主要是审前把关不严的结果，并不是因为案件本身频繁出现争议。根据访谈结果，法官在庭前或庭审中将速裁程序转换为其他程序的原因除了不符合速裁程序的适用条件，还包括：（1）案件审限不够；（2）案件需要补充侦查或补充起诉；（3）辩方主张相关权利，如在具结书以外要求处以更轻的处罚等；（4）被害人对量刑建议或者赔偿数额等提出异议。

（三）简易程序的适用情况

1. 年均适用简易程序基本稳定，但不同基层人民法院适用简易程序的数量存在较大差距

2019—2021 年，甲市基层人民法院适用简易程序审结刑事案件 5164 件、4391 件和 4749 件，分别占当年全市法院审结认罪认罚案件总数的 43.62%、43.85% 和 44.01%，呈现基本稳定态势；合计适用简易程序审结认罪认罚案件 14 304 件，占全市法院审结认罪认罚案件总数的 43.82%（见表 6-4），在三种审判程序的适用率中排序第一。

表 6-4 甲市基层人民法院适用简易程序情况统计（2019—2021 年）

单位：件/%

法院 \ 年份	2019 年			2020 年			2021 年			合计		
	数量	占比 1	占比 2	数量	占比 1	占比 2	数量	占比 1	占比 2	数量	占比 1	占比 2
A 区	606	33.93	48.29	645	36.11	49.96	535	29.96	47.68	1786	48.69	12.49
B 区	829	36.23	74.55	734	32.08	70.64	725	31.69	70.8	2288	72.06	16
C 区	57	24.36	3.82	114	48.72	10.13	63	26.92	5.9	234	6.35	1.64
D 区	147	43.24	5.23	112	32.94	5.74	81	23.82	4.41	340	5.15	2.38
E 区	2776	38.78	90.69	2135	29.83	80.44	2247	31.39	80.89	7158	84.28	50.04

年份 法院	2019 年			2020 年			2021 年			合计		
	数量	占比 1	占比 2	数量	占比 1	占比 2	数量	占比 1	占比 2	数量	占比 1	占比 2
F 区	39	34.82	20.21	42	37.5	27.1	31	27.68	21.99	112	22.9	0.78
G 区	624	41.08	40.94	529	34.83	34.96	366	24.09	25.09	1519	33.79	10.62
H 区	/	/	/	/	/	/	552	100	62.3	552	62.3	3.86
I 区	86	29.76	22.22	80	27.68	28.47	123	42.56	29.29	289	26.56	2.02
J 区	/	/	/	0	0	0	26	100	45.61	26	42.59	0.18
合计	5164	/	43.62	4391	/	43.85	4749	/	44.01	14 304	43.82	100

说明:
(1) 各年份栏目之下的"占比 1"是指在本院连续三年简易程序案件中所占比例,"占比 2"是指在本院同期办理认罪认罚案件中所占比例;
(2) 合计栏目之下的"占比 1"是指在本院连续三年办理认罪认罚案件中所占比例,"占比 2"是指在甲市两级法院连续三年简易程序案件中所占比例。

虽然全市基层人民法院连续三年适用简易程序审结认罪认罚案件的数量变化很小,但各区法院适用简易程序的案件数量差异很大。其中适用简易程序数量最多的法院是 E 区法院,该院适用简易程序的认罪认罚案件数量占本院三年审结认罪认罚案件总量的比例达到 84.28%、全市法院适用简易程序审结认罪认罚案件总量的50.04%。B 区法院次之,该院适用简易程序的认罪认罚案件数量占本院三年审结认罪认罚案件总量的比例为 72.06%。与此相反,C 区法院、D 区法院三年累计适用简易程序审结认罪认罚案件分别只有 234 件和 340 件,仅占本院同期审结认罪认罚案件总量的 6.35% 和 5.15%,合计仅占全市法院同期适用简易程序审结认罪认罚案件总量的 4.02%。与速裁程序的适用情况进行比较可以发现,简易程序与速裁程序存在较为明显的竞争关系。简易程序适用率最高的法院(E 区和 B 区法院),也正是速裁程序适用率最低("零适用")的法院;反之,速裁程序适用率最高的两家法院(D 区和 C 区法院),也正是简易程序适用率最低的两家法院。这似乎说明,在认罪认罚案件适用程序的选择方面,不同法院往往有不同的程序偏好。[1]

2. 简易程序中被告人较少得到辩护律师的协助,辩护权的保障主要来自值班律师的法律帮助

如表 6-5 所示,2019—2021 年,甲市 10 家基层人民法院共有委托辩护律师2951 人、指派律师 719 人参与了 14 304 件适用简易程序审理的认罪认罚案件,占

---

[1] 类似的发现,参见汤火箭、郝廷婷、陶妍宇:《认罪认罚案件审判程序分流效果实证研究——以 C 市基层法院 3076 件认罪认罚案件为分析样本》,载《山东大学学报(哲学社会科学版)》2021 年第 3 期,第 57-58 页。

比分别为 20.63% 和 5.03%，律师辩护率合计达到 25.66%，高于速裁程序律师辩护率 12 个百分点。不同年度的平均辩护率略有变动，但幅度不大。总体上看，适用简易程序审理认罪认罚案件时的律师辩护率，与 2012 年《刑事诉讼法》实施期间全国法院刑事案件的平均辩护率大体持平。

表 6-5　甲市基层人民法院简易程序中辩护律师参与情况统计（2019—2021 年）

单位：件/%

年份法院	2019 年				2020 年				2021 年			
	委托律师		指派律师		委托律师		指派律师		委托律师		指派律师	
	数量	占比	数量	占比	数量	占比	数量	占比	数量	占比	数量	占比
A 区	127	20.96	0	0	135	20.93	11	1.71	113	21.12	1	0.19
B 区	59	7.12	0	0	66	8.99	0	0	102	14.07	0	0
C 区	7	12.28	20	35.09	19	16.67	5	4.39	20	31.75	4	6.35
D 区	21	14.29	14	9.52	17	15.18	16	14.29	11	13.58	9	11.11
E 区	908	32.71	205	7.38	462	21.64	175	8.20	502	22.34	167	7.43
F 区	14	35.9	0	0	19	45.24	1	2.38	13	41.94	1	3.23
G 区	42	6.73	13	2.08	39	7.37	12	2.27	45	12.3	8	2.19
H 区	/	/	/	/	/	/	/	/	176	31.88	0	0
I 区	8	9.30	13	15.12	10	12.5	17	21.25	15	12.2	24	19.51
J 区	/	/	/	/	0	0	0	0	1	3.85	3	11.54
合计	1186	22.97	265	5.13	767	17.47	237	5.4	998	21.01	217	4.57

说明：
（1）"指派律师"是通过法律援助机构为被告人指派的法律辩护律师；
（2）"占比"指有辩护律师的案件占该院适用简易程序审结的认罪认罚案件的比例。

与速裁程序中的律师辩护率类似的是，在适用简易程序审理的认罪认罚案件中，不同法院的律师辩护率之间以及同一法院的委托律师辩护率与指派律师辩护率之间存在较大的差异。从律师辩护率看，在适用简易程序审理的认罪认罚案件中，律师辩护率的高低主要受到适用简易程序审理的案件数量和律师参与人数等因素的影响。例如，在被告人自行委托律师与法院通知指派律师最多的 E 区法院，三年期间适用简易程序审理的认罪认罚案件中律师辩护率依次为 40.09%、29.84% 和 29.77%，平均律师辩护率为 33.23%；而在被告人自行委托律师与法院通知指派律师最少的 F 区法院，三年期间适用简易程序审理的认罪认罚案件中律师辩护率分别达到 35.9%、47.62% 和 45.17%，平均律师辩护率达到 42.90%，高于 E 区 9 个百分点。从委托律师辩护率和指派律师辩护率的关系看，多数法院委托律师辩护率高于指派律师辩护率，但在 I 区法院，指派律师辩护率连续三年均高于委托律师辩护率；C 区法院 2019 年的指派律师辩护率也高于委托律师辩护率。不过，I 区、C 区两家法院适用简易审理的认罪认罚案件数量都较少，因而对全市简易程序中律师辩护结构的影响较小。整体上看，在甲市适用简易程序审结的认罪认罚案件中，有律师辩护的案件刚过四分之一，其中又以被告人委托律师辩护为主；在近四分之三的案件中，被告人只能获得值班律师的法律帮助，而没有辩护律师。

3. 采取独任制审理的案件数量远远多于采用合议制审理的案件，且当庭宣判率普遍较低

如表 6-6 所示，2019—2021 年，在甲市基层人民法院适用简易程序审结的 14 304 件认罪认罚案件中，由独任庭审理的为 12 801 件，占 89.49%；由合议庭审理的为 1503 件，占 10.51%。其中，部分法院在个别年份几乎所有适用简易程序的认罪认罚案件都由独任庭审理，例如 G 区法院 2019 年适用简易程序审理的认罪认罚案件中 99.36%、B 区法院 2021 年适用简易程序审理的认罪认罚案件中 99.86% 是由独任庭审理的。在甲市，简易程序中适用合议制多于独任制的法院，只有 C 区法院和 D 区法院。[1] 据了解，之所以简易程序中普遍适用独任制，主要是因为适用简易程序的案件绝大多数都只需要判处三年有期徒刑以下的刑罚，采用独任制不仅完全符合法律规定，而且可以省去合议庭成员的评议环节。因此，甲市基层人民法院一般只在被告人可能判处三年有期徒刑以上刑罚的案件或者涉及群体利益、公共利益的案件中，才会采取合议制。

表 6-6　甲市基层人民法院简易程序的审判组织与当庭宣判率（2019—2021 年）

单位：件/%

年份 法院	2019 年			2020 年			2021 年		
	独任庭	合议庭	当庭宣判率	独任庭	合议庭	当庭宣判率	独任庭	合议庭	当庭宣判率
A 区	538	68	68.8	470	175	70.15	380	155	72.4
B 区	804	25	35.03	703	31	43.52	724	1	40.9

---

〔1〕　经与这两家法院的刑事法官沟通得知，自《人民陪审员法》颁布施行以后，该院便被甲市中级人民法院确定为人民陪审员制度的重点实施单位。为此，C 区法院于 2018 年底选任了近 600 名人民陪审员，D 区法院于 2019 年初选任了 700 多名人民陪审员。在这两个区法院适用简易程序审理的认罪认罚案件中，合议庭一般都由一名法官和两名人民陪审员组成。

年份 法院	2019 年			2020 年			2021 年		
	独任庭	合议庭	当庭宣判率	独任庭	合议庭	当庭宣判率	独任庭	合议庭	当庭宣判率
C 区	18	39	60	8	106	60	3	60	60
D 区	15	132	22	12	100	23	8	73	22
E 区	2656	120	2.5	1957	178	3.9	2121	126	8.7
F 区	37	2	76.92	36	6	78.43	27	4	90.32
G 区	620	4	55	510	19	58	318	48	63
H 区	/	/	/	/	/	/	534	18	2.2
I 区	84	2	37.2	74	6	17.5	119	4	39
J 区	/	/	/	0	0	0	25	1	92
合计	4772	392	44.68	3770	621	39.39	4259	490	49.05

按照《最高法解释》第 367 条的规定，"适用简易程序审理案件，一般应当当庭宣判"。但是，在甲市，这一规定未能得到落实，全市基层人民法院连续三年适用简易程序的案件平均当庭宣判率均不到 50%，且不同法院之间当庭宣判率差异较大。例如，连续三年均适用了简易程序且当庭宣判率相对较高的法院有 F 区法院和 A 区法院，前者各年份当庭宣判率分别为 76.92%、78.43%、90.32%，三年平均当庭宣判率为 81.89%；后者各年份当庭宣判率分别为 68.8%、70.15% 和 72.4%，三年平均当庭宣判率为 70.45%；两家法院的当庭宣判率均呈现持续上升态势。相比之下，E 区法院虽然适用简易程序审理的认罪认罚案件数量最多，而且其中采用独任制的比例高达 94.08%，但其简易程序的当庭宣判率却在全市基层人民法院中最低，三年简易程序的当庭宣判率虽然也呈现持续上升的态势，但最高的年份（2021 年）也只有 8.7%，最低的年份（2019 年）则只有 2.5%。据了解，F 区等法院当庭宣判率之所以较高，很大程度上是因为这些法院将是否当庭宣判作为区分简易程序和普通程序的重要标准，并设置了鼓励当庭宣判的考核指标。而在缺乏类似考核要求的法院，大多数法官出于服判息诉的职业目标，加之受长期养成的"卷宗裁判"习惯等的影响，往往不会当庭作出判决。

4. 根据案件的事实或证据是否有争议，法庭调查和法庭辩论的简化程度有所不同

如前所述，根据《刑事诉讼法》的规定，简易程序既可以简化法庭调查和法

庭辩论，也可以对其加以省略，[1]但《认罪认罚指导意见》《最高法解释》以及地方刑事司法规则均未明确规定简易程序可以完全省略法庭调查和法庭辩论程序，而只规定可以简化。甲市基层人民法院同样存在对简易程序可以简化、不能省略的规定。那么，在司法实践中，法院是如何对简易程序进行简化的呢？课题组分别收集了法院采取合议制审理且被告人委托了辩护律师的案件，以及采取独任制审理且被告人没有委托辩护律师的案件的庭审笔录。通过对比发现，简易程序的司法适用存在以下四个特点：（1）法庭调查程序的简化程度与案件是否存在有争议的事实或证据密切相关，而法庭调查的简化程度又决定着法庭辩论程序的简化程度。换言之，在案件事实或证据存在争议的情况下，法庭调查和法庭辩论程序通常仅被简化；相反，如果控辩双方关于案件事实、证据不存在争议，则法庭调查程序会被大幅简化，法庭辩论也基本上被省略。（2）在简易程序中，公诉人在庭审中表现得比较被动和消极，一般既不讯问被告人，也不发表公诉意见，甚至连起诉书都不予宣读。除非审判人员对其进行询问，否则公诉人并不愿意回应辩方的问题或者主动发表意见，这样就会使法庭辩论程序被大大简化。（3）在有辩护律师的案件中，辩护律师在庭审中以被告人认罪认罚、经济条件差、初犯、偶犯等为由请求法院从轻处罚的辩护意见，一般不会受到审判人员的重视。只有当律师提出确有争议的事实或证据，并就如何正确适用法律提出有针对性的具体辩护意见，才能引起审判人员的注意——而在简易程序中，律师辩护率本来就较低，且在被告人已经认罪认罚的情况下，发生这种情况的可能性很小。（4）审判人员一般不愿意在庭审中当庭宣判，即使是既没有任何争议、也不需要补充证据，且整个庭审过程进展相当顺利的案件，也是如此。

5. 简易程序转为普通程序的案件量高于速裁程序转简易程序与速裁程序转普通程序的案件之和，程序转换的原因比较相似，转换门槛也不高

如表6-7所示，2019—2021年，甲市基层人民法院将简易程序转为普通程序的案件合计为1929件，占全市适用简易程序审理的认罪认罚案件总数的11.88%，整体比例高于速裁程序转换率4.75个百分点。与速裁程序的转换类似的是，简易程序的转换数量和比例在不同基层人民法院之间也存在一定的差异。从转换数量上看，最多的是E区法院，该院三年间简易程序转换为普通程序的案件合计为1217件，占该院适用简易程序审理的认罪认罚案件的14.53%。从转换比例上看，

---

〔1〕《刑事诉讼法》第219条规定：适用简易程序审理案件，不受关于送达期限、法庭调查程序和法庭辩论程序规定的限制。立法人员解释认为，此处的"不受法律限制"是指法院可以根据审理案件的实际需要，进行某一程序或者不进行某一程序。参见王爱立、雷建斌主编：《刑事诉讼法立法精解》，中国检察出版社2019年版，第400页。

最高的是 F 区法院，该院三年间简易程序转换为普通程序的案件合计为 38 件，占比 25.33%。据 F 区法院的承办法官介绍，该院转换比例高的主要原因在于对转换条件的把握较为宽松，只要在简易程序庭审中发现案情比较复杂，或者辩护人作无罪或罪轻辩护且辩护意见较为充分，或者认定罪名或量刑建议不适当但又不宜当庭调整等情形，为了避免剩余审限不足，一般都会转为普通程序重新审理。考虑到各法院在决定适用简易程序之前普遍经过事先审查筛选，甲市简易程序转换为普通程序的比例显得过高，暴露出程序转换可能存在一定的随意性。

表 6-7　甲市基层人民法院简易程序转为普通程序数量

单位：件

年份＼法院	A 区法院	B 区法院	C 区法院	D 区法院	E 区法院	F 区法院	G 区法院	H 区法院	I 区法院	G 区法院
2019	62	38	7	29	405	4	58	/	1	/
2020	62	41	9	22	302	18	39	/	6	0
2021	57	84	1	16	510	16	36	82	22	2
合计	181	163	17	67	1217	38	133	82	29	2

表 6-8　甲市基层人民法院适用普通程序数量与占比（2019—2021 年）

单位：件/%

年份＼法院	2019 年			2020 年			2021 年			总计		
	数量	占比 1	占比 2	数量	占比 1	占比 2	数量	占比 1	占比 2	数量	占比 1	占比 2
A 区	413	33.63	32.91	430	35.02	33.31	385	31.35	34.31	1228	33.48	20.89
B 区	283	31.91	25.45	305	34.39	29.36	299	33.71	29.2	887	27.94	15.09
C 区	176	38.18	11.79	157	34.06	13.96	128	27.77	12	461	12.51	7.84
D 区	157	36.77	5.58	142	33.26	7.27	128	29.98	6.97	427	6.47	7.26
E 区	285	21.35	9.31	519	38.88	19.56	531	39.78	19.11	1335	15.72	22.71
F 区	67	38.29	34.72	57	32.57	36.77	51	29.14	36.17	175	35.79	2.98
G 区	180	24.16	11.81	272	36.51	17.98	293	39.33	20.08	745	16.57	12.67
H 区	/	/	/	/	/	/	108	100	12.19	108	12.19	1.84
I 区	68	13.6	17.57	179	35.8	63.7	253	50.6	60.24	500	45.96	8.51
J 区	/	/	/	4	33.33	100	8	66.67	14.04	12	19.67	0.2

续表

年份 法院	2019 年			2020 年			2021 年			总计		
	数量	占比 1	占比 2	数量	占比 1	占比 2	数量	占比 1	占比 2	数量	占比 1	占比 2
合计	1629		13.76	2065		20.62	2184		20.24	5878	18.01	100

说明：
（1）各年份栏目之下的"占比 1"是指在本院连续三年普通程序案件中所占比例，"占比 2"是指在本院同期办理认罪认罚案件中所占比例；
（2）总计栏目之下的"占比 1"是指在本院连续三年办理认罪认罚案件中所占比例，"占比 2"是指甲市基层人民法院连续三年普通程序案件中所占比例。

（四）普通程序的适用情况

1. 普通程序的适用率低于速裁程序和简易程序

2019—2021 年，甲市基层人民法院适用普通程序审理认罪认罚案件分别为 1629 件、2065 件和 2184 件，占当年全市基层人民法院审结的认罪认罚案件的比例分别为 13.76%、20.62% 和 20.24%，共计 5878 件，占全市基层人民法院三年审结的认罪认罚案件总数的 18.01%。相对于速裁程序 38.17% 的适用率、简易程序 43.82% 的适用率，甲市基层人民法院普通程序的适用率在认罪认罚案件中是最低的。

从表 6-8 可知，各基层人民法院适用普通程序也存在不够平衡的现象。其中 C、D、F 三区法院普通程序的适用率呈现稳定下降趋势，相反，E、G、I 三区法院普通程序的适用率则呈现持续上升趋势；各区法院三年普通程序平均适用率差异很大，高的如 I 区、F 区法院，分别达到 45.96% 和 35.79%，而最低的 D 区法院只有 6.47%。从节约司法资源、提高诉讼效率的角度看，显然 D 区法院做得最好，而 I 区法院做得最差。针对不同法院适用普通程序所出现的巨大反差，有受访法官表示，这代表了不同法官对待普通程序的两种态度。一种是严格按照繁简分流的要求，只对法律明确规定不符合其他程序适用条件的认罪认罚案件适用普通程序进行审理；另一种是基于实务便利（如为了避免可能出现的审限不够情况，或者为了避免出现程序转换的事由等），尽量选择适用普通程序，以达到"以不变应万变"的效果。不过，尽管部分法院普通程序的适用率较高，但由于其适用普通程序审理的案件数量较少，对全市基层人民法院普通程序的平均适用率影响较小。从全市认罪认罚案件普通程序的平均适用率来看，整体上略为偏高。

2. 被告人获得律师辩护的比例更高，但远未达到"律师辩护全覆盖"的要求

如前所述，无论是速裁程序，还是简易程序，74%以上的被告人辩护权的实现依赖于自我辩护和值班律师的法律帮助，而没有辩护律师协助。为了推进以审判为中心的刑事诉讼制度改革，加强人权司法保障，促进司法公正，充分发挥律师在刑事案件审判中的辩护作用，最高人民法院和司法部于2017年10月联合发布《律师辩护全覆盖试点办法》，部署在北京等8个省（直辖市）开展律师辩护全覆盖试点工作。2018年12月，最高人民法院、司法部印发通知，将试点工作扩大至全国，其中第一批试点的8个省（直辖市）要"将试点范围扩大到整个辖区"。根据《律师辩护全覆盖试点办法》第2条的规定，除符合《刑事诉讼法》规定的法律援助辩护条件的案件外，适用普通程序审理的一审案件、二审案件、按照审判监督程序审理的案件，被告人没有委托辩护人的，人民法院都应当通知法律援助机构指派律师为其提供辩护。甲市所在省份是第一批试点的8个省（自治区）之一，甲市至迟在2019年已经被划入试点地区，根据试点要求，应当在所有适用普通程序审理的案件中保证被告人获得辩护律师的协助。实际情况如何呢？

如表6-9所示，2019—2021年，甲市基层人民法院适用普通程序审理的认罪认罚案件中，委托律师辩护率分别为62.31%、51.09%和52.93%，指派律师辩护率分别为4.73%、4.21%和4.9%，合计分别为67.04%、55.3%和57.83%。参照速裁程序和简易程序中的律师辩护率可以发现，适用普通程序审理的认罪认罚案件被告人获得律师辩护的比例最高，但其中仍以委托律师辩护为主，指派律师辩护的比例连续三年都不到5%，甲市基层人民法院普通程序中的律师辩护整体上远未达到"全覆盖"的程度；同时，各区之间普通程序中的律师辩护率也存在很大差异。课题组调研得知，之所以指派辩护律师的比例较低，主要与法院对"律师辩护全覆盖"的理解有关。在司法实践中，基层人民法院法官普遍对认罪认罚案件的普通程序与非认罪认罚案件的普通程序进行了区别对待，认为只有非认罪认罚案件才需要根据"律师辩护全覆盖"的要求为没有委托辩护人的被告人指派法律援助律师进行辩护。这样，如果是被告人认罪认罚的案件，即使适用普通程序进行审理，且被告人没有委托辩护人的，法院也不会通知法律援助机构为被告人指派法律援助辩护律师，而仍然由值班律师提供法律帮助。因此，认罪认罚的被告人在普通程序中能否得到辩护律师的协助，主要取决于是否自行委托了辩护律师。在D区法院适用普通程序审理的认罪认罚案件中，被告人自行委托辩护律师的案件平均约占70%，之所以能够达到如此之高的比例，原因在于D区法院采取了多种方式鼓励被告人委托律师辩护，包括：（1）在口头告知被告人认罪认罚相

关权利和义务时，一并告知其委托律师辩护的权利；（2）针对未委托辩护律师且不符合法律援助辩护条件的被告人，告知被告人不符合法律援助辩护的条件，并鼓励其自行委托辩护律师；（3）在被告人有意委托辩护律师时，给予其一定的考虑期限；（4）在被告人委托辩护律师后，必要时推迟开庭的时间，以便辩护律师和被告人做好辩护准备。

表 6-9　甲市基层人民法院普通程序中辩护律师参与情况统计（2019—2021 年）

单位：件/%

法　院	2019 年				2020 年				2021 年			
	委托律师		指派律师		委托律师		指派律师		委托律师		指派律师	
	数量	占比	数量	占比	数量	占比	数量	占比	数量	占比	数量	占比
A 区	298	72.15	16	3.87	279	64.88	6	1.4	243	63.12	9	2.34
B 区	143	50.53	10	3.53	160	52.46	15	4.92	149	49.83	14	4.68
C 区	106	60.22	7	3.98	102	64.97	6	3.82	84	65.63	6	21.43
D 区	112	71.34	7	4.46	105	73.94	8	5.63	82	64.06	5	3.91
E 区	175	61.40	11	3.86	236	45.47	31	5.97	320	60.26	39	7.34
F 区	36	53.73	9	13.43	24	42.11	5	8.77	27	52.94	8	15.69
G 区	109	60.56	8	4.44	139	51.10	11	4.04	169	57.68	13	4.44
H 区	/	/	/	/	/	/	/	/	72	66.67	2	1.85
I 区	36	52.94	9	13.23	10	5.59	4	2.23	10	3.95	8	3.16
J 区	/	/	/	/	0	0	1	25	0	0	3	37.5
合计	1015	62.31	77	4.73	1055	51.09	87	4.21	1156	52.93	107	4.9

说明：
（1）"指派律师"是通过法律援助机构为被告人指派的法律辩护律师；
（2）"占比"指有辩护律师的案件占该院适用普通程序审结的认罪认罚案件的比例。

3. 除公诉人的部分工作更加细致外，认罪认罚案件普通程序的庭审过程与速裁程序、简易程序并无明显区别

普通程序作为认罪认罚案件最为完整的审判程序，庭审过程理论上较之简易程序和速裁程序会耗费更多的司法资源。经查阅相关庭审笔录发现，在审判人员告知被告人诉讼权利义务且确认被告人自愿认罪认罚的相关事项后，普通程序的庭审主要分为四个环节。首先，在法庭调查环节，公诉人既要宣读起诉书，也要对与定罪量刑相关的在案证据的名称进行宣读，并向被告人和辩护人展示有关证据。被告人通常会表示愿意认罪认罚，且对公诉人出示的证据没有意见，辩护人同样对在案证据没有意见。其次，在法庭辩论环节，当公诉人详细宣读公诉意见

之后，被告人依旧表示没有意见，辩护人一般会提出被告人存在的从轻或减轻情节，要求法庭从轻处罚。由于被告人和辩护人的辩护意见在公诉意见中已经得到体现，公诉人不需要补充发表新的公诉意见。再次，在最后陈述环节，被告人最多只是要求法庭从轻处罚，表达悔罪的态度，但不会提出新的辩护意见或理由。最后，审判人员宣布将根据庭审中查明的事实、证据和相关法律规定，对判决结果进行合议，并择期宣判。由此可见，在认罪认罚案件的普通程序中，庭审过程一般推进得相当顺利，不仅少见公诉人对被告人进行发问，而且被告人和辩护人通常不会对公诉人指控的事实或提交的证据提出任何异议；相应地，审判人员也不会对控辩双方中的任何一方做进一步的追问。不过，普通程序中的公诉人既要向被告人与辩护人说明、展示所有证据，也要比较全面地阐述被告人涉嫌不同犯罪的事实和法律依据等。从总体上看，认罪认罚案件适用普通程序审理，与适用速裁程序、简易程序审理，重点都在核心被告人认罪认罚的自愿性以及认罪认罚具结书的真实性、合法性，庭审过程几乎没有什么区别。只是由于普通程序的庭审环节更加完整一些，因而耗费的时间相对较长一点。

三、认罪认罚案件审判程序存在的问题与原因

（一）存在的问题

1. 不同程序的适用率分布与立法期待存在一定差距

认罪认罚案件审判程序能否达到优化司法资源、提高诉讼效率等效果，很大程度上通过各种审判程序的适用比例得以呈现。虽然认罪认罚案件审判程序并未像认罪认罚从宽制度的适用情况那样有着明确的考核要求，[1]但从最高人民法院《认罪认罚从宽制度试点总结报告》关于三种审判程序的适用率[2]以及立法增设速裁程序并将其适用范围扩展到判处三年有期徒刑以下刑罚的案件来看，立法者期待，通过认罪认罚从宽制度迅速处理80%—90%的刑事案件；同时，对进入审判阶段的认罪认罚案件，通过速裁程序、简易程序、普通程序（简化审）进行简便、快捷的审理，形成繁简分化、有序衔接的诉讼程序体系。

目前，全国检察环节认罪认罚从宽制度的适用率已经稳定在85%以上，其中

---

〔1〕 例如，为更大程度地发挥出认罪认罚从宽制度的作用，2019年8月，最高人民检察院在全国检察机关刑事检察工作会议上明确表示，推动认罪认罚从宽制度适用率到年底单月达到70%左右（参见苗生明、周颖：《关于最高检落实全国人大常委会审议适用认罪认罚从宽制度专项报告意见的解读》，载《人民检察》2021年第6期，第45页）。2020年以来，最高人民检察院一直把认罪认罚从宽制度的适用率作为检察机关案件质量评价的核心指标之一，目前规定的适用率通报值为85%。

〔2〕 参见胡云腾主编：《认罪认罚从宽制度的理解与适用》，人民法院出版社2018年版，第271页。

2022—2023 年连续两年超过 90%，但在审判阶段，程序分流的效果尚不够显著。从甲市的情况来看，2019—2021 年，全市基层人民法院适用速裁程序、简易程序、普通程序审结认罪认罚案件的平均比例分别为 38.17%、43.82% 和 18.01%。其中速裁程序的适用率明显较低，简易程序的适用率明显偏高，普通程序的适用率也有进一步下降的空间。虽然甲市速裁程序的适用率高于全国的平均水平[1]，但是与立法设定的速裁程序适用范围以及其他一些案件量较大的城市基层人民法院速裁程序的适用率[2]相比，还有很大差距。

2. 庭审过程形式化，区分度不明显

根据对甲市认罪认罚案件审判程序的调研结果，认罪认罚案件虽然名义上可以适用三种审判程序进行审理，实际适用的审判程序只有两种：一种是"确认型"速决程序，即完全省略法庭调查和法庭辩论，只保留开庭告知诉讼权利、核实认罪认罚的自愿性和具结书真实性、合法性和被告人最后陈述三个环节。实务中，这种程序被统一称为"简案快审程序"，法律上的名义可能包括"原则型"速裁程序和绝大多数简易程序。另一种是"简化型"速决程序，即根据案件需要保留法庭调查或者法庭辩论程序，或者二者都保留，但程序上予以简化。实务中，这种程序被统一称为"简化审程序"，其法律上的名义可能包括"例外型"速裁程序、少数简易程序和普通程序简易审。后一种程序相对前一种程序的特点仅仅在于保留了法庭调查或法庭辩论程序，但因控辩双方在这两种程序中都没有明显的意见分歧，审理的重点与前一种程序相同（核实被告人认罪认罚的自愿性和具结书的真实性、合法性），因而与"认罪不认罚"案件的简易程序或者普通程序相比，其所保留的法庭调查或法庭辩论程序更加简化。正因如此，"确认型"与"简化型"速决程序在实际操作中界限较为模糊。

正因为认罪认罚案件的庭审程序区分度很小，具体某一个认罪认罚案件的审判程序实际被简化到何种程序，往往具有随机性和任意性。与域外国家不同，在

[1] 根据最高人民检察院的工作报告，2020 年 10 月以前，全国法院适用速裁程序审结认罪认罚案件仅占同期认罪认罚案件总数的 27.6%。参见张军：《最高人民检察院关于人民检察院适用认罪认罚从宽制度情况的报告——2020 年 10 月 15 日在第十三届全国人民代表大会常务委员会第二十二次会议上》，载《检察日报》2020 年 10 月 17 日，第 2 版。

[2] 例如，西部大城市 C 市不是认罪认罚从宽制度的试点城市，但 2018 年《刑事诉讼法》生效后一年内，C 市 21 个基层人民法院共审结认罪认罚案件 3076 件（与甲市 B 区法院 2019 年审结的认罪认罚案件数量大体相当），占同期全市基层人民法院审结刑事案件总数的 18.78%；其中适用速裁程序审结 2231 件，占认罪认罚案件总数的 72.53%。参见汤火箭、郝廷婷、陶妍宇：《认罪认罚案件审判程序分流效果实证研究——以 C 市基层人民法院 3076 件认罪认罚案件为分析样本》，载《山东大学学报（哲学社会科学版）》2021 年第 3 期，第 56-57 页。

我国，一旦认罪认罚案件审判程序得以启动，"控辩双方有异议"或"法庭认为有必要"，将成为省略或简化法庭调查和法庭辩论程序的法定依据。[1]从甲市基层人民法院的庭审情况来看，在控辩双方有异议或者经法庭初步审查认为有必要时，审判人员确实会在法庭调查和法庭辩论中重点审查相关事项，而在无异议或无必要时，根据审判程序的不同，要么做出简化，要么直接省略，后者在适用"原则型"速裁程序的案件中尤为明显。不过，部分法院对法庭调查和辩论环节是否省略或者简化的依据并不仅限于此。例如，在速裁程序中，法官可能主要因为被告人委托了辩护律师而未省去法庭调查和法庭辩论程序。除此以外，对于共同犯罪案件、有一定社会关注度的案件以及未进行集中审理的案件等，法官一般也会保留法庭调查和法庭辩论程序。在简易程序中，庭审简化的程度不仅与控辩双方关于事实、证据和法律适用问题有无争议相关，也受到被告人是否委托辩护律师的影响。在被告人未委托辩护律师的认罪认罚案件中，即使存在个别争议问题，其庭审过程与"例外型"速裁程序也几乎没有多大区别。在普通程序中，虽然法庭调查和辩论环节不能省略，但实际上与省略的效果基本无异。除法庭调查和法庭辩论外，也有部分法院根据实际需要将原本不能省略的其他庭审环节予以省略或"打折"执行。例如，有的法官单方面决定或者经被告人同意后省略公诉人宣读起诉书程序；只要被告人没有当庭对认罪认罚作出反悔，法官一般允许公诉人根据案件事实"分组举证"，并且仅仅说明证据的名称。总之，认罪认罚案件的不同审判程序的实际运行均存在"形式化"问题，并未完全遵守法律和司法解释的要求，因而立法者或理论上预想的所谓不同审判程序的"层次性"实际上几乎不存在。

3. 被告人诉讼权利保障不够充分

在认罪认罚案件中，审判程序的简化是以被告人放弃无罪辩护的诉讼权利、自愿认罪认罚为前提的。[2]为了保证程序简化的正当性，确保认罪认罚的被告人受到公正审判，必须对被告人依法享有的诉讼权利提供充分的保障，以体现"底线正义"。[3]但是，就甲市基层人民法院的实践情况而言，认罪认罚案件被告人在审判程序中的诉讼权利保障尚不够充分，主要表现在以下三个方面。

第一，被告人获得辩护律师协助的比例总体上不高，不足以保障被告人获得

---

〔1〕 在英美法系国家和地区，"被告人是否认罪"是案件是否适用正式审判程序的基本依据；在大陆法系国家和地区，"案件事实是否清楚、罪行是否轻微"既是某一案件是适用普通程序还是适用简易、速决程序进行审理的依据，也是简化庭审程序的主要根据。参见熊秋红：《"法官之前的法官"》，载《方圆》2019年第10期，第64页。

〔2〕 参见孙长永：《认罪认罚从宽制度的基本内涵》，载《中国法学》2019年第3期，第217页。

〔3〕 参见宋善铭：《认罪认罚从宽制度的实证分析与模式选择》，法律出版社2020年版，第145页。

有效辩护。在我国刑事诉讼中，控辩失衡是一个公认的结构性缺陷，在认罪认罚案件中这个问题更加突出。[1]因此，保障被追诉人在审前程序和审判程序中获得专业律师的法律帮助，对于保证认罪认罚制度的公正实施，具有极其重要的现实意义。为此，2018 年《刑事诉讼法》第 36 条根据试点经验专门新增了值班律师制度，最高人民法院和司法部等中央政法机关自 2017 年 10 月以来持续推进"刑事案件律师辩护全覆盖"试点工作[2]，要求"对于审判阶段被告人没有委托辩护人的案件，由人民法院通知法律援助机构指派律师为其提供辩护或者由值班律师提供法律帮助，切实保障被告人合法权益"。但是从甲市基层人民法院审理认罪认罚案件的实践情况看，被告人在速裁程序、简易程序中获得律师辩护的比例较低，绝大多数被告人只能获得值班律师的有限法律帮助，部分认罪认罚的被告人在审判阶段甚至完全没有律师帮助；即使是适用普通程序审理的案件，律师辩护率也只有 60%，其中法律援助律师辩护率不足 5%，远未达到"律师辩护全覆盖"的要求，不足以保障被告人获得有效辩护。

第二，庭审中法官的告知义务与重点事项的审查流于形式，难以体现"以审判为中心"的原则。依照《刑事诉讼法》第 190 条的规定，审判人员在开庭的时候应当告知被告人享有的诉讼权利和认罪认罚的法律规定，并对认罪认罚的自愿性和认罪认罚具结书内容的真实性、合法性进行审查。但在实践中，法官对被告人诉讼权利的告知一般在送达起诉书时书面告知，庭审只是例行公事地重申一遍告知书的内容，并不对被告人作具体的解释；对于需要审查核心的重点问题，法官也只是象征性地询问被告人是否同意适用特定的审判程序、对起诉书指控的犯罪事实有无异议、认罪认罚具结书是否自愿签署、是否同意检察机关的量刑建议，并不会对自愿性、真实性做进一步的具体审查，很难认为审判人员对认罪认罚问题进行了"实质审查"，更难以体现"以审判为中心"的诉讼原则。

第三，审判程序的转换门槛较低，具有较大随意性，可能对公正审判带来不利影响。刑事案件的迅速审判，不仅是公共利益的需要，也符合被告人的利益，因此，在不少国家，获得迅速审判被规定为被告人的一项基本诉讼权利，[3]一些

---

〔1〕　参见龙宗智：《完善认罪认罚从宽制度的关键是控辩平衡》，载《环球法律评论》2020 年第 2 期，第 9 页。

〔2〕　参见最高人民法院、最高人民检察院、公安部、司法部于 2022 年 10 月 12 日发布的《关于进一步深化刑事案件律师辩护全覆盖试点工作的意见》，载 https://www.spp.gov.cn/spp/xwfbh/wsfbt/2022 10/t20221027_ 590863. shtml#1，最后访问日期：2024 年 1 月 6 日。

〔3〕　参见郭晶：《英美法系迅速审判权与欧陆法系诉讼及时原则之间的制度对话——比较法视野下的刑事诉讼"合理期间"》，载《西安交通大学学报（社会科学版）》2018 年第 4 期，第 97 页；冯喜恒：《刑事速审权利研究》，中国政法大学出版社 2013 年版，第 9-10 页。

国际公约也确认了这一权利。[1]认罪认罚案件的迅速审判有一个重要特点，即无论是适用速裁程序、简易程序还是普通程序简化审，都需要经过被告人同意，其本意在于，迅速审判不得损害公正审判。立法之所以对不同程序的转换条件作出规定，也是为了保证认罪认罚案件最终能够得到公正处理。但在司法实践中，法院可以转换程序的理由比较宽泛，既包括案件本身的问题（如不符合特定程序的适用条件），也包括相关人员的意见和申请（辩方主张相关权利、公诉人申请补充侦查等），还包括一些案外因素（如因为疫情或法官办案任务过重导致审限不足等）。在绝大多数情况下，因为被告人始终认罪认罚，所以转换之后的审判程序仍然属于认罪认罚案件审判程序。从甲市基层人民法院的相关数据来看，转为普通程序的案件数量（尤其是简易程序转为普通程序的案件）明显偏多，而普通程序的审理期限最长。一旦从较简的程序转为较繁的审判程序，对于法院而言，将付出更多的司法资源审理同一案件；如果计入前期在较简程序上已经花费的资源，累计成本甚至可能超过非认罪认罚案件审判程序；对于被告人而言，也将承受更大的诉讼压力、付出更多的时间成本和精力，那些被羁押的被告人还需要承受更长时间的审前羁押。考虑到中国审前羁押对起诉和判决结果的"绑架"效应，程序的转换甚至可能导致最终判决的结果更加不利于认罪认罚的被告人。

（二）原因剖析

认罪认罚案件的审判程序之所以出现上述问题，原因是多方面的。既有立法层面规范不足的原因，也有司法层面操作不当的原因。在司法操作方面，法院、检察院和律师履职方式不同程度上均存在不符合制度定位的问题。

1. 立法规定弹性太大、刚性不足

从认罪认罚案件审判程序的相关规定来看，主要表现为以下三个方面。

第一，"一般应当型"规定使得法官身处"正确"与"最佳"的抉择之中，但无论如何选择都不会违反相关规定。2018 年修正《刑事诉讼法》时，立法者增设了第 201 条，规定法院在认罪认罚案件中"一般应当采纳人民检察院指控的罪名和量刑建议"。与此同时，"一般应当"还被广泛规定在相关司法解释之中。例如，《最高法解释》中共出现了十次，[2]《最高检规则》中共出现了六次，

---

〔1〕 参见《公民权利与政治权利国际公约》第 14 条、《欧洲人权公约》第 6 条、《美洲人权公约》第 14 条等。

〔2〕 主要有"对认罪认罚案件，人民法院一般应当对被告人从轻处罚（第 355 条）""适用简易程序审理案件，一般应当当庭宣判"（第 367 条）等；除此以外，意思相近但使用"一般"字眼主要有："建议判处管制、宣告缓刑的，一般应当附有调查评估报告，或者附有委托调查函"（第 282 条），"适用速裁程序审理案件，一般不进行法庭调查、法庭辩论"（第 374 条）。

等等。[1]如何准确理解"一般应当"？立法者的解释将其等同于"原则上"，[2]试图使"一般应当"成为介于"可以"与"应当"之间的中间概念。不过，就约束力而言，"一般"属于任意性规范，即行动者可以作为也可以不作为；"应当"属于强制性规范，即行动者必须实施某种行为。[3]立法者强行将一组本就对立的范畴搭配在一起，致使法官既可以遵照立法的原意选择"最佳"做法，如在速裁程序中不进行法庭调查和法庭辩论、不要求公诉人讯问被告人、在简易程序中当庭作出判决等，也可以选择法律所允许的"正确"做法，如在速裁程序中进行法庭调查和法庭辩论、在简易程序中没有当庭宣判等。但是，倘若法官未选择"最佳"做法，必然导致不同审判程序的部分庭审环节乃至庭审的整个过程趋向一致，出现简易程序"速裁化"、普通程序"简易化"等现象，以至于"实质审理"的内核被抽空，所有认罪认罚案件的庭审过程形式化。

第二，"可以型"规定不排斥"可以不"的选项，而在法官选择"不"时必然会削弱甚至完全消解不同审判程序的层次性。在认罪认罚案件审判程序中，《刑事诉讼法》第 183 条、第 216 条、第 222 条，《最高法解释》第 359 条、第 369 条、第 372 条，《最高检规则》第 419 条、第 434 条、第 442 条等，均存在"可以型"规定。此外，其他规范性文件中也有大量"可以型"规定。[4]在对"可以"的理解上，法学界有两种代表性观点，一种观点认为"可以"是一类授权性规定，其言外之意是也"可以不"；另一种观点认为需根据权利（力）的属性加以区分，在涉及私权利主体时"可以"能够得出"可以不"的选项，而在涉及公权力主体时，其与"应当""必须"等法律术语并无二致。[5]两种观点的主要区别在于，公权力机关能否依据"可以"实施"可以不"的行为。就刑事诉讼实践而言，公权力机关在"可以型"规定之下选择"不"的行为几乎没有任何障碍和不利后果，任意取舍之下，导致认罪认罚案件即使适用不同的审判程序，庭审过程也难以体现层次性。

---

〔1〕　在《最高检规则》中，与认罪认罚密切相关的仅有第 375 条中的"量刑建议一般应当为确定刑"；意思相近的使用"一般"字眼的条文数量相对较多，主要有"犯罪嫌疑人自愿认罪并且愿意积极赔偿损失，……一般不影响对犯罪嫌疑人从宽处理"（第 276 条），"公诉人出席速裁程序法庭时，……一般不再讯问被告人"（第 442 条）。

〔2〕　王爱立主编：《中华人民共和国刑事诉讼法修改与适用》，中国民主法制出版社 2019 年版，第 379 页。

〔3〕　参见张斌：《"一般应当"之"应当"与否——兼论〈刑事诉讼法〉第 201 条的理解与调整》，载《中国人民公安大学学报（社会科学版）》2020 年第 2 期，第 115 页。

〔4〕　例如《认罪认罚指导意见》第 39 条、第 44 条、第 46 条、第 47 条等。

〔5〕　参见周赟：《"可以"的语义及其在立法中的误用》，载《语言文字应用》2009 年第 1 期，第 109 页。

第三，"空白型"规定致使审判程序如何实施基本上由法官自行决定，其效果很大程度上取决于法官个人的智慧和能力。就认罪认罚案件审判程序而言，"空白型"规定主要包括以下三种情况：一是不同审判程序发生转换的条件。例如，关于简易程序转换为普通程序的条件，《刑事诉讼法》第221条规定，"人民法院在审理过程中，发现不宜适用简易程序的"；关于速裁程序转换为简易程序或者普通程序的条件，《刑事诉讼法》第226条规定，"人民法院在审理过程中，发现……其他不宜适用速裁程序审理的情形"。二是审判阶段被告人认罪认罚的处理。对此，《刑事诉讼法》完全没有任何规定，只是《最高法解释》第356条和《认罪认罚指导意见》第49条作了补充规定。三是"有争议"与"有必要"的内容和情形。主要规定在《最高法解释》和《认罪认罚指导意见》之中。[1]不难发现，既有的相关规定侧重于宣示上述程序的存在，而未给具体的司法实践提供充分的规则指引。在此情况下，实务中如何操作很大程度上取决于法官的个体意志，并在法官个体的智慧和能力之下得以推进，[2]从而导致具体做法上的差异。

2. 法院对实质审查态度消极、条件受限

根据《刑事诉讼法》第190条的规定，认罪认罚案件的庭审重点在于审查核实被告人"认罪认罚的自愿性和认罪认罚具结书内容的真实性、合法性"。《认罪认罚指导意见》第39条进一步规定："庭审中审判人员可以根据具体案情，围绕定罪量刑的关键事实，对被告人认罪认罚的自愿性、真实性等进行发问，确认被告人是否实施犯罪，是否真诚悔罪。"最高人民法院刑事审判庭在其编写的业务指导书中，则提出了要"坚持全面、实质审查。……在对认罪认罚自愿性进行审查的基础上，……严格审查涉及定罪、量刑的关键事实和证据，严格审查指控罪名是否准确，量刑建议是否适用，确保判决的公正"。[3]然而，在被告人对检察机关指控的犯罪事实、罪名、量刑建议完全没有异议的情况下，已经在庭前全面阅卷审查的基础上才决定开庭审理的基层法官，普遍对实质审查态度消极，调研中

---

〔1〕 《最高法解释》规定，"对被告人认罪的案件，……法庭调查可以主要围绕量刑和其他有争议的问题进行"（第278条），"对被告人认罪的案件，法庭辩论时，应当指引控辩双方主要围绕量刑和其他有争议的问题进行"（第283条），"适用简易程序审理案件，……法庭认为有必要调查核实的证据，应当出示，并进行质证"。《认罪认罚指导意见》规定，简易程序的"法庭调查可以简化，但对有争议的事实和证据应当进行调查、质证，法庭辩论可以仅围绕有争议的问题进行"（第46条）；普通程序中"对控辩双方有异议，或者法庭认为有必要调查核实的证据，应当出示并进行质证。法庭辩论主要围绕有争议的问题进行"（第47条）。

〔2〕 参见顾培东：《法官个体本位抑或法院整体本位——我国法院建构与运行的基本模式选择》，载《法学研究》2019年第1期，第6页。

〔3〕 最高人民法院刑事审判第一、二、三、四、五庭编：《刑事审判参考》，人民法院出版社2021年版，第135页。

没有发现法官对案件"关键事实和证据"当庭讯问被告人的情况。认罪认罚案件法庭审理的形式化，原因主要包括以下三个方面。

第一，法官已经习惯于形式化的庭审，不愿意在认罪认罚案件的庭审中投入过多精力。长期以来，我国法官对刑事案件一向根据卷宗笔录进行审理和裁判，即使是被告人不认罪的案件中，法官也很少能够贯彻言词原则、直接原则和集中审理原则，更少能够做到"心证形成在法庭"。[1]认罪认罚案件的审判程序最大限度地满足了法官简化庭审程序的心理需要，迎合了法官仅仅进行形式化庭审的职业习惯。实际上，被告人认罪认罚所带来的"程序简化"主要体现在庭审中法庭调查、法庭辩论程序的简化或省略以及独任庭的广泛适用等方面。[2]而法官为庭审所做的准备工作在认罪认罚案件中并没有减少；相反，从审判期限、律师帮助、证明标准等方面的要求来看，有些工作如庭前审查、集中排期开庭、预约值班律师等工作，[3]工作量可能还有所增加，而且时间要求、质量要求甚至更严、更高。正因如此，法官一般不愿意直接适用更为简化的审判程序，经常以审限不足为由转换审判程序。有的法官在接受访谈时感叹："法官不是在办案，就是在办案的路上！"听上去似乎非常忙碌，但实际上就认罪认罚案件而言，所谓"办案"对于法官而言大多只走一个流程，以证成认罪认罚案件最终判决的合法性。

第二，法官对认罪认罚案件更加愿意接受检察机关的指控意见。根据《宪法》和《刑事诉讼法》的规定，检法两院本来就是分工负责、互相配合、互相制约的关系。在多年的司法实践中，检法两院已经形成了密切的配合协作关系，公诉案件的有罪判决率自 2001 年以来一直维持在 99% 以上。[4]认罪认罚从宽制度全面实施以后，检法两院基于《刑事诉讼法》第 201 条规定的"一般应当采纳"原则以及被告人自愿认罪认罚的事实，在办案过程中形成了更加牢固的互相信赖、

---

〔1〕　参见陈瑞华：《案卷笔录中心主义——对中国刑事审判方式的重新考察》，载《法学研究》2006 年第 4 期，第 63 页；左卫民：《地方法院庭审实质化改革实证研究》，载《中国社会科学》2018 年第 6 期，第 132 页。

〔2〕　参见李勇：《认罪认罚案件"程序从简"的路径》，载《国家检察官学院学报》2019 年第 6 期，第 143 页。

〔3〕　参见胡亮亮：《刑事速裁程序缘何适用率低》，载《江苏经济报》2020 年 9 月 30 日，第 B03 版。

〔4〕　关于 2001—2018 年公诉案件的无罪判决率，参见孙长永主编：《中国刑事诉讼法制四十年：回顾、反思与展望》，中国政法大学出版社 2021 年版，第 423-424 页；2019—2022 年全国刑事案件的无罪判决率，参见最高人民法院官网公布的司法统计。另根据最高人民法院、最高人民检察院的工作报告，2023 年，全国检察机关提起公诉 168.8 万人，假设当年法院审结其中 90%，已判决被告人为 151.92 万人，而全国法院同年对公诉案件判决宣告无罪的只有 465 人，折算无罪率大约为 0.03%，有罪判决率高达 99.97%。

密切合作关系，甚至存在"沟通过剩"的问题。[1]对检察机关在认罪认罚案件中提出的量刑建议，全国法院的平均采纳率一度达到98.3%。[2]虽然个别地区检法之间也曾出现过短暂的冲突（如"余金平交通肇事案"所表现的那样），但总体上说，"法院高度尊重控辩合意的结果和量刑建议的拘束力，保障从宽承诺的兑现"。[3]既然无论适用何种审判程序，最终结果一般都需要采纳检察机关的指控罪名和量刑建议，而且被告人甚至辩护律师也无异议，绝大多数案件又属于轻罪，法官何来动力要对认罪认罚案件进行实质审查呢？

第三，法官对认罪认罚案件进行实质审查，受到外部条件的限制。应当说，在司法责任制的压力之下，即便仅仅是出于案结之后不被追责的顾虑，法官也会慎重对待认罪认罚案件的审理。然而现实情况是，法官即使想对认罪认罚的自愿性、真实性、合法性进行实质审查，往往也会受到外部条件的限制，这主要表现在两个方面：其一，多数认罪认罚案件在审判阶段没有辩护律师，而被告人本人很难在具结书以外提出不同的辩护意见，值班律师更不会；其二，检察机关在审查起诉阶段听取犯罪嫌疑人等人意见的笔录以及相关的录音录像，并不需要"随案移送"。[4]这使得在相关人员未提出书面意见的情况下，法官无从得知控辩双方达成认罪认罚"合意"的过程，[5]因而难以对认罪认罚的自愿性、真实性等事项进行实质审查。法官在认罪认罚案件中之所以会几乎无差别地对待各种审判程序，并且满足于对认罪认罚自愿性和具结书真实性、合法性的形式性审查，在某种意义上也属无奈之举。

除此以外，法院对各种审判程序的适用还会受到内部绩效考核机制的影响。例如，甲市基层人民法院绩效考核有两种模式，一种是静态化考核模式，这种模式仅仅根据认罪认罚案件审判程序的适用数量来计算审判绩效分值，一位刑事法官每年此项工作的得分为：0.4×速裁程序案件量+0.6×简易程序案件量+1.2×普通

---

〔1〕 参见叶青：《程序正义视角下认罪认罚从宽制度中的检察机关沟通之维》，载《政治与法律》2021年第12期，第75页。

〔2〕 参见张军：《最高人民检察院工作报告——2023年3月7日在第十四届全国人民代表大会第一次会议上》，载《检察日报》2023年3月8日，第2版。

〔3〕 孙长永、田文军：《认罪认罚案件量刑建议机制实证研究——以A市两级法院适用认罪认罚从宽制度审结的案件为样本》，载《西南政法大学学报》2021年第5期，第9页。

〔4〕 2021年12月最高人民检察院发布了《人民检察院办理认罪认罚案件听取意见同步录音录像规定》，要求同步录音录像适用于所有认罪认罚案件，但该文件第12条明确规定"同步录音录像文件属于检察机关的工作资料，实行有条件的调取使用"，因而检察机关无需附卷，更不需要随案移送。

〔5〕 参见孙长永：《中国检察官司法的特点和风险——基于认罪认罚从宽制度的观察与思考》，载《法学评论》2022年第4期，第74页。

程序案件量。另一种是动态化考核模式，这种模式对三种审判程序的系数设置与静态化考核模式基本相同，不同之处在于，在相应的系数之外，还会根据认罪认罚案件的难易程度、是否有较大影响力、是否变更了强制措施等因素进行额外加分，但额外加分仅限于依简易程序和普通程序审理的案件。在这种考核机制的影响下，法官很容易将原本能够按照速裁程序审理的案件通过简易程序来审理，或者在需要进行程序转换时，尽可能地将速裁程序直接转换为普通程序，特别是在案件可能存在加分事项的情况下。而对于那些不存在加分事项的认罪认罚案件，则会依速裁程序并采取集中审理方式进行"批发式"审理，其结果一是提升了速裁程序的适用率，二是压缩了单个案件的庭审时间，满足了效率需求。

　　3. 检方片面强调主导作用，妨碍审判程序的正常运行

　　2019 年 4 月 17 日，最高人民检察院时任检察长张军在政法领导干部专题研讨班上作专题辅导报告时明确提出，要"全面落实认罪认罚从宽制度，切实发挥检察机关的主导作用"。[1]他认为，"从我国检察机关法律监督的宪法定位和刑事诉讼法的制度设计看，检察官在整个刑事诉讼中是承担主导责任的。这种主导责任不仅体现在庭前，而且体现在审判期间，包括审判后检察官认为判决不当的还要抗诉"。2018 年修正的《刑事诉讼法》确立的认罪认罚从宽制度，"更是一个十分典型的以检察官主导责任为基础的诉讼制度设计"。[2]因为"在认罪认罚从宽制度中，检察机关在诉讼中不仅是承上启下的枢纽和监督者，而且是罪案处理的实质影响者乃至决定者，具有主导作用、承担主导责任"。这种主导作用不仅体现在检察机关主导认罪认罚协商过程上，也体现在检察机关的量刑建议对法院的约束力上，法律规定的"一般应当采纳"原则"使检察机关对案件的处理意见对审判机关产生了实质的影响，在很大程度上决定了判决的内容，因而具有较强的主导性"。[3]应当说检察机关"在追诉犯罪中"发挥主导作用或承担主导责任，这与检察机关的职能定位是相符的。但是，如果因为检察机关承担追诉和法律监督职责，便认为它在整个刑事诉讼中也承担主导责任或者发挥主导作用，这与"以审判为中心"

　　〔1〕　参见周斌：《张军：在"三个落实"上用狠劲 推动检察职能全面协调充分发展》，载 http://cpc. people. com. cn/n1/2019/0418/c64094-31036978. html，最后访问日期：2024 年 3 月 15 日。后来，在正式发表的文章和公开讲话中，"主导作用"被改称为"主导责任"。参见张军、姜伟、田文昌：《认罪认罚从宽制度控辩审"三人谈"》，载陈国庆主编：《认罪认罚从宽制度司法适用指南》，中国检察出版社 2020 年版，第 14-18 页。

　　〔2〕　参见张军：《关于检察工作的若干问题》，载《人民检察》2019 年第 13 期，第 8-10 页。

　　〔3〕　《在认罪认罚从宽制度中发挥主导作用》，载《检察日报》2019 年 5 月 20 日，第 1 版。

的诉讼制度改革精神是不符的。[1]"主导责任说"或"主导作用说"过度强调了检察机关的职能作用，在一定程度上给基层法官、检察官和律师带来一定困惑。

正是在"主导责任说"的指导下，检察系统对认罪认罚从宽制度的适用率、确定刑量刑建议提出率和采纳率甚至认罪认罚被告人的上诉率提出了一些不切实际的考核指标，对认罪认罚案件的公正处理包括审判程序的正常运行造成了负面影响。例如，由于法院"人案矛盾"相较于检察机关更加突出，加之检法两院长期形成的密切配合和互相信赖关系，面对检察机关在认罪认罚案件中的"强势"做法，绝大多数法院都比较迁就和包容。例如，检察机关在审查起诉期限不足时，将案卷材料不齐全的案件提起公诉，法院会同意受理；而在短期内无法补齐时，法院主动选择法定期限更长的审判程序来办理。同样，在庭审中，法官也不强求公诉人宣读起诉书或者说明各种证据所要证明的事项；在公诉人申请补充证据，或者申请调整量刑建议但又无法当庭调整时，法官一般会同意延期审理或者转换审判程序；即使在庭审中发现了新的影响量刑的情节，如退赃退赔、获得被害人谅解、被告人缴纳罚金等，法官也可能会就如何调整量刑建议提供意见，并允许公诉人在庭下与被告人重新签署认罪认罚具结书，等等。在一定意义上说，检察官的强势与法官的包容甚至配合是互补的，检察官追求的是指控罪名和量刑建议得到法官采纳，法官追求的是庭审能够高效、平稳推进并及时结案，这种互补关系促成了认罪认罚案件的庭审形式化，其实质是片面追求"效率"，背离了制度初衷。

4. 辩方行使权利不当，有违预期效果

在认罪认罚案件的审理过程中，由于程序被简化，法庭调查或法庭辩论程序甚至被完全省略，充分保障被告人及其律师依法行使诉讼权利，对于提升审判程序的正当性、确保案件得到公正处理，具有极为重要的现实意义。但是，如果被告人及其律师不能恰当地利用法律赋予的诉讼权利，有理有据地提出从宽处罚的辩护意见，也有可能导致审判程序运行不畅。

在绝大多数认罪认罚案件中，被追诉人并没有辩护律师，辩护权主要依靠被告人的自我行使。从认罪认罚案件诉讼重心前移、检察机关已成为"背后的法官"的事实出发，[2]被追诉人如果能够在起诉之前检察官听取意见过程中充分陈述辩护意见，对保护其自身权益无疑是最为有利的。但由于我国审前阶段控辩之间严重失衡，量刑协商基本上有名无实，检察官释法说理工作不到位，因而被追

---

〔1〕 参见周维平、刘树德：《"程序主导"与"审判中心"的关系厘定——认罪认罚从宽制度运行中的政治力学分析》，载《法治社会》2023年第1期，第89-93页。

〔2〕 参见熊秋红：《域外检察机关作用差异与自由裁量权相关》，载《检察日报》2019年4月22日，第3版。

诉人在审前阶段往往并不能充分陈述意见。在案件进入审判阶段后，法官基本上不会在开庭前提审被告人，特别是适用速裁程序的案件。因此，庭审便成为被告人陈述意见的"最后机会"。由于不具有法律知识，部分被告人在审前阶段没有理解指控犯罪的相关规定和认罪认罚的法律后果，对自身的行为是否构罪缺乏正确认识，[1]往往在庭审中发表重复的辩护意见，以期引起法官注意；更多的被告人清楚地了解自己的罪行，也自愿签署了认罪认罚具结书，但在庭审中仍以各种理由要求法官进一步从宽处罚，希望能够侥幸获得法官的"法外开恩"。据受访法官反映，这种抱有侥幸心理的被告人在庭审过程中往往有两种表现：一是在法官审查其认罪认罚自愿性、真实性、合法性时回答得很勉强；二是在法庭调查和法庭辩论环节陈述与争议事项无关的内容。以上行为虽然不属于对认罪认罚的反悔，也不会影响法院对量刑建议的采纳，但影响审判程序的顺利推进。

由于认罪认罚案件被告人通常在审查起诉阶段已经签署了认罪认罚具结书，进入审判阶段的被告人即使没有辩护人，一般也不再需要值班律师的法律帮助。在司法实践中，值班律师在审判阶段提供法律帮助主要发生在两类案件中。一是被告人虽然已经在审前阶段认罪认罚，但对认罪认罚的法律规定和后果不够理解，需要值班律师向被告人详细说明；二是被告人在审判阶段才表示愿意认罪认罚，法官认为需要值班律师到场向被告人解释相关法律规定并见证认罪认罚具结书的签署。无论哪一类案件，值班律师介入仅仅是为了促成被告人认罪认罚，并协助完善认罪认罚的相关手续。除值班律师外，在部分案件中，认罪认罚被告人会获得委托辩护律师或者法律援助辩护律师的协助，其中法律援助辩护律师因报酬来源于国家经费，且受到司法行政机关的考评，往往对检法机关更加配合。[2]委托辩护律师通常能够更好地维护被告人的合法权益，有时甚至不顾被告人已经认罪认罚的事实而作罪轻甚至无罪辩护，[3]但更多的情况是，辩护律师在庭审中只是附和被告人的认罪认罚意见，助推司法机关促成案件适用认罪认罚从宽制度办结，

---

〔1〕　例如，行政犯中的被告人认为自己只属于违法，共同犯罪中的个别被告人认为自己所发挥的作用远不如其他共犯，不属于犯罪等。不过，即便被告人承认犯罪事实，但倘若对构罪提出质疑，公诉人会立即撤回从宽处罚的量刑建议，被告人会被判比量刑建议更重的刑罚。具体内容可参见薛某坤、孔某禧重大责任事故罪刑事判决书，（2021）甘 0122 刑初 31 号；赵某源、王某波、化某佩掩饰、隐瞒犯罪所得、犯罪所得收益罪刑事判决书，（2020）冀 0426 刑初 9 号。不过，也有公诉人撤回量刑建议后法院仍按照量刑建议的内容从宽处罚，参见梁某路、李某河等开设赌场罪刑事判决书，（2021）桂 1024 刑初 116 号。

〔2〕　有实务专家将法律援助律师的主要作用总结为：劝说对犯罪心存侥幸和是否认罪认罚犹豫不决的被追诉人认罪认罚。参见胡卫中、董桂文、韩大元主编：《认罪认罚从宽制度的理论与实践——第十三届国家高级检察官论坛论文集》，中国检察出版社 2017 年版，第 579 页、第 603 页。

〔3〕　参见闵春雷：《认罪认罚案件中的无罪辩护》，载《当代法学》2023 年第 6 期，第 104 页。

有的案件中甚至出现辩护律师仅作罪轻辩护，但法庭审理后查明被告人无罪的情况。[1]无论与被告人认罪认罚态度截然不同的"骑墙式"辩护，还是简单附和被告人认罪认罚但缺乏事实依据的"罪轻辩护"，都不完全符合认罪认罚从宽制度的运行原理，不利于保障被告人获得公正审判的权利。

四、认罪认罚案件审判程序的完善

认罪认罚从宽制度是中国特色的一种"协同性司法"制度。[2]认罪认罚案件的审判程序实施过程中所暴露出的问题，与审前程序出现的问题一样，都是我国刑事正当程序发育不良的具体表现。针对制度实施中存在的问题，应当在总结实践经验的基础上，遵循刑事正当程序的发展规律，坚持从中国国情出发，从司法理念、制度设计、配套保障等方面着力，进一步完善审判程序，力争在更高层次上实现司法公正与司法效率的有机统一。

（一）完善认罪认罚案件审判程序的基本思路

1. 坚持实体真实的司法理念

我国当代刑事司法一向强调"以事实为根据、以法律为准绳"。坚持实体真实的司法理念，根据证据裁判原则公正地处理认罪认罚案件，既是我国法律的明确要求，也是我国认罪认罚从宽制度区别于域外协商性刑事司法制度的一个重要特点。《刑事诉讼法》第 53 条规定："公安机关提请批准逮捕书、人民检察院起诉书、人民法院判决书，必须忠实于事实真象。故意隐瞒事实真象的，应当追究责任。"《刑法》第 3 条至第 5 条也明确规定了罪刑法定原则、适用刑法人人平等原则和罪责刑相适应原则，这三项基本原则的贯彻落实均以依法查明案件的事实真相为前提。《法官法》第 6 条、《检察官法》第 5 条均规定，法官审判案件、检察官履行职责"应当以事实为根据，以法律为准绳，秉持客观公正的立场"。有实务专家指出："基于司法责任制的现实风险，法官面对认罪认罚协议时首先考虑的，不是因其体现控辩双方的意志而'一般采纳'的程序法问题，而是要判断'认罪认罚'本身是否符合证据法上的实质真实原则及实体法上的罪刑法定原则、罪责刑相适应原则。"[3]由于认罪认罚从宽制度是内嵌于现有诉讼程序之中的，

---

[1] 例如，杨某树、邹某顺诈骗罪刑事判决书，（2019）云 0622 刑初 296 号；蔡某珍交通肇事罪刑事判决书，（2019）陕 0104 刑初 949 号；徐某发非法采矿罪刑事判决书，（2021）赣 1104 刑初 187 号，等等。

[2] 参见张建伟：《协同型司法：认罪认罚从宽制度的诉讼类型分析》，载《环球法律评论》2020年第 2 期，第 40-41 页。

[3] 周维平、刘树德：《"程序主导"与"审判中心"的关系厘定——认罪认罚从宽制度运行中的政治力学分析》，载《法治社会》2023 年第 1 期，第 95 页。

现阶段其适用没有罪名和案件范围的限制，坚持实体真实的司法理念，不仅是实现"努力让人民群众在每一个司法案件中感受到公平正义"这一崇高目标的需要，也是从源头上预防冤假错案、降低司法成本、提高司法效率的需要。认罪认罚案件，无论适用的是速裁程序、简易程序，还是普通程序，都必须坚持实体真实的司法理念，贯彻证据裁判原则，严格防止把被告人的口供作为定罪的唯一根据。

坚持实体真实的司法理念，旨在适用认罪认罚从宽制度的过程中坚守司法公正的底线，防止出现为追求司法效率而满足于控辩双方"诉讼合意"的现象。为此，要求法院对被告人认罪认罚的自愿性、真实性、合法性进行实质审查，避免仅仅对认罪认罚具结书进行形式审查后便作出有罪判决。在我国，"实质审查"并不限于"庭审实质化"。事实上，法院对认罪认罚案件并不完全需要像对非认罪认罚案件那样都进行实质化庭审。对于适用简易程序或者速裁程序的认罪认罚案件，完全可以采用灵活的方式对案件进行实质审查，例如对适用速裁程序的案件，可以庭前阅卷为主、以庭审中的讯问和询问为补充进行审查；对适用简易程序的案件，以庭前阅卷（必要时庭前提讯）和庭审并重的方式进行审查。法官只有经实质审查后形成被告人有罪的内心确信，并且有合法口供以外的实质证据印证时，才能宣告有罪判决，并适用认罪认罚从宽制度判处相应的刑罚，否则，应当转换程序重新审理。

2. 进一步明确繁简分流的制度设计

以实体上的从宽处理鼓励被追诉人认罪认罚、以程序上的繁简分流提高司法效率是认罪认罚从宽制度实现司法公正与司法效率有机统一的基本设计。实体上的从宽处理方面存在的问题需要通过完善认罪认罚从宽情节的评价机制予以解决，程序上的繁简分流则需要通过建立并不断完善多元化的诉讼程序体系来实现。目前，认罪认罚案件诉讼程序的简化集中在审判程序上，主要表现为庭审程序简化、审判期限缩短、审判组织简化等，但从实施情况看，存在不同审判程序尤其是速裁程序与简易程序未能拉开差距、适用范围存在较大重合、程序转换较为随意等问题，有必要进一步完善不同审判程序的适用范围、审理重点和转换条件，适当限制法官转换程序的裁量权，以真正实现普通程序、简易程序、速裁程序繁简明确、有序衔接的程序体系，切实发挥程序分流的作用。

3. 贯彻"以审判为中心"的诉讼原则精神

关于认罪认罚从宽制度与以审判为中心的诉讼制度之间的关系，虽然有不同认识，[1]但"学界和实务界的主导意见，尤其是学界，几乎一致认为，即使是认罪认罚案件的办理，仍应坚持'以审判为中心'的基本诉讼原则"。[2]因为审判中心原则是现代刑事诉讼普遍适用的基本原则，它与无罪推定原则、有效辩护原则等共同构成了公正审判权的核心内容，是刑事正当程序的重要支柱之一。由于我国刑事正当程序发育不良，诉讼结构上存在明显的控辩失衡问题，贯彻"以审判为中心"的诉讼原则，充分发挥审判的职能作用，对于适当抑制过于强势的检察职权、阻止国家追诉权力被滥用、防范冤假错案、保证认罪认罚案件最终获得公正处理具有重要的现实意义。

在认罪认罚案件中贯彻"以审判为中心"的诉讼原则，根本要求是"坚持法院对案件事实与法律适用的独立判断，从而有效发挥对案件质量的把关作用"。[3]虽然对认罪认罚案件并不需要像对非认罪认罚案件那样按照"四个在法庭"（证据出示在法庭、案件事实查明在法庭、诉辩意见发表在法庭、裁判结果形成在法庭）的要求进行审理，但也不能因此而认为认罪认罚案件进行"实体审理"已经没有必要性与可行性了，[4]更不能把认罪认罚案件的审判程序当作可有可无的形式。相反，在认罪认罚案件的审理过程中，法院应当以被告人认罪认罚的自愿性、真实性和合法性为核心，从证据采信、事实认定、定罪量刑、程序操作、各方参与和建议说理等方面进行全面的、实质的审查，[5]切实贯彻落实非法证据排除规则、口供补强规则和疑罪从无规则，及时调查处理控辩双方对个别事实、证据问题或法律适用问题可能存在的争议；审查后如果检察机关起诉认定的罪名或者量刑建议不当，法院应当依法变更罪名、通知检察机关依法调整量刑建议，并保障被告人的知情权和辩护权；审理中如果发现案件不宜适用速裁程序或

---

〔1〕 汪海燕：《认罪认罚从宽制度视野下的"以审判为中心"》，载《中国法学》2023 年第 6 期，第 63 页。

〔2〕 龙宗智：《认罪认罚案件如何实现"以审判为中心"》，载《中国应用法学》2022 年第 4 期，第 14 页。另参见陈卫东：《认罪认罚从宽制度的理论问题再探讨》，载《环球法律评论》2020 年第 2 期，第 30 页；陈文聪：《论审判中心主义改革与认罪认罚从宽制度的关系》，载《华东政法大学学报》2022 年第 5 期，第 171 页。

〔3〕 龙宗智：《认罪认罚案件如何实现"以审判为中心"》，载《中国应用法学》2022 年第 4 期，第 16-17 页。

〔4〕 参见卞建林：《认罪认罚案件审判程序的若干问题》，载《中国刑事法杂志》2022 年第 1 期，第 4 页。

〔5〕 参见胡云腾：《正确把握认罪认罚从宽 保证严格公正高效司法》，载《人民法院报》2019 年10 月 24 日，第 5 版。

者简易程序进行审理，还应依法转换程序重新进行审理。[1]有实务专家指出："在当前司法责任制改革背景下，新型检察权运行模式尚未很好地解决放权与监督的关系，检察官的自由裁量权存在不规范行使的问题，容易在认罪认罚案件中滋生司法腐败。"[2]因此，认罪认罚案件的审理只是在法庭审判程序上不同于非认罪认罚案件的审理，并不是对公诉意见的形式审查和简单确认，法院绝不能因为被告人在形式上认罪认罚就放弃对案件的实质审理。只有对认罪认罚的有效条件（自愿性、真实性、合法性）进行实质审查，才能"牢牢守护住公平正义的最后一道防线，坚决防止认罪认罚从宽制度蜕变成'辩诉交易'"。[3]

（二）完善认罪认罚案件审判程序的具体建议

1. 适当压缩速裁程序的适用范围

速裁程序最初试点，适用范围仅限于可能判处有期徒刑一年以下刑罚的犯罪案件，且须符合"案件事实清楚、证据充分""犯罪嫌疑人、被告人承认自己所犯罪行，对指控的犯罪事实没有异议""当事人对适用法律没有争议，犯罪嫌疑人、被告人同意人民检察院提出的量刑建议""犯罪嫌疑人、被告人同意适用速裁程序"等条件。[4]2016年11月开始认罪认罚从宽制度试点以后，才将速裁程序的适用范围扩大至"可能判处三年有期徒刑以下刑罚"的案件，[5]并在2018年修正《刑事诉讼法》时获得立法认可。[6]据立法人员解释，对速裁程序适用范围的扩大是基于试点地区的普遍要求。[7]然而，从甲市基层人民法院2019—2021年的实施情况来看，速裁程序的适用率持续低于认罪认罚案件简易程序的适用率，远未达到试点期间的适用率以及立法者的预期。而甲市的速裁程序适用率远远高于全国基层人民法院对速裁程序的平均适用率。[8]这说明在司法实践中，速裁程

---

〔1〕　参见汪海燕：《认罪认罚从宽制度视野下的"以审判为中心"》，载《中国法学》2023年第6期，第72—74页。

〔2〕　田立文：《认罪认罚案件量刑的四个核心问题》，载《中国应用法学》2022年第6期，第16页。

〔3〕　田立文：《认罪认罚案件量刑的四个核心问题》，载《中国应用法学》2022年第6期，第16页。

〔4〕　参见最高人民法院、最高人民检察院、公安部、司法部于2014年8月22日发布的《速裁程序试点办法》第1条。

〔5〕　参见最高人民法院、最高人民检察院、公安部、司法部于2016年发布的《认罪认罚试点办法》第16条。

〔6〕　参见《刑事诉讼法》第222条。

〔7〕　参见王爱立主编：《中华人民共和国刑事诉讼法释义》，法律出版社2018年版，第470页。

〔8〕　根据最高人民检察院2020年10月的工作报告，检察机关适用认罪认罚从宽制度办理的案件，起诉到法院后适用速裁程序审理的仅占27.6%，而适用简易程序审理的占49.4%，适用普通程序审理的占23%。参见张军：《最高人民检察院关于人民检察院适用认罪认罚从宽制度情况的报告——2020年10月15日在第十三届全国人民代表大会常务委员会第二十二次会议上》，载《检察日报》2020年10月17日，第2版。

序对于检察官、法官并没有比简易程序更大的吸引力，基层人民法院利用速裁程序提升司法效率的动力和压力并没有想象的那么大。庭审实质化停滞不前的司法现状也表明，通过适用速裁程序、简易程序所"节约"出来的司法资源也没有被用于推进以审判为中心的诉讼制度改革。[1]

根据《中国法律年鉴》和最高人民法院司法统计，2015—2022 年，全国法院判处三年有期徒刑以下刑罚的人数占受有罪判决总人数的比例，一直稳定在 82%以上。[2]其中除极少数不认罪和认罪不认罚的案件外，基本上都符合速裁程序的适用条件。由于速裁程序基于对司法效率价值的追求几乎完全省略法庭调查、法庭辩论程序，立法将范围如此广泛的刑事案件划入速裁程序的适用范围，不仅导致速裁程序与简易程序在适用范围上出现高度重合的现象，而且对简易程序甚至普通程序的适用产生"腐蚀效应"（corrosion effect），导致认罪认罚案件的法庭审理日益接近于速裁程序，与定罪量刑有关的案件事实的证明标准被隐性降低，以至于不少认罪认罚案件存在量刑情节认定错误或者被遗漏、部分案件甚至出现定罪事实认定错误乃至冒名顶替等严重问题，[3]对司法公正产生了不应有的消极影响。[4]

为了纠正速裁程序立法和实践中存在的片面追求司法效率的倾向，保持审判程序基本功能，坚守司法公正的底线，未来修改《刑事诉讼法》时应当将速裁程序的适用范围压缩至可能判处一年有期徒刑以下刑罚的案件范围（"微罪"），在此范围内，可以一并考虑将实践中出现的"刑拘直诉"的做法合法化[5]，以保证部分确有必要判处实刑的案件被告人到案接受审判。与此同时，应当通过司法解释进一步规范速裁案件的庭前审查、权利告知、认罪认罚有效条件的法庭审查、辩护权保障等程序要求，切实防止定罪量刑的事实达到法定的证明标准，严格防范虚假认罪导致的错判。此外，司法机关还应当加强审前程序与审判程序之间的联动与

〔1〕 参见周维平、刘树德：《"程序主导"与"审判中心"的关系厘定——认罪认罚从宽制度运行中的政治力学分析》，载《法治社会》2023 年第 1 期，第 91-93 页。

〔2〕 只有 2017 年例外，当年全国有罪判决总人数为 1 268 985 人，其中判处三年有期徒刑以下刑罚的 953 528 人，占 75.14%。

〔3〕 参见汪海燕：《认罪认罚案件再审问题研究》，载《比较法研究》2023 年第 5 期，第 60-61 页；奚玮：《论法庭对认罪认罚案件的实质审理——基于 226 份再审改判案例的分析》，载《中国政法大学学报》2023 年第 5 期，第 88 页。

〔4〕 参见李勇：《证明标准的差异化问题研究——从认罪认罚从宽制度说起》，载《法治现代化研究》2017 年第 3 期，第 58 页。

〔5〕 可以考虑在"速裁程序"一章中增加一条，规定："公安机关拘留犯罪嫌疑人后，经过讯问和审查，犯罪嫌疑人在 48 小时内自愿认罪认罚，并且符合速裁程序适用条件的，可以在拘留后 3 日内向人民检察院移送起诉，对其中需要继续拘留的，可以将拘留的期限延长至 15 日。人民检察院和人民法院应当分别在 5 日和 7 日内完成审查起诉和审判工作，否则应当依法变更强制措施。"

衔接，在危险驾驶、盗窃等常见速裁案件中，建立包含侦查讯问、口供外证据的收集和固定、人身强制措施的适用、审查起诉、量刑协商、社会危险性调查、签署认罪认罚具结书等各办案环节的实务操作指南，努力在确保被追诉人认罪认罚自愿性、真实性、合法性的前提下，实现速裁案件的"全流程"提速。

在认罪认罚从宽制度试点期间以及全面实施以后，学界和实务界都有一种强有力的观点主张，对适用速裁程序审理的案件应当实行书面审理方式，以充分体现速裁程序的效率价值，进一步减轻法院和当事人的诉讼负担。[1]但是，反对意见认为，程序正义很大程度上是通过开庭审理来实现的，如果对速裁案件实行书面审理，势必加剧公权力膨胀与私权利受到侵犯的概率，有违公正审判权的基础性要求。[2]在 2018 年修正《刑事诉讼法》时，立法者认为"开庭核实被告人认罪认罚的自愿性，有利于保证案件质量，也可增强程序正当性，符合'以审判为中心'刑事诉讼制度改革要求，故在审理方式上未作突破"。[3]实际上也就是否定了要求对速裁案件实行书面审的意见。从比较法的角度看，对部分轻微刑事案件实行书面审，在国外早就有先例。例如，1877 年《德国刑事诉讼法》就规定了处罚令程序，而后几经调整，最终在 1993 年将其适用范围拓宽至判处一年有期徒刑以下刑罚且宣告缓刑或者罚金刑等非监禁刑的案件，检察机关申请刑事处罚令的人数已经超过正式起诉的人数。[4]目前，处罚令程序在大陆法系很多国家得到了确立。[5]但是，从我国的国情出发，适用速裁程序审理的案件仍应坚持开庭审理的方式，而不宜只进行书面审理，理由是：

第一，我国的刑罚体系以自由刑为主，不仅单处附加刑的案件较少，而且缓

〔1〕　参见郑瑞平：《比较法视野下我国刑事速裁程序之完善——以处罚令制度为视角》，载《中国刑事法杂志》2016 年第 6 期，第 24 页；李倩：《诉讼分流背景下刑事速裁程序评判——以德国刑事处罚令为参照》，载《中外法学》2020 年第 1 期，第 234 页；汤火箭、郝廷婷、陶妍宇：《认罪认罚案件审判程序分流效果实证研究——以 C 市基层人民法院 3076 件认罪认罚案件为分析样本》，载《山东大学学报（哲学社会科学版）》2021 年第 3 期，第 61 页。

〔2〕　参见贾志强：《"书面审"抑或"开庭审"：我国刑事速裁程序审理方式探究》，载《华东政法大学学报》2018 年第 4 期，第 138 页；卞建林、吴思远：《刑事速裁程序的实践观察与立法展望》，载《中国政法大学学报》2019 年第 1 期，第 132 页。

〔3〕　胡云腾主编：《认罪认罚从宽制度的理解与适用》，人民法院出版社 2018 年版，第 107 页。

〔4〕　根据德国联邦司法和消费者保护部的统计，2017 年，德国地区检察官提起正式起诉的，只有 479 760 人，占犯罪嫌疑人总人数的 8.6%；而申请处罚令的为 542 644 人，占犯罪嫌疑人总人数的 9.8%。See Jorg-Martin Jehle, Criminal Justice in Germany: Facts and Figures, Published by the Federal Ministry of Justice and Consumer Protection, 7th ed. 2019, p. 20.

〔5〕　参见《荷兰刑事诉讼法》第 257a 条至第 257h 条、《意大利刑事诉讼法》第 459 条至第 464 条、《瑞士刑事诉讼法》第 352 条至第 356 条、《葡萄牙刑事诉讼法》第 392 条至第 398 条等。

刑的适用率整体较低〔1〕，这意味着，即使是可处一年有期徒刑以下刑罚的案件，实际适用的刑罚中大约有一半仍然是有期徒刑、拘役实刑。考虑到自由刑以及犯罪附随后果的严厉性〔2〕，对速裁案件适用书面审理方式，不符合宪法意义上的比例原则精神。

第二，我国刑事诉讼审前阶段控辩双方处于严重失衡状态，证据法尚未确立供述自愿性规则，80%左右的被追诉人在审前阶段没有辩护律师，在这种情况下，对适用速裁程序审理的案件坚持以开庭方式进行审理，不仅有利于督促检察机关在审查起诉阶段对案件的事实、证据、指控罪名和量刑问题进行更加严格细致的审查，充分听取犯罪嫌疑人及其律师、被害人及其诉讼代理人的意见，而且也有利于法官对被告人认罪认罚的自愿性以及认罪认罚具结书的真实性与合法性进行实质审查，防止因被告人虚假认罪认罚而导致错判。

第三，我国的速裁程序以被告人认罪认罚为前提，不是单纯的以从轻处罚换取程序简化的司法程序，而"认罚"要求重点考察被追诉人的悔罪态度和悔罪表现，开庭审理相对于书面审理更加有利于法官结合退赃退赔、赔偿损失、赔礼道歉等因素对被告人认罪、悔罪情况进行审查核实，以便在量刑时更好地贯彻罪责刑相适应原则，确保量刑公正。

2. 完善简易程序的运行规则

由于法律规定的审理期限较长、庭审的简化也符合提升司法效率的要求，在实践中简易程序成为基层人民法院审理认罪认罚案件的"最优选项"，适用率在三种审判程序中最高。基于"公正优先、兼顾效率"的价值追求以及多元诉讼程序有机衔接的需要，对简易程序的完善需要从以下三个方面着手。

第一，对简易程序的适用范围作出更加明确的限定，避免与速裁程序的适用范围重合。如果大量的认罪认罚案件同时符合简易程序和速裁程序的法定适用条件，具体适用哪一程序，完全取决于法院的选择偏好或者检察机关的建议，即使这种决定或建议形式上经过了被告人的同意，从平等适用法律原则和司法资源有

---

〔1〕 根据《中国法律年鉴》和最高人民法院司法统计，2019—2022 年，全国法院判处三年有期徒刑以下刑罚的人数虽然在 82% 以上，但判处非监禁刑的人数只占 27% 左右，而一年以下有期徒刑、拘役合计为 31%—35%；判处有期徒刑、拘役的罪犯缓刑率为 30.21%—32.82%，低于 2015—2017 年时的缓刑率四五个百分点，只有 2023 年首次达到 39.19%。但 2023 年缓刑率突然升高，疑与 2022 年全国检察机关通过羁押必要性审查专项活动大幅度降低了诉前羁押率有关，未必是正常适用认罪认罚从宽制度的结果，也未必能够长期得到维持。

〔2〕 关于犯罪附随后果，参见彭文华：《我国犯罪附随后果制度规范化研究》，载《法学研究》2022 年第 6 期；王志远：《犯罪控制策略视野下犯罪附随后果制度的优化研究》，载《清华法学》2023 年第 5 期。

效利用角度看，也是不适当的。为了避免这种现象，同时充分考虑认罪认罚从宽制度内在的公正价值追求，应当将速裁程序的适用范围压缩至可能判处一年有期徒刑以下刑罚的案件；与此同时，将简易程序的适用范围规定为可能判处一年有期徒刑以上刑罚的案件。如果不能调整法律关于速裁程序适用范围的现有规定，则应当把简易程序的适用范围修改为检察机关建议判处三年有期徒刑以上刑罚的案件。无论哪一种规定，都应将速裁程序与简易程序的适用范围明确区别开来，使二者之间相互衔接。经过上述调整之后，如果在适用速裁程序过程中发现量刑可能超出规定范围的，应当转换程序重新审理。

　　第二，完善简易程序的审理规则，确保定罪证明标准不被降低。首先，法官必须在庭前对案件是否适用简易程序的适用条件，特别是案件事实是否清楚、证据是否充分进行认真审查，确认符合简易程序的适用范围和适用条件并经被告人同意，才能决定适用简易程序；对于拟将速裁程序转换为简易程序的案件，也必须进行上述审查，并经被告人同意。其次，应当根据审判组织的不同以及案件中是否存在争议，分别适用不同的庭审规则。其中，由独任审判员适用简易程序审理的认罪认罚案件，如果在法官告知被告人诉讼权利和认罪认罚的法律规定以后，经当庭询问，确认被告人系自愿认罪认罚，且被告人及其辩护人对指控的犯罪事实、证据、罪名没有异议，法官庭前审查时以及当庭审理中均没有发现案件存在事实、证据方面的疑点，可以省略法庭调查程序，直接进入法庭辩论程序，由公诉人具体说明量刑建议及其依据，被告人及其辩护人可以依法作罪轻辩护。但是，由合议庭适用简易程序审理的认罪认罚案件，即使当庭确认被告人认罪认罚是自愿的，且被告人对指控的犯罪事实、证据、罪名没有异议，仍应依法进行法庭调查程序，由公诉人对指控的犯罪事实依法举证证明，并可适当简化举证方式和举证内容。因为合议庭中，除审判长作为主办法官已经庭前阅卷了解案件情况之外，其他法官或者陪审员对案件情况完全不了解，他们对案件的裁判结论依法应当基于法庭审理之后形成的心证，而不能简单地依赖审判长的个人意见，法庭调查是他们获取事实心证的必经程序；同时，适用合议制审理的案件，对被告人的判刑可能会在三年以上，对于量刑建议所依据的事实、情节，必须由公诉人举证加以证明和说明，合议庭才有可能对量刑建议的适当性进行实质审查并作出合理的判断。即使是独任审判员审理的案件，如果被告人或其辩护人对指控的个别事实、证据存在异议，也应当首先通过法庭调查予以审查，充分听取控辩双方的意见；必要时，法官也可以主动进行询问或讯问，甚至传唤证人、鉴定人出庭作证。无论是独任制还是合议制，如果法庭调查表明定案的主要证据（如有罪供述）可能是虚假的或者依法应予排除的，排除证据后案件定案证据不足的，应当及时转换为普通程序进行重新审理。再次，适用简易程序审理认罪认罚案件，应当保留相对完整的法庭辩论程序，以便审判人员对量刑建议的合意性、合法性、适当性进行实质审查。经法庭辩论程序充分听取控辩双方意见之后，审判人员如果认为检察机关的量刑建议"明显不当"，需要改判更轻的刑罚时，应当通知检察机关调整量刑建议。但即使没有通知检察机关调整量刑建议而直接判决更轻的适当刑罚，也仅是"程序瑕疵"，不属于"可能影响公正审判"的程序违法。〔1〕虽然立法者认为，适用简易程序审理的案件，宣读起诉书后，被告人如果不认罪，经审判人员许可，可以与公诉人进行辩论；被告人委托了辩护律师或者其他辩护人的，辩护人也可以参加辩论〔2〕，然而一旦认罪认罚的被告人"不认罪"而作无罪辩护，说明他对事先签署的认罪认罚具结书表示了反悔，法庭审理后如果认定其构成犯罪的，最终判刑时不再适用认罪认罚从宽制度，不受检察机关起诉时提交的量刑建议的限制，只是在适用程序上不需要转换。但是，如果被告人的辩护人作无罪辩护，应当转换为普通程序重新进行审理，不能继续适用简易程序。〔3〕最后，对适用简易程序审结的认罪认罚案件，尤其是判处三年以上刑罚的案件，判决书不宜采取格式文书形式，而应根据案件事实、证据、法律适用方面是否存在争议采取灵活的写作方式，其中对量刑情节的认定部分，应当全面说理，说明对某一情节从轻、减轻、免除处罚或者从重处罚的依据，特别是要对认罪认罚情况的评价作出具体说明，以便争取被告人"认罚服判"，减少上诉。

第三，强化被告人的参与权。为最大限度地避免被告人在从宽处罚的不当诱导下认罪认罚，提升程序从简的正当性，法院在适用简易程序时应当强化被告人的实质参与，尊重被告人的自主性法律地位，认可被告人的意思自治。〔4〕首先，法院拒绝被告人及其辩护人要求适用简易程序的申请应当书面说明理由，而不能仅仅根据现行《最高法解释》第359条的规定"通知"被告人及其辩护人。因为《刑事诉讼法》第217条明确赋予了被告人对简易程序的选择权，在认罪认罚案件中，尊重被告人的程序选择权，对于保证最低限度的程序公正极为重要。如果被告人或其辩护人申请适用简易程序，而法院认为案件不符合简易程序适用条件却

---

〔1〕 参见最高人民法院指导案例（第1409号）苏某花开设赌场案，载最高人民法院刑事审判第一、二、三、四、五庭编：《刑事审判参考》（2021年第3辑），人民法院出版社2021年版，第26—30页。

〔2〕 王爱立主编：《中华人民共和国刑事诉讼法释义》，法律出版社2018年版，第464页。

〔3〕 参见《最高法解释》第360条。

〔4〕 参见陈瑞华：《论程序正义的自主性价值——程序正义对裁判结果的塑造作用》，载《江淮论坛》2022年第1期，第5页。

不予说理，等于否定了被告人的程序选择权，也不利于对法院的程序裁量权加以约束。其次，对于检察机关按照普通程序提起公诉的认罪认罚案件，法院依职权决定适用简易程序时，应当依据《刑事诉讼法》第 217 条规定，"告知被告人适用简易程序的法律规定，确认被告人是否同意适用简易程序审理"。如果被告人在庭前或者开庭审查核实阶段明确表示不同意适用简易程序，法院"应当决定改为适用普通程序进行审理"。[1]在司法实践中，有的法院往往只是通知被告人适用简易程序，开庭时也不再审查核实被告人是否同意适用简易程序，只要被告人没有对简易程序的适用明确提出异议即可。这样的做法不符合立法原意，也不足以体现对被告人程序选择权的尊重。

3. 完善普通程序的运行规则

认罪认罚案件的普通程序既要区别于简易程序，也要区别于非认罪认罚案件的普通程序，实践中存在的庭审形式化、适用率偏高等问题，需要通过完善其运行规则予以解决。

第一，适当限制认罪认罚案件对普通程序的适用。

在司法实践中，部分法官把认罪认罚案件由速裁程序或简易程序转换为普通程序作为变相延长审理期限的手段，并由此导致一些本来应当通过速裁程序或简易程序及时终结的案件未能及时终结，影响了司法效率。为了遏制程序转换的恣意，减少认罪认罚案件对普通程序的适用，有必要对速裁程序、简易程序转换为普通程序的条件和程序加以限制，即法院对适用速裁程序审理的案件，除被告人当庭反悔不再认罪或者审判人员认为被告人可能不构成犯罪的案件以及符合《刑事诉讼法》第 215 条规定的情形以外，不得直接转换为普通程序；如果需要转换程序，只能转换为简易程序。对适用简易程序审理的案件，除被告人当庭反悔不再认罪或者审判人员认为被告人可能不构成犯罪的案件以及符合《刑事诉讼法》第 215 条规定的情形以外，也不得转换为普通程序。凡是需要转换为普通程序的认罪认罚案件，必须经院、庭长审批，不能由审判人员自行决定。

第二，增设相对独立的自愿性审查程序。

认罪认罚的自愿性是实体从宽、程序从快的前提条件和正当性基础。无论认罪认罚案件适用哪一种程序进行审理，审判人员都应当对被告人认罪认罚的自愿性进行认真审查。相对于适用速裁程序、简易程序的案件而言，适用普通程序审理的认罪认罚案件涉及的案件事实可能更加复杂、涉案人数可能更多、量刑建议也更重，因此对被告人认罪认罚的自愿性以及认罪认罚具结书的真实性、合法性

---

〔1〕　王爱立主编：《中华人民共和国刑事诉讼法释义》，法律出版社 2018 年版，第 463 页。

审查也应当更加严格。为了体现与简易程序、速裁程序的区别，更好地保障被告人的合法权益，对于适用普通程序审理的认罪认罚案件，宜在公诉人宣读起诉书之后、证据调查之前建立相对独立的自愿性审查程序，由审判人员在公开法庭上通过讯问被告人、询问辩护人和公诉人等方式，对被告人认罪认罚的自愿性进行审查，并核实具结书签署的真实性与合法性。根据《刑事诉讼法》第 190 条第 2 款、《认罪认罚指导意见》第 39 条和《最高法解释》第 349 条的规定，审判人员应当告知被告人的诉讼权利和认罪认罚的法律规定，并在庭前阅卷的基础上就以下问题当庭讯问被告人：（1）被告人是否自愿认罪认罚，有无因受到暴力、威胁、引诱而违背意愿认罪认罚；（2）被告人认罪认罚时的认知能力和精神状态是否正常；（3）被告人是否理解认罪认罚的性质和可能导致的法律后果；（4）人民检察院、公安机关是否履行了告知义务并听取意见；（5）值班律师或者辩护人是否提供了有效法律帮助或者辩护，并在场见证认罪认罚具结书的签署；（6）是否与被害人自愿达成调解、和解协议或者取得被害人谅解。为了便于审判人员进行认罪认罚自愿性审查，检察机关在提起公诉时除应一并提交被告人认罪认罚具结书以外，还应随案移送审查起诉阶段听取犯罪嫌疑人、辩护人或者值班律师、被害人及其诉讼代理人意见的笔录，以及犯罪嫌疑人与被害人达成的调解、和解协议和被害人谅解书等相关材料；被告人或其辩护人对认罪认罚的自愿性有异议，并且申请调取听取意见同步录音录像的，法院还应向检察机关调取检察人员在审查起诉阶段听取犯罪嫌疑人等意见的完整笔录以及同步录音录像。经审查后，如果认为被告人并不符合"自愿"认罪认罚的条件，应当核实被告人的当庭认罪态度；被告人坚持不认罪的，甚至申请排除非法供述的，审判人员应当依法决定是否启动供述合法性调查程序。虽然审前阶段被告人认罪认罚的程序存在瑕疵，但并不存在需要排除的非法证据，且被告人当庭表示自愿认罪的，可以在确认被告人自愿认罪认罚以后，开始法庭调查程序。

第三，规范认罪认罚普通程序的法庭调查和法庭辩论程序。

认罪认罚案件普通程序的法庭调查程序应当围绕认罪认罚的真实性展开。认罪认罚的真实性包括三层含义：（1）被告人所承认的犯罪必须是真实发生的，不是假案；（2）被告人必须是真实的犯罪行为人，不是替身，也没有冒用他人之名；（3）指控被告人犯特定罪行的事实、情节清楚，证据确实充分，达到定罪判刑的证明标准。认罪认罚即使是自愿的，仍然可能是不真实或者不完全真实的。[1]认罪的

---

〔1〕 夏春竹：《认罪认罚真实性分析——以 146 份裁判文书为分析样本》，载上海市法学会编：《上海法学研究》（第 21 卷），上海人民出版社 2021 年版，第 73-76 页。

真实性问题特别是被告人与犯罪行为人的同一性，是刑事诉讼的关键问题。在被追诉人不认罪的案件中，公安司法人员对行为人的同一性问题比较重视，而在认罪认罚案件中，由于被追诉人认罪认罚，加之程序简化，这一问题容易被轻视甚至忽视。从实践情况看，关于认罪认罚真实性的审查判断存在三个问题：一是对行为人的同一性认定错误，导致有罪的人逃脱法网，而无罪者被判决有罪，自首案件中更容易出现这一情况；二是部分案件认定犯罪的事实不清、证据不足，但检察机关仍然适用认罪认罚从宽制度提起了公诉；三是对自首、立功、累犯、主从犯以及犯罪金额等事实情节的认定不准确，或者遗漏了累犯或者前科记录等。[1]保障被告人认罪认罚的真实性，首先，需要检察机关在审查起诉阶段加强证据审查，并通过侦诉协作机制严格贯彻非法证据排除规则和口供补充规则，确保指控的犯罪事实、证据经得起法庭的检验。其次，需要审判人员在开庭审查前进行全面、细致、认真的审查，必要时通过庭前会议对事实、证据以及法律适用方面的争点进行整理，以便法庭审理过程中重点针对有争议的问题进行。最后，需要通过法庭审理，对案件的指控事实、证据进行全面调查，由公诉人依法向法庭履行举证责任。公诉人可以通过讯问被告人、宣读相关书面证据材料等方式，对指控犯罪事实以及相关量刑情节的存在加以证明。其中，对控辩双方无异议的证据，可以仅就证据名称及证明内容进行说明；对控辩双方有异议，或者法庭认为有必要调查核实的证据，应当出示并进行质证。在公诉人、辩护人发问之后，"审判人员可以根据具体案情，围绕定罪量刑的关键事实，对被告人认罪认罚的自愿性、真实性等进行发问，确认被告人是否实施犯罪，是否真诚悔罪"。[2]审理后如果认为检察机关指控被告人犯罪的事实不清、证据不足，法院应当依法宣告被告人无罪；如果认为检察机关指控的罪名不准确，法院有权在听取控辩双方意见后更正指控罪名。

普通程序的法庭辩论应当重点围绕检察机关量刑建议的合意性、合法性和适当性展开。量刑建议的合意性，是指认罪认罚案件的量刑建议必须建立在控辩协商的基础之上，检察机关在被追诉人签署具结书之前必须在充分保障其律师帮助权的前提下听取被追诉人关于案件事实、罪名和量刑建议的意见，不能把检察机关单方面的意见强加给被追诉人，更不能把关于量刑问题的控辩协商异化成"控

---

〔1〕　参见汪海燕：《认罪认罚案件再审问题研究》，载《比较法研究》2023年第5期，第60-61页；奚玮：《论法庭对认罪认罚案件的实质审理——基于226份再审改判案例的分析》，载《中国政法大学学报》2023年第5期，第88页；孙长永、李昭婧：《再审程序视野下认罪认罚从宽制度实证研究——基于426件再审案件的分析》，载《西南政法大学学报》2022年第3期，第52-58页。

〔2〕　《认罪认罚指导意见》第39条。

审勾兑"后被告人被迫接受的过程。量刑建议的合法性是指，认罪认罚案件的量刑建议必须贯彻罪行法定原则和刑法平等原则，坚持依法从宽，所有影响量刑的基本事实和量刑情节都必须有查证属实的证据证明。量刑建议的适当性，是指认罪认罚案件的量刑建议必须贯彻宽严相济的刑事政策和罪责刑相适应原则，做到类案之间、共同犯罪案件各被告人之间量刑均衡，充分体现被告人犯罪的社会危害性和人身危险性，切实做到量刑公正。对于经控辩双方充分辩论后发现"明显不当"的量刑建议，应当建立检察机关依法调整。检察机关不予调整，或者调整后仍然明显不当的，法院应当依法判决。审判人员应当认真听取控辩双方关于量刑建议形成过程、量刑建议的事实依据和法律依据、被告人认罪认罚情节的评价等方面的意见和建议，对量刑建议的合意性、合法性和适当性进行实质审查，绝不能因为法律规定了"一般应当采纳"，就放弃审判职责，把认罪认罚案件的法庭审理变成检察机关量刑建议的确认程序。

（三）完善认罪认罚案件审判程序的保障机制

1. 逐步实现法律援助律师辩护全覆盖[1]

保证被追诉人获得及时、有效的法律帮助，不仅是推进以审判为中心的诉讼制度改革的要求，也是确保被追诉人认罪认罚的自愿性、真实性和合法性的前提条件。为此，从解释论的角度看，应当全面贯彻《深化辩护全覆盖意见》的要求，认罪认罚案件普通程序律师辩护全覆盖落实到位，做到"从有形覆盖转向有效覆盖。……找准工作中的薄弱环节，……不断提高审判阶段律师辩护全覆盖试点工作质效"；同时根据该意见第 7 条规定，积极创造条件在审查起诉阶段推行律师辩护全覆盖工作试点。从立法论的角度看，应当在第四次修改《刑事诉讼法》时进一步扩大援助辩护的范围：一是所有被提请逮捕、指定居所监视居住的犯罪嫌疑人、被监察留置的被调查人以及法院拟决定逮捕的被告人，如果没有委托辩护人，公安司法机关均应通知法律援助机构指派辩护律师为其进行辩护；二是对适用简易程序的案件，无论是认罪认罚的被告人，还是仅仅认罪的被告人，只要没有辩护人，法院均应通知法律援助机构指派辩护律师为其进行辩护。实践已经证明，仅仅依靠值班律师的有限法律帮助，不足以维持认罪认罚从宽制度的公正运作，不利于保障被追诉人的合法权益。

2. 建立健全认罪认罚前的证据开示制度

在认罪认罚案件中落实证据开示制度，有利于犯罪嫌疑人行使"知情同意"

---

[1] 关于认罪认罚案件律师帮助制度的完善建议，详见本书第七章的论述。

的权利，保障认罪认罚的自愿性和真实性，推动被追诉人真诚地悔罪悔过。[1]目前关于认罪认罚案件的证据开示，《刑事诉讼法》等法律未作任何规定，《认罪认罚指导意见》第29条规定："人民检察院可以针对案件具体情况，探索证据开示制度，保障犯罪嫌疑人的知情权和认罪认罚的真实性及自愿性。"这一规定是授权性规定，是否开示、如何开示，完全取决于具体案件中检察官的自由裁量，不足以保障犯罪嫌疑人的知情权和认罪认罚的自愿性。为了增强认罪认罚从宽制度的公正性，有必要将这种授权性规定修改为义务性规定，并对开示的时间、内容等提出明确要求。具体而言，可以在《刑事诉讼法》第173条增加一款作为第4款，规定："犯罪嫌疑人表示愿意认罪认罚，但是没有辩护人的，人民检察院应当把准备指控的基本犯罪事实和控诉证据书面告知犯罪嫌疑人。"最高人民检察院应当在司法解释中对审查起诉阶段的证据开示明确以下具体要求：（1）在时间上，至迟应在犯罪嫌疑人签署认罪认罚具结书三日以前进行证据开示，保证犯罪嫌疑人及其律师有适当的时间对指控的犯罪事实和证据进行必要的商量。（2）在内容上，应当出示包含有罪供述、鉴定意见、关键证人的证言等直接影响定罪量刑的主要证据，并对鉴定人、证人或被害人的姓名等个人信息作出匿名处理。（3）在方式上，应当采取书面方式进行开示，并对开示过程进行同步录音录像，以避免可能发生的争议。在开示证据之后，检察机关可以再次听取犯罪嫌疑人及其律师的意见，并与律师开展量刑协商。检察机关适用认罪认罚从宽制度提起公诉的案件，应当将《认罪认罚案件证据开示通知书》一并移交法院，以便审判人员对认罪认罚过程特别是量刑协商的合法性进行实质审查。对于检察机关未经证据开示程序提起公诉的认罪认罚案件，审判人员有权要求检察机关补充履行证据开示的手续后重新提起公诉，并在法庭审理过程中要求公诉人对被告人认罪认罚的自愿性、真实性、合法性加以证明。检察机关应当把证据开示程序是否规范作为对检察官业绩考核的重要内容之一。

3. 废除"一般应当采纳"的法律规定

为了在认罪认罚案件中体现"以审判为中心"的诉讼制度改革精神，确保人民法院依法独立、公正地行使审判权，应当废除《刑事诉讼法》第201条关于"一般应当采纳"的规定。从理论上说，"一般应当采纳"的规定违反了"人民法院依法独立行使审判权"的宪法规则和诉讼法基本原理，因为它赋予了检察机关量刑建议对于法院裁判的约束力，违反了控审分离、审判中立等原则，违背了以审

---

〔1〕　参见陈国庆：《适用认罪认罚从宽制度的若干问题》（下），载《法制日报》2019年12月4日，第9版。

判为中心的诉讼制度改革要求和"由审理者裁判、让裁判者负责"的司法责任制精神。[1]即使在答辩交易制度极为发达的美国,法官的量刑决定权也不受检察官量刑建议的约束。[2]从我国的司法实践情况看,检察官的量刑能力普遍弱于法官,且量刑协商过程尚不能做到平等协商,认罪认罚案件的量刑情节经庭审以后还可能发生变化,机械地要求法院对认罪认罚案件"一般应当采纳"指控罪名和量刑建议,容易导致认罪认罚案件庭审走过场,影响案件处理的公正性,甚至导致错案。

4. 完善办案机关绩效考核制度

中共中央办公厅《关于加强法官检察官正规化专业化职业化建设全面落实司法责任制的意见》明确要求"建立健全司法绩效考核制度"。为此,检法两家均把司法绩效考核作为促进司法责任落实,推动员额法官、检察官勤勉尽责的基本手段。[3]认罪认罚从宽制度的适用情况,也是考核的重要内容之一。在实施考核的过程中,一些考核指标的设置不太符合客观实际,对司法公正产生了不良影响。因此,司法机关近年来多次对考核指标体系进行了修改[4],总体上看,越来越完善,但仍有进一步改进的空间。实践证明,如何通过绩效考核引导认罪认罚案件审判程序的规范适用,关键在于对考核指标进行科学、合理地设计,主要包括:(1)科学设置法院内部的定量考核指标。以办案数量作为基本的考核指标,并根

---

[1] 参见陈卫东:《认罪认罚案件量刑建议研究》,载《法学研究》2020年第5期,第161页。

[2] 参见[英]琼·E.雅各比、爱德华·C.拉特利奇:《检察官的权力——刑事司法系统的守门人》,张英姿、何湘萍等译,法律出版社2020年版,第140页。

[3] 龙宗智:《试论建立健全司法绩效考核制度》,载《政法论坛》2018年第4期,第3-15页。

[4] 例如,2020年1月,最高人民检察院首次印发《检察机关案件质量主要评价指标》,建立了以"案-件比"为核心的案件质量评价指标体系,并于2021年10月进行了第一次修订。2022—2023年,最高人民检察院在征求意见的基础上,对上述指标体系再次进行了修订,并于2023年3月30日印发实施。2023年下发的《评价指标》将指标从原来的60项精简为46项,涵盖"四大检察"主要案件类型、主要办案活动、主要诉讼流程以及提起公诉、抗诉、检察建议、公益诉讼等所有检察监督方式。与认罪认罚从宽制度密切相关的是,在审查逮捕业务方面,保留了不捕率、不捕复议/复核改变率两项指标,删去了捕后不诉率和捕后判轻缓刑、免予刑事处罚率两项指标。在审查起诉业务方面,设置了不诉率、不诉复议/复核改变率、认罪认罚适用率、确定刑量刑建议采纳占比率、诉前羁押率、撤回起诉率、无罪判决率7项指标,其中"确实刑量刑建议采纳占比率"系原来的"确定刑量刑建议提出率"和"确定刑量刑建议采纳率"两项指标合并而来,同时设定了85%的通报值;增设诉前羁押率指标通报值为35%;删去了免予刑事处罚率、促成当事人双方和解率和开展追赃挽损工作率3项指标,参见中国军:《新修订的〈检察机关案件质量主要评价指标〉的理解与适用》,载《人民检察》2023年第11期,第25-28页。2024年1月,最高人民检察院再次修订了《评价指标》,检察机关案件质量评价指标进一步精减为38项,通报指标也减为6项,其中与认罪认罚案件直接相关的办案指标只保留了整体适用率通报标准和确定刑量刑建议采纳占比率考核指标两项,参见常璐倩:《最高检对〈检察机关案件质量主要评价指标〉再修订》,载《检察日报》2024年1月17日,第1版。

据案件的难易程度、具体类型等匹配相应的系数，在法院的绩效考核中相当多见。如果不同审判程序的系数悬殊太大，势必影响相对简化的审判程序的适用，但如果彼此不存在差距，又不符合投入与产出之间的正比例关系。根据"按劳分配"原则和审判程序的价值目标（公正优先、兼顾效率），通过系数与加分项相结合的方式确定考核指标，似乎更加符合司法人员的心理期待和公平公正的要求。

（2）以认罪认罚相关事项优化审判质量考核指标。司法公正主要通过审判质量得以显现，因而只有合理设置审判质量考核指标才能规避法官以量取"胜"、忽视办案质量的错误倾向。[1]在司法实践中，法院对审判质量的考核通常表现在案件错误方面，即法官故意违反法律法规，或者因过失导致裁判结果有误并造成一定后果。从课题组调研的情况看，大多数法院对审判中的错误都设置了固定分值，但有的考核事项采取"一票否决制"，只要有一例错案，此项分值为零；有的事项实行错误的比例控制，例如错误率超过 0.5%，此项得分为零。此外，对审判业务部门也设置了案件错误的考核指标，其考核方式与对法官的个人考核基本一致。如何保证审判质量的考核符合审判权的运行规律和认罪认罚案件审判程序的实际需要，这是司法实践中的一大难题。基于公正性、合理性等多种因素考虑，扣分项目应当精减，加分项目应当增加，业绩考核的总体导向应当是鼓励和激励，以防止挫伤办案人员的积极性。即使在需要扣分的情况下，也要充分考虑法官的主观过错、认错态度等，且零星的、一般过错不宜与职级升迁、奖惩等过度挂钩，更不能轻易地追究党纪、政纪或刑事责任。例如，审理过程中未充分审查认罪认罚的自愿性或者认罪认罚具结书的真实性、合法性，导致案件事实、情节认定错误或者量刑不当，被上级法院改判或者发回重审的，对主审法官应当予以扣分，但如果法官并无主观故意或违法情形，不宜另行追究纪律责任或法律责任。

（3）调整检察机关的内部考核指标。随着认罪认罚从宽制度的全面实施，检察机关适用率、确定刑量刑建议的提出率、量刑建议的采纳率等纳入考核指标，同时把被告人的服判自诉率、抗诉率作为加分项目，这些指标往往被层层加码，导致基层检察官承受巨大压力，以至于不少检察官围绕考核指标做文章，只做考核加分的工作，不重视办案质量，更不重视协商程序和审判程序的公正性。从保障认罪认罚案件公正审理的角度来看，检察机关应当将法院是否适用认罪认罚具结书中载明的审判程序作为内部考核指标之一，同时废止对认罪认罚案件确定刑量刑建议的考核指标以及量刑建议采纳率的考核指标，加强对检察业务的综合评价，切实提高认罪认罚案件的办案质效，增强认罪认罚从宽制度实施的公正性。

---

〔1〕　参见龙宗智：《试论建立健全司法绩效考核制度》，载《政法论坛》2018 年第 4 期，第 12 页。

第七章
认罪认罚案件的律师参与

认罪认罚意味着被追诉人放弃了法律赋予的一系列诉讼权利，也在一定程度上意味着控辩双方的关系从对抗走向合作。为确保被追诉人自愿、明知、明智地认罪认罚，在认罪认罚案件中应该有律师的有效参与。最高人民检察院时任副检察长孙谦在 2016 年 11 月召开的检察机关刑事案件认罪认罚从宽试点工作部署会议上提出，强化当事人的主体地位、保障其诉讼权利是认罪认罚从宽制度能否取得实效的关键，要确保犯罪嫌疑人在获得及时、充分、有效的法律帮助的前提下自愿认罪认罚。[1] 法学界对认罪认罚案件中的律师参与问题也非常重视，在认罪认罚从宽制度试点期间和全面实施以后，多家学术机构为此举办了专门的研讨会。[2] 本章拟从规范、实践等方面，对认罪认罚案件的律师参与问题予以考察，并对实践中存在的问题进行分析，在此基础上，提出完善认罪认罚案件律师参与的相关建议。

一、认罪认罚案件律师参与的规范分析

认罪认罚案件的律师参与有两种类型，即辩护律师和值班律师，其中，辩护律师又可以分为两种情况，即委托辩护律师和法律援助辩护律师。在上述三种情形下，认罪认罚案件律师参与的规范依据是不同的，以下分别予以论述。

---

[1] 参见孙谦：《关于检察机关开展"刑事案件认罪认罚从宽制度"试点工作的几个问题》，载陈国庆主编：《刑事司法指南》（总第 68 集），法律出版社 2017 年版，第 9 页。

[2] 例如，2016 年 5 月 22 日，中国刑事诉讼法学研究会刑事辩护专业委员会成立大会暨"认罪认罚从宽制度中的律师"研讨会在京举行，参见祁建建：《"认罪认罚从宽制度中的律师"研讨会综述》，载《中国司法》2016 年第 7 期，第 35-38 页；2017 年 5 月 13 日，中国刑事诉讼法学研究会刑事辩护专业委员会和华南师范大学法学院、律师学院共同举办的"刑事诉讼制度改革背景下值班律师制度的构建"研讨会在华南师范大学举行；2022 年 11 月 6 日下午，由浙江工业大学法学院主办、浙江工业大学律师学院承办的"认罪认罚视角下辩护权的保障与功能发挥"研讨会在杭州举行。

（一）认罪认罚案件值班律师的参与

1. 认罪认罚案件值班律师参与的规范演进

值班律师是我国法律领域的"舶来品"。2006 年，联合国开发计划署与中国商务部、司法部联合在河南省修武县启动了法律援助值班律师制度试点项目，该项目经过一年半时间的运行，取得了良好的效果。2008 年 3 月，河南省将法律援助值班律师制度试点工作扩大到 20 个市（县）。在河南试点经验的基础上，[1]司法部于 2010 年决定在全国范围内推行法律援助值班律师制度。[2]上海、山东、广东、福建等地也陆续开展了法律援助值班律师制度的试点。然而，由于缺乏统一规划和相关配套措施，各地的试点进展情况不同。

2014 年，中央深化司法体制改革领导小组正式将"在法院、看守所设置法律援助值班律师办公室"列为司法体制改革的重要内容，将法律援助值班律师制度纳入国家司法体制改革的整体框架之中。[3]2014 年 8 月 22 日，最高人民法院、最高人民检察院、公安部、司法部联合印发《速裁程序试点办法》，在北京、上海等 18 个城市进行刑事案件速裁程序的试点工作。《速裁程序试点办法》第 4 条规定："建立法律援助值班律师制度，法律援助机构在人民法院、看守所派驻法律援助值班律师。犯罪嫌疑人、被告人申请提供法律援助的，应当为其指派法律援助值班律师。"随着速裁程序试点改革的推进，我国法律援助值班律师制度逐步确立。

2015 年 6 月 29 日，中共中央办公厅、国务院办公厅联合印发《关于完善法律援助制度的意见》，在"扩大法律援助范围"部分有三项要求，其中一项为"加强刑事法律援助工作"，要求建立法律援助值班律师制度，法律援助机构在法院、看守所派驻法律援助值班律师。与《速裁程序试点办法》一样，《关于完善法律援助制度的意见》对于如何建立法律援助值班律师制度未予明确。

2015 年 12 月 22 日，最高人民法院、最高人民检察院、公安部、司法部联合印发的《刑事案件速裁程序试点工作座谈会纪要（二）》要求充分发挥法律援助值班律师作用，具体包括公安司法机关应及时告知被追诉人有权获得法律帮助，看守所在被追诉人有法律帮助的需要时，应通知值班律师提供法律帮助，并为值班律师及时会见被追诉人提供便利。此外，法律援助机构还要做好值班律师选任、

〔1〕参见王淑华、张艳红：《探索建立中国法律援助值班律师制度》，载《中国司法》2009 年第 5 期，第 89-92 页。

〔2〕参见李本森：《刑事速裁程序研究》，中国政法大学出版社 2020 年版，第 232 页。

〔3〕参见王爱立主编：《〈中华人民共和国刑事诉讼法〉修改与适用》，中国民主法制出版社 2018 年版，第 80 页。

经费保障等相关配套工作。

2016 年 11 月 16 日，最高人民法院、最高人民检察院、公安部、国家安全部、司法部联合发布的《认罪认罚试点办法》用三个条文对值班律师有关问题予以规定，具体包括值班律师的产生、职责以及提供法律帮助的方式、侦查机关和检察机关听取值班律师意见，以及值班律师在犯罪嫌疑人签署具结书时在场等方面的内容。《认罪认罚试点办法》首次对值班律师的产生以及如何提供法律帮助等问题作出明确且可操作的规定。

2017 年 2 月，最高人民法院发布的《关于全面推进以审判为中心的刑事诉讼制度改革的实施意见》要求法院"配合有关部门逐步扩大法律援助范围，健全法律援助值班律师制度，为派驻人民法院的值班律师提供办公场所及必要的工作条件"。

2017 年 8 月，最高人民法院、最高人民检察院、公安部、国家安全部、司法部联合发布的《关于开展法律援助值班律师工作的意见》（以下简称《值班律师意见》，该意见目前已被废止）对值班律师的派驻、职责、提供法律帮助的时机和方式以及值班律师的人选、管理和职业伦理等问题作出了系统规定。

2017 年 10 月 11 日，最高人民法院、司法部联合发布《律师辩护全覆盖试点办法》，在北京、上海、浙江、安徽、河南、广东、四川、陕西等地开展刑事案件律师辩护全覆盖试点工作。2018 年 12 月，最高人民法院、司法部联合发布《关于扩大刑事案件律师辩护全覆盖试点范围的通知》，决定将刑事案件律师辩护全覆盖试点期限延长，工作范围从原来的 8 个省（直辖市）扩大到全国 31 个省（自治区、直辖市）和新疆生产建设兵团，并对第一批试点的 8 个省（直辖市）和后续试点的 23 个省（自治区、直辖市）以及新疆生产建设兵团提出了不同的要求。《律师辩护全覆盖试点办法》扩大了法律援助在刑事诉讼中的适用范围，确保所有的被告人在审判阶段都能获得律师（包括辩护律师和值班律师）的法律帮助。

2018 年 10 月 26 日，全国人大常委会第六次会议通过了《关于修改〈中华人民共和国刑事诉讼法〉的决定》，在总结试点经验的基础上，《刑事诉讼法》第 36 条正式在立法上确立了法律援助值班律师制度，对值班律师的派驻、值班律师在何种情况下提供法律帮助、值班律师的职责以及法院、检察院和看守所的告知义务和提供便利义务予以规定。

2019 年 10 月，最高人民法院、最高人民检察院、公安部、国家安全部、司法部联合发布的《认罪认罚指导意见》对值班律师的派驻、值班律师的职责、值班律师会见被追诉人、查阅案卷材料等提供法律帮助的具体程序、值班方式以及法律帮助的衔接等问题予以明确，并要求公安司法机关在不同诉讼环节听取值班律师的意见。

2019 年 12 月，最高人民检察院发布的《最高检规则》关于值班律师的规定主要集中在第十章"审查逮捕和审查起诉"的第二节"认罪认罚从宽案件办理"中，该节对值班律师提供法律帮助的具体程序、检察机关如何听取值班律师的意见等问题予以规定。

2020 年 7 月，公安部发布的《公安部规定》仅有一个条文与值班律师有关，主要是看守所在何种情形下承担告知义务和提供便利义务，以及在符合条件的被追诉人要求会见值班律师时，看守所应当在 24 小时内通知值班律师。《公安部规定》将看守所承担告知义务和提供便利义务的情形限定为被追诉人没有委托辩护人或者法律援助机构没有为其指派律师提供辩护。

2020 年 9 月，最高人民法院、最高人民检察院、公安部、国家安全部、司法部联合发布的《值班律师办法》在对何谓值班律师、如何派驻值班律师等问题予以界定的基础上，对值班律师的工作职责、工作程序以及工作保障等予以详细规定。

2020 年 12 月，最高人民法院发布的《最高法解释》有四个条文涉及值班律师相关内容，主要包括法院的告知义务、提供便利义务和转交或者通知义务，审判环节值班律师如何查阅案卷材料以及审查检察院是否随案移送听取值班律师意见的笔录等内容。

2021 年 8 月，十三届全国人大常委会第三十次会议通过的《法律援助法》，对值班律师的派驻、值班律师的职责以及公安司法机关的告知义务和提供便利义务等内容予以规定。

2022 年 10 月，最高人民法院、最高人民检察院、公安部、司法部联合发布的《深化辩护全覆盖意见》要求实质发挥值班律师法律帮助作用，具体从完善值班律师派驻、落实权利告知、及时通知值班律师、切实保障值班律师权利、值班律师依法履行职责和值班律师的控告申诉等六个方面提出要求。

以上是从宏观方面对认罪认罚案件值班律师参与的规范予以梳理。可以发现，随着认罪认罚从宽制度改革的推进，认罪认罚案件值班律师参与的制度规范逐步完善。从立法和相关规定来看，关于值班律师的用语与辩护律师存在明显区别。那么，何谓值班律师？对此，可以从值班律师的定位、职责和提供法律帮助的方式等方面予以考察。

2. 认罪认罚案件值班律师的法律定位

《认罪认罚试点办法》对何谓值班律师未予明确，但明确规定被追诉人自愿认罪认罚且没有辩护人的，公安司法机关应当通知值班律师为其提供法律帮助。

据此，值班律师是在被追诉人没有辩护人的情况下为其提供法律帮助的律师。

《律师辩护全覆盖试点办法》同样对何谓值班律师未予规定，但规定在两种情况下值班律师为被告人提供法律帮助，一是主动提供型，即对于适用简易程序、速裁程序审理的案件，被告人没有辩护人的，法院应当通知法律援助机构派驻的值班律师为其提供法律帮助；二是申请提供型，即在委托辩护或者指定辩护之前，被告人及其近亲属提出法律帮助请求的，法院应当通知值班律师为其提供法律帮助。

与《认罪认罚试点办法》一样，《刑事诉讼法》对何谓值班律师也未予规定，但从相关条文来看，值班律师是在被追诉人没有辩护人（包括法律援助机构指派的辩护律师）的情况下为被追诉人提供法律帮助的律师。从立法将值班律师和辩护人的职责等分别予以规定来看，值班律师和辩护人属于不同的诉讼角色。根据《刑事诉讼法》第108条的规定，辩护人属于诉讼参与人，而值班律师不属于。根据全国人大相关立法人士的解释，法律援助值班律师是一种"急诊律师"，主要是在犯罪嫌疑人、被告人没有辩护人的情况下，作为委托或者指定辩护人的补充，尽快为其提供必要的法律帮助，弥补犯罪嫌疑人、被告人没有辩护人的缺陷。[1]

《值班律师办法》首次对何谓值班律师予以界定，具体包含以下内容：一是值班律师是法律援助机构指派（派驻或者安排）的律师；二是值班律师的服务对象具有广泛覆盖性，即所有没有辩护人的犯罪嫌疑人、被告人；三是值班律师的服务内容是提供法律帮助；四是法律援助机构在看守所、检察机关、法院均可以设立法律援助工作站。[2]也就是说，值班律师是法律援助机构指派的为没有辩护人的被追诉人提供法律帮助的律师。

根据《法律援助法》第22条的规定，值班律师法律帮助是与刑事辩护及代理相并列的法律援助服务形式。[3]这一规定从法律援助服务形式的角度，再次区分了值班律师与法律援助辩护律师。

从上述规定可以发现，无论是立法，抑或改革文件，均强调在被追诉人没有

---

〔1〕 参见王爱立主编：《〈中华人民共和国刑事诉讼法〉修改与适用》，中国民主法制出版社2018年版，第82页。

〔2〕 参见罗庆东、周颖：《〈法律援助值班律师工作办法〉的理解与适用》，载《人民检察》2021年第2期，第48-49页。

〔3〕 参见张勇、熊选国主编：《〈中华人民共和国法律援助法〉释义》，法律出版社2021年版，第76页。

辩护人的情况下通知值班律师为其提供法律帮助，[1]这就意味着立法、改革文件"刻意"区分了值班律师与辩护人，值班律师的法律定位与辩护律师存在差别。

3. 认罪认罚案件值班律师的职责

《认罪认罚试点办法》第 5 条要求"保障犯罪嫌疑人、被告人获得有效法律帮助，确保其了解认罪认罚的性质和法律后果，自愿认罪认罚"，并且首次对值班律师的职责予以明确，即为被追诉人提供法律咨询、程序选择、申请变更强制措施等法律帮助，在检察机关听取值班律师意见时，就定罪量刑以及程序适用等问题提出意见。此外，犯罪嫌疑人签署认罪认罚具结书，应当在辩护人或者值班律师在场的情况下进行。[2]

《值班律师意见》第 2 条对值班律师的职责进一步予以细化，明确在认罪认罚从宽制度试点中，值班律师除提供法律咨询、程序选择、申请变更强制措施等法律帮助以及在被追诉人签署具结书时在场外，还要对检察机关定罪量刑建议提出意见。此外，《值班律师意见》第 2 条首次明确规定"法律援助值班律师不提供出庭辩护服务"，将刑事案件速裁程序试点工作座谈会上的共识通过改革文件的形式予以确认。[3]

《刑事诉讼法》第 36 条和第 37 条分别规定了值班律师和辩护人的职责。根据第 36 条的规定，值班律师是没有辩护人的被追诉人的法律帮助者，为被追诉人"提供法律咨询、程序选择建议、申请变更强制措施、对案件处理提出意见等法律帮助"。此外，犯罪嫌疑人签署认罪认罚具结书时，值班律师（在犯罪嫌疑人没有辩护人的情况下）也应当在场。[4]从关于庭前送达出庭通知书、当庭宣读出庭人员名单的规定来看，值班律师不能出庭提供法律帮助。《中华人民共和国刑事诉讼法（修正草案）》曾规定："犯罪嫌疑人、被告人没有委托辩护人，法律援助机构没有指派律师为其提供辩护的，由值班律师为犯罪嫌疑人、被告人提供法律

---

〔1〕　最高人民检察院检察官认为，之所以强调在被追诉人没有辩护人的情况下才通知值班律师为其提供法律帮助，是因为辩护律师提供的服务范围更为广泛和完备，而且相对于值班律师的法律帮助，其辩护服务贯穿整个诉讼过程，对于犯罪嫌疑人、被告人已经委托了辩护人的，或者因为符合法律援助条件法律援助机构已经指定律师为其提供辩护的，可以不再由值班律师为其提供法律帮助。参见童建明、万春主编：《〈人民检察院刑事诉讼规则〉条文释义》，中国检察出版社 2020 年版，第 277 页。

〔2〕　参见《认罪认罚试点办法》第 10 条。

〔3〕　2015 年 1 月 8 日在北京召开了刑事案件速裁程序试点工作座谈会，会议形成的《刑事案件速裁程序试点工作座谈会纪要》曾明确规定，试点期间，值班律师不承担出庭辩护的职责。参见吴小军：《我国值班律师制度的功能及其展开——以认罪认罚从宽制度为视角》，载《法律适用》2017 年第 11 期，第 111 页。

〔4〕　参见《刑事诉讼法》第 174 条。

咨询，程序选择建议，代理申诉、控告，申请变更强制措施，对案件处理提出意见等辩护。"但在后来公布的《中华人民共和国刑事诉讼法（修正草案）（二次审议稿）》中，上述规定中的"等辩护"被修改为"等法律帮助"，并最终成为正式的立法规定。这说明，《刑事诉讼法》对值班律师与辩护人的定位是不同的，由此导致两者在职责上也有所不同。

《认罪认罚指导意见》第 12 条进一步细化了值班律师的职责，包括宏观上确保被追诉人自愿认罪认罚，以及微观上提供法律咨询、提出程序适用的建议、申请变更强制措施以及对公安司法机关提出意见等七个方面的内容。

《值班律师办法》第 6 条关于值班律师职责的规定，基本上是对以往规定的细化，但增加了一项，即向被追诉人释明认罪认罚的性质和法律规定。

通过上述梳理，可以发现，关于认罪认罚案件中值班律师职责的规定虽然有粗有细，但基本内容是一致的。与辩护人相比，值班律师的职责不包括出庭辩护，也不包括提出被追诉人无罪、罪轻或者减轻、免除刑事责任的材料。

4. 认罪认罚案件值班律师如何提供法律帮助

值班律师何时向被追诉人提供法律帮助，以及具体通过何种方式提供法律帮助等细节问题，对于能否实现"有效法律帮助"至关重要。

第一，值班律师向被追诉人提供法律帮助的时机。根据我国法律规定，被追诉人的口供是一种重要的证据，在被追诉人认罪后，如果没有充分的理由翻供，其之前的认罪供述仍能作为证据使用。这里所谓的"充分理由"，一般是指可以通过非法证据排除规则排除先前的口供。然而，由于我国非法口供排除规则采取的是"宽禁止，严排除"的模式，对口供的排除，强调非法讯问方法对被追诉人造成"剧烈"的"疼痛或者痛苦"，[1]加上制度和机制等一系列其他方面的原因，[2]被追诉人一旦认罪，其先前的有罪供述将很难排除。在这一背景下，值班律师何时能够向被追诉人提供法律帮助，意义重大。

《刑事诉讼法》第 36 条仅规定公安司法机关应当"告知"被追诉人有权约见值班律师。对于"何时"告知以及"如何"告知等问题，则未予明确。

《认罪认罚指导意见》第 10 条规定，公安司法机关应当"告知"被追诉人有权约见值班律师，获得法律帮助，但对于"何时"告知则未予明确。根据《认罪认罚指导意见》的规定，在两种情形下公安司法机关应当"通知"值班律师为被

---

〔1〕 参见龙宗智：《我国非法口供排除的"痛苦规则"及相关问题》，载《政法论坛》2013 年第 5 期，第 16-18 页。

〔2〕 参见王彪：《法官为什么不排除非法证据》，载陈兴良主编：《刑事法评论》（第 36 卷），北京大学出版社 2015 年版，第 599-619 页。

追诉人提供法律帮助，一是被追诉人自愿认罪认罚且没有辩护人的；二是被追诉人及其近亲属提出法律帮助请求的，但"何时"通知以及"如何"通知等则未予明确。

《最高检规则》第 267 条对检察机关通知值班律师提供法律帮助的时间予以规定，即犯罪嫌疑人自愿认罪认罚且没有辩护人的，检察机关应当"要求"公安机关"通知"（审查逮捕阶段）值班律师为其提供法律帮助或者自行"通知"（审查起诉阶段）值班律师为其提供法律帮助。这就意味着检察机关"通知"值班律师为犯罪嫌疑人提供法律帮助的前提是犯罪嫌疑人"已经"自愿认罪认罚，是先有认罪认罚，再有值班律师提供法律帮助的问题。

《公安部规定》第 49 条规定，被追诉人入所羁押时没有辩护人的，看守所应当"告知"其有权约见值班律师，获得法律帮助。没有辩护人的被追诉人，向看守所"申请"由值班律师提供法律帮助的，看守所应当在二十四小时内"通知"值班律师。这一规定没有区分是否已经认罪认罚，仅强调被追诉人没有辩护人这一点。由于看守所"相对"中立，由看守所履行"告知"和"通知"义务，有助于被追诉人"及时"获得值班律师的法律帮助。

《值班律师办法》第 12 条、第 13 条分别规定，公安司法机关应当在侦查、审查起诉和审判各阶段分别"告知"没有辩护人的被追诉人有权约见值班律师获得法律帮助；在被追诉人入所时，看守所应当通过在押人员权利义务告知书告知被追诉人有权约见值班律师获得法律帮助，并为其约见值班律师提供便利。需要注意的是，前一诉讼程序被追诉人明确拒绝值班律师法律帮助的，后一诉讼程序的办案机关仍需"告知"其有权获得值班律师法律帮助的权利。被追诉人没有辩护人且不符合法律援助机构指派律师为其提供辩护的条件，要求约见值班律师的，公安司法机关应当及时"通知"法律援助机构安排。[1]这就意味着，没有辩护人的被追诉人一旦约见值班律师，就可以获得值班律师的法律帮助。

《最高法解释》第 44 条规定，被告人没有辩护人的，法院应当"告知"其有权约见值班律师。法院收到在押被告人提出的法律帮助申请，应当及时"通知"值班律师。

《法律援助法》第 37 条规定，公安司法机关应当"告知"没有辩护人的被追诉人有权约见值班律师，但对于"何时"告知以及"如何"告知等未予明确。参与立法起草的工作人员认为，告知被追诉人有权约见值班律师时，应当及时、明确和详细告知，让被追诉人清晰地知悉值班律师提供的法律帮助内容、约见的时

---

〔1〕　参见《值班律师办法》第 14 条和第 15 条。

间和方式等。[1]

《深化辩护全覆盖意见》规定，公安司法机关应当在侦查、审查起诉、审判各阶段分别"告知"没有辩护人的被追诉人有权约见值班律师获得法律帮助。前一诉讼程序被追诉人拒绝值班律师法律帮助的，后一诉讼程序的办案机关仍需"告知"其有权获得值班律师的法律帮助。没有辩护人的被追诉人"申请"约见值班律师的，公安司法机关可以"直接送达"现场派驻的值班律师或"即时通知"电话、网络值班律师。不能直接安排或即时通知的，应当在"二十四小时"内将法律帮助通知书送达法律援助机构。法律援助机构应当在收到法律帮助通知书之日起"两个工作日"内"确定"值班律师，并将值班律师姓名、单位、联系方式"告知"办案机关。

根据上述规定，关于值班律师何时为被追诉人提供法律帮助的问题，逐步从一种情况演变为两种情况，最初强调被追诉人认罪认罚后，公安司法机关应当通知值班律师为其提供法律帮助，后来增加一种情形，即被追诉人及其近亲属提出法律帮助请求的，公安司法机关也应当通知值班律师为被追诉人提供法律帮助。这就意味着被追诉人在没有认罪认罚的情况下，可以向值班律师咨询案件相关问题，进而再决定是否认罪认罚，有助于被追诉人在获得法律帮助的情况下，经过"深思熟虑""权衡利弊"后决定是否认罪认罚，从而有利于确保认罪认罚的自愿性、明知性和明智性。

第二，值班律师如何会见被追诉人。值班律师提供有效法律帮助的前提是充分了解案情，而了解案情往往是从会见被追诉人开始的。此外，由于值班律师没有与被追诉人建立固定的委托关系，值班律师为被追诉人提供法律帮助一般也是从会见被追诉人开始的。因此，值班律师如何会见被追诉人是一个事关法律帮助是否有效的重要问题。

《刑事诉讼法》第36条规定，被追诉人有权"约见"值班律师，对于值班律师能否"主动"会见被追诉人则未予规定。有检察官认为，这主要是考虑到值班律师不同于辩护律师，后者的工作模式是接受委托或者指派后主动为犯罪嫌疑人提供服务，参与整个案件诉讼过程，而值班律师是以固定的时间和地点被动等待被追诉人的咨询，而非追踪、参与整个诉讼过程。[2]根据全国人大常委会立法人

---

[1] 参见张勇、熊选国主编：《〈中华人民共和国法律援助法〉释义》，法律出版社2021年版，第152页。

[2] 参见王建平：《关于刑事诉讼法修改中的检察机关相关问题》，载王爱立主编：《〈中华人民共和国刑事诉讼法〉修改与适用》，中国民主法制出版社2018年版，第19页。

士对该条中"提供便利"的解释，〔1〕值班律师只能"被动"会见被追诉人。从法律规范的用语来看，对值班律师用的是"约见"，"约见"的主体是被追诉人；对辩护律师用的是"会见"，"会见"的主体是辩护律师〔2〕，因而"约见"与"会见"是不同的。

《认罪认罚指导意见》第12条首次规定值班律师可以"会见"被追诉人，当然，被追诉人也有权"约见"值班律师。

《最高检规则》第268条和《公安部规定》第49条的规定与《刑事诉讼法》第36条一样，即犯罪嫌疑人有权"约见"值班律师，对于值班律师能否主动"会见"犯罪嫌疑人则未予规定。

《值班律师办法》第6条规定："值班律师办理案件时，可以应犯罪嫌疑人、被告人的约见进行会见，也可以经办案机关允许主动会见。"

《最高法解释》第44条仅规定被追诉人有权"约见"值班律师。

《法律援助法》第37条规定没有辩护人的被追诉人有权"约见"值班律师，且公安司法机关应当为值班律师"会见"提供便利。

《深化辩护全覆盖意见》规定，被追诉人申请"约见"值班律师的，公安司法机关应当及时通知值班律师并为值班律师与被追诉人会见提供便利。此外，公安司法机关应当依法保障值班律师会见等诉讼权利，值班律师会见被追诉人时不被监听。

根据上述规定，值班律师会见被追诉人的方式，逐步从接到"通知"后"被动"会见被追诉人这种单一方式，演变为包括"主动"会见被追诉人在内的两种方式。然而，由于被追诉人与值班律师之间没有固定的联系，值班律师的值班方式也具有流动性等特征，值班律师即使可以"主动"会见被追诉人，也面临不知道会见"哪一位"被追诉人的问题；即使知道其之前提供法律帮助的被追诉人有继续获得法律帮助的需求，但由于值班方式的流动性，也很可能无法再继续作为值班律师会见被追诉人。

第三，值班律师如何查阅案卷。由于被追诉人可能隐瞒真相、表述不清且被追诉人无法自行查阅案卷等原因，值班律师仅通过会见被追诉人难以全面了解案

---

〔1〕 所谓的"提供便利"，包括在犯罪嫌疑人、被告人提出约见值班律师的要求时，及时为他们提供值班律师名册、联系方式；及时将犯罪嫌疑人、被告人的约见要求转告值班律师等；在人民法院、看守所等场所内为约见提供必要的场地、设施。参见李寿伟主编：《〈中华人民共和国刑事诉讼法〉解读》，中国法制出版社2018年版，第84页。

〔2〕 理论界与实务界一般根据《刑事诉讼法》第39条的字面意思，将会见权仅仅定位为"律师会见在押嫌疑人、被告人"，参见陈瑞华：《刑事辩护的理念》，法律出版社2021年版，第391页。

件情况。因此，为确保提供法律帮助的有效性，值班律师应当查阅案卷。

《速裁程序试点办法》《认罪认罚试点办法》《值班律师意见》《律师辩护全覆盖试点办法》等对值班律师查阅案卷问题没有规定。《刑事诉讼法》对值班律师查阅案卷问题也没有规定，但规定检察机关听取值班律师意见的，应当提前为值班律师了解案件有关情况提供必要的便利。何谓"必要的便利"？全国人大常委会法工委立法人士认为，这些便利包括允许值班律师阅卷、会见犯罪嫌疑人、向值班律师介绍案件有关情况及证据材料等。〔1〕有检察官认为，由于值班律师与辩护律师的定位有所区别，刑事诉讼法未写明值班律师具有阅卷权，而是赋予了人民检察院自由裁量权，决定通过何种方式为值班律师了解案件有关情况提供便利。〔2〕可见，对于何谓"必要的便利"有不同的解读。笔者认为，值班律师"了解案件有关情况"的方式有多种，结合辩护律师了解案件情况的途径来看，阅卷当然是其中的一种。

《认罪认罚指导意见》第 12 条首次明确规定，自检察机关对案件审查起诉之日起，值班律师可以"查阅"案卷材料、了解案情。此处规定与有关辩护律师阅卷权的规定有所不同，即明确值班律师可以"查阅"案卷材料，未规定其可以"摘抄、复制"案卷材料。据最高人民检察院检察官介绍，之所以如此规定，主要是考虑到值班律师与辩护律师诉讼地位存在差异，权利不完全等同。〔3〕这表明，此处之所以用"查阅"而省略了"摘抄、复制"，不是疏忽，是规则制定者有意而为之，是对不同的价值进行取舍后作出的选择。

《最高检规则》第 269 条在明确为值班律师了解案件有关情况提供必要的便利的同时规定，自检察机关对案件审查起诉之日起，值班律师可以"查阅"案卷材料，了解案情。据最高人民检察院检察官介绍，关于值班律师有无阅卷权在实践中争论较大，《最高检规则》参照《认罪认罚指导意见》对此予以明确，即值班律师可以"查阅"案卷材料。〔4〕

对于值班律师如何查阅案卷材料，《认罪认罚指导意见》《最高检规则》均未明确，但均规定有关机关应当为值班律师查阅案卷材料提供便利。

---

〔1〕 参见李寿伟主编：《〈中华人民共和国刑事诉讼法〉解读》，中国法制出版社 2018 年版，第 416 页。

〔2〕 参见王建平：《关于刑事诉讼法修改中的检察机关相关问题》，载王爱立主编：《〈中华人民共和国刑事诉讼法〉修改与适用》，中国民主法制出版社 2018 年版，第 19 页。

〔3〕 参见苗生明、周颖：《〈关于适用认罪认罚从宽制度的指导意见〉的理解与适用》，载《人民检察》2020 年第 2 期，第 52 页。

〔4〕 参见童建明、万春主编：《〈人民检察院刑事诉讼规则〉理解与适用》，中国检察出版社 2020 年版，第 188 页。

《值班律师办法》第 21 条关于值班律师查阅案卷材料的规定与《认罪认罚指导意见》《最高检规则》的规定一致，但对值班律师查阅案卷的方式予以细化，即在已经实现卷宗电子化的地方，有关机关可以安排在线阅卷。

《最高法解释》第 53 条规定值班律师查阅案卷材料的，参照辩护律师查阅案卷材料的相关规定。

《深化辩护全覆盖意见》规定值班律师可以查阅案卷材料，了解案情，有关机关有"及时安排并提供便利"的义务。对于值班律师查阅案卷材料的方式，除了可以"在线阅卷"外，在值班律师数量有限、案件量较大的地区，值班律师可"集中"查阅案卷。

根据上述规定，值班律师的阅卷权从最初的未予规定，实践中存在争议，到最终通过司法解释或者改革文件的方式予以确认，关于值班律师阅卷权的规定逐步完善。然而，与辩护律师阅卷权不同的是，值班律师仅可以"查阅"案卷材料。在值班律师通过会见被追诉人、听取办案人员对案件的介绍等均能"了解"案情的情况下，值班律师在何种情况下可能会自行阅卷是一个值得思考的问题。

第四，值班律师的值班方式。值班律师通过何种方式"值班"，对于被追诉人能否获得有效的法律帮助来说意义重大。如果值班律师"常驻"看守所或者 24 小时电话值班，被追诉人一旦提出值班律师法律帮助的要求，值班律师就能及时会见被追诉人并与其秘密交流，被追诉人至少能得到"及时"（但未必有效，值班律师能否提供有效的法律帮助，影响因素较多）的法律帮助；如果值班律师的值班方式不合理，在被追诉人提出要求后很长时间才能得到值班律师的帮助，则值班律师法律帮助的效果将大打折扣。

《认罪认罚试点办法》第 5 条规定法律援助机构根据工作需要，通过"设立"法律援助工作站然后"派驻"值班律师、"及时安排"值班律师等方式提供法律帮助。无论是何种方式，法院和看守所均应为值班律师开展工作提供便利工作的场所和必要的办公设施。据此，值班律师应当在法院和看守所通过与被追诉人直接"交流"的方式提供法律帮助。

《刑事诉讼法》对值班律师的值班方式未予规定。《认罪认罚指导意见》第 11 条除明确规定在法院、检察院和看守所"派驻"值班律师外，还要求根据当地法律帮助需求和当地法律服务资源，合理安排值班律师。具体来说，值班律师既可以定期值班，也可以轮流值班，在律师资源短缺的地区既可以探索现场值班和电话、网络值班相结合的方式提供法律帮助，还可以探索在法院、检察院毗邻设置联合工作站，省内和市内统筹调配律师资源。值班律师的值班方式之所以如此多元,是考虑到一些地区法律援助资源短缺,[1]值班律师的设置尚未能跟得上认罪认罚从宽制度发展的需要。

《值班律师办法》第 17 条规定,有关机关应当根据当地律师资源状况、法律帮助需求,合理安排值班律师的值班方式、值班频次。具体来说,值班方式可以采用现场值班、电话值班、网络值班相结合的方式。现场值班的,可以采取固定专人或轮流值班,也可以采取预约值班。

《深化辩护全覆盖意见》为确保值班律师法律帮助全覆盖,明确规定有关机关应当根据当地律师资源状况、法律帮助需求灵活采用现场值班、电话值班、网络值班等多种形式让值班律师提供法律帮助。

根据上述规定,值班律师的值班方式较为灵活,给各地自行探索具体的值班方式提供了较大的空间。这种对值班律师值班方式"弹性较大"的规定,主要是考虑到各地区的案件数量、律师资源情况、财政支持力度等方面的因素。然而,通过不同的值班方式提供法律帮助的效果也是不同的,有的有利于值班律师与被追诉人充分沟通甚至建立信任关系,有的则只能由值班律师为被追诉人提供简单却未必及时的法律咨询服务。

第五,值班律师提供法律帮助的连续性。值班律师与辩护律师的最大不同在于,辩护律师在接受委托或者被指定担任辩护人后,就应当通过多次会见、充分阅卷、积极参加庭审等方式连续为被追诉人提供法律帮助,而值班律师与被追诉人之间往往是"一次性"的法律帮助关系,一般情况下,被追诉人无法要求某一值班律师连续为其提供法律帮助。这种"一次性"的法律帮助关系,不利于被追诉人与值班律师之间建立信任关系,也不利于值班律师在充分了解案情的基础上为被追诉人提供有效的法律帮助。

《刑事诉讼法》及相关司法解释、改革文件对值班律师能否连续为被追诉人提供法律帮助没有明确规定。此外,《值班律师意见》第 6 条规定:"严禁利用值班便利招揽案源、介绍律师有偿服务及其他违反值班律师工作纪律的行为。"这意味着,值班律师无法通过转任(委托)辩护律师的方式为被追诉人提供连续法律帮助。

《认罪认罚指导意见》第 13 条对"法律帮助的衔接"问题予以规定,具体分为两种情况:一是对被羁押的被追诉人,在不同诉讼阶段,可以由派驻看守所的同一值班律师提供法律帮助;二是对于未被羁押的被追诉人,前一诉讼阶段的值

---

[1] 参见苗生明、周颖:《认罪认罚从宽制度适用的基本问题——〈关于适用认罪认罚从宽制度的指导意见〉的理解与适用》,载《中国刑事法杂志》2019 年第 6 期,第 11 页。

班律师可以在后续诉讼阶段继续为其提供法律帮助。《值班律师办法》第 11 条有相同规定。当然，实践中值班律师能否"真正"为被追诉人提供连续性法律帮助取决于诸多因素，包括值班律师的产生方式、值班方式等。

第六，如何听取值班律师的意见。值班律师通过会见、阅卷等方式了解案情后，可能对具体个案形成了个人的看法，但最终能否为被追诉人提供有效的法律帮助，还需要看办案人员是否认真听取值班律师的意见。因此，办案人员如何听取值班律师的意见，也是一个重要的问题。

《认罪认罚试点办法》第 8 条和第 10 条对听取值班律师意见问题首次予以规定，在侦查阶段和审查起诉阶段，侦查机关和检察机关应当分别听取辩护人或者值班律师的意见，这是办案机关"主动"听取值班律师的意见。检察机关应当就定罪、量刑和程序适用等事项听取意见，记录在案并附卷。

在吸收试点经验的基础上，《刑事诉讼法》第 173 条规定，检察机关审查案件，应当听取辩护人或者值班律师的意见，值班律师提出口头意见的，应当记录在案，值班律师提出书面意见的，应当附卷。对于认罪认罚案件，检察机关应当就涉嫌的犯罪事实、罪名、从宽处罚建议和诉讼程序适用等问题听取辩护人或者值班律师的意见。这是检察机关"主动"听取值班律师的意见。

《认罪认罚指导意见》第 12 条规定的"值班律师的职责"除为被追诉人提供法律咨询、提出程序适用建议、申请变更强制措施、引导和帮助申请法律援助外，还包括对检察机关认定的罪名、提出的量刑建议提出意见，对案件处理向公安司法机关提出意见。在审前阶段，公安机关、检察机关应当听取辩护人或者值班律师的意见。检察机关主要就犯罪嫌疑人涉嫌的犯罪事实、罪名、从宽处罚建议和诉讼程序适用等问题听取辩护人或者值班律师的意见。对于辩护人或者值班律师的意见，检察机关未采纳的，应当说明理由。检察机关提出量刑建议前，应当充分听取辩护人或者值班律师的意见，尽量协商一致。对认罪认罚案件，法院也应当听取辩护人或者值班律师的意见。据此，值班律师可以主动向办案机关提出意见，办案机关也可以主动听取值班律师的意见。

《最高检规则》第 269 条对于检察机关"主动"听取值班律师意见予以规定，在审查起诉环节，检察机关应当听取辩护人或者值班律师的意见，辩护人或者值班律师提出书面意见的，应当附卷。犯罪嫌疑人认罪认罚的，检察机关应当就涉嫌的犯罪事实、罪名、从宽处罚建议和诉讼程序适用等问题听取辩护人或者值班律师的意见。此外，检察机关不采纳辩护人或者值班律师意见的，应当说明理由。

《值班律师办法》将"对指控罪名、量刑建议以及诉讼程序适用等事项提出意见"作为认罪认罚案件值班律师的工作职责之一，并规定，在审查起诉阶段，可以就涉嫌的犯罪事实、指控罪名及适用的法律规定、从宽处罚建议、认罪认罚后案件审理适用的程序等事项向检察机关提出意见。对于检察机关来说，对上述意见应当记录并附卷，未采纳上述意见的，应当说明理由。犯罪嫌疑人自愿认罪认罚，值班律师对量刑建议和程序适用有异议的，应在具结书上签字，同时可以向检察机关提出意见。这是典型的值班律师"主动"提出意见。[1]

《深化辩护全覆盖意见》在"切实保障值班律师权利"部分明确规定，在被追诉人没有辩护人的案件，公安司法机关应当在侦查、审查逮捕、审查起诉和审判阶段分别听取值班律师的意见。这是办案机关"主动"听取值班律师的意见。在"值班律师依法履行职责"部分又规定，对于案情较为复杂的案件，值班律师对案件处理提出意见，且在提出意见之前应当查阅案件材料并向被追诉人充分释明相关诉讼权利和程序规定；被追诉人自愿认罪认罚的，值班律师应当向被追诉人释明相关情况后，对检察机关指控的罪名、量刑建议、诉讼程序适用等提出意见。这是值班律师"主动"提出意见。

根据上述规定，办案机关听取值班律师的意见，逐步从单纯的办案机关"主动"听取值班律师的意见，演变为包括值班律师"主动"提出意见两种。从理论上来说，值班律师对具体个案的犯罪事实、罪名、从宽处罚建议以及诉讼程序适用等方面的意见，可以随时向办案机关提出。

5. 值班律师提供法律帮助的记录

由于值班律师为大量的、不特定的被追诉人提供法律帮助，在具体个案中，值班律师是否在充分了解案情的基础上为被追诉人提供法律帮助，事关法律帮助的有效性。为确保值班律师尽可能尽职尽责，值班律师应当对其提供的法律帮助活动予以记录。对此，《刑事诉讼法》未予明确规定。《认罪认罚指导意见》第2条第3款规定，值班律师提供法律咨询、查阅案卷材料、会见犯罪嫌疑人或者被告人、提出书面意见等法律帮助活动的相关情况应当"记录"在案，并随案移送。《值班律师办法》第28条第1款有相同规定。

综上，从立法用语来看，值班律师与辩护人存在一定的差别，具体表现为两者有不同的职责，两者提供法律帮助的方式也有所不同。正因如此，在《刑事诉讼法》修正后不久，有检察官认为，不宜将值班律师与辩护律师等同，因为"应急性是值班律师制度的最大特点，并且其参与刑事诉讼的方式上不同于委托的律师和一般法律援助律师"。[2]

---

[1] 参见《值班律师办法》第6条、第8条和第10条。

[2] 参见王建平：《关于刑事诉讼法修改中的检察机关相关问题》，载王爱立主编：《〈中华人民共和国刑事诉讼法〉修改与适用》，中国民主法制出版社2018年版，第18页。

但是，从《刑事诉讼法》修正后发布的一系列改革文件和司法解释的相关规定来看，值班律师与辩护律师之间的区别在逐步缩小，值班律师的定位存在辩护人化的倾向，例如，值班律师可以"主动"会见被追诉人，也可以查阅案卷材料。从某种意义上来说，这是法学界和律师界呼吁的结果。

（二）认罪认罚案件辩护律师的参与

在认罪认罚案件中，辩护律师通过两种方式为被追诉人提供法律帮助，即委托辩护和法律援助辩护。委托辩护律师和法律援助辩护律师在认罪认罚案件中的法律定位是一致的，均为被追诉人的辩护律师，两者在刑事诉讼中享有相同的权利。

1. 委托辩护律师的参与

被追诉人委托的辩护律师如果享有充分的辩护权利并在辩护权被侵害时能够获得及时有效的救济，就会有较为充分的筹码与控方协商，[1]进而维护被追诉人的利益。

（1）辩护律师依法享有较为广泛的诉讼权利。其中，与认罪认罚案件辩护律师提供有效法律帮助有关的权利包括会见、阅卷、调查取证和提出意见权。

其一，辩护律师的会见权。2012年《刑事诉讼法》规定辩护律师可以同在押的被追诉人会见和通信，且会见时不被监听。为确保辩护律师"及时"会见到被追诉人，立法还对辩护律师会见的手续及看守所安排会见的时间等予以明确。[2] 2018年《刑事诉讼法》关于辩护律师会见权延续了2012年的规定。因此，从法律上看，辩护律师会见在押或者被监视居住的犯罪嫌疑人、被告人，并无任何障碍。辩护律师通过会见被追诉人，既可以了解相关案情，也可以为被追诉人提供一定的"支持"和"安慰"，有助于防止被追诉人因不了解法律、被强迫或者被欺骗等认罪认罚，在个别案件中，还有助于增加辩方与控方进行认罪认罚"协商"的筹码。

其二，辩护律师的阅卷权。在会见被追诉人后，辩护律师要想全面准确地了解控方指控的犯罪事实和相应的证据材料，还需要查阅案卷材料。2012年《刑事诉讼法》第38条规定审查起诉阶段辩护律师可以"查阅、摘抄、复制"本案的

---

〔1〕　影响辩护律师协商筹码的因素还有犯罪嫌疑人、被告人享有的诉讼权利的大小，犯罪嫌疑人、被告人如果享有沉默权，辩护律师在犯罪嫌疑人、被告人保持沉默的情况下，就可以有更多的筹码与控方协商。换句话说，刑事程序正当化（包括被追诉人权利保障的增强和辩护权的扩张）与协商性司法之间存在因果关系，参见李昌盛：《德国刑事协商制度研究》，载《现代法学》2011年第6期，第158页。

〔2〕　关于辩护律师会见权的立法沿革以及相应的立法理由，参见全国人大常委会法制工作委员会刑法室编：《关于修改〈中华人民共和国刑事诉讼法〉的决定：条文说明、立法理由及相关规定》，北京大学出版社2012年版，第25-26页。

"案卷材料"，取消了 1996 年《刑事诉讼法》第 36 条对辩护律师在审查起诉阶段阅卷范围的限制；[1]第 37 条还规定，辩护律师"自案件移送审查起诉之日起，可以向犯罪嫌疑人、被告人核实有关证据"。另外，2012 年《刑事诉讼法》恢复了提起公诉时的全案卷宗移送制度，在审判阶段，辩护律师也能全面阅卷。至此，在立法层面上，辩护律师的阅卷权基本得以保障。此外，根据立法规定，自案件移送审查起诉之日起，辩护律师还可以向被追诉人核实有关证据。辩护律师通过阅卷掌握控方的"底牌"后，可以通过"核实"有关证据的方式与被追诉人沟通、交流，这有助于被追诉人在了解案情的基础上选择是否认罪认罚。

其三，辩护律师的调查取证权。2012 年《刑事诉讼法》关于辩护律师的调查取证权延续了 1996 年《刑事诉讼法》的规定，即辩护律师向"证人或者其他有关单位和个人"取证，需要获得他们的同意，向"被害人或者其近亲属、被害人提供的证人"取证，不仅要获得他们的同意，还要经检察机关和法院的许可。根据 2012 年《刑事诉讼法》的相关规定，律师在侦查阶段的身份为辩护人，且 2012 年《刑事诉讼法》第 40 条规定辩护人收集的三类证据（犯罪嫌疑人不在犯罪现场、未达到刑事责任年龄、属于依法不负刑事责任的精神病人，均可以称为"积极抗辩型证据"），应当"及时告知"公安机关和检察机关。一般认为，这就意味着辩护律师在侦查阶段也可以取证。[2]2018 年修正的《刑事诉讼法》对辩护律师调查取证的相关规定未予修改。因此，辩护律师调查取证仍要经过"同意"。从法理上来说，辩护律师没有强制取证的权力，但明文规定辩护律师要经过被调查对象"同意"后取证，可能会鼓励被调查对象公开抵制律师的调查取证，[3]进而增加了辩护律师调查取证的困难。即便是受限的调查取证权，在存在有利于被追诉人的证据的情况下，辩护律师还是可以通过调查取证获取相应的证据材料，这有助于被追诉人在综合考量全案证据材料后选择是否认罪认罚。

其四，辩护律师的提出意见权。根据 2012 年《刑事诉讼法》的规定，一方面，公安司法机关可以或者应当"主动"听取辩护律师的意见，在审查批准逮捕阶段，检察机关"可以"听取辩护律师意见，在审查起诉阶段，检察机关"应当"听取辩护律师意见。另一方面，辩护律师也可以"要求"办案机关听取意见。在审查批准逮捕、侦查终结前等环节，辩护律师提出要求的，办案机关应当听取辩护律师的意见。当然，在审判环节，辩护律师既可以当庭口头发表辩护意

---

〔1〕 关于 1996 年《刑事诉讼法》相关规定导致辩护律师在审判阶段仍无法全面阅卷的问题，参见孙长永：《刑事庭审方式改革出现的问题评析》，载《中国法学》2002 年第 3 期，第 144-145 页。

〔2〕 参见汪海燕等：《刑事诉讼法解释研究》，中国政法大学出版社 2017 年版，第 160 页。

〔3〕 参见顾永忠等：《刑事辩护：国际标准与中国实践》，北京大学出版社 2012 年版，第 291 页。

见，也可以庭后以书面材料的方式发表辩护意见。2018 年《刑事诉讼法》延续了上述规定。因此，辩护律师有较为充分的"提出"意见的权利，这有助于辩护律师及时与办案机关进行有效的沟通，例如，可以将被追诉人有进行认罪认罚"协商"的意愿告知办案机关，或者在发现被追诉人认罪认罚的自愿性、合法性等存在问题时与办案机关进行充分的沟通和交流。

（2）立法规定了辩护权被侵害时的救济机制。为确保辩护权的有效行使，我国立法大体上构建了三种类型的权利救济机制。一是办案机关的内部监督，即向办案机关及其上级部门控告和申诉；二是检察监督，即向办案机关的同级或者上级检察机关申诉或者控告；三是审判阶段的司法审查，即以非法取证为由申请排除非法证据。内部监督往往面临有效性不足的问题，检察监督的效果稍强于内部监督，但也面临监督滞后、监督效力不足等诸多问题，审判阶段的司法审查以非法证据排除规则为核心，由于我国立法对于非法证据采取有限排除模式，[1]法院通过非法证据排除所进行的司法审查有一定效果但也同样面临诸多问题。

《律师辩护全覆盖试点办法》对于辩护权的保障问题予以细化，即法院应当依法保障辩护律师的知情权、申请权、申诉权，以及会见、阅卷、收集证据和发问、质证、辩论等方面的执业权利，为辩护律师履行职责，包括查阅、摘抄、复制案卷材料等提供便利。辩护律师在行使会见、阅卷以及申请调取证据等权利时，法院应当在特定时间内予以配合或者作出同意与否的决定，不同意的应附相应的理由。此外，法院、司法行政机关和律师协会还应建立健全维护律师执业权利快速处置机制，畅通律师维护执业权利救济渠道。《深化辩护全覆盖意见》要求切实保障辩护律师会见、阅卷等诉讼权利，重大程序性事项，应当依法及时告知辩护律师。上述规定，基本上属于对现有立法规定的重申和强调。

辩护权被侵害的救济机制的有效性，对于认罪认罚从宽制度的实施意义重大。如果辩护权被侵害能够获得及时有效的救济，被追诉人就能在综合考量各种因素后决定是否自愿认罪认罚。如果辩护权被侵害后无法获得及时有效的救济，被追诉人往往难以"自愿"地决定是否认罪认罚。

（3）辩护律师与控方协商的问题。辩护律师通过会见、阅卷等方式了解案情后，对于案件可能存在的定罪、量刑和程序法适用等问题，是否可以与控方进行协商？对此，立法未予明确，立法和司法解释等仅规定检察机关在审查起诉过程中应当听取辩护律师的意见。有检察官认为，听取意见的过程实际上就是控辩双

---

〔1〕　参见孙长永主编：《中国刑事诉讼法制四十年：回顾、反思与展望》，中国政法大学出版社2021 年版，第 376 页。

方就认罪认罚情况以及处罚建议进行平等沟通协商的过程。[1]《认罪认罚指导意见》第 33 条首次明确规定，检察机关在提出量刑建议前，应当充分听取犯罪嫌疑人、辩护人或者值班律师的意见，尽量"协商"一致。这意味着，在制度规范上，辩护律师至少可以就认罪认罚被追诉人的量刑问题，与检察机关进行协商，以促使检察机关兑现认罪认罚从宽政策，提出有利于被追诉人的量刑建议，最终得到被追诉人认可而签署认罪认罚具结书。

综上，辩护律师可以通过会见、阅卷等方式了解案情，还可以通过调查取证获取有利于被追诉人的证据材料，通过主动或被动向办案机关提出意见的方式与办案机关就具体个案的定罪、量刑和诉讼程序适用等方面的问题进行沟通、协商，最大限度维护被追诉人的利益。然而，由于辩方总体上权利（包括被追诉人的权利和辩护律师的权利）有限且在权利被侵害时难以获得及时有效的救济，辩护律师与控方沟通、协商的筹码有限。

2. 法律援助辩护律师的参与

法律援助辩护律师与委托辩护律师享有相同的诉讼权利，理论上，法律援助辩护律师也可以与控方展开一定的沟通与协商。对未委托辩护律师的被追诉人来说，为被追诉人指定法律援助辩护律师将有助于被追诉人获得法律帮助。

2012 年《刑事诉讼法》将指定辩护的时间提前，从审判阶段提前到侦查、审查起诉阶段，将指定辩护分为"可以指定型"和"应当指定型"两种情形。在"可以指定型"指定辩护中，强调了"经济困难"这一因素，即犯罪嫌疑人、被告人因经济困难或者其他原因没有委托辩护人的；扩大了"应当指定型"指定辩护的范围，除"盲、聋、哑或者未成年人"以及"被告人可能被判处死刑"的案件外，新增了"尚未完全丧失辨认或者控制自己行为能力的精神病人"和"犯罪嫌疑人、被告人可能被判处无期徒刑"两种情形。

通过梳理上述规定可以发现，我国"可以指定型"指定辩护主要强调被追诉人经济困难，"应当指定型"指定辩护的范围较小，由此导致律师参与刑事辩护的比例较低。有学者于 2014 年调研发现，在整个刑事案件中，律师参与刑事辩护的比例一般不超过 30%。[2]据学者统计，我国刑事案件的辩护率为 20%—30%，其中，法律援助案件占总体辩护案件的 20%—30%。[3]稍后的实证研究也得出大

---

〔1〕 参见苗生明、周颖：《认罪认罚从宽制度适用的基本问题——〈关于适用认罪认罚从宽制度的指导意见〉的理解与适用》，载《中国刑事法杂志》2019 年第 6 期，第 16 页。

〔2〕 参见吴羽：《公设辩护人制度研究》，中国政法大学出版社 2015 年版，第 323 页。

〔3〕 参见陈永生：《刑事法律援助的中国问题与域外经验》，载《比较法研究》2014 年第 1 期，第 35 页。

致相同的结论，即我国当前各地刑事辩护率为 20%—30%。〔1〕我国《宪法》第 125 条规定："被告人有权获得辩护。"《刑事诉讼法》第 11 条规定："……被告人有权获得辩护，人民法院有义务保证被告人获得辩护。"然而，由于被追诉人的经济困难等因素的影响，有权获得辩护并不意味着其能够获得辩护。为提高指定辩护的适用比例，近年来，一系列改革文件和立法相继出台。

《律师辩护全覆盖试点办法》在试点地区扩大了"应当指定型"指定辩护的范围，即除立法规定的案件范围外，其他适用普通程序审理的一审案件、二审案件、按照审判监督程序审理的案件，被告人没有委托辩护人的，法院应当通知法律援助机构指派律师为其提供辩护。除此之外的被告人没有辩护人的案件，均为被告人认罪的案件（适用简易程序、速裁程序审理），由值班律师提供法律帮助。不仅如此规定，《律师辩护全覆盖试点办法》还通过程序性制裁的方式确保这一规定能够得到遵守，即一审法院未按照"要求"履行通知辩护职责，导致被告人在审判期间未获得律师辩护的，〔2〕二审法院应当以"可能影响公正审判"为由撤销原判、发回重审。

《法律援助法》第 25 条扩大了指定辩护范围。"应当指定型"指定辩护的范围包括没有委托辩护人的未成年人，视力、听力、言语残疾人，不能完全辨认自己行为的成年人，可能被判处无期徒刑，死刑的人以及申请法律援助的死刑复核案件被告人，缺席审判案件的被告人和法律法规规定的其他人员。"可以指定型"指定辩护的范围是其他适用普通程序审理的且被告人没有委托辩护人的案件。据全国人大常委会立法人士介绍，这里的"适用普通程序审理的刑事案件"包括人民法院适用普通程序审理的一审案件和二审案件。之所以如此规定，主要是考虑到我国各地的法律援助资源分配不均，这样规定，能够增加灵活性，增强法律条文的可操作性。〔3〕换句话说，《法律援助法》之所以没有借鉴《律师辩护全覆盖试点办法》的相关规定，主要是考虑到各地法律援助资源不均衡，辩护全覆盖试点具有逐步推进的特点，可以在不同地区分步骤逐步实现这一目标，而《法律援

---

〔1〕　参见左卫民、张潋瀚：《刑事辩护率：差异化及其经济因素分析——以四川省 2015—2016 年一审判决书为样本》，载《法学研究》2019 年第 3 期，第 168 页。

〔2〕　除立法规定的应当指定辩护外，其他应当指定辩护的案件，被告人坚持自己辩护，拒绝法律援助机构指派律师为其辩护的，法院可以准许。因此，不包含这种情况。

〔3〕　《法律援助法（草案）》一审稿曾将"适用普通程序审判案件的被告人"列为应当通知辩护的范围，在草案征求意见过程中，一些部门、地方和社会公众提出，我国各地区的法律援助资源分配不均，中西部地区法律援助资源相对欠缺，上述规定在上述地区执行困难，可操作性不强，不建议将适用普通程序审判案件的被告人全部列入应当通知辩护的范围。相关争议情况，参见张勇、熊选国主编：《〈中华人民共和国法律援助法〉释义》，法律出版社 2021 年版，第 113 页。

助法》要在全国范围内普遍实行，不宜将难以实现的条款规定在正式的国家立法中。

《深化辩护全覆盖意见》要求 2022 年底前基本实现审判阶段律师辩护全覆盖，各司法厅（局）商检察机关于 2022 年 11 月底前确定 2—3 个地市（直辖市的区县）开展审查起诉阶段律师辩护全覆盖试点，审查起诉阶段"应当指定型"指定辩护的案件范围为犯罪嫌疑人没有委托辩护人，且具有可能判处三年以上有期徒刑、本人或其共同犯罪嫌疑人拒不认罪、案情重大复杂、可能造成重大社会影响等情形之一的案件。

根据上述规定，法律援助机构指派律师为没有委托辩护人的被追诉人提供辩护的案件范围逐步扩大，法律援助辩护律师的介入，将有助于被追诉人根据法律规定和个案具体情况"权衡利弊"后自愿选择是否认罪认罚。当然，受制于各地经济发展水平、法律援助资源不均衡等因素影响，我国还未做到为所有没有辩护人的被追诉人提供法律援助辩护律师。对于没有辩护律师的被追诉人来说，只能通过值班律师获得法律帮助。

二、认罪认罚案件律师参与的实践考察

立法、司法解释和改革文件的规定是一回事，实践中的情况则是另外一回事，认罪认罚案件的律师参与问题同样如此。因此，有必要对认罪认罚案件律师参与的实际情况予以考察。

（一）认罪认罚案件值班律师参与情况

自《速裁程序试点办法》提出"建立法律援助值班律师制度"以来，各地积极探索，随着立法、司法解释和改革文件的不断完善，值班律师制度得以建立并逐步完善。在认罪认罚案件中，值班律师为被追诉人提供了法律帮助。

1. 认罪认罚案件值班律师参与概况

最高人民法院、最高人民检察院 2015 年 10 月 15 日向全国人大常委会所做的《关于刑事案件速裁程序试点情况的中期报告》指出，随着速裁程序试点的推进，各地在法院和看守所派驻值班律师，为被追诉人提供法律帮助。[1] 根据时任最高人民法院院长周强向全国人大常委会所作的关于认罪认罚从宽制度试点工作情况的中期报告，试点地区法律援助机构在看守所、法院、检察院设立法律援助工作站

---

[1] 具体来说，在试点法院、看守所设立法律援助工作站 342 个，共为 17 177 件案件的犯罪嫌疑人或被告人提供法律帮助 20 930 人次。参见佚名：《最高人民法院、最高人民检察院关于刑事案件速裁程序试点情况的中期报告》，载《中华人民共和国全国人民代表大会常务委员会公报》2015 年第 6 期，第 1120 页。

630 个，其中设在看守所、法院的法律援助工作站覆盖率分别为 97% 和 82%。[1]据学者调研，截至 2016 年底，全国共在 2000 多个看守所建立了法律援助工作站，一些省份实现了看守所、人民法院法律援助工作站全覆盖。[2]在 2019 年 10 月 24日最高人民检察院召开的新闻发布会上，时任司法部公共法律服务管理局副局长孙春英介绍，2018 年，司法部推动实现看守所、人民法院法律援助工作站全覆盖，值班律师提供法律咨询 96 万余人次，转交法律援助申请 7 万余件，参与办理认罪认罚从宽案件 16.3 万余件。[3]截至 2020 年 10 月，法律援助工作站已覆盖55% 的基层人民检察院，天津、重庆、云南等地基层人民检察院实现值班律师派驻全覆盖。[4]根据 2024 年 1 月的资料，全国 2300 多个在用看守所已基本完成法律援助值班律师工作站建设，[5]值班律师法律帮助实现全覆盖。

认罪认罚从宽制度施行以来，各地基本上能保证值班律师为被追诉人提供法律帮助。据重庆市司法局于 2019 年的介绍，自认罪认罚从宽制度试点工作开展以来，全市共安排值班律师 25 476 人次，为犯罪嫌疑人、被告人解答法律咨询 48 874 人次，帮助犯罪嫌疑人、被告人进行程序选择 44 861 人次，见证签署具结书 45 407 人次，向办案机关反馈法律意见 25 780 人次，申请变更强制措施 1690人次。[6]据广东省高级人民法院于 2019 年的介绍，广东省全力推进法律帮助全覆盖，珠三角地区看守所驻所值班律师已基本达到全覆盖，检察院、法院同步设立法律援助工作站。经济相对落后的粤东、粤西地区通过全省律师资源调配、异地指派、视频提供法律帮助等形式，实现犯罪嫌疑人、被告人在诉讼全流程均能得到专业帮助。[7]据司法部工作人员介绍，2020 年，全国法律援助机构组织值班律

〔1〕 参见周强：《最高人民法院、最高人民检察院关于在部分地区开展刑事案件认罪认罚从宽制度试点工作情况的中期报告——2017 年 12 月 23 日在第十二届全国人民代表大会常务委员会第三十一次会议上》，载《人民法院报》2017 年 12 月 24 日，第 1 版。

〔2〕 参见熊秋红：《公正审判与庭审实质化》，载陈光中主编：《公正审判与认罪协商》，法律出版社 2018 年版，第 115 页。

〔3〕 参见陈国庆主编：《认罪认罚从宽制度司法适用指南》，中国检察出版社 2020 年版，第 153 页。

〔4〕 参见张军：《最高人民检察院关于人民检察院适用认罪认罚从宽制度情况的报告——2020 年10 月 15 日在第十三届全国人民代表大会常务委员会第二十二次会议上》，载《检察日报》2020 年 10 月17 日，第 2 版。

〔5〕 参见赵婕：《"两高两部"有关负责人就〈法律援助法实施工作办法〉答记者问》，载《法治日报》2024 年 1 月 9 日，第 2 版。

〔6〕 参见陈国庆主编：《认罪认罚从宽制度司法适用指南》，中国检察出版社 2020 年版，第 235 页。

〔7〕 参见万远福、冯璐璐：《2019 年广东省认罪认罚从宽制度适用经验总结及完善建议》，载最高人民法院刑事审判第一、二、三、四、五庭编：《刑事审判参考》（总第 127 辑），人民法院出版社 2021年版，第 293 页。

师提供法律帮助74万件，其中参与认罪认罚案件68万件。[1]当然，也有一些地方因律师资源的匮乏而无法由值班律师为被追诉人提供法律帮助。据最高人民检察院时任副检察长陈国庆2020年5月的介绍，在因客观因素无值班律师的情况下，在签署认罪认罚具结书时，检察机关可以邀请见证人在场，有条件的地方可以同步录音录像。之所以如此，是考虑到不能因为没有值班律师，而让当事人实质上无法享受法律提供的认罪认罚后可以从宽处理的机会。[2]这表明，至2020年仍有部分被追诉人未能获得值班律师的法律帮助。

认罪认罚从宽制度试点以来，一些地方出台了实施细则，对认罪认罚案件值班律师法律帮助相关问题予以细化。天津市高级人民法院、市人民检察院、市公安局、市国家安全局、市司法局2017年3月联合发布的《关于开展刑事案件认罪认罚从宽制度试点工作的实施细则（试行）》第11条规定，法律援助工作站每周至少确定两个固定半天工作日为被追诉人提供法律帮助。值班律师应当在接到通知后的2个工作日内向办案单位提交《认罪认罚案件提供法律帮助回执》或书面意见，这意味着值班律师应在此期间内完成法律帮助工作。河南省郑州市2017年4月出台的《刑事案件认罪认罚从宽制度试点工作实施细则》第9条规定，公安司法机关应当为值班律师提供必要的办公场所和办公设施设备，有条件的应提供停车、就餐等工作便利。关押犯罪嫌疑人较多的看守所，法律援助机构应派驻2名以上值班律师。浙江省杭州市2017年3月印发的《杭州地区刑事案件认罪认罚从宽制度试点工作实施意见（试行）》第1条规定，值班律师持律师执业证、《法律帮助通知书》可以会见被追诉人。在会见被追诉人前，值班律师可以向办案人员了解案件有关情况。在被追诉人具结阶段，值班律师认为案件疑难复杂，需要会见、阅卷的，办案单位应予以配合。广东省广州市2017年5月出台的《刑事案件认罪认罚从宽制度试点工作实施细则（试行）》对值班律师会见被追诉人程序予以细化，即值班律师持律师执业证以及《广州市刑事案件认罪认罚法律帮助通知书》到看守所办理会见手续，看守所核对由法律援助机构提供的《关于提供认罪认罚法律帮助律师名单的函》后，为值班律师安排会见。对阅卷问题予以明确，即值班律师持律师执业证、法律援助公函及《广州市刑事案件认罪认罚法律帮助通知书》办理阅卷手续，检察机关和法院应当安排。此外，还确立了认罪

---

〔1〕 参见张勇、熊选国主编：《〈中华人民共和国法律援助法〉释义》，法律出版社2021年版，第75页。

〔2〕 参见陈国庆：《认罪认罚从宽制度若干争议问题解析》（下），载《法制日报》2020年5月11日。转引自最高人民检察院官网，https://www.spp.gov.cn/spp/zdgz/202005/t20200511.46075.shtml，最后访问日期：2025年4月10日。

认罚案件强制法律帮助机制，即被追诉人虽然认罪认罚，但没有辩护人且拒绝值班律师法律帮助的不适用认罪认罚从宽制度。2019年《认罪认罚指导意见》公布施行以后，各地政法机关又根据《刑事诉讼法》和该指导意见的规定，对当地关于适用认罪认罚从宽制度的实施细则包括涉及值班律师制度的规定进行了修订完善。[1]例如，河南省2022年3月印发的《关于适用认罪认罚从宽制度的实施细则》第12条对值班律师的责任和权利作了详细的规定，并在第17条至第19条就值班律师派驻、值班律师工作机制、值班律师衔接等问题作了全面的保障性规定。

司法实践中，认罪认罚案件基本上依靠值班律师为被追诉人提供法律帮助。有学者于2018年调研发现，在161件认罪认罚案件中，只有21件案件有辩护律师出庭，其余均为审查起诉阶段值班律师为被追诉人提供法律帮助。[2]该学者还发现，认罪认罚从宽制度的适用对于值班律师的参与情况影响非常明显，A市A3区2014年认罪认罚案件共1953起，其中，援助律师、委托律师、值班律师的参与数量分别为87人、233人、0人；2015年认罪认罚案件共2283起，其中，援助律师、委托律师、值班律师的参与数量分别为122人、259人、0人；2016年认罪认罚案件共1922起，其中，援助律师、委托律师、值班律师的参与数量分别为77人、228人、0人；2017年1月至7月认罪认罚案件共1057起，其中，援助律师、委托律师、值班律师的参与数量分别为34人、151人、662人。[3]也就是说，随着2016年认罪认罚从宽制度试点的推进，认罪认罚案件中值班律师参与的案件比例从"0%"直接陡增至62.6%。此后，该学者通过查阅某东部沿海地区试点法院2017年1月至2018年6月部分审判案卷材料发现，值班律师是参与认罪认罚案件的律师类型的"主力军"，超过一半以上甚至三分之二以上的案件都是由值班律师参与并处理完结的。[4]有检察官调研发现，浙江省YH市人民检察院审查起诉的案件，2019年值班律师参与认罪认罚具结的比率为79.41%，2020年为76.71%。[5]

---

〔1〕 例如，山东、云南、海南、吉林、福建、广西、湖北、黑龙江、重庆、江苏、浙江等省（自治区、直辖市）级政法机关在2019年11月至2020年12月先后发布了修订后的关于适用认罪认罚从宽制度的实施细则或办案指引。其中关于值班律师制度的规定，基本上与《认罪认罚指导意见》相同。

〔2〕 参见周新：《认罪认罚从宽制度立法化的重点问题研究》，载《中国法学》2018年第6期，第179页。

〔3〕 参见周新：《认罪认罚从宽制度立法化的重点问题研究》，载《中国法学》2018年第6期，第185页。

〔4〕 参见周新：《值班律师参与认罪认罚案件的实践性反思》，载《法学论坛》2019年第4期，第43页。

〔5〕 参见林森：《认罪认罚视野下值班律师制度的实践困境与突破——基于Z省YH市人民检察院的实证分析》，载《第四届全国检察官阅读征文活动获奖文选》2023年3月，第28页。

本课题组对东部 G 市 B 区和西部 Q 市 J 区两个基层人民检察院[1]的起诉书和不起诉决定书统计分析发现,2017—2021 年,B 区检察院审查起诉环节认罪认罚的犯罪嫌疑人中,有辩护律师辩护的人数占比从 8.89%上升到 16.37%,五年平均占比为 13.31%,而获得值班律师帮助的人数占比从 91.11%到 76.11%不等,五年平均为 84.37%;同一时期,J 区检察院审查起诉环节认罪认罚的犯罪嫌疑人中,有辩护律师辩护的人数占比从 5.83%上升到 11.7%,五年平均占比为 9.13%,而获得值班律师帮助的人数占比从 92.54%到 82.65%不等,五年平均为 88.71%。这些数据表明,认罪认罚的被追诉人能够获得辩护律师辩护的人数很少,他们获得律师帮助的主要来源是值班律师,尽管存在一定的地区差异。

2. 认罪认罚案件值班律师提供法律帮助的具体方式

根据立法、司法解释和改革文件的规定,值班律师可以通过会见被追诉人、查阅案卷等方式为被追诉人提供法律帮助。司法实践中,值班律师是否充分利用这些方式为被追诉人提供法律帮助呢?

值班律师会见被追诉人在"规范"层面不存在障碍,实践中的区别只是"如何"会见的问题。有学者在认罪认罚从宽制度试点期间调研发现,一些地方要求值班律师会见被追诉人时要持法律援助公函,导致值班律师因缺少"公函"而无法会见。[2]这表明,在试点初期,关于值班律师如何会见被追诉人,各地有不同的规定,这些规定直接影响到被追诉人能否"便利"地会见。据本课题组在重庆、广州、深圳、合肥、上海等地的调研,司法实践中,值班律师往往不会主动会见被追诉人,被追诉人要求会见值班律师的情况也非常少。较多的情况是,在被追诉人签署认罪认罚具结书之前,值班律师与被追诉人进行简短的会见和交流。在很多地方,这种"会见"往往是当着检察官的面进行的。

关于值班律师阅卷问题,据学者介绍,早在速裁程序试点期间,福建省福清市检察机关就会通知值班律师尽快到检察机关查阅案卷材料。[3]认罪认罚从宽制度试点以后,北京市高级人民法院、市人民检察院、市公安局、市国家安全局、市司法局 2017 年 2 月联合印发的《关于开展刑事案件认罪认罚从宽制度试点工作实施细则(试行)》第 11 条赋予了值班律师查阅、摘抄、复制本案卷宗材料的

---

〔1〕 这两个基层人民检察院均为刑事案件速裁程序试点和认罪认罚从宽制度试点地区。

〔2〕 参见闵春雷:《认罪认罚案件中的有效辩护》,载《当代法学》2017 年第 4 期,第 29 页。

〔3〕 参见顾永忠、肖沛权:《"完善认罪认罚从宽制度"的亲历观察与思考、建议——基于福清市等地刑事速裁程序中认罪认罚从宽制度的调研》,载《法治研究》2017 年第 1 期,第 58 页。

权利。[1]2017 年 4 月发布施行的《重庆市检察机关认罪认罚从宽制度试点工作实施细则》第 11 条规定:"值班律师为提供法律帮助的需要,申请查阅案卷材料的,参照辩护律师阅卷的相关规定办理。"这表明,从规范层面看,在很多地方,值班律师可以阅卷。结合相关司法解释和《认罪认罚指导意见》的规定可知,值班律师至少可以"查阅"案卷材料。但据本课题组调研,在司法实践中,值班律师几乎不会查阅案卷,绝大多数案件中的值班律师是通过与检察官进行口头交流的方式了解案件相关情况的。

此外,值班律师是为被追诉人提供"一次性"的法律帮助还是连续性的法律帮助也值得关注。据本课题组调研,在司法实践中,绝大部分的值班律师均为被追诉人提供"一次性"法律帮助,即值班律师在值班期间为被追诉人提供法律帮助,在某一值班律师值班结束后,其之前提供法律帮助的被追诉人只能向后来的值班律师进行法律咨询。这就意味着,值班律师无法确保为某一被追诉人提供连贯的法律服务。有学者认为,由于值班律师是轮流值班,具有较强的流动性,对于某被追诉人来说,值班律师并不具有一对一的确定性,值班律师无法为被追诉人提供全程连贯的法律服务,既影响法律帮助的质量,也会增加一些重复的工作量。[2]还有学者认为,值班律师与被追诉人之间短暂的接触难以形成心理上的依附性关系,这将很大程度上影响法律帮助的效果。[3]

由于值班律师提供法律帮助的具体方式存在一定的局限性,一些地方进行了值班律师转任指定辩护人的改革探索。2017 年 9 月,最高人民检察院在青岛召开检察机关刑事案件认罪认罚从宽制度试点工作推进会,要求"有条件的地方,可以探索值班律师转任指定辩护人机制"。[4]为进一步发挥值班律师的作用,一些地区探索值班律师辩护人化改革。北京、广州、杭州、福州等地法院对可能判处三年有期徒刑以上刑罚的认罪认罚案件,探索值班律师转任辩护人机制,协调指派值班律师出庭辩护,提高法律帮助质量。[5]杭州、福清等地探索值班律师转任

---

〔1〕 参见王伟、王新环、郑圣果:《认罪认罚从宽制度改革试点的实证考察和理论思考》,载胡卫列、董桂文、韩大元主编:《认罪认罚从宽制度的理论与实践——第十三届国家高级检察官论坛论文集》,中国检察出版社 2017 年版,第 246 页。

〔2〕 参见胡铭:《刑事辩护全覆盖与值班律师制度的定位及其完善——兼论刑事辩护全覆盖融入监察体制改革》,载《法治研究》2020 年第 3 期,第 67 页。

〔3〕 参见程衍:《论值班律师公设化》,载《中国刑事法杂志》2023 年第 3 期,第 166 页。

〔4〕 参见孙谦主编:《认罪认罚从宽制度实务指南》,中国检察出版社 2019 年版,第 250 页。

〔5〕 参见周强:《最高人民法院、最高人民检察院关于在部分地区开展刑事案件认罪认罚从宽制度试点工作情况的中期报告——2017 年 12 月 23 日在第十二届全国人民代表大会常务委员会第三十一次会议上》,载《人民法院报》2017 年 12 月 24 日,第 2 版。

辩护人机制，对可能判处三年有期徒刑以上刑罚的被告人，指派值班律师提供辩护服务，提升法律援助的针对性和实效性。[1]上海等地检察机关探索值班律师从"权利配置型"向"强制辩护型"转型，促使值班律师实质参与不断深化。[2]北京市海淀区司法机关自 2017 年开始便探索这一改革，在审查起诉阶段，值班律师在与检察官、犯罪嫌疑人进行三方协商时，与犯罪嫌疑人按照一般法律援助手续签署委托书，从而转化为辩护人。司法行政部门除给值班律师按天发放补贴外，还发放案件补贴。值班律师虽然通过签署法律援助委托书变成了法律援助律师，但由于与一般的法律援助律师在工作强度、要求等方面不完全一样，司法行政部门在发放补贴时也与一般的法律援助律师有所区别，一般是每个案件补贴 1000 元至 2000 元，低于一般的法律援助补贴。[3]这表明，一些地方的公安司法机关意识到值班律师在提供有效法律帮助方面的不足，将值班律师予以辩护人化改造。

总体来说，认罪认罚案件的被追诉人基本上都能获得值班律师的法律帮助。然而，在认罪认罚从宽制度试点期间，也有一些地方突破现有文件的规定，将"应当"提供法律帮助，改为"申请"制，以申请作为值班律师参与认罪认罚案件的前提，即由当事人自行决定是否需要申请法律帮助。对于没有提出申请的，办案人员就不另行通知值班律师。[4]随着值班律师参与案件相关规定的逐步完善，这种情况将会逐渐消失。此后，需要重点关注的是认罪认罚案件的被追诉人是否能够获得"有效"的法律帮助。

（二）认罪认罚案件辩护律师参与情况

根据法律规定，辩护律师（包括法律援助辩护律师）享有一系列诉讼权利，辩护律师有没有利用这些诉讼权利，与控方进行有效的沟通、协商，进而最大程度上维护被追诉人的权利呢？对此，需要进行相应的实证考察。

1. 委托辩护

有学者通过在中国裁判文书网检索发现，2019 年全国刑事速裁案件的总辩护率为 12.97%，其中，委托辩护率为 8.44%，指定辩护率为 4.53%。[5]根据该学

---

〔1〕 参见沈亮：《凝聚共识　推进认罪认罚从宽制度深入有效实施》，载《人民法院报》2021 年 7 月 22 日，第 5 版。

〔2〕 参见王建平：《关于刑事诉讼法修改中的检察机关相关问题》，载王爱立主编：《〈中华人民共和国刑事诉讼法〉修改与适用》，中国民主法制出版社 2018 年版，第 19 页。

〔3〕 参见程绍燕：《值班律师辩护人化的正当性辨析》，载《中国检察官》2021 年第 19 期，第 44 页。

〔4〕 参见周新：《认罪认罚从宽制度立法化的重点问题研究》，载《中国法学》2018 年第 6 期，第 188 页。

〔5〕 参见李本森：《刑事速裁程序研究》，中国政法大学出版社 2020 年版，第 240 页。

者的研究，不仅速裁案件的总体辩护率不高，而且存在地域不平衡问题。就其他类型的案件来说，委托辩护率也不高，一般认为在 20% 左右。本课题组通过对我国东、西部地区两个基层人民检察院 2017—2021 年相关办案数据进行统计分析发现，被诉前羁押的犯罪嫌疑人（包括不认罪认罚和认罪不认罚的）平均只有 12.74%（B区）或者 13.67%（J 区）的比例能够获得辩护律师的法律帮助，其中还包括法律援助律师辩护，扣除法律援助律师，委托辩护律师的比例还会更低。那么，在这些有限的辩护律师参与的案件中，辩护律师是否为被追诉人提供了有效的法律帮助呢？

在有辩护律师参与的认罪认罚案件中，辩护律师通过会见、阅卷等方式了解案情后，会与被追诉人进行充分的沟通、协商。有些案件，被追诉人在咨询辩护律师并听取其意见的基础上，选择认罪认罚。还有一些案件，辩护律师介入时，被追诉人已经选择认罪认罚，辩护律师在了解案情后，建议被追诉人继续认罪认罚。在有辩护律师参与的认罪认罚案件中，有两个问题值得重点关注。

一是辩护律师参与量刑协商问题。辩护律师能否代表被追诉人与控方进行量刑协商，为被追诉人争取较轻的刑罚或者案件处理结果？从规范上来看，早在 2015 年 9 月，福清市人民法院联合检察院、公安局、司法局就共同出台《关于刑事案件速裁程序值班律师全面法律援助制度和量刑协商制度试行办法》，[1]据此，辩护律师可以与控方就量刑问题和刑罚执行方式等进行协商。此外，最高人民检察院也要求各地检察机关注重听取犯罪嫌疑人及其辩护人、值班律师的意见，做细做实量刑协商。[2]

从实践情况来看，一些案件，辩护律师利用检察机关考核认罪认罚适用率等作为筹码，[3]通过积极协商，为被追诉人取得了较轻的刑罚或者较好的案件处理结果。2020 年 12 月，最高人民检察院发布的第 22 批指导性案例中，钱某故意伤害案（检例第 82 号）就是一例通过控辩双方协商后达成一致量刑意见的典型案

---

〔1〕　参见郑敏、陈玉官、方俊民：《刑事速裁程序量刑协商制度若干问题研究——基于福建省福清市人民法院试点观察》，载《法律适用》2016 年第 4 期，第 24 页。

〔2〕　参见张军：《最高人民检察院关于人民检察院适用认罪认罚从宽制度情况的报告——2020 年10 月 15 日在第十三届全国人民代表大会常务委员会第二十二次会议上》，载《检察日报》2020 年 10月 17 日，第 2 版。

〔3〕　据最高人民检察院时任检察长张军介绍，有的检察官因片面追求适用率，迁就犯罪嫌疑人或辩护律师，影响案件公正处理。这表明，认罪认罚适用率的考核要求，在事实上成了辩护律师量刑协商的一个筹码。参见张军：《最高人民检察院关于人民检察院适用认罪认罚从宽制度情况的报告——2020年 10 月 15 日在第十三届全国人民代表大会常务委员会第二十二次会议上》，载《检察日报》2020 年 10月 17 日，第 2 版。

例。该案检察机关就被害人过错、正当防卫、赔偿、量刑建议等问题与辩护人沟通协商后，[1]辩护人认可本案不构成正当防卫，检察机关将量刑建议从有期徒刑十五年调整为有期徒刑十二年，控辩双方就量刑建议达成一致意见，法院判决采纳检察机关指控的罪名和量刑建议。

二是所谓"骑墙式辩护"的问题。有些案件，辩护律师认为案件的事实认定或者法律适用存在问题，原本应当让被追诉人作无罪或者罪轻辩护，但考虑到无罪判决率低以及辩护意见难以被采纳等现实情况，担心无罪或者罪轻辩护不成功，反而会丧失认罪认罚所带来的"从宽"利益，最终选择让被追诉人继续认罪认罚，由辩护律师作无罪或者罪轻辩护的策略。在这些案件中，被告人为确保获得从宽处罚，一般会认罪认罚，由辩护律师以证据不足、定性不准等原因作无罪辩护，俗称"骑墙式辩护"。[2]一些辩护律师希望通过这种辩护策略，在认罪认罚案件中最大限度地维护被追诉人的合法权益。从调研情况来看，这种辩护策略面临诸多困难，一些地方的法院在辩护律师作无罪或者罪轻辩护时，明确要求被追诉人表态是否继续认罪认罚，有的法院甚至要求被追诉人与辩护律师之间协商一致。当然，也有一些案件通过这种辩护策略获得了较好的效果，被告人认罪认罚，辩护律师作无罪辩护，最终法院判决被告人无罪。例如，"杨某某诈骗案"[3]一审时，被告人杨某某认罪认罚但辩护律师作无罪辩护，一审法院认定被告人有罪后，被告人杨某某上诉称其没有虚构事实、隐瞒真相，更没有非法占有目的，其行为不构成诈骗罪。最终，二审法院改判被告人杨某某无罪。

2. 法律援助辩护

虽然法律对法律援助辩护的范围逐步予以扩大，但总体来看，我国法律援助辩护的范围仍然有限。就认罪认罚案件而言，据统计，截至 2018 年 9 月底，司法行政机关在试点法院设立法律援助工作站共计 132 个，指派律师为 2.4 万余被告人提供辩护，占全部认罪认罚案件被告人的 10.38%。[4]此外，各地的法律援助辩护的比例有差异，这主要与各地的财政状况、律师资源等有密切关系。

与委托辩护律师一样，法律援助辩护律师在一些认罪认罚案件中，通过会见、阅卷等方式了解案情后，与办案机关进行有效的沟通，有力地维护了被追诉人的

---

〔1〕 关于本案的协商过程，参见苗生明、曹红虹：《最高人民检察院第二十二批指导性案例解读》，载《人民检察》2021 年第 4 期，第 15 页。

〔2〕 参见韩旭：《认罪认罚从宽案件中的"骑墙式辩护"》，载《西南民族大学学报（人文社会科学版）》2022 年第 2 期，第 78 页。

〔3〕 参见河南省商丘市中级人民法院（2020）豫 14 刑终 425 号刑事判决书。

〔4〕 参见杨立新：《认罪认罚从宽制度理解与适用》，载《国家检察官学院学报》2019 年第 1 期，第 56 页。

合法权益。例如，"陈某玉投毒案"〔1〕，2019 年 3 月 17 日，被追诉人陈某玉经上杭县公安局传唤到案。此后，检察院认为，陈某玉因家庭矛盾在食物中投入老鼠药给家人食用，致丈夫和儿媳两人死亡，犯罪事实清楚，证据确实、充分，应当以故意杀人罪追究刑事责任。陈某玉在侦查、审查起诉阶段均认罪认罚。法律援助辩护律师介入该案后，发现该案存在作案动机、作案工具、毒品来源等诸多问题。2020 年 11 月 13 日，该案公开开庭审理，针对公诉机关的指控，律师提出了十个疑问，认为指控被告人陈某玉犯故意杀人罪证据不足，不能定罪。历经近三年的努力，辩护律师的辩护意见被法院采纳，法院认为该案达不到起诉条件，建议龙岩市人民检察院撤诉。龙岩市人民检察院撤诉后，于 2021 年 9 月 7 日对陈某玉作出不起诉决定。又如，"韩某 1 过失致人死亡案"〔2〕，检察机关指控韩某 1 犯过失致人死亡罪，被告人韩某 1 认罪认罚，但法律援助辩护律师认为，被告人韩某 1 不存在致人死亡的过失，请求法院宣告被告人无罪。最终，法院认为，没有足够的证据证明被告人的行为与被害人的死亡之间存在因果关系，判决被告人韩某 1 无罪。这些案例表明，法律援助辩护律师在一些案件中，确实起到了较大的作用。法律援助辩护律师的存在，有助于被追诉人的案件获得公正的办理，有助于认罪认罚从宽制度的正确实施。

此外，一些地方创造条件，逐步扩大法律援助辩护的适用范围。本课题组于 2023 年 11 月 6 日在贵州省调研发现，一些偏远地区已经实现了"真正的"法律援助辩护全覆盖。2022 年年初，威宁县人民检察院与县司法局会同全县 12 家律师事务所召开审查起诉阶段辩护律师全覆盖试点工作座谈会。2022 年 6 月，威宁县人民检察院与县司法局会签《威宁县刑事案件审查起诉阶段律师辩护全覆盖工作实施办法（试行）》，在全县推行审查起诉阶段和审判阶段"辩护律师"全覆盖试点工作，截至 2022 年年底，已完成指定辩护 302 件，威宁县人民检察院审查起诉阶段律师辩护率从之前的不足 30% 提升到 100%。据介绍，法律援助辩护律师在审查起诉阶段为一个案件辩护能够获得 800 元的费用，在审判阶段能够获得 1000 元的费用。该县有近 200 名执业律师，律师资源较为充足，律师对上述费用也较为满意。

三、认罪认罚案件律师参与的问题透视

根据立法和改革文件的相关规定，认罪认罚案件律师参与的主要目的是保障

---

〔1〕 参见居又竹：《福建一女子被控投毒杀害丈夫和儿媳，认罪认罚面临死刑判决，律师辩护后获无罪释放》，载 https://mp.weixin.qq.com/s/-5CfZO9Lfxs3OrURbRfHtQ，最后访问日期：2023 年 11 月 9 日。
〔2〕 参见青海省循化撒拉族自治县人民法院（2021）青 0225 刑初 11 号刑事判决书。

被追诉人获得有效的法律帮助，确保被追诉人了解认罪认罚的性质和法律后果，并在此基础上自愿认罪认罚。从这一角度观察认罪认罚案件律师参与问题，可以发现，受制于各种因素的影响，无论是值班律师，还是辩护律师（包括法律援助辩护律师），在认罪认罚案件中提供的法律帮助均存在一定的不足。

（一）认罪认罚案件值班律师参与存在的问题

对于值班律师的作用，理论界与实务界的实证研究得出的结论大同小异。在认罪认罚从宽制度试点期间，有学者通过查阅某东部沿海地区试点法院 2017 年 1 月至 2018 年 6 月部分审判案卷材料发现，值班律师的主要作用在于程序性事项的告知与见证，即使部分试点单位赋予其阅卷权与调查取证权，也鲜有值班律师真正地阅卷和调查取证的情形。[1] 该学者还发现，由于办案时间紧张，办案人员不希望值班律师提出过多的要求，而值班律师也多"心领神会"，只是简单介绍法律规定。[2] 有学者调研发现，认罪认罚案件中值班律师的预期功能无法实现。首先，值班律师在认罪认罚案件中"呈见证人化"，无法有效提供法律服务；其次，未能有效保障认罪认罚的真实性和自愿性，存在"认假罪"现象；最后，值班律师职权不足，法律帮助"走过场"。[3] 还有学者调研发现，一些地方的公安司法机关将值班律师视为程序见证者，认罪认罚案件无须值班律师的深度参与，只要起到见证、监督的作用即可。[4] 在认罪认罚从宽制度试点结束后，各试点地区向最高人民法院上报的试点经验总结中，北京法院明确提到"值班律师仅能从形式上见证协商过程和自愿性，无法提供实质性的帮助和监督，影响了法律帮助的有效性"。[5] 郑州法院、广州法院和西安法院的经验总结中也有类似说法。[6] 以上实证资料表明，在认罪认罚从宽制度试点期间，值班律师的作用较为有限。

在 2018 年《刑事诉讼法》正式确立了认罪认罚从宽制度后，学界有众多学者对值班律师的作用进行了实证研究。有学者调研发现存在以下问题：第一，值班

---

〔1〕 参见周新：《值班律师参与认罪认罚案件的实践性反思》，载《法学论坛》2019 年第 4 期，第 43 页。

〔2〕 参见周新：《认罪认罚从宽制度立法化的重点问题研究》，载《中国法学》2018 年第 6 期，第 188 页。

〔3〕 参见王迎龙：《值班律师制度研究：实然分析与应然发展》，载《法学杂志》2018 年第 7 期，第 114-115 页。

〔4〕 参见杨波：《论认罪认罚案件中值班律师制度的功能定位》，载《浙江工商大学学报》2018 年第 3 期，第 39 页。

〔5〕 参见胡云腾主编：《认罪认罚从宽制度的理解与适用》，人民法院出版社 2018 年版，第 297 页。

〔6〕 参见胡云腾主编：《认罪认罚从宽制度的理解与适用》，人民法院出版社 2018 年版，第 361 页、第 374 页、第 393 页。

律师不阅卷，对于案件把握流于表面；第二，值班律师在各诉讼阶段的衔接机制不畅；第三，值班律师不提前会见被告人，与之沟通有限；第四，值班律师提出的意见流于形式。[1]有法官于2019年调研发现，实践中，大多是办案单位申请值班律师参与，值班律师在办案人员在场的情况下会见被追诉人，了解案情、提供法律咨询，值班律师通过办案单位的起诉书等单一文书了解案情，没有进行阅卷，对案件及被追诉人本人没有过多的了解，提供的法律帮助只能流于形式，限于表面化，很难有效参与量刑协商。对于检察机关提出的量刑建议，被告人也只能被动选择同意与否。[2]有学者于2019年10月至12月在Q市调研发现，检察机关一般在集中办理认罪认罚案件时让值班律师在签署认罪认罚具结书前会见被追诉人，每位值班律师在值班时间（半天或者一天）要会见数十位被追诉人，平均会见时间在10分钟以内，且值班律师会见被追诉人时都会有办案人员在场。由于缺乏时间和动力等原因，值班律师一般不会阅卷。检察官一般通过口头方式告知值班律师具体案件的简要信息。在个别案件中，甚至存在值班律师"补签"认罪认罚具结书的现象，即让被追诉人先签署认罪认罚具结书，待值班律师值班时（一日或者两日后）再由其签名并"倒签"日期。在审判环节，如果被告人提出这一问题，法官会通知值班律师并让其在场"见证"下重新签署认罪认罚具结书。[3]有学者调研发现，值班律师一般不会单独会见被追诉人，主要由检察官带入看守所一同会见，这就使被追诉人对值班律师的身份和地位产生疑惑，值班律师与被追诉人之间的信任关系难以建立。另外，实践中几乎没有值班律师要求阅卷。[4]有学者有类似发现，实践中，由于值班律师"如何会见"的程序不明导致会见困难，最终，要么是在检察官的陪同下进看守所会见，要么是检察官"携公函"为值班律师会见"开绿灯"。此外，值班律师大多"不愿"阅卷。[5]有学者调研发现，司法实践中，一些值班律师私下配合检察机关"劝说"被追诉人认罪认罚。正因如此，有的检察机关有时会绕开委托辩护律师安排值班律师见证认罪认罚具

---

[1]　参见王迎龙：《值班律师制度的结构性分析——以"有权获得法律帮助"为理论线索》，载《内蒙古社会科学》2020年第5期，第100页。

[2]　参见山东省青岛市中级人民法院课题组：《青岛法院认罪认罚从宽制度实施调研报告》，载最高人民法院刑事审判第一、二、三、四、五庭编：《刑事审判参考》（总第127辑），人民法院出版社2021年版，第306-307页。

[3]　参见郭航、杨馨儿：《值班律师有效法律帮助的理论反思与制度完善——基于Q市值班律师制度的实证研究》，载《新疆大学学报（哲学社会科学版）》2022年第6期，第24-25页。

[4]　参见魏化鹏：《认罪认罚自愿性的话语表达与实践逻辑》，载《中国政法大学学报》2023年第5期，第107页。

[5]　参见韩旭：《认罪认罚从宽案件中有效法律帮助问题研究》，载《法学杂志》2021年第3期，第4页。

结书的签署。[1]由此可见，学界普遍认为，2018 年《刑事诉讼法》实施后，值班律师在认罪认罚案件中未能为被追诉人提供有效的法律帮助。

本课题组于 2023 年 10 月通过访谈值班律师也发现，值班律师在固定时间（如每周一、三的上午）在看守所、检察院或者法院值班，在值班期间，很少有被追诉人"主动"申请值班律师提供法律帮助，个别被追诉人与值班律师交流时，主要是咨询法律问题，即本案可能判处的刑罚，基本上不对案情作深入沟通和交流。在这种情况下，值班律师也不知道哪些被追诉人需要法律帮助，无法主动会见被追诉人，更不会去查阅相关案卷材料。值班律师的功能主要是见证认罪认罚具结书的签署，在签署认罪认罚具结书之前，被追诉人与值班律师之间可能会有短暂交流，但不深入。值班律师的办案补贴是按天计算，一般是每天二三百元。[2]据介绍，被追诉人一般不信任值班律师，有的被追诉人甚至认为值班律师是与控方一伙的，面对微薄的收入，值班律师在回答被追诉人的问题时往往简单地按照法律规定予以回复，基本上不会给出有针对性的建议。

上述调研结论，得到了一些检察官以及地方人大监督部门调查材料的印证。有检察官调研发现，实践中值班律师参与认罪认罚案件存在以下问题：一是阅卷、会见不够充分。有的值班律师主动参与意识不强，主动提出阅卷、会见、申请变更强制措施的比例一直不高。二是提出意见不够到位，作用发挥不充分。三是配套措施不够健全，权益保障存有缺口。[3]还有检察官调研发现，司法实践中，大多数值班律师将自己定位为"见证者"，其不会主动要求阅卷，介入案件的时间较晚，一般是在其到达认罪认罚具结书签署现场时才对案情有所了解。由于值班律师介入较晚，值班律师介入案件时，犯罪嫌疑人往往已经认可检察机关的量刑建议，面对检察机关的听取意见，值班律师往往在《听取值班律师意见书》上填写"无意见"。种种因素的结合，导致一些被追诉人认为，值班律师就是检察机关的配合者或者合作者，进而不信任值班律师。[4]上海市人大监察和司法委员会 2022 年的专题调研报告指出："调研中发现，本市值班律师在

---

[1] 参见郭华：《认罪认罚从宽制度的权力俘获及纾困程序》，载《清华法学》2022 年第 5 期，第 94 页。

[2] 司法行政机关按天给值班律师一定的经费补贴，受各地财政承受能力的影响，具体数额各地有差异，据学者调研，在北京地区，一般是每天 500 元。参见程绍燕：《值班律师辩护人化的正当性辨析》，载《中国检察官》2021 年第 19 期，第 43 页。

[3] 参见严浩：《让值班律师更深更实参与认罪认罚案件办理》，载《检察日报》2022 年 11 月 29 日，第 7 版。

[4] 参见海南省海口市美兰区人民检察院课题组：《值班律师法律帮助有效性的判断》，载《中国检察官》2023 年第 9 期，第 32 页。

为被告人提供法律帮助方面，没有发挥应有的作用。主要表现在：一是值班律师会见权行使不充分。目前，本市值班律师一般不会独立会见犯罪嫌疑人，大多由检察官带入看守所一同会见，这会使嫌疑人、被告人对值班律师的身份和地位产生疑惑，相互之间难以建立信任；二是值班律师怠于行使阅卷权。经了解，实践中几乎没有值班律师要求阅卷，也很少会在程序选择建议、申请变更强制措施、案件处理等方面提出意见。值班律师更多的是充当认罪认罚具结书签署形式上的'见证人'。"[1]上述调研发现的情况，与本课题组在广东、重庆、湖北、安徽等地的调研结果基本相同，即值班律师未能为被追诉人提供有效的法律帮助。

上述实证考察结果表明，值班律师未能为认罪认罚案件的被追诉人提供有效的法律帮助，值班律师所提供的法律帮助具有明显的"形式化"特征。[2]对于这一问题，笔者认为，原因是复杂的[3]，但主要是由于值班律师制度本身所决定的。值班律师的流动性特征，意味着值班律师无法固定地为某一被追诉人提供法律帮助，值班律师无法提前与被追诉人沟通，也没有动力通过阅卷等方式获得案件信息。换句话说，值班律师与被追诉人之间没有建立"一对一"的固定关系，因此，在值班律师提供法律帮助时面临稳定性和预期性均不足的问题，进而导致会见权、阅卷权等均无法实现。值班律师提供的是"碎片化"的法律服务，值班律师按天提供法律服务，而不是按件提供法律服务，是为其值班期间有法律帮助需要的被追诉人提供法律服务，而不是为某一个被追诉人在其需要法律帮助时提供法律服务。此外，据某基层人民检察院检察长介绍，[4]由于值班律师费用制度不完善，大多基层检察机关通过与律师事务所进行协商的方式确定费用支付标准，

---

〔1〕　参见上海市人大监察和司法委员会：《关于本市检察机关适用认罪认罚从宽制度情况的调研报告》，载《上海市人民代表大会常务委员会公报》2022年第9号，第75—76页。

〔2〕　形式化的法律帮助可能导致无辜的被追诉人被错判有罪，例如，"张某故意伤害案"，检察机关指控张某伙同另外三人将周某、王某打伤，经鉴定周某的伤情为轻伤二级。张某没有委托辩护人，司法机关也未为其指定法律援助辩护律师，根据相关规定，应该由值班律师为其提供法律帮助。被告人认罪并在赔偿被害人损失后获得谅解，法院对其适用缓刑。后来发现，被害人系假伤，做假伤的目的是勒索钱财。法院撤销原审判决，宣告张某无罪。参见河北省霸州市人民法院（2019）冀1081刑初60号刑事判决书、河北省霸州市人民法院（2020）冀1081刑再1号刑事判决书。

〔3〕　有学者认为，对于值班律师而言，即使法律赋予其会见权、阅卷权和调查核实证据等权利，但由于值班律师是临时性的轮流坐班者，加之报酬少、风险高等因素，使得其不能、不愿"深度"介入案件。参见汪海燕：《三重悖离：认罪认罚从宽程序中值班律师制度的困境》，载《法学杂志》2019年第12期，第14页。

〔4〕　参见刘萌：《论当前认罪认罚从宽制度中值班律师制度存在的问题》，载《河南法制报》2020年12月22日，第11版。

费用一般不高，影响了值班律师工作的积极性。有学者在重庆调研发现，值班律师每天补助150元至200元，每天需要见证10件以上的认罪认罚等刑事案件。[1]实践中，也有按照案件数量或者具结人数对值班律师予以补助的情形。在认罪认罚从宽制度试点期间，福建省福清市有关部门召开专题会议，对认罪认罚案件值班律师办案补贴问题达成一致意见，即法律帮助案件参照法律援助实行一案一补，按人头分阶段计，侦查阶段每件300元，审查起诉阶段每件800元，审理阶段每件200元，每年预算100万元。据介绍，福清市成为全国第一个按案件对法律帮助值班律师实行补贴的试点城市。[2]2018年10月，云南省昆明市官渡区政法委牵头召开专题会议，就值班律师的补助问题达成共识，即区司法局按照具结1人补助200元的标准，安排专项资金予以保障。[3]这种补助方式是少数情况，且随着认罪认罚从宽制度的实施能否持续，[4]也不得而知。从总体上看，过低的"值班"补贴标准，导致律师不愿意担任值班律师。值班律师往往以年轻律师为主，缺乏相应的刑事辩护经验。即便派出的是有刑事辩护经验的律师，面对微薄的值班补贴，值班律师往往也没有动力提供有效的法律帮助。

（二）认罪认罚案件辩护律师参与存在的问题

在认罪认罚案件中，与值班律师相比，辩护律师为被追诉人提供的法律帮助总体上更为有效，但由于种种因素的影响，委托辩护律师和法律援助辩护律师在认罪认罚案件中提供的法律帮助也存在一些问题。

1. 委托辩护

据本课题组调研，辩护律师在认罪认罚案件中面临两大困境。

一是辩护律师面临没有筹码与控方进行协商的困境。虽然辩护律师享有会见、阅卷等诉讼权利，在诉讼权利受到侵害时还能通过控告、申诉等途径获得救济，但获得救济的途径既不畅通也不及时。例如，被追诉人被指定居所监视居住期间，辩护律师无法会见被追诉人，等到辩护律师能够会见被追诉人时，被追诉人已经认罪，且被追诉人即便翻供，也无法彻底推翻之前的供述。[5]在被追诉人已经认

---

〔1〕参见龙宗智：《刑事程序论》，法律出版社2021年版，第191页。

〔2〕参见胡云腾主编：《认罪认罚从宽制度的理解与适用》，人民法院出版社2018年版，第401页。

〔3〕参见陈国庆主编：《认罪认罚从宽制度司法适用指南》，中国检察出版社2020年版，第249页。

〔4〕本课题组在四川省南充市嘉陵区调研发现，该区对于值班律师的补贴，原本是按照每案200元的标准进行的，但后来随着认罪认罚案件的增多以及财政紧张等原因，改为按天支付，即每值班一天200元。

〔5〕参见王彪：《指定居所监视居住措施适用的救济机制——钟某等人有组织犯罪案》，载郭烁主编：《刑事诉讼法案例进阶》，法律出版社2023年版，第163-164页。

罪且无法撤回之前有罪供述的情况下，在非法证据排除的范围有限的背景下，一旦被追诉人认罪（包括"曾经"认罪），辩护律师将几乎没有任何筹码与控方协商。对于少数不认罪的被追诉人，有的办案机关既可以通过各种"方法"迫使其认罪，还可以通过同案人供述、证人证言等证实其犯罪，在证人基本不出庭的背景[1]，辩护律师无法有效质疑书面证言的真实性和合法性。辩护律师的权利受到侵犯后，无法获得及时有效的救济，进而导致辩护律师无法与公安司法机关进行有效的沟通、协商，"你辩你的，我办我的"是很多案件的真实写照。有法官认为，认罪认罚从宽制度不是国外辩诉交易制度的简单翻版，被追诉人"只是通过认罪认罚争取从宽，而不是就定罪量刑进行讨价还价"。[2]既然是被追诉人认罪认罚后"争取"从宽，那么量刑协商的空间注定是很小的。

二是辩护律师面临与被追诉人观点分歧的困境。实践中，一些被追诉人担心不认罪会获得相对较重的处罚，会失去认罪认罚从宽的机会，往往会优先选择认罪。辩护律师通过会见、阅卷等方式了解案情后，发现案件在证据、程序和法律适用等方面可能存在一定的问题，此时，辩护律师将面临辩护策略的选择问题。辩护律师如果选择与被追诉人一样的立场，将会基本上失去无罪、撤销部分指控事实或者认定较轻罪名等机会。辩护律师如果选择所谓的"骑墙式辩护"，一方面，由于辩护律师与被追诉人的观点相互冲突，辩护效果将大打折扣；另一方面，这种辩护"策略"可能会遇到控方的抵制，实践中，辩护律师不同意罪名认定或量刑建议时，有司法人员以辩护律师不同意犯罪嫌疑人认罪认罚为由，不再让犯罪嫌疑人签署认罪认罚具结书，从而不再对犯罪嫌疑人适用认罪认罚从宽制度。[3]在辩护律师作无罪辩护的情况下，有的法院认为案件已不符合认罪认罚从宽制度的适用条件。[4]例如，在"吴某平、吴某广、赵某民等聚众扰乱社会秩序案"[5]和"吴某交通肇事案"[6]中，法院认为，虽然被告人认罪认罚，但由于辩护律师作无罪辩护，案件不适用认罪认罚从宽制度；有的法院会询问被告人是

〔1〕　参见李昌盛：《证人出庭难的应对方案》，载《当代法学》2021年第3期，第101页。

〔2〕　参见最高人民法院刑一庭课题组：《刑事诉讼中认罪认罚从宽制度的适用》，载《人民司法（应用）》2018年第34期，第5页；沈亮：《凝聚共识　推进认罪认罚从宽制度深入有效实施》，载《人民法院报》2021年7月22日，第5版。

〔3〕　参见李缓、许晓冰：《辩护人意见能否影响犯罪嫌疑人认罪认罚》，载《检察日报》2020年12月2日，第3版。

〔4〕　在被告人认罪认罚但辩护律师作无罪辩护的情况下，法院的应对可以分为两种类型：一是容忍型，二是反对型。参见闵春雷：《认罪认罚案件中的无罪辩护》，载《当代法学》2023年第6期，第100页。

〔5〕　参见陕西省西安市临潼区人民法院（2018）临刑初字第424号刑事判决书。

〔6〕　参见四川省广元市利州区人民法院（2019）利刑初字第398号刑事判决书。

否"同意"辩护律师作无罪辩护，如果被告人表示"同意"，则法院视为被告人翻供。例如，"杨某、林某忠聚众扰乱社会秩序案"，[1]法院认为，被告人杨某在庭审中同意辩护人作无罪辩护，"视为"对如实供述"情节严重、造成严重损失"的主要犯罪事实予以翻供，不宜认定为坦白。上述司法机关的做法，直接导致被追诉人失去了通过认罪认罚获得从宽处理的机会。

在被追诉人认罪认罚但辩护律师提出异议的情况下，辩护律师是否需要在认罪认罚具结书上签字？有检察官认为，有必要在现有认罪认罚具结书模板上增加"辩护人意见"一栏，要求辩护人在具结书上表明自己是否同意认罪认罚的意见。[2]事实上，对这一问题如何处理，实践中有争议。[3]为应对这种情况，个别检察机关在被追诉人签署认罪认罚具结书时，撇开辩护律师邀请值班律师进行见证，并且最终获得法院的认可。[4]这一撇开辩护律师邀请值班律师见证认罪认罚具结书签署的做法，又引发了新的争议。有学者认为，我国立法确立了辩护律师优于值班律师的原则，[5]在被追诉人已经委托了辩护律师的情况下，不能由值班律师见证认罪认罚具结书的签署。由于这一问题具有一定的普遍性，相关改革文件对此予以规定。2020年12月1日，最高人民检察院就十三届全国人大常委会对人民检察院适用认罪认罚从宽制度情况报告的审议意见提出28条贯彻落实意见，其中第7条对此予以规定，即"严禁绕开辩护人，安排值班律师代为具结见证"。2021年12月3日，最高人民检察院印发的《量刑建议指导意见》第27条明确规定，犯罪嫌疑人有辩护人的，应当由辩护人在场见证具结并签字，不得绕开辩护人安排值班律师代为见证具结。2023年3月2日最高人民检察院、司法部、中华全国律师协会联合发布的《关于依法保障律师执业权利的十条意见》第6条明确规定，已委托辩护律师的，在犯罪嫌疑人签署认罪认罚具结书时，不得绕开辩护律师安排值班律师代为见证具结。如果辩护律师确实不便的，可以通过远程视频方式见证具结，或者经辩护律师同意后安排值班律师在场见证具结。通过上述规定，该问题已经得到

〔1〕 参见福建省闽侯县人民法院（2018）闽0121刑初447号刑事判决书。

〔2〕 参见李缓、许晓冰：《辩护人意见能否影响犯罪嫌疑人认罪认罚》，载《检察日报》2020年12月2日，第3版。

〔3〕 参见韩旭：《被追诉人认罪认罚律师拒绝签字的程序处理》，载《中国应用法学》2021年第6期，第119页。

〔4〕 例如，青海省高级人民法院二审审理"韩某吾地故意杀人案"，认为："本案被告人韩某吾地在视频连线值班律师的情况下签署认罪认罚具结书并不违反相关规定，且其内容真实，符合法律规定。"参见青海省高级人民法院（2020）青刑终34号刑事裁定书。

〔5〕 参见陈永生：《辩护律师优于值班律师至关重要》，载《上海法治报》2022年1月21日，第B7版。

解决。

对于被追诉人认罪认罚而辩护律师作无罪或者罪轻辩护的案件，除了对被追诉人不适用认罪认罚从宽制度或者绕开辩护律师邀请值班律师见证认罪认罚具结书的签署，一些地方办案机关还会要求被追诉人解除其委托的辩护律师。对此，《量刑建议指导意见》第22条明确规定："办理认罪认罚案件，人民检察院应当依法保障犯罪嫌疑人获得有效法律帮助。犯罪嫌疑人要求委托辩护人的，应当充分保障其辩护权，严禁要求犯罪嫌疑人解除委托。"

此外，辩护律师在认罪认罚案件中的辩护活动还存在两大问题。

一是部分辩护律师在被追诉人认罪认罚的情况下放弃了对案件的实质性辩护，少数案件最终被法院认定无罪。例如，"但某飞开设赌场案"[1]，被告人认罪认罚，辩护律师作罪轻辩护，最终，法院认为指控事实依法不构成犯罪，直接判决无罪。又如，"蔡某珍交通肇事案"[2]，被告人认罪认罚，辩护律师认为，被告人有自首情节，认罪态度好，且已赔偿被害人家属经济损失，请求对被告人从轻处罚。法院经审查认为，公诉机关提供的"文证审查司法鉴定意见书"不符合法医学鉴定相关规定，不能作为证据使用。最终，法院宣告被告人蔡某珍无罪。再如，"谢某卿等62人诈骗案"[3]，2021年2月，法院宣告该案中的42名被告人无罪，该42人中，有22人"自愿认罪"（包括5人"认罪认罚"），其中部分被告人的辩护律师基于各种考虑作了"罪轻辩护"。类似的案例表明，在被追诉人认罪认罚的情况下，一些辩护律师"放松"了对案件证据、事实认定和法律适用的审查，没有为被追诉人提供有效的法律帮助。

二是在被追诉人不认罪认罚的情况下，部分辩护律师基于各种考虑不适当地"劝说"被追诉人认罪认罚。《认罪认罚指导意见》第15条"辩护人职责"部分规定，辩护律师应当与被追诉人就是否认罪认罚进行沟通。据此，有学者认为，当案件事实清楚，证据确实充分，认罪认罚对被追诉人有利，辩护律师可以甚至有责任"劝"被追诉人认罪认罚。[4]从一些地方曾经制定的改革文件中，也可以看到辩护律师"劝说"被追诉人认罪认罚的影子。深圳市委政法委、市中级人民法院、市人民检察院、市公安局、市国家安全局、市司法局、市海关缉私局2017年5月联合出台的《深圳市刑事案件认罪认罚从宽制度试点工作实施办法（试

---

〔1〕　参见广东省佛山市顺德区人民法院（2019）粤0606刑初789号刑事判决书。

〔2〕　参见陕西省西安市莲湖区人民法院（2019）陕0104刑初949号刑事判决书。

〔3〕　参见安徽省芜湖市繁昌区人民法院（2018）皖0222刑初130号刑事判决书。

〔4〕　参见王敏远、顾永忠、孙长永：《刑事诉讼法三人谈：认罪认罚从宽制度中的刑事辩护》，载《中国法律评论》2020年第1期，第8页。

行）》第 7 条规定，对于主要犯罪事实清楚、基本证据确实充分的案件，即使犯罪嫌疑人不认罪，也不承认犯罪事实，辩护人要求启动认罪认罚协商程序的，检察机关也可以与犯罪嫌疑人及其辩护人进行认罪认罚协商。这一协商过程，一般伴随着辩护人"劝说"犯罪嫌疑人认罪认罚的情形。

笔者认为，辩护律师在认罪认罚案件中的重要作用之一是确保被追诉人认罪认罚的明知性和自愿性，辩护律师在特定情形下（案件事实清楚，证据确实、充分，没有无罪辩护的空间）向被追诉人解释事实认定和法律规范，有助于被追诉人在权衡利弊后决定是否认罪认罚，有助于确保被追诉人认罪认罚的明知性和自愿性。但需要注意的是，辩护律师的劝说应该有一个限度，即辩护律师在对案件的事实认定和法律适用作出"预判"后，应该由被追诉人自己选择是否认罪认罚，只有这样，才能够真正确保被追诉人认罪认罚的自愿性。

然而，本课题组调研发现，实践中，一些地方的辩护律师基于各种考虑，通过各种方法向被追诉人施压，以"劝说"其认罪认罚。本课题组一位研究人员曾于 2021 年 9 月，在浙江省某基层人民法院旁听了一个掩饰、隐瞒犯罪所得案件的庭审，发现控辩（部分辩护律师）审的立场基本是一致的，都在当庭"劝说"被告人认罪认罚。在被告人不认罪并提出相应的辩解（主张自己主观上不明知）后，有辩护律师向被告人"释明"法律特别是认罪认罚"从宽"的规定，然后"问"被告人是否认罪认罚，被告人当即表示认罪认罚，即使该被告人在前一分钟还在坚持其主观上"不明知是犯罪所得"。类似的情形表明，在部分认罪认罚案件中，辩护律师的功能发生了异化，在一定程度上偏移了辩护立场。

上述问题的存在，原因是复杂的。首先，刑事程序整体正当化程度有待进一步提高，是上述问题的深层次原因。从比较法角度来看，西方两大法系国家基本上是在刑事程序正当化达到一定程度后，通过正式的诉讼程序处理案件面临诸多障碍（如需要花费大量的时间和人力、取证面临诸多限制导致部分案件证据不足难以定案等），为节约司法资源、避免司法拖延、化解证明困难，司法实践中逐渐通过非正式的协商性司法解决大量的刑事案件，待非正式的协商性司法发展到一定程度后再上升为正式立法。[1] 从我国的情况来看，一方面，以审判为中心的刑事诉讼制度改革中的很多要求是法律本来就有的规定，但实践中做不到，需要通过改革予以解决，这是"严格司法"层面上的问题；另一方面，刑事司法的人权保障方面，与国际人权公约等要求还存在一些差距，刑事诉讼立法中关于人权保

---

〔1〕 德国的刑事协商就是一个典型例证，参见 ［英］ Regina E. Rauxloh：《德国刑事协商的立法规制——新立法能否解决协商困境?》，王彪译，载李昌盛主编：《刑事司法论丛》（第 6 卷），中国检察出版社 2019 年版，第 283-313 页。

障的条款多为"软性"要求，"刚性"不足。在这种背景下，如果没有检察机关自上而下的强力推动[1]，检察官几乎没有什么动力与被告人一方进行认罪认罚的沟通乃至协商，辩护律师也几乎没有什么筹码与控方协商。另外，辩护律师职业伦理规范不够健全，对辩护律师未尽忠诚辩护义务的行为，缺乏有效的规范和制约。例如，有的辩护律师为了尽快结束某个案件的办理，希望被追诉人认罪认罚[2]，在被追诉人拒绝认罪认罚时仍"不停地"劝说其认罪认罚。

2. 法律援助辩护

委托辩护律师面临的困境和存在的问题，法律援助辩护律师基本上也存在。与委托辩护律师相比，法律援助辩护律师更倾向于"劝说"被追诉人认罪，法律援助辩护律师在被追诉人认罪认罚时，基本上都会做罪轻辩护。换句话说，认罪认罚案件，法律援助辩护律师在完成法律要求的"会见"和"阅卷"后，与被追诉人进行简单交流，在法庭上基本重复被追诉人的意见。有的案件，被告人原本无罪，但由于各种原因认罪认罚，法律援助辩护律师对案件中有利于被告人的情节简单列举后，要求法庭对被告人从轻处罚，最终，如果法庭仅仅进行形式化审理，很可能会采纳检察机关指控的罪名和量刑建议；相反，如果法庭对认罪认罚的自愿性、真实性和合法性进行实质性审查，很可能会宣告被告人无罪。这表明，法律援助辩护律师在一些认罪认罚案件中，没有为被追诉人提供有效的法律帮助。例如，"徐某发非法采矿案"[3]，被告人认罪认罚，法律援助辩护律师做罪轻辩护，建议法庭从轻处罚，最终法院判决被告人无罪。又如，"孙某天、彭某庆非法采矿案"[4]，在两名被告人对指控的事实和罪名均无异议的情况下，孙某天的法律援助辩护律师做罪轻辩护，提出了被告人系初犯、具有自首情节、法律意识淡薄、获利不多且已退赃等意见，彭某庆的委托辩护律师做无罪辩护，提出煤矸石是固体废物不是矿、对煤矸石的处理无须办理采矿证以及出让煤矸石的行为不是犯罪等意见，最终，法院对两名被告人均判决无罪。

法律援助辩护律师存在的问题，主要是以下几个原因造成的：一是法律援助经费保障方面的问题。与委托辩护相比，法律援助辩护律师办理案件所能获得的补贴是微不足道的，这导致一些法律援助辩护律师没有积极性。本课题组调研发

---

〔1〕　有学者曾对速裁程序适用的动力不足以及相应的应对策略予以讨论，参见元轶：《速裁程序中控辩审三方动力体系研究》，载《国家检察官学院学报》2021年第4期，第161-169页。

〔2〕　这种情形在美国的辩诉交易案件中也存在，参见［美］斯蒂芬诺斯·毕贝斯：《庭审之外的辩诉交易》，杨先德、廖钰译，中国法制出版社2018年版，第12页。

〔3〕　参见江西省上饶市广信区人民法院（2021）赣1104刑初287号刑事判决书。

〔4〕　参见江西省上饶市广信区人民法院（2021）赣1104刑初214号刑事判决书。

现，一些地方的法律援助辩护律师表示，由于办案补贴是以案件为单位发放的，一些案情复杂的案件，如涉黑涉恶案件，被追诉人关押地点远，微薄的办案补贴可能无法满足多次会见的需要。二是法律援助辩护律师的准入门槛低。虽然《法律援助法》规定，被追诉人可能判处无期徒刑、死刑的案件，法律援助机构应当指派具有三年以上相关执业经历的律师担任辩护人，但这仅限于上述特定类型的案件，且这些案件一般不会适用认罪认罚从宽制度；另外，即使是"具有三年以上相关执业经历的律师"，之前可能没有办理过刑事案件，缺乏相应的办案经验。由于法律援助辩护律师缺乏办理刑事案件的经验，可能在案件办理过程中"边干边学"，无法向办案部门提出有针对性的意见。三是部分法律援助辩护律师的责任心不强。总体来看，实践中很多法律援助辩护律师办理法律援助案件认真负责，积极维护被追诉人的诉讼权利。然而，也有一些法律援助辩护律师责任心不足，办理案件时敷衍塞责。

四、认罪认罚案件律师参与的完善建议

要解决认罪认罚案件律师参与存在的上述问题，需要区分值班律师、委托律师和法律援助辩护律师的不同情况，采取有针对性的措施，努力实现律师参与的有效性，进而充分保障认罪认罚被追诉人的合法权益。

（一）大力提高认罪认罚案件值班律师的法律帮助质量

值班律师提供法律帮助的质量，与值班律师的定位紧密相关。从改革文件和相关法律规定来看，值班律师起初的功能定位较为简单，即为认罪认罚案件中没有辩护人的被追诉人提供法律帮助。有检察官认为，基于我国当前刑事辩护率总体较低，许多案件犯罪嫌疑人、被告人尚无法获得律师的帮助，导致辩护权无法有效行使的状况，速裁程序和认罪认罚从宽制度试点中，建立了法律援助值班律师制度。[1]在总结试点经验的基础上，2018年《刑事诉讼法》确立了值班律师为所有没有辩护人的被追诉人提供法律帮助的职责，包括在准备委托辩护人但还没有委托以及符合法律援助通知辩护的条件但还未通知法律援助辩护律师之前的阶段，为被追诉人提供临时紧急性法律帮助。根据全国人大常委会法工委立法人士的解释，值班律师制度在很大程度上借鉴了国外的做法，"为了给犯罪嫌疑人提供法律帮助，英国、日本、澳大利亚、加拿大等很多国家也建立值班律师制度。值班律师的职责，一般是为犯罪嫌疑人、被告人免费提供必要而最低限度的法律帮

---

[1] 参见苗生明、周颖：《〈关于适用认罪认罚从宽制度的指导意见〉的理解与适用》，载《人民检察》2020年第2期，第52页。

助"。具体来说，值班律师主要是为被追诉人提供法律咨询服务。[1]据司法部负责人介绍，"值班律师制度的主要目的是为进入刑事诉讼程序的犯罪嫌疑人或者被告人提供即时初步的法律服务"。[2]由此可见，我国值班律师的类型有两种：一种是为未来得及委托或者指定法律援助辩护律师的被追诉人提供临时紧急性法律帮助，另一种是为认罪认罚案件中没有辩护人的被追诉人提供最低限度的法律帮助。

那么，我国刑事诉讼中的值班律师到底是何定位呢？对此，学界有不同看法。第一种意见将值班律师视为辩护人。有学者认为，从辩护的原理来说，值班律师就是临时充当辩护人的角色，只不过没有委托手续、指派的文件内容不同以及待遇上有所不同。[3]第二种意见将值班律师视为法律帮助者。有学者认为，值班律师不具有"辩护人"的身份，最多属于为特定刑事案件的被追诉人提供临时性、紧急性法律帮助的律师。[4]有学者也认为，值班律师提供的是法律帮助而非刑事辩护，值班律师仅提供初步及时的法律帮助，享有有限的阅卷权和会见权。[5]第三种意见将值班律师视为准辩护人，因为值班律师不提供出庭辩护服务，但履行的是辩护职能。[6]

笔者认为，从《刑事诉讼法》第 36 条、第 173 条和第 174 条的规定来看，立法是将辩护人与值班律师并列规定的，这就意味着二者不是同一主体。此外，《刑事诉讼法》第 36 条中与辩护律师对应的词语是"辩护"，与值班律师对应的词语是"法律帮助"。这表明，立法有意区分"辩护"和"法律帮助"。因此，值班律师是被追诉人的"法律帮助者"。虽然"法律帮助"和"辩护"有着共同的目标，即均是为了维护被追诉人的合法权益，但值班律师与辩护律师在身份、职责和法律责任等方面仍存在诸多不同。[7]

---

〔1〕　参见王爱立主编：《〈中华人民共和国刑事诉讼法〉修改与适用》，中国民主法制出版社 2018 年版，第 81 页。

〔2〕　朱腾飞：《司法部负责人就开展法律援助值班律师工作答记者问》，载《中国司法》2017 年第 10 期，第 93 页。

〔3〕　参见王敏远、顾永忠、孙长永：《刑事诉讼法三人谈：认罪认罚从宽制度中的刑事辩护》，载《中国法律评论》2020 年第 1 期，第 12 页。

〔4〕　参见陈瑞华：《刑事辩护的理念》，法律出版社 2021 年版，第 49 页。

〔5〕　参见王迎龙：《刑事诉讼中的"有权获得法律帮助"》，载《暨南学报（哲学社会科学版）》2023 年第 3 期，第 96 页。

〔6〕　参见顾永忠：《刑辩律师全覆盖与值班律师制度的定位》，载《人民检察》2018 年第 11 期，第 53 页。

〔7〕　参见蔡元培：《法律帮助实质化视野下值班律师诉讼权利研究》，载《环球法律评论》2021 年第 2 期，第 153 页。

　　立法机关一方面意识到了认罪认罚案件被追诉人需要有效的法律帮助，另一方面基于各地的财政状况、律师资源等方面因素的考虑，担心法律援助辩护律师全覆盖不现实，采取了折中的办法，即由值班律师为认罪认罚案件中没有辩护人的被追诉人提供法律帮助。当然，采取这种做法，不仅是因为诉讼资源有限，还有认识方面的原因，即认为认罪认罚案件（符合法律援助条件的除外）往往较为简单，没有必要提供法律援助辩护律师。笔者认为，这种做法属于典型的"小马拉大车"，因为它赋予了值班律师无法承受的重要职能。[1]实际上，由于值班律师的定位以及提供法律帮助的方式，值班律师很难发挥为认罪认罚案件的被追诉人提供"有效"法律帮助的功能。

　　对于值班律师的未来发展方向，目前学界主要有四种观点。第一种观点认为，为了更好地实现值班律师制度设立的目的，必须赋予值班律师以辩护人的法律地位。[2]在认罪认罚从宽制度试点期间的某次学术讨论会上，与会学者大多认为，从应然的角度看，值班律师的定位应该是辩护人。[3]第二种观点认为，应合理配置值班律师制度，注重发挥值班律师在刑事诉讼早期阶段的帮助作用，形成多层次、全方位的法律援助制度。[4]有学者认为，将来应在保留值班律师的前提下，适当改变值班律师的功能定位，使其成为紧急情况下的临时法律帮助者，同时成为犯罪嫌疑人、被告人寻求法律援助律师辩护的协助者。对量刑协商过程的参与，由被指定辩护的律师负责承担。[5]也有学者认为，应该严格区分值班律师与辩护律师的职责与权利，使二者各司其职、各守其责、各行其权，才能更"错落有致"地满足被追诉人的法律需求，并更好地实现认罪认罚从宽制度的预期功能。[6]第三种观点认为，应当明确值班律师的法律地位为准辩护人。[7]第四种观点认为，

---

　　[1]　有学者认为，由于辩护律师的数量无法满足大量刑事速裁案件的辩护工作，因此就由值班律师代行辩护律师的职责。这其实是对被追诉人享有有效的法律辩护和法律帮助的基本诉讼权利的漠视。对此，笔者表示赞同。参见李本森：《刑事速裁程序研究》，中国政法大学出版社 2020 年版，第 226 页。

　　[2]　参见姚莉：《认罪认罚程序中值班律师的角色与功能》，载《法商研究》2017 年第 6 期，第 46 页；张泽涛：《值班律师制度的源流、现状及其分歧澄清》，载《法学评论》2018 年第 3 期，第 74 页。

　　[3]　参见谭世贵、赖建平：《"刑事诉讼制度改革背景下值班律师制度的构建"研讨会综述》，载《中国司法》2017 年第 6 期，第 25 页。

　　[4]　参见吴宏耀：《我国值班律师制度的法律定位及其制度构建》，载《法学杂志》2018 年第 9 期，第 30-31 页。

　　[5]　参见陈瑞华：《刑事辩护的理念》，法律出版社 2021 年版，第 55 页。

　　[6]　参见闫召华：《合作式司法的中国模式：认罪认罚从宽研究》，中国政法大学出版社 2022 年版，第 295 页。

　　[7]　参见吴小军：《我国值班律师制度的功能及其展开——以认罪认罚从宽制度为视角》，载《法律适用》2017 年第 11 期，第 111 页。

由于我国刑事辩护率较低，国家应主动为没有辩护人的被追诉人指派值班律师，且值班律师在案件中应有实质性参与。[1]总体来看，对于值班律师的定位，有一定争议，但对于认罪认罚案件应当为被追诉人提供有效的法律帮助则没有争议。

上述四种观点，实质上主要可以分为两类：一类是值班律师辩护人化，另一类是维持值班律师法律帮助者的定位，但在通过值班律师提供法律帮助的同时，在认罪认罚案件中逐步推行法律援助辩护律师全覆盖。

从比较法的角度来看[2]，值班律师的法律定位有两种：一种是为被追诉人提供初步法律帮助的律师，如英国的警察局值班律师通过当面会谈或者电话方式为被羁押在看守所的犯罪嫌疑人提供法律咨询。这种情况下的值班律师是紧急情况下的临时性法律帮助者（在委托辩护或者法律援助辩护之前），这种意义上的值班律师更像是急诊科医生，为被追诉人提供临时性紧急服务。另一种是在法庭上为被追诉人提供法律帮助的律师，具体又可以分为两种情形，一种情形是为轻罪案件没有辩护人的被告人初次到庭提供法律帮助，如英国治安法庭值班律师为被告人提供首次出庭日律师咨询或者代理服务；另一种情形是值班律师出庭为认罪但没有委托辩护人的被告人提供法律服务，被告人作无罪辩护的，必须通过正式的审判程序进行，这种情况下值班律师无权参加法庭审判。这是加拿大部分地区的做法。这两种意义上的值班律师所起的功能是不同的，前者更像是一种"锦上添花"的制度设计，[3]即在实现律师辩护全覆盖的情况下，为最初还未来得及委托或者指定律师的被追诉人提供临时性法律帮助，这是对律师辩护全覆盖的完善；后者更像是一种"雪中送炭"的制度设计，是在被追诉人没有辩护律师的情况下通过值班律师为其提供法律帮助，这是一种最低限度的法律帮助，一般仅在案情简单的轻微案件中适用。

笔者认为，对于值班律师的定位，需要认真考虑以下现实情况和问题，即认罪认罚适用率高达90%以上，其中80%以上的案件是在值班律师参与下适用的，没有辩护律师的参与。这是不符合认罪认罚从宽制度"在维持司法公正的前提下提高司法效率"的制度预设的。在我国认罪认罚从宽制度适用率不可能明显降低的情况下，继续依靠值班律师提供有限的法律帮助维持制度适用，对于提高司法公信力、防范冤假错案、营造有利于经济社会高质量发展的法治环境是极为不利的。

---

[1] 参见贾志强：《回归法律规范：刑事值班律师制度适用问题再反思》，载《法学研究》2022年第1期，第134页。

[2] 参见郭婕：《法律援助值班律师制度比较研究》，载《中国司法》2008年第2期，第101页。

[3] 参见顾永忠：《追根溯源：再论值班律师的应然定位》，载《法学杂志》2018年第9期，第23页。

考虑到现阶段的诉讼制度、经济社会发展状况等因素，对于值班律师的定位可以分为远期方案和近期方案。

从长远来看，考虑到我国的犯罪是定性和定量相结合的模式以及犯罪附随后果的严重性，应当对所有认罪认罚案件的被追诉人提供法律援助辩护律师。"当今世界，保障贫困者律师辩护权已经从律师辩护权的普遍性要求迈向律师辩护权的有效性追求"。[1]根据《法国刑事诉讼法》第495-7条、第495-8条等的规定，被追诉人承认其受到指控的犯罪事实的声明和检察官提出的刑罚提议，应在律师在场时提出与接受；被追诉人不得放弃得到律师协助的权利，律师应当能够当场查阅案卷。根据《日本刑事诉讼法》第350之二条到第350之六条的规定，检察官申请即决裁判程序时必须经过辩护人同意；没有委托辩护人的犯罪嫌疑人可以申请指定国选辩护人，法院必须确认辩护人是否同意用即决裁判程序处理案件；在即决裁判程序的审理日期，如果被告人没有辩护人，不得开庭审理。[2]《俄罗斯联邦刑事诉讼法典》第315条第1款规定："刑事被告人因同意对他提出的指控而要求不经法庭审理即作出刑事判决的申请，应在其辩护人在场的情况下提出。如果受审人本人、他的法定代理人没有聘请辩护人，其他人也没有根据他们的委托聘请辩护人，则法院在这种情况下应保证辩护人参加刑事案件。"[3]美国联邦最高法院不仅强调辩诉交易案件有辩护人，还要求进行有效辩护。1988年12月9日联合国大会批准的《保护所有遭受任何形式拘留或监禁的人的原则》明确规定，"被拘留人如未自行选择法律顾问，则在司法利益有此需要的一切情况下，应有权获得由司法当局或者其他当局指派的法律顾问，如无充分的支付能力，则无须支付"。1990年9月7日联合国第八届预防犯罪和罪犯待遇大会通过的《关于律师作用的基本原则》第6条规定："任何没有律师的人在司法需要情况下均有权获得按犯罪性质指派给他的一名有经验和能力的律师，以便得到有效的法律协助，如果他无足够的力量为此种服务支付费用，可不交费。"根据《公民权利与政治权利国际公约》第14条的规定，在判定对他提出的任何刑事指控时，人人完全平等地有资格享受以下的最低限度的保证："……在司法利益有此需要的案件中，为他指定法律援助，而在他没有足够能力偿付法律援助的案件中，不要他自己付费。"根据相关国际公约的要求，参考发达国家的有益做法，我国可以在为所有认罪认罚但没有委托辩护人的被追诉人提供法律援助辩护律师的情况下，保留值班

---

〔1〕 吴羽：《公设辩护人制度研究》，中国政法大学出版社2015年版，第327页。

〔2〕 参见［日］田口守一：《刑事诉讼法》，张凌、于秀峰译，中国政法大学出版社2019年版，第283页。

〔3〕 《俄罗斯联邦刑事诉讼法典》，黄道秀译，中国人民公安大学出版社2006年版，第260页。

律师的法律帮助者定位，为被追诉人提供临时应急性的法律帮助。在法律援助辩护和委托辩护相结合，真正实现刑事辩护全覆盖的背景下，值班律师提供的法律帮助是补充性的，值班律师发挥的是"锦上添花"作用。将来，值班律师除提供临时紧急性法律帮助外，还可以在犯罪嫌疑人被讯问时在场。[1]随着社会的发展和法制的完善，如果立法确立侦查人员和检察人员讯问犯罪嫌疑人时律师在场制度，可以考虑让值班律师在场。

当然，正如时任司法部副部长熊选国所言，"扩大刑事辩护法律援助的范围，推动实现刑事辩护的全覆盖"，"需要一个过程，应该逐步推动"。[2]在现阶段，我国刑事案件律师辩护率较低，2019 年 10 月 24 日，在全国人大常委会审议最高人民法院刑事审判专项报告时，徐显明委员指出，现在全国刑事案件的律师辩护率只有 23%。[3]有学者于 2019 年初对刑事辩护全覆盖所进行的研究发现，要实现刑事辩护全覆盖还需要为 300 多万被追诉人提供法律援助辩护，这意味着每名律师（包括仅办理民商事业务的律师）需要为 10 个被追诉人提供辩护。[4]在这种背景下，为所有没有委托辩护人的案件提供法律援助辩护律师在短期内面临着律师资源、财政资源等方面的困难。

鉴于律师资源、各地财政能力不均衡等因素，短期内应当采取有效措施，充分发挥值班律师的职能作用，包括但不限于以下措施：

第一，在积极推进律师辩护全覆盖工作过程中，努力保障所有愿意认罪认罚的被追诉人都能够有机会获得值班律师的法律帮助，尤其是在数量庞大的危险驾驶犯罪等轻微犯罪案件中。危险驾驶罪的法定最高刑为拘役，属于"微罪"；且危险驾驶案件犯罪嫌疑人一般均被当场查获，案情较为简单，定案证据也不依赖于口供、可变性较小；经过值班律师提供法律咨询后，绝大多数犯罪嫌疑人了解认罪认罚的法律规定和法律后果以后都会认罪认罚，并不需要委托辩护人。当然，根据案件的具体情况，危险驾驶等犯罪案件的被追诉人如果认为确有必要，也可以依法自行委托律师进行辩护。

---

〔1〕　在认罪认罚从宽制度试点期间，上海、青岛等地曾邀请值班律师旁听检察官提讯。参见周强：《关于在部分地区开展刑事案件认罪认罚从宽制度试点工作情况的中期报告——2017 年 12 月 23 日在第十二届全国人民代表大会常务委员会第三十一次会议上》，载《人民法院报》2017 年 12 月 24 日，第 2 版。

〔2〕　参见蒋安杰、刘子阳：《刑事辩护全覆盖来得就是这么快》，载《法制日报》2017 年 10 月 13 日，第 1 版。

〔3〕　徐显明委员表示，一定要大幅地提高律师辩护的比例。参见王姝：《常委会委员：每当出现冤错案件，公检法三家都难辞其咎》，载 https://www.bjnews.com.cn/news/2019/10/25/641627. html，最后访问日期：2023 年 11 月 11 日。

〔4〕　参见顾永忠：《刑事辩护制度改革实证研究》，载《中国刑事法杂志》2019 年第 5 期，第 143 页。

第二，大力改进值班律师的服务质量，确保值班律师提供"符合标准的"法律服务，[1]特别是要落实值班律师的会见权、阅卷权和勤勉义务。我国现阶段确立的认罪认罚从宽制度与域外协商性司法存在较大的差异。在我国，被追诉人一般先认罪，再争取认罪认罚从宽处理。由于被追诉人已经认罪，检察机关往往没有适用认罪认罚从宽制度的动力。从司法实践情况来看，在绝大多数案件中，各级检察机关适用认罪认罚从宽制度的主要动力是最高人民检察院制定的考核指标。此外，即使是认罪认罚案件，法院也要对案件事实进行实质性审查，一些认罪认罚案件被二审法院甚至再审法院改判。在绩效考核机制普遍存在的情况下，二审全面审查和再审有错必纠等制度在一定程度上倒逼一审法院尽可能全面审查被告人认罪认罚的自愿性、真实性和合法性。这一制度背景意味着，即使没有实现认罪认罚案件律师辩护全覆盖，通过提高值班律师法律帮助的质量，也可以基本满足认罪认罚被追诉人的法律帮助需求。

第三，优化值班律师制度的运行机制，最大限度地避免冤错案件。值班律师在认罪认罚具结书上签字，应当反映值班律师关于案件事实、指控罪名和法律适用的真实意见，而不仅仅是履行一个手续。即使犯罪嫌疑人认罪认罚，如果值班律师认为案件事实不清、证据不足或者犯罪嫌疑人的行为不构成犯罪，经与检察机关沟通后意见未被采纳的，值班律师应当有权拒绝在认罪认罚具结书上签字。在这种情况下，检察机关应当通知法律援助机构及时为犯罪嫌疑人指派法律援助辩护律师。

作为一种过渡性措施，应当明确建立值班律师与辩护律师之间的衔接机制，适时调整值班律师的职能定位。随着我国律师制度的不断发展，辩护律师的队伍不断扩大，法律援助资源也日趋丰富。在此基础上，有必要适时把值班律师的主要职能限定为仅仅在紧急情况下提供初步的法律咨询，经法律咨询后，被追诉人愿意委托值班律师担任辩护律师的，可以办理委托手续；如果被追诉人不愿意委托该值班律师担任辩护人，也没有委托其他辩护人，但符合下列条件之一的，办案机关应当通过法律援助机构指派辩护律师：（1）被追诉人被提请逮捕、指定居所监视居住的，或者职务犯罪案件的被调查人被监察机关留置的；（2）审查起诉阶段经审查后认为被追诉人可能被判处一年有期徒刑以上刑罚的；（3）被追诉人审查起诉期间不认罪的；（4）案件适用普通程序、简易程序审理的；（5）符合法律规定的法律援助辩护条件的。考虑到上述衔接机制需要以一定的人力、财力为

---

[1] 参见《值班律师办法》第 3 条的规定及司法部 2019 年 2 月 25 日发布的司法行政行业标准《全国刑事法律援助服务规范》（SF/T0032—2019）。

基础，在司法政策层面应当允许各地根据本地实际情况进行积极探索，有条件的地方可以先行一步，积极向刑事案件"律师辩护"全覆盖方向努力。

这两套方案，近期方案的可行性更高，远期方案的正当性更强。认罪认罚的正当性以有效辩护为前提，值班律师的有限法律帮助从根本上无法满足这一要求。因此，应当积极创造条件向远期方案靠拢。

（二）强化认罪认罚案件辩护律师参与的有效性

要解决辩护律师参与认罪认罚案件的相关问题，需要以实现有效辩护为目标，充分发挥辩护律师的作用，最大限度地维护被追诉人的诉讼权利和合法权益。就委托辩护来说，这取决于刑事程序的正当化程度；就法律援助辩护来说，则需要充裕的司法资源保障。此外，还需要进一步完善辩护律师的职业伦理。

1. 有效发挥委托辩护律师的辩护作用

表面看来，被追诉人认罪认罚的，意味其放弃对抗，似乎刑事诉讼程序的正当化与其无关。事实上，根据庭审阴影理论，[1]刑事诉讼程序越正当，越有利于保障被追诉人认罪认罚的自愿性、明知性和明智性。按照现有法律规定，我国认罪认罚从宽制度不是典型意义上的量刑协商制度，而是被追诉人认罪认罚后争取从宽的制度。在被追诉人认罪认罚后，其可以撤回认罪认罚，可以翻供，但其无法撤回之前的有罪供述，由于"口供印证规则"的存在，被追诉人一旦认罪，其之后的态度如何，对于案件结果已几乎没有什么影响。此时，辩护律师介入案件，即使发现被追诉人的认罪认罚是非自愿的，除非案件的其他证据也存在严重问题，否则，其将陷入两难困境，对认罪认罚提出异议，可能导致被追诉人最终在实体上承受不利后果；不提出异议，又意味着其没有尽到程序性辩护的职责。

笔者认为，解决上述问题，从长远来看，应加强正当程序建设，通过修改立法完善被追诉人的诉讼权利，确立包括沉默权、律师在场权等一系列权利，完善辩护律师的辩护权，对于被追诉人及其辩护律师的权利遭受侵害的，确立及时有效的救济机制，包括完善现有的非法证据排除制度，扩大非法口供的排除范围，对侵害辩护权的诉讼行为确立程序性制裁后果，如侦查阶段阻止辩护律师会见犯罪嫌疑人的，在此期间获取的口供以及后续的重复性供述全部视为非法证据予以排除。

从短期来看，继续推进以审判为中心的刑事诉讼制度改革。要确保认罪认罚

---

〔1〕 关于庭审阴影理论及其局限，参见［美］斯蒂芬诺斯·毕贝斯：《庭审之外的辩诉交易》，杨先德、廖钰译，中国法制出版社2018年版，第2-7页。

案件的被追诉人获得有效的法律帮助，需要对我国认罪认罚从宽制度的运行环境进行改造，其中最重要的措施是深入推进以审判为中心的刑事诉讼制度改革，努力提升刑事程序的正当化水平。[1]学界普遍认为，以审判为中心的刑事诉讼制度改革是一场未完成的改革。[2]深入推进以审判为中心的刑事诉讼制度改革，有效化解认罪认罚从宽制度所蕴藏的风险，将是中国刑事司法改革的长期课题。[3]从官方报道看，以审判为中心的刑事诉讼制度改革仍在推进。2021 年 1 月，中共中央印发的《法治中国建设规划（2020—2025 年）》在第四部分"建设高效的法治实施体系，深入推进严格执法、公正司法、全民守法"中，要求"建设公正高效权威的中国特色社会主义司法制度"，措施之一是"深化以审判为中心的刑事诉讼制度改革"。2021 年 7 月 9 日，在全国法院刑事审判工作座谈会召开之前，时任最高人民法院院长周强作出批示，强调"要深化刑事司法改革，深入推进以审判为中心的刑事诉讼制度改革，准确适用认罪认罚从宽制度，进一步推进庭审实质化"。[4]据笔者调研，最高人民法院法官也认为这场改革正在进行并将继续推进。通过继续推进以审判为中心的刑事诉讼制度改革，发挥庭审的制约功能，对审前程序形成倒逼效应。随着以审判为中心的刑事诉讼制度改革的逐步推进，辩方将会有一定的筹码与控方进行量刑协商。

此外，充分发挥辩护律师的作用，还有一些技术性问题需要解决。

第一，是否需要在控方提出初步量刑建议后给予辩护律师与犯罪嫌疑人一定的商量时间？考虑到认罪认罚案件审查起诉期间较短，辩护律师与犯罪嫌疑人的商量可以通过单独的会见、认罪认罚具结书签署前的交流等方式进行。

第二，辩护律师能否在认罪认罚具结书上签署不同意见，并且在审判阶段提出无罪或者罪轻辩护？根据现有规定，辩护律师在认罪认罚具结书上签名，仅意味着辩护律师见证了认罪认罚具结书签署过程的合法性，对于认罪认罚具结书上的内容，辩护律师未必完全同意。根据"独立辩护人"理论，辩护律师应该根据事实和法律，作出独立的判断，应该允许辩护律师在认罪认罚具结书上签署不同意见，并允许辩护律师在审判阶段作无罪辩护或者罪轻辩护。

第三，如何强化辩护律师的忠诚义务？辩护律师应该严格遵守忠诚义务，通

---

〔1〕 参见孙长永：《认罪认罚从宽制度实施中的五个矛盾及其化解》，载《政治与法律》2021 年第 1 期，第 14 页。

〔2〕 参见周长军：《以审判为中心：一场未完成的改革》，载《法学》2024 年第 2 期，第 135 页。

〔3〕 参见孙长永：《中国检察官司法的特点和风险——基于认罪认罚从宽制度的观察和思考》，载《法学评论》2022 年第 4 期，第 80 页。

〔4〕 参见周强：《推动刑事审判高质量发展 为建设更高水平平安中国法治中国提供有力司法服务》，载《人民法院报》2021 年 7 月 10 日，第 1 版。

过合法途径维护当事人的最大利益。被追诉人是否应当认罪认罚？被追诉人何时认罪认罚？案件选择何种辩护策略？辩护律师在考虑这些问题时，应当以被追诉人利益的维护为中心，在遇到难以抉择的场合，应当充分及时地与被追诉人沟通、交流。

第四，辩护律师"劝说"被追诉人认罪认罚应当受到何种限制？如果被追诉人因其劝说而认罪认罚，但后来法院判决无罪的，该辩护律师是否应当承担什么不利后果？根据案件事实和证据材料情况，如果认罪认罚对被追诉人有利，辩护律师当然可以甚至应该劝说被追诉人认罪认罚。但这种劝说应该受到一定的限制，如果辩护律师内心确信被追诉人无罪，或者被追诉人有理有据地告知辩护律师自己没有实施犯罪行为，则辩护律师不应该劝说被追诉人认罪认罚。被追诉人经辩护律师劝说后才认罪认罚，而法院最终判决其无罪的，有权对辩护律师提出损害赔偿之诉，要求法院对辩护律师的辩护行为是否违反法定职责和合同约定的义务进行审查；如果辩护律师的行为不合法或者违反了合同义务，则法院应当判令辩护律师承担相应的不利后果。

第五，辩护律师能否根据《刑事诉讼法》第 182 条主动提出"认罪协商"？《刑事诉讼法》第 182 条是对符合特殊条件的犯罪嫌疑人撤销案件、不起诉或者部分不起诉的规定。该条规定是在《认罪认罚试点办法》相关规定的基础上制定的。有学者将该条规定中的不起诉称为特殊不起诉，并认为，特殊不起诉中选择性起诉规定的出现，意味着我国罪数协商制度初现端倪。[1]这一规定，似乎意味着辩护律师可以主动提出"认罪协商"。然而，根据第 182 条的规定，犯罪嫌疑人先要自愿认罪，且要有重大立功或者案件涉及国家重大利益，最终还要经过最高人民检察院的核准，才能撤销案件或者不起诉。最高人民检察院核准的标准是什么？如果最高人民检察院不核准，犯罪嫌疑人能否撤回之前的供述？这些问题不解决，"认罪协商"几乎不会有空间。从实践情况来看，目前还没有公开报道的相关案例。因此，需要最高人民检察院制定明确的核准规则。

2. 扩大法律援助辩护的范围并提升其质量

一方面，应当逐步扩大法律援助辩护的范围。长期来看，应该为所有没有辩护律师的被追诉人提供法律援助辩护律师，实现真正意义上的律师辩护全覆盖。短期来看，可以通过试点改革和地方探索的方式，逐步推进法律援助辩护全覆盖。在这一过程中，要处理好一般与例外的关系，即一般情况下由值班律师为没有辩护律师的被追诉人提供法律帮助，但值班律师认为案件疑难、复杂，在值班律师无法提供有效的法律帮助的情况下，应该由法律援助辩护律师为被追诉人提供辩

---

〔1〕 参见董坤：《认罪认罚从宽中的特殊不起诉》，载《法学研究》2019 年第 6 期，第 182 页。

护。在现阶段，检察机关应该积极承担客观义务，法院应该积极承担查明真相的职责。

此外，还有一个问题与扩大法律援助辩护范围有关，即强制辩护问题。早在刑事速裁程序试点探索期间，就有法官认为，法律援助值班律师制度对被追诉人的辩护保障力度不足，建议逐步实行强制律师辩护制度。[1]此后，有学者认为，除微罪案件（判处拘役以下刑罚的案件）以外，应实行强制性律师辩护，这种辩护不能因被追诉人意愿而放弃。主要理由是在封闭的讯问空间，侦控方比较容易获得犯罪嫌疑人的放弃声明。[2]那么，对于认罪认罚案件是否需要实行强制辩护这一问题，相关改革文件已有规定。对于不属于《刑事诉讼法》所规定的"应当通知型"指定辩护的案件，《律师辩护全覆盖试点办法》允许被追诉人拒绝法律援助机构指派的律师为其辩护，《深化辩护全覆盖意见》也有类似规定。对于这些规定，我们表示赞同。

另一方面，应该提高法律援助辩护的质量。无论是否扩大现有法律援助辩护的范围，要有效发挥法律援助辩护律师的作用，需要从两个方面着手。一是提高法律援助辩护律师的办案补贴。从根本上说，法律援助是国家的责任而非律师事务所或者律师的责任，[3]过低的办案补贴，可能让有经验的律师通过各种办法"逃避"法律援助责任，也会让承担法律援助的律师无法感受到被尊重的感觉，进而导致其无法提供有效的法律帮助。具体有两条路径可选，即提高个案的法律援助补贴，或者按照法律援助辩护律师提供法律帮助的时间支付相应的补贴。对于这两种模式的利弊，可以鼓励各地通过试点探索进行总结。二是与委托律师一样，法律援助辩护律师要提供符合标准的法律援助服务。为此，需要认真落实司法部 2019 年 2 月 25 日发布的司法行政行业标准《全国刑事法律援助服务规范》（SF/T0032—2019），并在吸收实践经验的基础上不断完善规范，切实提高法律援助律师的职业伦理水平。

---

〔1〕 参见廖大刚、白云飞：《刑事案件速裁程序试点运行现状实证分析——以 T 市八家试点法院为研究样本》，载《法律适用》2015 年第 12 期，第 27 页。

〔2〕 参见龙宗智：《刑事程序论》，法律出版社 2021 年版，第 201 页。

〔3〕 根据相关国际公约和一些国家的法律规定，指定辩护并非一律免费。例如，在德国，如果被告人有经济能力支付辩护费用，如果其最终被定罪，也必须自行支付辩护费用，哪怕该辩护人是法庭违背其意愿指定给他的。参见［德］托马斯·魏根特：《德国刑事程序法原理》，江溯等译，中国法制出版社 2021 年版，第 90 页。美国的情况有所不同，获得指定律师的宪法权利取决于是否"贫困"，但美国联邦最高法院又从未直接回应这一问题，即什么状况的人符合该"贫困"的要求。一些州试图在不违反美国联邦宪法第六修正案的情况下收回为贫困被告人提供律师的支出。参见［美］詹姆斯·J. 汤姆科维兹：《美国宪法上的律师帮助权》，李伟译，中国政法大学出版社 2016 年版，第 61 页。

第八章
认罪认罚案件被害人的权利保障

自 1996 年《刑事诉讼法》实施以来，我国刑事被害人的权利体系已基本成型。保障刑事被害人的权利是"修复社会关系，维护社会稳定"以及"减少矛盾对抗，促进社会和谐"的必然要求。在认罪认罚从宽制度下，被害人究竟享有哪些诉讼权利、发挥何种作用？在司法实践中，公安司法机关对认罪认罚案件被害人的权利保障情况如何？怎样完善刑事被害人的权利保障？本章拟对这些问题加以探讨。

从理论上说，刑事被害人是指遭受犯罪行为侵害而与案件处理结果具有直接利害关系的诉讼当事人，[1]既包括自诉案件的被害人，也包括公诉案件的被害人。自诉案件被害人一般也就是自诉人，公诉案件的被害人主要是指人身、财产或其他合法权益遭受犯罪行为侵害的自然人。由于认罪认罚从宽制度仅适用于刑事公诉案件，本书所称"被害人"仅指公诉案件的被害人。

一、认罪认罚案件被害人权利保障的规范分析

根据 1985 年 11 月 29 日联合国大会通过的《被害人人权宣言》[2]，刑事被害人享有获得公正公平待遇权、获得损害赔偿权、获得国家补偿权和获得社会援助权四类权利。我国的主流观点认为，被害人人权是实体性权利和程序性权利的统一体，实体性权利包括人身权利、财产权利、民主权利和获得赔偿权等，程序性权利包括告诉权、知情权、陈述意见权、律师帮助权、程序申请权、程序参与权和程序救济权等。[3]实体性权利是程序性权利产生的基础，程序性权利行使是实

---

〔1〕 参见孙长永主编：《刑事诉讼法学》，法律出版社 2019 年版，第 70 页。

〔2〕 该宣言的英文名称为 Declaration of Basic Principles of Justice for Victims of Crime and Abuse of Power，中文版又称为《为罪行和滥用权力行为受害者取得公理的基本原则宣言》。参见联合国网站，https://www.un.org/zh/documents/treaty/A-RES-40-34，最后访问日期：2023 年 4 月 14 日。

〔3〕 参见兰跃军：《侦查程序被害人权利保护》，社会科学文献出版社 2015 年版，第 11~22 页。

体性权利实现的前提，只有两者同时得到保障，才是被害人人权保障的理想状态。〔1〕被害人的人身权利、财产权利和民主权利应根据宪法及其他法律的规定得到平等保障，仅靠刑事诉讼法来规范显然不够。刑事诉讼法学研究中所谓"被害人的权利"，主要是指被害人在诉讼中的程序性权利，但通常也包括获得赔偿权等实体权利。

我国《刑事诉讼法》的制定及历次修改顺应了世界范围内强化被害人权利保障的潮流，根据我国的法治环境形成了具有鲜明特色的被害人权利保障制度。在认罪认罚从宽制度试点之前，刑事被害人的权利谱系已然形成，主要包括报案、控告权，受告知权，程序参与及提出意见权，程序救济权，刑事和解权，获得赔偿权和获得司法救助权等权利。〔2〕2018 年修正的《刑事诉讼法》在全面规定认罪认罚从宽制度的同时，增加了被害人的两项权利：（1）对认罪认罚案件的处理发表意见的权利，即在审查起诉阶段对"涉嫌的犯罪事实、罪名及适用的法律规定""从轻、减轻或者免除处罚等从宽处罚的建议""认罪认罚后案件审理适用的程序"等事项发表意见。（2）因被告人未能就附带民事诉讼赔偿等事项与被害人达成调解或和解协议而阻止适用速裁程序的权利。

（一）被害人的受告知权

一般认为，知情权是指被害人获知刑事诉讼中相关事项或信息的权利，是被害人参与刑事诉讼，享有并行使其他诉讼权利的前提。在我国法律中，被害人的知情权是通过规定办案机关的告知义务体现的，因此，称其为被害人的受告知权更契合我国的现实状况。根据《刑事诉讼法》的相关规定，受告知权包括三类信息的告知：（1）重大程序性决定的告知。公安机关决定不立案以及检察机关决定不起诉、附条件不起诉的，应当告知被害人并送达相应的法律文书。〔3〕（2）诉讼权利义务的告知。公安、检察机关询问被害人时，均应告知被害人相关诉讼权利与义务，告知其必须如实提供证据、证言和有意作伪证或者隐匿罪证应负的法律责任。〔4〕（3）证据情况的告知。对拟用作证据的鉴定意见，公安、检察机关应及

---

〔1〕 参见孙长永主编：《中国刑事诉讼法制四十年：回顾、反思与展望》，中国政法大学出版社 2021 年版，第 157 页。

〔2〕《刑事诉讼法》及相关司法解释很少从正面直接规定被害人享有某项权利，通常采用"被害人可以……"或者专门机关"应当……"等方式对被害人的行权方式及专门机关的保障职责作出规定，还有部分是当事人共有的权利。学术研究中，被害人各项权利的名称及分类通常是由研究者根据条文的内容提炼而成，难以统一。本书仅列举了与认罪认罚从宽制度改革相关的被害人主要权利，并按照权利的性质和行使方式大致分类。

〔3〕 参见《刑事诉讼法》第 112 条、第 180 条和第 282 条。

〔4〕 参见《刑事诉讼法》第 125 条至第 127 条。

时告知被害人；被害人可以提出异议或申请补充鉴定、重新鉴定。[1]对不同内容的告知，办案机关可以选择采用口头或书面方式进行。

认罪认罚从宽制度全面实施以来，相对于被追诉人的知情权及其保障要求，被害人的受告知权保障显得较为薄弱。

首先，缺少对被害人关于认罪认罚从宽相关法律规定（尤其是实体从宽、程序从简相关规定）的告知。绝大多数被害人对被追诉人认罪认罚行为可能产生的法律后果以及认罪认罚从宽制度的规定缺乏基本了解。现有规定要求侦查人员和检察人员在首次讯问犯罪嫌疑人时即应告知其享有的诉讼权利，如实供述自己罪行可以从宽处理以及认罪认罚的法律规定[2]，但对询问被害人却没有类似的告知要求。由于认罪认罚从宽制度的适用不以被害人获得赔偿或者与被追诉人达成和解或谅解为必要条件，实体从宽可能导致被害人要求"严惩犯罪"的预期无法得到满足，程序从简也会导致被害人难以参与完整的诉讼程序，缺乏关于认罪认罚相关规定的告知容易使被害人产生在诉讼过程中"二次受害"的感觉，影响认罪认罚从宽制度修复受损社会关系的目标的实现。

其次，认罪认罚从宽制度未能弥补被害人在了解案件进展情况及处理结果方面的不足。长期以来，除将不立案、不起诉等决定的法律文书送达被害人外，办案机关并无将众多与案件进展相关的决定告知被害人的义务。例如，对于侦查终结移送审查起诉的案件，公安、检察机关均需要将案件移送情况告知被追诉人或者其辩护律师，[3]但不需要告知被害人。被追诉人是否承认指控的犯罪、是否已被逮捕、是否签署了认罪认罚具结书？量刑建议的内容是什么？对于这些涉及被害人重要核心利益的事项，立法都没有告知被害人的要求。

最后，被害人获知案件信息的途径有限且缺乏有效救济。尽管自审查起诉时起，被害人可以委托律师担任诉讼代理人，通过阅卷间接了解部分案件情况，但这不足以满足其作出相关决策的信息要求。因此，被害人知晓案件情况高度依赖于办案机关主动履行告知义务。如果办案人员因案件较多、压力较大、责任心不强等多种因素而未履行告知义务，就会导致被害人受告知权受到限制。对此，无论是诉讼内还是诉讼外，都没有有效的救济措施。

---

[1]　参见《刑事诉讼法》第148条。

[2]　参见《刑事诉讼法》第120条、第173条，《公安部规定》第203条第1款以及《最高检规则》第187条。

[3]　参见最高人民法院、最高人民检察院、公安部、国家安全部、司法部《关于依法保障律师执业权利的规定》第6条。

(二) 被害人的程序参与及提出意见权

程序参与及提出意见权是被害人最基础的诉讼权利，也是被害人通过自己的行为影响诉讼结果的主要方式。具体可以分为以下内容。

1. 被害人的程序参与权

根据现行法律规定，被害人在刑事诉讼各阶段均享有较为广泛的程序参与权，根据权利的行使方式不同，大致可以分为：(1) 提供证据和陈述的权利。被害人可以将自己持有的文件、物品等证据材料提交给公安、检察机关；在法庭审理中，被害人可以提出证据。甚至其本人的某些特征、伤害情况或生理状态，经人身检查、依法提取采集，也可作为证据使用。[1] 被害人陈述是独立的证据种类，审前阶段的被害人陈述大多通过侦查人员、检察人员的询问获得，以询问笔录为主要表现形式。《公安部规定》和《最高检规则》均对询问被害人的地点、程序及记录要求等作出了规定，并且明确询问被害人"应当个别进行"，严禁采用暴力、威胁等非法方法询问被害人。(2) 庭审参与权。庭审参与权是被害人于法庭审理时在场，通过自己的行为参与法庭调查、法庭辩论，表达意见并对审判结果产生影响的权利。近年来，随着以审判为中心诉讼制度改革的推进，被害人参与诉讼的程度得以提升。在法庭审理中，被害人可以就起诉书指控的犯罪事实进行陈述，可以在法庭辩论环节发言；经审判长准许，被害人可以在公诉人讯问被告人以后进行补充发问，控辩双方可以向被害人提问；被害人可以申请通知证人、鉴定人等出庭，调取新的证据，重新鉴定或者勘验。[2]

在认罪认罚从宽制度下，审判程序总体而言呈现更加简化的特征，被害人在审判程序中的参与权受到一定的限制。但是，认罪认罚案件如果适用简易程序和普通程序进行审理，被害人仍然有权到庭参加庭审活动；如果"被告人与被害人或者其法定代理人没有就附带民事诉讼赔偿等事项达成调解或者和解协议"，则法院不得适用速裁程序进行审理。

2. 被害人的提出意见权

除了参加法庭审理，提出意见是被害人有效参与刑事诉讼的最主要方式，可以被称为"提出意见的权利"；与之对应的，就是办案机关听取被害人意见的职责。听取意见在一定程度上已经发展成为我国刑事诉讼中专门机关的一种决策模

---

[1] 参见《刑事诉讼法》第 132 条。
[2] 参见《刑事诉讼法》第 194 条、第 195 条和第 197 条。

式〔1〕，适用于各个专门机关，对象包括所有诉讼参与人甚至其他国家机关，贯穿刑事诉讼全过程。在崇尚"兼听则明"、充分信赖公权力的文化中，公权力机关广泛听取各方意见后作出的决定往往具有更好的社会效果，更易于被群众接受。听取意见与实事求是的指导思想、不枉不纵的诉讼理念高度契合，与我国职权主义的诉讼构造密不可分。即使在认罪认罚从宽制度中，所谓"控辩协商"也是以听取意见的方式进行的。

认罪认罚从宽制度属于"检察主导"的一种协同型司法模式，由检察机关在查阅案卷、讯问犯罪嫌疑人以及广泛听取意见的基础上提起公诉，并根据犯罪嫌疑人签署的《认罪认罚具结书》提出量刑建议；法院审理后如果没有发现量刑建议明显不当，则"一般应当采纳"检察机关指控的罪名和量刑建议。〔2〕因此，检察机关审查起诉活动对于案件能否适用认罪认罚从宽制度具有极为重要的意义，在很大程度上决定了案件的最终处理结果。其中，听取被害人及其诉讼代理人的意见作为审查起诉的必经程序，对案件的公正处理意义更加凸显。

（1）听取被害人意见的一般规定。

根据《刑事诉讼法》第 127 条、第 173 条、第 175 条和第 282 条的规定，人民检察院在审前程序中获知被害人的意见主要有两种途径：第一，在侦查阶段或者补充侦查阶段，人民检察院可以询问被害人，并形成被害人陈述笔录，在调查核实案件事实、证据的过程中一并了解被害人对案件处理的意见。第二，在审查起诉阶段，人民检察院应当听取被害人及其诉讼代理人的意见；被害人及其诉讼代理人提出书面意见的，应当附卷。如果犯罪嫌疑人认罪认罚，人民检察院应当专门就犯罪嫌疑人"涉嫌的犯罪事实、罪名及适用的法律规定""从轻、减轻或者免除处罚等从宽处罚的建议""认罪认罚后案件审理适用的程序"等事项听取被害人及其诉讼代理人的意见，并记录在案。根据 2020 年 5 月最高人民检察院发布的《人民检察院办理认罪认罚案件监督管理办法》第 4 条的规定，检察人员当面听取被害人意见的，应当在工作时间和办公场所进行，且"检察人员不得少于二人，必要时可进行同步录音或者录像"。

（2）被害人对不起诉决定的意见及救济。

不起诉决定是在审判之前终结刑事诉讼的处分决定，具有"出罪"的实际效果，可能对被害人的合法权益产生实质不利的影响。《刑事诉讼法》规定了五种类型的不起诉，根据第 177 条第 2 款和第 282 条第 1 款的规定，对符合条件的犯罪

---

〔1〕　参见闫召华：《合作式司法的中国模式：认罪认罚从宽研究》，中国政法大学出版社 2022 年版，第 59 页。

〔2〕　参见《刑事诉讼法》第 201 条。

嫌疑人作相对不起诉决定或附条件不起诉决定也应属于"从宽处理"的范畴。[1]从实践情况看，自2019年全面推行"捕诉一体"办案机制以后，检察机关的不起诉决定主要是相对不起诉，法定不起诉、证据不足不起诉以及附条件不起诉则很少。根据最高人民检察院2024年3月发布的《刑事检察工作白皮书（2023）》，2019—2022年，全国检察机关的不起诉率从9.5%持续上升至26.3%，2023年略有回调，但仍在25.5%的高位，其中相对不起诉49.8万人。[2]人民检察院在拟不起诉或附条件不起诉的认罪认罚案件中认真听取被害人及其诉讼代理人的意见，既有利于促进犯罪嫌疑人与被害人达成和解、谅解，也有利于被害人及其诉讼代理人更好地理解和认可以不起诉方式对犯罪嫌疑人的从宽处理。

根据《刑事诉讼法》第282条第1款的规定，对未成年犯罪嫌疑人涉嫌特定的犯罪，符合附条件不起诉条件的，人民检察院在决定附条件不起诉以前，应当听取被害人的意见。2014年全国人大常委会《关于〈中华人民共和国刑事诉讼法〉第二百七十一条第二款的解释》进一步要求：人民检察院对附条件不起诉的犯罪嫌疑人，"在考验期满作出不起诉的决定以前应当听取被害人的意见"。对相对不起诉则没有类似的明确规定。但是，根据《刑事诉讼法》第173条的规定，对于犯罪嫌疑人自愿认罪认罚的案件，人民检察院应当就犯罪嫌疑人涉嫌的犯罪事实、罪名、"从宽处罚的建议"等听取被害人及其诉讼代理人的意见，因此，人民检察院对认罪认罚的犯罪嫌疑人拟作出相对不起诉决定时，也应当听取被害人及其诉讼代理人的意见。

在具体案件中，被害人对不起诉案件提出意见可以在接受检察官询问或听取意见时当面口头陈述，也可以提交书面意见。检察机关也可以采用当面听取或者以电话、视频等方式听取被害人及其诉讼代理人意见；对于存在较大争议并且在当地有较大社会影响的案件，经人民检察院审查后准备作不起诉处理的，也可以通过公开审查、听证的方式听取被害方意见。[3]对被害人提出的意见，检察机关应当将相关情况记录在案，对提交的书面意见应当附卷。但是，被害人的意见仅

---

[1] 2019年1月至2020年8月，对于"依照法律规定不需要判处刑罚或可能判处免予刑事处罚的轻微刑事案件，依法作出不起诉决定208 754人，占适用该制度办理案件总人数的11.3%"。参见张军：《最高人民检察院关于人民检察院适用认罪认罚从宽制度情况的报告——2020年10月15日在第十三届全国人民代表大会常务委员会第二十二次会议上》，载 https://www.spp.gov.cn/zdgz/202010/t20201017_482200.shtml，最后访问日期：2023年9月10日。

[2]《刑事检察工作白皮书（2023）》，载 https://www.spp.gov.cn/xwfbh/wsfbh/202403/t20240309_648173.shtml，最后访问日期：2024年3月10日。

[3] 参见最高人民检察院公诉厅《人民检察院办理不起诉案件公开审查规则（试行）》（〔2001〕高检诉发第11号）第2条。

是检察机关作出相关决定的参考，没有听取被害人意见只是"不起诉质量不高"的情形之一[1]，并不影响不起诉决定的效力。事实上，在听取意见之前，检察机关已通过审阅案卷材料、讯问犯罪嫌疑人等方式形成预案，将案件分类为拟作不起诉决定一类，听取意见的主要作用是明确被害人对不起诉的态度。如果预期被害人可能产生强烈抵触情绪甚至过激反对行为，检察机关作出不起诉决定时会更加慎重。

对检察机关作出的各类不起诉决定，被害人均有权获得救济。根据《刑事诉讼法》第 180 条的规定，对于有被害人的案件，决定不起诉的，人民检察院应当将不起诉决定书送达被害人。被害人如果不服，可以自收到决定书后 7 日以内向上一级人民检察院申诉，请求提起公诉。人民检察院应当将复查决定告知被害人。对人民检察院维持不起诉决定的，被害人可以向人民法院起诉。被害人也可以不经申诉，直接向人民法院起诉。但是，根据 2014 年全国人大常委会《关于〈中华人民共和国刑事诉讼法〉第二百七十一条第二款的解释》，被害人对人民检察院对未成年犯罪嫌疑人作出的附条件不起诉的决定和不起诉的决定，可以向上一级人民检察院申诉，不适用《刑事诉讼法》第 176 条（2018 年修正的《刑事诉讼法》第 180 条）关于被害人可以向人民法院起诉的规定。

（3）被害人对量刑问题的意见。

传统上，被害人对量刑的影响主要是通过参与法庭审理，在法庭调查和法庭辩论中发表意见的方式实现的。例如，2008 年 8 月最高人民法院出台的《人民法院量刑程序指导意见（试行）》规定，法院在刑事审判过程中"应当保证量刑活动的相对独立性"；如果被害人到庭参加诉讼活动，在量刑事实调查阶段，被害人应当在公诉人举证后进行陈述。2009 年 4 月，修改后的《人民法院量刑指导意见（试行）》第 6 条第 2 款规定："被害人及其诉讼代理人到庭参加诉讼的，可以向法庭提交量刑事实证据，并接受质证。"根据 2010 年 9 月"两高三部"联合发布的《关于规范量刑程序若干问题的意见（试行）》第 4 条、第 13 条和第 14 条的规定，被害人及其诉讼代理人在诉讼过程中可以提出量刑意见，可以申请法院调取在侦查、审查起诉阶段收集的量刑证据材料，可以在量刑辩论活动中当庭发表量刑意见。2020 年 11 月，"两高三部"修订后的《关于规范量刑程序若干问题的意见》延续了上述规定。但在司法实践中，被害人参与庭审活动的情况较少，部

---

[1]　2007 年 6 月，最高人民检察院公诉厅发布《人民检察院办理起诉案件质量标准（试行）》和《人民检察院办理不起诉案件质量标准（试行）》，对"起诉质量不高"的情形进行了列举，并规定关于案件事实和证据的认定、法律适用、诉讼程序、法律监督以及符合刑事政策要求等方面的不起诉质量不高的情形，参照"起诉质量不高"的规定执行。

分法院也不主动通知被害人参加庭审。[1]

2018 年修正《刑事诉讼法》时，立法者将"认罪认罚从宽处理"作为刑事诉讼的一项基本原则，同时增加第 173 条第 2 款，要求在犯罪嫌疑人自愿认罪认罚的案件中，检察机关应当就犯罪嫌疑人"涉嫌的犯罪事实、罪名及适用的法律规定""从轻、减轻或者免除处罚等从宽处罚的建议"等事项听取被害人及其诉讼代理人的意见。由于认罪认罚案件诉讼程序的重心在审查起诉阶段，被害人在审查起诉过程中就案件的量刑问题向检察官表述自己的意见，对于维护自身的合法权益、促进检察机关客观公正地提出量刑建议具有重要意义。但这并不意味着被害人在认罪认罚案件中取得了"参与量刑协商"的权利。2021 年 12 月最高人民检察院出台的《量刑建议指导意见》第 9 条规定："人民检察院办理认罪认罚案件提出量刑建议，应当听取被害人及其诉讼代理人的意见，并将犯罪嫌疑人是否与被害方达成调解协议、和解协议或者赔偿被害方损失，取得被害方谅解，是否自愿承担公益损害修复及赔偿责任等，作为从宽处罚的重要考虑因素。犯罪嫌疑人自愿认罪并且有赔偿意愿，但被害方拒绝接受赔偿或者赔偿请求明显不合理，未能达成调解或者和解协议的，可以综合考量赔偿情况及全案情节对犯罪嫌疑人予以适当从宽，但罪行极其严重、情节极其恶劣的除外。"结合"两高三部"2019 年 10 月《认罪认罚指导意见》第 16 条和第 17 条的规定，[2] 可以发现，检察机关在审查起诉过程中听取被害人及其诉讼代理人的意见，属于提出量刑建议前的准备程序，旨在了解被害人与犯罪嫌疑人达成调解、和解协议或者被害人获得赔偿、表示谅解等情况以及被害人对案件量刑等问题的意见，以便在提出量刑建议时对上述情况和意见予以充分考虑。在听取意见过程中，检察人员如果发现案件符合刑事和解程序的适用条件，且犯罪嫌疑人认罪认罚的，应当促进双方当事人达成和解；即使案件不符合刑事和解的适用条件，检察人员也可以促使犯罪嫌疑人通过向被害方赔偿损失、赔礼道歉等方式获得谅解，在此过程中，检察人员应当向

---

[1] 参见冯卫国、张向东：《被害人参与量刑程序：现状、困境与展望》，载《法律科学（西北政法大学学报）》2013 年第 4 期，第 185-187 页。

[2] 《认罪认罚指导意见》第 16 条和第 17 条分别规定："办理认罪认罚案件，应当听取被害人及其诉讼代理人的意见，并将犯罪嫌疑人、被告人是否与被害方达成和解协议、调解协议或者赔偿被害方损失，取得被害方谅解，作为从宽处罚的重要考虑因素。人民检察院、公安机关听取意见情况应当记录在案并随案移送。""对符合当事人和解程序适用条件的公诉案件，犯罪嫌疑人、被告人认罪认罚的，人民法院、人民检察院、公安机关应当积极促进当事人自愿达成和解。对其他认罪认罚案件，人民法院、人民检察院、公安机关可以促进犯罪嫌疑人、被告人通过向被害方赔偿损失、赔礼道歉等方式获得谅解，被害方出具的谅解意见应当随案移送。人民法院、人民检察院、公安机关在促进当事人和解谅解过程中，应当向被害方释明认罪认罚从宽、公诉案件当事人和解适用程序等具体法律规定，充分听取被害方意见，符合司法救助条件的，应当积极协调办理。"

被害方释明认罪认罚从宽、公诉案件当事人和解程序等具体法律规定，充分听取被害方意见，符合司法救助条件的，应当积极协调办理。

（4）被害人异议的处理机制。

允许被害人对认罪认罚案件的事实、罪名、从宽处罚建议和适用程序等提出意见，就存在被害人的意见与办案机关拟作决定不一致的可能。如何处理被害人的异议是认罪认罚从宽制度设计和实施中必须妥善解决的问题。对此，《认罪认罚指导意见》第 18 条规定："被害人及其诉讼代理人不同意对认罪认罚的犯罪嫌疑人、被告人从宽处理的，不影响认罪认罚从宽制度的适用。犯罪嫌疑人、被告人认罪认罚，但没有退赃退赔、赔偿损失，未能与被害方达成调解或者和解协议的，从宽时应当予以酌减。犯罪嫌疑人、被告人自愿认罪并且愿意积极赔偿损失，但由于被害方赔偿请求明显不合理，未能达成调解或者和解协议的，一般不影响对犯罪嫌疑人、被告人从宽处理。"这一规定包括三层意思：（1）被害人及其诉讼代理人的意见不能左右认罪认罚从宽制度的适用，即使被害方不同意对被追诉人从宽处理，也不影响认罪认罚从宽制度的适用；（2）被害人及其诉讼代理人的意见可以影响从宽幅度，即使被追诉人认罪认罚，但如果他没有退赃退赔、赔偿损失，未能与被害方达成调解或者和解协议，说明被害人的正当权益没有得到充分保护，因而司法机关在决定从宽幅度时应当予以酌减；（3）只要被追诉人自愿认罪并且愿意积极赔偿损失，仅仅因为被害方赔偿请求明显不合理导致双方未能达成调解或者和解协议的，一般不影响对被追诉人的从宽处理。上述规定充分兼顾了公共利益、被追诉人利益和被害人利益，其基本精神在于"既要充分尊重被害人意见，同时也要防止完全受被害人所左右，司法机关应当秉承公正立场，不偏不倚，依法办理认罪认罚案件"。[1]

（三）被害人获得法律帮助的权利

《被害人人权宣言》第 6 条要求，应当通过"在整个法律过程中向受害者提供适当的援助"等方法，"便利司法和行政程序来满足受害者的需要"。为体现上述要求，我国自 1996 年修正《刑事诉讼法》起即已确认公诉案件被害人的"当事人"诉讼地位，赋予被害人及其法定代理人或者近亲属自案件移送审查起诉之日起委托诉讼代理人的权利，并规定诉讼代理人享有申请回避、申请排除非法证据、代理申诉或控告、对审查起诉案件提出意见、参加庭前会议和法庭审理等广

---

〔1〕 苗生明、周颖：《〈关于适用认罪认罚从宽制度的指导意见〉的理解和适用》，载《人民检察》2020 年第 2 期，第 53 页。

泛诉讼权利。[1] 2021 年 8 月通过《法律援助法》第 29 条延续了 2003 年《法律援助条例》第 11 条关于被害人申请法律援助的规定，根据这一规定，无论公诉案件的被害人、自诉案件的自诉人，还是附带民事诉讼的原告人，因为经济困难没有委托诉讼代理人的，都可以向法律援助机构申请法律援助。

2023 年 11 月，最高人民法院、最高人民检察院、公安部、司法部（以下简称"两高两部"）联合发布《法律援助法实施工作办法》，要求各专门机关在各自职责范围内保障当事人依法获得法律援助的权利。检察院自收到移送审查起诉的材料之日起 3 日内，应当告知被害人及其法定代理人或者近亲属有权委托诉讼代理人，并告知其如果符合法律援助条件，可以向法律援助机构申请法律援助；法院自受理案件之日起 3 日内，应当告知案件当事人及其法定代理人或者近亲属有权依法申请法律援助。告知可以采取口头或者书面方式，内容应当易于理解。当面口头告知的，应当制作笔录；电话告知的，应当记录在案；书面告知的，应当将送达回执入卷；被害人当场表达申请法律援助意愿的，应当记录在案。各专门机关应当健全协调机制，加强工作衔接，规范、有序、高效办理法律援助案件。

可见，在现行制度下，我国被害人获得法律帮助的权利可以通过委托诉讼代理人或者申请法律援助机构指派律师担任诉讼代理人两种方式得以实现，诉讼代理人介入的时间最早为案件移送审查起诉之日。但在侦查阶段，被害人无权委托诉讼代理人或者申请法律援助。与犯罪嫌疑人的法律帮助权相比，我国法律关于被害人法律帮助权的保障尚有较大的改进空间。

（四）达成和解、谅解的权利

为减少社会对抗、修复受损的社会关系，地方司法机关早在 20 世纪末 21 世纪初即在轻伤害等刑事案件中开展了基于和解而从宽处理的实践探索。[2] 2010 年《人民法院量刑指导意见（试行）》将"积极赔偿被害人经济损失"和"取得被害人或其家属谅解"作为常见量刑情节，分别规定可以减少基准刑 30% 以下和 20% 以下的从宽处罚幅度。2012 年《刑事诉讼法》在新增的"特别程序"一编中专章规定了"当事人和解的公诉案件诉讼程序"（以下简称刑事和解程序），明确规定对一定范围内的公诉案件，"犯罪嫌疑人、被告人真诚悔罪，通过向被害人赔偿损失、赔礼道歉等方式获得被害人谅解，被害人自愿和解的，双方当事人可以

---

〔1〕 参见《刑事诉讼法》第 32 条、第 46 条、第 49 条、第 58 条、第 117 条、第 173 条和第 187 条等。

〔2〕 关于刑事和解程序入法前，多地开展"当事人达成和解的轻微刑事案件处理机制"试点的情况，可参见吴孟栓、石献智、王佳：《〈最高人民检察院关于办理当事人达成和解的轻微刑事案件的若干意见〉解读》，载《公检法办案指南》2011 年第 5 期，第 35 页。

和解""对于达成和解协议的案件,公安机关可以向人民检察院提出从宽处理的建议。人民检察院可以向人民法院提出从宽处罚的建议;对于犯罪情节轻微,不需要判处刑罚的,可以作出不起诉的决定。人民法院可以依法对被告人从宽处罚"。[1]自此,刑事和解从自诉案件扩展到一定范围内的公诉案件,和解权成为公诉案件被害人在特定案件中享有的法定权利。

2018年《刑事诉讼法》在全面确立认罪认罚从宽制度的同时,保留了作为特别程序的刑事和解程序。由于认罪认罚从宽制度强调被追诉人自愿认罪、真诚悔罪,并且在适用范围上没有罪行轻重的限制,而刑事和解程序的核心在于被追诉人真诚悔罪并获得被害人谅解,因而二者之间产生了重合关系。在一定意义上说,公诉案件的刑事和解程序已经被认罪认罚从宽制度所吸收,成为认罪认罚从宽制度在特定范围案件中的具体运行方式之一。

《认罪认罚指导意见》第17条规定:"对符合当事人和解程序适用条件的公诉案件,犯罪嫌疑人、被告人认罪认罚的,人民法院、人民检察院、公安机关应当积极促进当事人自愿达成和解。对其他认罪认罚案件,人民法院、人民检察院、公安机关可以促进犯罪嫌疑人、被告人通过向被害方赔偿损失、赔礼道歉等方式获得谅解,被害方出具的谅解意见应当随案移送。"据此,认罪认罚案件可以分为符合刑事和解程序适用条件的案件和不符合刑事和解程序适用条件的案件两种类型,对于前者,公安司法机关应当积极促进当事人达成和解,并把和解协议作为从宽处理的依据;对于后者,公安司法机关应当促进被追诉人努力获得被害人谅解,并把被害人谅解作为从宽处理的依据。换言之,对于不符合刑事和解程序适用条件的公诉案件来说,被追诉人获得被害人的谅解成为认罪认罚从宽制度下获得从宽处理的正当依据。

根据最高人民法院与最高人民检察院联合印发、2021年7月1日起施行的《量刑指导意见》,刑事和解与积极赔偿、取得被害方谅解以及认罪认罚都是常见的量刑情节,对认罪认罚被告人的量刑具有不同程度的影响,具体包括三种情况:第一,对于当事人依法达成刑事和解协议的,综合考虑犯罪性质、赔偿数额、赔礼道歉以及真诚悔罪等情况,可以减少基准刑的50%以下;犯罪较轻的,可以减少基准刑的50%以上或者依法免除处罚。第二,对于积极赔偿被害人经济损失并取得谅解的,综合考虑犯罪性质、赔偿数额、赔偿能力以及认罪悔罪表现等情况,可以减少基准刑的40%以下;积极赔偿但没有取得谅解的,可以减少基准刑的30%以下;尽管没有赔偿,但取得谅解的,可以减少基准刑的20%以下。第三,

---

[1]　参见《刑事诉讼法》第282条和第290条。

对于被告人认罪认罚的，综合考虑犯罪的性质，罪行的轻重，认罪认罚的阶段、程度、价值、悔罪表现等情况，可以减少基准刑的30%以下；具有自首、重大坦白、退赃退赔、赔偿谅解、刑事和解等情节的，可以减少基准刑的60%以下，犯罪较轻的，可以减少基准刑的60%以上或者依法免除处罚。认罪认罚与自首、坦白、当庭自愿认罪、退赃退赔、赔偿谅解、刑事和解、羁押期间表现好等量刑情节不作重复评价。可见，从不同量刑情节对从宽幅度的影响来看，刑事和解大于积极赔偿并取得谅解，而积极赔偿并取得谅解又大于认罪认罚；在轻微犯罪案件中，刑事和解甚至可能导致免除刑罚处罚。但是，被害人是否谅解被告人，不影响认罪认罚从宽制度的适用，而只影响对被告人的从宽处罚幅度。

（五）被害人获得司法救助的权利

2009年3月，中央政法委等八部门联合下发《关于开展刑事被害人救助工作的若干意见》，对解决困难刑事被害人的燃眉之急，及时化解矛盾纠纷起到了良好的效果。党的十八届三中全会通过《关于全面深化改革若干重大问题的决定》，要求健全国家司法救助制度；党的十八届四中全会通过的《关于全面推进依法治国若干问题的决定》对司法救助工作提出了新的要求，要求"健全司法救助体系，保证人民群众在遇到法律问题或者权利受到侵害时获得及时有效法律帮助"。2014年1月，中央政法委等六部门联合下发了《关于建立完善国家司法救助制度的意见（试行）》（以下简称《国家司法救助意见》），将被害人救助纳入广义的国家司法救助中，明确国家司法救助的对象包含人身受到伤害或财产受到重大损失的刑事案件被害人或其近亲属，举报人、证人、鉴定人，也包括特定民事侵权案件当事人、符合条件的涉法涉诉信访人。以此为根据，被害人国家司法救助制度在全国逐步建立起来。[1]2016年，最高人民法院和最高人民检察院相继出台了《关于加强和规范人民法院国家司法救助工作的意见》和《人民检察院国家司法救助工作细则（试行）》，明确将以下四种情形列入"应予救助"的范围：（1）刑事案件被害人受到犯罪侵害致重伤或者严重残疾，因加害人死亡或者没有赔偿能力，无法通过诉讼获得赔偿，造成生活困难的；（2）刑事案件被害人受到犯罪侵害危及生命，急需救治，无力承担医疗救治费用的；（3）刑事案件被害人受到犯罪侵害致死，依靠其收入为主要生活来源的近亲属或者其赡养、扶养、抚养的其他人，因加害人死亡或者没有赔偿能力，无法通过诉讼获得赔偿，造成生活困难的；（4）刑事案件被害人受到犯罪侵害，致使财产遭受重大损失，因加害

〔1〕参见徐日丹：《国家司法救助制度在全国基本建立》，载https://www.spp.gov.cn/zdgz/201512/t20151208_109018.shtml，最后访问日期：2023年10月6日。

人死亡或者没有赔偿能力，无法通过诉讼获得赔偿，造成生活困难的。各地政法机关也结合本地区实际出台了具体实施办法或细则，使被害人的司法救助工作进一步得到加强。

从实践情况看，对刑事被害人的司法救助主要由检察机关负责。2021 年，最高人民检察院在全面总结近年来地方检察机关实践经验的基础上，修订通过《人民检察院开展国家司法救助工作细则》（以下简称《检察院司法救助细则》）。该细则增加了"应救助尽救助"工作原则，强调检察机关"能动救助"工作要求，明确办案部门可以开展国家司法救助工作，完善救助对象及范围，对检察机关开展国家司法救助与适用认罪认罚从宽制度、刑事和解制度以及申诉案件办理工作衔接等问题一并予以规范。[1]例如，关于被害人司法救助与刑事和解程序和认罪认罚从宽制度之间的衔接问题，《检察院司法救助细则》第 4 条第 2 款规定："人民检察院办理认罪认罚案件，应当充分听取被害方意见，了解被害方诉求，促使犯罪嫌疑人、被告人及时、合理进行赔偿，促进当事人和解。对于被害方确因犯罪嫌疑人、被告人没有赔偿能力，无法通过诉讼获得有效赔偿造成生活困难且符合国家司法救助条件的，应当积极协调办理救助。"这与《认罪认罚指导意见》第 17 条关于"人民法院、人民检察院、公安机关在促进当事人和解谅解过程中，应当向被害方释明认罪认罚从宽、公诉案件当事人和解适用程序等具体法律规定，充分听取被害方意见，符合司法救助条件的，应当积极协调办理"的要求是完全一致的。虽然仍然坚持司法救助的"辅助性救济措施"性质，但为贯彻"应救助尽救助"以及公平合理救助的原则，切实解决刑事被害人急需救助的现实难题，《检察院司法救助细则》第 7 条对司法救助的对象和范围作了适当扩展，例如将"受到犯罪侵害致重伤或者严重残疾，因案件无法侦破、已过追诉时效"造成生活困难的刑事被害人，刑事被害人"受到犯罪侵害致死或者丧失劳动能力，依靠其收入为主要生活来源的近亲属或者其赡养、扶养、抚养的其他人"一并作为国家司法救助对象。同时，《检察院司法救助细则》第 12 条还规定："刑事案件被害人受到犯罪侵害致人身伤害，急需救治，无力承担医疗救治费用的，经检察长批准，人民检察院应当依据国家司法救助标准先行救助，救助后及时补办相关手续。"其中，"人身伤害"并不需要达到"危及生命"的程度。[2]

由于国家司法救助是一种辅助性救济措施，只能对无法通过诉讼获得有效赔

---

〔1〕　参见王佳、邱晓晴：《〈人民检察院开展国家司法救助工作细则〉解读》，载《人民检察》2022年第 7 期，第 50—52 页。

〔2〕　参见王佳、邱晓晴：《〈人民检察院开展国家司法救助工作细则〉解读》，载《人民检察》2022年第 7 期，第 52 页。

偿的刑事被害人及相关人员提供紧急性救助，《检察院司法救助细则》第 8 条规定，如果刑事被害人具有下列情形之一的，一般不予救助：（1）对案件发生有重大过错的；（2）无正当理由，拒绝配合查明案件事实的；（3）故意作虚假陈述或者伪造证据，妨害诉讼的；（4）在诉讼中主动放弃民事赔偿请求或者拒绝加害人及其近亲属赔偿的；（5）生活困难非案件原因所导致的；（6）通过社会救助等措施已经得到合理补偿、救助的。

二、认罪认罚案件被害人权利保障的实践情况考察

在我国现有的权威司法统计中，没有关于直接被害人的案件比例以及被害人人数的数据。但从刑事案件的发案情况来看，即使在犯罪类型结构发生较大变化，轻罪、新类型犯罪数量和比例显著增加的情况下[1]，故意杀人、故意伤害、强奸、抢劫、抢夺、盗窃、诈骗等案件始终在高位运行[2]，再加上常见的交通肇事案件等[3]，刑事被害人是一个庞大的群体。由于每个人都可能成为犯罪行为的被害人，保障被害人的权利实际上也就是保障每一个人的权利。然而，通过访谈调研以及对现有多项调研结果的汇总分析，可以发现，既往案件处理过程中被害人权利保障的情况并不尽如人意。认罪认罚从宽制度试点和全面实施以来，被害人的参与较为有限。但在司法救助领域，的确出现了有利于被害人的进步。

（一）被害人参与认罪认罚案件诉讼活动的情况

公诉案件的被害人虽然处于"当事人"的诉讼地位，但主要承担相当于证人的角色，通过接受公安、检察机关的询问或者提供相关证据材料的方式参与诉讼，真正作为当事人积极行使包括提出意见权在内的各项诉讼权利的情形较少。认罪认罚

---

〔1〕 从 2020 年、2021 年最高人民检察院的工作报告来看，近二十多年来，我国的犯罪类型结构发生了较大变化，严重暴力犯罪案件总量减少、占比下降，重罪（判处三年有期徒刑以上的犯罪）的比例下降；与此同时，新类型的犯罪，尤其是危害经济社会管理秩序的犯罪案件、涉信息网络系统的犯罪案件比例上升明显。

〔2〕 故意杀人、故意伤害、强奸等罪名因属于《刑法》分则规定的侵害公民人身权利的犯罪，除个别特殊案件外，此类案件通常有明确且直接的被害人，研究中常将被作为有直接被害人案件的典型。根据 2017 年最高人民检察院工作报告，2016 年全国检察机关共提起公诉 1 402 463 人，其中起诉故意杀人、强奸、放火等严重暴力犯罪 65 076 人，起诉抢劫、抢夺、盗窃等多发性侵财犯罪 399 708 人；上述常见犯罪案件的发案率即占到了全国检察机关全年起诉案件的 33.14%。参见钟琦：《认罪认罚从宽制度下被害人的权利保护问题》，载《法治论坛》2018 年第 1 期，第 275 页。

〔3〕 据统计，2016 年 1 月至 2019 年 12 月，全国交通肇事罪案件中，94.389%的案件出现被害人死亡情节，5.61%的案件出现被害人重伤情节，0.001%的案件出现被害人轻伤情节。参见《司法大数据专题报告之交通肇事罪特点和趋势（2016.1-2019.12）》，载 https://www.court.gov.cn/fabu/xiangqing/246 381.html，最后访问日期：2023 年 10 月 9 日。

从宽制度的一项重要目标是"强化人权司法保障""化解社会矛盾"，被害人积极参与认罪认罚案件的处理对于实现这一目标具有重要意义，然而实际情况却不够理想。

1. 被害人参与率总体较低、参与方式单一

有研究者在中国检察网随机选取了 200 份认罪认罚案件的起诉书进行分析发现，只有 166 份记载了告知被害人诉讼权利，其中"告知被害人有权委托诉讼代理人"的职责得到较好履行，但对"听取被害人及其利害关系人意见"有记载的，只有 78 份，占比 47%。[1]这表明，在超过一半的有直接被害人的认罪认罚案件中，检察机关在审查起诉阶段没有依法听取被害人的意见。

从参与方式来看，除用作证据的被害人陈述外，被害人参与认罪认罚案件的主要方式是提出意见和与被追诉人达成和解、谅解协议。除此以外，不管是公安机关的起诉意见书，还是检察机关的起诉书或不起诉决定书，或者其他案卷材料，都很难找到被害人参与程序的记录或权利表达的记录。只有在少数案件中，被害人及其委托的诉讼代理人才会参加审判阶段的诉讼活动。

2. 被害人意见的内容较为简单、影响力有限

在与被害人的沟通中，办案机关重点关注的是被害人关于案发情况和所遭受物质损失情况的陈述，即可以被用作证明案件事实及犯罪严重程度的被害人陈述。而被害人所作陈述中关于精神、心理方面遭受的侵害及希望得到补偿方面的内容往往被认为是无足轻重的，按规定记录、入卷即可。由于自身能力所限，被害人所提意见的内容较为简单，除笼统表明"要求从严惩处"或"同意从宽处罚"的态度，或者对所受损失、所处困境进行陈述以外，被害人很难对定罪量刑以及程序适用提出有参考意义的意见。在有些地区，听取被害人的意见可能进一步被模块化为"是"与"否"的选择项，按照逻辑关系依次为：是否获得赔偿、是否和解或谅解以及是否同意从宽处理。根据听取被害人意见的《询问笔录》样本，格式化的询问内容包括：告知基本权利和检察机关指控的罪名与提出的从宽处理建议、询问经济损失获赔情况、询问是否对检察机关的从宽处理建议有异议，以及确认开庭时是否能到庭；在确认被害人没有其他补充陈述后，要求其核对笔录并签字捺印。[2]

从各项对检察官、法官的访谈结果来看，被害人的意见对办案机关所作决定或裁判的影响力有限。例如，有研究者就性侵害犯罪案件对北京市 A、B 两区检

---

〔1〕　潘佳林：《认罪认罚案件被害人量刑参与问题研究》，中南财经政法大学 2023 年硕士学位论文，第 15–16 页。

〔2〕　参见胡云腾主编：《认罪认罚从宽制度的理解与适用》，人民法院出版社 2018 年版，第 147–148 页。

察院 7 名检察官进行了访谈，多数检察官表示，决定批捕和起诉取决于案件的证据情况，"被害人意见是众多参考因素之一，并不能仅凭被害人意愿决定是否批捕、起诉"。[1]根据另一份对三个地区的 11 名检察官进行访谈调研的结果，检察官多采用打电话的方式听取被害人意见，当面听取意见的情况十分少见；听取意见的时间一般在犯罪嫌疑人签署具结书之前，部分案件也可能在签署具结书以后。尽管原则上每案必听，但如果被害人已经与犯罪嫌疑人达成了和解、谅解协议，检察官一般就不会再听取被害人意见了，而被害人也不再关心后续的诉讼程序及案件处理结果。被害人意见与检方意见有较大出入时，检察官会主动做被害人的思想工作，促使其与检方达成一致；仍无法达成一致且被害人情绪激烈时，检察官通常会在不违反原则的情况下在基准刑 10% 的幅度内对量刑建议加以微调。[2]这说明，被害人的意见对检察官的量刑建议基本上没有什么影响。

针对一线法官的访谈结果显示，法院在审理认罪认罚案件中听取被害人的意见，主要涉及两类案件：一是侵害人身权利的犯罪案件；二是被害人格外关注、矛盾比较突出的案件。至于财物被毁坏、被非法占有、处置的案件，法院可直接判决予以追缴或者责令退赔，一般没有必要听取被害人意见。[3]在具体案件中，被害人能否有效发表意见以及意见的影响力如何，受到很多因素的影响，例如，被害人的个人能力、是否得到有效的法律帮助、办案人员的工作方式、案件本身的情况及被害人人数，等等。一般而言，被害人参与刑事诉讼大多限于涉及人身伤害的案件，而在其他案件中，办案机关很少听取被害人意见，部分法官为了确保庭审有序进行或者防止庭审时间被拖延，通常不愿意通知被害人出庭。[4]

3. 审查起诉或者庭审中"未听取被害人意见"可能妨碍认罪认罚从宽制度的适用或者量刑建议的采纳

笔者在法信网和北大法宝上以"未听取被害人意见"和"认罪认罚"为全文的关键词进行检索（检索日期：2024 年 1 月 20 日），共获得裁判文书 11 份，案件情况及处理结果如表 8-1 所示：

---

〔1〕 参见曾元君：《中国和澳大利亚刑事被害人权利的演进：法律传统的趋同?》，载《交大法学》2022 年第 6 期，第 138 页。

〔2〕 参见李建东：《认罪认罚从宽制度下被害人权利保障的实现路径——以制度的功能定位为视角》，载《河南社会科学》2020 年第 12 期，第 58 页。

〔3〕 参见吴小军：《认罪认罚从宽制度的实践反思与路径完善——基于北京试点的观察》，载《法律适用》2018 年第 15 期，第 87 页。

〔4〕 参见刘玫：《论公诉案件被害人诉讼权利的完善及保障》，载《中国政法大学学报》2017 年第 1 期，第 141 页。

表 8-1　"未听取被害人意见"对适用认罪认罚从宽制度的影响统计

序号	裁判时间	案名/案号	审理法院	事由/情形	处理结果
1	2018 年 11 月 13 日	钱某某故意伤害案（2018）辽 0281 刑再 4 号	辽宁省瓦房店市人民法院	检察机关以其未听取被害人意见即适用认罪认罚程序提起公诉确有错误为由提出再审检察建议，法院审查后认为原审被告人和被害人在附带民事赔偿上没有达成协议，适用认罪认罚程序确有错误，决定再审	再审法院认为，原审在未通知被害人参与诉讼、附带民事赔偿部分未调解达成协议的情况下适用认罪认罚制度，审理程序及适用法律错误，并致量刑不当。撤销原判，改判较一审判决更重的刑罚
2	2018 年 12 月 21 日	张某某危险驾驶案（2018）豫 0184 刑再 3 号	河南省新郑市人民法院	检察机关提起公诉并建议适用速裁程序审理，法院受理后适用速裁程序审理并作出判决。检察机关以原审未听取被害人意见，在未取得被害人谅解的情况下适用速裁程序错误为由作出再审检察建议书，法院决定再审	再审法院认为，原审未听取被害人意见，在被害人未谅解的情况下适用速裁程序属于程序违法，应予纠正；该案定罪正确但量刑不当，依法撤销原判，采纳检察机关再审中提出的量刑建议，加重了原审被告人的量刑
3	2020 年 4 月 16 日	张某 2 故意伤害案（2020）晋 0110 刑初 23 号	山西省太原市晋源区人民法院	检察机关认为被告人自愿认罪认罚，依法可以从宽处理；附带民事诉讼原告人（被害人）表示对被告人应当从重量刑	法院认为，根据《认罪认罚指导意见》第 16 条的规定，办理认罪认罚案件应当听取被害人的意见，但该案检察机关并未听取被害人意见，且被害人当庭对被告人的量刑建议提出异议。结合犯罪事实以及在宣判前被告人未能与被害人达成赔偿协议等情节，

序号	裁判时间	案名/案号	审理法院	事由/情形	处理结果
					法院未采纳检察机关提出的量刑建议，判处了更重的刑罚
4	2020 年 6 月 29 日	熊某 2、陈某某等诈骗案（2020）赣 0102 刑初 3 号	江西省南昌市东湖区人民法院	22 名被告人及其辩护人均认为被告人认罪认罚，部分被告人已签署《认罪认罚具结书》	法院认为，该案属涉众型电信网络诈骗案，被害人众多，遍布各地；熊某 2 等全案 22 名被告人均未退赔被害人经济损失，也未取得被害人谅解，公诉机关亦未听取被害人意见，有违《认罪认罚指导意见》第 16 条等相关规定，且本案犯罪数额的计算方法也与公诉机关指控的不一致。综上，该案不宜适用认罪认罚从宽制度进行处理
5	2020 年 8 月 31 日	陈某某、雷某某诈骗案（2020）赣 01 刑终 367 号	江西省南昌市中级人民法院	上诉人以一审法院未适用认罪认罚从宽制度不当，量刑过重为由提出上诉	二审法院认为，该案属涉众型电信网络诈骗案，被害人的意见和谅解程度是认罪认罚从宽制度适用的重要考虑因素；被害人并未得到退赔，也未对原审被告人表示谅解，原审公诉机关亦未听取被害人意见，故该案不宜适用认罪认罚从宽制度；上诉理由和辩护意见与查明的证

续表

序号	裁判时间	案名/案号	审理法院	事由/情形	处理结果
					据、事实不符，不予采纳
6	2020 年 12 月 30 日	游某某、杨某某非法吸收公众存款案（2020）赣 0102 刑初 749 号	江西省南昌市东湖区人民法院	检察机关指控被告人犯非法吸收公众存款罪，认罪认罚，可以从宽处理	法院认为，该案属涉众型案件，按照《认罪认罚指导意见》第 16 条规定，办理认罪认罚案件应当听取被害人的意见，公诉机关未听取被害人意见并随案移送，不宜适用认罪认罚从宽制度处理；未采纳检察机关的量刑建议，判处了较量刑建议更重的刑罚
7	2021 年 2 月 9 日	吴某某诈骗案（2021）浙 1022 刑初 12 号	浙江省台州市三门县人民法院	被害人认为公诉机关对被告人吴某某适用认罪认罚从宽制度时并未听取被害人意见，程序违法，量刑建议明显不当	法院认为，经庭审核实，确认吴某某具有认罪认罚这一法定情节；公诉机关在审查起诉阶段通过电话方式听取过被害人的意见并记录在案；本院基于该案查明事实并在充分听取控辩双方、被害人及其委托代理人的意见后，认为公诉机关对吴某某提出的量刑建议已综合考虑其悔罪表现、退赃情况等因素，并无明显不当；被害人提出不能对吴某某适用认罪认罚从宽制度，要求从重处罚的意见没有事实

序号	裁判时间	案名/案号	审理法院	事由/情形	处理结果
					和法律上的依据，不予采纳
8	2021 年 2 月 9 日	朱某某诈骗案（2021）浙 1022 刑初 11 号	浙江省台州市三门县人民法院	被害人认为公诉机关对被告人朱某某适用认罪认罚从宽制度时并未听取被害人意见，程序违法，量刑建议明显不当	法院认为，经庭审核实，确认朱某某具有认罪认罚这一法定情节；公诉机关在审查起诉阶段通过电话方式听取过被害人的意见并记录在案；本院基于该案查明事实并在充分听取控辩双方、被害人及其委托代理人的意见后，认为公诉机关对朱某某提出的量刑建议已综合考虑其悔罪表现、退赃情况等因素，并无明显不当；被害人提出不能对朱某某适用认罪认罚从宽制度，要求从重处罚的意见没有事实和法律上的依据，不予采纳
9	2021 年 3 月 25 日	闫某 1 交通肇事案（2021）晋 01 刑终 100 号	山西省太原市中级人民法院	一审法院认为被告人自愿认罪认罚可以从轻处罚。附带民事诉讼原告人认为量刑畸轻且被告人不积极赔偿，提出上诉	二审法院认为，在各附带民事诉讼原告人基本未获得闫某 1 赔付的情况下，适用认罪认罚从宽程序对其从轻判处属于量刑明显不当。因该案刑事部分已经生效，根据《最高法解释》相关规定，应对该案刑事部分依审判

续表

序号	裁判时间	案名/案号	审理法院	事由/情形	处理结果
					监督程序进行再审，并将附带民事部分一并审理。撤销原判的民事部分，发回重审
10	2021年3月30日	杨某某故意伤害案（2021）鲁1622刑初4号	山东省滨州市阳信县人民法院	被害人认为公诉机关未听取被害人意见，该案不应适用认罪认罚从宽制度	法院认为，根据山东省高级人民法院、省人民检察院、省公安厅、省国安厅、省司法厅印发的《关于适用认罪认罚从宽制度办理刑事案件的实施细则（试行）》第18条的规定，被害人及其诉讼代理人不同意对认罪认罚的被告人从宽处理的，不影响认罪认罚从宽制度的适用。被告人表示认罪认罚，但未能与被害人达成调解或者和解协议的，被告人愿意积极赔偿损失，但因被害人赔偿请求明显不当而未达成调解或者和解协议的，一般不影响对被告人从宽处理。该案被害人杨某不要求赔偿，被告人杨某某交纳了75 000元赔偿保证金，可以对被告人适用认罪认罚从宽制度。对被害人的意见本院不予采纳

续表

序号	裁判时间	案名/案号	审理法院	事由/情形	处理结果
11	2021 年 4 月 8 日	房某危险驾驶案（2021）皖 08 刑终 76 号	安徽省安庆市中级人民法院	一审被告人签署认罪认罚具结书，判决后以量刑过重提出上诉，公诉机关以认罪认罚的量刑情节不应再予以认定，应当从重处罚为由提出抗诉；上级检察机关支持抗诉并提出"原审法院在审理认罪认罚案件期间未听取被害人意见，也未告知被害人有权提起附带民事诉讼，审判程序违法"	二审法院认为，根据 2012 年《最高法解释》第 141 条的规定，在刑事诉讼中通知被害人或者其法定代理人、近亲属提起附带民事诉讼，并不是刑事诉讼中的必经程序。本案中，一审法院基于被害人已出具书面谅解书并称房某已积极赔偿医疗费的实际情况，而未告知被害人有权提起附带民事诉讼。同时，鉴于房某在审查起诉阶段自愿认罪认罚，检察机关也已听取被害人意见，一审法院在案件审理阶段未再专门听取被害人意见，审判程序并无违法之处，对检察机关的意见不予采纳

通过对裁判文书内容的梳理，可以发现，尽管被害人的参与和意见具有前述不足，但"听取被害人意见"作为检察机关办理认罪认罚案件的必经程序，在部分案件中对认罪认罚从宽制度的适用和量刑建议的采纳具有一定影响，具体表现为三种不同情形：（1）影响认罪认罚从宽制度的适用。如果检察机关在审查起诉阶段未依法听取被害人意见而适用认罪认罚从宽制度提起公诉，被害人未谅解，也未与被告人达成和解或调解协议的，或者案件属于涉众型犯罪的，法院可能会认定案件不适用认罪认罚从宽制度，并判处不同于公诉机关量刑建议的刑罚。表8-1 中案例1—2 和案例3—6 大致都属于这种情形。（2）影响量刑建议的采纳。如果检察机关在审查起诉阶段未听取被害人意见而适用认罪认罚从宽制度提起公

诉，被告人在判决宣告前未能与被害人达成附带民事赔偿协议，且被害人当庭对检察机关的量刑建议提出异议的，法院可能会拒绝采纳检察机关的量刑建议。表8-1中案例3属于这种情形。（3）影响刑事附带民事诉讼判决的确定力。在闫某1与闫某2交通肇事案中，多名被害人不服一审判决，以量刑畸轻、被上诉人未积极赔偿等为由提出上诉，法院审理后认为："本案作为重大交通肇事案件，造成两死一伤的严重后果，原审公诉机关在适用认罪认罚从宽程序时未听取被害人意见，原审法院在审理本案时，在各附带民事诉讼原告人基本未获得闫某1赔付的情况下，适用认罪认罚从宽程序对其从轻判处有期徒刑三年四个月量刑明显不当。"因本案刑事判决部分已经生效，遂决定撤销原判的附带民事部分，发回重审。该案被害人虽然仅仅以附带民事诉讼当事人的身份提起上诉，但上诉内容既表达了对一审判决确定的民事赔偿责任的不服，也表达了对一审判决量刑的不满，最终获得二审法院采纳。

然而，如果法院确认被告人自愿认罪认罚，且检察机关量刑建议适当，那么即使检察机关在审查起诉阶段没有听取被害人的意见，被告人也未能与被害人达成调解或者调解协议，也不影响法院适用认罪认罚从宽制度对被告人定罪判刑，例如案例7、案例8和案例10的情形；同样，只要检察机关在审查起诉阶段听取过被害人的意见，且被害人已出具书面谅解书并称被告人积极赔偿医疗费，那么，即使法院审判阶段未听取被害人的意见，未通知被害人或者近亲属、法定代理人提起附带民事诉讼，也不构成程序违法，例如案例11的情形。

（二）和解、谅解的效力及对认罪认罚从宽制度的影响

与内容较为笼统的被害人意见相比，刑事和解或取得被害人谅解对认罪认罚从宽制度的适用具有实质影响，尤其是在是否适用缓刑的问题上。

1. 和解、谅解对认罪认罚从宽制度具有促进作用

刑事和解或取得被害人谅解对认罪认罚从宽制度具有促进作用，但不是该制度适用的决定性因素。根据最高人民法院和最高人民检察院关于认罪认罚从宽制度试点工作情况的中期报告，2016年11月至2017年11月，在试点法院审结的侵犯公民人身权利案件中，达成和解、谅解的占39.6%。[1]换言之，侵犯公民人身权利的犯罪案件在未达成和解、谅解的情况下适用认罪认罚从宽制度的，超过六

---

〔1〕　参见周强：《最高人民法院、最高人民检察院关于在部分地区开展刑事案件认罪认罚从宽制度试点工作情况的中期报告——2017年12月23日在第十二届全国人民代表大会常务委员会第三十一次会议上》，载 http://www.npc.gov.cn/zgrdw/npc/xinwen/2017-12/23/content_2034499.htm，最后访问日期：2023年10月8日。

成，这说明刑事和解或被害人的谅解虽然能够在一定程度上说明被告人认罪悔罪的态度，但并不是适用认罪认罚从宽制度的决定因素。笔者在法信网的类案检索板块检索了（检索日期 2023 年 10 月 17 日）最近一年全国基层人民法院一审故意伤害案的判决书共 1058 份，其中含有"认罪认罚"案情特征的有 842 份，占比 79.58%。进一步分析发现，在这 842 份判决书中，量刑情节中包含"取得被害人谅解"或者"刑事和解"的有 544 份，占比 64.6%。[1]这意味着，在认罪认罚从宽制度全面实施五周年之际，被告人认罪认罚的故意伤害案件中有三分之一以上未能取得被害人的谅解。

影响达成和解、谅解协议的因素众多，被追诉方的赔偿能力、赔偿意愿、被害方的心理预期、收入水平、金钱观念等包括在内。其中，不可忽视的是案件类型对达成和解、谅解协议难度的影响。例如，某基层人民法院 2020 年办理交通肇事案件共计 22 件 22 人，其中 19 件 19 人认罪认罚，3 件不认罪认罚，认罪认罚率为 86.36%；伤害类案件共计 24 件 25 人，适用认罪认罚从宽制度 13 件 13 人，认罪认罚率为 52%。[2]笔者采用前述同样的方式检索到交通肇事罪的一审判决书共 1280 份，其中含有"认罪认罚"案情特征的有 1082 份，占比 84.53%，高出前述故意伤害案件 5 个百分点。排除重复因素后，在 1082 份认罪认罚案件的判决书中，包含"取得被害人谅解"或"刑事和解"的有 809 份，占比 74.77%，高出前述故意伤害案件 10 个百分点。两类案件认罪认罚率相差较大的关键原因就是赔偿问题。交通肇事类案件中有保险机构理赔，被害人的赔偿请求基本都能够得到满足，社会矛盾得以很好地化解；而伤害类案件，被害人的赔偿要求和犯罪嫌疑人的赔偿能力通常不匹配，双方很难达成赔偿协议。赔偿到位、达成谅解的案件，适用认罪认罚从宽制度的比例会明显高于没有达成谅解的案件，取得被害方谅解则能够有效提升认罪认罚从宽制度的适用率。

又如，仅涉及财产权利的犯罪与侵害公民人身权利的犯罪相比，当事人双方达成和解、谅解协议的难度差异巨大。在拒不支付劳动报酬罪案件中，被追诉人通过支付剩余欠薪、赔偿损失等方式通常都能得到被害人谅解，从宽量刑甚至作出不起诉决定均能实现较好的社会效果。2022 年 1 月，最高人民检察院发布了五个"检察机关依法惩治拒不支付劳动报酬犯罪典型案例"，其中三个案件存在

---

[1] 包含"取得被害人谅解"的判决书有 528 份，包含"刑事和解"的有 106 份。因共同犯罪或涉及多名被害人等原因，同一份判决书中可能同时包含两项量刑情节，共 90 份。排除重复因素以后，笔者计算得出包含"取得被害人谅解"或"刑事和解"的判决书 544 份。

[2] 参见马子颖、姜伦、王锐栋：《谅解对认罪、认罚的作用研究》，载《法制博览》2021 年第 30 期，第 112-113 页。

"起诉前全部支付""认罪认罚""取得被害人谅解"的情形，检察机关依法作出了不起诉决定。[1]但是，在侵害公民人身权利的犯罪案件中，即使被追诉人对医疗费、误工费等物质损失进行赔偿，也很难得到被害人的谅解；如果涉及多名被害人，则达成和解、谅解的难度更大。

2. 和解、谅解对轻罪案件中缓刑的适用往往具有决定性影响

根据《量刑指导意见》的规定，适用缓刑"应当综合考虑被告人的犯罪情节、悔罪表现、再犯罪的危险以及宣告缓刑对所居住社区的影响"，刑事和解或取得被害人谅解应属于"悔罪表现"的评价因素。具体到交通肇事罪和故意伤害罪的缓刑适用问题上，《量刑指导意见》更是突出了适用缓刑对"赔偿谅解"的要求，将其作为相对独立于"认罪悔罪表现"的量刑情节之一单独列明，与其他常见犯罪的规定明显不同。[2]其他关于办理特定类型刑事案件适用法律的司法解释也有"一般不适用缓刑"的规定，尤其是在侵犯知识产权刑事案件中，因"拒不交出违法所得"而无法取得被害人（权利人）谅解的，也属于"一般不适用缓刑"的情形之一。[3]

在司法实践中，法官出于对可能引发诉讼外"维权"等社会不稳定现象的担心，对于有被害人且具有和解、谅解基础的案件通常把握"不和解、不谅解不判处缓刑"的原则。在一项以故意伤害罪一审判决书为样本，对认罪认罚与刑事和解衔接适用问题进行的实证研究中，在达成刑事和解且适用认罪认罚从宽制度的案件中，适用缓刑的被告人有1039人，占比82%，遥遥领先于全国30%左右的平均水平；而在没有达成刑事和解协议的案件中，即使适用了认罪认罚从宽制度，被判处有期徒刑实刑的仍有903人，占比高达84%，仅有145人（占比13.5%）被宣告缓刑。适用缓刑的考虑因素包括行为能力、已提存赔偿保证金、赔偿款预

---

〔1〕　参见最高人民检察院：《检察机关依法惩治拒不支付劳动报酬犯罪典型案例》，载最高人民检察院官网 https://www.spp.cn/spp/xwfbh/wsfbh/202201/t20220106_540896.shtml，最后访问日期：2023年9月22日。

〔2〕　《量刑指导意见》第四部分关于交通肇事罪和故意伤害罪的量刑问题分别规定："构成交通肇事罪的，综合考虑事故责任、危害后果、赔偿谅解等犯罪事实、量刑情节，以及被告人的主观恶性、人身危险性、认罪悔罪表现等因素，决定缓刑的适用"；"构成故意伤害罪的，综合考虑故意伤害的起因、手段、危害后果、赔偿谅解等犯罪事实、量刑情节，以及被告人的主观恶性、人身危险性、认罪悔罪表现等因素，决定缓刑的适用"。

〔3〕　最高人民法院、最高人民检察院2020年9月发布的《关于办理侵犯知识产权刑事案件具体应用法律若干问题的解释（三）》第8条规定："具有下列情形之一的，可以酌情从重处罚，一般不适用缓刑：（一）主要以侵犯知识产权为业的；（二）因侵犯知识产权被行政处罚后再次侵犯知识产权构成犯罪的；（三）在重大自然灾害、事故灾难、公共卫生事件期间，假冒抢险救灾、防疫物资等商品的注册商标的；（四）拒不交出违法所得的。"

交法院、附带民事诉讼由法院调解结案等。[1]这说明，被害人已获得赔偿或者获得赔偿的权利已有基本保证是适用缓刑最重要的前提。

进一步研究判决书内容可以发现，和解、谅解可以在裁判作出前的任何诉讼阶段达成；即使审前阶段没有和解、谅解，检察机关起诉时没有提出缓刑的量刑建议的，只要在一审判决作出前达成和解、谅解，检察机关可以变更量刑建议，法院可酌情适用缓刑。例如某判决书记载："本案提起公诉时，被告人和被害人家属未达成谅解协议，故提出有期徒刑四年的量刑建议。本案在审理期间，被告人家属积极赔偿被害人家属，双方达成谅解协议，被害人家属出具了谅解书，系出现新事实、新证据，鉴于此，公诉机关将量刑建议变更为有期徒刑三年，缓刑四年。"[2]

审前阶段没有和解、谅解的，检察机关起诉时还可能提出"附条件"的量刑建议，为审判阶段的和解、谅解预留空间。这种做法没有明确的规范依据，但被认为是有益的尝试。[3]例如某判决书载明：公诉机关"提出对被告人颜某某判处有期徒刑一年三个月，如调解，可适用缓刑的量刑建议"；法院认为"被告人颜某某认罪态度较好，其自愿认罪认罚并取得被害人亲属谅解，对其依法可以从轻处罚并可适用缓刑。公诉机关的量刑建议适当"。[4]又如另一份判决书记载：公诉机关"建议判处被告人王某某有期徒刑一年六个月至二年，如在案件审理阶段达成和解协议，可以适用缓刑"；审判阶段，在法院主持下，被告人与附带民事诉讼原告人达成分期赔偿协议，并已支付部分赔偿金，取得被害人亲属谅解。在综合犯罪事实（醉酒后驾驶机动车发生交通事故，致一人死亡，负事故全部责任）、有犯罪前科（强迫卖淫罪被判处有期徒刑十二年）应从重处罚，以及坦白、认罪认罚、积极赔偿被害人损失并取得谅解等从轻处罚情节后，最终认定"公诉机关的量刑建议适当"，宣告缓刑。[5]

3. 和解、谅解是被害人维护自身利益最有效的手段

和解、谅解对从宽处理，尤其在能否适用缓刑问题上的影响力已让其成为被

---

　　[1]　详细的实证研究，参见王桂芳：《认罪认罚与公诉案件刑事和解衔接适用效果检视与提升路径——基于 2136 份故意伤害罪一审判决书的实证分析》，载《中国刑事法杂志》2022 年第 6 期，第 88-89 页。

　　[2]　参见"刘某洪交通肇事案"，江西省上饶市广信区人民法院（2021）赣 1104 刑初 263 号刑事判决书。

　　[3]　参见孙谦主编：《认罪认罚从宽制度实务指南》，中国检察出版社 2019 年版，第 189 页。

　　[4]　参见"颜某传交通肇事案"，山东省临沂市兰山区人民法院（2021）鲁 1302 刑初 1346 号刑事判决书。

　　[5]　参见"王某斌交通肇事案"，新疆生产建设兵团阿拉尔垦区人民法院（2023）兵 0103 刑初 76 号刑事判决书。

害人与被追诉人博弈的最重要"筹码"。被害人除了可以接受赔偿并谅解，还可以选择接受赔偿而不谅解以及在没有赔偿的情况下谅解。《认罪认罚指导意见》第 18 条规定："由于被害方赔偿请求明显不合理，未能达成调解或者和解协议的，一般不影响对犯罪嫌疑人、被告人从宽处理。"但是，什么是"明显不合理的赔偿请求"，并无明确的法律规定，具体案件中被害人的赔偿请求是否合理，实际上取决于当事人双方之间的协商，最终赔偿数额往往是双方博弈的结果。在当事人双方争议较大的案件中，司法机关对于被害人提出的赔偿请求是否"明显不合理"，往往不予明确表态，而只是把最终达成和解、谅解作为从宽处理的依据。只要当事人双方最终达成了和解、谅解，被害人的赔偿请求就是合理的；相反，如果未达成和解、谅解，不一定是赔偿请求不合理所致。比较而言，被害人在和解、谅解问题上具有更大的话语权，和解、谅解成为被害人维护自身权益的最有效手段。

如果案件由于当事人双方未达成和解、谅解而未适用认罪认罚从宽制度，《认罪认罚指导意见》关于"赔偿请求明显不合理不影响从宽处理"的规定往往成为被追诉人最常见的辩护理由或者上诉理由。例如，在张某某交通肇事致一名直接被害人死亡，当事人双方未达成和解、谅解，但张某某向被害方支付了一定数额的赔偿。一审法院未认定被告人张某某认罪认罚，但综合犯罪事实与自首、主动赔偿、如实供述、愿意接受处罚情节判处张某某有期徒刑一年。张某某不服判决提出上诉，表示在已支付的赔偿款基础上再支付 60 万元补偿，并以《认罪认罚指导意见》第 18 条为依据请求二审改判缓刑。但二审法院认为自首、赔偿和认罪认罚等情节，有期徒刑一年已体现对其的从轻处罚，原判量刑符合法律规定、量刑适当；缓刑只是刑罚的执行方式，根据本案案情不适宜适用缓刑，进而驳回上诉、维持原判。[1] 该案被害方没有提起附带民事诉讼，二审裁定书也未提及被害方所受损失数额大小，但认为辩护人再次要求对上诉人从轻处罚的请求"于法无据，不予采纳"，并回避了对被害人赔偿请求是否合理问题的判断。

（三）刑事案件赔偿保证金提存制度的实践探索

刑事案件赔偿保证金提存制度是司法实践中探索的一种工作制度，发端于 2008 年前后。[2] 它是指在被追诉人有赔偿意愿且有一定赔偿能力的案件中，因被

---

〔1〕　参见"张某某交通肇事案"，广东省清远市中级人民法院（2021）粤 18 刑终 112 号刑事裁定书。

〔2〕　2008 年，江苏省南京市人民检察院《关于在轻微刑事案件中推行赔偿保证金做法 有效落实刑事和解工作的通知》明确提出："未成年人犯罪案件、轻微过失犯罪案件、故意伤害轻伤案件及符合条件的其他类型轻刑案件中可以适用赔偿保证金制度"。参见邱洪瑞：《轻微刑事案件赔偿保证金制度的实证分析》，山东大学 2017 年硕士学位论文，第 2-3 页。

害人一方的诉求难以得到满足或者因当事人双方矛盾激化等原因未能达成和解或谅解时，由被追诉人主动表明赔偿意愿并向办案单位、公证机构或双方认可的第三方机构缴纳一定数额的赔偿保证金，办案机关对其采取相对宽缓的强制措施，最终实现实体从宽处理的办案制度。该制度与认罪认罚从宽制度存在天然的联系，因而在认罪认罚从宽制度实施过程中发挥了积极作用。结合《认罪认罚指导意见》对被害人异议处理方式的规定来看，刑事赔偿保证金提存制度可谓是针对被害人"漫天要价"情形的专项治理，它在保障被害人获得合理赔偿的同时，让被追诉人自愿认罪且积极赔偿，但因被害人明显不合理的赔偿请求而未能达成和解、谅解协议的被追诉人也能依法获得从宽处理。近年来，多地检察机关对此进行了积极探索，部分地区还出台了专门的规范性文件，对适用的案件范围、条件和工作机制等作出了规定。[1]从实践情况来看，各地探索的刑事赔偿保证金提存制度具有以下几个特点：

第一，适用范围以轻微刑事案件为主，与刑事和解程序的适用范围高度重合，部分地区的适用范围则有所扩大。大部分地区的试点文件将案件范围限制在对被害人造成物质损失的轻微刑事案件中，如婚姻家庭、邻里纠纷等民间矛盾激化引发的轻伤害案件、交通肇事案件等。例如 2023 年 7 月，河南省人民检察院、省司法厅印发的《轻微刑事案件赔偿保证金制度（试行）》，将刑事案件赔偿保证金的适用范围限制为轻微刑事案件，并与刑事和解程序适用范围的规定基本一致。[2]但也有部分地区将适用范围扩大到包括盗窃等涉及追缴、退赔（而不是赔偿）的案件，例如重庆市 J 区的试点规范性文件规定，对造成了被害人人身、财产损失的认罪认罚案件，均可以适用赔偿保证金提存制度，但可能危及国家安全、公共安全、社会影响重大、群众反映强烈以及其他不宜适用该制度的案件除外。实际试点的 10 起案件中，涉及罪名包括故意伤害罪、盗窃罪、诈骗罪、交通肇事罪、职务侵占罪、妨害公务罪等。[3]

第二，在保证金的收取与管理方面，提存公证是主流方式。例如 2023 年 1 月，重庆市司法局会同重庆市高级人民法院、市人民检察院、市公安局联合印发《刑事案件赔偿保证金提存制度实施办法（试行）》，推行刑事案件赔偿保证金提

---

〔1〕 参见王天保、李莉：《"少捕慎诉慎押"刑事司法政策视域下的赔偿保证金制度研究》，载《行政与法》2022 年第 10 期，第 109 页。

〔2〕 参见段伟朵、王志红：《轻微刑事案件中，赔偿保证金提存公证如何办理?》，载 https://finance. eastmoney. com/a/202310132870053992. html，最后访问日期：2023 年 10 月 15 日。

〔3〕 参见向燕、杨雪艳、李光林：《国家介入的修复：刑事赔偿保证金制度的运行逻辑》，载《青少年犯罪问题》2022 年第 5 期，第 100 页。

存制度。该办法规定，犯罪嫌疑人、被告人已办理赔偿保证金提存手续的，办案机关应当审查提存凭据的真实性，在综合考察全案情况并评估犯罪嫌疑人、被告人的社会危险性的基础上，可以此作为是否采取非羁押强制措施、不批准逮捕、开展羁押必要性审查、不起诉、提出从轻量刑建议，以及从宽处罚的考量因素之一。[1]河南省的地方规范性文件也规定，检察机关可以向公证机构发出《刑事案件赔偿保证金缴存告知书》；犯罪嫌疑人及其近亲属在公证机构足额缴存赔偿保证金，公证机构审核后为其出具《提存公证书》。检察机关可依据《提存公证书》和赔偿保证金缴纳凭证，根据案情依法对犯罪嫌疑人从宽处理。[2]

第三，在认罪认罚从宽制度下，刑事赔偿保证金的提存适用于侦查、起诉和审判阶段。各地多部门联合出台或会签相关规范性文件，让刑事案件赔偿保证金不仅可以作为是否批准逮捕、变更强制措施的依据，也可以作为不起诉、从宽的量刑建议以及法院最终从轻量刑的依据。

从效果来看，适用刑事赔偿保证金提存制度的案件往往具有较高的和解率和缓刑率。如浙江省 J 区人民检察院在试点赔偿保证金制度三年多来，适用 36 件 42 人，已对 41 人作出终结性处理，其中 40 人最终达成和解，被宣布不起诉或宣告缓刑，和解率及不起诉缓刑的比例均达 97%。[3]实践证明，刑事赔偿保证金提存制度有利于在处理认罪认罚案件时兼顾公共利益、被害人利益和被追诉人利益，实现各方共赢，从而修复社会关系。但必须承认的是，各地自发探索的刑事赔偿保证金提存制度由于缺乏全国统一的标准和程序，规范性严重不足，各地做法差异较大。同时，刑事赔偿保证金提存毕竟与经加害方、被害方充分沟通后达成的和解、谅解协议不同，以赔偿保证金提存本身作为从宽处理的依据也有一定的局限性。一方面，刑事赔偿保证金只能部分地解决物质损失的赔偿问题，保证金的数额可能与被害方的实际损失不相匹配；另一方面，刑事赔偿保证金的提存并不包含被追诉人面向被害方的当面沟通与悔意表达[4]，因而难以弥补被害方在心

---

〔1〕 参见《深入贯彻落实党的二十大精神重庆探索"司法+公证"刑事案件赔偿保证金提存新模式》，载《中国公证》2023 年第 1 期，第 10 页。

〔2〕 参见段伟朵、王志红：《轻微刑事案件中，赔偿保证金提存公证如何办理？》，载 https://finance. eastmoney. com/a/202310132870053992. html，最后访问日期：2023 年 10 月 15 日。

〔3〕 参见向燕、杨雪艳、李光林：《国家介入的修复：刑事赔偿保证金制度的运行逻辑》，载《青少年犯罪问题》2022 年第 5 期，第 99 页。

〔4〕 在部分地方的试点文件中，适用刑事赔偿保证金时只需要被追诉人"有赔偿的能力和意愿，愿意缴纳赔偿保证金"；即使有的地方要求犯罪嫌疑人认罪悔罪，也无须向被害人表达，而是向办案机关表示即可。参见向燕、杨雪艳、李光林：《国家介入的修复：刑事赔偿保证金制度的运行逻辑》，载《青少年犯罪问题》2022 年第 5 期，第 103 页。

理、精神方面遭受的创伤。

（四）对被害人的司法救助情况

从《最高人民检察院关于人民检察院适用认罪认罚从宽制度情况的报告》披露的情况来看，认罪认罚从宽制度强调对被害人权益的保护，司法救助是具体方式之一。2019 年 1 月至 2020 年 8 月，全国检察机关"对 33 040 名因犯罪侵害致生活陷入困境的被害人开展司法救助，发放救助金 4.89 亿元"。[1]2023 年，全国检察机关共办理刑事被害人司法救助案件 8.5 万件，实际救助 9.5 万人，发放司法救助金 8.3 亿元。[2]近年来，针对国家司法救助工作中存在的因信息衔接不通畅、救助标准不统一、救扶衔接不及时导致实效不到位等问题，检察机关积极探索构建司法救助大数据模型，有效挖掘司法救助线索，及时开展检察环节司法救助，推进司法救助与社会救助联动互动，产生了良好效果。[3]

司法救助是法律面前人人平等、国家尊重与保障人权等宪法原则在司法中得以实现的重要保障机制，但目前，我国的被害人司法救助制度仍存在一些问题，具体表现在以下两个方面：

其一，司法救助的运行机制未能进入正式的法律程序，司法救助的法治化程度不高。我国目前并没有一部被害人权益保护或者司法救助的专门性法律，《刑事诉讼法》也没有对被害人进行司法救助的内容。现有国家司法救助制度的规则体系主要依靠中央各部委与各地各部门根据实践需要发布的规范性文件支撑，形式零散，难以协调统筹各机关和部门的职责，被害人获得司法救助很难被称为是一项合格的"权利"。

其二，刑事被害人司法救助的目的在实践中时常异化为"维护社会稳定"，影响司法救助的公平性。尽管被害人司法救助与涉法涉诉救助的边界曾一度比较模糊，但随着一系列规范性文件的出台，尤其是 2014 年《国家司法救助意见》出台后，相关概念的内涵和外延逐渐清晰。"国家司法救助"专指"对受到侵害但无法获得有效赔偿的当事人，由国家给予适当经济资助，帮助他们摆脱生活困境"的相关制度，由政法委、检察机关、审判机关、公安机关、司法行政机关和财政

---

〔1〕 参见张军：《最高人民检察院关于人民检察院适用认罪认罚从宽制度情况的报告——2020 年 10 月 15 日在第十三届全国人民代表大会常务委员会第二十二次会议上》，载《检察日报》2020 年 10 月 17 日，第 2 版。

〔2〕 《刑事检察工作白皮书（2023）》，载 https://www.spp.gov.cn/xwfbh/wsfbh/202403/t20240309_648173.shtml，最后访问日期：2024 年 3 月 10 日。

〔3〕 参见徐向春、马滔、赵景川：《积极创新 能动履职 以数字革命赋能控申检察工作高质量发展——大数据赋能类案司法救助典型案例解读》，载《中国检察官》2023 年第 14 期，第 3 页。

部门配合共同实施。[1]国家司法救助的对象主要是刑事被害人,其目的是"就急扶困",而不同于涉法涉诉救助的"息诉罢访""维持社会稳定"。但基于各地普遍存在的维稳需要,以及救助资金不足、监管不力等原因,实践中不乏以息诉罢访或接受调解结案为条件给予救助的做法,不同意这种规则的申请人很难获得救助。[2]

(五)涉众型经济犯罪案件被害人权利保障机制的改革尝试

根据 2017 年 11 月,最高人民检察院、公安部联合发布的《关于公安机关办理经济犯罪案件的若干规定》第 78 条规定,涉众型经济犯罪是指"基于同一法律事实、利益受损人数众多、可能影响社会秩序稳定的经济犯罪案件,包括但不限于非法吸收公众存款,集资诈骗,组织、领导传销活动,擅自设立金融机构,擅自发行股票、公司企业债券等犯罪"。这类犯罪案件具有涉案人员众多、犯罪手段具有经营性、涉案人员进行投资而遭受财产损失、容易引发集体上访影响社会稳定等共同特征,对被害人的权利保障存在诸多困难和特殊之处。出于保障人民群众财产利益以及维持社会稳定的需要,司法实践中出现了相关工作机制的改革尝试。

1. 涉众型经济犯罪案件中被害人的特殊性及权利保障的困难

第一,涉众型经济犯罪案件的被害人未必全部都参加诉讼活动。在涉众型经济犯罪案件处理过程中,因犯罪侵害而利益受到损害的"受害人"人数众多,其损失大小各不相同,联系方式难以全部获得,往往只有其中一小部分人被列为刑事诉讼的被害人,另有相当一部分受害人未被列入,由此导致案件后续处理上的困难,最常见的是判决生效、退赔退赃结束后,未参与诉讼的受害人要求获得同等退赔,甚至以未被通知、未参与诉讼属于程序违法等为理由提出申诉,要求再审。

第二,涉众型经济犯罪案件受害人的成分结构复杂,被害人身份认定存在困难。大体而言,涉众型经济犯罪案件的受害人可以分为无过错和有过错两类。无

---

〔1〕 参见袁钢:《试论人民法院国家司法救助的法治化——最高人民法院〈关于加强和规范人民法院国家司法救助工作的意见〉》,载《山东审判》2016 年第 5 期,第 14 页。

〔2〕 例如,根据无锡市中级人民法院的《执行救助专项金使用管理办法》,执行救助专项资金使用的条件包括"易产生社会不安定因素""权利人同意在协商标准范围内收取执行救助专项资金,且向法院明示收到执行救助专项资金后,对剩余部分放弃追索,同意法院对案件作结案处理,一次性使用执行救助专项资金;权利人仅同意收取执行救助专项资金,不同意法院对案件作结案处理的,每次使用的标准不得超过执行的 8%,每次发放的期限须间隔 4 个月"。参见江苏无锡市中级人民法院课题组:《刑事被害人国家救助制度的理性构建》,载《人民司法》2009 年第 11 期,第 18-19 页。

过错的受害人以被害人的身份参与刑事诉讼并享有应有的诉讼权利，自然完全正当、合理，但对于那些有过错的受害人，是让其"愿赌服输"[1]，还是通过诉讼程序予以救济，以何种身份参与刑事诉讼，则存在争议。[2]正因如此，部分规范性文件并未将参与涉众型经济犯罪并遭受损失的人表述为"被害人"。例如，2019年1月最高人民法院、最高人民检察院、公安部联合出台的《关于办理非法集资刑事案件若干问题的意见》中称其为"集资参与人"，2017年12月最高人民检察院、公安部发布的《关于公安机关办理经济犯罪案件的若干规定》则称其为"利益受损人"。有研究者明确提出了"非法吸收公众存款案件中的存款人不应作为被害人"的观点，[3]并得到部分实务部门的认同。[4]北京市高级人民法院认为，对于涉众型经济犯罪案件中被害人的认定，原则上应当以涉案人员是否因为犯罪行为直接遭受经济损失为标准；对于因犯罪行为直接遭受经济损失的，应当认定为被害人，反之则不予认定。[5]在相关的裁判文书中，法院对涉众型经济犯罪案件受害人的称谓也各不相同，其所作陈述也分别被用作证人证言、被害人陈述，

---

〔1〕 2017年3月2日，时任银监会主席助理、新闻发言人杨家才在国务院新闻发布会上用"少女爱上骗子"来形容非法集资利益主体之间的关系，认为"非法集资是一个'由爱生恨、始乱终弃'的故事"。"非法集资的相关责任人有三类——非法集资的发起人、非法集资的协助人、非法集资的参与人。以前把投资者叫做受害人，但是之前受益了，我们揭示这个人是骗子，你还要跟他爱得死去活来，最后一拍两散。受害人说我是受害人，找政府闹事，有点说不过去。愿赌你就要服输，而不是愿赌，输了你就找政府"。参见周炎炎：《银监会：非法集资参与人要"愿赌服输"》，载 https://www.thepaper.cn/newsDetail_forward_1630500？from=groupmessage，最后访问日期：2024年1月13日。

〔2〕 涉众型经济犯罪的被害人不能仅以自身权益是否遭受犯罪行为侵害作为判断标准，因自身犯罪行为而遭受经济损失的犯罪人显然不能被认定为被害人。而在绝大多数涉众型经济犯罪中，犯罪组织机构中各个层级的工作人员、各类加盟、代理人员往往既在一定程度上参与了宣传、推广、推荐、介绍、帮助等不同层面的经济犯罪活动，同时也投入了一定的自有资金和财产，最终也因此遭受了一定的经济损失。即便是那些未直接从事经济犯罪活动的投资人、交易人，不少人在投资、交易的过程中往往也明知经济活动本身的违法性，只是基于贪利、侥幸等心理而继续参与相关经济活动，实际上是间接帮助了此类涉众型经济犯罪的继续发展、壮大。对于此类既参与或间接帮助犯罪活动，又遭受经济损失的人是否能够作为事实意义上的被害人显然不无争议。参见俞亮、张驰：《妥协还是变革：涉众型经济犯罪追诉机制研究》，载《政法学刊》2023年第2期，第95页。

〔3〕 参见张珩：《非法吸收公众存款罪的难点问题》，载《中国刑事法杂志》2010年第12期，第41-42页。

〔4〕 例如，北京市人民检察院"非法集资犯罪问题研究"课题组撰写的调研文章明确指出，非法吸收公众存款案件中的投资人不属于被害人，并从犯罪构成、正当性、法律指引作用等方面进行了论证。参见非法集资犯罪问题研究课题组：《涉众型非法集资犯罪的司法认定》，载《国家检察官学院学报》2016年第3期，第108-109页。

〔5〕 参见北京市高级人民法院课题组：《关于审理涉众型经济犯罪案件座谈会综述》，载最高人民法院刑事审判第一、二、三、四、五庭编：《刑事审判参考》（总第103辑），法律出版社2016年版，第190页。

或者被称为"投资人陈述"，且与证人证言相区分。[1]

第三，被害人分散且毫无组织性，参与诉讼的目的各异、诉求各有不同。有的人只希望拿回本金，有的人希望可以拿到同期银行利息，有的甚至要求按照"承诺的高额利率还本付息"；还有部分被害人抱有侥幸心理，希望涉案人员或企业继续经营以弥补损失，[2]要求司法机关依照其意愿"抓人"或"放人"。[3]民刑交叉与竞合时，先后参与者之间的矛盾冲突明显。较早发现利益受损的人已经提起民事诉讼甚至已获得生效民事裁判，希望启动执行程序尽快获得足额补偿，这显然与后续才发现受损的人希望根据"先刑后民"原则，中止民事诉讼和执行程序追缴全部涉案财产供退赔分配的诉求相悖。此外，被害人的诉求也有从单一的追究刑事责任向追究民事责任、挽回损失、精神损害赔偿、保护人身权利等多元诉求发展的趋势。[4]

第四，追赃挽损率较低，矛盾容易激化。涉众型经济犯罪案件引发的矛盾主要是遭受巨大损失的被害人要求挽回损失的诉求与无法及时足额挽回损失的客观实际之间的矛盾。[5]例如，四川省成都市双流区人民法院审理的8起涉众型经济犯罪案件共判决追缴14 256.3万元，实际追缴2177.7万元，平均追偿率约为15%，其中追偿率最高的一起案件（判决追缴金额为70万元，是追缴金额最少的一起案件）也仅有50%。[6]在退赔诉求无法得到满足时，矛盾极易激化。加之现有刑事诉讼程序难以满足大量被害人充分行使诉讼权利的需要，被害人容易将公安司法机关当作对立面，引发社会稳定问题。

第五，被害人参与刑事诉讼缺乏有效的机制和畅通的途径。与其他案件不同，涉众型经济犯罪案件的受害人参与诉讼并表达诉求的愿望更加强烈，但现行刑事诉讼制度无法满足全部被害人充分参与刑事诉讼活动的需要，多数法官也不愿意让此

---

〔1〕　参见谢韵静：《涉众型经济犯罪案件被害人参与权的程序保障机制之厘定——以被害人诉讼代表人制度构建为突破口》，载胡云腾主编：《司法体制综合配套改革与刑事审判问题研究——全国法院第30届学术讨论会获奖论文集（下）》，人民法院出版社2019年版，第1644-1645页。

〔2〕　相关案例参见单鲲：《犯罪所得保全扣押制度之借鉴——以涉众型经济犯罪中被害人权益保护为视角》，载《人民检察》2019年第2期，第73页。

〔3〕　参见俞亮、张驰：《妥协还是变革：涉众型经济犯罪追诉机制研究》，载《政法学刊》2023年第2期，第92页。

〔4〕　参见卢希、吴春妹、马迎辉：《北京检察机关办理涉众型经济犯罪案件调查》，载《人民检察》2012年第18期，第64页。

〔5〕　参见北京市高级人民法院课题组：《涉众型经济犯罪案件矛盾化解机制研究》，载《法学杂志》2011年第S1期，第244页。

〔6〕　参见张洪亮、罗登亮：《保障受害人权益维护社会公正之机制完善：以涉众型经济犯罪案件为研究对象》，载《四川行政学院学报》2017年第6期，第60页。

类犯罪被害人参与庭审活动，并且对被害人积极参与庭审的要求不予积极回应。[1]

2. 被害人代表人制度的初步尝试

众多甚至"天量"的被害人全部亲自参与诉讼、发表意见并由公安司法机关逐一当面听取显然是不现实的。[2]借鉴民事诉讼中的诉讼代表人制度，建构刑事被害人代表人制度成为现实中的最优选择。

2010 年 10 月《北京市高级人民法院关于审理涉众型经济犯罪案件的若干意见（试行）》是较早规定刑事被害人代表制度的地方规范性文件之一。根据该意见的规定，法院在审理涉众型经济犯罪案件过程中接待集体来访时，要根据来访被害人人数等具体情况，要求来访被害人推选代表反映诉求；要加强与被害人代表的沟通，及时了解被害人诉求；在不泄露审判秘密的前提下，及时主动向被害人代表通告案件审理进度；进行开庭、宣判等重要诉讼活动，应当依法通知被害人代表，并督促被害人代表及时转告其他被害人；公开宣判时，法院应当通知适当数量的被害人代表旁听，并向其送达裁判文书；承办人应当向被害人代表做好裁判内容的解释工作，并督促被害人代表将裁判内容和法院的解释转告给其他被害人。2014 年，北京市高级人民法院进一步将被害人在涉众型经济犯罪案件审理过程中的诉讼权利归纳为旁听案件庭审、意见和诉求表达、了解案件审理进度、知悉裁判结果、请求检察院提起抗诉四个方面，并主张"一般情况下，涉众型经济犯罪案件的被害人不参与庭审活动"；对于被害人集体要求参与或者旁听涉众型经济案件庭审活动的，庭审前由被害人推选 5 名到 10 名代表旁听案件庭审；庭审结束后，法院应当指派主审法官或者其他合议庭成员向未能旁听的被害人就案件庭审情况进行通报，要求被害人代表配合做好通报工作，向未在庭审当天到法院了解庭审情况的被害人转达庭审活动的有关情况。对于被害人众多的涉众型经济犯罪案件，法院应当采取被害人代表旁听、向被害人代表送达裁判文书、将裁判文书网上公开等方式，告知被害人裁判结果。[3]这些做法有利于在保证审判活动

---

[1] 参见边锋、尉增奎、李恩泽：《论涉众型经济犯罪案件被害人诉讼权利的实现路径——以构建刑事案件诉讼代表人制度为思路》，载胡云腾主编：《司法体制综合配套改革与刑事审判问题研究——全国法院第 30 届学术讨论会获奖论文集（下）》，人民法院出版社 2019 年版，第 1635 页。

[2] 例如，在"亿霖案"中，北京市检察机关接待被害人来访多达 50 余次、7000 余人；在"蒙京华案"中，接待被害人来访 11 次，最多一次有 480 人，给检察机关的日常办案工作带来极大的困难。参见卢希、吴春妹、马迎辉：《北京检察机关办理涉众型经济犯罪案件调查》，载《人民检察》2012 年第 18 期，第 66 页。

[3] 参见北京市高级人民法院课题组：《关于审理涉众型经济犯罪案件座谈会综述》，载最高人民法院刑事审判第一、二、三、四、五庭编：《刑事审判参考》（总第 103 辑），法律出版社 2016 年版，第 190 页。

顺利进行的同时，依法保障被害人充分行使诉讼权利。

地方法院的实践经验被最高人民法院制定规范性文件和司法解释时吸收。例如，最高人民法院 2017 年制定的《人民法院办理刑事案件第一审普通程序法庭调查规程（试行）》第 9 条规定："申请参加庭审的被害人众多，且案件不属于附带民事诉讼范围的，被害人可以推选若干代表人参加或者旁听庭审，人民法院也可以指定若干代表人。"2021 年修订后的《最高法解释》第 224 条也规定："被害人人数众多，且案件不属于附带民事诉讼范围的，被害人可以推选若干代表人参加庭审。"但是，司法解释没有就被害人代表人的产生机制、推选程序、诉讼权利及其行使方式以及被害人代表人诉讼行为的效力等作进一步的规定，相关问题仍有待实践探索。

通过对裁判文书的考察，可以发现被害人代表人在诉讼中的活动不只是参加或者旁听庭审，还包括发表意见、代表被害人向被告人表示谅解、与被告人就退赔问题达成协议、参与涉案财物的分配处理等。[1] 然而，由于缺乏明确的规范，被害人与代表人的关系不明、代表人的权责不明，实践中出现了被害人与代表人意见不一，甚至被害人推翻代表人所出具谅解书的现象。例如，湖南省高级人民法院在对张某集资诈骗案的二审裁定书的说理部分指出，大部分被害人证实没有授权代表签订谅解书，被害人代表以及大部分被害人也证实没有收到任何赔付款，且上诉人及其辩护人无法提供赔付到位的人员名单和金额。因此，二审法院对于和解协议和谅解协议的效力不予确认。[2]

三、认罪认罚案件被害人权利保障的完善

（一）基本目标和路径选择

如前所述，认罪认罚从宽制度推动我国刑事司法由对抗为主向合作与对抗并存转型，现有制度设计未能对被害人的权利保障给予足够的重视，难以真正实现认罪认罚从宽制度在化解社会矛盾、推动国家治理体系和治理能力现代化方面的价值目标。如何以进一步完善认罪认罚从宽制度为契机，提升刑事诉讼中的被害人权利保障水平成为不容回避的问题。

笔者认为，完善认罪认罚案件被害人的权利保障应当以充分认识被害人有效参与的必要性为前提，以实现被害人对认罪认罚案件有限度但有序、有效的参与为基本目标，并注意在路径选择方面对司法理念、职权行使方式等作出相应调整。

---

〔1〕　参见程照锦：《刑事被害人代表人的产生与制约机制——以刑事诉权为理论支点》，载《黑龙江省政法管理干部学院学报》2022 年第 6 期，第 96 页。

〔2〕　参见张某集资诈骗案，湖南省高级人民法院（2020）湘刑终 380 号刑事裁定书。

1. 充分认识认罪认罚案件中被害人参与的必要性

认罪认罚从宽制度推动我国刑事诉讼模式从单纯强调"对抗"逐步转向"对抗"与"合作"并存，原有的建立在"对抗"假定基础上的被害人权利保障机制与新的诉讼模式之间出现了"代差"，以至于实践中出现了两种现象并存的情形：一种现象是，在多数认罪认罚案件中听取被害人意见流于形式，导致被害人沦为诉讼的旁观者；另一种现象是，在少数案件中，被害人的意见受到片面的重视，被追诉人只要未能与被害人达成和解、谅解，就一律不适用认罪认罚从宽制度。具体案件中被害人的真实权利保障情况，往往受到许多外在因素的影响，充满了偶然性。

目前，关于认罪认罚从宽制度下如何对待保障被害人权益的问题，学术界存在三种观点：第一种观点认为，要突出被害人在认罪认罚从宽制度中的主体地位，主张被害人全程参与认罪认罚从宽协商的过程，并将被害人获得赔偿的情况作为对被追诉人从宽的重要条件之一。[1]第二种观点承认被害人在认罪认罚从宽制度中的主体地位，也主张被害人有权参与认罪认罚从宽协商过程，但认为被害人的获赔情况以及和解、谅解情况对认罪认罚从宽制度的适用不具有决定性的影响，而只是参考因素之一。[2]第三种观点承认被害人有权参与刑事诉讼的追责程序，也认可被害人获赔情况是对被告人从宽处理的合理条件，但不主张被害人参与认罪认罚协商过程，认为被害人的合法权益应当由代表国家行使追诉权的检察机关代为主张。[3]笔者认为，上述三种观点在肯定被害人的主体地位和对认罪认罚程序的参与权、被害人的获赔情况以及和解、谅解应当作为影响从宽幅度的重要因素等方面都是一致的，只是在被害人意见以及获赔情况、和解与谅解对最终决定

---

〔1〕 此种观点主张司法机关应当尽量解决对被害人的赔偿问题，包括退赃退赔、促进和解谅解；也主张被害人有权参与法庭对量刑问题的审理，包括实时获悉公诉方的量刑建议，独立的量刑建议权等。详细参见陈瑞华：《"认罪认罚从宽"改革的理论反思——基于刑事速裁程序运行经验的考察》，载《当代法学》2016年第4期，第12-13页。

〔2〕 此种观点主张被害人是刑事诉讼的当事人，有权参与诉讼过程、发表意见；公安司法机关要敦促被追诉人退赃退赔、赔偿损失、赔礼道歉，保障被害人获得物质赔偿和心理安抚，并将是否达成和解、谅解作为量刑的重要考虑因素；但公安司法机关依照认罪认罚从宽制度对被追诉人作出从宽决定时，不以被害人是否同意或双方是否达成和解、谅解为条件，公安司法机关的处理决定不受被害人意见的约束。参见陈光中、马康：《认罪认罚从宽制度中若干重要问题探讨》，载《法学》2016年第8期，第10-11页；魏晓娜：《完善认罪认罚从宽制度：中国语境下的关键词展开》，载《法学研究》2016年第4期，第84页。

〔3〕 此种观点主张被害人作为受害主体有必要参与到追责程序中来，但为了确保认罪认罚从宽制度的适用效率，防止因被害人主观情感变化损害诉讼程序的确定性，被害人不宜作为主体对案件协商的过程产生实质影响；被害人的根本利益由代表国家行使追诉权的检察官代为主张，被害人受损利益获得赔偿的情况是认定被追诉人认罪认罚以及从宽的合理条件之一。参见陈卫东：《认罪认罚从宽制度研究》，载《中国法学》2016年第2期，第58-59页。

的影响力方面存在大小或程度上的差别。

被害人是直接受到犯罪行为侵害的人，是"纠纷"或"受损社会关系"的一方当事人，其与诉讼结果具有直接利害关系。被害人参与认罪认罚案件的诉讼程序具有无可质疑的必要性，因为这不仅是彻底化解社会矛盾纠纷的必然要求，也是实现认罪认罚从宽制度价值目标的需要。虽然认罪认罚从宽制度的基本价值目标是确保司法公正基础上进一步提高司法效率，但并不意味着要减少甚至压缩司法资源的投入，而是强调对司法资源的优化配置，实现繁简分流，在确保司法公正的前提下，实现"难案精审、简案快办"。无论是及时收集犯罪证据，还是促进被追诉人与被害人达成和解或者附带民事诉讼调解协议，公安司法机关都应当依法询问被害人、听取被害人的意见。被害人对认罪认罚案件处理过程的有效参与，从刑事案件的公正处理角度看，有利于及时查明案件事实，准确判断被追诉人的认罪认罚情节并依法决定从宽处理的方式和幅度，有利于尊重和保护被害人对量刑、赔偿等问题提出意见的权利，增强被害人对案件处理结果和办理程序的认同感；从社会治理角度看，有利于公安司法机关及时、充分地了解被害人的诉求，依法促进双方当事人尽可能达成和解、调解协议，争取被害人的谅解，从而化解矛盾纠纷，修复社会关系，促进社会持续和谐稳定。离开被害人的有效参与，认罪认罚从宽制度不可能实现化解社会矛盾纠纷、修复社会关系的目标，也难以准确地落实宽严相济的司法政策和罪责刑相适应原则。

2. 实现被害人对认罪认罚案件有限度但有序、有效的参与

被害人参与认罪认罚案件诉讼程序尽管存在必要性，但这种参与却是有一定限度的，这种限度主要由被害人的诉讼地位决定。被害人在公诉案件中只是协助检察机关履行控诉职能的一方当事人，既不享有起诉权，也没有程序选择权和上诉权。被害人能够直接处分的诉讼权利只有民事部分的赔偿权、对被追诉人的谅解权和部分刑事案件的和解权。由于被害人受到犯罪行为的直接侵害，其陈述可能带有强烈的感情色彩，有的被害人本身对犯罪的发生可能还有一定过错，其追责、赔偿要求也未必完全合理、合法，因而公安司法机关既要充分听取被害人及其诉讼代理人的意见，充分尊重并保障被害人的合法权益，又不能为其意见所左右，更不能基于维稳的需要仅仅因为被害人不同意和解、谅解就拒绝对被追诉人适用认罪认罚从宽制度，影响宽严相济刑事政策和罪责刑相适应原则的有效落实。因此，既要强调对被害人权利的有效保护，又要防止出现无限拔高被害人诉讼地位的现象，特别是不能把被害人塑造为另一个强大的控诉主体，以免损害公共利益和被追诉人利益。与此相应的，在认罪认罚案件的办理过程中，要杜绝因片面强调社会效果而把将被害人谅解作为从宽处理的必要条件的现象。

被害人参与认罪认罚案件的诉讼程序虽然是有限度的，但应当是有序又有效的。所谓有序，是指被害人依法享有的诉讼权利之间必须前后衔接，先是充分知情，继而充分参与，最后是合理救济，形成有机的权利体系。所谓有效，是指被害人依法享有的每一项诉讼权利都必须在诉讼过程中得到真正兑现。认罪认罚从宽制度的适用以被追诉人自愿认罪认罚为前提，而被追诉人是否自愿认罪、真诚悔罪，最好的判断标准就是看他对被害人的态度如何，例如，是否积极主动向被害人赔礼道歉、赔偿损失，是否努力与被害人达成和解、争取谅解等。被害人有序、有效地参与认罪认罚案件的处理，既是保障被害人权益的需要，也是依法公正追究被追诉人刑事责任的需要。

3. 公安司法机关司法理念和职权行使方式方面的调整

针对实践中存在的突出问题，在加强被害人权利保障的过程中，公安司法机关需要在司法理念和职权行使等方面作出相应的调整。

第一，适度强化恢复性司法的理念。认罪认罚从宽制度是检察机关主导下的一种新型合作性司法模式，它虽然着重强调被追诉人与公安司法机关的合作，同时也包含被害人与被追诉人之间的合作。事实上，我国早在 2012 年《刑事诉讼法》新增公诉案件的和解程序时就已经确认"刑事诉讼中的私力合作模式"[1]，在传统的对抗性司法模式中引入恢复性司法的理念。认罪认罚从宽制度确立了公安司法机关与被追诉人、被害人三方合作协同的新型诉讼模式，只有进一步强化恢复性司法理念，才能深刻领会充分尊重和保障被害人权利的重要性，才能实现认罪认罚从宽制度"化解社会矛盾纠纷""及时有效惩罚犯罪""提高司法效率"等多元价值目标。

第二，更加注重发挥公安司法机关的职权作用。在我国以职权主义甚至"强职权主义"为底色的刑事诉讼构造中，被害人除了协助追诉方查明案件事实，要想凭借其自身的微弱力量实现权益保护的最大化，几乎是不可能的。相反，充分发挥公安司法机关的职权作用，给予被害人更多的参与机会，增强被害人在诉讼中的话语权，并不存在制度或诉讼结构方面的障碍。有学者担心，积极的被害人参与可能扰乱公诉和恶化本就弱势的辩方环境，甚至导致控辩审三角诉讼结构失衡。[2]其实，这种担心是不必要的，因为即使是认罪认罚案件，诉讼进程的主导权以及诉讼结果的决定权仍然掌握在公安司法机关手中。从国家司法救助与刑事

---

〔1〕 参见陈瑞华：《刑事诉讼的私力合作模式——刑事和解在中国的兴起》，载《中国法学》2006年第 5 期，第 15-30 页。

〔2〕 参见肖波：《被害人庭审权利的退与进》，载《中国刑事法杂志》2009 年第 11 期，第 82-85页。

赔偿保证金提存制度的产生和发展过程来看，无论是早期自下而上的试点，还是在党中央决策部署后全国范围的有效推行，公安司法机关在办案过程中的职权推动都发挥了极为重要的作用，而其核心目标仍然是加强对被害人权益的保障。相关经验值得在进一步完善认罪认罚从宽制度中予以推广。

第三，充分利用新的科技手段和多样化的社会资源。近年来，大数据、人工智能技术在国家司法救助方面的应用，在保障被害人权益方面发挥了积极作用，数字检察、智慧司法建设正在全国持续推进。公安司法机关需要充分利用新的科技手段及时、全面、动态地掌握被害人的基本情况，了解被害人的诉求，以便采取相应的保障措施。同时，化解社会矛盾、修复社会关系、维持社会和谐稳定必然涉及国家和社会多方面资源的投入，远非仅仅靠认罪认罚从宽制度就能够实现。例如，在保障被害人及时获得物质方面的损害赔偿或者国家司法救助之余，还需要加强对被害人心理创伤的康复治疗以及帮助部分被害人完成被耽误的学业、掌握就业技能、发现新的就业机会、解决后续生活困难等，这些工作单纯依靠公安司法机关的力量是远远无法完成的，需要来自政府、企业和社会各界的广泛支持。

（二）完善认罪认罚案件被害人权利保障的一般建议

提升刑事被害人的权利保障水平，实现刑事被害人有序、有效、有限度参与刑事诉讼的基本目标，需要结合认罪认罚从宽制度的特点，从被害人的当事人地位出发，明确被害人在认罪认罚案件诉讼程序中的底线权利；调整并丰富权利的内容，通过对相关工作机制的优化与细化，给予被害人更多的尊重与参与机会，将被害人关于定罪、量刑及适用程序方面的意见尽可能地吸纳到办案机关作出的各类决定、裁判当中；保障被害人的获得赔偿权及和解、谅解权，尽力弥补物质与精神方面遭受的损失。

1. 赋予被害人全面的知情权

知情权是被害人参与刑事诉讼、行使其他诉讼权利、保障自身合法利益的先决条件，在被害人的诉讼权利体系中具有基础性的地位，应当得到优先保障。《被害人人权宣言》第6条要求："让受害者了解他们的作用以及诉讼的范围、时间、进度和对他们案件的处理情况，在涉及严重罪行和他们要求了解此种情况时尤其如此。"尊重被害人的当事人地位，回应被害人的合理关切，应该是设计、完善被害人知情权相关制度措施的总原则。

首先，宜采用"被害人有权知悉"的表述方式直接规定被害人的知情权，并明确被害人可以知悉的事项或信息范围。现行制度通过规定办案机关告知义务推导出被害人的"受告知权"，其实现方式完全依赖办案机关履行义务的行为，不足以体现"权利"的性质，内容也不完整。基于当事人的诉讼地位，被害人的知情权应当包括以下事项或信息：（1）诉讼地位和基本的诉讼权利、义务，如控告权、委托代理权、提起附带民事诉讼权、和解权、提出意见权、参加庭审权、接收裁判文书权等；（2）获得法律援助的权利和实现途径；（3）与案件有关的诉讼程序的信息，包括但不限于认罪认罚从宽制度和刑事和解的法律规定、当前所处的诉讼阶段、对被追诉人适用的强制措施及其法定期限、下一步可能适用的程序及其特点等；（4）案件的进展情况，例如被追诉人是否认罪认罚、签署具结书，检察机关提出的量刑建议的内容，案件是否已经移送审查起诉或提起公诉等；（5）权利救济途径，例如申诉、控告、请求抗诉及其行使条件、程序等。

其次，根据获知信息的不同，分别规定办案机关主动告知和被害人询问两种知情权行使方式。每一个办案机关在初次接触被害人之时，均应将法律关于被害人地位及诉讼权利、义务的规定，结合所处诉讼阶段的特点一并告知被害人。告知应采用书面方式，并经被害人签字确认，或采用可以留存视频、电子数据等资料备查的方式进行。对于诉讼程序、案件进展等方面的信息，因内容较多且不同案件中各不相同，可以在规定办案机关履行告知义务的同时，赋予被害人询问的权利，由办案机关接受被害人询问之后一定时间内予以答复。其中，对于办案过程中作出的涉及被害人权益的决定，办案机关应当在决定作出后及时、主动告知；对移送审查起诉、退回补充侦查、延长审查起诉或者强制措施期限、提起公诉等单纯的案件处理流程信息，可以采用手机信息推送、网络自助查询等方式进行；其他相关信息，例如，未来的程序流程走向、被追诉人认罪认罚的情况以及检察机关提出量刑建议的内容等不需要保密的信息，则可以应被害人的询问进行答复。被害人询问及答复的情况，办案机关应当完整记录备查，防止被误解或用于不当目的。

最后，作为配套机制，办案机关应当建立案件信息的保密制度，明确需要保密的信息范围，对范围以外的信息不得以保密为由拒绝提供。

2. 扩充被害人获得法律帮助的权利

根据《被害人人权宣言》关于"在整个法律过程中向受害者提供适当的援助"的要求，结合我国的实际情况，宜在现有的委托代理制度基础上，对被害人获得法律帮助的权利予以扩充，形成覆盖刑事诉讼全流程的被害人法律帮助制度，具体包括两个方面。

其一，将被害人获得律师帮助权的始点提前至侦查阶段。立法上应明确规定，被害人自刑事案件立案之日起可以委托诉讼代理人，或向法律援助机构申请指派律师担任诉讼代理人，被害人的诉讼代理人享有与被追诉人的辩护律师对等的诉讼权利。对被害人与被追诉人在侦查阶段的法律帮助权实现"平等武装"具有现实必要性。首先，侦查行为的强制性与侵权性让被追诉人在侦查阶段获得律师帮助具有正当性，被害人也应当享有同等待遇。[1]因为被害人是侦查阶段询问和人身检查的对象，还可能根据需要参加辨认和侦查实验等活动，律师的及时帮助有利于防止被害人因侦查行为不当而受到"二次伤害"，也便于被害人正确理解和行使自己参与相关诉讼活动的权利。其次，侦查阶段是收集证据、查明案情的关键阶段，被害人陈述主要是通过侦查期间的询问获得，其质量高低对后续程序以及最终的裁判结果具有直接影响。受强烈的情绪化因素、避重就轻回避自身过错，以及犯罪嫌疑人恐吓、威胁等多重复杂因素的影响，被害人陈述多有反复，且不真实的可能性较高，不利于后续司法审查和判断。及时的专业法律帮助具有缓和、平复情绪和打消顾虑的作用，也有利于被害人正确、理性地看待犯罪行为及后果。最后，认罪认罚从宽制度适用于侦查、审查起诉和审判等阶段，且没有罪行轻重和罪名的限制，其中涉及被害人切身利益的刑事和解、附带民事诉讼调解等多项诉讼活动在侦查阶段就已经开始。在缺乏法律帮助的情况下，被害人与被追诉人之间很难进行理性、平和、平等的沟通和协商，即使最终达成了和解、调解协议，其自愿性、合法性也难以保障。为两方当事人及时提供法律帮助，有利于双方当事人在专业律师的帮助下达成有效的和解、调解协议，减轻办案机关的工作负担。

其二，增加被害人获得值班律师法律帮助的权利。与犯罪嫌疑人获得法律帮助的问题类似，被害人获得法律帮助也存在紧急情况下来不及委托诉讼代理人、无力支付律师代理费用以及不符合法律援助代理的条件等问题。认罪认罚从宽制度全面实施以后，特别是《法律援助法》施行以后，值班律师制度已成为我国法律援助制度的重要组成部分，被追诉人实际获得的法律帮助已经主要来自值班律师而不是辩护律师。[2]为了加强对被害人合法权益的保障，增强认罪认罚从宽制度的适用效果，对被害人的法律帮助，除现行法规定的"法律援助代理"外，还应当将增加被害人获得值班律师法律帮助的权利，即当被害人没有委托诉讼代理人、也不符合《法律援助法》第29条规定的法律援助条件时，可以申请约见值班律师，由值班律师为其提供及时的、基础性的法律帮助，例如法律咨询、代为撰

〔1〕　参见兰跃军：《侦查程序被害人律师帮助问题》，载《时代法学》2016年第2期，第77-78页。

〔2〕　参见孙长永：《诉前羁押实证研究报告——基于两个基层检察院2017—2021年起诉书和不起诉决定书的统计分析》，载《现代法学》2023年第3期，第69页。

写申诉书或控告书等法律文书、代为申请国家司法救助、代为审查和解或调解协议，等等。得益于近年来值班律师制度的持续发展，目前各地法院、检察院和公安机关集中办案场所已基本实现值班律师工作站或法律援助工作站的全覆盖。[1]可以说，将被害人列入值班律师法律帮助的对象，客观条件已经基本具备。通过值班律师对被害人提供及时的法律帮助，不仅不会影响认罪认罚从宽制度的适用效率，反而有利于不懂法律知识、缺乏诉讼经验的被害人更加理性地提出自己的诉求，促使其与被追诉人在有效沟通的基础上及时就赔偿、和解或谅解等问题达成一致，减少被害人"漫天要价"、偏执于重罚、无理申诉等现象，以便公安司法机关对认罪认罚案件最终作出公正的处理。

3. 规范听取被害人意见的程序，强化被害人提出意见的权利

在认罪认罚从宽制度下，听取意见是公安司法机关与被害人及其诉讼代理人和被追诉人及其辩护律师或值班律师进行沟通的主要方式，它能够实现较小的司法成本投入与更广泛的意见收集，同时兼顾多方利益。与审判程序及听证程序相比，听取意见通常无须遵守仪式化的程序、充分的对抗、职能分离等原则，操作时也会更加灵活，[2]但并不意味着不需要遵守相应的程序。以审查起诉阶段为例，听取被害人及其诉讼代理人意见作为检察机关审查起诉的必经程序，体现了国家对被害人意见的高度重视，对于检察机关对刑事案件作出是否起诉的决定以及提出量刑建议等具有重要的影响。为了增强被害人的诉讼参与感和满意度，充分发挥认罪认罚从宽制度在修复社会关系、减少对抗和矛盾方面的积极作用，有必要对检察机关听取被害人意见的程序从以下两个方面作出规范。

其一，刚性的听取与记录要求。在有直接被害人的刑事案件中，检察机关都应当听取被害人的意见。即使涉众型犯罪案件中被害人人数众多且难以全部查明的，检察机关也应当听取已查明被害人所推举代表的意见；对于涉及赔偿金额、和解等争议较大的案件，听取意见可以多次进行，必要时也可以有选择地采取听证的方式。听取意见的过程应当采用笔录、同步录音录像方式记录和固定，以保证整个过程的透明与可回溯、可审查性。被害人提交书面意见的，也应做好签收记录，并按要求附卷和移送。

---

[1] 据司法部统计，"截至 2018 年年底，全国已在 3100 多个人民法院、2500 多个看守所建立法律援助工作站，实现了看守所、人民法院法律援助工作站全覆盖"。参见蔡长春：《全国政协委员、司法部副部长赵大程：在全面依法治国新时代展现司法行政工作新作为》，载 http://www.moj.gov.cn/pub/sfb-gw/gwxw/xwyw/szywbnyw/201903/t20190308_148488.html，最后访问日期：2023 年 10 月 5 日。

[2] 参见闫召华：《合作式司法的中国模式：认罪认罚从宽研究》，中国政法大学出版社 2022 年版，第 60 页。

其二，意见反馈的要求。除当面听取意见时对一些简单事项立即回复外，其余需要综合各方意见、斟酌考虑之后决定的事项，检察机关应当及时通过特定方式予以回复。意见反馈的要求不因该意见是否被采纳而区别对待，但不采纳被害人某项意见的，应当以适当方式向被害人说明理由。

听取被害人意见，是为了充分考虑被害人的意见之后对案件事实、指控罪名和法律适用问题作出更加准确的判断和处理，因此，对被害人关于不同事项的意见应当明确其影响力。例如，关于被追诉人是否"真诚悔罪"的认定，被害人的意见应当具有更大的权重。对是否真诚悔罪的判断，既要从客观行为上考察被追诉人是否赔礼道歉、赔偿损失以及与被害人达成和解、谅解，又要从主观上考察被害人及其诉讼代理人对被追诉人悔罪态度的评价，防止出现被追诉人"技术性认罪认罚"以及"花钱买刑"的现象。参考最高人民法院、最高人民检察院为统一法律适用对刑法中诸多"明知""故意""目的"等主观方面构成要件的认定予以规范的方式，可以通过司法解释或者其他规范性文件明确规定对被追诉人"悔罪"的考察应以其在犯罪后对被害人的外在行为为主要标准，包括基于实际赔偿能力的赔偿意愿（区分主动赔偿和基于各方面压力进行的赔偿）、赔偿金的绝对值以及对损失的覆盖程度，与被害人沟通及赔礼道歉的方式和主动程度等；同时将被害人及其诉讼代理人关于被追诉人悔罪态度的评价纳入考察范围，被害人不认可被追诉人悔罪的，司法机关在最终认定时应更加慎重。此外，对实践中常见的、不真诚悔罪的行为予以列举，以便司法机关在认罪悔罪情节时予以排除，例如有赔偿能力而不赔偿，或者赔偿前后对被害人态度恶劣甚至骚扰恐吓被害人及其家庭成员的，等等。[1]

4. 充分保障被害人的获得赔偿权及和解、谅解权

被害人因犯罪而遭受损失，应当获得赔偿或补偿，这几乎是一种天然的正义。认罪认罚从宽制度强调将退赔退赃、赔偿损失等行为作为认定被追诉人是否真诚悔罪，并进而认定是否认罚、是否从宽的关键，正是基于对被害人获得赔偿的权利的考虑。然而，被害人因犯罪而遭受的损害后果因案而异，对于命案中已经死亡的被害人而言，其生命价值无法用金钱予以衡量；其他严重侵害人身的犯罪案件中被害人因身体遭受伤害而需要的医疗和后续康复方面的支出、残疾后的生活器具等费用，等等，对被害人及其家庭而言往往是一个天文数字。为了及时解决

---

[1]　例如，田某某因故意伤害被提起公诉，开庭时田某某一直闭着双眼一言不发，但在最后陈述时表示认罪。庭审后，被害人不断向法官反映，田某某时常到他家对其进行骚扰恐吓，在这样的情况下，法院的判决依然对田某某适用了"认罪认罚从宽"。参见王瑞君：《"认罪从宽"实体法视角的解读及司法适用研究》，载《政治与法律》2016 年第 5 期，第 109 页。

由于犯罪行为所造成的物质损失的赔偿问题，我国《刑事诉讼法》第101条至第104条规定了附带民事诉讼制度，被害人死亡或者丧失行为能力的被害人的法定代理人、近亲属有权在刑事诉讼过程中提起附带民事诉讼，法院原则上应当对附带民事诉讼一并审判，并且可以进行调解。根据《最高法解释》第192条的规定，法院"对附带民事诉讼作出判决，应当根据犯罪行为造成的物质损失，结合案件具体情况，确定被告人应当赔偿的数额"。"犯罪行为造成被害人人身损害的，应当赔偿医疗费、护理费、交通费等为治疗和康复支付的合理费用，以及因误工减少的收入。造成被害人残疾的，还应当赔偿残疾生活辅助器具费等费用；造成被害人死亡的，还应当赔偿丧葬费等费用。"但是，如果"附带民事诉讼当事人就民事赔偿问题达成调解、和解协议的"，赔偿范围、数额不受上述规定的限制。换言之，达成调解、和解协议的附带民事诉讼，赔偿范围、数额不限于"犯罪行为造成的物质损失"，可以包含精神损害抚慰金、死亡赔偿金、伤残补助金等被追诉人愿意支付的费用。从司法实践情况看，附带民事诉讼凡是通过判决解决的，被害人最终能够获得的赔偿金额非常少，而且执行到位的比例较低；相比之下，通过调解解决的，被追诉人往往愿意支付更高的赔偿金，而且赔偿金到位情况普遍较好。除附带民事诉讼制度以外，对于符合刑事和解条件的公诉案件，如果能够引导被追诉人与被害人达成和解，一方面能够使被害人获得更多的赔偿，另一方面也能够为被追诉人真诚悔罪提供一个展示的机会，从而依法获得适当的从宽处理。即使是不符合刑事和解条件的案件，在被追诉人自愿认罪认罚的前提下，如果办案机关能够促进被追诉人通过赔礼道歉、赔偿损失等方式获得被害人的谅解，对于彻底化解社会矛盾纠纷、依法从宽处罚被追诉人、促进社会和谐稳定，也具有重要意义。因此，从最大限度地保障被害人获得适当赔偿权的角度出发，兼顾对被追诉人的从宽处理考虑，对于有直接被害人的认罪认罚案件，公安司法机关应当在尊重当事人自愿的前提下，优先适用附带民事诉讼、刑事和解等制度，争取促进双方当事人达成调解协议或者和解、谅解，并把调解协议、和解或谅解作为从宽处理的重要依据之一。

需要注意的是，和解与谅解是被害人的权利而非义务。被追诉人赔偿损失的态度和行为，与被害人是否接受赔偿以及是否与被追诉人达成和解、是否谅解之间没有必然联系。从认罪认罚从宽制度的内在精神来看，被追诉人赔礼道歉、赔偿损失在前，达成和解、谅解在后，从宽处理是最后的结果。对于那些要求被害人必须先同意和解、谅解才愿意赔偿的被追诉人，公安司法机关应当予以批评教育，必要时减少对其从宽处理的幅度。在任何情况下，不能强制要求接受了赔偿的被害人必须同意和解或者出具谅解意见。为了促进双方当事人及时达成和解、谅解，公安司法机关应当优化相关工作机制，重视被害人心理创伤的修复，必要时可以在公安司法人员的主持下，由被害人及其诉讼代理人与被追诉人及其律师面对面进行直接沟通，让被害人通过当面述说、当面交流宣泄一下被害情绪，使其心理创伤得到适当的修复，以便下一步就赔偿、和解、谅解等具体问题进行商议。对个别"漫天要价"的被害人，公安司法人员也应当依法进行法制教育，并对相关法律规定给予充分的告知和解释。

从司法实践情况看，我国大部分被追诉人的赔偿能力都比较低，即使其尽力赔偿并获得被害人谅解，也难以足额赔偿犯罪所造成的实际损失。此外，被害人遭受的直接物质损失或精神伤害仅是犯罪后果的一部分，其他因受犯罪侵害所导致的一系列问题难以通过刑事诉讼来解决。例如，当被害人是整个家庭唯一的经济支柱，其死亡或丧失劳动能力将导致全家失去经济来源；未成年被害人在父母因受犯罪侵害而死亡、伤残时，将成为事实上的"无人抚养儿童"。对此，我国虽然目前建立了国家司法救助制度，并取得了一定成效，但其救助对象的范围极为有限，救助资金来源也较为单一，不适应保障被害人合法权益的现实需要。根据《被害人人权宣言》第 12 条的要求[1]和国家契约责任理论，从法律制度现代化的要求出发，我国应当在总结被害人国家司法救助实践经验的基础上，建立刑事被害人国家补偿制度，以法律手段确认国家对遭受犯罪侵害的被害人以及死亡、残疾被害人的近亲属等的补偿责任，明确赋予刑事被害人获得国家补偿的基本权利[2]，并通过多种渠道筹措资金，确保任何公民在遭受犯罪侵害时能够获得及时的司法救济、社会帮助和国家补偿，及时修复受到损害的社会关系。

（三）　涉众型经济犯罪案件被害人权利保障机制的优化

涉众型经济犯罪的特点决定了多数案件都能达到《刑法》规定的"数额巨大"甚至"数额特别巨大"标准。在认罪认罚从宽制度确立之前，规范层面鼓励被追诉人退赃退赔的力度相对不大。例如，根据《刑法修正案（十一）》出台前

---

〔1〕《被害人人权宣言》第 12 条规定："当无法从罪犯或其他来源得到充分的补偿时，会员国应设法向下列人等提供金钱上的补偿：（a）遭受严重罪行造成的重大身体伤害或身心健康损害的受害者；（b）由于这种受害情况致使受害者死亡或身心残障，其家属、特别是受扶养人。"

〔2〕关于刑事被害人国家补偿制度的构建，参见熊秋红：《从刑事被害人司法救助走向国家补偿》，载《人民检察》2013 年第 21 期，第 11 页；林恩伟：《关于犯罪被害人国家补偿的现状调查及制度建构——以浙江省台州地区实践为例》，载《法治论坛》第 28 辑（2013 年），第 217 页。

的《刑法》第 192 条〔1〕，以及 2010 年《最高人民法院关于审理非法集资刑事案件具体应用法律若干问题的解释》的规定，个人或单位进行集资诈骗，数额分别在 100 万元或 500 万元以上的，应当认定为"数额特别巨大"，"处十年以上有期徒刑或者无期徒刑，并处五万元以上五十万元以下罚金或者没收财产"。即使根据最高人民法院 2008—2017 年发布的多部关于量刑指导意见的规定，经综合考虑犯罪性质、对损害结果所能弥补的程度、数额及主动程度等情况，退赃、退赔情节可以减少基准刑的 30%以下〔2〕，最终的宣告刑仍然很高，缓刑的概率也很低，从而可能影响了被追诉人退赃、退赔的积极性。〔3〕

　　认罪认罚从宽制度为保障被害人的权利提供了更多的可能性和更大的制度空间。首先，认罪认罚从宽制度的设计将被追诉人积极退赔退赃、挽回被害人经济损失与"认罚"的认定密切关联。其次，量刑规则为认罪认罚的被追诉人提供了现行制度下最高的量刑减让幅度，这对敦促被追诉人积极退赔退赃具有重要意义。2021 年《量刑指导意见》虽然延续了退赃、退赔作为一类独立的从宽量刑情节，最高可以减少基准刑的 30%以下的规定，但同时将"认罪认罚"作为相对独立的量刑情节之一。"对于被告人认罪认罚的，综合考虑犯罪的性质、罪行的轻重、认罪认罚的阶段、程度、价值、悔罪表现等情况，可以减少基准刑的 30%以下；具有自首、重大坦白、退赃退赔、赔偿谅解、刑事和解等情节的，可以减少基准刑的 60%以下，犯罪较轻的，可以减少基准刑的 60%以上或者依法免除处罚。认罪认罚与自首、坦白、当庭自愿认罪、退赃退赔、赔偿谅解、刑事和解、羁

─────────────

　　〔1〕　2020 年 12 月 26 日第十三届全国人大常委会第二十四次会议通过了《中华人民共和国刑法修正案（十一）》，将《刑法》第 192 条修改为："以非法占有为目的，使用诈骗方法非法集资，数额较大的，处三年以上七年以下有期徒刑，并处罚金；数额巨大或者有其他严重情节的，处七年以上有期徒刑或者无期徒刑，并处罚金或者没收财产。单位犯前款罪的，对单位判处罚金，并对其直接负责的主管人员和其他直接责任人员，依照前款的规定处罚。"此前第 192 条的规定是："以非法占有为目的，使用诈骗方法非法集资，数额较大的，处五年以下有期徒刑或者拘役，并处二万元以上二十万元以下罚金；数额巨大或者有其他严重情节的，处五年以上十年以下有期徒刑，并处五万元以上五十万元以下罚金；数额特别巨大或者有其他特别严重情节的，处十年以上有期徒刑或者无期徒刑，并处五万元以上五十万元以下罚金或者没收财产。"

　　〔2〕　自 2008 年量刑规范化改革试点启动以来，最高人民法院陆续出台和修订了多部关于量刑的指导意见。这些指导意见都将退赃、退赔作为一类独立的从宽量刑情节，在综合考虑犯罪性质、退赃、退赔行为对损害结果所能弥补的程度及退赃、退赔数额的因素后，可以减少相应的基准刑幅度，但最多为基准刑的 30%以下。参见 2008 年 8 月《人民法院量刑指导意见（试行）》，2009 年 4 月《人民法院量刑指导意见（试行）》，2010 年 9 月《人民法院量刑指导意见（试行）》，2013 年 12 月《关于常见犯罪的量刑指导意见》，2017 年 3 月《关于常见犯罪的量刑指导意见》。

　　〔3〕　参见王文华、刘宏武：《"赔偿损失"对刑事责任的影响——兼论我国〈刑法〉中"赔偿损失"的类型化研究》，载《法学杂志》2014 年第 1 期，第 68 页。

押期间表现好等量刑情节不作重复评价"。因此，相对于单纯的退赃、退赔最高可减少基准刑 30%的幅度而言，与认罪认罚结合的退赃退赔具有获得更大幅度从宽的可能。

除此以外，相关的司法解释也作出了适应认罪认罚从宽制度设计的修改。例如，与 2010 年规定中的"案发前后已归还"和"及时清退"相比，2022 年修订后的《关于审理非法集资刑事案件具体应用法律若干问题的解释》第 6 条明确退赃退赔可以从轻处理的关键时点是提起公诉，即"在提起公诉前积极退赃退赔，减少损害结果发生的，可以从轻或者减轻处罚；在提起公诉后退赃退赔的，可以作为量刑情节酌情考虑"；"非法吸收或者变相吸收公众存款，主要用于正常的生产经营活动，能够在提起公诉前清退所吸收资金，可以免予刑事处罚"。除便于实践操作以外，明确退赃退赔的关键时点也契合了认罪认罚从宽制度的"检察主导"特征。检察机关应当结合被追诉人退赃退赔的原因、积极性，以及是否获得被害人谅解等因素综合考虑是否适用认罪认罚从宽制度，并提出适当的量刑建议。

从完善对被害人权利的保障角度来看，在涉众型经济犯罪案件中，公安司法机关的相关工作机制还应当做以下优化。

1. 在侦查阶段引入公告程序，建立统一的受害人信息登记平台

公告是解决相关主体数量多且不特定问题的有效途径，在诉讼中并不是一个新鲜事物。根据《民事诉讼法》第 57 条的规定，诉讼标的是同一种类、当事人一方人数众多在起诉时人数尚未确定的，法院可以采用公告方式通知权利人在一定期间内向法院登记。向法院申请登记的权利人，应当证明其与对方当事人的法律关系和所受到的损害。刑事诉讼中的违法所得没收程序也有公告的规定。《刑事诉讼法》第 299 条第 2 款规定："人民法院受理没收违法所得的申请后，应当发出公告。公告期间为六个月。犯罪嫌疑人、被告人的近亲属和其他利害关系人有权申请参加诉讼，也可以委托诉讼代理人参加诉讼。"

可见，目前诉讼中的公告程序均由法院依职权启动，仅适用于审判阶段。对于涉众型经济犯罪而言，案件进入审判阶段后再由法院发布公告登记被害人的方式严重滞后，可能妨碍被害人及时行使参加诉讼的诉讼权利，还可能影响公安司法机关及时查清犯罪事实导致诉讼迟延。为了将被害人尽可能及时地全部纳入刑事诉讼，保障被害人最基础的知情权和程序参与权，有必要从侦查阶段开始引入公告程序，主要理由包括两点：一是及时收集固定证据、查清案件事实的需要，因为被害人群体的完整性在很大程度上决定了涉案金额认定的准确性。二是降低沟通成本、保证后续诉讼活动顺利进行的需要，因为听取被害人及其诉讼代理人的意见是检察机关审查起诉的必经程序，只有自侦查阶段起就更准确地划定被害

人的范围，才能及时推选被害人代表人参与听取意见、庭前准备及庭审等活动，保证认罪认罚案件审查起诉和审判活动的顺利进行，做到及时结案、"案结事了"。

此外，组建相对统一的受害人信息登记平台有助于避免多个平台同时运行可能产生的重复或遗漏，便于借助技术手段对已登记、新登记的信息进行汇总分析，并进一步延伸到对基本案情、关键时间节点、涉案资金数额与流向、当事人之间相互关系的梳理以及不同证据之间的相互比对与印证等，为检察机关成功追诉犯罪行为人、准确提出量刑建议奠定坚实基础。

2. 完善刑事被害人代表人制度

在全面登记、甄别并及时明确被害人身份的基础上，还需要对目前实践中采用的刑事被害人代表人制度从以下三个方面予以完善：

第一，确定刑事被害人代表人的时间应以审查起诉阶段为主。侦查阶段的主要工作是收集证据、查获犯罪嫌疑人、查明案件事实，在侦查终结以前，受公告期限、侦查工作进展等的限制，受害人的人数和每个人的受害情况尚不确定，因而侦查阶段不宜组织推选被害人代表人。被害人代表人的确定应当以审查起诉阶段为主，并且主要在审查起诉和审判阶段中发挥作用，包括与司法机关沟通联系、参加特定的诉讼活动并发表意见、接受送达等。尤其是在认罪认罚案件中，立法对审查起诉阶段听取被害人及其诉讼代理人的意见有特定要求，被害人的谅解是检察机关认定被追诉人是否适用认罪认罚从宽制度以及提出量刑意见的重要参考。如果等案件起诉到法院以后才开始组织推选被害人代表人，甚至由法院依职权指定被害人代表人，一方面，不利于检察机关在审查起诉过程中依法规范、有序地听取被害人的意见，从而提出有充分事实和法律根据的公诉意见；另一方面，也不利于法院依法及时推进审判活动，不利于保障被害人的诉讼参与权和提出意见的权利。

第二，明确被害人与其代表人的关系。被害人与其代表人之间的关系可参照民事代理的关系处理，被害人通过明示授权的方式将部分权利（可以包括放弃诉讼请求、与被追诉人达成谅解的权利）委托代表人行使。被害人代表人参与诉讼活动、发表意见不应超出被害人授权的范围，尤其是在是否谅解、是否同意接受特定的赔偿金额、是否同意对被追诉人从宽处罚等问题上，被害人代表人必须得到多数已经登记确定的被害人的明确授权。少数不同意代表人意见的被害人，可以单独向检察机关和法院提交书面意见，或经法院许可后自行参与审判阶段的诉讼活动。检察机关和法院对于有代表人的被害人与自行参加诉讼活动的被害人，应当平等适用法律，一并保护他们正当、合法的权利诉求。

第三，明确被害人代表人行使权利的方式及效力。被害人代表人经合法授权，可以参与所有被害人可以参加的诉讼活动、发表意见、参与庭审、接受送达等。被害人代表人在授权范围内作出的诉讼行为以及发表的意见应及于其所代表的全体被害人。

第九章
认罪认罚案件的上诉和抗诉

2022 年 10 月 16 日，习近平总书记在党的二十大报告中强调："加快建设公正高效权威的社会主义司法制度。"持续完善以公正高效程序机制兑现从宽处理政策为核心的认罪认罚从宽制度正是对这一重要讲话精神的积极落实。其中，被追诉人认罪认罚，检察机关提出内含"从宽处罚"并经被追诉人认可的量刑建议，法院采纳内含"从宽处罚"的量刑建议并据此作出量刑裁判，是其目的能够实现的关键。但是，在制度适用过程中，法院拒绝采纳量刑建议、不经调整程序而直接作出判决以及错误认定事实或适用法律，被追诉人认罪认罚获得从宽处罚后提出上诉，检察机关据此又提出抗诉等情况仍然继续发生。这严重影响了认罪认罚从宽制度的实施效果，并对刑事诉讼程序中诸如上诉权、抗诉权、裁判权均带来不同程度的冲击。鉴于此，本章拟以认罪认罚案件上诉和抗诉的裁判文书和调研数据为基础展开实证分析，全面梳理认罪认罚案件上诉、抗诉以及裁判的最新实践情况，指出认罪认罚案件上诉和抗诉目前存在的主要问题，从立法层面和司法层面深度剖析认罪认罚案件上诉和抗诉存在问题的主要原因，然后从保障上诉权、规范抗诉权、强化裁判权三个维度提出针对性建议，以期为立法及司法解释的不断完善提供理论支撑，为司法机关准确适用认罪认罚从宽制度提供指导，切实促进认罪认罚从宽制度的公正实施。

一、认罪认罚案件上诉和抗诉的实践情况

认罪认罚案件上诉和抗诉的实证研究主要立足于裁判文书进行分析，同时兼顾相关实践数据分析，以达到互补互证之效果，其中核心指标包括：上诉情况、抗诉情况和二审裁判情况。

（一）样本来源、样本概况和指标设定

裁判文书的取样过程如下：通过聚法案例官网〔1〕以"认罪认罚"为关键词检索，以"文书性质：判决""案由：刑事"为类型限制条件，同时考虑到我们

---

〔1〕 聚法案例官网所载案例全部来自"中国裁判文书网"。

先前已对 2017—2019 年认罪认罚从宽制度实施 3 年的抗诉情况进行实证研究[1]，加之最高人民检察院于 2021 年 12 月 3 日开始实施的《量刑建议指导意见》确立了认罪认罚案件抗诉标准，主要包括量刑建议未经调整程序而引发的抗诉、量刑建议未被法院采纳而引发的抗诉和被告人上诉而引发的抗诉，为了保障前后有效的比较研究，故而以"审判年月：2022-01 至 2023-10"为时间限制条件，再以"审理程序：一审"为程序限定条件，共检索一审判决书 8.83 万份。又分别以"上诉人"和"抗诉机关"为关键词检索，获得上诉案件判决书 206 份，抗诉案件判决书 45 份。为了保证裁判文书的有效性，通过人工阅读筛选，剔除"仅针对民事判决部分提出上诉""二审期间适用认罪认罚从宽制度或者表示认罪认罚""一审期间表示认罪认罚但未适用认罪认罚从宽制度审理"等不符合要求的判决书，结果还有 175 份判决书。其中，既有上诉又有抗诉的案件判决书有 14 份，只有被告人一方上诉的案件判决书有 132 份，只有检察机关一方抗诉的案件判决书有 29 份。

相关实践数据主要通过对全国各地区检察院和法院发布的相关报告、规范性文件、典型案件的收集以及实证调研访谈来获取，涉及认罪认罚案件上诉、抗诉情况等内容，以此补充上述裁判文书的相关分析，进一步夯实研究基础。

指标设定是以判决文书和相关实践数据所反映的与上诉、抗诉情况和法院裁判情况有关的信息为标准确定的。其中，上诉情况包括上诉率、上诉理由、上诉采纳率等指标，抗诉情况包括抗诉率、抗诉理由、抗诉采纳率等内容，法院裁判情况包括二审法院维持率、改判率、减刑率、加刑率等指标。

（二）上诉的实践情况

1. 上诉率

表 9-1 和表 9-2 分别统计了从认罪认罚从宽制度试点阶段到实施阶段全国和部分省（自治区、直辖市）认罪认罚案件上诉率的总体情况。

表 9-1　2016—2023 年全国认罪认罚案件上诉率统计

阶段	时间（年）	上诉率（%）
试点阶段	2016—2018[2]	3.3

---

[1]　参见孙长永、冯科臻：《认罪认罚案件抗诉问题实证研究——基于 102 份裁判文书的分析》，载《西南政法大学学报》2020 年第 4 期，第 90-105 页。

[2]　《认罪认罚从宽制度试点总结报告》，参见胡云腾主编：《认罪认罚从宽制度的理解与适用》，人民法院出版社 2018 年版，第 274 页。

续表

阶段	时间（年）	上诉率（%）
实施阶段	2019〔1〕	3.9
	2020—2021〔2〕	3.8
	2022〔3〕	3
	2023〔4〕	3.2

如表9-1所示，从试点阶段到实施阶段，全国认罪认罚案件的平均上诉率呈现出先小幅度上升而后小幅度下降的特征，基本维持在3%左右。这反映出以下基本事实：（1）绝大多数认罪认罚的被告人都能接受法院的量刑裁判，只有小部分认罪认罚的被告人通过提出上诉启动二审程序，符合该制度节约国家司法资源的主要价值追求；（2）认罪认罚从宽制度虽然逐步得到普遍适用，但并未彻底改变被告人认罪认罚后又提出上诉的情况。

表9-2　2018—2022年各地区认罪认罚案件上诉率统计

时间（年）	地区	上诉率（%）
2022	内蒙古自治区〔5〕	4.6
	河北省〔6〕	3.3

---

〔1〕　参见张军：《最高人民检察院关于人民检察院适用认罪认罚从宽制度情况的报告》，载《检察日报》2020年10月17日，第2版。

〔2〕　《最高检明确：这种案件要抗诉！抗是为了不抗》，载 https://www.spp.gov.cn/spp/zdgz/202201/t20220114_541676.shtml，最后访问日期：2023年11月4日。

〔3〕　2022年适用认罪认罚从宽制度的一审服判率为97%，那么，据此得出相应的上诉率为3%。参见张军：《最高人民检察院工作报告》（2022年），载 https://www.spp.gov.cn/spp/gzbg/202303/t20230317_608767.shtml，最后访问日期：2023年11月4日。

〔4〕　参见《刑事检察工作白皮书（2023）》，载 https://www.spp.gov.cnfbhfbh/202403/t20240309_648173.shtml，最后访问日期：2024年3月10日。

〔5〕　"应用尽用认罪认罚从宽制度，对86834名自愿认罪服法的犯罪嫌疑人提出轻缓量刑建议，一审服判率达到95.4%，高出总体刑事案件4.9个百分点。"据此，得出相应的上诉率为4.6%。参见《内蒙古自治区人民检察院工作报告》（2022年），载 http://www.nm.jcy.gov.cn/ygjw/gzbg/202301/t20230114_3964246.shtml，最后访问日期：2023年11月4日。

〔6〕　"坚持少捕慎诉慎押、认罪认罚从宽和羁押必要性审查，一审服判率提升至96.7%"，据此，得出相应的上诉率为3.3%。参见《河北省人民检察院2022年工作报告》，载 http://www.he.jcy.gov.cn/jwgk/gzbg/202301/t20230120_3971232.shtml，最后访问日期：2023年11月4日。

续表

时间（年）	地区	上诉率（%）
2022	甘肃省〔1〕	3.3
	河南省〔2〕	3.2
	山东省〔3〕	2.3
	江苏省〔4〕	1.1
2018—2022	湖南省〔5〕	7.9
	福建省〔6〕	7.2
	海南省〔7〕	5.3

---

〔1〕 "全面落实认罪认罚从宽制度，全年适用率超过91%，一审服判率提升至96.7%。"据此，得出相应的上诉率为3.3%。参见《甘肃省人民检察院工作报告》（2018—2022年），载http://www.jcy.gansu.gov.cn/info/1067/33607.htm? eqid=892dc89f000280b6000000066440b144，最后访问日期：2023年11月4日。

〔2〕 "认罪认罚从宽适用率达到94.9%、比2019年上升41.4个百分点；量刑建议采纳率持续保持在90%以上，一审服判率96.8%。"据此，得出相应的上诉率为3.2%。参见《河南省人民检察院工作报告》（2022），载http://www.ha.jcy.gov.cn/jczc/jcyw/202301/t20230114_3964103.shtml，最后访问日期：2023年11月4日。

〔3〕 "2022年，全省94.3%的犯罪嫌疑人在审查起诉阶段认罪悔罪、争取从宽处理，相关案件一审服判率97.7%，高出普通刑事案件8.5个百分点。"据此，得出相应的上诉率为2.3%。参见《山东省人民检察院工作报告》（2022年），载http://www.sdjcy.gov.cn/sygk/gzbg/202303/t20230330_4277760.html，最后访问日期：2023年11月4日。

〔4〕 "推进认罪认罚从宽制度改革，刑事案件适用率稳步提升至91.1%，一审判决后被告人上诉率逐年下降至1.1%。"参见《江苏省人民检察院工作报告》（2023年1月17日），载https://www.jsjc.gov.cn/jjsjcygzbg/，最后访问日期：2023年11月4日。

〔5〕 "2018年以来对捕后可不继续羁押的，依法建议、决定释放或变更强制措施1.1万人，诉前羁押率从51.9%降至30.9%，92.1%的被告人一审认罪服判。"据此，得出相应的5年平均上诉率为7.9%。参见《湖南省人民检察院工作报告》（2018—2022年），载https://www.hn.jcy.gov.cn/xwfb/gzbg/jcgzbg/202302/1625061763324051456.html，最后访问日期：2023年11月4日。

〔6〕 "深化刑事诉讼制度改革，落实认罪认罚从宽制度，坚持应用尽用、规范适用，检察环节适用率稳定保持在85%以上，一审服判率92.6%。"据此，得出相应的5年平均上诉率为7.2%。参见《福建省人民检察院工作报告》（2018—2022年），载http://www.fujian.gov.cn/xwdt/fjyw/202302/t20230206_6103231.htm，最后访问日期：2023年11月4日。

〔7〕 "认罪认罚从宽制度适用率从46.8%升至86.3%，一审服判率达94.7%。"据此，得出相应的5年平均上诉率为5.3%。参见《海南省人民检察院工作报告》（2018—2022年），载https://www.hi.jcy.gov.cn/M101/view/785734/00500057&wd=&eqid=83bff38a0000c85f0000000664701374，最后访问日期：2023年11月4日。

续表

时间（年）	地区	上诉率（%）
2018—2022	重庆市〔1〕	3.0
	四川省〔2〕	1.4

如表 9-2 所示，2018—2022 年，湖南、福建、海南、四川、重庆"四省一市"的平均上诉率最高的为 7.9%，最低的为 1.4%；2022 年，河北、河南、甘肃、山东、江苏五省和内蒙古自治区的上诉率最高的为 4.6%，最低的只有 1.1%。其中，内蒙古自治区、河北省、甘肃省、河南省、湖南省、福建省、海南省高于甚至远高于表 9-1 显示的 2022 年全国认罪认罚案件的平均上诉率，只有重庆市、山东省、四川省和江苏省低于甚至远低于全国认罪认罚案件的平均上诉率。这充分说明，认罪认罚案件上诉率呈现较大区域差异化特点，表明认罪认罚从宽制度的适用存在区域失衡问题。

另外，我们对 2020 年 1—3 月 H 省所辖各地级市检察机关适用认罪认罚从宽制度提出确定刑量刑建议的情况和上诉情况进行了统计〔3〕，结果如图 9-1 所示。

如图 9-1 所示，确定刑量刑建议提出率低的地区，上诉率较高；确定刑量刑建议提出率高的地区，上诉率较低。总体上，确定刑量刑建议的提出率和上诉率成反比关系。相关调研成果印证了这一论断，一是被告人上诉的原因之一是"检察机关提出了幅度刑量刑建议，而法院在判决时选择了幅度刑中的较高刑期，在协商量刑时被告人有一个处罚较低的心理预期，对于法院较高的量刑不满，继而提出上诉"。〔4〕二是 2022 年 G 市检察院数据〔5〕显示，在提出幅度刑量刑建议的认罪认罚案件中，上诉率为 13.97%，明显高于提出确定刑量刑建议的认罪认罚案

---

〔1〕 "不起诉率从 2018 年的 8.8%上升到 2022 年的 24.3%，认罪认罚从宽制度平均适用率 88%，认罪认罚被告人服判率保持在 97%以上。"据此，得出相应的 5 年平均上诉率为 3%。参见《重庆市人民检察院工作报告》（2018—2022 年），载 http://www.cq.jcy.gov.cn/jwgk/jcgzbg/202301/t20230119_3969715.shtml，最后访问日期：2023 年 11 月 4 日。

〔2〕 "全面推行认罪认罚从宽制度，认罪服判率 98.6%。"据此，得出相应的 5 年平均上诉率为 1.4%。参见《四川省人民检察院工作报告》（2022 年），载 http://www.sc.jcy.gov.cn/tjzj/gzbg/202301/t20230129_3974707.shtml，最后访问日期：2023 年 11 月 4 日。

〔3〕 2020 年 1—3 月，H 省检察机关适用认罪认罚从宽制度提出量刑建议合计 5328 人，其中提出确定刑量刑建议 4175 人，占比为 78.36%；适用认罪认罚从宽制度一审审结合计 5209 人，提出上诉率为 7.7%。

〔4〕 张东、钱堃：《认罪认罚案件被告人上诉，原因何在？》，载《检察日报》2020 年 7 月 20 日，第 3 版。

〔5〕 相关数据由"认罪认罚从宽制度实施问题研究"课题组调研获取。

件 4.37% 的上诉率。这说明，相较于幅度刑量刑建议，确定刑量刑建议更符合被告人对"从宽处罚"的期待。

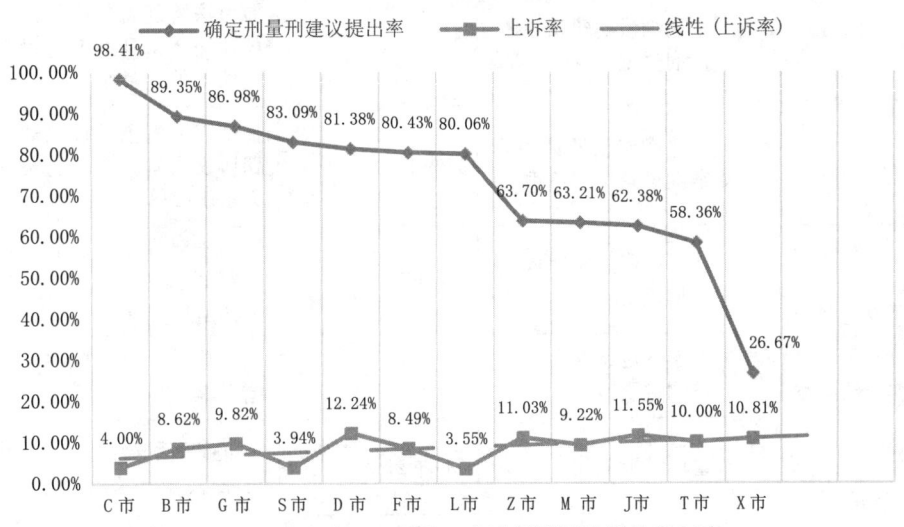

图 9-1　2020 年 1—3 月 H 省适用认罪认罚从宽制度
确定刑量刑建议提出率和上诉率

2. 上诉理由

146 份上诉案件判决文书载明的上诉理由，可分为以下八种：（1）仅仅量刑过重类；（2）未采纳量刑建议导致量刑过重类；（3）检方撤销认罪认罚具结书导致量刑过重类；（4）适用法律错误导致量刑过重类；（5）事实认定错误导致量刑过重类；（6）量刑情节变化类；（7）无罪抗辩类；（8）留所服刑类。其中基于（1）（8）两种理由的上诉，属于"技术策略类上诉"；基于（2）（3）两种理由的上诉，属于"程序违法类上诉"；基于其他四种理由的上诉属于"实体错误类上诉"。具体如表 9-3 所示。

表 9-3　认罪认罚被告人上诉类型与理由统计

上诉类型	上诉理由	案件/人数	表现形式
技术策略类上诉	仅以量刑过重	64 件 69 人	量刑过重，应当从轻处罚、适用缓刑等
	留所服刑	1 件 1 人	想留所服刑

上诉类型	上诉理由	案件/人数	表现形式
程序违法类上诉	未采纳量刑建议导致量刑过重	7件7人	原审法院随意提高量刑建议违法、原判刑期与量刑建议差距巨大等
	检方撤销认罪认罚具结书导致量刑过重	1件1人	控辩双方庭前达成认罪认罚协议，但控方因为被告人辩解而单方拒签
实体错误类上诉	适用法律错误导致量刑过重	24件30人	新司法解释生效、罪名认定错误、主犯认定错误、未认定自首等
	事实认定错误导致量刑过重	25件27人	犯罪数额、犯罪事实认定错误等
	量刑情节变化	21件21人	一审宣判后赔偿被害人并获得谅解、积极缴纳罚金等
	无罪抗辩	18件23人	不构成犯罪、正当防卫等

注：同一被告人上诉理由具有混合情形，主要包括事实认定错误+适用法律错误、事实认定错误+未采纳量刑建议、事实认定错误+适用法律错误+未采纳量刑建议、量刑过重+无罪抗辩、量刑建议变化+未采纳量刑建议、适用法律错误+未采纳量刑建议、事实认定错误+量刑情节变化、无罪抗辩+适用法律错误等情形。

表9-3显示，认罪认罚被告人上诉的核心诉求均为获得进一步从宽处罚，只是在上诉理由的合理程度方面有所差异。其中，仅以量刑过重为由类上诉、留所服刑类上诉之所以划归技术策略类上诉，是因为被告人仅把上诉作为进一步获得从宽处罚的技术手段，并不一定真的认为原审判决有什么问题；未采纳量刑建议导致量刑过重类上诉和检方撤销认罪认罚具结书导致量刑过重类上诉之所以划归程序违法类上诉，是因为对被告人来说，不管是法院未按照量刑建议裁判，还是检察机关单方撤销认罪认罚具结协议，都属于剥夺或者限制其通过认罪认罚获得从宽处罚权益的公权失信行为；适用法律错误导致量刑过重类上诉、事实认定错误导致量刑过重类上诉属于实体性事前错误类上诉，量刑情节变化类上诉属于实体性事后错误类上诉。从不同类型上诉的案件量和人数来看，实体错误类上诉最多，技术策略类上诉次之，程序违法类上诉最少。这可能反映了认罪认罚案件上诉的最新变化，即由试点期间技术策略类上诉为主[1]逐步转为现在的实体错误

---

[1] 参见孙长永：《认罪认罚从宽制度的基本内涵》，载《中国法学》2019年第3期，第215页。

类上诉为主。

3. 上诉采纳率

在认罪认罚案件中，被告人提出上诉究竟能否获得二审法院的支持，是衡量一审判决质量以及认罪认罚从宽制度中被告人权利保障的直接指标之一。根据146 份认罪认罚案件裁判文书中的上诉采纳情况，可以将其分为完全采纳、部分采纳、完全不采纳三种情况，统计结果如表9-4 所示。

表9-4　认罪认罚被告人上诉采纳情况统计

类别	案件量（件）	占比（%）
完全采纳	80	54.8
部分采纳	21	14.4
完全不采纳	45	30.8

如表9-4 所示，完全采纳率和部分采纳率合计高达69.2%，完全不采纳率为30.8%。这意味着，相对一部分认罪认罚被告人的上诉均获得了二审法院的支持，进而表明认罪认罚案件中一审裁判质量和被告人权利保障存在一定问题（下文将在法院裁判情况部分作详细说明）。

（三）抗诉的实践情况

1. 抗诉率

表9-5　全国认罪认罚案件平均抗诉率统计

阶段	时间（年）	抗诉率（%）
试点阶段〔1〕	2016—2018	0.04
实施阶段〔2〕	2019	0.30
	2020	0.52
	2021	0.49
	2022	0.39

---

〔1〕《认罪认罚从宽制度试点总结报告》，参见胡云腾主编：《认罪认罚从宽制度的理解与适用》，人民法院出版社2018 年版，第274 页。

〔2〕 2019—2022 年认罪认罚案件抗诉率数据来源于2023 年11 月25 日在上海交通大学召开的认罪认罚从宽制度实施问题研讨会上披露的信息。

表 9-6　2019—2021 年 S 市两级法院认罪认罚案件抗诉数统计[1]

单位：件

年份	S1 法院	S2 法院	S3 法院	S4 法院	S5 法院	S6 法院	S7 法院	S8 法院	S9 法院	S10 法院	S 市中院刑一、二庭
2019	2	0	2	11	1	0	0	缺乏数据	0	缺乏数据	0
2020	3	0	3	8	5	0	1	缺乏数据	2	0	0
2021	4	2	3	4	0	0	0	5	1	2	0

表 9-7　2019—2022 年 G 市认罪认罚案件抗诉率统计[2]

单位：件

类别	2019 年	2020 年	2021 年	2022 年
抗诉数量	7	18	18	3
案件总量	17 455	17 616	21 355	16 955
抗诉率（%）	0.04	0.10	0.08	0.02

表 9-8　裁判文书样本中认罪认罚上诉案件抗诉率统计

单位：件

年份	上诉案件量	抗诉案件量	上诉案件抗诉率（%）
2022—2023	146	14	9.7
比较：2022 年河南省新乡市检察机关认罪认罚上诉案件抗诉率为 13.16%，未上诉案件抗诉率为 1.18%[3]。			

　　把表 9-5 至表 9-8 的数据加以比较分析可以发现，认罪认罚案件抗诉率自 2020 年达到顶点以后呈现逐年降低并在低位徘徊的特点，部分法院审判的案件甚至出现零抗诉，与制度试点和实施初期阶段检察机关频繁通过提出抗诉以维持量

---

〔1〕　相关数据由"认罪认罚从宽制度实施问题研究"国家社科课题组调研获取。

〔2〕　相关数据由"认罪认罚从宽制度实施问题研究"国家社科课题组调研获取。

〔3〕　《河南新乡：从四个维度提升认罪认罚案件质效》，载 http://news.jcrb.com/jsxw/2023/202301/t20230110_2483778.html，最后访问日期：2023 年 10 月 14 日。

刑建议的效力形成鲜明对比。对此，G市检察官作出的解释是，《量刑建议指导意见》明确要求，检察机关针对法院未告知人民检察院调整量刑建议而直接作出判决、被告人仅以量刑过重为由提出上诉等情形应当提出抗诉，因而2021年符合上述情形的应抗尽抗，相应抗诉数量达到18件，抗诉率为0.08%，但是这些抗诉大部分均未获得法院支持，影响了检察院抗诉采纳率的考核，从而导致2022年抗诉数量锐减至3件，抗诉率降低至0.02%。但是表9-8数据显示，至少在部分地区，上诉案件的抗诉率仍然高于非上诉案件的抗诉率，这在一定程度上反映了部分检察机关对于被告人认罪认罚后又提出上诉的基本态度。

2. 抗诉理由

根据43份认罪认罚案件判决书所载明的抗诉理由，可以将抗诉分为三大类型：

一是"针对被告人认罪认罚后的上诉而提出的抗诉"。这类抗诉是被告人上诉引发的。在抗诉机关看来，被告人先前已经认罪认罚并签署具结书，并随着法院采纳量刑建议而获得相应的从宽处罚，后又以原判决量刑过重等为由提出上诉，系认罪认罚后的反悔，从而导致一审判决适用认罪认罚从宽制度的条件不复存在，原本因认罪认罚所获得的从宽处罚应当被剥夺，故原判决量刑畸轻。

二是"认罪认罚案件量刑建议未得到采纳而引发的抗诉"。这类抗诉是因为量刑建议对量刑裁判的程序和实体双重制约所引发的。具体包括两种情况：一种是法院未告知检察机关调整量刑建议而径直作出判决，抗诉机关认为法院违反了法定程序而提起抗诉；另一种是法院认为量刑建议明显不当，但检察机关拒绝调整或者调整后法院不予以采纳的，抗诉机关认为法院在量刑建议外作出的量刑裁判错误而提出抗诉。

三是"基于事实认定和适用法律上的其他错误而提出的抗诉"。这类抗诉普遍发生在适用速裁程序审理的案件中，具体包括以下情形：（1）被告人部分受贿行为被错误认定为索贿行为；（2）被告人投案供述不符合自首的条件而被错误认定为自首；（3）未认定累犯错误；（4）适用法律时对新旧法条的选择出现错误；（5）判决确定的缓刑考验期限违反法律明示规定；（6）并处罚金违反法律的明示规定；（7）判处的罚金数额违反司法解释的明示规定；（8）对涉案财物未作出处理违反法律的明示规定；（9）未查明前罪刑罚执行情况而导致前罪后罪合并执行刑罚错误；（10）对作用大小不同的同案犯作出相同量刑裁判违反罪责刑相适应原则；（11）漏判违法所得；（12）认定事实和证据采信确有错误而导致有罪判无罪；（13）入户盗窃且盗窃数额超出"数额巨大"50%而未被认定为"其他严重情节"；（14）赌资数额达到情节严重认定标准而未被认定；（15）采砂许可证过期后的非法采矿销售金额未被认定为犯罪金额；（16）以赚取差价而非以贩卖所得计算导致违法所得数额认定错误；（17）罪名认定错误；（18）涉案车辆不是犯罪工具而被错误没收；（19）被告人不符合缓刑适用条件而适用缓刑；（20）一审法院对未取得医师资格的被告人错误判处从业禁止。不难发现，这些事实认定和适用法律上的错误，均与速裁程序偏重对效率的追求有密切关系。

表 9-9　认罪认罚案件抗诉类型统计

抗诉类型	案件量（件）	占比情况（%）
1 针对被告人认罪认罚后的上诉而提出的抗诉	9	20.9
2 认罪认罚案件量刑建议未得到采纳而引发的抗诉	3	7.0
3 基于事实认定和适用法律上的其他错误而提出的抗诉	35	83.4
注：抗诉案件共有 43 件，抗诉类型 3 的案件共有 35 件 = 31 件（只有抗诉类型 3 的案件）+3 件（同时包括抗诉类型 1 和 3 的案件）+1 件（同时包括抗诉类型 2 和 3 的案件）。		

表 9-9 显示，抗诉类型 1、抗诉类型 2 和抗诉类型 3 案件量占比分别为 20.9%、7.0% 和 83.4%。前两种为适用认罪认罚从宽制度所产生的特殊型抗诉，后一种为普通型抗诉，两者比值约为 1：3，而在 2017 年至 2019 年进行认罪认罚案件抗诉实证研究显示[1]，特殊型抗诉与普通型抗诉比值约为 2：1。这说明，认罪认罚案件的抗诉逐渐由以特殊型抗诉为主转向以普通型抗诉为主，而较小比例特殊型抗诉的发生，则意味着检察机关仍旧想要通过抗诉威慑认罪认罚被告人以及维持量刑建议对量刑裁判的制约力。

3. 抗诉采纳率

根据 43 份认罪认罚案件裁判文书中记载的抗诉采纳情况，可以将其分为完全采纳、部分采纳、完全不采纳三种情况，具体如表 9-10 所示：

表 9-10　认罪认罚案件抗诉采纳情况统计

类别	案件量（件）	占比（%）
完全采纳	36	83.7
部分采纳	4	9.3
完全不采纳	3	7.0

---

[1] 参见孙长永、冯科臻：《认罪认罚案件抗诉问题实证研究——基于 102 份裁判文书的分析》，载《西南政法大学学报》2020 年第 4 期，第 92 页。

如表 9-10 所示，在认罪认罚案件中，检察机关的抗诉绝大多数均被二审法院采纳，尤其是基于事实认定和适用法律上的其他错误而提出的抗诉，这说明检察机关的抗诉质量整体较高。

（四）二审裁判的实践情况

二审法院裁判情况是指二审法院对认罪认罚被告人的上诉、检察机关的抗诉以及原审法院的裁判所作出的最终处理情况，包括维持率、改判率、减刑率、加刑率。

根据《最高法解释》第 401 条的规定，在只有被告人一方提出上诉的刑事案件中，二审法院审判后"不得对被告人的刑罚作出实质不利的改判"，但其中是否包括增加追缴违法所得、退赔，在该条列举的七项具体规定中未予明确，实践中对此存在争议。[1]《刑法》第 64 条规定："犯罪分子违法所得的一切财物，应当予以追缴或者责令退赔。"据此，追缴违法所得和责令退赔都是对涉案财物的处置方法，通常在侵财类犯罪案件中与主刑、附加刑一并判处。但是，如果一审判决遗漏追缴或责令退赔，在只有被告人一方提出上诉的情况下，二审可否直接改判增加追缴和责令退赔的内容，成为贯彻落实上诉不加刑原则时不可回避的问题。从法理上说，上诉不加刑原则的"基本精神是禁止作不利于被告人的变更"[2]，其中的"刑"不应狭隘地理解为主刑、附加刑，还应当包括追缴违法所得、责令退赔等在内的任何不利于被告人的处置，因为这种财产处置对被告人的利益会有重要影响。据此，我们将二审判决中增加判处追缴违法所得、责令退赔或者增加其金额作为"加刑"对待，将二审判决中撤销追缴或者减少追缴金额作为"减刑"对待。

1. 被告人上诉而检察机关未抗诉的裁判情况

在只有被告一方上诉的共计 132 份认罪认罚案件判决书中，二审结果维持原判的有 22 份，维持率为 16.7%；改变原判的有 110 份，改判率为 83.3%。其中，主刑从宽、降低或撤销罚金刑、撤销违法所得追缴或者减少违法所得追缴数额、适用缓刑等减刑判决书为 105 份，减刑率为 79.5%，改判适用缓刑的有 47 份，适用缓刑的改判率为 35.6%；原判未追缴违法所得不当而加判、原判认定追缴违法所得数额不当而加判、原判认定退赔数额不当而加判等加刑判决书为 5 份，加刑率为 3.8%。通过对上述数据分析，我们可以得出以下结论：

---

〔1〕 参见田虎：《二审增加追缴退赔数额限制因素探析》，载《中国检察官》2022 年第 16 期，第 68 页。

〔2〕 孙长永主编：《刑事诉讼法学》，法律出版社 2019 年版，第 379 页。

第一，高达 80% 以上的改判率意味着被上诉的相当一部分一审判决未能获得二审法院的支持，说明一审法院在适用认罪认罚从宽制度审理案件时对事实认定或法律适用存在审查把关不严的问题[1]，这一问题又因原审量刑裁判多是根据量刑建议作出而进一步延伸至审前阶段。由此推知，认罪认罚被告人服判率高达 97% 左右的一审判决是否也存在同样问题？不无疑问。而且公诉机关对这些后来改判的一审判决均未提起过二审抗诉，这在一定程度上表明抗诉监督存在缺位问题。

第二，高达 79.5% 的减刑率和 35.6% 适用缓刑的改判率意味着不少认罪认罚后又提起上诉的被告人获得了进一步从宽处罚。这背后的原因除被告人在二审期间赔偿被害人并获得谅解或积极缴纳罚金等情节外，主要是一审量刑裁判本就不当。

第三，在只有被告方上诉而检察机关未抗诉的案件中，二审法院对主刑和附加刑不存在任何加刑，但违法所得追缴和退赔等财产性处置措施都存在一定量的增加判处的情况，其实质是恶化了被告人在诉讼中的地位，违反了上诉不加刑原则的精神。

2. 检察机关抗诉而被告人未上诉的裁判情况

在只有检察机关一方抗诉的 29 份认罪认罚案件判决书中，二审结果维持原判的有 2 份，维持率为 6.9%；改变原判的有 27 份，改判率为 93.1%。其中，减刑判决的有 4 份，减刑率为 13.8%；加刑判决的有 23 份，加刑率为 79.3%。其中，改判率高达 93.1% 进一步说明原审裁判存在较为严重的把关不严问题；加刑率高达 79.3% 说明二审法院在检察机关单方提出抗诉的认罪认罚案件中，多数情况下均作出了不利于被告人的加刑判决。

3. 被告人上诉且检察机关抗诉的裁判情况

总体来看，在被告人上诉且检察机关抗诉的 14 份认罪认罚案件判决书中，二审维持原判的有 0 份，改变原判的有 14 份，改判率 100%。其中，减刑判决的有 9

---

[1] 具体表现为原判未认定从犯、原判未认定被害人过错、原判未认定或错误认定自首、原判未认定立功、原判未认定被告人第一阶段行为构成正当防卫、原判追缴违法所得错误、原判将职务侵占事实错误地认定为诈骗事实、原判认定量刑建议适当予以采纳却在量刑建议外判处、原判确定的基准刑过高、原判遗漏退赃情节、原判适用法律时对新旧法条的选择出现错误、原判认定犯罪数额错误、原判退赔数额认定错误、原判对不同犯罪情节的被告人处以相同的刑罚错误等情形。例如，在杜某明上诉案件中，二审法院采纳了上诉人杜某明的上诉理由，认定原审判决没有对原公诉机关指控的杜某明盗窃黄金戒指的犯罪事实予以确认而径行采纳了原公诉机关的量刑建议不当，综合考量在案证据所证实的杜某明具体犯罪事实及其罪前、罪后情节，原审判决量刑偏重，遂依法予以改判。参见山东省青岛市中级人民法院（2022）鲁 02 刑终 235 号刑事判决书。

份，减刑率为 62.3%，加刑判决的有 5 份，加刑率为 35.7%。在针对被告人认罪认罚后的上诉而提出抗诉的 9 起案件中，二审改判减刑的有 4 件，加刑的有 5 件。这说明，在被告人上诉且检察机关抗诉的案件中，原审法院判决基本上都存在不同程度的错误，但上诉引发抗诉导致加刑的情况较之认罪认罚制度试点期间和全面实施初期[1]有所好转，是因为有相当数量的被告人不仅不会因为上诉引发抗诉导致加刑，反而会因为诸如原判犯罪数额认定错误、二审期间主动退赃或达成和解协议、适用法律变化等因素而被减刑。

二、认罪认罚案件上诉和抗诉的主要问题

通过对上述数据和案例的分析，可以发现，认罪认罚案件上诉和抗诉主要存在两方面的问题：一是上诉权的滥用；二是抗诉权的滥用或缺位。

（一）上诉权的滥用

总体来看，被告人认罪认罚后又提出上诉似乎均为上诉权的滥用。但是具体从上诉理由以及二审裁判来看，认罪认罚案件被告人滥用上诉权主要表现在技术策略类上诉和部分实体错误类或程序违法类上诉。表 9-3 的数据显示，前一种上诉在收集到的 146 个上诉案件中有将近一半[2]，而这些被告人只是把上诉作为进一步获得从宽处罚的技术手段，并非真的认为一审判决有什么问题，属于主观上滥用。后两种上诉属于典型的有理上诉，但部分有理上诉未被二审法院采纳，主要是因为被告人对事实认定或法律适用存在认识错误而造成的，而一审判决并非真的有问题，属于客观上滥用。上诉权滥用的消极效果主要体现在以下两个方面：

其一，影响诉讼程序经济价值的实现。犯罪是复杂的社会问题，刑罚只是犯罪治理的一种手段。治理犯罪的多元性和社会性决定了惩治犯罪所需资源的有限性，必然要求优化司法资源配置进而实现诉讼经济化。其中，"认罪认罚从宽"就是以从宽处理的方式鼓励被追诉人及早认罪认罚以加速推进程序流程从而实现诉讼经济的制度设计，主要体现在降低侦查破案、成功追诉、定罪判刑的难度，以及避免被害人和证人出庭和适用速裁程序等程序以节约国家司法资源。而被告人认罪认罚后又提起上诉，会使得本应在一审简化程序终结的认罪认罚案件又进

---

〔1〕 2017—2019 年，全国检察机关针对认罪认罚被告人的上诉而提起抗诉案件，占抗诉案件总数的 35.3%，而且二审裁判结果多数支持了抗诉。参见孙长永、冯科臻：《认罪认罚案件抗诉问题实证研究——基于 102 份裁判文书的分析》，载《西南政法大学学报》2020 年第 4 期，第 92-93 页。

〔2〕 河南省新乡市人民检察院调研也发现，多数被告人认罪认罚后的上诉理由是"量刑过重"，部分被告人为选择服刑场所选择技术性上诉、部分被告人为进一步减轻刑罚选择投机性上诉。这两种上诉理由超过上诉情形的一半。参见《河南新乡：从四个维度提升认罪认罚案件质效》，载 http://news.jcrb.com/jsxw/202301/t20230110_ 2483778.html，最后访问日期：2023 年 10 月 14 日。

入二审程序，无疑会延长审判周期，浪费司法资源，从而影响诉讼经济价值的实现。

其二，影响认罪认罚从宽制度的公正实施。被告人通过认罪认罚获得了从宽处罚后又提出上诉，在检察机关不抗诉甚至抗诉不被法院采纳的情况，基本不用承担任何不利后果，反而可能会因主动缴纳罚金而被二审法院减刑。例如，在"柏某走私、贩卖、运输、制造毒品案"中[1]，被告人柏某认罪认罚后又提出上诉要求从轻处罚，且检察机关未抗诉，二审法院基于被告人在二审期间缴纳罚金而予以从轻改判。不难想象，如果不对这类上诉行为加以相应限制，那么在进一步获得从宽处罚的利益驱动下，这类上诉行为可能成为认罪认罚案件中的常态。有学者指出："滥用上诉权的行为……如果不加治理，产生大范围效仿，会危及整个认罪认罚从宽制度的实施。"[2]在调研采访中，有检察官非常忧虑地指出，如果上诉权滥用情况在看守所或者监狱大范围扩散，就会使很多被告人漠视认罪认罚从宽制度，检察机关原本围绕被告人所做的认罪认罚工作也就付诸东流，同时对真正认罪认罚的被告人也不公平。有法官也表示，希望检察机关提起抗诉以制止上诉权的滥用。在部分地区，确实存在针对上诉的"报复性"抗诉数量减少而导致上诉数量增多的现象，如 G 市检察机关 2020 年和 2021 年抗诉数量和上诉率均分别为 18 件和 2.9%，2022 年抗诉数量减至 3 件，相应上诉率增至 4.8%。

当然，因为认罪认罚案件上诉率基本在 3% 上下浮动，所以上诉权滥用问题只会保持在一定范围之内。即使在部分地区可能较为突出，如湖南省上诉率最高也就达到 7.9%，远低于未适用认罪认罚制度的案件 32.5% 的上诉率[3]，不会达到影响包括认罪认罚从宽制度在内的整个刑事诉讼程序系统正常运转的程度。

（二）抗诉权的滥用或缺位

抗诉权的滥用主要包括两种情况：一是针对合法上诉的"报复性"抗诉；二是针对法院拒绝采纳量刑建议判决的"赌气式"抗诉。总体来看，抗诉权滥用的情况逐渐得以控制，但在不同地区仍然存在明显差异。从后果上看，这两类抗诉的滥用无疑会侵犯上诉权和审判权，从而影响认罪认罚从宽制度的公正实施。

一方面，检察机关针对上诉行为提出抗诉，进一步要求二审法院加刑改判，

---

［1］ 参见辽宁省阜新市中级人民法院（2022）辽 09 刑终 108 号刑事判决书。

［2］ 参见魏晓娜：《认罪认罚从宽制度中的诉辩关系》，载《中国刑事法杂志》2021 年第 6 期，第 43 页。

［3］ 参见张军：《最高人民检察院工作报告》（2022 年），载 https://www.spp.gov.cn/spp/gzbg/202303/t20230317_ 608767. shtml，最后访问日期：2023 年 12 月 29 日。

可能会剥夺被告人原本认罪认罚后所获得的从宽处罚，对于已经提出上诉的被告人而言无疑是一种变相的惩罚，可能导致其不得不撤回上诉；对于那些准备上诉的被告人来说是一种可以感知的有力威慑，可能导致其不敢上诉。无论属于哪种情况，都会严重影响认罪认罚的被告人依法行使上诉权。实证研究表明，被告人往往会通过及时撤回上诉的方式消除抗诉导致加刑而不能继续获得从宽处罚的不利后果，而一旦被告人撤回上诉，抗诉机关基本也会撤回抗诉，多数二审法院也认为，被告人上诉后又撤诉的，抗诉已无针对的事实存在或已经没有事实依据，因而准许撤回抗诉。[1]

　　另一方面，检察机关以量刑建议未被法院采纳为由提出抗诉，实际上是一种维持或强化认罪认罚案件量刑建议对量刑裁判效力的手段，会进一步压缩法院对认罪认罚案件的量刑裁量权。首先，据官方统计，2021 年、2022 年、2023 年认罪认罚案件确定刑量刑建议提出率均超过 90%，全部量刑建议的采纳率均在 97% 以上。[2]这一方面说明，检察机关的量刑建议整体上质量较高，但另一方面也表明，量刑建议在法律规定的"一般应当采纳"原则支持下对量刑裁判具有较强的约束力，具体案件中法院很难拒绝采纳公诉机关的量刑建议，否则有可能被二审法院改判。而在收集到的抗诉案件二审裁判中，二审法院普遍认为，如果检察机关提出的量刑建议没有明显不当的，原审法院就应当予以采纳。例如，在"熊某武等诈骗案"中[3]，二审法院认为，被告人熊某武已经签署认罪认罚具结书（量刑建议为有期徒刑一年十个月），原判认为原公诉机关量刑建议适当并予以采纳，但却判处被告人熊某武有期徒刑一年十一个月，系主刑量刑不当，二审判决因此改判为有期徒刑一年十个月。其次，因法院未通知检察机关调整建议而提出抗诉的案件呈现递减趋势，这主要是因为实践中一审法院如果认为量刑建议明显不当，一般都会通知公诉机关调整量刑建议（书面发函或口头通知）。同时，检察机关运用智能量刑辅助系统提高了量刑建议的精准度，起诉后需要调整量刑建

----

[1]　参见孙长永、冯科臻：《认罪认罚案件抗诉问题实证研究——基于 102 份裁判文书的分析》，载《西南政法大学学报》2020 年第 4 期，第 93 页。

[2]　根据最高人民检察院统计，2021—2023 年，全国检察机关在认罪认罚案件中确定刑量刑建议提出率分别为 90% 以上、90% 以上和 97.2%；认罪认罚案件量刑建议采纳率分别为 97% 以上、98.3% 和 97.5%。其中 2021 年和 2022 年的数据，参见最高人民检察院官网公布的《2021 年全国检察机关主要办案数据》《2022 年全国检察机关主要办案数据》以及相应年度《最高人民检察院工作报告》；2023 年的数据，参见最高人民检察院公布的《刑事检察工作白皮书（2023）》和《2023 年全国检察机关主要办案数据》，载 https://www.spp.gov.cn/xwfbh/wsfbt/202403/t20240310_648482.shtml#1，最后访问日期：2024 年 4 月 24 日。

[3]　参见广东省清远市中级人民法院（2023）粤 18 刑终 154 号刑事判决书。

议的案件相应减少。在样本案件中，只有 2 起案件检察机关因法院未通知调整且未采纳量刑建议而提出抗诉，二审法院均认为，原审法院未经量刑建议调整程序而直接作出量刑裁判，属于程序违法行为。[1] 事实上，这种改判至少在当地会强化量刑建议对一审裁判的约束力。

抗诉权的缺位主要体现在原判存在事实认定或法律适用错误问题而未提出抗诉。目前法学界主要关注认罪认罚案件抗诉权滥用问题，却忽视了抗诉权缺位问题。统计数据显示，在只有被告一方上诉而检察机关未抗诉的 132 份判决中，二审改判率高达 83.3%。其中，有 11 件 18 人认罪认罚后以无罪为由提出上诉，其明显系非自愿认罪认罚，而检察机关均未提出抗诉。在样本裁判文书中，二审法院认定原审判决存在以下 11 种错误情形：（1）原判决认定罪数错误；（2）原判决认定或未认定自首错误；（3）原判决未认定系怀孕妇女；（4）原判决漏判或重复追缴违法所得；（5）原判决未认定从犯；（6）原判决认定犯罪数额及退赔数额错误；（7）原判决确定基准刑过高，加之未充分考虑从宽量刑情节导致量刑畸重；（8）原判决适用法律时对新旧法条的选择出现错误；（9）原判决并处罚金违反法律的明示规定；（10）原审判决未排除取证程序存在严重瑕疵且已无法补正的定罪证据；（11）原判决犯罪事实认定错误。对于上述情形，检察机关均未提出抗诉，部分检察机关其实也认识到存在这些错误，在出庭检察意见中还明确要求二审法院改判纠正。这充分说明，检察机关对确有错误的原审判决应当提出抗诉而未依法提起抗诉，存在抗诉权缺位问题。从数量上看，相较于抗诉权滥用问题，抗诉权缺位问题似乎更加突出。

三、认罪认罚案件上诉和抗诉存在问题的原因分析

认罪认罚案件被告人上诉权的滥用以及检察机关抗诉权的滥用或缺位，既有立法层面的原因，也有司法层面的原因。

（一）上诉权滥用的主要原因

1. 立法原因

被告人主观上滥用上诉权的主要原因在于立法对认罪认罚从宽制度缺乏系统考虑，未能对上诉制度作出与审判制度、审前制度协调一致的规定。认罪认罚从宽制度主要内容包括，被告人认罪认罚即表示自愿接受检察机关指控的犯罪事实、罪名以及据此所提出包括从宽处罚的量刑建议，并经过被告方同意适用的速裁程

---

[1] 参见陕西省渭南市中级人民法院（2022）陕 05 刑终 170 号刑事判决书；辽宁省抚顺市中级人民法院（2022）辽 04 刑终 161 号刑事判决书。

序等从快处理程序，由法院在确定认罪认罚自愿性和具结书真实、合法的情况下作出量刑判决予以确认。简言之，立法旨在通过公正高效的程序机制确保被告人自愿真实地选择认罪认罚并兑现相应从宽处罚。因此，绝大多数被告人所期待的认罪认罚后的从宽处罚得以兑现后，是不会提出上诉的。但是，基于留所服刑或者利用上诉不加刑原则获得进一步从宽处罚等利益驱动，即使在一审阶段认罪认罚获得从宽处罚后，少数被告人仍旧会提出上诉，加之检法分歧而导致以抗诉对上诉的制约效果逐渐减弱，这种滥用上诉权情况有恶化的趋势。这主要是因为上诉权是一项被告人只要不服法院判决就可行使、适用于所有刑事案件且不得以任何借口加以剥夺或限制的法定权利。而在域外法治发达国家，不管是英美法系中答辩交易制度，还是大陆法系中刑事协商制度，大多数均基于司法效率考虑而限制认罪协商中被告人的上诉权。[1]因此，从制度设计的系统协调性角度来看，立法应当对自愿认罪认罚被告人的上诉权作出合理限制，以制止被告人滥用上诉权的行为。

2. 司法原因

被告人客观上滥用上诉权主要是基于被告人对法律适用或事实认定产生错误认识，但是公安司法机关已经履行告知、释明、听取意见等法定职责，而后经过法院审查核实的认罪认罚、从宽处罚以及据此作出的一审量刑判决并无问题。当然，如果公安司法机关违反认罪认罚的程序要求，如采取暴力、威胁、引诱等手段，没有履行告知义务并听取意见，导致被告人对认罪认罚及其法律后果不完全理解或产生错误认识，从而引发被告人的上诉不属于上诉权滥用。

第一，对认罪认罚从宽权利的告知不足，加之大多数被追诉人文化水平有限而可能难以准确理解认罪认罚的含义及后果。根据《刑事诉讼法》第173条的规定，被追诉人认罪认罚的，检察机关应当告知其享有的诉讼权利和认罪认罚的法律规定。实践中检察机关主要通过发送《认罪认罚从宽制度告知书》的形式，向被追诉人告知认罪认罚的含义及法律后果，并在讯问过程中向被追诉人予以确认。但是，对于多是初中及以下学历的被追诉人来讲[2]，很难通过自身阅读来理解"认罪""认罚""从宽"等法律专业术语。以"认罪"内涵为例，何为"如实供述""对行为性质提出辩解但表示接受司法机关认定意见"？在实践中控辩审三方

---

〔1〕　参见孙长永：《比较法视野下认罪认罚案件被告人的上诉权》，载《比较法研究》2019年第3期，第48页。

〔2〕　据统计，在文化素质方面，被告人在初中及以下文化程度的约占79.5%。例如，福清法院受理的刑事速裁程序案件中，文盲的被告人占5.19%，小学文化占40.26%，中学文化占53.25%，大专以上文化占1.3%。参见郑敏、陈玉官、方俊民：《刑事速裁程序量刑协商制度若干问题研究——基于福建省福清市人民法院试点观察》，载《法律适用》2016年第4期，第23页。

之间均存在认识分歧。例如，在"余金平交通肇事案"中〔1〕，控辩审三方争议的焦点就是余金平在案发时是否明知发生交通事故，其辩解是否属于不如实供述进而影响自首的认定。其中，被告人余金平始终辩解事故发生时其对是否撞到人并不明知，而是在事后才意识到当时撞到人了。检察机关认为缺乏直接证据证实被告人余金平在事故发生时即知道自己撞了人，按照存疑有利于被告人的原则，应当认定其不知道案发时撞到人而是事后才知道撞到人；二审法院则认为，根据现有证据能够排除合理怀疑地证明被告人余金平应当明知自己撞了人，从而否定自首情节，并作出加刑判决。又如，在"吉某受贿案"中〔2〕，被告人及其辩护人提出上诉的主要理由是，被告人享有辩解的权利，而且辩解的事项为原判所认可的事实，但是检察机关因被告人辩解而在一审阶段单方拒签认罪认罚具结协议，严重影响被告人的量刑。但是，二审法院肯定了认罪认罚情节，并作出减刑判决。这充分说明，关于"认罪"内涵在具备专业法律知识的检察官和法官之间尚存在认识分歧，被告人又如何能够仅通过办案人员简单的告知就了解其全部内涵，进而作出自愿真实的"认罪"？而"认罚"，包含从宽处罚的量刑建议，不仅涉及主刑、附加刑、是否适用缓刑等内容，还涉及更加复杂的量刑计算过程（量刑起点——基准刑——宣告刑），对被告人来讲很难判断量刑建议是否适当。最高人民检察院捕诉部门的负责人强调，有的检察官存在释法说理不够全面细致的问题，仅对刑期作必要说明，未能充分阐释认罪认罚的性质及法律后果，导致被追诉人在尚未真罪、真认罚的情况下，单纯为追求从轻处罚结果同意适用认罪认罚从宽制度，继而引发后续连锁反应。〔3〕因此，被告人很有可能是基于对法律后果不完全理解或者认识错误而提出上诉。

第二，听取意见有效性不足，难以保障量刑建议是控辩双方合意的结果。根据《刑事诉讼法》第173条的规定，被追诉人认罪认罚的，检察机关应当就"从轻、减轻或者免除处罚等从宽处罚的建议"等事项听取被追诉人及其辩护律师或值班律师的意见。虽然检察机关就拟定的量刑建议听取意见并最终获得被追诉人同意这一过程具有一定相互交流的成分，但是我国的量刑标准和职权主导的量刑逻辑决定了"听取意见"是一种典型的"职权决策模式"，所谓"合意"更多是检察机关意志的体现。实践中，检察官依据犯罪事实、认罪认罚等量刑情节先拟

---

〔1〕 参见北京市门头沟区人民法院（2019）京0109刑初138号刑事判决书；北京市第一中级人民法院（2019）京01刑终628号刑事判决书；北京市门头沟区人民法院（2021）京0109刑初244号刑事判决书。

〔2〕 参见西藏自治区那曲市中级人民法院（2021）藏06刑终12号刑事判决书。

〔3〕 参见元明：《刑事抗诉工作的定位与强化》，载《人民检察》2021年第Z1期，第133页。

定量刑建议，并经过分管领导审批同意后，才能向被追诉人提出，被追诉人只能接受或拒绝。如果检察机关后来认为量刑建议不当，可以单方直接调整或撤销认罪认罚具结书，[1]整个过程基本不存在控辩协商。前述数据也显示，以程序违法或实体错误为由提出上诉的被告人超过一半，幅度刑量刑建议的上诉率要远高于确定刑量刑建议的上诉率。这说明，在提出量刑建议过程中，检察机关可能就没有充分听取被追诉人及其辩护人或值班律师的意见，也未对罪名、事实、量刑建议等异议部分进行充分说理，无法充分体现被追诉人的意愿，以至于控辩双方量刑建议方面的分歧通过上诉延伸至二审程序。

被追诉人未能获得有效的法律帮助，又进一步加剧了控辩双方沟通协商不足的局面。根据《刑事诉讼法》《认罪认罚指导意见》规定，被追诉人自愿认罪认罚，没有辩护人的，应当获得值班律师有效的法律帮助。但是，根据调研采访检察官和值班律师发现，值班律师在认罪认罚案件中基本上只起到"见证人"的作用，通常不仅不会对检察机关提出的量刑建议提出异议，而且也很难提出有效意见，主要原因是由于报酬少且集中式的工作安排而使得值班律师缺乏动力将时间资源投入每个案件中，如基本不会阅卷，也不会单独会见在押犯罪嫌疑人、被告人。在没有委托辩护人且缺乏值班律师有效法律帮助的情况下，被追诉人确实很难与检察机关进行有效的沟通，更谈不上协商一致，往往只能被动接受量刑建议。

（二）抗诉权滥用或缺位的主要原因

上文述及，抗诉权的滥用主要包括针对法院拒绝采纳量刑建议判决的"赌气式"抗诉和针对合法上诉的"报复性"抗诉。前一种滥用主要是基于检察机关对"一般应当采纳""量刑建议调整"规定的片面理解以及认罪认罚案件量刑建议采纳率的考核；后一种滥用是因为检察机关错误地理解了"认罚"的内涵，最高人民检察院的相关指导意见和指导性案例起了误导作用，这种滥用进一步凸显了检察机关面对被追诉人的超强式地位。抗诉权的缺位主要基于裁判确有错误的抗诉

---

〔1〕 最高人民检察院 2020 年发布的《人民检察院办理认罪认罚案件监督管理办法》第 7 条关于"量刑建议调整"的问题规定：案件提起公诉后，出现新的量刑情节，或者法官经审理认为量刑建议明显不当建议检察官作出调整的，或者被告人、辩护人对量刑建议提出异议的，检察官可以视情作出调整。如果原量刑建议是由检察官提出的，检察官调整量刑建议后应当向部门负责人报告备案；如果原量刑建议是由检察长（分管副检察长）决定的，由检察官报请检察长（分管副检察长）决定。例如，在河南省郑州市金水区人民检察院办理的一起案件中，检察官在值班律师的见证下与被追诉人签署了认罪认罚具结书，量刑建议为有期徒刑一年半至二年，而后检察官认为刑期偏轻，在未经被追诉人同意的情况下，就主动撤回了认罪认罚具结书。参见谢寅宗、毕雨梦：《河南一检察院撤回认罪认罚具结书：汇报后认为量刑偏轻》，载 https://www.chinanews.com.cn/gn/2020/09-10/9287384.shtml，最后访问日期：2024 年 1 月 1 日。

标准不明确以及抗诉采纳率的考核要求。

1. 立法原因

抗诉权滥用的主要原因在于立法对量刑建议权与裁判权的关系的规定合理性不足。《刑事诉讼法》第 201 条规定了认罪认罚案件中量刑建议对法院裁判的实体约束力和程序约束力。

实体约束力是指，除非量刑建议明显不当，否则法院应当采纳量刑建议。从第 201 条的规定看，"一般应当采纳"包括"应当采纳"和"应当不采纳"两层含义；"但书"和"量刑建议明显不当"是例外性规定，明确了"应当采纳"和"应当不采纳"之间的边界。其中，第 1 款"但书"所包括的情形均不能适用或继续适用认罪认罚从宽制度，检察机关原本基于被追诉人认罪认罚所提出的量刑建议当然不应当被法院采纳。第 2 款规定的"量刑建议明显不当"是认罪认罚从宽制度下"一般应当采纳"的例外情形，即量刑建议没有明显不当，法院应当采纳量刑建议。

程序约束力是指，在规定情形下法院有通知检察机关调整量刑建议的义务。根据《刑事诉讼法》第 201 条第 2 款的规定，如果法院认为量刑建议明显不当或者被告人、辩护人对量刑建议提出异议，检察机关有权调整量刑建议。在这种情况下，法院有义务将量刑建议明显不当的意见或者被告人、辩护人对量刑建议的异议传达给检察机关，否则，就不存在检察机关调整量刑建议的问题。正因如此，《认罪认罚指导意见》第 41 条明确规定："人民法院经审理，认为量刑建议明显不当，或者被告人、辩护人对量刑建议有异议且有理有据的，人民法院应当告知人民检察院。"这一意见补充了《刑事诉讼法》第 201 条的规定，体现了立法规定的内在精神。实证考察发现，2020 年以来，公诉机关基于法院未经调整程序判处不同于量刑建议的刑罚而提出的抗诉数量大幅减少。这似乎都在说明，检法两院关于这一问题逐步达成共识。

但是，关于法院未经通知公诉机关调整而作出不同于量刑建议的量刑判决是否属于程序违法的问题，检法两院的意见仍然存在分歧。最高人民检察院于 2021 年实施的《量刑建议指导意见》第 37 条规定："人民法院违反刑事诉讼法第二百零一条第二款规定，未告知人民检察院调整量刑建议而直接作出判决的，人民检察院一般应当以违反法定程序为由依法提出抗诉。"而最高人民法院指导性案例（检例第 1409 号）"苏某花开设赌场案"中的判决认为：一审法院未告知公诉机关调整量刑建议，径直作出不同于量刑建议的判决，"但量刑并无不当，对当事人诉讼权利没有实质影响,保证了公正审判"[1],该案所附指导意见进一步指出:"人民法院在庭审中已就量刑充分听取控辩双方意见,并在此基础上依法径行作出判决的,不属于程序违法,符合确保裁判形成在法庭的庭审实质化要求,同时还避免了因量刑建议调整造成审判周期的延长和司法资源的浪费。检察机关以此提起抗诉的,二审法院应全面审查,审理后认为一审判决事实认定、定罪量刑没有错误的,不应以程序违法为由发回重审。"[2]

在这种意见分歧背景下,司法实践中之所以近年来针对改变量刑建议的判决抗诉较少,主要原因有二,一是因为检法两院在判决过程中已经充分沟通,法院对量刑建议的采纳率不断提高,判处不同于量刑建议的情形很少发生;二是最高人民法院根据《刑事诉讼法》规定明确要求保障认罪认罚被告人的上诉权,同时,各级法院坚持量刑裁判权是法院的专属权力,二审法院对检察机关的抗诉一般不太支持,公诉机关基于考核要求不得不减少了针对一审判决的抗诉。

抗诉权缺位的立法原因在于对抗诉标准规定不够明确。我国《刑事诉讼法》第228条确立了"裁判确有错误"的刑事二审抗诉标准。《最高检规则》《人民检察院刑事抗诉工作指引》等通过列明抗诉或不抗诉情形的方式进一步明确了"裁判确有错误"的具体情形,包括认定事实错误、采信证据错误、认定罪名或罪数错误、量刑明显不当、程序严重违法等。但是,何为量刑明显不当?何为程序严重违法并影响公正审判?何为证据采信错误而无法达到证据确实、充分程度?对于诸如此类的问题,立法并未明确。这直接导致检察官在准确把握抗诉标准问题上存在较大难度,进而在实践中产生抗诉率下降、抗诉采纳率降低甚至不愿抗、不敢抗等问题。[3]在2023年最高人民检察院发布的第四十五批指导性案例(检例第178号)"王某等人故意伤害等犯罪二审抗诉案"中[4],检法两院对王某等人故意伤害案中赔偿谅解情节是否足以影响判处死缓、刘某某贩卖毒品案中证据是否确实充分、李某抢劫案中罪名认定是否准确等均存在认识分歧,从而引发抗诉和改判。这进一步说明,以"确有错误"为核心的抗诉标准,不仅在检察机关内部难以把握,而且检法之间也存在较大争议。

---

〔1〕 最高人民法院刑事审判第一、二、三、四、五庭编:《刑事审判参考》(总第127辑),人民法院出版社2021年版,第27页。

〔2〕 最高人民法院刑事审判第一、二、三、四、五庭编:《刑事审判参考》(总第127辑),人民法院出版社2021年版,第29页。

〔3〕 参见元明:《刑事抗诉工作的定位与强化》,载《人民检察》2021年第Z1期,第132-133页。

〔4〕《最高人民检察院第四十五批指导性案例》,载 https://www.spp.gov.cn/xwfbh/wsfbt/202307/t20230706_ 620837. shtml#2,最后访问日期:2023年11月12日。

2. 司法原因

抗诉权滥用的司法原因在于检察机关片面强调其在办理认罪认罚案件中的主导地位，过度追求量刑建议的采纳率。

第一，检察机关片面强调其在办理认罪认罚案件中的主导地位。2019 年，最高人民检察院时任检察长张军提出："从我国检察机关法律监督的宪法定位和刑事诉讼法的制度设计看，检察官在整个刑事诉讼中是承担主导责任的""修改后的刑事诉讼法确立的认罪认罚从宽制度，更是一个十分典型的以检察官主导责任为基础的诉讼制度设计，有人把它称为中国版的'诉辩交易'。"〔1〕从法律规定看，检察机关至少新增以下四项权力："认罪认罚从宽程序的启动权""认罪认罚特殊不起诉权""内含从宽处罚的量刑建议提出权""量刑建议对量刑裁判的制约权"，无疑为实现检察主导提供有力支撑。在这种观念指导下，检察机关又进一步提出以抗诉对抗被告人上诉、法院未采纳量刑建议等行为，以维系其在认罪认罚案件办理中的主导权。2020 年，最高人民检察院发布指导性案例（检例第 83 号）琚某忠盗窃案所附指导意见明确强调："被告人通过认罪认罚获得量刑从宽后，在没有新事实、新证据的情况下，违背具结承诺以量刑过重为由提出上诉，无正当理由引起二审程序，消耗国家司法资源，检察机关可以依法提出抗诉。"次年，最高人民检察院又发布《量刑建议指导意见》，其中第 37 条和第 39 条分别规定："人民法院违反刑事诉讼法第二百零一条第二款规定，未告知人民检察院调整量刑建议而直接作出判决的，人民检察院一般应当以违反法定程序为由依法提出抗诉。""认罪认罚案件中，人民法院采纳人民检察院提出的量刑建议作出判决、裁定，被告人仅以量刑过重为由提出上诉，因被告人反悔不再认罪认罚致从宽量刑明显不当的，人民检察院应当依法提出抗诉。"因此，过度强调检察机关的主导地位，片面强调量刑建议对被告人或量刑裁判的约束力，是抗诉权滥用的一个重要原因。

第二，过度追求量刑建议的采纳率。2020 年初，最高人民检察院对认罪认罚案件提出了提高法院量刑建议采纳率的目标。〔2〕为此，全国各级检察机关把量刑建议采纳率作为考核指标，尤其是确定刑量刑建议的采纳率。例如，N 自治区人民检察院将确定刑量刑建议提出率、采纳率作为对下级院效能考核及检察官工作业绩考核指标，充分发挥考核"指挥棒"积极作用；又如福州市 L 县人民检察院把量刑建议的提出、采纳、成效与检察官绩效考评体系相挂钩，对于检察官自身

---

〔1〕 张军：《关于检察工作的若干问题》，载《人民检察》2019 年第 13 期，第 9 页。

〔2〕 《最高检案管办主任董桂文就 2020 年 1 至 6 月全国检察机关主要办案数据答记者问》，载 https://www.spp.gov.cn/spp/xwfbh/wsfbh/202007/t20200720_473301.shtml#2，最后访问日期：2020 年 8 月 3 日。

存在量刑建议不当的情形采取检察官绩效考核扣分、内部通报批评等处理措施，切实增强检察官对精准量刑工作的责任意识；再如，"西部某地级市检察机关在对下级检察机关的业务考核指标中，提出了'确定刑量刑建议采纳率'高于 90%的要求"。[1]最高人民检察院于 2023 年 3 月 30 日正式实施了新修订的《检察机关案件质量主要评价指标》，其中将确定刑量刑建议提出率、确定刑量刑建议采纳率合并为确定刑量刑建议采纳占比率，设置通报值为 85%。[2]正是在这一系列考核指标的要求下，2023 年上半年全国认罪认罚案件量刑建议采纳率高达 99%。[3]但是，这种绩效考核所产生的激励作用会导致检察官走向两个极端。一端是提出更加精准的量刑建议，并与法官事前沟通，以保障量刑建议能够被法院采纳；另一端是在法院未采纳量刑建议的情况下而直接提出抗诉，既能够对原审法院产生威慑作用，又可能进一步获得上级法院的支持。例如，在"赵某军交通肇事案"中[4]，原审法院未采纳量刑建议而判处被告人赵某军有期徒刑一年，缓刑一年六个月。二审法院认为，原公诉机关基于被告人认罪认罚而提出有期徒刑七个月、缓刑一年的量刑建议并无明显不当，应予采纳；原判认定事实清楚，证据确实充分，定罪准确，审判程序合法，但量刑不当，予以纠正，并改判为有期徒刑七个月、缓刑一年。

抗诉权缺位的司法原因除因立法导致检察官对抗诉标准把握不准外，还包括抗诉采纳率的考核要求。基于考核要求，上级检察机关在没有改判希望的案件中一般不会支持公诉机关抗诉，即使上级检察机关同意抗诉，在不被二审法院支持的情况下，也会实际影响抗诉采纳率的考核，导致出现抗诉缺位的问题。根据《刑事诉讼法》第 232 条的规定，二审抗诉机关虽然是原公诉机关，但二审法院的同级检察机关有权撤回抗诉。换言之，公诉机关的抗诉必须得到上级检察机关的支持，才能产生启动二审程序的作用。因此，公诉机关提出二审抗诉将不得不考虑两个方面的因素，一是上级检察机关是否支持；二是二审法院是否支持。而上级检察机关之所以支持下级检察机关提出抗诉，除基于案件事实、证据、法律等情况的分析以外，最重要的考虑是抗诉能否得到二审法院的支持。如果抗诉能够成功，在业绩考核中可以获得加分；但如果抗诉不能成功，则不仅不获得加分，还要被扣分。正是这种业绩考核，使得公诉机关在决定是否提起抗诉时不得不斟

---

〔1〕　马强、王澂：《认罪认罚从宽制度实施中的困境及对策》，载《民主与法制》2020 年第 20 期，第 58 页。

〔2〕　参见申国军：《新修订的〈检察机关案件质量主要评价指标〉的理解与适用》，载《人民检察》2023 年第 11 期，第 26 页。

〔3〕　参见《2023 年 1 至 6 月全国检察机关主要办案数据》，载 https://www.spp.gov.cn/spp/xwfbh/wsfbt/202307/t20230726_ 622572. shtml#1，最后访问日期：2023 年 11 月 8 日。

〔4〕　参见新疆生产建设兵团第一师中级人民法院（2023）兵 01 刑终 14 号刑事判决书。

酌再三，有的案件即使提出了抗诉，最后也会撤回。也因如此，二审抗诉数量的多少不仅取决于"原判决是否确有错误"，还取决于不同地区检法之间的配合制约关系情况。一般来说，抗诉数量多但二审维持率高，往往意味着当地检法关系不睦；相反，抗诉数量少但二审改判率高，则意味着当地检法关系密切。而在认罪认罚从宽制度适用中，关于上诉是否会导致一审判决确有错误、量刑建议是否明显不当、未经量刑建议调整程序是否属于程序违法等内容，"两高"之间仍然存在认识分歧，导致下级检察院与法院之间在认罪认罚案件中的诉判矛盾升级。实践证明，只要公诉机关提出同类型的抗诉不被二审法院支持，就会影响抗诉采纳率的考核，挫伤公诉机关提出抗诉的积极性。

四、认罪认罚案件上诉和抗诉的合理规制

基于认罪认罚案件上诉和抗诉的主要问题及其原因分析，对认罪认罚案件二审程序的完善，应当坚持以保障被告人上诉权为底线，以规范检察机关抗诉权为重点，以强化法院裁判权为中心，对相关法律规定作出更加合理的解释和进一步完善，确保认罪认罚从宽制度得到公正、有效的实施。

（一）以保障被告人上诉权为底线

我国认罪认罚从宽制度没有适用范围的限制，而这一制度的适用率已经高达90%以上，如果禁止认罪认罚被告人提出上诉，将导致认罪认罚案件完全失去经过二审审查的机会，难以防止检察权和审判权的滥用，难以充分保障认罪认罚的自愿性、真实性和合法性。但是，从长远发展来看，合理限制被告人的上诉权，既是完善认罪认罚从宽制度的内在要求，也符合以审判为中心的诉讼制度改革趋势。[1]

1. 不宜剥夺认罪认罚被告人的上诉权

《刑事诉讼法》第 227 条在规定了当事人等人有权在不服一审判决时提出上诉之后即第 3 款特别规定："对被告人的上诉权，不得以任何借口加以剥夺。"这显示，立法者对被告人上诉权的高度重视。由于我国认罪认罚从宽制度的基础条件和制度设计尚存在不足之处，短期内不宜剥夺认罪认罚被告人的上诉权。

首先，从认罪认罚从宽制度的基础条件来看，我国刑事正当程序发育不良，刑事诉讼结构存在明显的控辩失衡等问题，加之认罪认罚从宽制度必要的保障措施不足，导致认罪认罚案件中的控辩失衡进一步加剧，可能对被追诉人认罪认罚的自愿性和真实性产生不良影响。在我国刑事诉讼中，控方掌握案件诉讼信息尤

---

[1] 参见孙长永：《比较法视野下认罪认罚案件被告人的上诉权》，载《比较法研究》2019 年第 3 期，第 50-52 页。

其是证据信息，被追诉人对这些信息的了解是有限的，即"证据资源不对称"；控方拥有更多的权力，包括控罪权、求刑权等内容，认罪认罚从宽制度又使得求刑权在一定程度上具有了"裁判权"的效力，而被追诉人并无多少权利（尤其是缺乏律师有效帮助）能够对上述职权决定形成有效制衡，即"权力资源不对称"。[1] 这样，控辩双方实际上处于一种结构上的不对等状态。[2] 这种结构上的控辩失衡在我国特有的侦查讯问制度、审前羁押制度[3]、翻供之前的认罪供述印证可采制度以及高达99.9%定罪率下变得更为显著。而在此基础之上建立的认罪认罚从宽制度，更是由作为控诉一方的检察机关主导。在控辩地位不平衡的情况下，被追诉人认罪认罚时一定程度上存在被"强制"或"胁迫"的成分。保留认罪认罚被告人的上诉权，有利于为被告人提供一个畅通的救济机会，弥补认罪认罚案件在判决以前可能存在的不足。

其次，从认罪认罚从宽制度的设计来看，认罪认罚案件的迅速审判可能会使法院放松对事实根据、指控罪名以及相应量刑建议的审查，进而导致经控辩协商且明显偏离实体公正的案件得以顺利通过。统计数据显示，不管是在被告人上诉案件中，还是在检察机关抗诉案件中，二审法院改判率均高于维持率，这说明一审裁判确实存在一定的质量问题。具体从二审判决理由来看，一审判决基本覆盖了事实认定错误、证据采信错误、罪名认定错误、量刑明显不当等各种错误类型，而且部分是低级简单的错误，如判处确定的缓刑考验期限、判处的罚金数额、并处罚金等违反法律或司法解释的明示规定。有实证研究指出，一审适用认罪认罚从宽制度后进入再审程序的案件仍时有发生，其中个别案件更是改判无罪或因冒名顶替改判为包庇罪。[4] 这反映了有的一审法院在从快的程序环境下未勤勉尽责而导致审查流于形式。从认罪协商的域外实践看，法官对有罪答辩的事实基础的审查容易流于形式[5]，可能会导致冤假错案的出现。表9-11的数据显示，美国冤案登记中心统计于2016年至2019年发生冤案共有599例，其中基于有罪答辩

---

〔1〕　参见龙宗智：《完善认罪认罚从宽制度的关键是控辩平衡》，载《环球法律评论》2020年第2期，第6-13页。

〔2〕　参见吴思远：《我国控辩协商模式的困境及转型——由"确认核准模式"转向"商谈审查模式"》，载《中国刑事法杂志》2020年第1期，第149页。

〔3〕　参见龙宗智：《完善认罪认罚从宽制度的关键是控辩平衡》，载《环球法律评论》2020年第2期，第12页。

〔4〕　参见孙长永、李昭婧：《再审程序视野下认罪认罚从宽制度实证研究——基于426件再审案件的分析》，载《西南政法大学学报》2022年第3期，第58页。

〔5〕　如在美国部分州的地区法院，法官认为凭借被告人的口头陈述及对被告人答辩时的神态语气，即可以认定有罪答辩的事实基础。参见向燕：《我国认罪认罚从宽制度的两难困境及其破解》，载《法制与社会发展》2018年第4期，第81页。

而被错误定罪的被告人有 193 人，占比 32.2%，2016 年更是高达 45%。即使在职权处分模式的德国，刑事协商也导致了个别冤假错案的发生。[1]国内外实践均说明，法院如果放松了对认罪认罚的事实基础以及由此提出量刑建议的审查，就很难保证实体公正得以最终实现。保留认罪认罚被告人的上诉权，有利于及时发现并纠正可能出现的错误判决，保证法律的统一正确实施。

表 9-11　2016—2019 年美国有罪答辩被错误定罪的人数和比例统计[2]

年份	无罪人数（人）	有罪答辩被定罪人数（人）	有罪答辩比例	
2016	166	74	45%	
2017	139	36	26%	32%（193/599）
2018	151	49	32%	
2019	143	34	24%	

最后，从上诉制度的价值角度看，上诉制度是对认罪认罚从宽制度下被追诉人权益保障不足的一种补偿机制。上文述及，至少部分被告人提出上诉，是与知情权、参与权、协商权等保障不力有关。最高人民法院在发布的指导性案例（第 1412 号）"杨某然贩卖毒品案"所附意见中进一步说明："实践中被告人以量刑过重为由提出上诉的，不能因此否定一审对认罪认罚情节的认定。要注意到审查起诉阶段控辩协商不充分、有效法律帮助难以保障甚至一审法院对自愿性及量刑建议审查不严的现象不同程度地存在。"[3]如果一律禁止认罪认罚被告人提出上诉，显然会进一步限制对认罪认罚从宽制度运行的司法监督，难以防止检察权和审判权的滥用。从比较法上的经验来看，《德国刑事诉讼法》在 2009 年确立刑事协商制度之时，为了防止刑事协商制度的运行失灵，就明确规定被告人对以刑事协商方式作出的判决仍然享有上诉权；[4]《格鲁吉亚刑事诉讼法》在 2004 年引入辩诉

---

〔1〕　参见［德］托马斯·达恩史戴特：《失灵的司法：德国冤案启示录》，郑惠芬译，法律出版社 2017 年版，第 264-270 页。

〔2〕　See National Registry of Exonerations：Innocents Who Plead Guilty（24 November 2015）；Annual Report of the National Registry of Exonerations（2016-2019），http：//www. law. umich. edu/special/exoneration/Pages/about. aspx，最后访问日期：2024 年 1 月 5 日。

〔3〕　参见最高人民法院刑事审判第一、二、三、四、五庭编：《刑事审判参考》（总第 127 辑），人民法院出版社 2021 年版，第 42 页。

〔4〕　《德国刑事诉讼法》第 35a 条规定："如按第 257c 条以协商的方式作出的判决，要告知相关人员在任何情况下他有权自由决定是否上诉。"参见《世界各国刑事诉讼法》编辑委员会编译：《世界各国刑事诉讼法》欧洲卷（上），中国检察出版社 2016 年版，第 253 页。

交易制度之初，虽然明确禁止被告人提出上诉，但后续因为辩诉交易制度面临金钱交易目的化、司法审查形式化、控辩失衡严重化等风险，在 2005 年修订时重新确立了被告人在辩诉交易制度中的上诉权。[1] 由此可见，只有保障被告人的上诉权，才能够通过二审法院对一审程序乃至审前程序中的违法行为进行司法审查，切实发挥二审的救济和纠错功能，进而倒逼检察机关和法院更好地落实认罪认罚被告人的诉讼权利，保证认罪认罚的自愿性、真实性和合法性。

2. 合理限制上诉权

合理限制上诉权，是有效制止被告人滥用上诉权的现实选择，也是进一步完善认罪认罚从宽制度的内在要求。

在限制认罪认罚案件上诉权的讨论中，主要有范围限制和理由限制两种观点。有学者认为，设立速裁案件一审终审制度，即使被告人违背意愿认罪认罚，也只能通过再审程序救济；[2] 有学者主张建立上诉理由审核制，既能保障被告人获得上诉救济，也能防止被告人滥用上诉权；[3] 还有学者主张建立上诉理由审查制，由法律列举允许上诉的法定理由。[4]

这些理论主张对于认罪认罚从宽制度的系统性完善均有积极意义，但不符合认罪认罚被告人上诉案件的实际分布情况。根据对上诉案件裁判文书的统计分析，技术策略类上诉主要针对的是判处一年有期徒刑以下的速裁程序判决，程序违法类上诉和实体错误类上诉主要针对的是判处一年有期徒刑以上的速裁或简易程序判决。据此，如果现有的全部速裁案件实施一审终审制，虽然能够很大程度上制止上诉权的滥用，但同时也剥夺了相当数量被告人因为裁判错误而提起上诉救济的机会；而上诉理由审查制很难发挥过滤滥用上诉的功能，这主要是因为被告人能够以法定理由掩盖真实的上诉意图，[5] 以形式审查方式对上诉理由进行审查可能不如目前二审不开庭审理的效果好。

因此，限制被告人的上诉权适宜采取分类对待的方式。一方面，宜将速裁程

〔1〕 参见冯科臻：《认罪认罚自愿性"三步式"审查判断体系建构》，载中国刑事诉讼法学研究会编：《习近平法治思想引领下的刑事诉讼制度改革与完善》，中国检察出版社 2022 年版，第 107-115 页。

〔2〕 参见郑瑞平：《比较法视野下我国刑事速裁程序之完善——以处罚令制度为视角》，载《中国刑事法杂志》2016 年第 6 期，第 26 页

〔3〕 参见牟绿叶：《我国刑事上诉制度多元化的建构路径——以认罪认罚案件为切入点》，载《法学研究》2020 年第 2 期，第 108-127 页。

〔4〕 参见孙长永：《比较法视野下认罪认罚案件被告人的上诉权》，载《比较法研究》2019 年第 3 期，第 51-52 页。

〔5〕 参见汪海燕：《认罪认罚案件上诉问题实证研究——基于 B 市 508 件案例的分析》，载《中国应用法学》2023 年第 3 期，第 99 页。

序的适用范围限制为判处一年有期徒刑以下刑罚的案件，并且原则上禁止被告人对速裁程序判决提出上诉，除非存在以下情形：（1）采用暴力、威胁、引诱等非法手段迫使被告人违背意愿认罪认罚的；（2）被告人的辩护权受到不合理限制的；（3）起诉指控的罪名与审判认定的罪名不一致而构成突袭裁判的；（4）法院判处的刑罚超出量刑建议的；（5）公安机关、人民检察院、人民法院违反认罪认罚从宽制度职责要求的。另一方面，对适用其他程序审理的认罪认罚案件，不得限制被告人的上诉权。此外，为了充分发挥二审程序的纠错救济功能，如果被告人因为速裁程序的适用存在上述五种情形之一而提出上诉，二审法院应当对上诉案件进行开庭审理。

（二）以规范检察机关的抗诉权为重点

基于上文对抗诉权滥用或缺位的原因分析，针对被告人合法上诉的"报复性"抗诉，需要从正确理解"认罪认罚"、上诉、裁判错误之间的关系方面寻求解决对策；针对法院拒绝采纳量刑建议判决的"赌气式"抗诉，其对策除缓和相关考核要求之外，还应当对《刑事诉讼法》第 201 条规定作出符合司法规律的解释，甚至从立法上作出适当的修改；针对裁判确有错误抗诉的缺位，其对策主要在于立足抗诉标准设定合理抗诉考核要求。

1. 澄清认罪认罚、上诉、裁判错误三者之间的关系

针对认罪认罚被告人的上诉而提出的抗诉，主要涉及"被告人提出上诉，是否意味着反悔不再认罪认罚"以及"即使被告人上诉表明不再认罪认罚，是否也就意味着一审判决确有错误"两个问题。

通过对样本裁判文书的梳理发现，关于"被告人提出上诉，是否意味着反悔不再认罪认罚"的问题，二审法院主要有以下三种不同立场：

第一，"肯定说"。认为被告人提出上诉系认罪认罚后反悔，导致一审判决从宽处罚基础丧失，应当改判加刑。例如，在"余某危险驾驶案"中，二审法院认为："上诉人余某自愿签署认罪认罚具结书后，无正当理由反悔，一审基于其认罪认罚情节对其在更大幅度内从轻处罚的基础已不存在。原判认定事实清楚、适用法律正确、审判程序合法，但量刑过轻，本院依法改判。"[1]

第二，"否定说"。认为被告人提出上诉是其法定权利，不能因此而认为其不再认罪认罚，更不应改判加刑。例如，在"高某某掩饰、隐瞒犯罪所得案"中[2]，被告人提出上诉请求适用缓刑，公诉机关以不再适用认罪认罚从宽制度而应加刑

---

〔1〕参见贵州省贵阳市中级人民法院（2022）黔 01 刑终 47 号刑事判决书。

〔2〕参见重庆市第四中级人民法院（2023）渝 04 刑终 60 号刑事判决书。

为由提出抗诉。二审法院审理后认为，被告人与公诉机关最初达成的认罪认罚协议中不包括适用缓刑的内容，被告人针对缓刑问题提出上诉，虽有悖于最初签订的《认罪认罚具结书》，但并不违反公诉人当庭意见的内容，因此，被告人的上诉并非恶意利用认罪认罚从宽制度谋取不当利益，属于依法行使上诉权，故不应就此对其增加刑罚。又如，在"贾某某故意伤害案"中[1]，二审法院认为："上诉人贾某某虽自愿签署《认罪认罚具结书》，但上诉权系其法定权利，其在一审判决后又提起上诉不违反法律规定。"

第三，"折中说"。认为被告人提出上诉虽然系认罪认罚后反悔，但如果根据当时事实基础以及认罪认罚等情节作出的一审判决并无问题，不能改判加刑。例如，在"吴某某过失致人死亡案"中[2]，二审法院认为："吴某某因认罪认罚被一审法院从宽处罚后，无正当理由推翻其所签署的认罪认罚具结书，应当受到否定性评价。虽在案证据能够证实抗诉机关关于吴某某违反认罪认罚协议，在没有新事实、新证据的情况下，无正当理由提出上诉的意见及支持抗诉机关相关抗诉意见成立，但原审人民法院根据吴某某具有自首情节，积极签署认罪认罚具结书等，认为原公诉机关提出的确定的量刑建议适当，并按照该量刑建议对吴某某判处刑罚，量刑并无不当之处。"

总体来看，与认罪认罚从宽制度实施初期多数二审法院支持"肯定说"的情况相比，目前多数二审法院坚持"否定说"或"折中说"的立场，这表明二审裁判向有利于保障被告人上诉权的方向转变。我们认为，在现阶段，坚持否定说是正确的，理由如下：认罪认罚案件的上诉理由以及二审裁判情况已经充分证明，被告人上诉并不当然构成对认罪认罚的反悔。即使被告人上诉构成对认罪认罚的反悔，也并不意味原审判决确有错误，检察机关不能当然提起抗诉。一方面，根据《最高检规则》《最高法解释》的相关规定[3]，"新的事实"是检察机关未指控或者法院未裁决而后又被发现的与定罪量刑有关的事实。在认罪认罚上诉案件中，因为原审法院在一审阶段已经对"认罪认罚"这一罪后量刑情节依法予以确认并据此作出量刑裁判，所以，即使被告人提出上诉构成对认罪认罚的反悔，也

---

〔1〕　参见河南省焦作市中级人民法院（2022）豫08刑终102号刑事判决书。

〔2〕　参见北京市第四中级人民法院（2023）京04刑终3号刑事判决书。

〔3〕　《最高检规则》第424条规定："新的事实是指原起诉书中未指控的犯罪事实。"《最高法解释》第286条规定："法庭辩论过程中，合议庭发现与定罪、量刑有关的新的事实，有必要调查的，审判长可以宣布恢复法庭调查，在对新的事实调查后，继续法庭辩论。"第297条规定："审判期间，人民法院发现新的事实，可能影响定罪量刑的，或者需要补查补证的，应当通知人民检察院，由其决定是否补充、变更、追加起诉或者补充侦查。"第391条规定："对上诉、抗诉案件，应当着重审查下列内容：……（四）上诉、抗诉是否提出新的事实、证据；……"

只是被告人个人行为而导致的认罪认罚情节发生变化，并不是"新的事实"。另一方面，根据《刑事诉讼法》第236条的规定，除一审判决认定事实不清、证据不足的以外，二审法院改判的前提是"原判决认定事实没有错误，但适用法律有错误，或者量刑不当"，原审法院依法审理后确认认罪认罚情节并据此作出的量刑裁判，并不会仅仅因为被告人事后反悔提出上诉就成为适用法律错误或者量刑不当的裁判。因此，不管被告人是否提出上诉，只要原审裁判没有错误的，检察机关就不应当提出抗诉。

2. 修改《刑事诉讼法》第201条规定

《刑事诉讼法》第201条关于"一般应当采纳"的规定涉及量刑建议对量刑裁判的实体约束力问题，法学界对此产生严重分歧：（1）"传统求刑权说"认为，从本质上讲，不管是非认罪认罚案件，还是认罪认罚案件，量刑建议权都属于求刑权的范畴，是一项程序性权力。[1]（2）"实体裁判说"认为，在认罪认罚案件中，量刑建议之所以会对法官量刑裁判产生直接约束力，是因为法官定罪量刑的裁判权已经提前全部或部分让渡给了检察机关，因此，检察机关的量刑建议权实质上已经具备了相当程度的"实体裁判属性"。[2]

这两种观点分别立足于传统的控审分离原则和当代的"检察官司法"现实，体现了控审职能关系的不同视角，各有其理论价值和实践意义。鉴于此，不妨从应然和实然两个角度分别描述量刑建议与量刑裁判之间的关系样态，并通过司法解释乃至立法修改消融两者存在的冲突。

从应然角度看，量刑建议是指检察机关基于公诉权向法院提出的量刑主张，对法院的量刑裁判并无直接拘束力，其只能作为法院量刑裁判的参考，并不能从根本上左右法院的量刑裁判，量刑建议与量刑裁判是一种"量刑申请"与"量刑裁判"的关系。简言之，量刑建议只具有程序性权力的属性，不具有任何实体性权力的属性。从实然角度看，《刑事诉讼法》第201条要求法院对于认罪认罚案件"一般应当采纳"检察机关的量刑建议，但"明显不当"的除外。"一般应当"包括"应当采纳"和"应当不采纳"两种含义，前者是指认罪认罚案件量刑建议如果没有达到明显不当的程度，法院应当采纳；后者是指对不符合认罪认罚从宽制

---

[1] 参见胡云腾：《正确把握认罪认罚从宽，保证严格公正高效司法》，载《人民法院报》2019年10月24日，第5版；孙长永：《认罪认罚案件"量刑从宽"若干问题探讨》，载《法律适用》2019年第13期，第13页。

[2] 参见陈国庆：《量刑建议的若干问题》，载《中国刑事法杂志》2019年第5期，第16页；周新：《论检察机关的公诉模式转型》，载《政治与法律》2020年第1期，第22页；朱孝清：《认罪认罚从宽制度对刑事诉讼制度的影响》，载《检察日报》2020年4月2日，第3版。

度适用条件的案件[1]，法院对检察机关基于认罪认罚从宽制度提出的量刑建议应当不予采纳。也就是说，在符合认罪认罚从宽制度适用条件的案件中，法院的量刑裁量仅限于量刑建议明显不当的情况，对于适当或不当的量刑建议，法院几乎没有量刑裁量权。就此而言，认罪认罚案件量刑建议的确具有了"部分实体裁判"的属性。

但是，这种制度安排既不符合量刑裁判的基本原理，也有违刑事诉讼的宪法原则，更不符合刑事司法的普遍规律。

首先，"一般应当采纳"条款违反量刑裁判的基本原理。根据《刑事诉讼法》的规定，公检法机关办理刑事案件应当以事实为根据、以法律为准绳，量刑的事实根据是犯罪的要件事实以及要件事实以外的量刑事实，认定事实的根据是证据。《刑事诉讼法》第50条第3款规定："证据必须经过查证属实，才能作为定案的根据。"在认罪认罚案件中，如果法院经依法审理后查明的事实与检察机关量刑建议所依据的事实不一致，不管是认为检察机关认定的某些量刑事实（如自首、从犯、累犯、前科等）不存在或者发现涉案金额认定错误，还是起诉后出现了新的影响量刑的事实（如和解或调解、谅解、退赃退赔、预缴罚金等），法院最终作出量刑裁判时只能依据审理后查明的事实，从而导致量刑裁判不同于量刑建议。而在司法实践中，法院依法开庭审理后查明的事实与检察机关起诉时认定的事实不同，是一种常见现象。因此，要求法院"一般应当采纳"检察机关的量刑建议，实际上是要求法院的量刑裁判只能以检察机关起诉时认定的事实为依据，而不是以经法庭审理后查明的事实为依据。这既违反了量刑裁判的基本原理，也违反了法院的审判职责。

其次，"一般应当采纳"条款违反了《宪法》规定的分工负责、互相配合、互相制约原则，并且很容易导致案件的错判。根据《宪法》《刑事诉讼法》的相关规定，法院与检察院以分别独立行使审判权和检察权的形式贯彻落实分工负责、相互配合、互相制约原则。习近平总书记在关于《中共中央关于全面推进依法治国若干重大问题的决定》的说明中强调指出："我国刑事诉讼法规定公检法三机关在刑事诉讼活动中各司其职、互相配合、互相制约，这是符合中国国情、具有中国特色的诉讼制度，必须坚持。"《认罪认罚指导意见》第4条也明确规定："办理认罪认罚案件，公、检、法三机关应当分工负责、互相配合、互相制约，保证犯罪嫌疑人、被告人自愿认罪认罚，依法推进从宽落实。"这说明检法之间分工

---

[1]　参见闫召华：《"一般应当采纳"条款适用中的"检""法"冲突及其化解——基于对〈刑事诉讼法〉第201条的规范分析》，载《环球法律评论》2020年第5期，第141–142页。

配合制约的根本关系在认罪认罚案件中并未发生改变。但是实际上，在认罪认罚案件中，量刑建议在原本程序性权力属性的基础上，又被立法赋予相当程度的实体性权力属性，这既是对检察权的不当扩张，也是对审判权的不当限缩，更是对实体裁判权的重新分工，严重违反分工负责、互相配合、互相制约的宪法原则，并由此导致检法关系异化为"法院单向配合、检察单向制约"。前者表现为法院高度配合检察机关兑现对被追诉人的从宽利益，并产生量刑建议采纳率高达97%以上的结果；后者表现为在法院未采纳量刑建议的情况下，检察机关通过制发检察建议或提起抗诉等手段来制约偏离量刑建议的量刑裁判。上述实践情况充分表明，如果不能发挥法院对认罪认罚的事实基础和量刑建议的独立裁判功能，就很难保障实体公正的实现，甚至容易产生冤假错案。一些本来罪行较轻的认罪认罚案件却出现冒名顶替的现象[1]，与此不无关系。

最后，"一般应当采纳"条款不符合刑事司法的普遍规律。在域外确立认罪协商或者量刑协商制度的国家，法官仍然享有独立的裁判权，有权对答辩协议或者量刑协议进行实质审查后依法作出裁判。例如，根据《美国联邦刑事诉讼规则》第11条第c款的规定，无论是被告人的量刑请求，还是检察官的量刑建议，对法庭均没有任何约束力，法庭有权在适当考虑有罪答辩协议后，独立作出量刑裁判。根据《德国刑事诉讼法》第257c条的规定，即使法院与被告人、检察机关达成包括刑罚上限和下限的供述协议，法院也有权将证据调查覆盖所有对裁判有意义的事实和证据材料，如有疏忽或出现新的法律上或事实上的关键情况，并确信原先承诺的量刑幅度与行为或罪责不相当，或者被告人进一步的诉讼行为与法院预测所依据的行为不一致，法院有权作出不同于该供述协议的量刑判决。[2]《国际刑事法院罗马规约》第65条第5款也明确规定，控辩双方关于变更指控、有罪答辩或判处刑罚的任何协议，对国际刑事法院都不具有任何约束力。[3]不难发现，在认罪协商案件中，保留法院独立完整的裁判权是刑事司法的普遍规律。

《刑事诉讼法》第201条第2款关于"量刑建议调整"的规定涉及量刑建议对量刑裁判的程序约束力问题，尤其是法院未经检察机关调整量刑建议程序而直接作出裁判是否构成"影响公正审判"的严重程序违法，检法两院仍然存在一定

---

[1] 参见孙长永、李昭婧：《再审程序视野下认罪认罚从宽制度实证研究——基于426件再审案件的分析》，载《西南政法大学学报》2022年第3期，第58页。

[2] 参见《世界各国刑事诉讼法》编辑委员会编译：《世界各国刑事诉讼法》欧洲卷（上），中国检察出版社2016年版，第298页。

[3] See Rome Statute of the International Criminal Court, Done at Rome on 17 July 1998, in force on 1 July 2002, Article 65.5（Any discussions between the Prosecutor and the defence regarding modification of the charges, the admission of guilt or the penalty to be imposed shall not be binding on the Court.）.

认识分歧。从认罪认罚从宽制度的内在要求来看，量刑问题由控辩双方根据案件的事实、情节和法律规定达成合意，检察机关根据控辩合意提出量刑建议。可以说，通过量刑协商获得从宽处理是吸引被追诉人自愿认罪认罚的关键。正因如此，《认罪认罚指导意见》明确要求控辩双方就量刑建议"尽量协商一致"。法院如果认为量刑建议明显不当，没有提示检察机关调整而直接判处不同于量刑建议的刑罚，无非有两种情形，一种是拟作出的量刑判决重于量刑建议，另一种是拟作出的量刑判决轻于量刑建议。第一种情形意味着法院违反了检察机关对认罪认罚被告人的从宽承诺，变相剥夺了认罪认罚被告人所期待的从宽利益，最终的量刑结果不论在实体上是否存在充分的事实和法律依据，对于被告人而言必然都是不公正的。而且，一旦法院直接下判，很可能会引发被告人上诉，不利于认罪认罚从宽制度的有效实施。第二种情形意味着检察机关的量刑请求没有得到法院的裁判认可，但并不损害被告人的合法利益，也不违反认罪认罚从宽制度的精神。而且法官持有更加中立的立场，拥有更丰富的量刑经验，掌握更全面的量刑信息，直接作出的量刑裁判自然更加公正合理。因此，此处"程序性制约"除包括量刑建议原本程序性权力属性所发挥的作用外，主要是指法院在量刑建议外作出不利于被追诉人的量刑裁判时，仍须经过告知、异议程序，保障被告人撤回认罪认罚和重新协商具结的权利。

为了兼顾控辩双方利益，保证认罪认罚从宽制度的公正实施，应当从解释论和立法论两个方面对《刑事诉讼法》第 201 条规定予以改进。

从解释论上看，"一般应当采纳"的规定在《认罪认罚指导意见》中已经发生变化。《认罪认罚指导意见》第 40 条规定，"对于人民检察院提出的量刑建议，人民法院应当依法进行审查，对于事实清楚，证据确实、充分，指控的罪名准确，量刑建议适当的，应当采纳"；有法定五种例外情形的，"不予采纳"。这一条款的理解引发了实务界和理论界的热议。最高人民检察院相关负责人指出，"量刑建议适当"应当结合立法规定的"量刑建议明显不当"进行理解，量刑建议没有"明显不当"，就是"量刑建议适当"。[1]有学者则认为，根据"量刑建议适当的予以采纳"的要求，当量刑建议一般不当时，显然不能得出"一般应当采纳"的结论，法院应不予采纳。[2]我们同意第二种观点。法院之所以采纳量刑建议，是因为适当的量刑建议符合公正裁判所要求的实体真实原则和罪责刑相适应原则，

---

〔1〕 参见苗生明、周颖：《认罪认罚从宽制度适用的基本问题——〈关于适用认罪认罚从宽制度的指导意见〉的理解和适用》，载《中国刑事法杂志》2019 年第 6 期，第 22 页。

〔2〕 参见林喜芬：《论量刑建议制度的规范结构与模式——从〈刑事诉讼法〉到〈指导意见〉》，载《中国刑事法杂志》2020 年第 1 期，第 9 页。

并不存在"一般应当采纳"的量刑建议。这一指导意见实际上已经剔除了量刑建议对量刑裁判的实体约束力。

"量刑建议调整"的规定虽然在从《刑事诉讼法》到《认罪认罚指导意见》发生一定变化，但不应作出突破立法精神的司法解释。《刑事诉讼法》第 201 条第 2 款规定："人民法院经审理认为量刑建议明显不当，或者被告人、辩护人对量刑建议提出异议的，人民检察院可以调整量刑建议。人民检察院不调整量刑建议或者调整量刑建议后仍然明显不当的，人民法院应当依法作出判决。"有学者指出，该规定实际上包含"法院认为量刑建议明显不当的，应当告知检察院"的意思，否则，除被告人、辩护人对量刑建议提出异议的以外，就不会产生检察院调整量刑建议的问题，因此，《认罪认罚指导意见》第 41 条明确规定："人民法院经审理，认为量刑建议明显不当，或者被告人、辩护人对量刑建议有异议且有理有据的，人民法院应当告知人民检察院。"[1]但是根据立法规定，只能得出"是否调整量刑建议是检察院的权力"的结论，无法直接得出"法院有应当建议调整义务"的解释性结论。[2]而且，法院本身在庭审中已经就定罪量刑问题充分听取控方意见，不再有必要通知检察机关调整量刑建议。

在立法论上，目前学界主流意见主张废除"一般应当采纳"的规定，这一主张固然解决了第 201 条的合宪性问题，但简单地废除并不一定能满足被追诉人对从宽处罚的合理期待，可能会影响认罪认罚从宽制度的有效适用。综合考虑第 201 条第 1 款和第 2 款的规定，并借鉴美国、德国等国家的相关经验，可以对第 201 条作出如下修改："人民法院经依法审理后查明，案件事实清楚，证据确实、充分，被告人自愿认罪认罚，且检察机关指控罪名准确、量刑建议适当的，应当采纳检察机关的指控罪名和量刑建议。在其他情况下，人民法院应当在庭审中充分听取各方意见后，依法作出判决，但是拟判处重于检察机关量刑建议的刑罚时，应当事先赋予被告人撤回认罪认罚的机会；并且除被告人及其辩护人没有异议的以外，不得使用被告人在量刑协商期间所作的供述作为定罪量刑的根据。"

3. 优化检察机关办案业绩考核机制

第一，停用确定刑量刑建议提出率的考核指标，根据被追诉人意愿和案件事实情况灵活把握量刑建议形式。实践证明，量刑建议的提出，不仅要考虑法定刑幅度、罪行轻重、量刑情节、罪名数量、犯罪事实等内在因素，还要考虑被追诉

---

[1] 参见孙长永、冯科臻：《认罪认罚案件抗诉问题实证研究——基于 102 份裁判文书的分析》，载《西南政法大学学报》2020 年第 4 期，第 96 页。

[2] 参见陈卫东：《认罪认罚案件量刑建议研究》，载《法学研究》2020 年第 5 期，第 172-173 页。

人意见、辩护人或值班律师参与情况等外在因素，加之上述因素又会随着程序推进而发生变化。如果不切实际地要求检察官在极短的办案期限内提出确定刑量刑建议，会极大地增加检察官的办案负担，很容易导致案件事实认定和量刑建议方面的错误。[1] 即使从稳定合理预期角度看，被追诉人也更在乎认罪认罚后应当获得的从宽处罚与不认罪、认罪不认罚的量刑梯度差异，以及控辩双方是否经过公开、公正、平等的量刑协商程序，而不仅仅是在表面上提出一个确定的量刑建议。因此，只有可以适用独任制审理的轻罪案件中，被追诉人有明确追求确定刑罚的意愿，且控辩双方对指控事实、罪名以及量刑情节均没有异议的，检察机关才适合提出确定刑量刑建议；在其他情况下，检察机关更适合提出有弹性的幅度刑量刑建议，以适应案件的具体情况，如控辩双方对量刑根据或量刑建议有争议、被追诉人犯数罪、量刑情节可能发生变化，等等。

　　第二，调整量刑建议采纳率，增设被追诉人对量刑建议合意度的考核指标。因为法院必须根据庭审查明的事实证据作出量刑判决，偏离检察机关事先提出的量刑建议是一种常态化的司法现象，如果把常态化的裁判情况作为不利于检察机关的考核指标，显然是不合理的设定。实践证明，设定过高的量刑建议采纳率，虽然对提出适当的量刑建议可能会有一定激励作用，但更多的是会产生消极作用。在检法关系密切的地区，主要体现在检察官事前私下联系法官，以获得法官对量刑建议的提前支持，从而损害法院审判的中立性，并对被告人造成"未审先定"的不利后果；在检法关系不睦的地区，主要体现在公诉机关事后提起抗诉，迫使法院不得不采纳量刑建议，从而加剧检法矛盾，造成司法资源的浪费。从制度设计角度看，对量刑建议采纳率的考核，应当充分考虑控审职能的正常运行，并同时兼顾检察官的追诉动力和法官的审判压力以及量刑建议采纳情况的地区差异，因而全国统一的考核指标应当适当调低并且允许有一定的幅度。同时，为了最大限度地鼓励被追诉人自愿认罪认罚，可以考虑增设被追诉人对量刑建议合意度的考核指标，以此促进量刑协商程序的有效运行，进一步改善控辩严重失衡的结构状态，因为量刑建议是控辩双方协商后达成合意的结果，量刑建议及其形成过程究竟是否真正体现出协商合意，只有被追诉方最清楚。

　　第三，不能脱离法院裁判确有错误的实际情况而设定抗诉考核指标。《刑事诉讼法》第228条只是要求检察机关认为裁判"确有错误"时应当提出抗诉，并没有要求必须抗诉成功，毕竟检法两院对裁判是否确有错误可能存在不同的主观判

---

〔1〕　参见孙长永、李昭婧：《再审程序视野下认罪认罚从宽制度实证研究——基于426件再审案件的分析》，载《西南政法大学学报》2022年第3期，第58页。

断。实践证明，一味要求检察机关只能提出成功的抗诉，会很大程度上导致检察监督的整体落空。因此，最高人民检察院不应把片面追求公诉案件有罪判决的考核机制进一步延伸到二审阶段，不能脱离一审裁判确有错误的实际情况设定抗诉标准，而应当积极探索建立法院裁判确有错误的风险评估预警机制，把促进公正审判作为抗诉的最终目标。

（三）以强化法院裁判权为中心

除在审查起诉阶段决定不起诉或侦查阶段决定撤销案件的认罪认罚案件外，其他认罪认罚案件只有经过法院依法审理后作出裁判，才能最终兑现对被告人的从宽处罚。因此，要以强化法院裁判权为中心，确保法院在查明事实、认定证据、保护诉权、公正裁判中发挥决定性作用，为此，必须坚持法院是定罪量刑的裁判者、法院是审判程序的主导者、法院是诉讼权利的保障者等基本立场。

1. 坚持法院是定罪量刑的裁判者

党的十八届四中全会提出的"完善刑事诉讼中认罪认罚从宽制度"是为了完善兑现宽严相济刑事政策中"宽缓一面"的刑事诉讼程序，以改变从宽政策不能及时有效地兑现的局面，并非主要是为了解决刑事诉讼程序不快、不简的问题。[1]长期以来"坦白从宽，牢底坐穿；抗拒从严，回家过年"成为实践常态，根本原因在于"坦白从宽"政策的贯彻落实缺乏明确的法律保障，以至于该政策往往沦为司法人员规劝、诱导被追诉人坦白认罪的手段，但对坦白认罪的被追诉人的从宽处罚却难以得到兑现。在个案中，"是否兑现往往取决于具体办案的司法人员的态度"。[2]这对于鼓励真正有罪的被追诉人如实供述或者主动投案，切实发挥坦白从宽政策的感召力，并及时有效惩罚犯罪，极为不利。

从比较法角度看，我国尚未确认被追诉人的沉默权和侦查讯问时的律师在场权，也没有实行人身强制措施和强制侦查措施的司法令状原则。即使在审判阶段，也未确立言词直接原则或传闻规则，刑事案件的办理在整体上仍然呈现出公安司法机关"流水作业"的结构性特征，这使得我国刑事诉讼的整体运行本身就足够快捷，加之简易程序和普通程序简化审的广泛应用，如果再强调认罪认罚从宽制度主要是为了追求诉讼效率，并不符合我国司法实际情况，而且认罪认罚从宽制度能够在多大程度上实现诉讼经济，本身也值得怀疑。原因很简单，从总体工作量看，由于被追诉人认罪认罚、审理程序的简化（一般省略法庭调查和法庭辩论

---

〔1〕 类似的观点参见左卫民：《认罪认罚何以从宽：误区与正解——反思效率优先的改革主张》，载《法学研究》2017 年第 3 期，第 163 页。

〔2〕 张智辉：《认罪认罚从宽制度适用的几个误区》，载《法治研究》2021 年第 1 期，第 4 页。

环节）以及上诉率的下降，法官处理个案的平均工作量大大减少。但是，检察官除原来的审查起诉工作外，新增了就特定事项听取意见、提出量刑建议、量刑协商、证据开示、录音录像等工作，其工作量实质上不减反增。另外，根据《认罪认罚指导意见》第 7 条规定，被追诉人享有程序选择权，不同意适用速裁程序、简易程序的，不影响"认罚"的认定。这意味着即使被追诉人选择适用普通程序，未能实现节约司法资源、提高诉讼效率的目的，也不影响认罪认罚的认定。[1]

　　因此，法院应当坚持发挥审判权在实现实体公正中的作用，尤其是保障认罪认罚的被告人从宽处罚权益得到准确兑现，不能因为程序过度效率化而削弱审判的中心地位。根据我国《宪法》第 128 条、第 132 条的规定，法院是国家的审判机关，依法独立行使审判权，不受行政机关、社会团体和个人的干涉。这一宪法原则在《刑事诉讼法》第 3 条和第 5 条得到重申。《刑事诉讼法》第 12 条规定又进一步突出了法院的定罪量刑权，即法院是唯一有权对被告人定罪量刑的机关，侦查、起诉等审前程序对被追诉人罪责的认定仅仅具有程序内的意义。[2]即使被追诉人认罪认罚的案件，如果不经法院依法进行实体审理并作出定罪量刑的裁判，则检察机关提出的量刑建议或被告人及其辩护人发表的量刑意见没有任何意义，更不能直接作为限制被告人自由和财产的法律依据。

　　2. 坚持法院是审判程序的主导者

　　"没有程序就没有惩罚——国家不能不经正当程序定罪而惩罚公民"这一法律格言本身保证了刑事审判程序存在的重要性，因为解决刑事争议的正当程序意味着在一个无偏倚的法庭前进行官方的、公开的事实调查。[3]但是，法官在不同诉讼模式中的能动性和积极性有所不同。在对抗式诉讼模式下，法官负责审查控方证据是否达到"表面证据"，陪审团负责决定控方证据是否达到"排除合理怀疑"的证明标准，庭上证据调查程序由控辩双方通过各自举证和交叉询问的方式主导和控制。在职权式诉讼模式下，刑事证据由法官依职权并按照直接言词原则在法庭上进行调查；在公诉犯罪事实同一性的范围内，法官有权主动将调查程序的范围扩展到所有对于证明公诉事实有意义的证据上，不受控辩双方证据调查申

---

〔1〕　参见毛立新：《认罪认罚案件的无罪辩护问题》，载微信公众号"尚权刑辩"，2021 年 12 月 17 日。

〔2〕　参见孙长永：《审判中心主义及其对刑事程序的影响》，载《现代法学》1999 年第 4 期，第 93 页。

〔3〕　参见［德］托马斯·魏根特：《德国刑事程序法原理》，江溯等译，中国法制出版社 2021 年版，第 243 页。

请的限制；相对而言，控辩双方在证据调查中处于从属地位。[1]在我国刑事诉讼中，法官必须忠于事实真相，贯彻证据裁判原则，法院决定证据调查的范围、推进审判程序顺利进行等方面均具有浓厚的职权主义色彩；司法责任制关于法官"在法定职责范围内对所办理的案件终身负责"的要求也决定了法官必须依法履行审判职责，在审判过程中发挥"主导作用"，而不应异化为检察机关公诉犯罪事实和量刑意见的确认者，不能机械地适用"一般应当采纳"条款。

法官在审判程序中的主导作用，突出体现法官享有的事实调查权和诉讼指挥权等程序性权力方面。一方面，法官有权调查所有对裁判有意义的事实和证据材料，包括讯问被告人、询问证人、鉴定人、专家辅助人，听取公诉人、当事人和辩护人、诉讼代理人的意见，采取勘验、检查、查封、扣押等措施调查核实证据。另一方面，法官有权指挥刑事审判活动，包括庭审引导权、规则维护权、诉讼许可权和秩序维持权，[2]如控辩双方对证人证言或鉴定意见异议，申请证人或鉴定人出庭，由法院决定是否准许。即使被告人认罪认罚，法院仍是审判的主持者和指挥者。法院有权对认罪认罚的自愿性、认罪认罚具结书内容的真实性和合法性进行审查核实，如果被告人的行为不构成犯罪、不应当追究其刑事责任、被告人违背意愿认罪认罚，或者存在检察机关未履行告知义务并听取意见、值班律师未提供有效法律帮助等影响公正审判的情形，法院可以拒绝适用认罪认罚从宽制度，并就定罪量刑关键事实进一步调查核实；法院有权决定认罪认罚案件适用的审理程序，[3]以及程序简化程度（如省略或简化法庭调查、辩论程序）。对于被告人在侦查阶段、审查起诉阶段未认罪认罚，而在审判阶段认罪认罚的案件，法院有权根据事实和法律决定是否适用认罪认罚从宽制度，不需要另行通知公诉机关提出或者调整量刑建议，并就定罪量刑问题听取控辩双方意见后依法作出判决。当然，控辩双方也可以在庭上进行认罪认罚协商具结，但需要经过法官同意，毕竟法官是庭审程序的主导者。

3. 坚持法院是诉讼权利的保障者

法院的司法保障是维护被告人权利的最后措施，[4]因为只有在审判场域，被告人才能在控辩平等的诉讼格局下充分行使诉讼权利，尤其是辩护权。

---

〔1〕 参见冯科瑧：《认罪认罚案件的证据审查模式》，载《证据科学》2020年第6期，第663页。

〔2〕 参见龙宗智：《刑事庭审制度研究》，中国政法大学出版社2001年版，第361-363页。

〔3〕 例如，在"黄某珠交通肇事案"中，被告人认罪认罚，检察机关据此提出的量刑建议为三年至四年有期徒刑，但法院考虑到该案后果严重，在当地影响较大，在程序上未按照认罪认罚模式从简处理，而是依法组成合议庭，适用普通程序公开审理此案。参见最高人民法院刑事审判第一、二、三、四、五庭编：《刑事审判参考》（总第127辑），人民法院出版社2021年版，第1-5页。

〔4〕 参见龙宗智：《相对合理主义》，中国政法大学出版社1999年版，第228页。

《刑事诉讼法》第 11 条规定："……被告人有权获得辩护，人民法院有义务保证被告人获得辩护。"从实践情况看，在审查起诉阶段，值班律师主要起到见证具结的作用，很难为被追诉人提供有效的法律帮助，导致被追诉人可能无法真正理解认罪认罚的性质和法律后果以及与不认罪认罚之间的量刑差异。进入审判程序后，尤其是适用普通程序审理的刑事案件，被告人没有委托辩护人的，法院可以通知法律援助机构指派律师担任辩护人。即使适用简易程序或速裁程序的案件，法院也应当履行诉讼关照义务，向被告人提供指导和建议，以弥补值班律师帮助不足，进而保证被告人能够在全面评估后决定是否认罪认罚。

在我国现阶段，控辩双方实际上处于一种结构上的不对等状态，检察机关天然具有信息资源优势和权力资源优势。这极易侵犯被追诉人的实体权益和程序权利，尤其会对被追诉人认罪认罚并接受检察机关提出的量刑建议产生强制力。域外司法经验表明，这种权力不平衡是导致认罪协商偏离实体公正的主要原因。作为中立裁决者的法院能够有效制约强势的检察权，这在认罪认罚案件中至少表现为两个方面：（1）法院强化认罪认罚案件的实质审查，包括认罪认罚的阶段认定、认罪认罚是否自愿、指控罪名是否准确、量刑建议是否适当、控辩协商程序是否合法等，能够敦促检察机关客观公正地履行职责，消极指控偏见，尊重辩方权利；（2）如果检察机关在审查起诉阶段出现不当行为，如强迫、威胁或欺骗被告人认罪认罚，或者应当适用认罪认罚从宽制度而未适用这一制度提起公诉，法院能够依职权予以纠正，以保障被告人认罪认罚的自愿性、真实性以及认罪认罚被告人依法享有的从宽处罚权益。在这一方面，司法实践中还需要充分发挥上级法院的审查救济和监督纠错功能，指导和监督下级法院真正落实公正审判的职责，确保认罪认罚从宽制度发挥应有的作用。

总之，自认罪认罚从宽制度全面实施以来，认罪认罚案件的上诉、抗诉和二审裁判等方面都存在一定的问题，这些问题既表明了认罪认罚从宽制度的运行还不够顺畅，也暴露了这一制度存在系统性设计不足的缺陷。认罪认罚被告人滥用上诉权主要是基于立法对认罪认罚从宽制度与上诉制度的不协调规定，以及公安司法机关未充分履行告知、释明、听取意见等法定职责而导致被告人对法律适用或事实认定产生错误认识。检察机关在认罪认罚案件中的抗诉权同时存在滥用和缺位问题，其中抗诉权滥用的主要原因在于立法对量刑建议权与裁判权的关系的规定合理性不足，司法实践中检察机关又片面强调其在办理认罪认罚案件中的主导地位，过度追求量刑建议的采纳率；抗诉权缺位的主要原因在于立法关于抗诉标准的规定不够明确，导致司法实践中检察机关对抗诉标准的把握不准确，同时抗诉采纳率的考核要求也起到了一定的抑制作用。从样本二审裁判结果看，大多数上诉或抗诉均获得二审法院支持，其原因主要在于对认罪认罚案件的一审实行快速审判模式导致裁判权不彰，以致一审裁判在认定事实或适用法律上往往存在这样或那样的错误。为了保证认罪认罚从宽制度得到公正的实施，需要以保障被告人的上诉权为底线、以规范检察机关抗诉权为重点、以强化法院裁判权为中心，从解释论的角度对认罪认罚的相关法律规定作出更加合理的解释，并不断优化司法机关办案业绩考核机制。同时，从立法论角度，进一步完善认罪认罚从宽制度的法律规定，逐步提高认罪认罚从宽制度的正当化水平。

第十章
认罪认罚案件质效的评估与保障

作为"丰富刑事司法和犯罪治理的'中国方案'"和"中国特色社会主义刑事司法制度的重大创新",[1]认罪认罚从宽制度改革正在深刻地影响着我国刑事诉讼制度的方方面面。统计显示,检察机关审查起诉的刑事案件认罪认罚从宽制度的适用率 2021 年达到了 89.4%,到 2022 年和 2023 年进一步提升到 90% 以上。[2]但值得注意的是,从 2014 年《中共中央关于全面推进依法治国若干重大问题的决定》中明确提出"完善刑事诉讼中认罪认罚从宽制度",开始部署认罪认罚从宽制度改革,到 2016 年中央全面深化改革领导小组审议通过《关于认罪认罚从宽制度改革试点方案》,正式铺开认罪认罚从宽制度的改革试点,再到 2018 年认罪认罚从宽制度正式被写入《刑事诉讼法》,在法律层面全面推行,至今不过八九年时间。对于构建认罪认罚从宽制度这样一个涉及诉讼理念、诉讼模式、诉讼原则、程序规则等的宏大而根本性的刑事司法制度而言,如此快的推进速度堪称"迅疾"。

在这一点上,其与域外多数国家合作式司法模式的确立进程有着鲜明区别。作为辩诉交易制度的发源地,美国确立辩诉交易制度的过程异常复杂曲折。早在 19 世纪之前,辩诉交易就在美国零星、隐蔽地出现。19 世纪之后,辩诉交易在司法实践中越来越多,逐渐在诉讼程序中占据主导地位。但美国联邦最高法院直到 1970 年才正式承认辩诉交易的合宪性。此后,联邦最高法院又陆续通过一系列判例解决了自愿性保障、律师帮助等关键问题,使得辩诉交易制度日趋完善。而德国确立认罪协商制度的过程也大体遵循渐进模式。德国曾被认为是一个"不存在

---

〔1〕 戴佳等:《认罪认罚从宽制度:丰富刑事司法与犯罪治理的"中国方案"》,载《检察日报》2021 年 2 月 26 日,第 2 版。

〔2〕 2021 年的适用率,参见戴佳:《今年 1 月至 9 月认罪认罚从宽制度适用率达 90.5%》,载《检察日报》2022 年 10 月 15 日,第 1 版;2022 年的适用率,参见张军:《最高人民检察院工作报告》(第十四届全国人民代表大会第一次会议,2023 年 3 月 7 日);2023 年的适用率,参见最高人民检察院 2024 年 3 月 9 日发布的《刑事检察工作白皮书(2023)》。

辩诉交易的地方"。[1]但 20 世纪 70 年代,德国刑事司法中开始出现认罪协商实践,但主要以秘密方式进行。20 世纪 90 年代,德国法律人协会在调研的基础上提出了相关的立法建议,而德国立法机构则踌躇不前。之后,德国联邦上诉法院、联邦最高法院和宪法法院逐渐发展了有关该问题的判例法,初步勾勒出承认认罪协商的限度和原则。2009 年,面对实践中的不断渗透,立法者最终在《德国刑事诉讼法》中规定了认罪协商条款。当然,法律的出台也没有彻底消除各界关于认罪协商正当性的争论。2013 年 3 月 19 日,德国联邦宪法法院在裁决中进一步明确了认罪协商的合宪性。

在制度经济学的理论框架下,制度安排的变更或替代通常可根据动力供给途径的不同划分为两种类型,即需求诱致型制度变迁和供给主导型制度变迁。前者主要是指微观主体基于自身需求而自发倡导、组织、实行的制度创新,有自下而上的特征。而后者则主要是由权力中心强制完成的,遵循自上而下的原则。不难看出,域外"辩诉交易体系的发展很大程度上是环境的产物"[2],尽管其中也有官方的跟随推动,但主要表现为一种需求诱致型制度变迁。而我国的认罪认罚从宽制度改革虽然在本质上源于环境因素的促动,但主要还是依靠官方的强力推动,是一种基于现实需求的供给主导型制度变迁。供给主导型制度变迁的突出优势在于,通过权力中心的"人为选择",能迅速将顶层设计者的政策意图引入新的制度安排,按照着眼于环境需求的预想方案即时实现资源和利益的再分配。但可以说,"人为选择"既是这种制度变迁方式的优势,也是它的固有局限。因为,在"人为选择"之下,不管是政策意图还是预想方案,都有与现实需要脱节的风险。而且,改革成效的评价指标在"人为选择"的过程中也很容易出现偏差,评价指标本身也需要经受实践的评价和检验,而对某项评价指标的过度倚重也极易导致制度适用的异化,使得该指标而非决策者试图借助该指标推进的制度运作实效成为关注重点。就认罪认罚从宽制度改革来说,考核制度适用率、量刑建议采纳率等是推进改革的重要手段,这些比率确实能直接反映出改革的推进力度,但主要以这些量化指标来说明制度本身的成效显然是不充分的。十三届全国人大常委会审议《最高人民检察院关于人民检察院适用认罪认罚从宽制度情况的报告》时,在充分肯定认罪认罚从宽制度改革取得的明显成效的同时,也尖锐地指出,在改革的推进中尚存在不适应不到位的问题,特别是,有的地方盲目追求比率,设定

---

[1] John H. Langbein, Land without Plea Bargaining: How the Germans Do It, 78 Mich. L. Rev. 204 (1979–1980).

[2] 转引自[美]斯蒂芬诺斯·毕贝斯:《庭审之外的辩诉交易》,杨先德、廖钰译,中国法制出版社 2018 年版,译者序第 5 页。

具体指标，导致层层加码、强推硬推现象。[1]对此，最高人民检察院提出了10个方面28条贯彻落实意见，并将"在稳定保持较高适用率的基础上，更加注重提升认罪认罚案件质效"作为下一步的工作目标。[2]但问题是，什么是质效？质效是一种主观的期待，还是一种客观的效果，抑或一种主观期待的客观效果？哪些"质效"是对认罪认罚从宽制度的不合理期待？哪些才是应该期待的效果？量化指标与认罪认罚案件质效之间到底是什么关系？我们应该如何合理地设置量化评价指标？除了量化指标，还能以什么尺度评价认罪认罚案件的质效？如何既能发挥出评价指标对司法人员的正确导引和对办案质效的有力保障作用，又能防止指标中心主义及其对认罪认罚从宽制度的异化？不回答好这些问题，就很难真正地将"更高质量、更好效果"确立为司法机关正确的工作目标和业绩导向，从而也就无法确保认罪认罚从宽制度的准确、规范适用。

一、认罪认罚案件质效评估：现状、特点及其局限

近年来，先试点后立法的改革模式正在成为刑事司法制度革新的重要方式之一。认罪认罚从宽制度改革也同样采取了这种先行先试模式，即在立法机关的授权下，由最高司法机关主导，在特定时间、特定区域内试验性地进行认罪认罚从宽试点工作，并在问题观察、经验积累的基础上论证其可行性，从而为立法完善提供可靠的前期准备，实现在"有限打乱"中"稳步推进"的改革目标。认罪认罚从宽制度改革试点有三种可能的结果：一是试点效果较好，表明制度基本可行，立法推广；二是试点效果不好，表明立法不宜调整；三是试点效果不明确，延长期限继续试点。因此，认罪认罚从宽制度是否具备了成熟的立法条件，试点效果的评估是重中之重。即便上升为立法之后，也需要通过进一步地评估实施效果，总结经验，发现问题，以便对立法进行修改调整。

一般而言，对比是评估制度试点及实施效果的基本途径。在试点阶段，既可以进行纵向对比，即比较试点前后的情况变化，也可进行横向对比，即比较试点地区与非试点地区的情况。而在正式立法后，则主要是纵向对比。当然，不管是横向对比，还是纵向对比，真正决定评估方案科学性、评估结论准确性的，是对比的向度与指标。由于检察机关是认罪认罚从宽制度改革的关键推动者，以下将主要以检察机关为例，以历时性的实施报告和考核标准分析为主要手段，考察评

〔1〕《对人民检察院适用认罪认罚从宽制度情况报告的意见和建议》，载 http://www.npc.gov.cn/npc/c30834/202012/f61fe1bf2ea64b3192c023bde33ad7a7.shtml，最后访问日期：2023年2月20日。

〔2〕苗生明、周颖：《关于最高检落实全国人大常委会审议适用认罪认罚从宽制度专项报告意见的解读》，载《人民检察》2021年第6期，第45页。

价实践中检察机关衡量认罪认罚从宽制度运行效果的核心指标。

（一）最高人民检察院的评价指标

自认罪认罚从宽制度试点以来，最高人民检察院曾在试点及实施报告、工作报告中多次以相关指标评价改革的成效，评价指标的形成及发展情况也在一定程度上反映出最高人民检察院对认罪认罚从宽制度定位与期待的不断调整与完善。

1. 认罪认罚从宽制度试点"中期报告"中的评价指标

在认罪认罚从宽制度试点一年之后，2017 年 12 月 23 日，十二届全国人大常委会审议了最高人民法院、最高人民检察院关于在部分地区开展刑事案件认罪认罚从宽制度试点工作情况的中期报告。该报告在总结自认罪认罚从宽制度试点工作以来的工作情况和初步成效时，首先指出，经过各试点司法机关积极推动该项改革，"办理刑事案件的质量与效率显著提高"。[1] 作为其论据，该报告提到了委托中国政法大学课题组对试点情况进行的第三方评估结果，即通过对 1516 名律师、被告人、办案人员进行问卷调查，发现各改革试点参与者对试点效果总体评价较高，其中，律师满意度为 97.3%，被告人满意度也高达 94.3%。随后，报告又以具体数据从三大方面论证了改革试点的显著成效。一是不管在实体处理还是程序适用上，都充分体现出宽严相济，有利于从深层化解矛盾，促进社会和谐。表现在，认罪认罚案件采取非羁押强制措施的比率高达 42.2%，不起诉率达 4.5%；检察机关对认罪认罚案件均提出了从宽量刑建议，其中幅度刑量刑建议占 70.6%，而法院采纳量刑建议的比率为 92.1%；法院的轻刑判决率即判处三年有期徒刑以下刑罚的占 96.2%，其中判处非监禁刑比率为 36.6%（其中免予刑事处罚的占 0.3%，有期徒刑缓刑、拘役缓刑的占 33.6%，管制、单处附加刑的占 2.7%）。二是优化了司法资源配置，提高了刑事诉讼效率。表现在，检察机关对认罪认罚案件审查起诉的平均用时仅 26 天，人民法院对 83.5% 的认罪认罚案件都能在 15 日内审结，其中，适用速裁程序审结的占 68.5%，适用简易程序的则占 24.9%；认罪认罚案件当庭宣判率为 79.8%，其中，速裁案件当庭宣判率高达 93.8%。三是在保障当事人权利和司法公正方面也有成效。其主要论据是，在试点法院审结的侵犯公民人身权利案件中，39.6% 的达成了和解谅解，仅有 3.6% 的被告人提出了上诉，而检察机关提出抗诉、附带民事诉讼原告人提起上诉的比率

---

[1] 周强：《最高人民法院、最高人民检察院关于在部分地区开展刑事案件认罪认罚从宽制度试点工作情况的中期报告——2017 年 12 月 23 日在第十二届全国人民代表大会常务委员会第三十一次会议上》，载《中华人民共和国全国人民代表大会常务委员会公报》2018 年第 1 期，第 87 页。

尚不到 0.1%。

2. 专项实施报告中的评价指标

在认罪认罚从宽制度正式入法、施行两年后，2020 年 10 月 15 日，在第十三届全国人民代表大会常务委员会第二十二次会议上，最高人民检察院检察长张军做了关于人民检察院适用认罪认罚从宽制度情况的报告。这是试点改革以来，作为认罪认罚从宽制度改革主导者的检察机关向立法机关所作的一次内容全面的专项实施报告，里面包含了对认罪认罚从宽制度入法以来实践效果的全面检视，因而也使用了多个评价指标。一方面，在整体改革效果上，通过认罪认罚从宽制度适用率，凸显该制度在节约司法资源、化解社会矛盾，进而推进国家治理中的宏观优势。强调 2019 年至 2020 年，检察环节适用认罪认罚从宽制度办结刑事案件的比率从 2019 年 1 月的只有 20.9%，增至 2019 年 6 月的 39%，再迅速提升至 2019 年 12 月的 83.1%，直至 2020 年 1 月至 8 月整体适用率达到 83.5%；检察机关办结认罪认罚案件 1 416 417 件 1 855 113 人，总人数占同期刑事案件办结总数的 61.3%。同时，还通过建议适用率的提升凸显检察机关在认罪认罚从宽制度启动上的主导地位。至 2020 年 8 月，在检察机关适用认罪认罚从宽制度办理的案件中，侦查环节建议适用的比率上升到 35.5%。在审判阶段适用该制度审理的案件中，检察机关建议适用的占 97.3%。另一方面，又分别从四个角度说明了认罪认罚从宽制度的实践效果。其一，通过上诉率和涉疫案件制度适用率，展示认罪认罚从宽制度在促进社会和谐稳定方面的效果。适用认罪认罚从宽制度办理的案件，一审后被告人的上诉率仅为 3.9%，低于非认罪认罚案件 11.5 个百分点。而 86.6% 的涉疫案件适用认罪认罚从宽制度，也有利于消除因严格管控形成的对抗情绪，促进社会稳定。其二，在通过程序简化提高诉讼效率、增进繁简分流方面，检察机关适用认罪认罚从宽制度办理的案件，起诉到法院后，其中 27.6% 的适用了速裁程序审理，49.4% 的适用了简易程序审理，适用普通程序审理的案件的百分点较之于 2018 年下降了 20 个。其三，在保障当事人权利方面，对于 33 040 名被害人开展了司法救助，发放 4.89 亿元救助金，值班律师为犯罪嫌疑人提供法律帮助 124.6 万人次，认罪认罚案件不捕率高于整体刑事案件 18.3 个百分点，法院宣告缓刑率（36.2%）高出整体刑事案件 6.9 个百分点。其四，在促进及时有效惩罚犯罪方面，由于难以进行定量分析，报告使用了观察典型个案的定性评估方法。四川省检察机关办理的一起多人贩毒案，在主犯拒不认罪的情况下，对 3 名从犯适用认罪认罚从宽制度，从犯当庭质证，最终确保案件得到了依法处理。[1] 此外，在检察机关落实认罪认罚从宽制度的举措部分，报告还提到了认罪认罚案件不起诉率、确定刑量刑建议提出率、量刑建议采纳率、确定刑量刑建议采纳率、法律援助工作站覆盖率、宣传片播放覆盖率等统计指标。

3. 最高人民检察院工作报告中的评价指标

完善刑事诉讼中的认罪认罚从宽制度是党中央作出的一项重大改革部署，作为专门性的刑事司法机关和国家的法律监督机关，检察机关担负着贯彻落实的重要责任。自 2018 年以来，在最高人民检察院每年向全国人民代表大会提交的工作报告中，均会汇报认罪认罚从宽制度的实施情况。由于工作报告涵盖最高人民检察院的全部工作情况，认罪认罚从宽制度所占篇幅有限，相关内容涉及的评价指标至少在检察机关看来最能反映检察工作的绩效。2018 年，认罪认罚从宽制度尚在试点，2018 年工作报告中在提到认罪认罚从宽制度的试点情况时，谈及了两个指标，一是建议适用率，即在人民法院适用认罪认罚从宽制度审结的案件中，98.4% 的均系检察机关建议适用；二是量刑建议采纳率，即对于检察机关提出的量刑建议，其中 92.1% 的均被人民法院采纳。2019 年的工作报告依然使用这两项指标，即检察机关建议适用认罪认罚从宽制度办理的占 98.3%，量刑建议采纳率则高达 96%，以说明检察机关在认罪认罚案件办理中的主导作用。2020 年的工作报告在强调检察机关办理认罪认罚案件更大难度、更重责任的基础上，用适用率、量刑建议采纳率、一审服判率等三个指标说明检察机关落实该制度上的具体成效。至 2019 年 12 月，认罪认罚从宽制度整体适用率达到 83.1%，量刑建议采纳率为 79.8%，一审服判率为 96.2%。其中，一审服判率高出其他刑事案件 10.8 个百分点。2021 年的工作报告形成于最高人民检察院在向全国人大常委会作认罪认罚从宽制度实施情况专项汇报后不久，因此，报告中以一节内容专门介绍了检察机关深入落实认罪认罚从宽制度的情况，除超过 85% 的制度整体适用率、接近 95% 的量刑建议采纳率、超过 95% 的一审服判率等三大指标外，该节中还提到了 2000 年的轻刑（三年有期徒刑以下刑罚）判决率增加为 77.4%，审前羁押率降低为 53%，不批捕案件及不起诉案件占已办结案件比例分别增加 0.8 个和 3.9 个百分点，捕后认罪认罚而建议释放或变更强制措施 2.5 万人。2022 年的工作报告还是强调检察机关在工作量倍增情况下积极主导对认罪认罚从宽制度该用尽用，同样使用了整体适用率、量刑建议采纳率、一审服判率三项指标展现良好的司法效果，

---

[1] 具体可参见《最高人民检察院关于人民检察院适用认罪认罚从宽制度情况的报告有关案例说明》，载《检察日报》2020 年 10 月 17 日，第 2 版。

即 2021 年整体适用率超过 85%，量刑建议采纳率超过 97%，一审服判率则高达 96.5%。2023 年的工作报告仅仅使用了整体适用率和一审服判息诉率两个指标，即超过 90% 的犯罪嫌疑人在检察环节认罪认罚，一审服判率为 96.8%，高出未适用该制度案件 36 个百分点。2024 年 3 月 9 日最高人民检察院发布的《刑事检察工作白皮书（2023）》则对认罪认罚从宽制度的年度适用情况从整体适用率、确定刑量刑建议和幅度刑量刑的人数和比例以及法院对确定刑量刑建议的采纳率、法院适用简易程序和速裁程序审理的认罪认罚案件数量及比例、听取辩护人或值班律师意见人次数、一审服判息诉率等多个指标进行了报告，以说明"认罪认罚从宽制度适用质效稳步提升"。

4.《检察机关案件质量主要评价指标》中的评价指标

2020 年，为了进一步引导各级检察院高度重视办案质量，最高人民检察院制发了《检察机关案件质量主要评价指标》，构建了一个以"案-件比"为核心的案件质量评价指标体系。在这套指标体系中，用于评价认罪认罚案件质效的指标可分为两大类：一是专用于认罪认罚案件质效评价的指标，主要包括三个指标，即认罪认罚从宽制度适用率、确定刑量刑建议提出率、确定刑量刑建议采纳率。二是普遍适用于包括认罪认罚案件在内的各种刑事案件的质效评价指标，主要包括"案-件比"、不捕率、不起诉率、促成当事人双方和解率、开展追赃挽损工作率、诉前羁押率、判处免予刑事处罚率、捕后轻刑率、抗诉率、抗诉采纳率、司法救助率等。在《检察机关案件质量主要评价指标》构建的评价体系中，作为一项能"从整体上、宏观上反映刑事办案活动的质效"的"综合评价指标"，"案-件比""居于核心和引领地位"，是"新时代检察机关办案质效的'风向标'"。[1] 这意味着，"案-件比"对认罪认罚案件同样重要。换言之，对于认罪认罚案件的质效评价而言，《检察机关案件质量主要评价指标》出台的最大意义之一可能是，提醒各级检察机关，认罪认罚案件专用的评价指标不是认罪认罚案件的全部评价尺度，甚至也不一定是最重要的评价尺度，通用型评价指标亦不容忽视。

（二）地方检察机关的评价指标

应当看到，最高人民检察院的《检察机关案件质量主要评价指标》等只是提供一个总体性的指引和方向，旨在指导各省、市级人民检察院制定出具体的考核指标。因此，只有直接观察各地检察机关的考评办法，才有可能准确把握实践中认罪认罚案件质效评估标准的原貌。为此，课题组分别选取了颇具代表性的西部

---

〔1〕 董桂文、郑成方：《"案-件比"：新时代检察机关办案质效的"风向标"》，载《人民检察》2020 年第 11 期，第 21-22 页。

Q 直辖市、中部 A 省 S 市、东部 Z 省、Z 省 W 市等四地的检察机关业务考评指标为分析样本，对地方特别是基层检察机关办理认罪认罚案件的评价指标作一简略考察。

1. Q 直辖市的考评指标

2021 年 5 月 27 日，Q 直辖市人民检察院专门针对检察业务工作对各分院、区县院印发了 2021 年业务考评指标。Q 直辖市积极贯彻最高人民检察院的相关政策精神，除可能同样涉及认罪认罚案件的通用评价指标外，也专门设置了一些认罪认罚案件的专用评价指标，虽然数量不多。在分院检察业务评价指标中，在"其他工作"一项中提及："辖区认罪认罚从宽制度适用率、确定刑量刑建议提出率、确定刑量刑建议采纳率、辩护人及值班律师参与率、认罪认罚案件不捕不诉率、适用速裁程序出庭率低于全市平均水平的，每项减 0.1 分；上诉率高于全市平均水平的，减 0.1 分。"在区县院检察业务考核指标中，在"审查逮捕、起诉"项目中规定，"认罪认罚从宽制度适用率、确定刑量刑建议提出率、确定刑量刑建议采纳率等指标，在市院相关部门的数据统计或通报中，排前 5 名的每项每次加 0.1 分，排后五名的每项每次扣 0.1 分"。通过实地调研了解到，Q 直辖市对基层院认罪认罚案件除考核以上三个指标外，还会考核值班律师参与率（一般都是 100%），认罪认罚案件上诉率（通过案件系统自动统计，由市院在系统内直接抓取）。同时，在"其他工作"项目中，还针对认罪认罚案件办理整体情况设置了一个加分项，即"全年认罪认罚工作进入前 10 名的，加 2 分；11—28 名的，加 1 分，29—38 名的，不加分"。这个排名主要是以认罪认罚从宽制度适用率为基础，适当结合其他专用指标确定。一般情况下，Q 直辖市院会对指标情况每个月通报一次，受到通报批评的检察院，需要作出书面说明。

2022 年 4 月 29 日，Q 直辖市人民检察院印发了 2022 年分院、区县院检察业务工作考评指标，在认罪认罚案件办理方面基本沿用了 2021 年的各项指标。

2. A 省 S 市的考评指标

在 A 省 S 市，对各基层检察院的考评内容共设总则（含综合加分项、综合减分项、述职述廉），案件质效（含案件质量评价指标、案件质量评查），检察业务加分三项。其中，认罪认罚案件专用评价指标主要包含在案件质量评价指标中。在案件质量评价指标之刑事检察业务中的普通刑事犯罪检察业务中，第十项为认罪认罚从宽制度适用率，具体要求是，凡达到或高于 80% 的计 3 分，每低 1 个百分点减 0.5 分；第十一项为确定刑量刑建议提出率，达到或高于 80% 的计 3 分，每低 5 个百分点减 0.5 分；第十二项为确定刑量刑建议采纳率，达到或高于 90% 的计 3 分，每低 1 个百分点减 0.5 分；第十四项为认罪认罚案件律师参与率，达到 100%的计 3 分，每低 1 个百分点减 1 分。在刑事检察业务板块的职务犯罪检察业务中，认罪认罚专项考核占了相当大的比重，十一个考核指标中前四个均是认罪认罚案件专用指标。其中，第一个指标是认罪认罚从宽制度适用率，达到或高于全市通报值的计 5 分，每低 1 个百分点减 0.5 分；第二个指标是确定刑量刑建议提出率，达到或高于全市通报值的计 2 分，每低 5 个百分点减 0.5 分；第三个指标是确定刑量刑建议采纳率，达到或高于全市通报值的计 2 分，每低 1 个百分点减 0.5 分；第四个指标是认罪认罚案件上诉率，达到或低于全市通报值的计 2 分，每高 2 个百分点减 0.5 分。此外，检察业务加分板块专门规定，认罪认罚案件签署具结书在律师见证下同步录音录像工作的每件加 0.5 分，最高评价分 3 分。

3. Z 省的考评指标

2021 年 4 月 13 日，Z 省人民检察院结合最高人民检察院的要求和本省检察实际，印发了《对各市检察工作绩效评价办法（2021 年）》。绩效评价总分 1200 分，分为政治建设（260 分）、业务建设（640 分）、品牌建设（300 分）三大部分，除个别列明仅适用于市检察院的项目外，其余评价项目普遍适用于市检察院及其所辖基层检察院。在业务建设部分，刑事检察工作总占分值 165 分，其中，专用于认罪认罚案件的指标有三个达标项，即认罪认罚从宽制度适用率、确定刑量刑建议提出率、确定刑量刑建议采纳率，总占分值 20 分。要求各市认罪认罚从宽制度适用率达到 85%、确定刑量刑建议提出率达到 80%、确定刑量刑建议采纳率达到 95%，三项均达标的得满分 20 分。任意一项未达标的，均每降 1 个百分点扣 0.5 分。三个指标各以 10 分为扣分上限。

4. Z 省 W 市的考评指标

Z 省 W 市根据 Z 省的"工作绩效评价办法"，制定了本市的考评标准。特别是对于刑事检察的办案质效，W 市还建立了定期通报制度，一般一到两个月通报一次。每一次刑事检察办案质效通报通常包含五部分，即"捕诉案件办理情况"、"捕诉案件质量"、"侦查活动监督"、"审判活动监督"以及"认罪认罚适用质效"。在认罪认罚适用质效部分，会分别从五个方面统计展示各基层检察院认罪认罚案件办理情况，分别是认罪认罚从宽制度适用率，确定刑量刑建议适用率（人），确定刑量刑建议采纳率（人），认罪认罚案件上诉率（人），以及认罪认罚同步录音录像适用率（人）。在每一次的通报中，会点名排名后三位或者低于上级院通报值的基层检察院。值得注意的是，在 2022 年 2 月的通报中，统计表中一方面记载了平均 96.91%的确定刑量刑建议采纳率，另一方面又在后面的总结分析中指出，"全市认罪认罚案件一审宣判共 2430 人，其中判处缓刑 776 人。缓刑案件中，业务系统案卡中'采纳量刑建议'填录为'是'的有 769 人，实际'量刑建议幅度'中并未建议适用缓刑的有 126 人；实际'量刑建议幅度'中并未明确建议适用缓刑（表述为可或可以适用缓刑）的有 64 人"，并且通报了排名后三的基层院，要求基层院认真贯彻好最高人民检察院《量刑建议指导意见》中的相关要求。这表明，在该市，检察机关即便没有提出或明确提出缓刑建议而法院判处缓刑的，依然被统计为法院采纳了检察机关的量刑建议。

（三）认罪认罚案件办理情况评价指标的特点

通过归纳最高人民检察院及地方检察机关对认罪认罚案件办理情况的考核评价标准不难发现，在最高人民检察院的积极推动下，检察机关已初步形成了认罪认罚案件办案质效的评价指标体系。整体上看，这些指标的设置均有一定的合理性，并呈现"多维性""侧重性""灵活性""差异性"等特点。

1. "多维考察"

当前评价标准可以从多个维度反映和检测改革目的。到底该从哪些方面评价认罪认罚从宽制度改革的成效，从根本上而言，取决于我们期待认罪认罚从宽制度改革产生哪些方面的成效，即对认罪认罚从宽制度的功能预期或改革目标。诚然，提高诉讼效率，通过程序分流解决"案多人少"的矛盾，曾是我国提出完善刑事诉讼中认罪认罚从宽制度的重要动因，但效率绝不是认罪认罚从宽制度唯一的价值诉求。质言之，认罪认罚从宽制度反映着我国刑事诉讼对犯罪治理、人权保障、诉讼效率、司法公正等价值的综合平衡，其追求的是更高层次上实现多种价值目标的融合统一。[1]而当前的评价标准基本上也涉及了各个层面、各个维度的改革目标。首先是犯罪治理的及时有效性。认罪认罚从宽程序非常契合及时有效控制犯罪的要求。通过认罪认罚从宽制度，专门机关可以及时获得自愿的有罪供述，并可以通过自愿供述，"由供到证"，获取其他证据乃至搜集到破获其他相关案件的重要线索；可以满足刑罚分则对于犯罪主客观要件及刑事诉讼法对证明标准的严格要求，迅速形成以口供为中心的相互印证的证据体系；可以促使被追诉人真诚悔罪，强化特殊预防，有利于罪犯改造，减少社会对立面，化解社会矛盾，促进社会和谐。从评价标准角度看，较高的和解谅解率、较高的退赃挽损率、较低的上诉及申诉率等均能在一定程度上反映对犯罪进行恢复性治理的价值目标。其次是诉讼效率。认罪认罚从宽制度的基本思路就是对认罪认罚案件简化程序、从速办理。按照最高人民法院时任院长周强在对"认罪认罚从宽试点决定（草案）"说明中的解读，实现认罪认罚案件的快速办理，是合理配置司法资源的有

---

[1] 闫召华：《合作式司法的中国模式：认罪认罚从宽研究》，中国政法大学出版社 2022 年版，第43 页。

效方法和必然要求。[1]只有认罪认罚案件足够简，适用率足够高，才有可能将足够的司法资源节省到疑案、难案和不认罪案件上，从而形成"简案快办""难案精办"的双轨制诉讼程序。[2]而较高的制度适用率，较短的办案时间、速裁程序及简易程序的较高适用率、较高的当庭裁判率等均能体现认罪认罚从宽制度的效率价值。再次是人权的司法保障。认罪认罚从宽制度不仅不是忽略或者限制被追诉人的权利，反而更加重视对被追诉人合法权益的司法保障。一方面，认罪认罚从宽制度可以更好地落实宽严相济刑事政策，确保被追诉人获得从宽利益。而且，被追诉人的认罪认罚利益不仅变得更加优厚，也将更具有可预期性和确定性。这集中表现在不起诉率、量刑建议采纳率、三年有期徒刑以下刑罚判处率、非监禁刑适用率等的提高和未决羁押率等的明显下降上。另一方面，认罪认罚从宽制度更加凸显了被追诉人的诉讼主体地位，更有利于维护被追诉人的诉讼权利。听取意见或提出量刑建议同步录音录像制度的适用率、值班律师的参与率、辩护律师的覆盖率等的不断提高，就可以反映出这方面改革目标的实现程度。最后尤为重要的是实体公正及办案质量。我国的认罪认罚从宽制度不允许以牺牲公正为代价追求效率，而是追求在更高层次上实现公正与效率的统一。认罪认罚从宽制度首先会提高非认罪认罚案件的办案质量，通过"简案快办"，促进"难案精办"，提升非认罪认罚案件的庭审实质化。不仅如此，认罪认罚从宽制度也注重保障认罪认罚案件的办案质量，认罪认罚案件依然坚持刑事法基本原则，依然不改变实质真实的目标，不降低对定罪事实和量刑事实的标准和要求。较低的案件比、上诉率、抗诉率、申请抗诉率及较高的确定刑量刑建议提出率、采纳率等都是这方面价值目标的反映。当然，有些评价指标比如整体适用率、上诉率所反映的价值目标是多元化的、综合性的。

2. "有所侧重"

形成了一些上下认同、普遍关切的量化评价指标。统计发现，检察机关在考核认罪认罚案件的办理情况时，更加侧重一些专用的量化评价指标。从相关指标在上述最高人民检察院层面的十个报告（包括白皮书、评价标准）和四个地方检察机关的考评标准中出现的频次，能够看出在最高人民检察院的积极引领下，各地各级检察机关普遍认同的一些量化评价标准。按照在各评价标准体系中出现的频次，对于认罪认罚案件的办理情况，先后使用到的评价指标及其出现频次依次

---

〔1〕　参见周强院长在 2016 年 8 月 29 日在第十二届全国人大常委会第二十二次会议上对《关于授权在部分地区开展刑事案件认罪认罚从宽制度试点工作的决定（草案）》的说明。

〔2〕　参见胡云腾：《认罪认罚从宽制度的理解与适用》，人民法院出版社 2018 年版，序言第 3—4 页。

为，认罪认罚案件量刑建议采纳率（确定刑量刑建议采纳率）13 次，认罪认罚从宽制度整体适用率 12 次，认罪认罚案件一审服判率（上诉率）11 次，认罪认罚案件量刑建议提出率（确定刑量刑建议提出率）8 次，认罪认罚案件不捕不诉率 4 次，认罪认罚案件律师参与率 4 次，检察机关建议适用率 3 次，认罪认罚同步录音录像适用率 2 次，认罪认罚案件轻刑判决率（宣告缓刑率）2 次，认罪认罚案件审前羁押率 2 次，适用速裁程序等的比率 3 次，认罪认罚案件判处非监禁刑比率 1 次，适用速裁程序出庭率 1 次，律师及被告人满意度 1 次，认罪认罚案件审查起诉及审判用时 1 次，认罪认罚案件当庭宣判率（速裁案件当庭宣判率）1 次，认罪认罚案件和解谅解率 1 次，涉疫案件认罪认罚从宽制度适用率 1 次，法律援助工作站覆盖率 1 次，认罪认罚从宽宣传片播放覆盖率 1 次等。不难发现，在上述指标中，认罪认罚案件量刑建议采纳率（确定刑量刑建议采纳率）、认罪认罚从宽制度整体适用率、认罪认罚案件一审服判率（上诉率）、认罪认罚案件量刑建议提出率（确定刑量刑建议提出率）使用频次最高，最受各级检察机关重视。从最高人民检察院自 2018 年以来的六次年度工作报告看，最高人民检察院最为重视的专项评价指标依次为量刑建议采纳率、认罪认罚案件一审服判率、认罪认罚从宽制度整体适用率；从地方检察机关的考评标准看，地方特别是基层检察机关更为重视的评价指标是认罪认罚从宽制度整体适用率、确定刑量刑建议提出率、确定刑量刑建议采纳率。而从近几年各地检察机关的工作报告及新闻媒体对各地检察机关适用认罪认罚从宽制度情况的报道看，除偶尔出现的着眼于提高量刑建议精准度的智能辅助量刑系统适用率、认罪认罚案件监督工作开展情况等新的评价标准外，[1]基本上也均以认罪认罚从宽制度整体适用率、认罪认罚案件量刑建议提出及采纳率、认罪认罚案件服判率（上诉率）等为核心评价尺度，据以彰显检察机关积极发挥主导作用、深化落实认罪认罚从宽制度的成果。

3. "较为灵活"

专用评价指标在稳定中不断发展完善。从改革试点至今，自整体上而言，认罪认罚案件的评价指标特别是专项评价指标基本稳定，但也在根据不同阶段改革

---

[1] 例如，重庆市人民检察院 2021 年度的工作报告中在介绍贯彻认罪认罚从宽制度情况时提到："充分发挥认罪认罚从宽制度促进社会治理的作用，对犯罪嫌疑人自愿认罪认罚的，适用 34 766 人，适用比例 89.6%，被告人认罪服判率 97.8%。对认罪认罚的轻微刑事犯罪，依法不起诉 5686 人。提升量刑建议精准度，量刑建议智能辅助系统纳入 31 个常见罪名，使用率达到 85.6%。制定认罪认罚从宽制度工作指引和案件流程监控指引，加强案件质量风险和廉政风险防控，检察委员会、分管副检察长等通过监督程序提出改变处理意见和调整量刑建议 115 件。"参见贺恒扬：《重庆市人民检察院工作报告（2021 年 1 月 23 日）》，载 http://www.cq.jcy.gov.cn/jwgk/jcgzbg/202208/t20220815_ 3798620.shtml，最后访问日期：2022 年 12 月 30 日。

试点的具体情况不断调整完善,其显著的发展变化大致可归纳为以下四个方面:
(1)从建议适用率到制度适用率,从具体的适用率到笼统的适用率。在世界范围
内,至少在部分程序特别是协商性司法程序中,刑事诉讼出现了"从法官决定向
检方决定的强烈转变",[1]检察官的支配地位从推进程序延伸到决定实体结果,
从审前阶段拓展到审判阶段,进而形成一种检察主导的刑事司法运行模式。我国
的认罪认罚从宽制度实行的是检察主导的程序模式,其主要由四部分构成,即检
察主导的疏导、激励、确定认罪认罚的控辩沟通程序,检察主导的从宽兑现程序,
检察主导的案件速办程序,及检察主导的审查和监督程序。[2]因此,从一开始,
检察机关都是认罪认罚从宽制度适用的主要推动者。特别是认罪认罚从宽制度刚
入法的时候,由于该制度并没有直接减轻基层司法机关的办案负担,基层司法机
关对其普遍持一种犹疑、观望的态度,导致其适用率较低,2019 年 1 月时,只有
约 20%。正是在最高人民检察院持续有力的考核、督导和推动下,至 2019 年 12
月底,检察机关办理刑事案件适用认罪认罚从宽制度的比例已达 83.1%。而且,
在这些案件中,侦查环节建议适用的比率也持续上升。法院适用认罪认罚从宽制
度审理的案件,检察机关建议适用的占 97.3%。就此而言,建议适用率最能反映
检察机关对制度适用的推动作用,是认罪认罚从宽制度由例外适用逐步成为一种
主流程序模式的关键。但在认罪认罚从宽制度成为主流程序模式之后,制度的整
体适用率更能直接、全面反映检察机关的主导作用,因而整体适用率逐渐替代建
议适用率成为一个核心评价指标。但在各界尤其是人大代表对"一些地方盲目追
求适用率"提出质疑之后,最高人民检察院要求,自 2021 年开始,各级检察院在
通报制度适用情况时,对稳定达到 80%以上适用率的,不再搞排名、不分先后。
最高人民检察院在 2021 年、2022 年的工作报告中介绍认罪认罚从宽制度的整体适
用率时也不再介绍具体的比率,而只是说"超过 85%",反映出其既要确保认罪
认罚从宽制度的依法适用、应用尽用,又要防止片面追求适用率。(2)从量刑建
议提出率到确定刑量刑建议适用率,从量刑建议采纳率到确定刑量刑建议采纳率。
由于确定刑量刑建议对被追诉人认罪认罚有更强的激励和稳定作用,自 2019 年开
始,中央司法机关开始强调和追求量刑建议的精准化。2019 年 10 月 24 日"两高
三部"联合发布的《认罪认罚指导意见》明确提出人民检察院一般应当提出确定
刑量刑建议。2019 年 12 月 30 日施行的《最高检规则》第 275 条也规定:"量刑

---

〔1〕 [瑞士]古尔蒂斯·里恩:《美国和欧洲的检察官——瑞士、法国和德国的比较分析》,王新
玥等译,法律出版社 2019 年版,第 1 页、第 8 页。

〔2〕 参见闫召华:《检察主导:认罪认罚从宽程序模式的构建》,载《现代法学》2020 年第 4 期,
第 44-45 页。

建议一般应当为确定刑。"2021年12月3日发布的《量刑建议指导意见》再次强调,"办理认罪认罚案件,人民检察院一般应当提出确定刑量刑建议"。而认罪认罚从宽制度试点中期报告显示,当时确定刑量刑建议仅占29.4%,这显然与"提出明确具体的量刑建议"的要求不符[1],迫切需要办案人员围绕"精准"这一目标,进一步提高量刑建议能力和水平。[2]因此,检察机关对量刑建议开展情况的考核重点逐渐由一般的量刑建议提出率和采纳率转变为以一般情况为基础的确定刑量刑建议的提出率和采纳率。(3)不捕不诉率、同步录音录像率、辩护人及值班律师参与率等新的评价指标的不断涌现。伴随着《听取意见录音录像规定》等相关司法解释的出台,检察机关开始更加重视保护被追诉人更加多样化的从宽利益及被追诉人认罪认罚的自愿性、明智性等,也相应地创立了非羁押强制措施适用率、不起诉率、同步录音录像率、律师参与率等各种新的评价指标。

4."同中有异"

虽然各级各地检察机关在认罪认罚案件办理情况的评价指标上有相通之处,形成了几个基本稳定、普遍适用的评价指标,但相互之间还是有一些体现级别或地域特色的细微差异。最高人民检察院在不同功能用途的报告中,侧重选取的评价指标不尽相同,专项实施报告选用的评价指标立体全面,重在解释认罪认罚从宽制度各方面的落实效果,年度工作报告中的评价指标则钩玄提要,选取了最能体现检察机关通过落实认罪认罚从宽制度服务社会治理大局的三个指标,即整体适用率、量刑建议采纳率和一审服判率,而重在指导下级检察机关合理确定考评标准、提升办案质量的案件质量评价标准中则确立了三个更能体现检察机关职能作用的专用指标,即制度整体适用率、确定刑量刑建议提出率和确定刑量刑建议采纳率。事实表明,最高人民检察院案件质量标准中的这三个专用指标也基本成为各级各地检察机关普遍采用的评价标准。当然,对地区(市级)检察机关的评价标准和对县区级(基层)检察机关的考核指标也有差异,如在Q直辖市,分院检察业务评价指标和县区院检察业务考核指标除共有的认罪认罚从宽制度适用率、确定刑量刑建议提出率、确定刑量刑建议采纳率、辩护率及值班律师参与率、认罪认罚案件上诉率外,分院层面还特有认罪认罚案件不捕不诉率、适用速裁程序出庭率,县区院还特有认罪认罚案件办理整体情况排名。而且,各地检察机关除上述三项通行的核心专用指标外,还有体现各自工作特点的评价尺度。例如,Q

---

〔1〕 参见陈国庆:《刑事诉讼法修改与刑事检察工作的新发展》,载《国家检察官学院学报》2019年第1期,第33页。

〔2〕 参见朱孝清:《检察机关在认罪认罚从宽制度中的地位和作用》,载《检察日报》2019年5月13日,第3版。

直辖市考核智能辅助量刑系统适用率、认罪认罚案件监督工作开展情况；A 省 S 市除对普通犯罪案件设置了评价指标外，还专门为职务犯罪检察业务，设置了包含认罪认罚上诉率等在内的认罪认罚专项考核标准，并在检察业务加分板块中，规定了认罪认罚案件签署具结书在律师见证下同步录音录像工作加分项；Z 省 W 市除考核上述三项核心指标外，还重视考核认罪认罚案件上诉率，认罪认罚同步录音录像适用率及法院判处缓刑的认罪认罚案件中检察机关是否明确建议适用缓刑的情况。此外，各地对三项核心指标的具体考核要求也可能会存在差别。如在 Q 直辖市，对分院的考核，以全市平均水平为基准进行考核，弱于全市平均水平的，作减分 0.1 分处理，对县区院的考核，则以市院相关部门的数据统计或通报排名为基准，排前五名加分，排后五名的扣分；在 Z 省 W 市，定期通报认罪认罚案件办理情况，并在通报中点名排名后三位或者弱于上级院通报值的基层检察院；在 A 省 S 市，对认罪认罚从宽制度适用率、确定刑量刑建议提出率、确定刑量刑建议采纳率、认罪认罚案件律师参与率的通报值分别设定为 80%、80%、90% 和 100%；而在 Z 省，则要求各市认罪认罚从宽制度适用率达到 85%、确定刑量刑建议提出率达到 80%、确定刑量刑建议采纳率达到 95%，否则，均要作相应扣分。

（四）各评价指标的内在局限

客观地说，针对认罪认罚案件办理设置的每一个评价标准都有一定的预期功用，而且，也都能在一定程度上实现其预期功用。比如，认罪认罚从宽制度整体适用率的明显提升一方面可以反映出制度的现实影响力及其正向功效的辐射范围，另一方面也能体现检察机关在制度落实中的主导力和推动力。特别是，这些核心指标及所有专用指标以及通用指标的联合运用，对认罪认罚从宽制度的功效及认罪认罚案件的办理情况还是有一定的反映能力的。但也应当看到，每一个指标也都有其固有局限，在揭示认罪认罚从宽制度某些方面成效的同时，也都有盲区和不足。

1. 认罪认罚从宽制度整体适用率

从试点之初的百分之一二十，到今天平均超过 90%，短短四五年间，认罪认罚从宽制度的适用率有了飞跃式提升。这一方面是由于认罪认罚从宽制度本身的优势和吸引力促使公安司法机关主动适用，但更为重要的因素源自检察机关直接将适用率作为最基础、最核心的评价指标大力推动。而在评价指标这一超强因素的干扰下，超高的适用率并不一定意味着公安司法机关对认罪认罚从宽制度超高的认可度，超高的适用率也不能想当然地与认罪认罚案件的办理质量和实际效果画等号。它更多、更直接地反映的只是有关机关对扩大认罪认罚从宽制度适用范围的主观期待。如果认罪认罚从宽制度是一项能够产生良好效果的制度，如果能够严格贯彻落实认罪认罚从宽制度，那么，认罪认罚从宽制度的适用率越高，对诉讼效率的提升也越明显，对社会矛盾的化解和犯罪治理的有效度也就越高，也就越有利于强化对刑事司法的人权保障。但问题是，是否具备两个"如果"这样的前提条件。认罪认罚案件的办理质效尚有待科学、准确的评估和检视，而能不能严格依照法律贯彻落实认罪认罚从宽制度也值得怀疑。根据《认罪认罚指导意见》的要求及《刑事诉讼法》的立法精神，认罪认罚中的"认罚"是指被追诉人真诚悔罪，愿意接受处罚。诚然，90%以上的适用率表明至少在形式上90%以上的被追诉人都表示愿意接受处罚，但是否能表明90%以上的被追诉人都能真诚悔罪呢？恐怕很难有肯定的回答。如果被追诉人不真诚悔罪，显然就没有达到认罪认罚从宽制度的适用条件，而仅仅为了迎合评价指标而对不满足适用条件的被追诉人适用该制度，显然就违背了改革初衷。有学者提出，在真诚悔罪的要求之下不可能达到当前的超高适用率。[1]应当说，对于一个好的制度，追求"应用尽用"无可厚非，但"尽用"应建立在"应用"的基础上，如果案件本身就不符合适用条件，"不应用"而"尽用"既不合法也不合理。换言之，对超高适用率的期待和超高适用率的现实本身可能就不尽合理，只有严格把握适用条件，才能使适用率指标切合实际，制度适用率才可能回归常态，才能更客观地反映认罪认罚从宽制度的实际吸引力和功效。

2. 确定刑量刑建议提出率

按设想，该指标主要用以反映检察机关适用认罪认罚从宽制度提起公诉案件的质效和量刑建议的精准度，旨在引导检察官提升量刑建议的能力，提出精准量刑建议。[2]在改革试点之初，幅度刑量刑建议是检察机关办理认罪认罚案件提出量刑建议的主要形式，而且，检察机关建议的量刑幅度通常还比较宽。以广州某区法院为例，在该院2017年前4个月审理的242件认罪认罚案件中，量刑建议幅度达6个月的占82.64%，有些甚至已经接近法定刑幅度，沦为无效建议。[3]就此而言，适当提高确定刑量刑建议的比例，对于激励被追诉人认罪认罚，保障认罪认罚的稳定性，促进量刑的规范化，还是非常有意义的。然而，确定刑量刑建议不一定就是精准的量刑建议，能够提出确定刑量刑建议并不意味着提出的量刑建议就一定是高质量的量刑建议。如果检察官的量刑建议能力高，量刑建议因为精准所以能更加具体确定，但如果检察官的量刑建议经验不足、量刑建议能力偏

---

〔1〕 参见闫召华：《合作式司法的中国模式：认罪认罚从宽研究》，中国政法大学出版社2022年版，孙长永教授序言第5页。

〔2〕 参见《检察机关案件质量主要评价指标》第11点。

〔3〕 参见胡云腾主编：《认罪认罚从宽制度的理解与适用》，人民法院出版社2018年版，第374页。

弱、量刑建议立场不客观且检察机关与法院又欠缺统一、规范、可操作性强的量刑指引，量刑建议越具体确定，容错和调整空间也就越有限，出现偏差的可能性也就越大。特别是在"一般应当采纳"条款之下，一味追求确定刑量刑建议的高适用率反而可能不当限制裁判者实质把关的权力，不当压缩裁判者的刑罚裁量空间，影响量刑裁判的适当性。

3. 量刑建议采纳率（确定刑量刑建议采纳率）

按照最高人民检察院的构想，量刑建议采纳率（确定刑量刑建议采纳率）这个指标主要用来测算检察机关对认罪认罚案件提出的量刑建议与法院最终宣告刑之间的一致率水平，以反映认罪认罚案件审查起诉的质效和量刑建议的精准度，从而引导检察官提升量刑建议的能力，在法庭审理环节发挥主导责任。[1]实践中，各地认罪认罚案件量刑建议（确定刑量刑建议）的采纳率普遍较高，基本都在90%以上。有人认为，量刑建议的高采纳率足以反映出量刑建议的高质量，[2]或者反映出法院对建立在控辩合意基础上的量刑建议的充分尊重，以及检察官与法官量刑观念的趋近。[3]诚然，量刑建议（确定刑量刑建议）采纳率高，有可能与检察官量刑建议的能力、量刑建议的规范性与准确性有关，但以下因素也不可忽视：由于检察机关考核量刑建议（确定刑量刑建议）采纳率，而法院考核抗诉率，当检察机关认为法院不采纳量刑建议缺乏根据而提出抗诉时会导致对承办法官的不利评价。个别地方的检察机关还专门出台规范性文件，强调法院不采纳认罪认罚案件量刑建议时的抗诉工作。[4]还有些地方的检察机关为了提高采纳率，与法院建立了量刑建议提出前的会商制度，即检察机关在提出量刑建议前先听取法院意见，以确保尺度统一。[5]也就是说，在实践中，保障认罪认罚案件量刑建议高采纳率的关键因素可能既不是量刑建议的精准度或者合意性，也主要不是法律规定的"一般应当"采纳的约束机制，而可能主要是考核指标本身。

4. 认罪认罚案件上诉率（一审服判率）

该指标主要用以反映认罪认罚案件中的被追诉人对一审判决的认可或接受度，所以，在最高人民检察院的年度工作报告中，也常以认罪认罚案件被追诉人一审

〔1〕　参见《检察机关案件质量主要评价指标》第12点。

〔2〕　参见于天敏：《量刑建议：实践、问题和对策——以重庆市某检察分院及辖区检察机关的实践探索为例》，载《西南政法大学学报》2011年第6期，第84页。

〔3〕　参见胡云腾主编：《认罪认罚从宽制度的理解与适用》，人民法院出版社2018年版，第278页、第335页。

〔4〕　参见广东省G市《量刑建议精准化操作规程》。

〔5〕　参见左卫民：《量刑建议的实践机制：实证研究与理论反思》，载《当代法学》2020年第4期，第51页。

服判率代称。虽然《检察机关案件质量主要评价指标》中并未把上诉率或认罪认罚案件上诉率列为办案质量的评价指标，但在实践中，很多地方的检察机关也将其纳入评价指标范围，并通过对比认罪认罚案件与非认罪认罚案件的上诉率，以认罪认罚案件更低的上诉率说明认罪认罚案件在化解社会矛盾、促进认罪悔罪、增进裁判认同、强化特殊预防等方面的显著作用。但事实上，尽管对于刑事案件的裁判而言，上诉率高很难说有好的意蕴或征兆，但被追诉人是否上诉受到诸多主客观因素的影响，上诉的理由也有正当与非正当之分，上诉不仅不能直接反映检察机关审查起诉、公诉工作的质效，而且其对认罪认罚从宽制度功用及认罪认罚案件办理质效的反映也较为间接。一方面，被追诉人没有提起上诉并不意味着其在内心必然接受、认同一审判决，由于被追诉人对法律、证据的无知，加之可能得不到充分有效的法律帮助，被追诉人的认罪认罚包括之后作出的不上诉选择也可能是非自愿或不明智的。而且，实践中，针对认罪认罚案件拟提出上诉的被追诉人，司法机关出于诉讼效率、考核等的考量，还有可能通过做被追诉人的思想工作，劝说被追诉人主动放弃上诉或撤回上诉。[1]另一方面，被追诉人提出上诉也不是说其必然不认同判决或不接受司法机关给予的认罪认罚利益。有的被追诉人之所以提起上诉只是基于侥幸心理或对上诉不加刑原则的不当期待，意图获得更轻的处罚。有的被追诉人上诉的原因仅仅是为了留所服刑，其对一审判决本身并没有异议。有的被追诉人上诉源于"检""法"冲突，如法院并没有在检察机关量刑建议的范围内作出裁判，被追诉人在这种情况下的上诉多属于正当且必要的选择。

5. 认罪认罚案件诉前羁押率（不捕率）

所谓认罪认罚案件诉前羁押率主要指的是认罪认罚案件检察机关提起公诉前采取羁押措施人数占同期提起公诉人数的百分比，有时候检察机关也使用与其相对应的不捕率这个指标，即认罪认罚案件提起公诉前不逮捕的人数占同期所有提起公诉的刑事被追诉人的比率。作为《检察机关案件质量主要评价指标》中确定的一个通用于刑事案件的评价指标，诉前羁押率主要用以反映犯罪嫌疑人被提起公诉前的羁押强制措施适用情况，旨在引导检察官在办案中落实"少捕慎诉慎押"刑事司法理念，认真履行羁押必要性审查职责，减少不必要的羁押。最高人民检察院在关于认罪认罚从宽制度的专项实施报告中专门强调，检察机关在认罪认罚案件办理中将是否认罪认罚作为判断社会危险性的重要考量因素，认罪认罚

---

[1] 参见闵丰锦：《认罪认罚何以上诉：以留所服刑为视角的实证考察》，载《湖北社会科学》2019年第4期，第130页。

案件不捕率高于整体刑事案件 18.3 个百分点，从而对认罪认罚的被追诉人更充分地体现"程序从宽"，以更好地保障被追诉人权利。但问题是，除事实条件与刑期条件外，被追诉人的社会危险性是决定捕与不捕的关键，而认罪认罚只是被追诉人社会危险性的考量因素之一，即便是不捕的案件，也很难说认罪认罚因素起到了关键性的作用或应该起到何种程度的作用。而且，较之于非认罪认罚案件，认罪认罚案件的诉前羁押率是否必然更低，其实也不能一概而论。在有些学者看来，所谓的"强制措施从宽"的提法不符合我国逮捕制度的立法精神，也不符合司法实践和未决羁押的国际准则。不论被追诉人是否认罪认罚，未决羁押都只宜在例外情况下为了保证刑事诉讼活动的顺利进行而适用，不能成为一种可以任意裁量的"惩罚性手段"，更不能作为威胁或者引诱被追诉人认罪认罚的一种工具，不宜将"不捕"视为对认罪认罚者"从宽"的形式。[1]

6. 认罪认罚案件不起诉率

不起诉率是《检察机关案件质量主要评价指标》适用于刑事案件的通用评价指标，考察的不起诉人数占同期审查起诉案件审结人数的百分比。作为一个相对中性的指标，用以反映侦查机关或调查机关与检察机关（包括检察机关自侦部门与审查起诉部门）之间对起诉标准的差异程度，以及检察机关在审查起诉环节分流案件的情况及自侦案件的办理质量。但某些地方的检察机关也会专门统计与对比认罪认罚案件与非认罪认罚案件的不起诉情况，用以说明认罪认罚从宽制度在保护被追诉人权利、增进案件分流中的作用。在个别地方，认罪认罚案件的不起诉率高达 13%。[2]《认罪认罚从宽制度试点中期报告》指出，认罪认罚案件中犯罪嫌疑人被不起诉处理的已占到全部认罪认罚案件的 4.5%。[3]最高人民检察院在认罪认罚从宽制度专项实施报告中介绍检察机关落实认罪认罚从宽制度的主要做法时也专门强调，"对犯罪嫌疑人认罪认罚，依照法律规定不需要判处刑罚或可能判处免予刑事处罚的轻微刑事案件，依法作出不起诉决定 208 754 人，占适用该制度办理案件总人数的 11.3%"，充分运用了起诉裁量权，切实履行了认罪认罚案

〔1〕　参见孙长永：《认罪认罚从宽制度的基本内涵》，载《中国法学》2019 年第 3 期，第 220 页。

〔2〕　据统计，2018 年 1 月至 10 月，某直辖市检察系统审结案件 10 744 件，适用认罪认罚 6052 件，认罪认罚不起诉 795 件，在认罪认罚案件中有 13%的案件作了不起诉处理。参见邓楚开：《警惕认罪认罚挤压甚至替代酌定不起诉》，载 https://www.sohu.com/a/278556253_ 653338，最后访问日期：2022 年 10 月 10 日。

〔3〕　参见周强：《最高人民法院、最高人民检察院关于在部分地区开展刑事案件认罪认罚从宽制度试点工作情况的中期报告——2017 年 12 月 23 日在第十二届全国人民代表大会常务委员会第三十一次会议上》，载《中华人民共和国全国人民代表大会常务委员会公报》2018 年第 1 期，第 87 页。

件办理中的检察主导责任。[1]但是，对于认罪认罚案件不起诉率这个指标，也需要有准确的认识。虽然在理论层面上，体现起诉便宜主义的裁量型不起诉有可能成为对认罪认罚的被追诉人从宽处理的一种形式，但规范层面和实践层面，很难确定认罪认罚对不起诉决定的具体影响。即便是适用了不起诉决定的认罪认罚案件，也并不意味着检察机关必然在不起诉的决定中考虑了认罪认罚情节。实践中，检察机关不起诉说理中对认罪认罚情节的描述大致可以概括为以下三种模式，即并列理由模式、唯一理由模式和不列理由模式，其中，并列理由模式是通用模式，唯一理由模式和不列理由模式均较为鲜见。可以说，在以相对不起诉处理的认罪认罚案件中，不起诉决定也不一定与认罪认罚情节有必然联系。即使有关联，也通常是将认罪认罚作为一个可以并行考虑的影响因素，很少有不起诉决定书能够直接反映出认罪认罚在其中起到了主导性的作用。[2]

7. 认罪认罚案件辩护人及值班律师参与率

这一指标主要考察认罪认罚案件检察办理环节（主要是审查起诉环节）律师参与案件数与整体认罪认罚案件数的比率，借以反映对认罪认罚者的法律帮助情况，以及认罪认罚自愿性及认罪认罚被追诉人权利保障机制的实际成效，进而引导和督促专门机关主动强化对辩护权的保障。这一指标在认罪认罚从宽制度专项实施报告及一些地方检察机关的考核中被使用，其虽然能在一定程度上表明辩护人及值班律师在认罪认罚案件中的覆盖面，但也有三个方面的局限：其一，这一指标将辩护人参与率与值班律师参与率杂糅在一起，易以值班律师的高参与率掩盖较低的辩护人参与率。而且，由于值班律师的保障相对容易，这一指标在各地基本都能达到 100%，几乎丧失了区分度和考评价值。其二，这一指标很难考察辩护人及值班律师参与的时间长短等整体情况，不少地方都只是为了满足签署具结书时必须有辩护人或值班律师参与的硬性要求，而通知值班律师参与了具结环节，其他诉讼阶段或诉讼环节是否参与则在所不问。其三，参与率不同于有效参与率，参与率并不能反映辩护人及值班律师法律帮助的实效。而在认罪认罚案件法律帮助实践中，特别是认罪认罚案件中的值班律师，见证人化的现象较为严重[3]，致使法律帮助流于形式。这一点很难通过参与率得以反映。

---

〔1〕 张军：《最高人民检察院关于人民检察院适用认罪认罚从宽制度情况的报告——2020 年 10 月 15 日在第十三届全国人民代表大会常务委员会第二十二次会议上》，载《中华人民共和国最高人民检察院公报》2020 年第 6 期，第 4 页。

〔2〕 参见闫召华：《认罪认罚不起诉：检察环节从宽路径的反思与再造》，载《国家检察官学院学报》2021 年第 1 期，第 131–132 页。

〔3〕 参见汪海燕：《三重悖离：认罪认罚从宽程序中值班律师制度的困境》，载《法学杂志》2019 年第 12 期，第 13 页。

8. 认罪认罚案件轻刑判决率（非监禁刑判决率）

在"两高"的"认罪认罚试点中期报告"中，在介绍认罪认罚从宽制度改革试点在"宽严相济刑事政策得到充分体现，促进了社会和谐稳定"方面的成效时提到，认罪认罚的被追诉人，"免予刑事处罚的占 0.3%，判处三年有期徒刑以下刑罚的占 96.2%，其中判处有期徒刑缓刑、拘役缓刑的占 33.6%，判处管制、单处附加刑的占 2.7%"，以非监禁刑适用比例的进一步提高，佐证在实体处理上更好地体现了坦白从宽、宽严相济刑事政策。[1]而在最高人民检察院关于认罪认罚从宽制度的实施报告中也提及，认罪认罚案件中，"法院宣告缓刑案件占 36.2%，高出整体刑事案件 6.9 个百分点"，以此说明认罪认罚从宽制度更好地保障了被追诉人的权利。[2]诚然，由于认罪认罚事实上已经成为一个重要的量刑情节，较之于不认罪认罚者，认罪认罚的被追诉人更有可能得到更宽大的实体处理。因此，该指标可以在整体上反映对认罪认罚者从宽处罚的概况。但该指标也只能反映概况，而且，是相当模糊的概况，并不能借以精准评估个案中从宽处罚的质量。按照《刑事诉讼法》的要求，对认罪认罚者是可以从宽而不是应当从宽，要依法从宽、适度从宽而不是随意从宽，而宽严相济的刑事司法政策也要求必须当宽则宽，当严则严，宽严适度。而实践中的从宽处理存在一些乱象，主要包括不应当从宽而从宽，应当从宽而不从宽，或者虽然给予了从宽处理但从宽幅度不够，或者虽然给予了从宽处理但过度从宽[3]，这些现象难以通过轻刑判决率予以反映。

9. 认罪认罚案件同步录音录像率

自 2020 年 9 月始，最高人民检察院开始在江苏、山东、重庆、宁夏等地开展认罪认罚从宽制度控辩协商同步录音录像试点。2021 年 12 月 2 日，在认真总结各地试点经验的基础上，最高人民检察院正式发布了《听取意见录音录像规定》，要求所有认罪认罚案件中的听取意见过程都要同步录音录像，并对同步录音录像的范围、场所、方式、保存和使用等作了细化规定。此后，认罪认罚案件同步录音录像率也成为部分地方检察机关的一项考评指标。该指标主要用以反映认罪认罚案件听取意见活动的规范化程度，旨在确保被追诉人的诉讼权利和认罪认罚的

〔1〕参见周强：《最高人民法院、最高人民检察院关于在部分地区开展刑事案件认罪认罚从宽制度试点工作情况的中期报告——2017 年 12 月 23 日在第十二届全国人民代表大会常务委员会第三十一次会议上》，载《中华人民共和国全国人民代表大会常务委员会公报》2018 年第 1 期，第 87 页。

〔2〕张军：《最高人民检察院关于人民检察院适用认罪认罚从宽制度情况的报告——2020 年 10月 15 日在第十三届全国人民代表大会常务委员会第二十二次会议上》，载《中华人民共和国最高人民检察院公报》2020 年第 6 期，第 3 页。

〔3〕参见闫召华：《附条件认罪认罚的法理检讨与实践应对》，载《政治与法律》2022 年第 8 期，第 134 页。

自愿性、真实性、合法性。不可否认，通过考核同步录音录像率，对于"防止听取意见不规范、走形式甚至强迫认罪认罚等问题"，促进听取意见的实质化、规范化，是有积极意义的。[1]但即便是采取了同步录音录像措施的听取意见过程，也不能说就必然是实质化的、规范的，特别是在被追诉人不能得到有效的法律帮助的情况下。同步录音录像率与听取意见的实质化、规范化程度虽然有相关性，但并不是简单、直接的正相关。而且，认罪认罚案件听取意见同步录音录像工作也同样存在讯问同步录音录像工作难以突破的一些顽固困境，如选择性录制问题。

二、认罪认罚案件质效评估存在的主要问题

近年来，在由检察机关主导的对认罪认罚案件办理情况的评估中，概括起来，主要存在以下"五重五轻"问题。

（一）重自我评估，轻外部评估

评估者的中立性和评估立场的客观性是规范、准确评估的前提和最基本的保障。按照刑事诉讼法的设计，检察机关是认罪认罚从宽程序的主导者。与此相一致，在实践中，检察机关也是认罪认罚从宽制度的积极倡行者和主要推动者。在这种情况下，由检察机关自己对自己办理认罪认罚案件的质效以及认罪认罚从宽制度改革的成效进行评估，由于中立性不足，可能会影响评估结果的客观性。作为改革倡导者的评估者，很难避免对改革持有先入为主的肯定立场，更加倾向于总结改革的成效和经验，以凸显改革取得的"巨大进步"和"显著成效"，"而对其局限性与可能存在的问题要么忽略不提，要么提及很少。"[2]而且，受改革倡导者的身份影响，检察机关对认罪认罚案件质效评估的目标也会自然而然地发生偏移，即并不完全以客观地评价认罪认罚从宽制度实施的法律效果、社会效果等为目标，而是以检验和展现检察机关在认罪认罚从宽制度实施中的主导性作用发挥情况为主旨。也就是说，检察机关对于认罪认罚案件的评估，主要是评估检察机关办理认罪认罚案件的质效，但检察机关办理认罪认罚案件的质效显然不能简单等同于认罪认罚从宽制度实施效果或整体性的改革成效。

当然，从组织管理学和组织行为合法性理论的角度看，检察机关对认罪认罚案件的评估思路和目标也是无可厚非的。对于检察机关而言，不管是推进认罪认罚从宽制度改革，还是对认罪认罚案件办理情况进行评估，都属于组织行为。组织行为的最终目的是实现组织的存续和发展，这就要求组织将对外平衡作为自己

---

〔1〕 李楠楠、薄晨棣：《最高检明确：办理认罪认罚案件听取意见应同步录音录像》，载 https://www.sohu.com/a/507427153_114731?_trans_=000019_wzwza，最后访问日期：2022 年 11 月 7 日。

〔2〕 郭松：《试点改革与刑事诉讼制度发展》，法律出版社 2018 年版，第 92—93 页。

行为的首要目标，即组织能够实现其应有的预设功能和社会使命，证明其存在的意义，从而能够获得更充分的预算拨款、政治支持等资源流入，进而能够适应社会要求与环境变化而得以维续。[1]组织行为从本质上都需要考虑到对利益相关者群体评价压力的回应。对于检察机关而言，利益相关者群体主要包括各级党委、人大、政府及相关部门、自己的上级或下级机关、群众和当事人等。这些利益相关者群体对检察机关的认同程度决定了该机关在社会建构的规范体系、价值观体系、信念体系和定义体系内具有的组织合法性。[2]概言之，检察机关所期待的组织合法性评价不外乎四个方面，即群众（社会）认可、上层满意、同级肯定、下级认同。当然，囿于有限理性，检察机关不可能完美平衡组织环境中不同受众的合法性压力，而是有着相对而言更为看重的合法性压力类型——群众（社会）认可和上层满意，也因此以最大程度纾解该类型的压力作为组织行为的核心逻辑。群众（社会）认可是对检察工作的最根本的要求。群众（社会）对检察机关及其工作的满意度尽管可以通过舆论报道、信访、调研等途径予以客观反映，但这些途径很难全面、准确反映民意，而且，这些途径也很难形成对检察机关的刚性影响或直接的不利后果。相比而言，检察机关更为看重民意的代表机关——人民代表大会对自己工作的评价，其对民意的反映尽管是间接的，但对检察机关的评价和影响却是直接的。因此，检察机关的组织合法性压力的偏向最后落于广义上的上层满意，即将党委、人大等资源分配的权威部门作为组织行为优先满足的利益相关者群体。认罪认罚从宽制度的倡行及以展现检察主导作用为主旨的质效评估，使得检察机关能够以可观的数据展现其为国家治理大局所作的贡献，从而可以博取权威部门的认同和信任。因此，检察机关对认罪认罚案件的评估目标及围绕评估目标所设置的评估指标，特别是在工作报告中的刻意展示，都是在凸显检察机关以积极推动和参与认罪认罚从宽制度改革服务国家治理大局的担当和责任。但值得强调的是，虽然从组织行为合法性的视角看，检察机关的评估目标及指标也是合理选择，但这并不意味着检察机关是评价认罪认罚从宽制度（试点）改革成效的适宜主体，也不是说检察机关的评估结果适宜作为立法机关完善认罪认罚从宽制度的直接决策根据。

不仅检察机关不适宜作为认罪认罚从宽制度运行实效的唯一评估者，事实上，所有认罪认罚从宽制度运行的直接参与者，包括审判机关、侦查机关、被追诉人、

---

〔1〕　参见姚宝燕：《权责发生制政府会计改革问题研究——基于政府绩效治理的视角》，厦门大学出版社 2010 年版，第 89 页。

〔2〕　参见刘云、Wang G Greg：《基于评价者视角的组织合法性研究：合法性判断》，载《外国经济与管理》2017 年第 5 期，第 75 页。

辩护人及值班律师都不适合作为唯一评估者。尽管这些主体作为参与人最了解制度的实施情况，他们的态度和意见是改革成效评估的重要内容和对象，但由于是利益相关者，他们在评价认罪认罚从宽制度时很难保持客观、中立的立场。以辩护律师为例，实践中，这一群体普遍对认罪认罚从宽制度颇多微词，有些意见甚至还相当激烈。[1]在不少辩护律师看来，刑事诉讼中被追诉人及辩护律师的权利越多越好、地位越高越好，最好采用控辩完全平等的协商模式，乃至可以考虑引入域外的辩诉交易模式，如此一来，认罪认罚案件中辩护律师履职才会更加轻松，辩护人才会更受尊重。虽然辩护律师的上述意见确实能够反映出当前在认罪认罚自愿性、真实性保障方面的一些问题，有一定的合理性，但显然也受到了辩护人立场的影响，属于眼中只有辩护的"一面之词"。

（二）重结果评估，轻过程评估

上已述及，检察机关常用的认罪认罚案件评价指标主要有认罪认罚从宽制度整体适用率、认罪认罚案件量刑建议采纳率（确定刑量刑建议采纳率）、认罪认罚案件一审服判率（上诉率）、认罪认罚案件量刑建议提出率（确定刑量刑建议提出率）、认罪认罚案件不捕不诉率、认罪认罚案件律师参与率、检察机关建议适用率、认罪认罚同步录音录像适用率、认罪认罚案件轻刑判决率（宣告缓刑率、非监禁刑判决率）、认罪认罚案件审前羁押率、速裁或简易程序适用率、认罪认罚案件当庭判决率、认罪认罚案件和解谅解率等十余个。但这些指标绝大多数都是反映认罪认罚案件办理的最终样态和实体处理结果，而很难反映认罪认罚案件办理的实际过程，如制度整体适用率不能反映认罪认罚是如何达成的，控辩沟通是否充分，法官有没有参与；量刑建议采纳率不能反映量刑建议的提出、变动或调整过程；一审服判率不能反映一审阶段被追诉人认罪认罚的稳定程度及实际的认罪悔罪状态；律师参与率不能反映律师何时参与、如何参与和参与的实际效果；不捕不诉率不能反映认罪认罚因素对相关决定的实际影响；和解谅解率不能反映和解谅解的原因及过程；轻刑判决率不能反映判处轻刑的根据及合理性等。即便有少量的侧重于过程控制的评价指标，使用频率也非常低。一言以蔽之，尽管当前的评价指标可以对认罪认罚从宽制度的运作结果有所反映，但并不能有效呈现

---

　　[1]　自认罪认罚从宽制度改革试点以来，网络上出现了一系列律师结合自己的办案经历点评认罪认罚从宽制度的文章，如曾献猛律师的《认出来的罪，很有可能是冤案》、赵光华律师的《有些检察官需要"补钙"了》、马晓军律师的《认罪认罚的乱象》、李向忠律师的《认罪认罚不应异化为"遮羞布"》、郑植升律师的《认罪认罚从宽被滥用，最终损害的是自身的制度信用》、熊昕律师的《认罪认罚，不应该成为考验人性的工具》及周海洋律师的《认罪认罚不是欺骗和强力压制的功利工具》等文章。从这些文章的题目就可以看出，部分辩护律师对认罪认罚从宽制度及其实施成效的否定态度。

认罪认罚从宽制度的运行过程。

认罪认罚案件质效评估中的"重结果，轻过程"主要与以下几种因素有关：一是"结果导向"的刑事司法理念。所谓的"结果导向"，就是以治理犯罪的实际成效作为评价刑事司法制度的最高标准。我国的刑事司法存在着重实体、轻程序，重结果、轻过程的传统。立法机关和民众对于刑事司法工作的监督和评价，也习惯主要着眼于控制犯罪的成效。因此，公安司法机关流行的以目标管理责任制为核心的绩效考核机制中设置的一系列评价指标，体现出重结果的价值取向。二是刑事司法的国家治理倾向及其特殊的绩效需求。在人民司法的制度体系中，公安司法机关本来就直接承担着国家治理和社会治理的任务，发挥着与其他法律传统中的司法机关大不相同的作用。[1]作为社会治理功能的承担者，公安司法机关很容易将刑事司法中的社会治理议题，特别是和特定时期国家治理大局密切相关的议题作为阶段性工作的重心，并将相关政策作为决策或行动的指引和根据，且以体现在结果型评价指标的改革效果作为参与国家治理的显著成效。《中共中央关于全面推进依法治国若干重大问题的决定》提出了完善"司法权力运行机制"的改革要求，并提出了包括完善刑事诉讼中认罪认罚从宽制度在内的多项重大改革措施。这表明中央对认罪认罚从宽制度改革极为重视，在一定程度上将其提升为"维护社会稳定、树立政府形象和建构国家权威"[2]层面的问题，将改革定位为塑造和强化国家权力合法性的努力之一。[3]这也意味着国家对于认罪认罚从宽制度改革有着较强的绩效需求。加之，同其他国家机关一样，公安司法机关同样存在以目标管理责任制和项目制为核心的压力型体制以及锦标赛晋升机制[4]，在此背景下，公安司法机关很容易形成"政绩工程思维"[5]，从而导致了认罪认罚案件质效评估中的"结果导向"。三是认罪认罚从宽制度改革的专项治理化倾向。专项治理已成为当前公安司法机关应对刑事司法领域紧迫问题的常用机制。刑事司法中的专项治理，按照通常理解，是以"急事特办"为理念，以自上而下

---

〔1〕　[美]罗纳德·德沃金等：《认真对待人权》，朱伟一等译，广西师范大学出版社 2003 年版，第 6 页。

〔2〕　杨志军：《运动式治理模式研究：基于三项内容的考察》，载《厦门特区党校学报》2013 年第 2 期，第 33 页。

〔3〕　参见唐皇凤：《常态社会与运动式治理：中国社会治安治理中的"严打"政策研究》，载《开放时代》2007 年第 3 期，第 121 页。

〔4〕　参见潘泽泉、任杰：《从运动式治理到常态治理：基层社会治理转型的中国实践》，载《湖南大学学报（社会科学版）》2020 年第 3 期，第 113 页。

〔5〕　毛新伟：《运动式治理的原因分析——基于行政思维的视角》，载《经济师》2014 年第 11 期，第 39 页。

的政治动员为手段，暂时打断刑事诉讼原有的各就其位、按部就班的常规程序或者突破常规的办案体制和机制，在一定时期内集中力量和注意力快速完成某一特定任务。从"严打"到"扫黑除恶"，从专项"追逃"、"纠错"到超期羁押的集中清理，从对宽严相济的推行到对"少捕慎诉慎押"的强调，刑事司法中的专项治理经常出现，从而对我国刑事程序的运行产生了持续性、全局性的影响，并不断强化着我国刑事诉讼的特有品性。而且，作为一种有深厚传统支撑和强烈现实需求的国家治理模式，专项治理不仅影响着刑事诉讼法的实施方式，也在一定程度上承载着快速推进刑事程序立法完善和制度变迁的使命，包括认罪认罚从宽制度改革在内的一些重大刑事司法改革，也通常以中央决策、宣传动员、量化考核、评估监督等方式推进，带有鲜明的运动式治理特征。[1]而在满足改革预期目标特别是目标考核的要求上，专项治理体现出常规司法所无可比拟的优势，常规司法强调程序法定，强调公安司法机关严格按照法定程序进行刑事诉讼活动，强调以程序控制权力而不是相反，容易导致过程与结果上的双重不确定性，从而很难满足目标考核的要求；而专项治理则强调权力的积极主导，强调时效，强调目标导向和全程管控，非常适合结果导向的考核方式，从而理所当然地成为可以速见"疗效"的"一剂猛药"。当然，对专项治理的路径依赖也会反过来加剧结果导向的考核方式。

（三）重专用评估，轻通用评估

《检察机关案件质量主要指标》规定了认罪认罚案件的三个专用评价指标，即制度整体适用率、确定刑量刑建议提出率和确定刑量刑建议采纳率。从调研的情况看，各地对认罪认罚案件的考核也基本上都是以这三个专用评价标准为核心的。最高人民检察院年度工作报告则常用制度整体适用率、认罪认罚案件量刑建议采纳率和一审服判率三个指标。在 2023 年 1 月 8 日召开的全国检察长会议上，最高人民检察院在通报 2022 年检察机关"统筹落实认罪认罚从宽制度"的情况时也同样强调了这三项指标的完成情况，"全年制度适用率超过85%，量刑建议采纳率98.3%；一审服判率97%，高出其他刑事案件29.5个百分点，从源头减少了大量上诉、申诉案件"。[2]在这三项指标中，制度适用率是专用评价指标，量刑建议采纳率虽然可以通用于其他非认罪认罚案件，但实践中通常不再统计或通报非

---

〔1〕 参见钱大军、薛爱昌：《司法政策的治理化与地方实践的"运动化"——以 2007—2012 年的司法改革为例》，载《学习与探索》2015 年第 2 期，第 73 页。

〔2〕 戴佳：《切实把防风险保安全护稳定融入日常检察工作》，载《检察日报》2023 年 1 月 9 日，第 2 版。

认罪认罚案件的量刑采纳情况，而事实上演变为认罪认罚案件的专用评价指标，只有一审服判率是检察机关常用以对比认罪认罚案件与非认罪认罚案件上诉情况的通用指标。整体上看，检察机关在评价认罪认罚案件办理情况时，更加青睐专用评价指标，而不够重视通用评价指标的使用。之所以如此，可能与下列因素有关：（1）专用评价在体现认罪认罚从宽制度的特殊落实效果上有固有优势。例如，通过较高的制度适用率可以体现检察机关贯彻该制度的力度，以及认罪认罚从宽制度对刑事诉讼运行方式的实际影响。（2）专用评价指标由于缺乏对比，更容易融入顶层设计者或改革推动者的主观期待，更容易灵活设定考核目标，更容易满足基于考核需要的灵活取舍。比如，制度适用率到底多高合适，确定刑量刑建议适用率到底多高合适等，并没有一个确定无疑的标准，很大程度上取决于考核者对该考核指标功能的理解和期待。（3）个别评价指标难以通过对比体现认罪认罚从宽制度的优势。就量刑建议采纳率而言，之所以逐渐演变为认罪认罚案件专用评价指标，或者由考核量刑建议采纳率，逐渐演变为只重点考核确定刑量刑建议采纳率，与这一评价指标缺乏较为明显的对比价值有密切关系。其实，量刑建议的高采纳率并非认罪认罚从宽制度试点以后的新现象。早在 2016 年之前，各地量刑建议的采纳率也基本上能维持在 90% 以上，[1]"部分基层检察院甚至出现了提出率和采纳率的'双百'现象"。[2]2012 年《刑事诉讼法》的修改颁行也没有对量刑建议的采纳率造成太大影响。[3]在这种情况下，不如单独以超高的认罪认罚案件量刑建议采纳率体现检察机关量刑建议对法院量刑的现实影响，以及《刑事诉讼法》第 201 条"一般应当采纳"规定的落实成效。

过度重视专用评估指标，只看重专用评价指标上所体现的认罪认罚从宽制度实施效果，至少可能导致两方面的负面效果：一是由于淡化对比，容易加剧考核的主观随意性。如上所述，对比是考核评价的最基本也是最有效的方式之一。对于认罪认罚从宽制度实施情况的考核而言，不管是纵向的对比（对比试点或入法前后的情况），还是横向的对比（对比同时期认罪认罚与非认罪认罚案件），其核心都是比较适用了认罪认罚从宽制度与未适用认罪认罚从宽制度的案件产生的不

〔1〕　参见张洪超、梁昭、张龙：《山东冠县：82 份量刑建议全部被采纳》，载 http://www.sdjcy.gov.cn/html/2012/sxyjj_ 0727/5777. html；刘宜俭：《98%量刑建议被采纳》，载 http://news. sina. com. cn/o/2012-06-13/063924583182. shtml。

〔2〕　饶冠俊：《检察机关量刑建议的规范化——基于实证分析的视角》，载《甘肃理论学刊》2017年第 6 期，第 125 页。

〔3〕　参见张国轩：《刑事诉讼法修改对量刑建议带来的转变》，载中国检察学研究会检察基础理论专业委员会编：《诉讼法修改与检察制度的发展完善——第三届中国检察基础理论论坛文集》，中国检察出版社 2014 年版，第 501 页。

同效果。而这些效果表现在这两类案件具有对比性的各个方面。而且，一般而言，具有对比价值的指标即可资运用的通用评价指标越多，就越能全面反映认罪认罚从宽制度的特殊效果。如果只关注专用评价指标，而忽略了以通用指标进行的对比，则考核评估极易陷入"自说自话""自卖自夸""说行就行"的尴尬境地。二是难以凸显和激发我国认罪认罚从宽制度的优势。域外的辩诉交易或认罪协商制度在价值理念、基本原则等方面与其传统型司法关系紧张，很难和谐共存。英美法系的辩诉交易本就是其繁杂的正当法律程序在面对现实困境时的无奈选择，是刑事审判体系不良运作的产物；[1]而大陆法系的协商性司法也对其传统型司法带来了颠覆性的冲击，对其刑事法的基本原则乃至宪政原则构成重大挑战。但我国的认罪认罚从宽制度是构建在我国诉讼传统和诉讼构造基础之上，内嵌于常规诉讼程序之中的，其整体上依然处于传统型刑事司法的框架之内。[2]这也恰恰符合中央对认罪认罚从宽制度改革是"完善"而非"建立"或"重构"的基本定位。[3]正因如此，它在追求诉讼效率的同时更能保障司法公正，在保护被追诉人权利的同时亦能兼顾被害人利益和公共利益，在解决个案的同时也能助力于诉源治理。在评估认罪认罚从宽制度的实施效果时，专用指标往往只能凸显其较之于传统刑事司法优化或创新的一面，或者说是与域外的协商性司法相近的一面，而认罪认罚从宽制度契合于我国诉讼传统、诉讼构造、基本刑事法原则和政策的一面则更多地体现于通用评价指标中。轻视通用评价指标，反而容易掩盖我国认罪认罚从宽制度的特点和优势。

（四）重经验总结，轻问题归纳

对一项司法改革成效的完整评估而言，既需要全面总结改革取得的正面效果，也需要系统梳理改革中暴露的问题及其所产生的负面影响，综合权衡利弊得失，以决定是否继续推进或者调整完善改革的基本方案与推进方式。但从当前各级检察机关对认罪认罚案件办理情况的评估实际看，基本上主要是在总结改革经验，展现改革成果，对问题梳理的不够准确、全面、深刻。

"认罪认罚从宽试点中期报告"全文 5369 字，其中，涉及认罪认罚从宽制度试点正面效果的 3694 字，主要分布在三个位置：第一处是报告首段对认罪认罚从

---

〔1〕 有学者曾经提出过一个形象的比喻："如果将美国司法制度比作一套西装，那么，辩诉交易就是西装上的补丁。"张建伟：《能从辩诉交易中学到些什么》，载《人民检察》2018 年第 3 期，第 39 页。

〔2〕 参见闫召华：《听取意见式司法的理性建构——以认罪认罚从宽制度为中心》，载《法制与社会发展》2019 年第 4 期，第 71 页。

〔3〕《中共中央关于全面推进依法治国若干重大问题的决定》明确提出，要"完善刑事诉讼中认罪认罚从宽制度"，这意味着，认罪认罚从宽制度在刑事诉讼中并不是一个新生事物。

宽制度试点整体效果的肯定，强调试点稳步推进，已经取得阶段性成效；第二处是报告的第一大部分，即试点工作开展情况，从四大方面总结了试点地区司法机关为推进试点工作采取的有力措施，包括"严格依法推进，确保认罪认罚从宽制度规范适用"，"强化权利保障，确保认罪认罚真实自愿"，"加强监督制约，确保试点运行平稳有序"，"完善配套保障，确保改革措施落实到位"；第三处位于报告的第二大部分，从三个大的方面总结了试点工作的初步成效，具体包括"宽严相济刑事政策得到充分体现，促进了社会和谐稳定"，"司法资源得到合理配置，促进了刑事诉讼效率明显提升"，以及"当事人权利得到有效保障，促进了司法公正"。中期报告谈试点中存在的问题和困难的文字共 236 字，涉及试点地区对试点工作的思想认识不够到位、试点工作整体推进不够平衡、一些环节协调配合不够顺畅等三方面问题，对问题的描述整体上看较为笼统和模糊，每方面问题的描述文字平均不到 80 字。

相对而言，最高人民检察院关于认罪认罚从宽制度的专项实施报告中在成效与问题的比重上更为合理些，但依然凸显了成效的绝对中心地位。专项实施报告全文 8538 字，其中，总结经验与成效的 5582 字，谈问题与困难的 890 字。对经验的总结主要分两大部分展开：一是报告的第一部分"认罪认罚从宽制度的重大意义及实践效果"，从"有效促进社会和谐稳定""更加及时有效惩治犯罪""显著提升刑事诉讼效率""更好保障当事人权利"等四大方面说明了认罪认罚从宽制度在推进国家治理中的成效和优势。二是报告的第二部分"检察机关落实认罪认罚从宽制度的主要做法"，着力展现了检察机关在落实认罪认罚从宽制度中发挥的主导作用及工作成效，主要包括"在党中央和地方各级党委领导下，强化与相关执法司法机关协作配合"，"立足批捕、起诉职能，切实履行指控证明犯罪主导责任"，"秉持客观公正立场，该严则严、当宽则宽，确保依法准确适用"，"强化内外部监督制约，防范廉政风险"，以及"加强政治、业务建设，着力提升办案能力"。在专项实施报告的第三部分，专门介绍了"落实认罪认罚从宽制度中的主要问题和困难"，归纳了"制度适用不平衡""办案质效待提升""衔接配合需加强"及"能力素质不适应"等四个方面的问题。虽然用专门一节介绍了问题，并且总结问题的视角也较为全面，但描述上总体还略显简单，每一个问题的描述文字在 200 字左右，谈及的多数问题都是点到为止，没有具体展开。

当然，对比相关报告中经验总结与问题梳理的字数及内容繁简度，并不是说描述问题越多越详细就越好。客观上也存在这种可能性，即认罪认罚从宽制度确实是一个优良的制度，推进方案和贯彻落实的举措也设计得非常合理，确保了制度实施成效显著，问题很少。但需要注意的是，"成效多""问题少"可能只是先入为主、主观预设、刻意选择的结果。如果这样，就很难保证评估结果的客观性，导致决策者很难对认罪认罚从宽制度的运行情况有一个准确的判断。

地方各级检察机关在开展对认罪认罚案件的指标化考评工作时，也主要是用专用核心指标上的比率显示制度适用的积极效果，这些指标通常不能直接反映运行中存在的实际问题。即便是未达到指标考核要求时的扣分、通报，能反映的仅仅是被考核对象相关工作的考核分与平均分或通报分之间的差距。地方各级检察机关也会定期、不定期地开展对认罪认罚案件的个案评查工作，但在评查中发现的问题通常仅具有个案意义，并不会被及时总结、吸收到相关工作报告中，进而对制度落实产生整体性影响。

（五）重定量评估，轻定性评估

调研发现，认罪认罚案件办理情况的评估实践中还在一定程度上存在"唯指标论""唯数据论"的倾向，形成了"量化指标中心主义"现象，即重视比率化、数字化的量化考核指标，重视所谓的客观评价，轻视侧重质性的个案评查和实效评估，轻视主观评价。在认罪认罚从宽制度试点中期报告及认罪认罚从宽制度实施情况专项报告中，数字化的指标是其展示制度运行效果的主要方式，有时也会在运用量化指标的基础上，概括出一些整体性的质性评价，但能反映出单独运用了定性评估方法的内容并不多见。而《检察机关案件质量主要评价标准》中的评价指标也全部是量化的评价标准。当然，最高人民检察院有关负责同志在文件解读时指出，"司法办案具有一定的复杂性，有时单纯根据案件结果尚不能得出办案质量存在问题的结论"，"要革除简单指标管理的弊端，对一些数据指标异常的案件，注重通过开展案件质量评查等工作作出客观评价"，"为确保案件质量评价的客观、公正、准确"，在做好评价指标数据从检察机关统一业务应用系统中自动采集的同时，"要引入案件质量评查机制"，"通过对个案的质量评查，实现对部分指标的校正"。[1] 不难看出，上述解释依然只是将案件评查等定性评估工作作为定量评估的辅助或补充，只在数据指标异常或特定情形下使用。而地方各级检察机关对这一精神的贯彻情况也不容乐观。Z省W市对认罪认罚案件的考核和定期通报中使用的全部是量化的考核标准。Q直辖市尽管对刑事案件的通用评价指标中，部分指标涉及定性评估方法的运用，但认罪认罚案件的专用评价指标全部为量化考核指标。Z省在对包括认罪认罚在内的"业务建设"评价中，全部采用的是量化的评价标准。在课题组调研的四个地方中，只有A省S市的案件质量评估

---

[1] 徐日丹：《案件质量：检察司法办案的生命线！最高检案管办主任董桂文答记者问》，载 https://baijiahao.baidu.com/s? id=1665020126179150395&wfr=spider&for=pc，最后访问日期：2022 年 12 月 10 日。

办法中，明确且大篇幅地规定到了定性评估方法。A 省 S 市对基层检察院的考评内容设总则（含综合加分项、综合减分项、述职述廉，评价分值 150 分）、案件质效（含案件质量评价指标、案件质量评查，评价分值 550 分）、检察业务（特定业务要求完成情况加减分，评价分值 300 分）三项。在案件质效部分，案件质量评价指标全部为量化指标，总分值 500 分，案件质量评查主要运用定性评估，总分值 50 分。而在检察业务部分也主要运用的是定性评估方法。

诚然，通过量化考核，可以让评估者更为直观、更为快捷地了解到认罪认罚案件办理的整体情况，特别是在实现办案数据自动抓取后，评估结果和过程也相对客观，这是其优势所在。但定量分析对样本数量和数据本身的客观性要求较高，而且，量化指标及其合理值的设置很难避免主观预设，在数据标准化所要求的删繁就简中很容易"削足适履"，掩盖评估对象丰富、生动的细节特征。实践中的"唯指标论""唯数据论"很容易导致被考核对象盲目追求指标中所要求的比率，而无视制度的实际效果，为了达成评价指标的特定比率要求，放松条件，甚至采取不合理、不合法、不合规的手段刻意促成。事实上，并不是所有工作效果都适合以数字化的方式呈现，试图完全以数字化的指标体系实现对某项工作的客观评价既无必要，也无可能。特别是刑事司法工作，"并不是一项完全以'结果产出'为最终导向的活动，而是一项包含广泛政策目标与更多价值实现的工作。对于这些政策与价值的实现程度，很难进行准确地测量与评价"。[1] 而且，刑事案件复杂多样，刑事司法者拥有一定的自由裁量权，很难用某种指标来准确评估刑事司法的质量和效果。实践中，过度重视数字化考核易使专门机关以"抓指标"替代"抓工作"，[2] 不关心认罪认罚案件办理工作实际情况，不从实际出发，解决实践中的突出问题，而只关心评价指标和排名排序，不仅不能调动基层司法机关及其工作人员的工作积极性，"一刀切"的要求反而容易违背司法规律，使检察人员疲于应付，干扰了检察工作，埋下案件质量隐患。而且，量化指标中心主义也易于滋生数据失真乃至"造假"现象。在试点阶段及制度正式入法实施后，根据有些地方的统计，认罪认罚案件审查起诉的时间明显减少，以此论证认罪认罚从宽制度在提升诉讼效率方面卓有成效。但有人从中国裁判文书网随机抽选了基层人民法院 2020 年度作出的千余份一审刑事判决书，统计后发现，[3] 在这些案件中，

---

〔1〕　包献荣：《刑事司法绩效考核的困境与出路》，载《社会科学家》2015 年第 4 期，第 94 页。

〔2〕　参见张曦：《审判绩效考核的困境、缘由与脱困路径》，载《上海交通大学学报（哲学社会科学版）》2019 年第 6 期，第 53 页。

〔3〕　参见闫召华：《合作式司法的中国模式：认罪认罚从宽研究》，中国政法大学出版社 2022 年版，第 180 页。

从对犯罪嫌疑人采取强制措施到检察机关提起公诉的平均时长约为 134 天，而从提起公诉到法院作出判决的平均时长约为 46 天，审前程序与审判程序用时比约为 2.9%。而在个别案件中，这一比率甚至高达 30%以上，如"辽宁吕某盗窃案"[1]，审前程序耗时 101 天，审判程序仅耗时 3 天；更有甚者，如"雷某兵妨碍公务案"，[2] 审前程序 79 天，审判仅用时 1 天。而且，这些审前程序用时比非常大的案件，通常还是速裁案件。也就是说，认罪认罚诉讼程序特别是适用了速裁程序的案件其审判时间虽大为缩短，但审前程序运行效率的提升并没有想象中的那么大。如何简化认罪认罚案件的审前程序依然是一个迫切需要重视的议题。

三、认罪认罚案件质效评估机制的完善

针对当前认罪认罚案件质效评估机制中存在的突出问题及由此导致的对认罪认罚从宽制度实施及刑事程序法治的潜在危险，有必要从理念、原则到具体指标完善认罪认罚案件质效评估机制，真正实现通过评估掌握认罪认罚案件办理的真实情况，并引导认罪认罚案件的规范办理。

（一）评估路径的优化

1. 评估的导向：关注和提升实际办案质效

质效评估机制最基本的功能是了解与评价认罪认罚案件办理的质量和效果。这也决定了它必然带有一定的事后性、被动性、辅助性，它的核心作用是全面、真实地呈现和反映认罪认罚案件的办理情况。但值得注意的是，相对于认罪认罚从宽制度及其实施，质效评估机制并不是完全被动的。由于在实施中认罪认罚案件质效评估已经用于对司法机关及司法人员工作绩效的评定、奖惩依据[3]，该评估机制与司法机关及司法人员的切身利益直接或间接相关联，这种评估也就不再是单纯的认识工具或带有咨询性质的决策依据，而成为一种直接影响司法者利益的"强管理行为"。[4] 质效评估机制由此成为影响认罪认罚从宽制度实施状况的独立因素和重要变量，极易导致的结果是：质效评估机制对案件处理公正性的要求变成了对司法者及其行为的要求，对案件的质效把握变成了对司法者处理案件的形式结果的把握，相应地，司法者对案件处理形式结果的关注在某些情况下

---

〔1〕 参见辽宁省锦州市古塔区人民法院（2020）辽 0702 刑初 105 号刑事判决书。

〔2〕 参见湖南省桃江县人民法院（2020）湘 0922 刑初 286 号刑事判决书。

〔3〕 参见张军主编：《人民法院案件质量评估体系理解与适用》，人民法院出版社 2011 年版，第 228—337 页。

〔4〕 兰照：《论案件质量评估制度对审判质效的影响》，载《湖南工业大学学报（社会科学版）》2018 年第 4 期，第 46 页。

可能会超过对案件处理公正性本身的关注，对质效评估指标的满足或相符的关心超过对办案实际效果的关心。[1]而且，如果考虑到不同层次司法主体的不同利益诉求和责任分化，质效评估机制对认罪认罚案件办理的实际影响可能更为复杂。这就要求我们在构建质效评估机制时必须考虑到评估机制的"指挥棒"功能，在具体的评价标准和考核指标中合理融入正确的价值导向，以充分发挥出质效评价机制的正向激励作用。（1）评估机制的前瞻性。在设计评估机制时，要事先考虑到该机制施加于司法者及司法行为之后的可能性后果，即将评估机制的运行作为影响认罪认罚从宽制度实施效果的一个变量予以考虑，尽量避免以绝对化的评估指标掩盖评估指标背后对办案质效的深层诉求。（2）强化评估机制对办案综合效果的关注。不过度强调某一价值维度的评价指标，不绝对化任何一个数量指标，将价值平衡理念融入评估机制，引导司法者关注办案的综合效果，追求法律效果、社会效果、政治效果的统一。（3）弱化评估机制对司法者切身利益的直接影响。尽可能地减少评估机制中的利益竞争因素，以保障司法者依法独立履职为评估机制运行的基本原则或底线，体现对司法者"严管"与"厚爱"的结合，尽量减少司法者的"管理焦虑"和"指标负担"，增强其职业荣誉感。（4）评估机制应尊重事实、尊重司法规律。作为一种司法管理行为，质效评估也必须以事实为基础，并尊重司法规律，否则，就会导致对司法的扭曲。以认罪认罚从宽制度适用率这一评价指标为例，通过这一指标了解制度的适用情况乃至借助这一指标督促司法者对该制度"能用尽用"本来也无可厚非。但是，真诚悔罪是认罚的要素之一，而被追诉人是否真诚悔罪不是司法者能控制的，在此情况下，如果绝对化地去要求认罪认罚从宽制度的极高适用率，显然既有违事实，也不符合司法规律，不仅给司法者带来很大压力，也很容易导致制度适用中的异化。

2. 评估的主体：以外评为主，自评与外评相结合

诚然，检察机关通过制发评价指标，运行评价机制，可以及时掌握认罪认罚案件的办理情况，了解掌握办案现状、态势、特点、规律及存在的问题、原因，"用作内部工作决策、对下工作指导的重要依据"，也可以引导检察官重视认罪认罚案件办理质效，补短板、强弱项，"激励检察官多办案、办好案"，从而大大提升办案的质量、效率和效果。[2]因此，作为检务管理的必要组成部分和检察机关的一项基础性工作，检察机关内部建立一套对认罪认罚案件的质效评估机制是不

---

〔1〕　参见龙宗智：《审判管理：功效、局限及界限把握》，载《法学研究》2011 年第 4 期，第 26—28 页。

〔2〕　《案件质量：检察司法办案的生命线　最高人民检察院案件管理办公室主任董桂文就建立检察机关案件质量评价指标体系答记者问》，载 https://www. spp. gov. cn/xwfbh/wsfbt/202004/t20200426_459753. shtml#2，最后访问日期：2023 年 2 月 13 日。

可或缺的。但上已述及，作为认罪认罚从宽制度的积极倡导和推行者，检察机关对办理认罪认罚案件情况的评估主要是上级评估下级，甚至是自己评估自己，很难保有完全中立的立场，从而可能影响评估结论的客观性，容易选择性忽略或淡化制度实施中存在的问题，易于将对制度的功能预期先入为主地预设为制度实施的成效或评估的结论。因此，即便在检务管理的层面，检察机关对认罪认罚案件质效的评估也应当适度地引入外部因素，这既是司法民主的要求，又可以较好地促进检察机关办理认罪认罚案件三大效果的统一。检察机关应当以积极、开放的心态在质效评估机制中设置外部评价通道，听取被追诉人、被害人、辩护律师、诉讼代理人、值班律师、人民法院、公安机关、普通群众等对检察机关办案情况的看法和意见。这样既有利于增加相关主体对检察实践的认知，强化对检察机关的异体监督，有效化解对检察工作和认罪认罚从宽制度运行状况的误解和不满，提高检察权威，也有利于消解检察机关与其他专门机关在办理认罪认罚案件中的分歧与冲突，形成改革合力，在各个诉讼阶段提升办案质效。当然，要想更加客观地掌握认罪认罚案件的办理情况，彻底突破质效评价中的立场偏见或碎片化倾向，从长远看，还是应当建立一套第三方评估机制，由相对中立和独立的第三方，通过自身掌握的专业知识，将碎片化、有利益倾向的各种意见、看法及各方面的真实情况进行系统梳理和整合，从而形成体系性的、客观的、专业的评估结论。可以借鉴德国认罪协商制度运行成效评估的经验〔1〕，由高校或科研院所的教授团队作为评估的第三方。但应当为第三方评估配套构建完善的委托程序和经费保障机制，确保第三方的独立性。

3. 评估的方式：定性评估与定量评估相结合

定性评估与定量评估各有优势，也各有局限。定性评估侧重于对评估对象质的方面的分析与研究，即运用归纳和演绎、分析与综合以及抽象与概括等方法，通过对评估对象内部或外部所具有的各种性状的调查与研究达到对该事物内在质的规定性的深刻把握。因而，定性评估的结论带有综合性、发展性、细致性、根本性。但是，由于定性评估的程序不太严格，且其以反映事物质的规定性的描述性资料为主要研究对象，材料本身带有一定程度的模糊性和不确定性，这决定了定性评估结论容易带有较强的主观色彩，结论也带有一定的争议性。而定量评估

---

〔1〕 为了了解认罪协商制度近年来在刑事诉讼中的实际运作情况，德国联邦司法部委托 Altenhain、Jahn 和 Kinzig 三位教授进行了实证调查。三位教授使用的评估方法包括：评估上诉审法院的判决，向法官、检察官和辩护律师发送调查问卷，评估案件卷宗档案，同部分法官、辩护律师、和检察官（尤其是检察机关的部门负责人）进行访谈等。调查结论现已出版。参见 Bernd Schünemann 教授 2022 年的论文 Jüngste Entwicklungen der Verständigung im Strafprozess（Plea Bargaining）in Deutschland（未刊稿）。

则侧重于对评估对象量的方面的分析与研究，主要着眼于评估对象的规模、程度、效率等可以用数量表示的规定性。定量评估一般都有相对固定、结构性的研究程序，标准化的研究工具，统一的研究策略，即将复杂的现实情况化繁为简为几个关键变量，以此来确保评估结论的客观性、精确性、可靠性和可复制性，但定性评估依赖的样本数据有不全面、不随机、不可靠的风险，而且，容易忽略特殊性与主观性因素，将变量之间的复杂互动关系简单化。何时适用定性评估，何时适用定量评估，取决于评估的问题和目标。认罪认罚案件质效评估中既需要通过相关变量描述总体分布、结构、趋势及其相关特征，也需要揭示相关现象的变化过程、内在联系及相关主体的行动选择和主观认知，适宜构建一种定量评估与定性评估相结合的评估模式。具体而言，可以采取下列四种结合形式：（1）在对某一问题的定量评估中使用一些定性评估的方法和技术。比如，在对技术性上诉现象进行大样本定量调查前，先采用深度访谈等方式对该现象进行一些初步探索，或者在设计对技术性上诉现象的调查问卷前，先进行一些开放性的个案访谈，为问卷设计做准备。在这种最低程度的结合模式下，定性研究表现为定量研究的组成部分或必要步骤。（2）在对某一问题进行定量评估的同时，结合使用定性评估，辅助解读定量评估的结论。比如，在对认罪认罚从宽制度整体适用率进行定量分析的基础上，再对检察人员等进行深度访谈，并用访谈结果来辅助理解适用率的形成原因。这种结合是以定量评估为主、定性评估为辅。（3）在对某一问题进行定性评估的同时，结合使用定量评估。比如在以检察机关的卷宗材料为样本评估认罪认罚因素对相关不起诉决定的实际影响时，在对几种典型的不起诉决定表述方式进行结构分析、定性评估的基础上，再通过不同类型的表述方式在样本中的分布情况，进一步说明认罪认罚因素对不起诉决定的现实影响。这种结合是以定性评估为主、定量评估为辅。（4）对评估对象的不同方面、不同主题，或对主问题的不同子问题，分别使用定量评估和定性评估方式，这也是定量评估与定性评估最典型、作用力最均衡的结合方式。比如，在评估认罪认罚案件质效时，对适用率、罪名分布、办案时间、上诉率、量刑建议采纳率等问题主要采用定量评估，对认罪认罚自愿性保障、悔罪审查方法、检法冲突成因、值班律师服务质量等主要采用定性评估。值得强调的是，在两种评估方式的结合上，应依据评估的实际需要灵活选择。"如果自己的研究问题只适合采用某一种研究方式，就不要硬性采用两种不同的研究方式"，"如研究问题的性质只适合采用定性研究方式时，就不要硬性采用定量研究方式，反之亦然"。〔1〕一言以蔽之，只有选择和采用最为合适的评估方法，才能达到评估的目标，取得最好的效果。

4. 评估的内容：构建全面有序、权重合理、动态开放的评价体系

对认罪认罚案件的质效评估能否从粗放走向精细，从根本上而言取决于评估内容或评价指标的科学设计。进一步言之，认罪认罚案件质效评估机制在评估内容上要达致科学性至少要满足以下两大方面的要求：一方面是评价内容的全面性，这里的全面既包括价值维度丰富，即评估指标要涵盖公正、效率、惩罚犯罪与人权保障等刑事诉讼的主要价值目标，也要兼顾实体评价与程序评价、过程评价与结果评价、专用评价与通用评价，特别是要在理顺案件质效与"案–件比"的内在关系的基础上，将"案–件比"这一标准灵活融入认罪认罚案件质效评价体系。〔2〕既要注重对认罪认罚案件法律效果的评估，也不能忽视对社会效果、政治效果的分析。对于检察机关办理认罪认罚案件情况的评估，既要照顾检察管理的现实需要，也要注意设置从法院、当事人等不同主体的视角进行评价的指标，既要突出检察环节、检察阶段检察机关主要的认罪认罚案件办理工作，也要涵盖公安机关在侦查阶段以及人民法院在审判阶段对认罪认罚案件的准备工作及后续处理。而且，应保持评价内容的动态开放性，因应形势及时调整，并允许不同地区的检察机关根据本地情况设置特殊评价指标或适度调整上级提供的参考评价指标。另一方面是评价指标的合理性和均衡性。各评价指标要能有效满足特定的评估目标，并与其他评价指标共同助力总体评估目标的实现。各评价指标之间应协调一致，避免出现相互矛盾。认罪认罚案件的评价指标也要与贯彻落实少捕慎诉慎押等其他工作要求或制度的考核指标相互协调。而且，不同评估主体也有必要通过加强沟通协调，尽量避免给司法人员带来评估导向上的冲突。此外，还应合理设置不同指标的权重，避免导向的倾斜和评估体系的失衡。当然，评价内容的简单偏颇固不可取，但认罪认罚案件质效评价内容的充实也绝不意味着评价指标越多越好，认为评估体系越简单越有效率或越复杂越公正，都是对质效评估机制功能的误读。指标繁多的评估机制不仅妨碍机制本身的正常运行，浪费评估资源，还可能会不当增加司法机关及其工作人员的压力，与通过评估机制促进司法机关办案质效的功能预期背道而驰。适宜的做法是，基于全面而简约的评估指标，使用适宜且便于操作的评估方法，充分运用有限的评估资源，取得最佳的评估效果。

---

〔1〕 风笑天：《定性研究与定量研究的差别及其结合》，载《江苏行政学院学报》2017 年第 2 期，第 74 页。

〔2〕 参见杨永华：《基层检察机关提升刑事办案质效的实践路径思考》，载《检察日报》2021 年 1 月 19 日，第 7 版。

实践中，部分评估指标由于出现率低或者区分度低，淡化了评估的意义。如不少地方所设的"辩护人及值班律师参与率"，基本上各地、每个评估周期这一数值均为100%，但从这一指标中既看不出辩护人与值班律师参与度的具体对比，也反映不了辩护人及值班律师参与认罪认罚案件的时机与阶段，更说明不了辩护人与值班律师在认罪认罚案件中发挥的具体作用及实际效果。

5. 评估的效力：唯量化指标论的避免

认罪认罚案件质效评估结果的使用归根结底要服务于质效评估机制的三种功能，即客观评价功能、决策参考功能及激励导向功能。而且，客观评价功能、决策参考功能最终还是要落脚于激励导向功能，因为实事求是地展现和了解认罪认罚案件的办理情况，并将其用作内部工作决策、对下工作指导的重要依据，最后还是为了肯定成绩，发现问题，激励引导司法者有的放矢地加强认罪认罚案件的办理工作，提升认罪认罚案件的质效。然而，如果把握不好通过评估结果激励引导的度，对质效评估功能的理解过于功利化，很容易导致被评估的司法机关互相攀比，过于重视排名，为此采取各种手段，甚至进行人为的"技术处理"，考核指标成为了办案最重要甚至唯一的"指挥棒"，而在评估指标的"紧箍咒"之下，司法者压力倍增，职权弱化，易于激化业务与管理之间的矛盾。[1]为了避免唯指标论特别是唯量化指标论现象的发生，在使用认罪认罚案件质效评估的结果时，需要注意以下几点：（1）以科学的态度看待质效评估体系的有限性，谨防使用上的绝对化。即使质效评估体系再完善，认罪认罚案件质效评估体系也不可能涵盖认罪认罚案件办理的各个方面，也难以准确、完整揭示繁复的动态办案过程，因此，不宜将评估结果作为衡量办案质效的唯一尺度，不能将其绝对化，因评估结果而对办案工作进行简单的肯定或否定。即便将评估结果作为决策参考的依据时，也应审慎而为，需要综合多方面的因素对认罪认罚案件办理的整体态势作出判断。（2）注意认罪认罚案件质效评估机制与对司法者个人的绩效考核机制间的合理区隔。前者侧重于考察认罪认罚案件办理的质量、效率和效果，尽管同办案主体的能力与水平直接相关，但并不能全面、准确反映司法者个人的工作绩效，不宜直接将评估结果作为司法者绩效考核的唯一根据，而应注重认罪认罚案件质效评估与司法者绩效考核之间的协调衔接，平衡好标准化管理与人性化管理之间的关系。（3）重视多项指标的综合运用，通过不同指标的组合，实现对办案质效的客观评价。特别是要谨慎对待量化指标，尽量不单独依据某一量化指标评价办案质效，

---

〔1〕　参见杜谦：《案件质效评估的实证探究与功能定位》，载《人民法院报》2014年7月23日，第8版。

而应结合一些过程性、定性化的评价标准。对任何一个量化评价指标，都应该认识到它的有限功用。在大多数情况下，一个量化评价指标都只是评价认罪认罚案件某方面质效的间接证据，决策者不管是期望引导司法者提高还是降低这一指标数值，这一期待都应在合理的区间内。事实表明，不管是认罪认罚案件整体适用率，还是确定刑量刑建议提出率或采纳率，片面追求高数值，都容易违反司法规律和实事求是原则，对认罪认罚案件质效有害无益。

6. 评估的时机：经常、定期与随机相结合

在认罪认罚从宽制度改革试点阶段，试点中期的评估和试点结束的评估均是以定期、集中的形式进行，以对试点的效果进行阶段性或全面性的总结评价。而在认罪认罚从宽制度正式入法之后，考虑到评估的及时性、评估手段的多样性等特征，结合各地检察机关的经验，课题组认为，认罪认罚案件质效的评估宜采取分散评估及经常性、定期性和随机性评估相结合的方式进行，具体而言，对以自动抓取办案系统中的数据为评估手段的量化评估，可以以年度、季度、月度等为频率周期性地进行；对认罪认罚案件办理情况的综合定性评估，包括第三方的评估及办案机关的自评，可以定期进行，比如每隔一到两年一次；对认罪认罚案件办理中暴露出的突出问题或需要关注的重点问题，以及认罪认罚案件的个案质效评查，可以因时因地灵活、随机进行。

(二) 评估指标的甄选及体系构建

基于上述优化评估路径的基本思路，我们认为至少应从质量、效率、效果三大方面，构建融过程评价与结果评价、专项评价与通用评价、定性评价与定量评价于一体的评估指标体系。三者的权重安排宜基于以质量为核心、兼顾效率和效果的评估理念，突出质量为中心的理念，权重由大到小的排序依次为质量——效果——效率（见图 10-1），具体权重可以根据实际情况灵活调整。

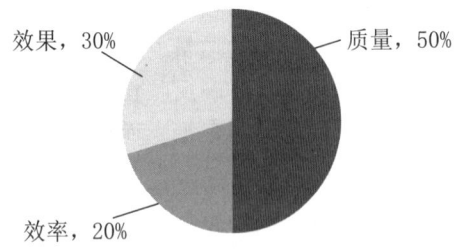

图10-1 认罪认罚案件质效一级评估指标权重

1. 质量指标

质量是刑事案件办理的生命线，同样也是评价认罪认罚案件质效的核心指标。虽然认罪认罚从宽制度改革的价值目标是一个包含效率等在内的复杂体系，但办案质量是其他价值目标得以实现的基础，也是办案效果的基本保障。在构建认罪认罚案件的质量评价指标体系时，应充分贯彻动静结合、过程与结果结合、定性与定量结合的指导思想，形成一个从程序启动，到程序运行，再到程序终结的完整评价视阈（见图10-2）。以下对主要质量指标逐一简要解读。

（1）启动环节。该环节的评价主要从启动方式与启动时点两个方面进行。启动方式主要是看认罪认罚从宽制度的适用是如何启动的，具体包括，专门机关依职权积极启动和被追诉人等申请启动分别所占的比例；在专门机关依职权启动的制度适用中，检察机关直接启动或建议其他专门机关启动的情形所占的比例；被追诉人等申请启动的情形下，专门机关拒绝适用的比例及主要理由；程序启动后又被终止适用的比例及原因；专门机关依职权启动的动力因素。启动时点主要看认罪认罚从宽制度在哪个诉讼阶段、环节开始启动，以及三个主要阶段启动认罪认罚从宽程序的比例。该组指标可以在一定程度上反映出启动环节的规范性，以及各专门机关及诉讼参与人对认罪认罚从宽制度功能的认可度，通过依职权启动和申请启动动力因素的考察也能了解制度适用率高低的深层原因及考核因素等对适用率的实际影响。

（2）指控意见的形成。该环节主要评价指控事实、罪名及量刑建议的形成过程，具体指标包括检察机关的权利告知情况，检察机关向被追诉方展示证据的情况，检察机关听取被追诉人、辩护人、被害人等诉讼参与人意见及对听取意见的反馈或对指控意见调整情况，确定刑量刑建议及幅度刑量刑建议各占的比例，指控意见内容的规范性及合理性。该组指标旨在反映指控意见形成中检察机关对被追诉人自愿认罪认罚权、知情权、提出意见权的保障情况，以及检察机关听取意见的实质性和有效度和指控意见的精准度和质量。目的是引导检察官在确定指控意见的过程中注重权利保障，加强控辩沟通，确保被追诉人认罪认罚的明知性和明智性，同时，提升专业水准，提高指控及量刑建议的能力。

（3）具结书的签署。认罪认罚具结书的签署可谓是检察主导的认罪认罚从宽程序的核心环节。该环节主要评价认罪认罚具结书及其签署程序的质量，具体包括认罪认罚具结书签署程序的合法性（是否存在违反法律规定的情形），检察官在主持被追诉人签署认罪认罚具结书时告知义务、听取意见义务等的履行情况，到场的辩护人及值班律师的履职情况，具结书形式的规范性，具结书内容的真实性、准确性和合理性。该组指标旨在反映认罪认罚具结书签署环节检察机关对被

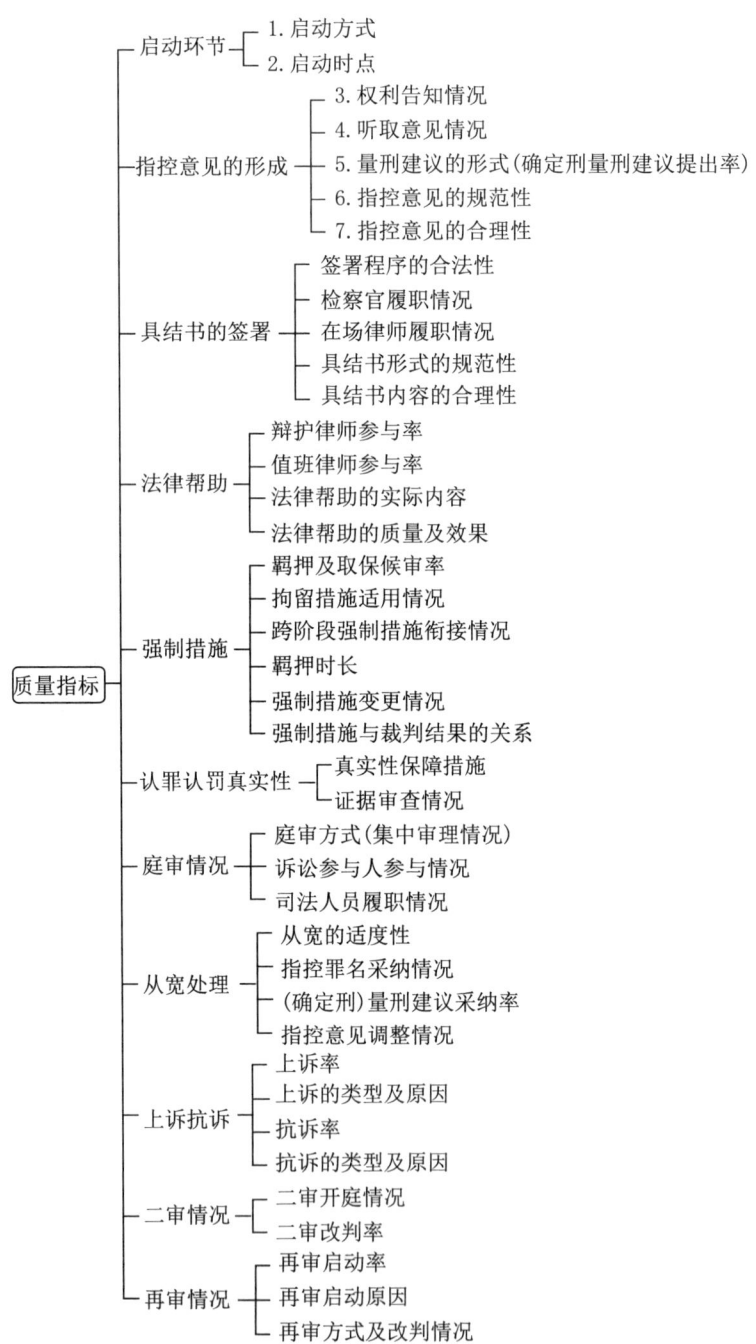

图 10-2　认罪认罚案件质效评估之质量指标体系

追诉人认罪认罚自愿性、认罪认罚具结书真实性及合法性的保障情况。目的是引导检察官尊重事实，尊重被追诉人，尽力履行客观义务，督促在场律师恪尽职守，合力确保认罪认罚及签署具结书是被追诉人自愿而真实的意思表示。

（4）法律帮助。法律帮助是平衡控辩力量、增强辩方诉讼及沟通能力的重要机制。法律帮助方面的评价主要着眼于法律帮助形式上的符合性和实质上的有效性，具体包括在认罪认罚案件各程序阶段辩护律师、值班律师及代理律师各自的参与率，法律帮助人参与的途径（法律援助指定还是委托），法律帮助人参与的具体阶段或环节，法律援助律师及值班律师的参与机制及动因，辩护律师、值班律师及代理律师法律帮助的实际内容，法律帮助对案件处理的实际影响力，当事人、承办司法人员等对法律帮助的评价。该组指标旨在反映被追诉人法律帮助机制的运行状况和实际效用，以及专门机关在确保被追诉人获得有效法律帮助方面发挥的实际作用，从而为立法者、司法者等促进法律帮助机制的完善指引方向。

（5）强制措施。该环节主要测评对认罪认罚被追诉人采取强制措施的情况，具体包括认罪认罚被追诉人的羁押率、取保候审率，对认罪认罚被追诉人拘留措施的适用情况，跨阶段强制措施的衔接情况（包括监察机关与检察机关强制措施的衔接），对被追诉人实际羁押的时长，强制措施的变更情况（包括审前阶段直诉而审判阶段被转为逮捕的情况），适用的强制措施与裁判结果的关系（包括羁押对从宽处理结果的实际影响）。该组指标用以反映强制措施与被追诉人认罪认罚的相互影响，从而引导司法人员对认罪认罚的被追诉人合理使用强制措施，使合法合理的轻缓强制措施成为被追诉人认罪认罚的有效激励，而避免"逮捕筹码化"[1]。

（6）认罪认罚真实性。即便适用速裁、简易程序，刑事诉讼法并没有降低认罪认罚案件的证明标准。但由于程序的简化、办案流程的加快，必然会对证据的审查采信和案件的事实认定产生影响，实践中已经暴露出一些认罪认罚案件出现冤错的情况。因此，与强调对认罪认罚自愿性保障方面的考核一样，对认罪认罚真实性的保障在考核时也应给予同等重视。该环节主要测评专门机关对认罪认罚案件事实认定的可靠性，具体包括专门机关采取的保障认罪认罚真实性的具体措施、专门机关收集、审查、认定证据情况，辩方对事实认定的意见及专门机关的反馈情况，专门机关对事实认定的分歧及最终处理，认罪认罚案件被判无罪的情况及其原因，认罪认罚案件冤错情况及其原因。该指标旨在反映认罪认

---

〔1〕　陈卫东：《认罪认罚从宽制度与企业合规改革视角下逮捕筹码化的警惕与防范》，载《政法论坛》2022年第6期，第81页。

罚案件中专门机关对证据的审查运用情况，以引导专门机关在认罪认罚案件中坚持证据裁判原则，以事实为根据，全面收集、固定、审查和认定证据，坚持法定证明标准。

（7）庭审情况。即认罪认罚案件庭审的开展及庭审功能的实现情况，具体包括庭前准备（含庭前阅卷、庭前会议等）情况，当庭权利告知情况，认罪认罚自愿性的审查方式，具结书真实性、合法性的审查方式，集中审理情况，公诉人法庭履职情况，辩护人的履职情况，被害方参与情况，当庭自愿认罪认罚的处理情况等。该组指标旨在反映认罪认罚案件的庭审质量，进而引导法官和检察官准确理解认罪认罚案件合意式庭审的特点及庭审功能上的特殊定位，突出合意式庭审的重心，去繁就简，简而有度，确保认罪认罚自愿性及具结书真实性、合法性审查的有效性，确保庭审符合最低的程序正义基准，最大程度发挥出庭审对获得辩方认可的指控意见及事实基础的实质把关作用。

（8）从宽处理。该环节测评的是对认罪认罚案件被追诉人的实体从宽处理情况，具体包括实体从宽的具体方式，认罪认罚案件不起诉的比率，认罪认罚案件不起诉的具体类型，认罪认罚因素对不起诉决定的实际影响，认罪认罚案件适用合规从宽的情况，"一般应当"采纳条款的落实情况（含指控罪名的采纳情况、确定刑及幅度刑量刑建议的采纳率、指控罪名及量刑建议的调整情况），从宽处罚的结构分布，从宽处罚的适当性（是否符合罪责刑相适应原则）。该组指标旨在反映认罪认罚案件异步从宽兑现机制的运行情况，以及从宽处罚方式及内容的合理性、正当性，从而引导司法人员合理确定被追诉人的认罪认罚利益，灵活选择从宽的形式，精准确定从宽的幅度，诚信兑现从宽的承诺，确保当宽则宽、宽严有度。

（9）上诉抗诉。作为一种司法模式，认罪认罚从宽制度是合作式司法，一般情况下，审理的结果就是法官采纳控辩双方的合意，实现案结事了。而辩方上诉或控方提出抗诉则表明案件进入了一种非正常状态，因此，认罪认罚案件的上诉抗诉情况直接反映着认罪认罚案件的办案质量。该环节的具体评价指标包括认罪认罚案件的上诉率、抗诉率，认罪认罚案件上诉的类型及原因，认罪认罚案件抗诉的类型及原因，撤回上诉及撤回抗诉情况。该组指标旨在测评认罪认罚案件由合意转向对抗或者转向非常情况的原因，引导司法机关反思在认罪认罚案件的侦查、审查起诉、一审等诸多环节存在的相关质量漏洞，提早采取一些有针对性地防范措施，完善配套制度，将易导致上诉抗诉的因素消解在萌芽状态。

（10）二审情况。尽管二审在认罪认罚案件中并不多见，但二审具有监督一审和权利救济功能，也可以防范盲目追求诉讼效率的风险，[1]在防止一审错误上发挥着重大作用。[2]因此，认罪认罚案件的二审程序的运作状况，也是认罪认罚案件办理质效的重要体现。该环节的具体评价指标主要包括二审的审理方式（开庭或不开庭），二审的审理程序，二审检察官履职情况，二审程序辩护人的参与率，二审辩护的内容，二审改判率，二审发回重审率，发回重审的原因及发回重审后的裁判情况，二审程序中被追诉人选择认罪认罚的比率，二审程序中对被追诉人认罪认罚的程序处理，二审程序中被追诉人认罪认罚的从宽情况等。该组指标旨在反映认罪认罚从宽制度在二审程序中的适用成效，借以引导司法人员在二审程序中当用尽用、合法合理适用认罪认罚从宽制度。

（11）再审情况。实践中有一些认罪认罚案件在裁判生效后进入再审程序，多是因为在认罪认罚的审前程序、一审程序及二审程序中存在诸如事实不清、从宽失当、程序违法等质量问题。通过再审环节的评估，可以观察到认罪认罚从宽制度在立法设计、实施机制及运作实践的缺陷与不足。该环节的评估指标主要包括认罪认罚案件再审启动率，再审启动的原因及理由，再审的方式和程序，再审改判率及裁决情况，再审中辩护人参与情况，再审中司法人员履职情况等。该组指标旨在全面反映认罪认罚案件再审程序的运作实况，并间接反映认罪认罚案件常规程序的运行质量，借以引导司法机关完善实施机制，确保程序合规，保障当事人及其他诉讼参与人的诉讼权利，解决申诉之源头，减少再审案件发生。

2. 效率指标

效率虽然不是认罪认罚从宽制度最重要的价值诉求，但不可否认的是，效率是认罪认罚从宽制度改革的重要动因之一，也是认罪认罚从宽制度的重要价值目标之一。即便认罪认罚从宽制度能够保障案件的质量，但如果运行低效，这项改革也必然成为司法难以承受之重，改革的成效必将大打折扣。因此，效率也是认罪认罚案件质效评估的一个重要维度，这个维度之下的主要评价指标（见图10-3）主要着眼于认罪认罚从宽制度对于提升诉讼效率方面的实际作用。

---

〔1〕　参见牟绿叶：《认罪认罚案件的二审程序——从上诉许可制展开的分析》，载《中国刑事法杂志》2019年第3期，第107-108页。

〔2〕　参见谢小剑、李尧君：《认罪认罚从宽的二审程序：废除、限制不如简化》，载《学术交流》2020年第3期，第60页。

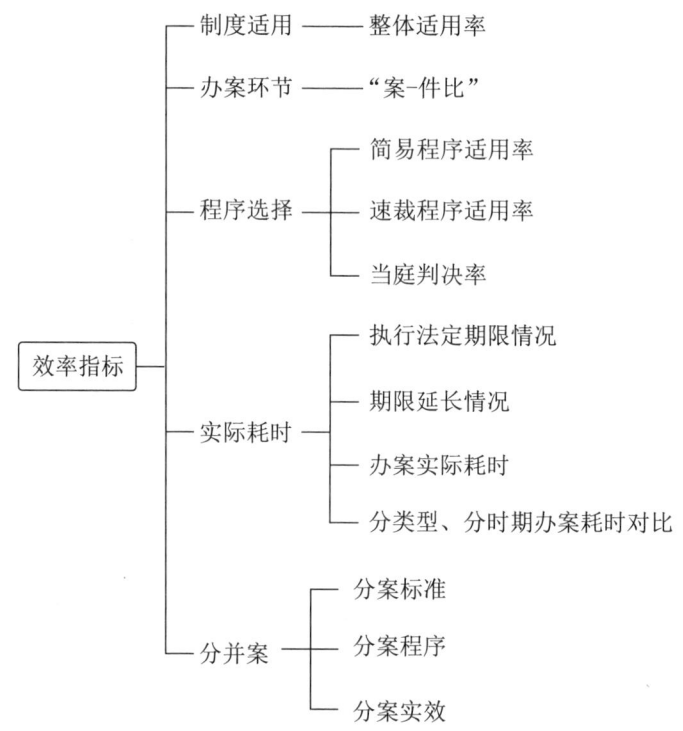

图 10-3　认罪认罚案件质效评估之效率指标体系

（1）制度适用。不可否认，制度的整体适用率对认罪认罚案件质效的反映是综合性的，既涵摄提升诉讼效率方面的功用，也能在一定程度上映射认罪认罚案件的办案质量及其综合效果，因此，对符合制度适用条件的应当应用尽用，充分发挥制度功效。但上已述及，单纯的认罪认罚从宽制度的整体适用率与认罪认罚案件质效间并不是简单的正比例关系，并不是说整体适用率越高，办案质量就越高，"三个效果"就越好，其能直接反映出的主要还在效率方面。在评估办案质量及效果时，制度整体适用率只适合与制度的启动方式、认罪认罚自愿性及真实性的保障等多项指标联合使用。加之考虑到，过度凸显或强调整体适用率容易导致制度异化，因此，我们把该项指标放在效率指标体系之中，逐步塑造为一个中性指标，借以引导司法者正确认识整体适用率的指标定位，促进制度的依法适用。

（2）办案环节。这方面主要是案件通用评价指标"案-件比"在认罪认罚案件质效评估中的应用。该指标通过认罪认罚案件"案"与"件"的比，反映案件的办理质效，特别是办案效率、效果。目前"案-件比"主要应用于检察环节，以办理审查逮捕、审查起诉案件作为其考察对象。"案"的基准数是检察机关受理的审查逮捕案件与去除采取逮捕强制措施的审查起诉案件之和，而"件"数则是"案"的基准数加上原本可以避免或减少发生，但因前一环节的工作缺陷而产生的、引起当事人负面感受的诉讼环节数（目前最高人民检察院共确定了15个方面）。

（3）程序选择。这方面主要考察认罪认罚案件的程序适用情况，具体指标包括速裁程序适用率，简易程序适用率，普通程序适用率，适用各类程序时的当庭判决率，程序确定的方式，速裁及简易程序简化的具体内容，认罪认罚案件普通程序的展开方式，程序转化的比率、情形及原因。对于某些探索更加简化的认罪认罚案件办理程序，如"48小时速裁程序"的地区，还可以考察试点程序的运行规则及运行效果。该组指标旨在引导司法机关依法适用诉讼程序，合理确定简化程度，促进认罪认罚案件的繁简分流。

（4）实际耗时。仅从简化程序的适用率难以准确判断诉讼效率的提升情况，办案的实际耗时也是一个非常重要的观察角度。这方面的具体评价指标包括认罪认罚案件从立案到判决生效的总耗时，每个阶段（包括立案、侦查、审查起诉、一审、二审等）及每个诉讼环节（比如，审判阶段包括庭审环节、庭前环节、判后环节等）的实际耗时，各阶段、各环节执行法定期限情况（含期限延长情况），适用不同程序类型案件及不同时期案件（如认罪认罚从宽制度改革试点前、试点期间、正式入法后）办案耗时的对比。该组指标旨在引导公安司法人员在办理认罪认罚案件时注重全流程提速，特别是要着力提升审前阶段的诉讼效率。

（5）分并案。该环节主要考察的是共同犯罪案件适用认罪认罚从宽制度的实践情况。现行认罪认罚从宽制度主要是从单独犯罪的角度构建的，导致实践中将该制度应用于共同犯罪时做法混乱，影响了办案质效。该环节的具体评价指标包括分并案的标准，共同犯罪案件认罪认罚的认定标准，认罪认罚被追诉人与不认罪认罚被追诉人的权利平衡（含量刑均衡），共同犯罪案件认罪认罚自愿性及明智性的保障措施，不同被告人认罪认罚的时间和证据等。该组指标旨在引导司法人员认识到共同犯罪适用认罪认罚从宽制度的特殊性，强化程序保障，健全分案机制，确保量刑均衡。

3. 效果指标

在我国，法律效果、社会效果、政治效果即"三个效果"的实现情况是评价刑事案件办理质效的一个终极尺度。"三个效果"的统一是建立在严格依法办案的基础之上的，[1]但严格依法办案不一定就能实现"三个效果"的统一，有的案件"案结事不了"，主要原因就是"三个效果"没有兼顾，甚至"一个效果"都没实现。因此，在评价认罪认罚案件的办理质效时，不能单纯看法律规定的遵守情况，还得从一套体系性的效果指标（见图10-4）测评"三个效果"的实现情况。

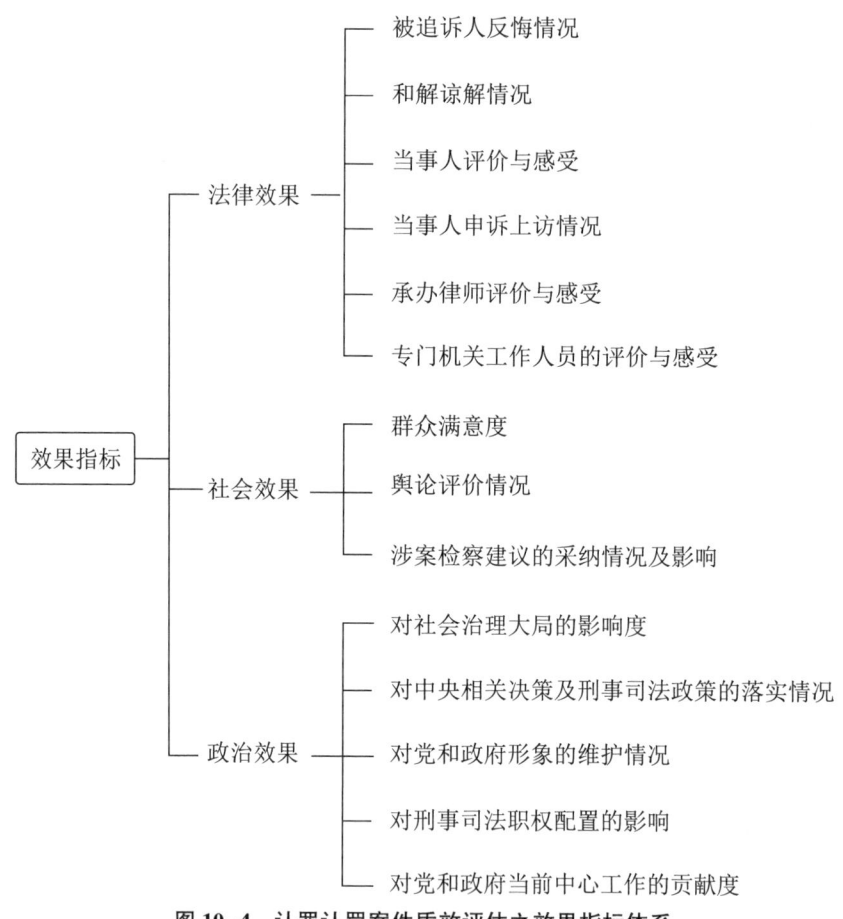

图10-4　认罪认罚案件质效评估之效果指标体系

（1）法律效果。所谓的法律效果就是通过认罪认罚案件中对法律条文及法律的精神、本质等充分、准确、恰到好处地适用，维护法律的尊严和权威，促进人

---

　　[1]　参见朱孝清：《论执法办案的"三个效果"统一》，载《中国刑事法杂志》2022年第3期，第5页。

民群众根本利益的最大化，进而促进其对法治的尊崇和对法律的遵守。这方面具体的评价指标主要包括被追诉人认罪认罚后乃至判决执行完毕后反悔情况，被追诉人与被害人和解谅解情况，被追诉人及被害人申诉上诉情况，被追诉人及被害人对认罪认罚案件办理情况及认罪认罚从宽制度适用的评价与感受，参与的律师对相关情况的评价与感受，承办案件的专门机关工作人员对相关情况的评价与感受等。该组指标旨在引导司法人员在办理认罪认罚案件时全面准确理解和适用法律，坚持以法律为准绳，在个案中维护法律的性能和权威，进而在社会范围内促进法律的遵守。

（2）社会效果。促进社会和谐是认罪认罚从宽制度改革的重要目标之一。所谓的认罪认罚案件办理的社会效果就是司法机关办理认罪认罚案件的过程与结果要得到广大群众、社会的普遍认同，有利于维护社会公平正义和社会和谐稳定。这方面的具体评价指标包括群众对认罪认罚案件办理的满意度、具有较大社会影响的认罪认罚案件（如余金平案件）的社会争论情况、主流舆论对认罪认罚案件办理情况及认罪认罚从宽制度改革的整体评价、检察机关在办理认罪认罚案件之中或之后向有关国家机关、社会组织等提出的检察建议的采纳情况以及该建设产生的实际社会影响等。该组指标反映了司法机关适用认罪认罚从宽制度的社会影响，以及检察机关通过办理认罪认罚案件参与社会综合治理、推进诉源治理等领域工作的主动性及成效，旨在引导司法人员在办理认罪认罚案件中关注社会评价，重视社会治理的相关领域存在的问题。

（3）政治效果。所谓的政治效果就是认罪认罚案件的办理在理念、原则等各个方面要与党中央的刑事司法政策保持高度一致，确保党的刑事司法政策在办案中得到不折不扣的落实，进而增强党和政府的威信，巩固党的执政基础，维护国家长治久安。在这方面具体的评价指标主要包括认罪认罚案件办理对国家治理大局的影响度，在办理认罪认罚案件中对党的刑事司法政策的贯彻落实情况，对党和政府形象的维护情况，对刑事司法职权配置的落实情况及其影响，对党和政府当前中心工作的贡献度。该组指标反映了认罪认罚案件办理及认罪认罚从宽制度改革的政治影响，旨在引导司法机关理解人民司法的本质，坚持党对司法工作的绝对领导，将党的方针政策特别是刑事司法领域的决策贯穿于认罪认罚案件办理的全过程，通过认罪认罚案件的办理，推进社会主义法治，巩固党的执政地位。

四、评估机制引导下的质效保障思路

质效评估不是目的而只是手段。质效评估的直接目的是了解认罪认罚案件办理的质效，长远目标则是提升办案质效，而质效评估的具体指标就是认罪认罚案件质效保障机制的运作指向。因此，在完善认罪认罚案件质效评估机制的基础上，

应构建认罪认罚案件质效保障机制，在重视办案质量的同时，兼顾办案效率和效果，实现办案质效的均衡提高。

（一）质量保障

各项质量评估指标概括起来主要指向认罪认罚案件办理质量的四个维度，即权利保障、实体处理、事实基础和办案程序。只有做到权利保障充分、实体处理合理、事实基础可靠、办案程序规范，才可以说认罪认罚案件办理质量高。

1. 权利保障的充分性

权利保障充分至少可细分为三个方面。

一是充分保障以自愿认罪认罚权、法律帮助权等为核心的被追诉人权利。认罪认罚的自愿性保障至关重要，因为它直接关系到程序从简的合法性、实体从宽的正当性及有罪供述的真实性。域外对认罪认罚自愿性的保障主要采用以权利抗衡为主的模式，即赋予被追诉人沉默权、获得权利告知权、要求律师在场权等足以和追诉方抗衡的防御性权利，使追诉方只有两种选择，或者谨守界限，放弃使用供述或获取有罪答辩，或者以合法的利益，交换被追诉人的有罪供述或有罪答辩。而我国无论是对一般案件中供述的自愿性，还是对认罪认罚案件中认罪认罚的自愿性，保障时主要采取的还是权力关照模式，即一方面加强对专门机关权力的控制，在制度层面弱化了讯问沟通的强迫性，另一方面发挥审讯权力的道德自觉，不采用控制被追诉人意志自由的讯问沟通手段，保证自愿供述。从长远来看，选择前一种模式应该是大势所趋，即实行以权利制衡权力为主的自愿性保障，在构建非自愿认罪认罚的防范机制的同时，构建自愿认罪认罚的激励机制。但从我国刑事司法的现实条件看，在很长的一段时间内，权力关照模式在认罪认罚自愿性的保障上依然会占主导地位。在该种模式下，应通过专门机关的主导作用，确保认罪认罚的明知性，重视对自愿性的综合审查，增强协商因素，减少程序的内在强迫性等。[1]而在法律帮助方面，应区分法律帮助的类型，形成法律帮助的层次，结合案件的性质、繁简程度及被追诉人的需求，构建差异化的法律帮助体系，充分保障被追诉人委托辩护人的权利，符合强制辩护情形时及时指定辩护律师，在被追诉人没有辩护人的情况下，确保每一个案件都有值班律师在重点环节的参与。应进一步明确值班律师与辩护律师的职责及权利差异，使二者各司其职、各守其责、各行其权，才能更"错落有致"地满足被追诉人的法律帮助需求。值班律师的职责应主要定位于基础性的法律帮助，即通过在重点环节的值班式的参与，

---

[1] 参见闫召华：《论认罪认罚自愿性及其保障》，载《人大法律评论》2018 年第 1 期，第 192-198 页。

提供最低限度的法律帮助，防止非自愿、虚假的认罪认罚，防止专门机关任意侵害被追诉人的从宽利益。

二是充分保障被害人的参与权。认罪认罚案件的办理中如果缺少了被害人参与，不仅影响被害人自身的权益保障，还会使对被追诉人认罚或悔罪的审查变得更加困难，并使认罪认罚从宽制度"保障权利""化解矛盾""促进和谐"的目标成为空中楼阁。而且，从恢复性司法的视角看，被害人的参与也是实现被害恢复、加害恢复和社会恢复的关键。被害人参与因此成为合作式司法与恢复式司法两种司法理念和模式的连接点。当然，被害人的缺位固然不妥，被害人的过度参与同样有诸多弊害。被害人在认罪认罚案件诉讼程序中扮演的角色应当恰如其分，发挥的作用也应该在合理的限度之内。理性态度应该是：重视听取被害人的意见，但是否采纳取决于意见是否合理；重视被害人的利益和态度，但也同时需要兼顾被追诉人利益和公共利益，不能以被害人同意或满意作为适用认罪认罚从宽制度的必要条件；重视被害人的程序参与，但也不能由此导致程序的过分拖延，妨碍认罪认罚案件快速办理程序的增速提效功能。《认罪认罚指导意见》从"听取意见""促进和解谅解""被害方异议的处理"三个方面规定了被害人的参与问题。但对于被害方权益保障机制的系统构建而言，仅靠这三个粗陋的条文显然是远远不够的。当务之急，需要在立法或司法解释中明确被害人在认罪认罚从宽制度适用的核心权利或底线权利，包括知情权、陈述及提出意见权、受偿权、接受调解及达成谅解、和解权等，并建立起相对健全的权利保障和救济机制。

三是确保专门机关听取意见的有效性。我国认罪认罚从宽制度中在专门机关与被追诉人及被害人的关系模式上采取的是听取意见模式。听取意见的初衷是为了实现被追诉人及其辩护人或值班律师、被害人及其诉讼代理人等对专门机关司法过程的富有意义的参与，让参与人能在实体结论或程序决定的形成过程中施加自己的影响。但实践表明，以下因素很容易导致听取意见流于形式：第一，除征求同意的事项外，法律及司法解释既未具体规定参与人意见的影响力，也未明确听取意见有效性的评价标准，因为听取意见并不是要求专门机关必须听命于或受控于这些意见，这不符合专门机关依法独立行使职权不受个人干预的原则，而且，专门机关虽然有义务考虑这些意见，但是，如何考虑或者应在何种程度上考虑只能依靠自由裁量。第二，被追诉人及被害人虽然有表达意见的欲望，但限于立场、知识、信息和能力，其难以有效发表意见，或者通常只发表情绪化的、非理性的意见。第三，有效法律帮助缺位。鉴此，可尝试通过以下努力着手提高听取意见的有效性：设置适当的听取意见期限，以充分保障参与人准备意见的时间；规定专门机关的全面告知义务，除告知参与人所享有的诉讼权利和认罪认罚的法律规定外，还应告知相关案情及专门机关的相关建议、决定和根据；通过改善待遇、完善权利、明确责任，提高值班律师法律帮助的有效性；规定专门机关听取意见中的透明义务和记录义务；明确要求专门机关在相关文书中对听取到的意见作出回应，对于不采纳的，需要说明理由等。[1]

2. 从宽处理的合理性

其一，认罪认罚的认定及认罪认罚从宽制度适用条件的把握须准确无误。认罪认罚案件将以更快的速度办理，将适用一套检察主导的特殊程序机制，将给予被追诉人更大的从宽力度，同时，也将采取有别于非认罪认罚案件的事实认定与保障机制。但是，对于这样一个影响刑事诉讼结构方向的极为特殊的制度，我们并没有限制它适用的案件范围，即便是死刑案件也有适用的可能性。认罪认罚从宽制度的高适用率固然能够带来一系列积极效果，然而，也不能忽略过度追求适用率、泛化适用认罪认罚从宽制度的潜在风险，包括其对认罪自愿性、真实性的不利影响，对实体公正可能的侵蚀作用，对庭审实质化及一般刑事诉讼原则的解构效应等。从一定意义上而言，其适用条件的严格把握（例如不真诚悔罪的坚决不适用）就是认罪认罚从宽制度适用上的一种有效控制机制。其二，罪名认定准确，从宽的形式和内容应合理适度。即便专门机关的指控意见或者处理方案得到了被追诉人、被害人等的自愿认可，也并不意味着指控意见或处理方案的高质量。指控意见或处理方案的质量有自己独立的评估标准。认罪认罚案件办理实践中，有的专门机关对被追诉人处罚得很轻，案件貌似出现了皆大欢喜的局面，被追诉人得到了丰厚的从宽利益，专门机关实现了对案件的高效快速处理，被害人也可能会得到非常充分的赔偿。但问题是，如果对被追诉人的从宽处理超越了必要的限度，可能会损害到社会正义和公共利益这个底线。

3. 事实基础的可靠性

高质量的认罪认罚案件是建立在案件事实认定准确的基础上的。我国的认罪认罚从宽制度在专门机关相互的关系模式上采取的是检察主导程序模式。在检察主导的程序模式下，对于案件的证据审查和事实认定问题，审查起诉环节发挥关键作用，审判环节只是审核把关。刑事诉讼法虽然没有降低认罪认罚案件的证明标准，但应当看到，在认罪认罚案件证明标准的内涵以及评判方式上，已经发生了微妙而又十分重要的变化，即检察机关主导着案件证据与事实的审查认定，而且，这一工作主要是在审查起诉环节完成，法院事实上已难以担负通过审判查明

---

[1] 参见闫召华：《听取意见式司法的理性建构——以认罪认罚从宽制度为中心》，载《法制与社会发展》2019 年第 4 期，第 72–73 页。

案件事实的主要责任。当然，改变事实认定方式、转变诉讼重心是检察主导程序模式的优势所在，但也恰恰隐藏着事实认定容易发生错误的风险。因为，就被追诉人而言，只有认罪认罚才能适用从宽程序，其对事实和证据的异议权受到了限制，而就法院而言，在审查检察机关的指控事实和证据时，方向特定，程序迅速，内容简略，结论受限，这些因素均有可能导致案件办理质量的下降。如果检察机关自身再不能准确理解认罪认罚案件中事实认定方式的转变，认识不到自己在认罪认罚案件认罪真实性保障中的主导地位和关键作用，而仍然把自己简单定位为类似于非认罪认罚案件中的控方角色，无疑更会将认罪认罚案件中的事实保障陷于"两不管"的危险境地。对此，一方面，需要检察机关准确定位自己在认罪真实性保障中的主导地位，在认罪认罚案件中更加谨慎地行使证据审查与事实认定的权力，确保案件符合事实清楚，证据确实、充分的标准。另一方面，需要法院在阅卷的基础上，围绕认罪认罚庭审的重点任务，审核相关的事实问题，确保被追诉人的认罪认罚和检察机关的指控意见具有事实基础。[1]

4. 办案程序的规范性

认罪认罚从宽制度的核心是一套快速办理认罪认罚案件的程序机制。因此，对这套程序机制的遵守情况是衡量认罪认罚案件质量的重要指标。认罪认罚从宽制度最先是以简化审程序的面貌出现在《速裁程序试点办法》之中。正因如此，2016 年开始认罪认罚从宽制度试点后，速裁程序被毫无障碍地纳入了认罪认罚从宽制度框架。而不管是 2015 年最高人民检察院《关于深化检察改革的意见（2013—2017）》，还是最高人民法院《人民法院第四个五年改革纲要（2014—2018）》，在提及完善认罪认罚从宽制度时，均将健全"认罪案件和不认罪案件分流机制"列为改革重点。就此而言，将刑事诉讼法意义上的认罪认罚从宽视为一种特殊的简易程序不无道理。在程序法的视野下，认罪认罚从宽制度的核心就是认罪认罚案件在处理时的分流和简化。因此，没有侦查、审查起诉和审判环节的具体规定，仅靠理念、原则或者总则中的一般要求，认罪认罚从宽只是枉谈。从《刑事诉讼法》的规定看，认罪认罚从宽的程序机制包括认罪认罚的激励机制、认罪认罚的达成机制、认罪认罚的确认机制、认罪认罚的保障机制、认罪认罚的效果机制以及认罪认罚的救济机制。而如果去繁就简，就刑事程序所要求的最低限度的要素而言，这套程序机制则至少由以下四部分组成：其一是如何认罪认罚，即检察主导的疏导、激励、确认认罪认罚的控辩沟通程序；其二是如何从

---

〔1〕 参见闫召华：《检察主导：认罪认罚从宽程序模式的构建》，载《现代法学》2020 年第 4 期，第 49 页。

宽，核心是检察主导的从宽兑现程序；其三是如何从快、从简、从缓，即检察主导的案件速办程序；其四是如何确保程序效果不偏离预期目标，即检察主导的审查和监督程序。对认罪认罚案件程序规范性的保障也可以从两大层面展开：一是在形式上严格遵守《刑事诉讼法》及相关司法解释的程序规定；二是在实质上不违反认罪认罚从宽制度的立法精神。

（二）效率保障

1. 通过高质量提升效率

认罪认罚案件的诉讼效率直接取决于诉讼程序或办案流程等简化便捷的程度，但认罪认罚案件的办理质量是影响办案效率的深层因素。因为，办案质量是决定认罪认罚案件合意程度及被追诉人认罪认罚稳定性、彻底性、及时性的关键因素。试想，即使适用认罪认罚从宽制度，即使适用速裁程序，如果被追诉人认罪认罚的阶段较晚，或者出现认了又撤、撤了又认的反复现象，或者认罪认罚并不全面、彻底（如被追诉人承认指控的主要犯罪事实，但对个别事实情节提出异议，或者虽然表示接受司法机关的认定意见但对行为性质提出辩解），很可能导致程序的转换或反复。本来适用了速裁程序，因为被追诉人反悔，又不得不转换为简易或普通程序；本来控辩双方已经就罪名和量刑建议达成了合意，被追诉人却又对法院采纳控辩合意的指控意见的判决提出了上诉，致使案件进入二审程序，从而导致司法资源的额外耗费。而这类"反常"情况通常源于专门机关在办理认罪认罚案件中不注重控辩沟通，不重视保障被追诉人认罪认罚的自愿性、明智性、真实性等质量瑕疵。所以，唯有确保认罪认罚案件的高质量，才有利于在根本上消除某些制约认罪认罚案件办案效率的因素。当然，认罪认罚案件的质量与效率并不总是呈正相关。一方面，高效的程序并不总是正当的，因为正当的程序并不廉价。而且，除了追求迅速及时和结果正确，诉讼程序还有诸多独立的内在价值，即过程利益。这些过程利益可以抵消大量的直接成本，"因此一个适当复杂且昂贵的程序可能依旧是合理的"。[1]另一方面，认罪认罚案件的高质量也并不总能保障高效率。制约认罪认罚案件效率的因素多种多样，有些因素在认罪认罚从宽制度之外。例如，认罪认罚案件中以留所服刑为目的的所谓技术性上诉不在少数，直接影响了认罪认罚案件的诉讼效率。这类案件中上诉的被追诉人对一审裁判的定性基本不持异议，上诉理由多为量刑过重，请求减轻处罚或适用缓刑。但事实上，量刑过重只是留所服刑的借口，上诉只是为了利用办案期限及折抵刑期制度的漏

---

〔1〕 ［美］迈克尔·D. 贝勒斯：《程序正义——向个人的分配》，邓海平译，高等教育出版社 2005年版，第 157 页。

洞，使自身符合留所服刑条件，从而达到逃避被送监执行的目的。这一现象其实在认罪认罚从宽制度改革试点之前就已存在，之所以在当前的认罪认罚案件中得以凸显，不是认罪认罚从宽制度使这种现象更严重，而主要是由于该现象对认罪认罚从宽制度效率价值目标的巨大冲击。也就是说，只要该现象外在的诱发因素没有得到根除，认罪认罚案件再高的办案质量也难以避免技术性上诉现象。

2. 充分发挥合意式司法的程序简化效能

程序是现代法的基本特征和制度化的基石。[1]过简的程序导致草率，而过繁的程序则导致拖延。合理的程序应该具备及时性，而及时的程序"介于草率和拖延两个极端之间"。[2]认罪认罚案件的诉讼程序采取的是合意式司法模式，因其大幅削减了程序的对抗性而必须也必然会在一定程度上简化程序。所谓的合意，即控辩或审辩双方就案件的实体与程序问题达成共识。合意可以分为消极的合意与积极的合意两种形态。消极的合意是指双方没有经过沟通而形成的无争议状态或者是被追诉方对控审方的意见或做法没有异议，积极的合意则是双方经过沟通、协商而形成一致认识。美国的辩诉交易、德国的认罪协商、法国的庭前认罪答辩等程序中的诉讼合意属于积极的合意，合意的形成有赖于专门的沟通机制，而日本的略式程序和即决裁判程序要求的合意则属于消极合意，要求被追诉人对程序的适用做出"没有异议"的意思表示，但即便如此，这些程序依然被视为"反映当事人意思的程序"。[3]诉讼合意的对象既可以针对是否认罪等实体问题，又可以针对程序选择问题。因此，认罪属于合意的一种情形，但合意案件不一定是认罪案件。即使单就认罪方面的合意而言，也存在不同的层次，德国的认罪协商既要求被追诉人同意指控意见，又要求其作出有罪供述，而美国的辩诉交易仅要求被追诉人做出有罪答辩，而不要求其必须在事实上承认有罪。尽管情形各异，但合意案件程序简化的机理是共通的，即通过排除攻防对抗机制的适用，节约司法成本。[4]可以说，如果否定合意式司法的程序简化效能，域外很多国家的刑事司法体系将因不堪重负而崩溃。虽然我国的刑事诉讼模式在经济性和效率方面有内在优势，对专门机关协调、配合的强调，对卷宗的仰赖，对专门机关主导作用的重视，最大限度地减少了来自辩方的对抗以及专门机关相互之间的牵制，使诉讼

---

[1]　参见孙笑侠：《程序的法理》，社会科学文献出版社 2017 年版，第 49 页。

[2]　[美] 迈克尔·D. 贝勒斯：《程序正义——向个人的分配》，邓海平译，高等教育出版社 2005 年版，第 161 页。

[3]　[日] 田口守一：《刑事诉讼法（第 7 版）》，张凌、于秀峰译，法律出版社 2019 年版，第 279 页。

[4]　但需要特别指出的是，合意案件特别是积极合意的案件有可能在降低对抗成本的同时增加协商成本，而该协商成本又主要加诸于审前程序。

资源更加集中、有效地投入到查明真相、惩罚犯罪的活动中去。但是，如果忽略合意式司法的效用，认罪认罚从宽制度改革的效率目标将很难实现。在认罪认罚案件中，如果法院过度强调对量刑建议的实质审查，对认罪认罚案件的实质审判，甚至要求达到像对待非认罪认罚案件一样的实质化程度，既有违《刑事诉讼法》第 201 条的立法初衷，也浪费了合意式司法的效率优势。因此，提升认罪认罚案件的办理效率，就应充分理解认罪认罚案件的合意特质，对其办理程序该简则简、能简尽简。

3. 注重提升审前程序的效率

与审判程序一样，审前程序同样需要耗费大量司法资源，同样存在对效益最大化的强烈追求，因此，以优化资源配置为重要目标的刑事程序的简易化当然不能漠视审前程序。所以，大多数国家的刑事诉讼法中都规定有简化审前程序的措施。而且，域外主要法律体系中的刑事诉讼制度基本上都是以审判为中心的，这决定了在整体刑事司法资源的配置上，必然会向审判程序倾斜，因此，虽然审前程序也是简化的对象，但无疑审判程序才是简化的重点。但这与我国的情况截然不同。我国传统的刑事诉讼模式是层层把关式的，在诉讼关系层面采取的则是专门机关与诉讼参与人的二元构造，公、检、法同为主导诉讼的专门机关。在这种诉讼格局中，审前程序所承担的实质任务及其重要性上丝毫不亚于审判程序，在司法资源的耗费上较之于审判程序也有过之而无不及。然而，遗憾的是，《刑事诉讼法》几乎没有涉及对认罪认罚案件审前程序的简化，相关的实践探索仍处于"于法无据"的尴尬境地。而部分司法解释及规范性文件中对此虽有涉及，但整体上看，思路过于简单，偏重于期限限制和规模化处理，远未搭建起完善的审前程序简化机制。[1]事实上，只减期限不简程序反而可能大大增加公安司法人员的办案压力，影响办案的质量和效果。实践中，即便认罪认罚案件的审前程序，同样存在多道工序的重复审查、事无巨细的内部把关、连篇累牍的文书制作、整齐划一的证据要求。而固定化的工序意味着固定化的成本，这种叠床架屋式的程序构造其实已经设定了审前程序的最低投入，从而大大压缩了成本控制的弹性空间。在案件具有多重简化根据的情况下，极易导致司法资源的无谓消耗。比如，对于现行犯、简单、轻微的案件，又有何必要在结果准确性上大费周章，通过审前的多道工序进行重复性的调查核实证据工作，而对于认罪、合意案件，又有多大必要通过多道工序保障其对抗公权力的正当程序权利。加之，办案期限的"顶格"

---

[1] 值得一提的是，2006 年 12 月，最高人民检察院曾经颁布《关于依法快速办理轻微刑事案件的意见》，里面涉及对轻微刑事案件审前程序的简化提速问题。而且，在最高人民检察院的推动下，部分地区还进行了轻案快办程序的试点。

适用现象在审前程序特别是侦查程序中较为普遍。不管法律规定的办案期限有多长，都会被用尽用足，轻、缓的案件也总会被拖延为需要优先处理的重、急案件，从而长期陷入不得不用尽期限的恶性循环。上文提及的统计已经表明，认罪认罚案件办理的实际耗时并没有明显减少，即便是适用了速裁程序的案件，审前程序依然耗时耗力，几分钟的庭审与上百天的审前程序形成鲜明对比。这意味着，如果说认罪认罚案件尚有大幅提升诉讼效率的空间，也主要存在于审前程序之中。下一阶段，简化审前程序应当成为认罪认罚案件增速提效的重点。

（三）效果保障

1. 以"实质沟通"改善法律效果

认罪认罚案件法律效果的核心表征是专门机关、当事人及其他诉讼参与人对案件程序及实体的认可度。要增强专门机关对案件及认罪认罚从宽制度的认可，关键是要调整不合理的考核标准，减少其对司法人员造成的不当压力，并且，通过适当的引导，让司法人员真切地感受到该制度带来的"提速增效"、促进司法公正和实现案结事了等方面的制度"红利"。而要增强当事人及其他诉讼参与人对案件办理情况的认可度，最重要的就是要确保被追诉人得到应有的认罪认罚利益，确保被害人得到应有的精神及物质补偿，所有诉讼参与人都在程序上得到了充分的尊重。其中，专门机关与当事人及其他诉讼参与人的"实质沟通"是重中之重。即便自法理上讲，对被追诉人的从宽再适度，对被害人的补偿再充分，如果得不到被追诉人及被害人本人的认可，那效果就会大打折扣。但就被害人态度而言，虽然按照相关司法解释，适用认罪认罚从宽制度不是必须征得被害人同意，但如果被害人强烈反对制度的适用，甚至为此不断申诉上访，那在很大程度上就无法实现认罪认罚从宽制度的改革初衷。上已述及，我国的认罪认罚从宽制度不同于西方的辩诉交易，它是一种职权式的从宽。在专门机关与诉讼参与人的关系模式上，它实行的不是西方式的"平等协商"，更不是"讨价还价"，而是听取意见模式。听取意见模式在本质上是一种专门机关主导下的决定机制，即专门机关听取当事人及诉讼参与人的意见，并在考量其意见的基础上作出相关决定。因此，它是以决定的单方性为前提的，诉讼参与人的意见仅仅是决定的根据之一。在整个裁决程序中，专门机关是绝对的主导者，而诉讼参与人只是决定程序的参与者，二者是权力主体与权力对象的关系。当然，这并不意味着诉讼参与人的意见不重要。因为认罪认罚从宽制度毕竟是一种合作式司法模式，这种模式是建立在专门机关与被追诉人的有效沟通基础上的。如果专门机关不听取意见或对相关意见随意性地听而不取，那这显然不是沟通合作，而是强职权主义，诉讼参与人的高度认可就无从谈起。只有诉讼参与人特别是当事人的意见被尊重并被合理吸收到案件的处理思路中，即达成合意，才更容易赢得认可。

2. 以"内外兼修"保障社会效果和政治效果

认罪认罚案件社会效果和政治效果的焦点问题主要有两个，一是认罪认罚案件办理的派生效果或辐射效应，即能否通过具体认罪认罚案件的办理彻底消除当事人的纠纷矛盾及犯罪的根源，实现诉源治理，维护社会稳定，增进社会和谐。二是认罪认罚案件的社会影响和舆论评价，即能否通过具体认罪认罚案件的办理赢得社会舆论和普通群众对认罪认罚从宽制度的认可，增强社会安全感，进而增强对社会主义刑事法治及党和政府建设中国特色社会主义法治之能力的认可度。要解决好这两大问题，需要"内外兼修"。所谓的"内修"，就是要提升认罪认罚案件内在的办理质量和效率，充分实现认罪认罚从宽制度的预期功能，增强认罪认罚从宽制度积极效果的显示度。我国的认罪认罚从宽制度反映着我国刑事诉讼对犯罪治理、人权保障、诉讼效率、司法公正等价值的综合平衡，其追求的是在更高层次上实现多种价值目标的有机统一。维护社会大局稳定一直被视为我国政法工作的基本任务。而通过有力地打击犯罪，才能有效地治理犯罪，平复冲突，化解矛盾，增强人民群众的安全感。认罪认罚从宽制度非常契合及时有效控制犯罪的维稳要求。而且，认罪认罚从宽制度注重人权的司法保障和司法的恢复性。它不仅提升了被追诉人实体上的从宽利益，更加凸显了被追诉人的诉讼主体地位，而且，更加注重被害恢复和社会恢复，强调刑事司法的恢复性。只要能够实现认罪认罚从宽制度多层次的价值目标，就能夯实其社会效果和政治效果的基础。所谓的"外修"，就是要通过对认罪认罚从宽制度的普及宣讲，通过对办理质量好的认罪认罚案件的广泛宣传，以及通过对个别出现问题而社会又比较关注的认罪认罚案件的舆情应对，减少对认罪认罚案件办理社会效果和政治效果的负面影响。在信息充分流通的自媒体时代，舆论引导工作非常重要。由于对该工作重视不够，加之部分认罪认罚案件质量堪忧，目前部分民众对认罪认罚从宽制度的评价状况堪忧，值得认真研究应对。

五、结语

在制度整体适用率已超过90%的背景下，再单纯关注和强调适用率显然已不合适，相反，更应该关注的是单纯强调高适用率可能导致的负面效果。尽管认罪认罚从宽制度的完善和实践适用是一个未竟的课题，但如果说认罪认罚从宽制度改革试点阶段是该制度的粗放发展期的话，那么现在转向精细化的发展已刻不容缓。而在精细化发展阶段，最基础也是最核心的问题之一就是如何推动认罪认罚从宽制度更高质量、更好效果的适用。最高人民检察院在就全国人大常委会对适用该制度情况报告的审议意见提出的意见中，强调要着力在十个方面下功夫，而这十个方面均是围绕实现认罪认罚案件的更高办理质效展开。当然，提高认罪认罚案件的办理质效，仅有努力方向、指导思想和思路原则还不够，还应当为司法人员提供具有可操作性的具体遵循。而通过认罪认罚案件质效评估机制的构建，不仅可以引导司法人员合理调整办案理念，还可以进一步为其指明在个案中提升办案质效的方法和路径，有针对性地加强和改进工作，推动认罪认罚从宽制度的规范、准确适用。课题组注意到，自 2023 年以来，检察系统多次修订《检察机关案件质量主要评价指标》[1]，评价指标由最初的 87 项逐步精减为 38 项，通报指标也由原来的 14 项减至 6 项，其中与认罪认罚案件直接相关的办案指标只保留了整体适用率通报标准和确定刑量刑建议采纳占比率考核指标两项。新的评价指标体系坚持系统观念、体系思维，注重全面评价、整体评价、组合评价、实绩评价，体现了新一届最高检领导班子"不被数据所困，不为考核所累"以及"高质效办好每一个案件"的检察工作理念。期待新的指标体系能够为一线检察官减负赋能，促进认罪认罚从宽制度得到更加公正、高效的实施，促进整个检察工作的现代化。

---

[1]　徐日丹、常璐倩：《科学设置案件质量评价指标　引导高质效办好每一个案件——最高检印发修订后的〈检察机关案件质量主要评价指标〉》，载《检察日报》2023 年 4 月 3 日，第 1 版；常璐倩：《最高检对〈检察机关案件质量主要评价指标〉再修订》，载《检察日报》2024 年 1 月 17 日，第 1 版。

总结和建议

自 2018 年修正的《刑事诉讼法》确立的认罪认罚从宽制度正式施行以来，在中央政法委的坚强领导下，在最高人民检察院的积极推动和各政法机关的协作配合下，认罪认罚从宽制度的适用率和量刑建议采纳率持续上升，2021—2023 年检察环节适用率稳定在 90% 左右，审判阶段适用率稳定在 80% 以上，量刑建议采纳率达到 97% 左右，认罪认罚被告人的一审服判息诉率达到 96% 以上。实践证明，认罪认罚从宽制度在依法及时惩治犯罪、加强人权司法保障、优化司法资源配置、促进社会和谐稳定、维护社会公平正义方面取得了显著成效。

但是，本课题组围绕"认罪认罚从宽制度实施问题"进行了持续五年的跟踪研究之后发现，认罪认罚从宽制度在实施过程中也出现了一些需要认真对待的新情况、新问题，主要包括：

第一，各地不同程度上存在片面追求司法效率的倾向，主要表现在：检察机关片面追求认罪认罚从宽制度的适用率和量刑建议采纳率；基层人民法院对认罪认罚案件的实质审理不够重视，对认罪认罚案件辩护权的保障不到位，法庭审理形式化；不少地方以探索轻微刑事案件快速办理机制之名，以所谓"刑拘直诉"的方式进行"违法办案"。

第二，认罪认罚从宽制度法定适用范围的无限制与实际从宽处理范围的有限性之间存在矛盾，从宽处理的实际范围与侦查人员讯问犯罪嫌疑人时告知其关于坦白从宽和认罪认罚法律规定的要求不相吻合，存在制度性欺骗的嫌疑。即使是审判阶段对认罪认罚被告人的从宽量刑，基本上也只限于"从轻处罚"，而且相当一部分认罪认罚案件的量刑结果没有体现从宽；对认罪认罚情节的从宽幅度未结合整个案情进行评价，罪责刑相适应原则、适用刑法平等原则、禁止重复评价规则等未能得到完全落实。

第三，在审查起诉阶段，检察机关听取犯罪嫌疑人及其律师、被害人及其诉讼代理人意见的程序不规范、不充分，相关记录不随案移送，对犯罪嫌疑人认罪认罚的明知性和自主选择性以及被害人的诉讼参与权、获得赔偿权等保障不足，因而检察机关提出的量刑建议未能完全体现各方"合意",而主要是检察机关单方面的意见,不利于彻底化解矛盾纠纷、修复社会关系,也不利于法院对认罪认罚自愿性和认罪认罚具结书内容真实性、合法性的实质审查。

第四,关于量刑建议是以确定刑为主还是以幅度刑为主,如何理解《刑事诉讼法》第 201 条"一般应当采纳"的规定以及"量刑建议明显不当"的调整程序问题,检察机关和法院的意见不尽一致,在部分案件中甚至出现明显的冲突,以至于引发社会的强烈关注,影响了认罪认罚案件的公正处理。

第五,认罪认罚案件的审判虽然有速裁程序、简易程序和普通程序三种不同程序,但实际庭审过程差异较少,形式化现象较为明显,未能体现"以审判为中心"的要求,也难以真正贯彻证据裁判原则。部分认罪认罚案件定罪量刑的证明标准均有下降,以致生效裁判出现了认定事实或适用法律上的错误(包括冒名顶替、重罪轻判、轻罪重判等错误),后又启动再审程序予以纠正,影响了制度实施的公信力,也浪费了国家的司法资源。

第六,认罪认罚案件的律师辩护率低,绝大多数犯罪嫌疑人、被告人只能获得值班律师的法律帮助,而值班律师受专业能力和责任心等方面的限制并不能为犯罪嫌疑人、被告人提供有效的法律帮助,部分认罪认罚案件中辩护律师的独立辩护权也受到不应有的限制,因而犯罪嫌疑人、被告人的合法权益特别是认罪认罚的自愿性和真实性以及从宽处罚的利益难以得到保障。

上述新情况、新问题的出现,表明认罪认罚从宽制度的立法和司法均存在不足之处。为了更好地贯彻宽严相济刑事政策、证据裁判原则、罪责刑相适应原则、在适用法律上一律平等原则和公安司法机关分工负责、互相配合、互相制约原则,努力让人民群众在每一个司法案件中都感受到公平正义,防止对司法效率的追求突破司法公正的底线,有必要从立法论和解释论两个角度进一步完善认罪认罚从宽制度。

(一)立法建议

建议在第四次修正《刑事诉讼法》时,围绕认罪认罚从宽制度作出以下九个方面的调整和完善。

1. 对认罪认罚从宽制度的适用范围作出适当限制

为了消除目前认罪认罚从宽制度适用范围的无限制与实际从宽处理范围有限性之间的矛盾,建议明确将严重危害国家安全、公共安全犯罪,严重暴力犯罪等犯罪性质和危害后果特别严重、犯罪手段特别残忍、社会影响特别恶劣的案件以及可能判处无期徒刑、死刑的案件排除在适用范围以外,并通过司法解释予以细化。

2. 完善速裁程序

为了确保对司法效率的追求不至于突破司法公正的底线，建议将速裁程序的适用范围压缩至判处一年有期徒刑以下刑罚的案件，同时一并考虑将实践中出现的"刑拘直诉"的做法合法化，以保证部分确有必要判处实刑的被告人到案接受审判，具体适用条件、适用期限和审判程序保持不变。基于司法效率的要求，也可以一并对速裁案件被告人的上诉权进行一定的限制，例如，除非有证据证明被告人认罪认罚是不自愿、不属实的，或者有证据证明被告人确实没有实施指控的犯罪的，否则，被告人不得对适用速裁程序作出的有罪判决提出上诉。

3. 废止犯罪嫌疑人的"如实回答"义务，确立有罪供述自愿性规则

《刑事诉讼法》第 120 条第 1 款关于"如实回答"的规定是侦查讯问中强迫犯罪嫌疑人供述的制度基础，也是目前认罪认罚自愿性的最大障碍，建议予以删除，同时将该条第 2 款的告知规定修改为："侦查人员讯问犯罪嫌疑人时，应当告知其不需要违背自己的意愿作出任何陈述，但其所作的陈述如果属实，可以作为证据使用。"检察人员、审判人员讯问犯罪嫌疑人、被告人时准用此款规定。与此相应地，《刑事诉讼法》第 56 条应当对排除非法供述的范围作出更加明确的规定，凡是采取刑讯逼供的方法获得的有罪供述，或者以法律不允许的措施进行威胁、以没有法律依据的利益相引诱所获得的有罪供述，采用疲劳审讯、欺骗、催眠、服用药物等方法获得的有罪供述，以及非法限制律师会见期间所获得的有罪供述等，一律应予排除，不得作为提请逮捕、移送起诉、提起公诉和有罪判决的根据。只有这样，才能统一有罪供述的自愿性和狭义的认罪自愿性以及认罚自愿性的判断标准，切实增强认罪认罚从宽制度的正当性。

4. 完善法律援助制度，保障所有在押或被指定居所监视居住的犯罪嫌疑人、被告人获得律师辩护的权利

鉴于我国对"犯罪"采取了定性与定量相结合的界定方式，犯罪附随效果严重，我国应当平等地保障所有犯罪嫌疑人、被告人获得律师辩护的权利。现行法规定的刑事法律援助范围过于狭窄，不足以保障犯罪嫌疑人、被告人认罪认罚的自愿性、真实性，也不利于深化以审判为中心的诉讼制度改革，提高司法公信力。考虑到目前司法保障条件受到多方面限制，修改立法时可以限定法律援助辩护仅仅适用于所有被拘留、逮捕或指定居所监视居住而没有委托辩护人的犯罪嫌疑人、被告人，同时保留值班律师向他们提供临时的紧急性法律帮助的机会，维持值班律师向其他犯罪嫌疑人、被告人提供法律帮助的规定，并在立法上明确肯定值班律师的阅卷权和会见权。

5. 确认律师在侦查讯问时的在场权和审查逮捕程序中的阅卷权，保障辩护律师的独立辩护权，以矫正控辩失衡的诉讼结构

首先，无论是辩护律师，还是值班律师，均有权在犯罪嫌疑人被讯问时在场，以打破讯问过程的封闭性，监督侦查、检察人员依法讯问。其次，在审查逮捕程序中，辩护律师或值班律师有权查阅提请批准逮捕书及其所依据的讯问笔录、鉴定意见等主要证据，检察机关应当将听取犯罪嫌疑人及其律师的意见作为批准决定逮捕的必经程序。最后，辩护律师在认罪认罚案件中的独立辩护权应受全程保障，只要犯罪嫌疑人、被告人认罪认罚，司法机关不得因为辩护人作无罪辩护或者突破量刑建议范围要求进一步从宽处罚而拒绝适用认罪认罚从宽制度对被告人从宽处罚。

6. 完善审查起诉阶段的听取意见程序和量刑建议形成机制，确保量刑建议以自愿认罪认罚为前提，并具有各方"合意"的性质

首先，审查起诉阶段检察人员讯问犯罪嫌疑人或者就案件事实和法律适用问题听取犯罪嫌疑人的意见，必须通知辩护律师或者值班律师到场。其次，量刑协商必须在检察官、犯罪嫌疑人及其辩护人或值班律师三者同时在场的情况下进行，并保障犯罪嫌疑人在决定是否签署具结书前有充分的时间与其律师进行商量。再次，对于没有辩护人的犯罪嫌疑人，检察人员在听取其意见之前必须向其开示指控其犯罪的基本证据。复次，检察机关在与犯罪嫌疑人及其律师进行量刑协商之前，必须依法认真听取被害人及其诉讼代理人关于案件事实和法律问题的意见，并充分吸收其合理建议和要求，积极促成犯罪嫌疑人与被害方达成和解、谅解或赔偿协议。最后，所有听取意见活动的记录以及同步录音录像应当随案移送，以便法院依法对认罪认罚的自愿性、真实性与合法性进行实质审查。

7. 充分保障认罪认罚犯罪嫌疑人、被告人的反悔权，对检察机关的反悔权和抗诉权以及法院的启动再审权作出严格限制

为了充分体现司法诚信，保护认罪认罚犯罪嫌疑人、被告人的信赖利益，立法应当明确规定。如果司法机关最终没有兑现从宽处理的法律规定，或者因为犯罪嫌疑人、被告人无法接受检察机关提出的量刑建议而未签署认罪认罚具结书，犯罪嫌疑人、被告人在认罪认罚协商中所作的有罪供述不得作为指控或认定其有罪的证据使用，除非犯罪嫌疑人、被告人以书面形式表示同意。同时，立法应当禁止检察机关主动撤销认罪认罚具结书，禁止检察机关在其量刑建议获一审判决采纳后又提出要求加重处罚的二审抗诉或者再审抗诉，禁止法院在刑事判决生效后自行决定启动不利于原审被告人的再审，并改判加刑。

8. 废除"一般应当采纳"的法律规定，维护法院的独立裁判权

《刑事诉讼法》第 201 条关于对认罪认罚案件中的指控罪名和量刑建议法院"一般应当采纳"的规定，不仅直接冲击控、审分离这一现代刑事诉讼的基本原则，而且违反了"人民法院依法独立行使审判权"的宪法原则，也是诱发检法冲突的重要原因之一，因而受到学界的一致批判。这一规定是追求认罪认罚从宽制度的效率价值而突破公正底线的典型例证，其负面作用大于积极作用，应当尽快予以废止。废止这一规定之后，检察机关对认罪认罚案件的量刑建议应当以幅度刑为主、确定刑为辅。法院有权对量刑建议的事实根据、法律依据以及形成过程的合法性进行实质审查，并根据量刑建议是否适当决定采纳与否，但不需要为检察机关专门设置一个调整量刑建议的程序。同时，法院拟判处较量刑建议更重的刑罚之前，应当给予被告人撤回认罪认罚的机会。只有这样，才能在认罪认罚案件中充分体现"以审判为中心"的精神，更好地实现司法公正。

9. 完善特殊案件核准不起诉的程序

《刑事诉讼法》第 182 条关于特殊不起诉必须报经最高人民检察院核准的规定，至今无适用案例。建议将特殊不起诉的核准权下放给省级人民检察院，以便地方检察机关通过侦诉协作配合机制，积极稳妥地适用特殊不起诉制度，切实发挥特殊不起诉在降低侦查破案成本、及时有效惩治犯罪中的作用。

此外，还应当修改《刑法》第 63 条，将在法定刑以下判处刑罚时应报请最高人民法院核准的规定调整为报请高级人民法院核准，以便鼓励一线审判法官就认罪认罚情节公平地适用"减轻处罚"，以更大的从宽力度激励犯罪嫌疑人、被告人认罪认罚。

（二）工作建议

在现行法未作修改以前，应当完善相关司法解释和工作机制，促进认罪认罚从宽制度得到公正实施。

一是"两高"应修改《关于常见犯罪的量刑指导意见》，完善认罪认罚情节的评价标准，明确对认罪认罚情节在哪些情况下可以"减轻处罚"或者"免除处罚"，删除现有解释中关于只有当"另有法定减轻处罚情节"时才能减轻处罚的规定。

二是法院应当细化不同审判程序中对认罪认罚自愿性、真实性、合法性的审查标准，坚持"以审判为中心"的原则，贯彻非法证据排除规则、口供补强规则和疑罪从无规则，确保定罪的证明标准不被降低以及合法、适当的量刑建议得到采纳。

三是检察机关应当废止"捕诉一体"办案机制，恢复审查逮捕的相对独立地

位，以避免逮捕羁押手段"筹码化"；同时，应当继续贯彻"少捕慎押"司法理念，进一步降低诉前羁押率。

四是检察机关应进一步完善认罪认罚案件的质效评估机制，从质量、效率、效果三大方面构建融过程评价与结果评价、专项评价与通用评价、定性评价与定量评价于一体的评估指标体系，牢固树立以质量为核心、兼顾效率和效果的评估理念，并据此设置相应的指标及其权重，强化综合评价、系统评价，杜绝"唯指标论"的现象。法院审判业绩考核指标也需要根据司法公正的要求持续加以完善。

五是公安机关应当尽快纠正"刑拘直诉"等违法办案的做法，进一步规范在执法办案中心和看守所等场所讯问犯罪嫌疑人的程序，切实贯彻执行"不得强迫任何人证实自己有罪"的法律规定。

六是司法部应当以直辖市或地级市为单位，指导各地完善值班律师的跨区县调配机制、合理薪酬保障机制、法律服务标准考核机制，确保认罪认罚而又没有辩护人的犯罪嫌疑人、被告人都能够获得称职的值班律师提供的符合规定标准的法律服务，明确建立值班律师与辩护律师之间的衔接机制，允许各地根据本地实际情况积极探索刑事案件审前程序"律师辩护"全覆盖。

七是公安司法机关应当加强审前程序与审判程序之间的联动与衔接，在危险驾驶、盗窃等常见速裁案件中，建立包括侦查讯问、口供外证据的收集和固定、人身强制措施的适用、审查起诉、量刑协商、社会危险性调查、签署认罪认罚具结书等各办案环节的实务操作指南，努力在确保犯罪嫌疑人、被告人认罪认罚自愿性、真实性、合法性的前提下，实现速裁案件的"全流程"提速。